Peter Kindler
Grundkurs Handels- und Gesellschaftsrecht

GRUNDKURS HANDELS- UND GESELLSCHAFTSRECHT

von

Dr. iur. Peter Kindler
o. Professor an der Universität München

6. Auflage

VERLAG C.H. BECK MÜNCHEN 2012

www.beck.de

ISBN 978 3 406 63805 3

Wilhelmstraße 9, 80801 München
Druck und Bindung: Nomos Verlagsgesellschaft
In den Lissen 12, 76547 Sinzheim

Satz: Uhl + Massopust GmbH, Aalen

Gedruckt auf säurefreiem, alterungsbeständigem Papier
(hergestellt aus chlorfrei gebleichtem Zellstoff)

Vorwort zur 6. Auflage

Das vorliegende Werk versteht sich als Grundkurs im wörtlichen Sinne. Es soll primär dem studentischen Leser das *Pflichtfachwissen* im Handels- und Gesellschaftsrecht vermitteln, so wie dieses durch die meisten Ausbildungsordnungen für die Erste Juristische Staatsprüfung eingegrenzt wird.* Dieser Konzeption liegt nicht unbedingt die Einschätzung zugrunde, dass der durch die Ausbildungsordnungen abgesteckte Pflichtfachbereich alle für die spätere Praxis wesentlichen Teilgebiete des Handels- und Gesellschaftsrechts umfasst. So ist etwa das (hier ausgesparte) Handelsvertreterrecht für die Tätigkeit der meisten Wirtschaftsjuristen bedeutsamer als das Innenrecht der Personengesellschaften. Zu kurz kommt ferner das Recht der GmbH, welches in der Prüfung nur in Teilbereichen abgefragt werden darf. Auch das Aktienrecht gehört in den wenigsten Bundesländern zum Pflichtfachwissen. Dennoch habe ich auf die Darstellung wichtiger Teilkomplexe des Handels- und Gesellschaftsrechts bewusst verzichtet, um den vor der Ersten Juristischen Staatsprüfung stehenden Juristen eine Orientierung über den Umfang des zu bewältigenden Stoffes zu erleichtern.

Die weiterhin dynamische Entwicklung der Rechtsprechung auf dem Gebiet des Handels- und Gesellschaftsrechts und die gute Aufnahme auch der 5. Auflage des Werkes haben diese Neuauflage erforderlich gemacht. Berücksichtigt sind u.a. im **Handelsrecht** die neueste Rechtsprechung zur Eintragung eines Testamentsvollstreckervermerks in das Handelsregister (*BGH* ZIP 2012, 623) und zur Nichtanwendbarkeit des § 28 HGB auf eine GbR (*BGH* NZG 2012, 65 = JuS 2012, 357). Ebenfalls im Handelsrecht war die Entscheidung des BGH zur Zurechnung von Erklärungen des falsus procurator beim „kaufmännischen Bestätigungsschreiben" (*BGH* ZIP 2011, 1060) nachzutragen. Im **Personengesellschaftsrecht** sind die neuesten Urteile zur fehlenden Eintragungsfähigkeit einer Rechtsanwaltsgesellschaft als Personenhandelsgesellschaft (*BGH* NJW 2011, 3036; *BVerfG* NJW 2012, 993), zur Grundbucheintragung der GbR (*BGH* NZG 2011, 698) und zur Treugeberhaftung (BGHZ 189, 45) eingearbeitet. Wichtige Klarstellungen zum Stimmrechtsausschluss in der GbR brachte *BGH* NZG 2012, 625. Im **GmbH-Recht** standen Fragen der Unternehmergesellschaft (haftungsbeschränkt) im Vordergrund (*BGH* NZG 2011, 664 und *OLG München* NZG 2011, 104 zur Sachkapitalerhöhung). Bedeutsame Neuerungen ergaben sich durch *BGH* NZG 2012, 539 (Entschärfung der Gesellschafterhaftung bei der wirtschaftlichen Neugründung). Grundsätzlichen Charakter hat das Urteil zum „Zwei-Listen-Modell" bei der Ge-

---

* Z.B. § 18 II Nr. 2 BayJAPO 2003. Geprüft wird danach – jeweils nur „in Grundzügen" – aus dem Handelsrecht: a) aus dem 1. Buch des Handelsgesetzbuchs die Abschnitte 1 bis 5 (Kaufleute, Publizität des Handelsregisters, Handelsfirma, Prokura und Handlungsvollmacht); b) aus dem 4. Buch des Handelsgesetzbuchs die Abschnitte 1 und 2 (allgemeine Vorschriften über Handelsgeschäfte, Handelskauf); aus dem Gesellschaftsrecht: a) das Personengesellschaftsrecht; b) aus dem Gesetz über die Gesellschaften mit beschränkter Haftung die Abschnitte 1 und 3 (Errichtung der Gesellschaft sowie Vertretung und Geschäftsführung). Nahezu inhaltsgleich z.B. § 11 II Nr. 3 u. 4 JAG NRW 2003; § 8 II Nr. 3 JAPrO BW 2002.

schäftsanteilsübertragung (*BGH* NZG 2011, 1268). Nachgetragen sind auch die neue Rechtsprechung zur Zusammensetzung des Aufsichtsrates in der mitbestimmten GmbH (*BGH* NZG 2012, 347) und zum AGG-Schutz für GmbH-Geschäftsführer (*BGH* NZG 2012, 777).

Vielfach wird wieder auf die anderen Bände der Grundkursreihe zum Privatrecht (von *Junker* zum Arbeitsrecht und von *Musielak* zu BGB und ZPO) Bezug genommen. Im Übrigen ist die bisherige didaktische und inhaltliche Konzeption des vorliegenden Grundkurses beibehalten, auch die zahlreichen Beispiele, Übungsfälle, Merksätze, Übersichten und Kontrollfragen. Eine technische Lernhilfe ergibt sich ferner aus der Aufnahme des Buches in die „beck-eBibliothek DIE STUDIENLITERATUR" und damit in das Online-Angebot verschiedener öffentlich zugänglicher Bibliotheken.

Für Anregungen und Kritik aus der Leserschaft, die stets willkommen sind, gilt folgende Anschrift: Prof. Dr. Peter Kindler, LMU München, Institut für Internationales Recht, Veterinärstraße 5, 80539 München (mail: peter.kindler@jura.uni-muenchen.de).

München, im August 2012 *Peter Kindler*

Inhaltsübersicht

2. Teil. Gesellschaft mit beschränkter Haftung

Inhaltsverzeichnis

2. Teil. Handelsgeschäfte

B. Gesellschaftsrecht

1. Teil. Personengesellschaften

2. Teil. Gesellschaft mit beschränkter Haftung

Abkürzungsverzeichnis

a. A. .... anderer Ansicht
a. a. O. .... am angegebenen Ort
ABl. .... Amtsblatt
ABlEU .... Amtsblatt der Europäischen Union
Abs. .... Absatz
AcP .... Archiv für die civilistische Praxis
ADHGB .... Allgemeines Deutsches Handelsgesetzbuch
AEUV .... Vertrag über die Arbeitsweise der Europäischen Union
a. E. .... am Ende
a. F. .... alter Fassung
AG .... Die Aktiengesellschaft (Zeitschrift); Aktiengesellschaft; Amtsgericht
AGB .... Allgemeine Geschäftsbedingungen
AGG .... Allgemeines Gleichbehandlungsgesetz
AHB .... Allgemeine Versicherungsbedingungen für die Haftpflichtversicherung
AktG .... Aktiengesetz
Anh. .... Anhang
Anm. .... Anmerkung
Art., Artt. .... Artikel, -(Plural)
Aufl. .... Auflage
AusfG .... Ausführungsgesetz
ausführl. .... ausführlich

BAG .... Bundesarbeitsgericht
BAnz .... Bundesanzeiger
BayObLG .... Bayerisches Oberstes Landesgericht
BayObLGZ ...... Entscheidungen des Bayerischen Obersten Landesgerichts in Zivilsachen
BB .... Der Betriebsberater
Bd. .... Band
Bek. .... Bekanntmachung
BetrVG .... Betriebsverfassungsgesetz
BeurkG .... Beurkundungsgesetz
BGB .... Bürgerliches Gesetzbuch
BGBl .... Bundesgesetzblatt
BGH .... Bundesgerichtshof
BGHZ .... Entscheidungen des Bundesgerichtshofes in Zivilsachen
BilMoG .... Bilanzrechtsmodernisierungsgesetz vom 26.5.2009 (BGBl. I S. 1102)
BMJ .... Bundesministerium der Justiz

BR-Drs. .... Drucksachen des Deutschen Bundesrates
BT-Drs. .... Drucksachen des Deutschen Bundestages
Buchst. .... Buchstabe
BVerfG .... Bundesverfassungsgericht
bzw. .... beziehungsweise

c.i.c. .... culpa in contrahendo
CISG .... Conventions on Contracts for the International Sale of Goods vom 11.4.1980 (BGBl. 1989 II S. 588)

DB .... Der Betrieb
DCGK .... Deutscher Corporate Governance Kodex
ders. .... derselbe
d.h. .... das heißt
DNotZ .... Deutsche Notar-Zeitschrift
DÖV .... Die Öffentliche Verwaltung
DZWiR .... Deutsche Zeitschrift für Wirtschafts- und Insolvenzrecht

eBAnz .... elektronischer Bundesanzeiger
ebda .... ebenda
EG .... Europäische Gemeinschaften; Vertrag zur Gründung der Europäischen Gemeinschaft
eG .... eingetragene Genossenschaft
EGBGB .... Einführungsgesetz zum Bürgerlichen Gesetzbuch
EHUG .... Gesetz über elektronische Handelsregister und Genossenschaftsregister sowie das Unternehmensregister vom 10.11.2006 (BGBl. I S. 2553)
Einl. .... Einleitung
Erl. .... Erläuterung
EuGH .... Europäischer Gerichtshof
EuGVVO .... Verordnung /44/2001/EG über die gerichtliche Zuständigkeit und die Anerkennung und die Vollstreckung von Entscheidungen in Zivil- und Handelssachen vom 22.12.2000 (ABl. EG Nr. L 12/1)
EuZW .... Europäische Zeitschrift für Wirtschaftsrecht
e.V. .... eingetragener Verein
EWiR .... Entscheidungen zum Wirtschaftsrecht

f., ff. .... folgende, fortfolgende
FamFG .... Gesetz über das Verfahren in Familiensachen und in den Angelegenheiten der freiwilligen Gerichtsbarkeit vom 17.12.2008 (BGBl. I S. 2586)
FGG .... Gesetz über die Angelegenheiten der freiwilligen Gerichtsbarkeit (in Kraft bis 31.8.2009)
Fn. .... Fußnote
FS .... Festschrift

GbR . . . . Gesellschaft bürgerlichen Rechts
GEKR . . . . Vorschlag für eine Verordnung des Europäischen Parlamentes und des Rates über ein Gemeinsames Europäisches Kaufrecht vom 11.10.2011, KOM(2011) 635 endgültig (auch in www.beck-online.de)
gem. . . . . gemäß
GewO . . . . Gewerbeordnung
GG . . . . Grundgesetz für die Bundesrepublik Deutschland
G/Ges. . . . . Gesetz
GmbH . . . . Gesellschaft mit beschränkter Haftung
GmbHG . . . . Gesetz betreffend die Gesellschaft mit beschränkter Haftung
GmbH-Rdsch . . . . . Rundschau für GmbH
grdl. . . . . grundlegend
GRUR . . . . Gewerblicher Rechtsschutz und Urheberrecht
GRUR Int. . . . . (Auslands- und) Internationaler Teil
GVG . . . . Gerichtsverfassungsgesetz
GWB . . . . Gesetz gegen Wettbewerbsbeschränkungen

HGB . . . . Handelsgesetzbuch
h. L. . . . . herrschende Lehre
h. M. . . . . herrschende Meinung
HRefG . . . . Handelsrechtsreformgesetz vom 22.6.1998
(BGBl. I S. 1474)
HReg. . . . . Handelsregister
Hrsg., hrsg. . . . . . . Herausgeber, herausgegeben
HRV . . . . Handelsregisterverordnung
Hs. . . . . Halbsatz

i. d. F. . . . . in der Fassung
i. d. R. . . . . in der Regel
i. e. . . . . id est
i. E. . . . . im Einzelnen
i. e. S. . . . . im engeren Sinne
i. Erg. . . . . im Ergebnis
insb. . . . . insbesondere
InsO . . . . Insolvenzordnung
IPR . . . . Internationales Privatrecht
IPRax . . . . Praxis des Internationalen Privat- und Verfahrensrechts
IPRspr. . . . . Die deutsche Rechtsprechung auf dem Gebiete des Internationalen Privatrechts
i. S. . . . . im Sinne
i. V. m. . . . . in Verbindung mit
i. W. . . . . im Wesentlichen
IZPR . . . . Internationales Zivilprozessrecht

JA	Juristische Arbeitsblätter
JBl.	Juristische Blätter (Österreich)
JR	Juristische Rundschau
Jura	Juristische Ausbildung
JuS	Juristische Schulung
JW	Juristische Wochenschrift
JZ	Juristenzeitung
KfH	Kammer für Handelssachen
KG	Kammergericht; Kommanditgesellschaft
KMU	Kleine und mittlere Unternehmen
krit.	kritisch
KTS	Konkurs-, Treuhand- und Schiedsgerichtswesen
LAG	Landesarbeitsgericht; Gesetz über den Lastenausgleich
LG	Landgericht
lit.	Buchstabe
LM	Lindenmaier-Möhring, Nachschlagewerk des Bundesgerichtshofes
l. Sp.	linke Spalte
Ls.	Leitsatz
M&A	Mergers and Aquisitions
MarkenG	Markengesetz
MDR	Monatsschrift für Deutsches Recht
m. E.	meines Erachtens
MittBayNot	Mitteilungen des Bayerischen Notarvereins, der Notarkasse und der Landesnotarkammer Bayern
MoMiG	Gesetz zur Modernisierung des GmbH-Rechts und zur Bekämpfung von Missbräuchen vom 23.10.2008 (BGBl. I S. 2026)
Mot.	Motive zum Entwurf eines BGB
m. Nachw.	mit Nachweisen
m. w. Nachw.	mit weiteren Nachweisen
Nachw.	Nachweise
n. F.	neue Fassung; neue Folge
NJOZ	Neue Juristische Online-Zeitschrift
NJW	Neue Juristische Wochenschrift
NJW-RR	NJW-Rechtsprechungs-Report
Nr(n).	Nummer(n)
NVersZ	Neue Zeitschrift für Versicherung und Recht
NZA	Neue Zeitschrift für Arbeitsrecht
NZG	Neue Zeitschrift für Gesellschaftsrecht

o. . . . . oben
OHG . . . . Offene Handelsgesellschaft
OLG . . . . Oberlandesgericht
OLGZ . . . . Entscheidungen der Oberlandesgerichte in Zivilsachen einschließlich der freiwilligen Gerichtsbarkeit
öUGB . . . . Unternehmensgesetzbuch (Österreich)

PartGG . . . . Partnerschaftsgesellschaftsgesetz
p. a. . . . . per annum
Prot. . . . . Protokolle der Reichtstagsberatungen zum BGB

RabelsZ . . . . Zeitschrift für ausländisches und internationales Privatrecht, begründet von Ernst Rabel
Recht . . . . Das Recht
RefE . . . . Referentenentwurf
RegE . . . . Regierungsentwurf
RG . . . . Reichsgericht
RGBl . . . . Reichsgesetzblatt
RGZ . . . . Entscheidungen des Reichsgerichts in Zivilsachen
RIW . . . . Recht der Internationalen Wirtschaft
Rn. . . . . Randnummer(n)
Rom I-VO . . . . Verordnung (EG) Nr. 593/2008 über das auf vertragliche Schuldverhältnisse anzuwendende Recht
Rpfleger . . . . Der Deutsche Rechtspfleger
Rs . . . . Rechtssache
Rspr. . . . . Rechtsprechung

s. . . . . siehe
s. a. . . . . siehe auch
SE . . . . Societas Europaea (Europäische Aktiengesellschaft)
s. o. . . . . siehe oben
s. u. . . . . siehe unten
S. . . . . Seite
ScheckG . . . . Scheckgesetz
Slg. . . . . Sammlung von Entscheidungen, Gesetzen etc.
SMG . . . . Gesetz zur Modernisierung des Schuldrechts vom 26.11.2001 (BGBl. I S. 3138)
StG . . . . Stille Gesellschaft
StGB . . . . Strafgesetzbuch
StPO . . . . Strafprozessordnung
st. Rspr. . . . . ständige Rechtsprechung

TranspR . . . . Transport- und Speditionsrecht
TVG . . . . Tarifvertragsgesetz
Tz. . . . . Textziffer

u. .... unten, und
u.a. .... unter anderem; und andere
u.ä. .... und ähnliche
Übk. .... Übereinkommen
UG .... Unternehmergesellschaft
UGB .... Unternehmensgesetzbuch (Österreich)
Urt. .... Urteil
usw. .... und so weiter
UWG .... Gesetz gegen den unlauteren Wettbewerb

v. .... vom, von
VersR .... Versicherungsrecht
vgl. .... vergleiche
VO .... Verordnung
Vorb. .... Vorbemerkung

WG .... Wechselgesetz
WM .... Wertpapier-Mitteilungen
WRP .... Wettbewerb in Recht und Praxis

z.B. .... zum Beispiel
ZEuP .... Zeitschrift für Europäisches Privatrecht
ZEV .... Zeitschrift für Erbrecht und Vermögensnachfolge
ZGR .... Zeitschrift für Unternehmens- und Gesellschaftsrecht
ZHR .... Zeitschrift für das gesamte Handelsrecht und Wirtschaftsrecht
ZIP .... Zeitschrift für Wirtschaftsrecht
ZPO .... Zivilprozessordnung
ZRP .... Zeitschrift für Rechtspolitik
ZVglRWiss .... Zeitschrift für vergleichende Rechtswissenschaft
ZZP .... Zeitschrift für Zivilprozess

Literaturverzeichnis*

A. Handelsrecht (z. T. mit Gesellschaftsrecht)

1. Lehrbücher, Grundrisse, Examinatorien

Brox/Henssler, Handelsrecht, 21. Aufl., 2011
Bülow, Handelsrecht, 6. Aufl., 2009
Canaris, Handelsrecht, 24. Aufl., 2006
J. Gruber, Handelsrecht, 5. Aufl., 2006
Jung, Handelsrecht, 9. Aufl., 2012
Klunzinger, Grundzüge des Handelsrechts, 15. Aufl., 2009
Lettl, Handelsrecht, 2. Aufl., 2011
Oetker, Handelsrecht, 6. Aufl., 2010
G.H. Roth/M.-Ph. Weller, Handels- und Gesellschaftsrecht, 7. Aufl., 2010
K. Schmidt, Handelsrecht, 6. Aufl., 2011
Steinbeck, Handelsrecht, 2. Aufl., 2011
Timm, Handels- und Wirtschaftsrecht, Bd. I: Pflichtstoff, 3. Aufl., 2004, Bd. II: Wahlfachstoff, 3. Aufl., 2004
Wörlen, Handelsrecht mit Gesellschaftsrecht, 9. Aufl., 2008

2. Kommentare

Baumbach/Hopt, HGB, 35. Aufl., 2012
Ebenroth/Boujong/Joost/Strohn, HGB, 2. Aufl., 2009
Heidel/Schall, HGB, 2010
Koller/Roth/Morck, HGB, 6. Aufl., 2007
Münchener Kommentar zum HGB, 3. Aufl., 1996 ff.
Oetker, HGB, 2. Aufl., 2011
Röhricht/v. Westphalen, HGB, 3. Aufl., 2008
Schlegelberger, HGB, 5. Aufl., 1973 ff.
Staub, HGB (bis 3. Aufl. Großkommentar zum HGB), Band 2 (§§ 48–104) 5. Aufl., 2008, übrige Bände 4. Aufl., 1983 ff.

3. Fälle und Lösungen

Fezer, Handelsrecht, 5. Aufl., 2009
Hadding/Hennrichs, Die HGB-Klausur, 3. Aufl., 2003
Hopt/Mössle, Handelsrecht, 2. Aufl., 1999

---

* Monografien werden, wenn nichts anderes angegeben ist, nur mit dem Namen des Verfassers zitiert, Kommentare wie folgt: Herausgeber/*Bearbeiter* bzw. Begründer/*Bearbeiter* (Ausnahmen: MünchKomm-AktG/*Bearbeiter*; MünchKomm-BGB/*Bearbeiter*; MünchKomm-HGB/*Bearbeiter*).

Lettl, Fälle zum Handelsrecht, 2007
Martinek/Bergmann, Handels- und Gesellschaftsrecht, 4. Aufl., 2008
Timm/Schöne, Fälle zum Handels- und Gesellschaftsrecht, Bd. I, 8. Aufl., 2010, Bd. II, 7. Aufl., 2010
Wiedemann/Fleischer, Handelsrecht (Prüfe dein Wissen), 9. Aufl., 2010

B. Gesellschaftsrecht

1. Lehrbücher, Grundrisse, Examinatorien

Drygala/Staake/Szalai, Kapitalgesellschaftsrecht, 2012
Eisenhardt, Gesellschaftsrecht, 14. Aufl., 2009
Flume, Allgemeiner Teil des Bürgerlichen Rechts Bd. I/1, Die Personengesellschaft, 1977
Flume, Allgemeiner Teil des Bürgerlichen Rechts Bd. I/2, Die juristische Person, 1983
Grunewald, Gesellschaftsrecht, 8. Aufl., 2011
Hirte, Kapitalgesellschaftsrecht, 6. Aufl., 2009
Hueck, Das Recht der OHG, 4. Aufl., 1971
Hüffer/Koch, Gesellschaftsrecht, 8. Aufl., 2011
Klunzinger, Grundzüge des Gesellschaftsrechts, 16. Aufl., 2012
Kraft/Kreutz, Gesellschaftsrecht, 11. Aufl., 1999
Kübler/Assmann, Gesellschaftsrecht, 6. Aufl., 2006
Raiser/Veil, Recht der Kapitalgesellschaften, 5. Aufl., 2010
Saenger, Gesellschaftsrecht, 2010
Schäfer, Gesellschaftsrecht, 2. Aufl., 2011
K. Schmidt, Gesellschaftsrecht, 4. Aufl., 2002
Wiedemann, Gesellschaftsrecht, Bd. 1, Grundlagen, 1980; Bd. 2, Recht der Personengesellschaften, 2004
Wilhelm, Kapitalgesellschaftsrecht, 3. Aufl., 2009
Windbichler, Gesellschaftsrecht, 22. Aufl., 2009

2. Kommentare

Großkommentar zum Aktiengesetz, 4. Aufl., 1992 ff.
Baumbach/Hueck, GmbH-Gesetz, 19. Aufl., 2010
Geßler/Hefermehl, Aktiengesetz, 1973 ff.
Hachenburg, Gesetz betreffend die Gesellschaften mit beschränkter Haftung, 8. Aufl., 1992 ff.
Henssler/Strohn, Gesellschaftsrecht, 2011
Hüffer, Aktiengesetz, 10. Aufl., 2012
Kölner Kommentar zum Aktiengesetz, 2. Aufl., 1986 ff.
Lutter/Hommelhoff, GmbH-Gesetz, 17. Aufl., 2009
Münchener Kommentar zum Aktiengesetz, 2000 ff.

Münchener Kommentar zum GmbH-Gesetz, 3. Bde., 2010 ff.
Michalski, GmbH-Gesetz, 2. Aufl., 2010
Roth/Altmeppen, Gesetz betreffend die Gesellschaften mit beschränkter Haftung, 7. Aufl., 2012
Rowedder, Gesetz betreffend die Gesellschaft mit beschränkter Haftung, 5. Aufl., 2009
Saenger/Inhester, GmbH-Gesetz, HandKommentar, 2011
Scholz, Kommentar zum GmbH-Gesetz, 10. Aufl., 2006 ff.
Ulmer/Habersack/Winter, GmbH-Gesetz, 2005 ff.
Wicke, GmbHG, 2. Aufl., 2011

3. Fälle und Lösungen

Wiedemann/Frey, Gesellschaftsrecht (Prüfe dein Wissen), 8. Aufl., 2012
Lettl, Fälle zum Gesellschaftsrecht, 2008

4. Internet

Internet-Links zum Gesellschaftsrecht unter www.peter-kindler.de

A. Handelsrecht

§ 1. Einführung

I. Handelsrecht als Sonderprivatrecht

Das Handelsrecht umfasst nach herkömmlicher Begriffsbestimmung das gesamte „Sonderprivatrecht der Kaufleute". Diese doppelte Kennzeichnung als Sonderrecht und als Privatrecht bedeutet im Einzelnen: 1

1. Sonderrecht für Kaufleute

Als *Sonder*privatrecht der *Kaufleute* bezeichnet der Begriff Handelsrecht zum einen die Gesamtheit der Rechtsnormen und ungeschriebenen Rechtsgrundsätze, deren Normadressat „Kaufmann" i.S. der §§ 1–7 HGB ist (zum Kaufmannsbegriff unten § 2 Rn. 1 ff.). Weil der Bezugspunkt des deutschen Handelsrechts ein Rechtssubjekt mit besonderen Merkmalen („Kaufmann") ist, liegt der Abgrenzung vom allgemeinen Privatrecht – vereinfacht gesagt – ein **„subjektives System"** zugrunde.[1] Anders das im *früheren* deutschen Handelsrecht, im geltenden Wechsel- und Scheckrecht sowie teilweise im Ausland vorherrschende „objektive System": Sein Anwendungsgebiet wird durch den Begriff des „Handelsgeschäfts" umrissen (Art. 271 ff. ADHGB 1861), nach dem Vorbild des ständefeindlichen französischen Code de commerce von 1807, der in Art. 1, 632 den „acte de commerce" zum Ausgangspunkt nimmt.[2] 2

Vereinfachend ist die Kennzeichnung der Abgrenzungsprinzipien als subjektiv bzw. objektiv freilich deshalb, weil keines der beiden Modelle bruchlos durchgehalten wird:[3] Das HGB verwendet das objektive System z. B. im gesamten Seehandelsrecht (Fünftes Buch des HGB, §§ 476 ff.), wenn dort allein das Vorliegen eines Seehandelsgeschäfts und nicht die Kaufmannseigenschaft Anwendungsvoraussetzung ist. Eine punktuelle Annäherung an das objektive System findet sich ferner in § 345 HGB. Danach genügt es für die Anwendbarkeit der Vorschriften über Handelsgeschäfte (§§ 343–475 h HGB) grundsätzlich, dass bloß ***einer*** der Beteiligten die Kaufmannseigenschaft besitzt. Umgekehrt enthielt schon das ADHGB von 1861 einen subjektiven Einschlag, weil Art. 4 beim Kaufmannsbegriff die 3

---

[1] Grundlegend *Raisch*, Geschichtliche Voraussetzungen, dogmatische Grundlagen und Sinnwandlung des Handelsrechts, 1965, S. 25 ff.; *ders.*, ZHR 150 (1986), 117 ff.; einführend *Hopt*, Stichwort „Handelsrecht", in: Basedow/Hopt/Zimmermann (Hrsg.), Handwörterbuch des Europäischen Privatrechts, Bd. I, 2009, S. 805 ff.

[2] Rechtsvergleichend *Kort*, AcP 193 (1993), 452 ff.; ferner *Sonnenberger/Dammann*, Französisches Handels- und Wirtschaftsrecht, 3. Aufl., 2008, II § 1; ebenso bis 1942 das italienische Recht, *Kindler*, Italienisches Handels- und Wirtschaftsrecht, 2002, § 1 Rn. 1, S. 43 f.

[3] Vgl. *Canaris*, § 1 Rn. 3.

Handelsgeschäfte als Voraustatbestand heranzog.[4] Das Gleiche gilt für Art. 1, 632 Code de commerce.[5]

4 Selbst wo das Handelsrecht dem subjektiven System folgt, verwendet es als Anknüpfungsperson nicht durchgängig den Kaufmann, sondern teilweise auch den Unternehmer (§ 91 HGB) oder den nichtkaufmännischen Gewerbetreibenden (§§ 84 IV, 93 III, 383 II, 407 III Nr. 2, 453 III, 467 III HGB), weil dies durch den Normzweck der betreffenden Vorschriften geboten ist. Dass das Handelsrecht ein Sonderrecht nicht nur für Kaufleute ist, wird schließlich auch daran erkennbar, dass Rspr. und Lehre seit langem bestimmte **kaufmannsähnliche Personen** den Regeln über die Handelsgeschäfte (§§ 343 ff. HGB) unterwerfen (näher unten § 7 Rn. 6 ff.). Aus der – grundsätzlichen – Kaufmannsbezogenheit des Handelsrechts ergibt sich aber nach wie vor seine Eigenständigkeit im Verhältnis zu anderen Sonderprivatrechtsordnungen wie Wertpapierrecht, Gesellschaftsrecht, Bankrecht und Wirtschaftsrecht.[6]

5 Neben dem offen an die Kaufmannseigenschaft mindestens eines Beteiligten anknüpfenden Sonderrecht ist für Kaufleute das im ***BGB*** enthaltene Sonderrecht für **Unternehmer** i. S. des § 14 BGB zu beachten. Unternehmer ist nach der gesetzlichen Begriffsbestimmung in § 14 I BGB eine natürliche oder juristische Person oder eine rechtsfähige Personengesellschaft, die bei Abschluss eines Rechtsgeschäfts in Ausübung ihrer gewerblichen oder selbständigen beruflichen Tätigkeit handelt. Hierunter fallen alle Handelsgesellschaften i. S. des § 6 HGB sowie die Einzelkaufleute nach §§ 1–3 HGB, da diese begriffsnotwendig ein Unternehmen betreiben. Verträge zwischen einem Kaufmann und einem ***Verbraucher*** unterliegen daher – weil der Kaufmann immer auch Unternehmer i. S. des § 14 BGB ist – als Verbraucherverträge den besonderen Vorschriften zum Schutze des Verbrauchers. Hervorzuheben sind hier die §§ 312, 312 a BGB (Haustürgeschäfte), §§ 312 b–312 d BGB (Fernabsatzverträge), §§ 474–479 BGB (Verbrauchsgüterkauf), §§ 491–495 BGB (Verbraucherdarlehensvertrag), §§ 481–487 BGB (Teilzeit-Wohnrechteverträge). Der Schutz des Verbrauchers soll auf diesen Gebieten insbesondere durch weitreichende vorvertragliche Informationspflichten und die Einräumung eines Widerrufsrechts erreicht werden. Ferner genießt der Kaufmann in seiner Eigenschaft als Unternehmer nur eingeschränkten Schutz bei der AGB-rechtlichen Einbeziehungs- und Inhaltskontrolle (§ 310 III BGB). Einen bemerkenswerten Pflichtenkatalog enthält § 312 e BGB für den im elektronischen Geschäftsverkehr tätigen Kaufmann (Unternehmer) im Verhältnis zu allen „Kunden", d. h. unabhängig von deren Verbrauchereigenschaft i. S. des § 13 BGB. All diese Regelungen sind – wie gesagt – für den **Kaufmann** deshalb von Bedeutung, weil er **immer zugleich in Personalunion Unternehmer** i. S. des § 14 BGB ist. Unternehmer sind darüber hinaus aber auch nichtkaufmännische Kleingewerbetreibende, Freiberufler, Land- und Forstwirte.[7]

---

[4] Art. 4 ADHGB: „Als Kaufmann i. S. dieses Gesetzbuchs ist anzusehen, wer gewerbemäßig Handelsgeschäfte betreibt."; damit wird auf Art. 271 ff. ADHGB Bezug genommen.

[5] Vgl. nochmals die Nachw. in Fn. 2.

[6] Näher *Canaris*, § 1 Rn. 6 ff.

[7] Krit. hierzu – speziell mit Blick auf das Recht der Allgemeinen Geschäftsbedingungen – *Pfeiffer*, NJW 1999, 169 ff.; grundlegend zu den Schnittstellen zwischen dem Sonderprivatrecht der Unternehmer und der Kaufleute *K. Schmidt*, BB 2005, 837 ff.

2. Privatrecht

Setzt man das Handelsrecht mit seiner hauptsächlichen positivrechtlichen Quelle, dem HGB, gleich, so ist der Begriff Sonder*privat*recht zu eng. Zwar enthält das HGB vor allem Vorschriften des Privatrechts, und es verdrängt oder ergänzt insoweit die Vorschriften des BGB. Deutlich wird dies aus Art. 2 I EGHGB: „In Handelssachen kommen die Vorschriften des Bürgerlichen Gesetzbuchs nur insoweit zur Anwendung, als nicht im Handelsgesetzbuch oder in diesem Gesetz ein anderes bestimmt ist.“ 6

Diese Rechtsanwendungsnorm erfasst nur diejenigen HGB-Vorschriften, die im Verhältnis zur Regelung des BGB Ausnahme- oder Ergänzungscharakter haben. Dies gilt zunächst für das im Vierten Buch des HGB angesiedelte Schuld-, Sachen- und Wertpapierrecht des Handels. Ausnahmevorschriften zum BGB finden sich etwa in den §§ 348–350 HGB. Ausgeschlossen werden dort die bürgerlichrechtlichen Vorschriften über richterliche Herabsetzung von Vertragsstrafen (§ 343 BGB), die Einrede des Vorausklagen des Bürgen (§§ 771 ff. BGB) und die Formbedürftigkeit von Bürgschaften, Schuldversprechen und Schuldanerkenntnissen (§§ 66, 780f. BGB). Ergänzungscharakter hat z.B. das Kommissionsrecht. Die §§ 383ff. HGB überlagern die §§ 675, 662ff. BGB in Einzelpunkten, ohne die bürgerlichrechtliche Regelung vollständig zu verdrängen. Gleichermaßen Ergänzungs- und Ausnahmecharakter hat die praktisch überaus bedeutsame Rügeobliegenheit beim Handelskauf nach § 377 HGB: Durch die Obliegenheit zur unverzüglichen Mängelrüge wird die Verkäuferhaftung nach dem BGB zwar lediglich um ein negatives Tatbestandserfordernis ergänzt; die Rechtsfolge bei Nichtbeachtung der Obliegenheit besteht aber darin, dass die BGB-Vorschriften vollständig außer Anwendung bleiben. 7

Die in Rn. 7 aufgeführten Beispiele entstammen dem Vierten Buch des HGB über die „Handelsgeschäfte“. Die Rechtsanwendungsnorm des Art. 2 I EGHGB hat aber auch Bedeutung für das Erste Buch des HGB über den „Handelsstand“. Dort enthalten die §§ 48 ff. HGB (Prokura und Handlungsvollmacht) Sonderrecht zu §§ 167ff. BGB; Gleiches gilt für das Verhältnis der §§ 59ff. HGB (Handlungsgehilfen) und §§ 84 ff. HGB (Handelsvertreter) zum Dienstvertragsrecht des BGB (§§ 611 ff. BGB) und das Verhältnis der §§ 93ff. HGB (Handelsmakler) zu der Regelung des Zivilmaklers in §§ 652ff. BGB. 8

Außer den vorgenannten Vorschriften des Privatrechts enthält das HGB aber auch in weitem Umfang *öffentlichrechtliche* Pflichten, denen der Kaufmann unterworfen ist.[8] Sie belegen, dass die Bezeichnung des Handelsrechts als Sonder*privat*recht nicht das gesamte Regelungsspektrum des HGB ausleuchtet. **Öffentlichrechtliche „Grundpflichten“** des Kaufmanns in diesem Sinne sind: 9

- die zwangsgeldbewehrte (§ 14 HGB) Registerpflicht, d.h. die Pflicht zur Anmeldung bestimmter Tatsachen oder zur Einreichung von Schriftstücken, z.B. in den Fällen der §§ 29, 53, 106, 143 HGB;[9]

---

[8] *Brüggemann,* (in: Staub, 4. Aufl., Stand 1982, Einl. Rn. 2) bezeichnet diese anschaulich als „öffentlichrechtliche Einsprengsel“.

[9] Zahlreiche weitere Beispiele bei Koller/*Roth*/Morck, § 8 HGB Rn. 7.

- die durch ein als Offizialverfahren ausgestaltetes Missbrauchsverfahren (§ 37 I HGB) sanktionierte Pflicht zur Beachtung des Firmenordnungsrechts (§§ 18, 19, 21, 22 I, 24 I, 30 HGB);
- die ebenfalls zwangsgeldbewehrte Geschäftsbriefpublizität nach §§ 37 a, 125 a, 177 a HGB, 80 AktG, 35 a GmbHG;
- und vor allem die durch Straf-, Bußgeld- und Zwangsgeldvorschriften (§§ 331 ff. HGB) sanktionierte Pflicht des Kaufmanns zur Buchführung (Drittes Buch des HGB, §§ 238–342 e HGB).

3. Pflichtfachwissen im Handelsrecht

10 Das soeben Rn. 1 ff. in seiner Vielfalt vorgestellte Handelsrecht ist freilich nicht zur Gänze Gegenstand des Pflichtfachwissens für die Erste Prüfung. Die meisten **Ausbildungsordnungen** beschränken sich auf folgende Gebiete: Kaufmannsbegriff und kaufmännisches Unternehmen, Handelsfirma, Publizität des Handelsregisters, Prokura und Handlungsvollmacht, allgemeine Vorschriften über Handelsgeschäfte, Handelskauf.[10] Dem trägt auch die Stoffauswahl für den vorliegenden Grundkurs Rechnung.

II. Leitprinzipien

1. Normzweckvielfalt im HGB

11 Ein einheitliches Leitprinzip, auf das sich alle HGB-Vorschriften zurückführen ließen, gibt es nicht.[11] Der wohl einzige Versuch, die Vielfalt der handelsrechtlichen Vorschriften auf einen Grundgedanken zurückzuführen, stammt von *Heck*. Ihm war es darum zu tun, das Handelsrecht als „Recht des rechtsgeschäftlichen Massenbetriebs" zu entwickeln.[12] Daran ist zwar richtig, dass der kaufmännische Rechtsverkehr meist auf Massenumsatz gerichtet ist und etwa § 377 HGB dem besonderen Bedürfnis nach Schnelligkeit und Rechtssicherheit im Massenbetrieb entgegenkommt. Massenhafte Vertragsabschlüsse gibt es aber auch auf anderen Gebieten des Privatrechts (z. B. Bankrecht, Arbeitsrecht, Mietrecht), ohne dass das Handelsrecht hier einen Anwendungsanspruch erheben würde. Auf der anderen Seite gibt es durchaus Kaufleute, die wenige, individuell gestaltete Rechtsgeschäfte tätigen, wie z. B. Kunsthändler.

12 Immerhin kann man einzelne Leitprinzipien des Handelsrechts herausarbeiten. Sie beruhen vor allem auf zwei tatsächlichen Gegebenheiten des Wirtschaftslebens:[13]

---

[10] Z. B. § 18 II Nr. 2 BayJAPO 2003; § 11 II Nr. 3 u. 4 JAG NRW 2003; § 8 II Nr. 3 JAPrO BW 2002.

[11] Ebenso *Canaris,* § 1 Rn. 15, der kein „sinngebendes Zentralkriterium des Handelsrechts" zu erkennen vermag.

[12] AcP 92 (1902), 456 ff.

[13] Vgl. *Canaris,* § 1 Rn. 16.

- An die Geschäftsgewandtheit und -erfahrung von Kaufleuten lassen sich erhöhte Anforderungen stellen.
- Der kaufmännische Verkehr ist ganz besonders auf Flexibilität, Schnelligkeit, Einfachheit und Rechtssicherheit angewiesen.

2. Einzelne Leitprinzipien des Handelsrechts

a) Erweiterung der Privatautonomie

Flexibilität ist im Handelsverkehr nur durch einen gegenüber dem allgemeinen Recht erweiterten Spielraum der Privatautonomie gewährleistet. Gerechtfertigt ist die Zurückdrängung zwingenden Rechts für den Bereich des Handelsverkehrs deshalb, weil Kaufleute aufgrund ihrer typischerweise gesteigerten Geschäftsgewandtheit und -erfahrung weniger schutzwürdig sind. 13

Beispiele: §§ 348, 350 HGB; 29 II, 38 I ZPO; 310 I BGB.

b) Gesteigerter Verkehrs- und Vertrauensschutz

Eine Reihe von Vorschriften beruht auf der Überlegung, dass es im Handelsverkehr weniger zumutbar ist, Nachforschungen über die Rechtsverhältnisse in der Sphäre anderer Beteiligter anzustellen. Einen hohen Stellenwert genießt deshalb das Vertrauen auf den äußeren Anschein einer bestimmten Rechtslage und auf die Verbindlichkeit von Erklärungen anderer Teilnehmer am Rechtsverkehr. 14

Dogmatisch gehört vor allem die weitreichende **Handelsregisterpublizität** nach § 15 HGB hierher, ferner die Erstreckung des Gutglaubensschutzes beim Erwerb vom Nichtberechtigten auf die Fälle der fehlenden Verfügungsmacht nach § 366 HGB. Dem Schweigen im Handelsverkehr wird – anders als nach bürgerlichem Recht –[14] häufig Erklärungswert beigemessen, was letztlich zu einer Haftung auf Erfüllung und nicht bloß auf Schadensersatz führt (nach § 362 HGB und in Anwendung der Grundsätze über das Schweigen auf ein kaufmännisches Bestätigungsschreiben, § 346 HGB). Hinzukommen spezifisch handelsrechtliche Fälle der Rechtsscheinhaftung und der zwingend festgelegte Mindestumfang der Prokura als kaufmännischer Vollmacht (§§ 49 f. HGB). 15

c) Gesteigerte Sorgfaltsobliegenheiten

Im Handelsverkehr besteht ein ausgeprägtes Bedürfnis nach einfacher und schneller Abwicklung der Geschäfte. Dies gilt aber auch schon für den Abschluss von Handelsgeschäften. Deshalb trifft den Empfänger eines Angebots (§ 362 HGB) bzw. eines kaufmännischen Bestätigungsschreibens die Obliegenheit, unverzüglich zu widersprechen, wenn er eine vertragliche Bindung ablehnt. Hier berühren sich die Gesichtspunkte der Einfachheit und Schnelligkeit mit dem soeben Rn. 14, 15 dargestellten gesteigerten Verkehrs- und Vertrauensschutz. Für 16

---

[14] *Musielak*, Grundkurs BGB, 12. Aufl., 2011, Rn. 106 ff.

Praxis – und Prüfung! – des Handelsrechts ist ferner die Rügeobliegenheit des Käufers nach § 377 HGB von grundlegender Bedeutung.

3. Fragwürdige Legitimation als Sonderprivatrecht

17 Die dargestellten „Leitprinzipien" rechtfertigen freilich nur bedingt die sachliche und kodifikatorische Eigenständigkeit des Handelsrechts. Vielfach ist eine Beschränkung des Anwendungsbereichs auf Kaufleute oder – wie dies rechtspolitisch diskutiert wird – auch nur auf Unternehmer[15] sachwidrig bis hin zur Verfassungswidrigkeit. So ist z. B. die Handlungsvollmacht i. S. des § 54 HGB ebenso wie das Kontokorrent i. S. der §§ 355 ff. HGB rein bürgerlichrechtlich zu qualifizieren. Weithin verfassungswidrig ist die besondere Zinsregelung für handelsrechtliche Schuldverhältnisse in §§ 352 f. HGB.[16] Die enge Verwandtschaft mit dem bürgerlichen Recht[17] zeigt sich auch im Prüfungsaufbau (unten Rn. 30 ff.).

III. Europarechtliche und internationale Bezüge[18]

1. Grundfreiheiten nach dem AEUV

18 Die durch den AEUV verbürgten Grundfreiheiten wirken kaum auf das Handelsrecht des HGB ein.[19] So ist z. B. eine gewisse Großzügigkeit gegenüber der Verwendung EG-ausländischer Firmenbildungen im Inland geboten, und zwar unter dem Blickwinkel der Niederlassungsfreiheit (Art. 49, 54 AEUV), der Warenverkehrsfreiheit (Art. 34 AEUV) und der Dienstleistungsfreiheit (Art. 56 AEUV).[20] Dass die besonderen Vorschriften des Schuld-, Sachen- und Wertpapierrechts für den kaufmännischen Verkehr als unzulässige Beschränkung der Warenverkehrsfreiheit eingestuft werden,[21] erscheint indessen kaum denkbar.

2. Rechtsangleichung

19 Das Handelsrecht – ohne Gesellschaftsrecht[22] – ist vielfach durch Richtlinien der EU beeinflusst. Dies gilt zunächst für die Registerpublizität und die Rechnungslegung; hier hat der deutsche Gesetzgeber die Vorgaben der Ersten, Vierten,

---

[15] Vgl. zu einem Handelsrecht als „Außenprivatrecht der Unternehmen" *K. Schmidt,* HandelsR, § 3.

[16] *Kindler*, Gesetzliche Zinsansprüche im Zivil- und Handelsrecht, 1996; tendenziell zust. *Canaris,* § 26 Rn. 10; anders *K. Schmidt,* HandelsR, § 18 III 2 e.

[17] *Canaris,* § 1 Rn. 47 spricht anschaulich von „Variationen über bürgerlichrechtliche Themen"; grdl. *Chr. Reymann*, Das Sonderprivatrecht der Handels- und Verbraucherverträge, 2009.

[18] Vgl. § 5 a II 3 DRiG i. d. F. des Gesetzes v. 26.4.2002, BGBl. I, 2592; zu den europarechtlichen Bezügen des Handelsrechts s. *Riehm*, in: Langenbucher (Hrsg.), Europarechtliche Bezüge des Privatrechts, 2. Aufl., 2008.

[19] Etwas anderes gilt für das Gesellschaftsrecht, vgl. unten § 9 Rn. 25 ff.

[20] Näher Ebenroth/Boujong/Joost/Strohn/*Zimmer,* Anh. § 17 HGB Rn. 13 ff.; *LG Aachen* NZG 2007, 600; *OLG München* NZG 2007, 824.

[21] Allg. dazu *Herdegen*, Europarecht, 12. Aufl., 2010, Rn. 287 ff.

[22] Hierzu § 9 Rn. 28 f.

Siebten und Elften Gesellschaftsrechtlichen Richtlinie (vgl. § 9 Rn. 28) teils auf alle kaufmännischen Unternehmen erstreckt, teils jedenfalls in den größeren kodifikatorischen Zusammenhang des HGB gestellt. EU-rechtlich geprägt ist ferner das Handelsvertreterrecht (§§ 84 ff. HGB), welches weithin auf der Richtlinie 86/853/EWG v. 18.12.1986[23] beruht.[24]

3. Internationales Einheitsrecht

20 Internationales Einheitsrecht genießt Anwendungsvorrang gegenüber dem innerstaatlichen Recht (vgl. Art. 59 II GG, 3 Nr. 2 EGBGB) und dem EU-Kollisionsrecht (vgl. Art. 25 Rom I-VO). Für die Regelungsgebiete des HGB sind vor allem das **Wiener UN-Kaufrechtsübereinkommen vom 11.4.1980** (CISG) und das Übereinkommen über den Beförderungsvertrag im internationalen Straßengüterverkehr vom 19.5.1956 (CMR) von Bedeutung. Dabei betrifft das erstgenannte dieser Übereinkommen unmittelbar den handelsrechtlichen Pflichtfachstoff, da grenzüberschreitende Kaufverträge des Handelsverkehrs meist dem CISG unterliegen werden. Dessen Regeln verdrängen dann diejenigen des BGB und des HGB. Spürbare Auswirkungen hat dies z. B. bei der unterschiedlichen Bemessung der Rügefrist; nach § 377 I HGB ist die Mangelhaftigkeit der Kaufsache „unverzüglich" zu rügen, während Art. 39 I CISG – weitaus käuferfreundlicher – die Rüge „innerhalb einer angemessenen Frist" genügen lässt. Näher unten § 8 Rn. 7 ff.

21 Auf rechtsgeschäftlicher Ebene sind vielfach international vereinheitlichte Vertragsgestaltungen zu beachten, z. B. die „International commercial terms" (Incoterms). Sie enthalten international einheitliche Definitionen für den Inhalt bestimmter abgekürzter Vertragsklauseln (z. B. FOB = free on board).[25] Zu einem Welthandelsrecht (lex mercatoria) haben sich die international etablierten Klauselwerke freilich noch nicht verdichtet; Ansätze zu einer Kodifikation enthalten die 1994 vom Institut für Privatrechtsvereinheitlichung in Rom (UNIDROIT) herausgegebenen Grundregeln für internationale Handelsverträge (Principes relatifs aux contrats du commerce internationaux/Principles of International Commercial Contracts).

IV. Geschichtliche Grundlagen und Entwicklung[26]

22 Der hier in Rn. 1 ff. dargestellte Rechtszustand bildet den vorläufigen Endpunkt einer historischen Entwicklung, deren Beginn etwa im 17. Jh. liegt. Damals hatten

[23] ABlEG Nr. L 382/17.

[24] Zur Umsetzung *Kindler*, RIW 1990, 358 ff.

[25] Abdruck und Erläuterung der Incoterms 2010 z. B. bei *Baumbach/Hopt*, Nebengesetze (6).

[26] Vgl. § 5 a II 3 DRiG; ausführlich *K. Schmidt*, HandelsR, § 2; lesenswert ferner *Rießer*, Der Einfluss handelsrechtlicher Ideen auf den Entwurf eines BGB, 1894; *Eisenhardt*, FS Raisch, 1995, S. 51 ff., *Schubert*, ZHR 144 (1980), 484 ff. (zur Einführung des ADHGB als Gesetz des norddeutschen Bundes); *Fleckner*, Stichwort „ADHGB", in: Basedow/Hopt/Zimmermann (Hrsg.), Handwörterbuch des Europäischen Privatrechts, Bd. I, 2009, S. 45 ff.; tabellarischer Überblick zur Geschichte des deutschen Handelsrechts bei *Jung*, § 1 Rn. 9.

sich bereits ein Kaufmannsstand und eine Vielzahl von handelsrechtlichen Rechtsinstituten und Handelsbräuchen herausgebildet; sogar Rechtsvorschriften des materiellen Handelsrechts waren vereinzelt – besonders in den Stadtrechten („Merkantilordnungen") – vorhanden. Weitere Entwicklungsstufen des Handelsrechts markieren das Lehrbuch von Johann Marquardt („Tractatus politico-iuridicus de iure mercatorum et commerciorum singulari", 1662), das Kaufmannsrecht im Preußischen ALR von 1794 und der französische Code de commerce von 1807.

23 Unmittelbarer Vorläufer des jetzigen HGB ist das Allgemeine Deutsche Handelsgesetzbuch (ADHGB) von 1861, welches aufgrund der Reichsverfassung von 1871 als Reichsrecht fortgalt. Ein allgemeines bürgerliches Gesetzbuch war unter den in der Mitte des 19. Jh. bestehenden politischen Verhältnissen noch nicht zu erreichen. Die föderalistische Verfassung des Deutschen Bundes stand einer Vereinheitlichung des Vertrags-, Schuld- und Mobiliarsachenrechts entgegen. Es blieb daher nur der Weg, die Grundsätze dieser für den zwischenstaatlichen Rechtsverkehr vitalen Materie als „Sonderrecht" für Handeltreibende in einem Handelsgesetzbuch niederzulegen. Freilich bezog man dabei soviele genuin zivilrechtliche Institutionen und Normen wie möglich in das neue Einheitsprivatrecht ein. Das Handelsrecht wurde so gleichsam das trojanische Pferd *(Köbler)*, in dessen Gefolge die Vereinheitlichung des Zivilrechts in Deutschland stand. Die Abgrenzung von Zivil- und Handelsrecht erweist sich daher rückblickend nicht als sachgesetzliche, sondern als politische Notwendigkeit. Nicht das Kaufmannsbild des 19. Jh., das noch bis zum Handelsrechtsreformgesetz (HRefG) vom 22. Juni 1998 (BGBl. I S. 1474) als rechtspolitische Rechtfertigung für das Handelsrecht als Sonderprivatrecht herhalten musste, sondern die Unmöglichkeit, ein gemeinsames „Verkehrsrecht" für den gesamten Deutschen Bund zu schaffen, bedingten die Entstehung des Handelsrechts als „Sonderrecht".

24 Betrachtet man etwa die Abschnitte des ADHGB über „allgemeine Bestimmungen über Handelsgeschäfte" (Art. 278 bis 316), über die „Abschließung der Handelsgeschäfte" (Art. 317 bis 323) und über die „Erfüllung der Handelsgeschäfte" (Art. 324 bis 336), und hält man sich dabei vor Augen, wieviele dieser Regeln man heute der Rechtsgeschäftslehre und dem allgemeinen Schuldrecht zurechnet, dann wird deutlich, dass mit dem ADHGB zu einem guten Stück bereits die vorweggenommene, „heimliche" Vereinheitlichung des Zivilrechts in Deutschland stattgefunden hatte. Denn aufgrund der allgemeinen Bedeutung des Vertrags-, Schuld- und Mobiliarsachenrechts des ADHGB bestand die Notwendigkeit, in das zu schaffende BGB die im Kern zivilrechtlichen Rechtssätze aus dem ADHGB zu übernehmen. Es sollten – nach der Forderung der „Vorkommission" zur Ausarbeitung des BGB – „aus dem HGB diejenigen Sätze auszuscheiden haben, welche der allgemeinen Anwendung auf den gesamten Verkehr fähig und daher zur Aufnahme in das Bürgerliche Gesetzbuch geeignet erscheinen".[27] Bedeutung erlangte dies z. B. für die Normierung der offenen Stellvertretung (Art. 52 ADHGB; § 164 BGB) einschließlich der Haftung des vollmachtlosen Vertreters (Art. 55, 298

[27] Gutachten der „Vorkommission" v. 15.4.1874, wiedergegeben bei *Goldschmidt*, ZHR XX (1875), 134, 137 ff., 140 und bei *Schubert*, Materialien zur Entstehungsgeschichte des BGB, 1978, S. 170 ff.; allgemein zur Vorkommission s. *Benöhr*, JuS 1977, 79 ff.

Abs. 2 ADHGB; § 179 BGB), ferner für den Abschluss des Vertrages einschließlich des Grundsatzes der Formfreiheit (Art. 317 ff. ADHGB; §§ 145 ff. BGB), für die Auslegungsregeln in § 133 BGB (Art. 278 ADHGB) und § 157 BGB (Art. 279 ADHGB), für die Gesamtschuldvermutung bei der Haftung aus Vertrag (Art. 280 ADHGB; § 427 BGB), für den Erfüllungsort (Art. 324 ff. ADHGB; §§ 269 f. BGB), für die Gehilfenhaftung (Art. 400 ADHGB; § 278 BGB) und für die Regelung des Schadensersatzes (Art. 283 ADHGB; §§ 249, 252 BGB). Die nicht in das BGB übernommenen ADHGB-Normen finden wir heute im „schlecht geordneten Sammelsurium" *(Karsten Schmidt)* der allgemeinen Vorschriften über Handelsgeschäfte (§§ 343 bis 372 HGB).

25 Äußerlich vollzog sich die Ausarbeitung von BGB und HGB in mehreren Stufen. Da die Reichsverfassung von 1871 nur für bestimmte Bereiche des Privatrechts (u. a. Schuld- und Handelsrecht) eine Gesetzgebungszuständigkeit des Bundes vorsah, war es zunächst notwendig, die Kompetenz des Reiches auf das gesamte Privatrecht zu erstrecken. Dies geschah durch eine Verfassungsänderung im Jahre 1873 (lex Miquel-Lasker). Nach den Vorarbeiten der 1874 eingesetzten, schon erwähnten „Vorkommission" begann man noch im selben Jahr mit der Erarbeitung eines Entwurfs für ein BGB. Ende 1878 konnte die erste Kommission den ersten Gesamtentwurf für ein BGB (E I) vorlegen. Die vielfache Kritik, auf die der E I stieß, ließ erwarten, dass die zweite Lesung noch zu erheblichen Änderungen führen würde. Aus diesem Grund konnte sich das Reichsjustizamt nicht dazu entschließen, schon in diesem Stadium, wie von der Vorkommission empfohlen, mit der Revision des ADHGB zu beginnen; dies geschah erst Ende 1893, nachdem die im Jahre 1890 eingesetzte zweite BGB-Kommission die Revision des Schuldrechtsteils des E I abgeschlossen hatte.

26 Im Frühjahr 1895, noch vor der Veröffentlichung des gesamten zweiten Entwurfs für das BGB legte *Eduard Hoffmann* im Auftrag des Reichsjustizamts den „Entwurf eines Handelsgesetzbuchs für das Deutsche Reich" (RJA-E I) vor. Im Oktober des gleichen Jahres stellte die zweite BGB-Kommission den zweiten Entwurf fest (E II). Während dieser dem Bundesrat zur Beratung vorlag, beriet eine Kommission des Reichsjustizamts („Kommission Handel") den RJA-E I. Erst nach Vorlage des dritten BGB-Entwurfs (E III) an den Reichstag am 17.1.1896, aber noch vor Beschlussfassung des Reichstags über das BGB (1.7.1896) übersandte das Reichsjustizamt unter dem 11.6.1896 einen zweiten HGB-Entwurf an die Bundesregierungen. Dieser zweite Entwurf (RJA-E II) enthielt die notwendigen Anpassungen an den Inhalt des BGB.

27 Zwischenzeitlich hatte der Reichstag den E III beraten und dem Plenum zusammen mit einigen Änderungsvorschlägen zur Beschlussfassung vorgelegt (Juni 1896). Bis Oktober 1896 arbeitete man im Reichsjustizamt aufgrund der eingegangenen Kritiken der Bundesregierungen „Abänderungsvorschläge" zum RJA-E II aus. Am 13.11.1896 wurde der HGB-Entwurf dem Bundesrat zur Beschlussfassung vorgelegt (sog. BRVorl.). Das Plenum des Bundesrates billigte am 21.1.1897 verschiedene von den Ausschüssen vorgeschlagene Abänderungen. Die Entwürfe (sog. RTVorl.) wurden am 22.1.1897 vom Reichskanzler dem Reichstag zugeleitet, der den Entwurf schließlich am 7.4.1897 einstimmig annahm. Das HGB datiert vom 10.5.1897 und trat gleichzeitig mit dem BGB am 1.1.1900 in Kraft.

28 Folgende bedeutsame Änderungen des HGB im Laufe seiner Geschichte sind hervorzuheben:

- die Ausgliederung des Aktienrechts durch das AktG 1937;
- das Gesetz über die Kaufmannseigenschaft von Handwerkern vom 31.3.1953 (BGBl. I S. 106);
- die Handelsvertreternovelle mit Gesetz vom 6.8.1953 (BGBl. I S. 771);
- die Änderung der §§ 9 und 15 durch das Gesetz zur Durchführung der Ersten gesellschaftsrechtlichen Richtlinie der EWG vom 15.8.1969 (BGBl. I S. 1146);
- das Gesetz über die Kaufmannseigenschaft von Land- und Forstwirten und den Ausgleichsanspruch des Handelsvertreters von 1976 (BGBl. I S. 1197);
- das Bilanzrichtliniengesetz vom 19.12.1985 (BGBl. I S. 2355);
- das Gesetz zur Durchführung der EG-Handelsvertreterrichtlinie vom 23.10. 1989 (BGBl. I S. 1910);
- die Neuregelung der Zweigniederlassung durch das Gesetz zur Durchführung der Elften gesellschaftsrechtlichen Richtlinie der EG vom 22.7.1993 (BGBl. I S. 1282);
- das Nachhaftungsbegrenzungsgesetz vom 18.3.1994 (BGBl. I S. 560);
- Eingriffe in das Recht der Rechnungslegung durch das Kapitalaufnahmeerleichterungsgesetz vom 20.4.1998 (BGBl. I S. 707), das Gesetz zur Kontrolle und Transparenz im Unternehmensbereich vom 27.4.1998 (BGBl. I S. 786) und das Gesetz zur Einführung des Euro vom 9.6.1998 (BGBl. I S. 1242);
- die Neuordnung des Kaufmannsbegriffs und andere Änderungen handels- und gesellschaftsrechtlicher Vorschriften durch das Handelsrechtsreformgesetz vom 22.6.1998 (BGBl. I S. 1474);
- das Transportrechtsreformgesetz vom 25.6.1998 (BGBl. I S. 1588).
- das Kapitalgesellschaften- und Co-Richtlinie-Gesetz vom 24.2.2000 (BGBl. I S. 154).
- das Namensaktiengesetz vom 18.1.2001 (BGBl. I S. 123);
- das Gesetz über elektronische Register usw. vom 13.12.2001 (BGBl. I S. 3422).
- das 1. Justizmodernisierungsgesetz vom 24.8.2004 (BGBl. I S. 2198);
- das Gesetz über elektronische Handelsregister vom 10.11.2006 (BGBl. I S. 2553);
- das Gesetz zur Modernisierung des GmbH-Rechts und zur Bekämpfung von Missbräuchen vom 23.10.2008 (BGBl. I S. 2026);
- das Gesetz zur Modernisierung des Bilanzrechts vom 26.5.2009 (BGBl. I S. 1102).

29 Im *neuen Bundesgebiet* gilt das HGB (ohne Seerecht) seit dem 1.7.1990 gem. § 16 des DDR-MantelG vom 21.6.1990 (GBl. I S. 357) zum Staatsvertrag über die Währungs-, Wirtschafts- und Sozialunion vom 18.5.1990 (BGBl. II S. 537). Im ganzen Bundesgebiet gilt das HGB seit dem 3.10.1990 kraft Art. 8 Einigungsvertrag.

V. Die handelsrechtliche Klausur

1. Bezug zum Bürgerlichen Recht

Die Klausurbearbeitung zu einem Handelsrechtsfall setzt voraus, dass die Falllösungstechnik im Bürgerlichen Recht beherrscht wird.[28] Hinsichtlich des Fallaufbaus ist zu beachten, dass handelsrechtliche Vorschriften meist nur im Zuge der Prüfung bürgerlichrechtlicher Ansprüche bedeutsam werden. Das HGB enthält selbst kaum eigenständige Anspruchsgrundlagen. 30

Grundregel: Handelsrechtliche Vorschriften sind nie isoliert als „Vorfrage" zu prüfen, sondern stets nur dort, wo sie im Anspruchsaufbau bedeutsam werden. Insbesondere ist die Kaufmannseigenschaft (§§ 1 ff. HGB) eines oder aller Beteiligten nicht als Vorfrage zu prüfen, sondern im Rahmen der handelsrechtlichen Vorschrift, die die Kaufmannseigenschaft als Tatbestandsmerkmal enthält.

2. Anspruchsgrundlagen im HGB

Anspruchsgrundlagen haben im HGB Seltenheitswert. Beispielhaft seien – ohne Berücksichtigung des Gesellschaftsrechts – erwähnt: 31
- § 37 II HGB (Unterlassungsanspruch bei unbefugtem Firmengebrauch);
- die wechselseitigen Ansprüche der Parteien eines Handelsvertretervertrages (§§ 84 ff. HGB);
- § 353 HGB (Anspruch auf Fälligkeitszinsen);
- § 354 HGB (allgemeiner Entgeltanspruch des Kaufmanns);
- § 376 I HGB (Schadensersatz beim Fixhandelskauf);

Keine Anspruchsgrundlagen,[29] sondern bloße Haftungsnormen sind die §§ 25, 28 HGB. Sie erstrecken die aus einer anderen Vorschrift bereits begründete Verbindlichkeit (z. B. eine Kaufpreisschuld aus § 433 II BGB) auf weitere Personen (Erwerber eines Handelsgeschäfts; OHG oder KG bei Eintritt in das Geschäft eines Einzelkaufmanns). Diese Bestimmungen sind daher nicht allein, sondern zusammen mit der Grundlage des Anspruchs zu zitieren, für dessen Erfüllung neben dem Primärschuldner (z. B. dem Käufer) weitere Personen haften sollen. 32

3. Beispiele für das Ineinandergreifen handelsrechtlicher und bürgerlichrechtlicher Normen

In der weit überwiegenden Mehrzahl der Fälle ist Ausgangspunkt der Prüfung eine bürgerlichrechtliche Vorschrift (Anspruchsgrundlage), bei deren Prüfung (Anspruch entstanden, erloschen, einredebehaftet?[30]) an einer bestimmten Stelle 33

---

[28] Vgl. zur Einführung in die juristische Arbeitsmethode *Musielak*, Grundkurs BGB, 12. Aufl., 2011, Rn. 1 ff.

[29] A. A. *Brox/Henssler*, Rn. 498.

[30] Vgl. zu dieser Prüfungsabfolge *Musielak*, Grundkurs BGB, 12. Aufl., 2011, Rn. 20; *Köhler*, BGB AT, § 18 Rn. 1 ff.

das Handelsrecht heranzuziehen ist. In welcher Weise handelsrechtliche Sondernormen die bürgerlichrechtliche Regelung abändern oder ergänzen (vgl. Rn. 6 ff.), lässt sich am besten anhand von Beispielen veranschaulichen:

34 **Beispiel 1 (Prokura):** Kaufmann K erteilt dem P Prokura (§ 48 HGB), welche nach § 53 I HGB im Handelsregister eingetragen und bekannt gemacht wird. Trotz Widerruf der Prokura kauft P im Namen des K beim Autohaus D einen Firmenwagen. D verlangt von K Kaufpreiszahlung. K wendet ein, P habe wegen des Widerrufs der Prokura ohne Vertretungsmacht gehandelt. D lässt dies nicht gelten, da er – was zutrifft – von dem Widerruf nichts gewusst habe und dieser nicht ins Handelsregister eingetragen worden sei. Begründetheit des Anspruchs des D?
Anspruchsgrundlage ist § 433 II BGB. Die Vorschrift setzt einen wirksamen Kaufvertrag zwischen K und D voraus. Da K nicht selbst handelte, kann ein Kaufvertrag mit D nur durch das Handeln des P zustandegekommen sein. Dies setzt nach § 164 BGB Vertretungsmacht und Offenkundigkeit voraus. Letztere war hier gegeben, da P im Namen des K handelte. Vertretungsmacht bestand zwar ursprünglich in Gestalt der Prokura. Die Vertretungsmacht war im Zeitpunkt des Vertragsschlusses jedoch wegen des Widerrufs bereits erloschen (§ 168 Satz 2 BGB). Diese Rechtslage braucht sich der gutgläubige D aber nicht entgegenhalten zu lassen, da das Erlöschen der Prokura entgegen § 53 II HGB nicht im Handelsregister eingetragen war, § 15 I HGB. D beruft sich daher mit Recht auf den Fortbestand der Vertretungsmacht. Ein Kaufvertrag mit K wurde wirksam abgeschlossen und der Anspruch aus § 433 II BGB ist begründet.

35 **Beispiel 2 (Formfreiheit der Bürgschaftserklärung):** Kaufmann B verbürgt sich auf Bitten des Schuldners S für dessen Darlehensschuld gegenüber der G-Bank per e-mail. Eine qualifizierte elektronische Signatur nach dem Signaturgesetz verwendet er dabei nicht. Später wendet er gegen den von G geltend gemachten Zahlungsanspruch die Formnichtigkeit der Bürgschaftserklärung ein.
Anspruchsgrundlage ist § 765 I BGB. Vom Bestehen der Hauptverbindlichkeit der G-Bank gegenüber dem S ist nach dem Sachverhalt auszugehen. Fraglich ist der formwirksame Abschluss eines Bürgschaftsvertrages zwischen G und B. Eine schriftliche Bürgschaftserklärung nach § 766 S. 1 i.V.m. § 126 I BGB liegt nicht vor. Auch die von B gewählte elektronische Form (§ 126 a BGB) ersetzt hier die Schriftform nicht (§ 126 III BGB), da § 766 S. 2 BGB ausdrücklich die Erteilung der Bürgschaftserklärung in elektronischer Form ausschließt. Dennoch ist die Bürgschaftserklärung nicht nach § 125 S. 1 BGB nichtig. Denn § 766 BGB bleibt nach § 350 HGB außer Anwendung, da B Kaufmann ist. Der Bürgschaftsvertrag ist deshalb wirksam und der Anspruch der G gegen B aus § 765 I BGB begründet.

36 **Beispiel 3 (Rechtsverlust beim Handelskauf):** Die V-GmbH liefert der K-GmbH mit Traubenzucker versetzten Wein. K untersucht die Ware nicht und erfährt erst ein halbes Jahr später durch seine Abnehmer von diesem Mangel. Nunmehr rügt er die Mangelhaftigkeit der Ware, tritt vom Kaufvertrag zurück und verlangt von V Rückzahlung des Kaufpreises.
Anspruchsgrundlage ist § 346 I BGB. Die Vorschrift setzt den wirksamen Rücktritt der K-GmbH vom Kaufvertrag voraus. Wegen des Sachmangels (§ 434 BGB) bestand hier ursprünglich ein Rücktrittsrecht nach §§ 437 Nr. 2, 323 I BGB. Als bloß unerhebliche Pflichtverletzung i. S. des § 323 V 2 BGB kann man den Traubenzuckerzusatz nicht werten. Allerdings liegt hier wegen der Kaufmannseigenschaft der Beteiligten (§ 6 I HGB i.V.m. § 13 III GmbHG) ein beiderseitiger Handelskauf vor. Nach § 377 II HGB gilt die Ware als genehmigt, da die K-GmbH die Vertragswidrigkeit nicht unverzüglich i. S. des § 377 I HGB angezeigt hat. Das Rücktrittsrecht ist daher weggefallen; der aus § 346 I BGB geltend gemachte Anspruch ist unbegründet.

Fragen:

1. Was versteht man herkömmlicherweise unter Handelsrecht? (Rn. 1)
2. Was ist gemeint, wenn man sagt, das deutsche Handelsrecht folge dem „subjektiven System“? (Rn. 2)

3. Gibt es öffentlichrechtliche Vorschriften im HGB? (Rn. 9)
4. Welchen sachlichen Leitprinzipien folgt das Handelsrecht des HGB? (Rn. 13–16)
5. Die Europäische Gemeinschaft hat sich bisher mit der Angleichung des Handelsrechts nicht beschäftigt. Richtig oder falsch? (Rn. 19)
6. Welche bedeutenden handelsrechtlichen Entwicklungen verbinden Sie mit folgenden Jahreszahlen: 1794, 1861, 1897, 1998? (Rn. 22, 23, 27, 28)
7. Eine Grundregel der handelsrechtlichen Klausurenlehre lautet: Handelsrechtliche Fragestellungen im Rahmen zivilrechtlicher Fallbearbeitungen sind vorab in einer „handelsrechtlichen Vorbemerkung" zu prüfen. Richtig oder falsch? (Rn. 30)

1. Teil. Handelsstand

§ 2. Rechtsstellung und Begriff des Kaufmanns

I. Rechtliche Bedeutung und Anknüpfungsmerkmale der Kaufmannseigenschaft

1. Aufbauhinweis

Juristen gehen von den Rechtsfolgen aus. Ob ein Beteiligter Kaufmann ist, in- 1
teressiert nicht abstrakt, sondern nur im Normzusammenhang. Dies gilt auch für die juristische Hausarbeit und Klausur, jedenfalls soweit dort eine Fallbearbeitung verlangt wird. Hier darf die Kaufmannseigenschaft – wie dargestellt (oben § 1 Rn. 30 ff.) – keinesfalls als Vorfrage an den Anfang des Gutachtens gestellt werden. Sie ist erst an der Stelle innerhalb des Anspruchsaufbaus zu prüfen, in der sie für die Falllösung bedeutsam ist.[1] Vor der Erörterung des Kaufmannsbegriffs nach den §§ 1–7 HGB soll deshalb hier zunächst die Rechtsstellung des Kaufmanns verdeutlicht werden, d. h., in welchen Zusammenhängen die Kaufmannseigenschaft eines Beteiligten besondere Rechtsfolgen auslöst.

2. Kaufmannsrecht des HGB

a) Kaufmännische Grundpflichten

Der Erwerb der Kaufmannseigenschaft löst zunächst die statusbezogenen allge- 2
meinen Kaufmannspflichten nach dem HGB aus. Diese Pflichten bestehen unabhängig davon, ob der Kaufmann in privatrechtliche Beziehungen zu anderen Rechtssubjekten tritt. Es gibt vier kaufmännische Grundpflichten:

- **Registerpflicht:** Das HGB verlangt vielfach die Anmeldung bestimmter Tatsachen zum Register (z. B. §§ 29, 53, 106, 107, 143 HGB) oder die Einreichung von Schriftstücken (§§ 33 II, 325 ff. HGB). Die Anmeldung zur Eintragung ist elektronisch in öffentlich beglaubigter Form einzureichen (§ 12 I HGB i. V. m. §§ 129 BGB, 39 ff. BeurkG). Die Erfüllung dieser Pflichten kann (und muss) durch Ausübung von Registerzwang (§ 14 HGB) durchgesetzt werden.
- **Firmenführung:** Die an die inhaltliche Gestaltung der Firma (§ 17 HGB) zu stellenden Anforderungen ergeben sich aus dem Firmenordnungsrecht des HGB und der einschlägigen Sondergesetze (vgl. §§ 18, 19, 30 HGB; 4 AktG; 4 GmbHG).
- **Geschäftsbriefpublizität:** Mindestangaben auf Geschäftsbriefen – auch im elektronischen Geschäftsverkehr – machen es möglich, sich ohne langwierige Nachforschungen Klarheit über die rechtlichen Verhältnisse des Kaufmanns zu ver-

---

[1] Vgl. didaktisch zur Kaufmannseigenschaft *Freisfeld/Petig*, JuS 2008, 770 ff.

schaffen. Rechtsgrundlage hierfür ist § 37a HGB. Denselben Normzweck verfolgt die gesellschaftsrechtliche Geschäftsbriefpublizität nach §§ 125a, 177a HGB, 80 AktG, 35a GmbHG. Diese knüpft allerdings nicht an die Kaufmannseigenschaft der Gesellschaft (vgl. § 6 HGB; unten Rn. 112 ff.) an, sondern – wie diese – an die Wahl einer bestimmten Rechtsform.

- **Rechnungslegung:** Jeder Kaufmann unterliegt nach § 238 HGB der Buchführungspflicht. Nach § 241a HGB brauchen allerdings Einzelkaufleute, die an den Abschlussstichtagen von zwei aufeinander folgenden Geschäftsjahren nicht mehr als 500.000 EUR Umsatzerlöse und 50.000 EUR Jahresüberschuss aufweisen, die §§ 238 bis 241 HGB nicht anzuwenden.[2] Normzweck sind Dokumentation und Gläubigerschutz durch Selbstkontrolle des Kaufmanns. Die Durchsetzung der Rechnungslegungspflichten erfolgt präventiv und repressiv, d.h. unter Androhung von Zwangsgeld (§ 335 HGB), Bußgeld (§ 334 HGB) und strafrechtlichen Folgen (§§ 331, 332 HGB; ferner §§ 283 I Nr. 5–8, 283 b StGB).

b) Sonderprivatrecht des HGB

3 Hauptsächlich tritt die Kaufmannseigenschaft als Tatbestandsmerkmal privatrechtlicher Vorschriften des HGB in Erscheinung. Diese Vorschriften verdrängen oder ergänzen dann gemäß Art. 2 I EGHGB (oben § 1 Rn. 6) die entsprechenden Bestimmungen des BGB. Das Sonderprivatrecht des HGB betrifft die allgemeine Rechtsgeschäftslehre (§§ 48 ff. HGB), das Schuld- und Vertragsrecht (§§ 59 ff., 84 ff., 93 ff., 343 ff. HGB), vereinzelt auch das Sachenrecht (§ 366 HGB) und das Wertpapierrecht (§§ 363 ff. HGB). Meist wird der Kaufmann als Normadressat hier ausdrücklich genannt, so z. B. wenn § 346 HGB für den Rechtsverkehr „unter Kaufleuten“ auf den Handelsbrauch als ein Mittel zur Auslegung von Willenserklärungen verweist.

4 Normadressat ist der Kaufmann aber auch bei anderen Vorschriften, die begrifflich an das „Handelsgewerbe“ anknüpfen.

Beispiel: § 354 I HGB begründet Ansprüche für denjenigen, der „in Ausübung seines Handelsgewerbes einem anderen Geschäfte besorgt oder Dienste leistet“. Schon begriffslogisch sind hier alle Rechtssubjekte erfasst, denen die Kaufmannseigenschaft kraft Handelsgewerbes (§§ 1 I, 2, 3 HGB) zukommt. Das Gleiche gilt für die Fälle des fingierten Handelsgewerbes nach § 5 HGB. Einbezogen sind aber auch diejenigen Handels*gesellschaften*, die kein Handelsgewerbe betreiben, wie z. B. eine Rechtsanwalts-GmbH. Unabhängig vom Vorliegen eines Handelsgewerbes i. S. des § 1 II HGB begründet hier die Rechtsform die Kaufmannseigenschaft (vgl. § 6 II HGB). Jedenfalls wegen Art. 2 I EGHGB liegt auch in diesen Fällen eine „Handelssache“ vor.

---

[2] Die EU hat am 21.2.2012 die Richtlinie zur Änderung der Richtlinie 78/660/EWG über den Jahresabschluss von Gesellschaften bestimmter Rechtsformen hinsichtlich Kleinstbetrieben (sog. Micro-Richtlinie) verabschiedet, die für Kleinstunternehmen Erleichterungen bei Bilanzierung und Offenlegung bringt (ZIP-aktuell 2012 Nr. 69 und FD-DStR 2012, 329029). Sie betrifft Unternehmen, die mindestens zwei der drei folgenden Schwellenwerte nicht überschreiten: Bilanzsumme von 350.000 EUR, Jahresumsatz von 700.000 EUR und zehn Beschäftigte. Die Richtlinie sieht für die Mitgliedstaaten bilanzrechtliche Befreiungsmöglichkeiten vor.

Auf den Kaufmannsbegriff verzichten schließlich auch eine Reihe von Vorschriften, die sich auf „Handelsgeschäfte" beziehen (z. B. §§ 349, 350, 352 HGB). Dass sich auch diese Vorschriften an Kaufleute richten, folgt aus § 343 HGB. 5

3. Sonstiges Kaufmannsrecht

Auch außerhalb des HGB finden sich Vorschriften, die auf den Kaufmann abzielen. Meist bezwecken sie, Kaufleute vom Geltungsbereich bestimmter Schutzvorschriften auszunehmen. Auch die Rspr. zum Bürgerlichen Recht unterscheidet teilweise danach, ob ein Beteiligter die Kaufmannseigenschaft besitzt oder nicht. 6

a) Bürgerliches Recht

Im BGB taucht der Kaufmann als besonderer Normadressat seit dem Schuldrechtsmodernisierungsgesetz[3] nicht mehr auf. Die Sonderregeln zur Verjährung nach § 196 BGB a. F.[4] wurden mit Wirkung zum 31.12.2001 aufgehoben. Auch das Recht der Allgemeinen Geschäftsbedingungen unterscheidet seit den Änderungen des AGBG 1996 und 1998 nicht mehr ausdrücklich danach, ob ein Beteiligter die Kaufmannseigenschaft besitzt.[5] Eine Durchsicht der Rspr. zeigt allerdings, dass die Kaufmannseigenschaft bei der *Auslegung* bürgerlichrechtlicher Normen nach wie vor eine Rolle spielt: 7

(1) Zugang von Willenserklärungen. Wirksam zugegangen ist eine Willenserklärung nach § 130 BGB auch dann, wenn sie nicht den Empfänger selbst, sondern seinen Empfangsboten erreicht. Empfangsbote ist, wer entweder vom Empfänger zur Entgegennahme von Erklärungen ermächtigt worden ist oder wer nach der Verkehrsauffassung als ermächtigt anzusehen ist, Willenserklärungen oder diesen gleichstehende Mitteilungen mit Wirkung für den Erklärungsempfänger entgegenzunehmen und zur Übermittlung an den Empfänger geeignet und bereit ist. Dabei werden die von einem Kaufmann mit der Bedienung seines Telefonanschlusses beauftragten Angestellten regelmäßig kraft Verkehrsanschauung als Empfangsboten angesehen, ebenso die sonstigen kaufmännischen Angestellten. Im Interesse des Verkehrsschutzes zieht die Rspr. den Kreis der Empfangsboten im kaufmännischen Unternehmen außerordentlich weit. So ist bei Schaltung einer Anrufweiterleitung jeder den Anruf entgegennehmende Mitarbeiter unabhängig von seiner Stellung im Unternehmen im Zweifel nach der Verkehrsauffassung ermächtigt, Willenserklärungen mit Wirkung für den Erklärungsempfänger entgegenzunehmen.[6] 8

---

[3] Gesetz v. 26.11.2001, BGBl. I, 3138.

[4] Hierzu Ebenroth/Boujong/Joost/Strohn/*Kindler*, Vor § 1 HGB Rn. 39 ff.; die Bestimmungen bleiben für Altfälle nach Art. 229 § 6 EGBGB 2001 noch von Bedeutung.

[5] Näher Ebenroth/Boujong/Joost/Strohn/*Kindler*, Vor § 1 HGB Rn. 44 ff.

[6] *BGH* NJW 2002, 1565.

9 *(2) Sittenwidrigkeit von Rechtsgeschäften.* In der Fallgruppe des wucherähnlichen Rechtsgeschäfts nach § 138 I BGB muss neben das objektive Merkmal des auffälligen Missverhältnisses zwischen Leistung und Gegenleistung in subjektiver Hinsicht noch eine besonders verwerfliche Gesinnung des begünstigten Vertragspartners treten. Ob und unter welchen Voraussetzungen eine derartige Gesinnung zu vermuten ist, hängt nach der Rspr. von der Person des benachteiligten Vertragspartners ab. Besitzt dieser die Kaufmannseigenschaft, so ist widerleglich zu vermuten, dass die subjektiven Sittenwidrigkeitsvoraussetzungen bei dem begünstigten Vertragspartnern nicht gegeben sind.[7] Der kaufmännische Vertragspartner ist damit durch § 138 I BGB weniger stark geschützt als der nichtkaufmännische.

10 *(3) Beweiserleichterung beim Schadensnachweis.* Beim Schadensersatz statt der Leistung (vgl. § 280 III BGB) kann der Gläubiger nach § 252 S. 1 BGB auch den entgangenen Gewinn geltend machen. Als entgangen gilt nach der Vermutungsregel des § 252 S. 2 BGB der Gewinn, welcher nach dem gewöhnlichen Lauf der Dinge oder nach den besonderen Umständen mit Wahrscheinlichkeit erwartet werden konnte. Diese Beweiserleichterung wird zu Gunsten von Kaufleuten besonders großzügig angewandt. Beim Kaufmann wird vermutet, dass er marktgängige Ware jederzeit zum Marktpreis absetzen kann.[8]

11 *(4) Schadensminderungspflicht.* Nach § 254 BGB ist ein Mitverschulden des Geschädigten bei der Schadensentstehung für die Bemessung des Schadensersatzes zu berücksichtigen. Die Rspr. neigt dazu, bei Kaufleuten eine gesteigerte Schadensminderungspflicht anzunehmen.[9]

12 *(5) Haftungsmaßstab beim Rechtsirrtum.* Nach § 276 I 1 BGB hat der Schuldner Vorsatz und Fahrlässigkeit zu vertreten. Fahrlässig handelt nach § 276 II BGB, wer die im Verkehr erforderliche Sorgfalt außer Acht lässt. Die Berufung auf einen Rechtsirrtum wird dem Kaufmann hier regelmäßig versagt. Sind ihm die Umstände bekannt, die sein Verhalten aus der Sicht des redlichen Verkehrs als sittenwidrig erscheinen lassen, dann entschuldigt ihn auch nicht die unrichtige Auskunft eines Rechtsanwalts, dass dieses Verhalten erlaubt sei.[10]

13 *(6) Ersatz des Zinsschadens.* Beim Zahlungsverzug kann der Gläubiger über den gesetzlichen Zinssatz hinaus einen weiteren Schaden geltend machen (§ 288 IV BGB). Bei Kaufleuten besteht hier ein allgemeiner Erfahrungssatz, dass sie mit ständigem Kontokorrentkredit arbeiten und dass der rechtzeitige Eingang von Zahlungen zu einer Verringerung des Kreditvolumens geführt hätte.[11]

---

[7] BGHZ 128, 255, 268 = NJW 1995, 1019.

[8] BGHZ 126, 305, 308 f. = NJW 1994, 2478; *BGH* NJW 1988, 2234, 2236; NJW 2000, 1409, 1410 f.; NJW-RR 2006, 243, 244 Tz. 9.

[9] *OLG Düsseldorf* NVersZ 2001, 422 = OLGR Düsseldorf 2000, 534.

[10] *BGH* NJW 1979, 1882; *OLG Rostock* OLGR Rostock 2000, 195, 196.

[11] Näher Ebenroth/Boujong/Joost/Strohn/*Kindler/Pahlke*, § 352 HGB Rn. 50 ff.

(7) Einbeziehung und Inhaltskontrolle von Allgemeinen Geschäftsbedingungen. Der Kaufmann wurde 1996/1998 im Recht der Allgemeinen Geschäftsbedingungen durch die Figur des Unternehmers abgelöst (vgl. heute § 310 I, III BGB). Besonderheiten bestehen aber nach wie vor bei der Einbeziehung von Allgemeinen Geschäftsbedingungen. Die besonderen Einbeziehungsvoraussetzungen des § 305 II, III BGB finden nach § 310 I BGB im Verhältnis zu einem Unternehmer keine Anwendung. Dies gilt naturgemäß auch gegenüber dem Kaufmann, der ja stets begrifflich auch Unternehmer ist (vgl. § 1 Rn. 5). Für den kaufmännischen Verkehr ist anerkannt, dass eine Aushändigung Allgemeiner Geschäftsbedingungen nicht für deren Einbeziehung erforderlich ist. Stattdessen genügt die – auch formlose – rechtsgeschäftliche Vereinbarung.[12] Eine Inhaltskontrolle anhand §§ 308, 309 BGB ist durch § 310 I BGB ausgeschlossen; allerdings liegt nach st. Rspr. in einem Verstoß gegen § 309 BGB zugleich auch ein Indiz für eine unangemessene Benachteiligung i. S. der Generalklausel des § 307 BGB.[13] 14

(8) Bereicherungsrechtliche Haftung auf Nutzungsersatz. Die bereicherungsrechtliche Haftung erstreckt sich nach § 818 I BGB auf die gezogenen Nutzungen. Grundsätzlich hat der Anspruchsberechtigte hier nachzuweisen, dass Nutzungen, z. B. in Form von Zinsen, tatsächlich gezogen worden sind. Beim kaufmännischen Bereicherungsschuldner ist indessen eine Vermutung anerkannt, dass er einen erlangten Kapitalbetrag zinsbringend angelegt hat.[14] 15

b) Wirtschaftsrecht: Unlauterer Wettbewerb

Das UWG stellt in § 16 II die Verwendung bestimmter Absatzsysteme unter Strafe, die darauf abzielen, Verbraucher zur Werbung immer neuer Kunden zu veranlassen („Schneeballsystem"). Derartige Praktiken sind gegenüber Kaufleuten – wiederum wegen ihrer geringeren Schutzwürdigkeit – zulässig. 16

c) Verfahrensrecht

(1) Gerichtsverfassung. Die für die Zuständigkeit der KfH bedeutsame Abgrenzung der Handelssachen (§§ 93 ff. GVG) erfolgt teilweise unter Rückgriff auf die Kaufmannseigenschaft der Prozessparteien. § 95 I Nr. 1 GVG bezeichnet als Handelssachen unter anderem solche bürgerlichen Rechtsstreitigkeiten, in denen mit der Klage ein Anspruch gegen einen eingetragenen Kaufmann aus einem Geschäft geltend gemacht wird, das für beide Teile ein Handelsgeschäft darstellt (vgl. auch §§ 97 II 2, 98 I 2, 109 I Nr. 3 GVG). 17

(2) Gerichtszuständigkeit kraft Parteivereinbarung. Zuständigkeitsbegründende Erfüllungsortsvereinbarungen sind ebenso wie Gerichtsstandsvereinbarun- 18

---

[12] *BGH* NJW 1982, 1749; NJW-RR 2002, 160, 161.

[13] BGHZ 90, 273, 278 = NJW 1984, 1750; *BGH* NJW 1996, 389. Vertiefend zur AGB-Kontrolle im unternehmerischen Geschäftsverkehr: *Berger*, BB 2007, 2137 ff.; *Dauner-Lieb/Axer*, ZIP 2010, 309 ff.

[14] BGHZ 64, 322, 323 f. = NJW 1975, 1510; BGHZ 102, 41, 46 = NJW 1988, 258.

gen zwischen Kaufleuten unter erleichterten Voraussetzungen zulässig (§§ 29 II, 38 I ZPO). Das Gleiche gilt für Schiedsvereinbarungen in bestimmten Bereichen (§ 37h WpHG; *BGH* NZG 2011, 468 Tz. 21–23).

Beispiel:[15] V mit Sitz in E und K mit Sitz in M vereinbaren telefonisch die Lieferung von acht elektronisch gesteuerten Kettenzügen. Über den vereinbarten Kaufpreis schickt V dem K ein als Rechnung bezeichnetes Schreiben. Dort vermerkt K „Auftrag erteilt" und schickt es per Telefax an den V zurück. Das Schreiben enthielt unter anderem die Vereinbarung, Gerichtsstand sei E. Als V den K vor dem Landgericht E auf Kaufpreiszahlung verklagt, wendet K die Unwirksamkeit der Gerichtsstandsklausel ein. Örtliche Zuständigkeit des Landgerichts E? Zuständigkeitsbegründend[16] könnte hier nur eine Gerichtsstandsvereinbarung nach § 38 I ZPO sein. Die Vorschrift trifft tatbestandlich u. a. dann zu, wenn beide Vertragsparteien die Kaufmannseigenschaft besitzen (näher unten Rn. 57). Zur Vertiefung: B. Schneider, BB 2011, 2440 ff.

d) Strafrecht

19 Die Bankrottbestimmungen des StGB knüpfen vielfach an die Kaufmannseigenschaft an. Dies geschieht teils ausdrücklich (§ 283 I Nr. 6 StGB), meist aber mittelbar durch Verweisung auf die Rechnungslegungspflicht nach Handelsrecht (§§ 283 I Nr. 7, 283 b I Nr. 3 StGB) oder die Pflicht zur Führung von „Handelsbüchern" (§§ 283 I Nr. 5, 283 b I Nr. 1, 2 StGB).[17]

4. Anknüpfungsmerkmale des Kaufmannsbegriffs

a) Rechtsform und Gewerbe als hauptsächliche Anknüpfungsmerkmale des Kaufmannsbegriffs

20 Das Gesetz unterscheidet **zwei Grundtypen** von Kaufleuten: den Kaufmann kraft Rechtsform des Unternehmensträgers und den Kaufmann kraft Gewerbes. In die erste Gruppe gehören bestimmte Personengesellschaften und juristische Personen,[18] für die ausschließlich ein formaler Anknüpfungspunkt Verwendung findet, nämlich die Rechtsform des Unternehmensträgers. Auf die Art des betriebenen Unternehmens selbst kommt es für die Kaufmannseigenschaft nicht an. In diesen Fällen ist die Kaufmannseigenschaft leicht festzustellen.

Beispiel: Die V-GmbH und die K-GmbH schließen einen Kaufvertrag über die Lieferung von Waren. Dieser Kaufvertrag unterliegt den Sondervorschriften über den Handelskauf (§§ 373 ff. HGB; vgl. unten § 8), da Gesellschaften mbH als Handelsgesellschaften i. S. des HGB gelten (§ 13 III GmbHG) und deshalb nach § 6 I HGB den Vorschriften über die Kaufleute unterliegen.

21 Ungleich komplexer ist – sowohl hinsichtlich der Systematik wie auch hinsichtlich der Vielzahl der zu prüfenden Tatbestandsmerkmale – die Kaufmannseigenschaft kraft Gewerbes. Systematischer Ausgangspunkt ist in dieser Gruppe § 1 I

---

[15] Nach *OLG Dresden* NJW-RR 2002, 33.
[16] Zur örtlichen Zuständigkeit vgl. *Musielak*, Grundkurs ZPO, 10. Aufl., 2010, Rn. 42 ff.
[17] Näher Ebenroth/Boujong/Joost/Strohn/*Kindler*, vor § 1 Rn. 71 ff.
[18] Vgl. zur Unterscheidung § 9 Rn. 11 ff.

HGB. Danach ist Kaufmann, wer ein „Handelsgewerbe“ betreibt. Ein solcher „Einzelkaufmann“ (vgl. § 19 I Nr. 1 HGB) kann eine natürliche oder – wie §§ 33 ff. HGB zeigen – eine juristische Person sein. Ausgefüllt[19] wird der Begriff des Handelsgewerbes sodann durch eine Reihe von Hilfsnormen, die jeweils bestimmten Untergruppen von Kaufleuten kraft Handelsgewerbes entsprechen:

Der Istkaufmann betreibt tatsächlich ein Handelsgewerbe i. S. von § 1 II HGB, 22
d. h. einen Gewerbebetrieb größeren Umfangs.

Der Kleingewerbetreibende betreibt kein Handelsgewerbe i. S. des § 1 II HGB, 23
hat aber nach § 2 HGB die Möglichkeit zum Erwerb der Kaufmannseigenschaft. Rechtstechnisch wird hier das Vorliegen eines Handelsgewerbes fingiert („... gilt als Handelsgewerbe ...“), wodurch dann der Grundtatbestand des § 1 I HGB erfüllt ist (klein-gewerblicher Kannkaufmann).

Genauso liegt es beim Land- oder Forstwirt. Nach § 3 I HGB ist er vom Begriff 24
des Handelsgewerbes ausgenommen, doch verweist § 3 II HGB für größere land- oder forstwirtschaftliche Unternehmen auf die Wahlmöglichkeit des § 2 HGB (land- oder forstwirtschaftlicher Kannkaufmann).

Schließlich erfasst § 5 HGB diejenigen Unternehmensträger, deren Gewerbebe- 25
trieb zu Unrecht im Handelsregister eingetragen ist. Die Vorschrift fingiert wiederum das Vorliegen eines Handelsgewerbes und führt so zur Kaufmannseigenschaft nach § 1 I HGB.[20]

Personenhandelsgesellschaften (OHG, KG) sind im Regelfall zugleich kraft tat- 26
sächlich betriebenen Handelsgewerbes und kraft Rechtsform Kaufleute. Denn eine OHG oder KG liegt grundsätzlich nur vor, wenn der Zweck der Gesellschaft auf den Betrieb eines Handelsgewerbes gerichtet ist (§§ 105 I, 161 I HGB). Und als „Handelsgesellschaften“ besitzen OHG und KG nach § 6 I HGB die Kaufmannseigenschaft. Die Prüfung, ob überhaupt ein Handelsgewerbe vorliegt, geht in diesen Fällen also der Annahme einer OHG oder KG tatbestandlich voraus.[21] Eigenständige Bedeutung hat § 6 I HGB indessen für die kleingewerbliche und die vermögensverwaltende Personenhandelsgesellschaft (§ 105 II HGB, auch in Verbindung mit § 161 II HGB), denn diese betreibt tatsächlich kein Handelsgewerbe. Näher unten Rn. 113 ff.

Die folgende Übersicht gibt die gesetzliche Systematik wieder. Außerhalb dieser 27
Systematik steht der – nicht im Handelsregister eingetragene – Scheinkaufmann.

---

[19] Vgl. *Canaris*, § 3 Rn. 42.
[20] Staub/*Hüffer*, 4. Aufl., § 8 HGB Rn. 82.
[21] *Canaris*, § 3 Rn. 45.

28 **Übersicht 2/1:**

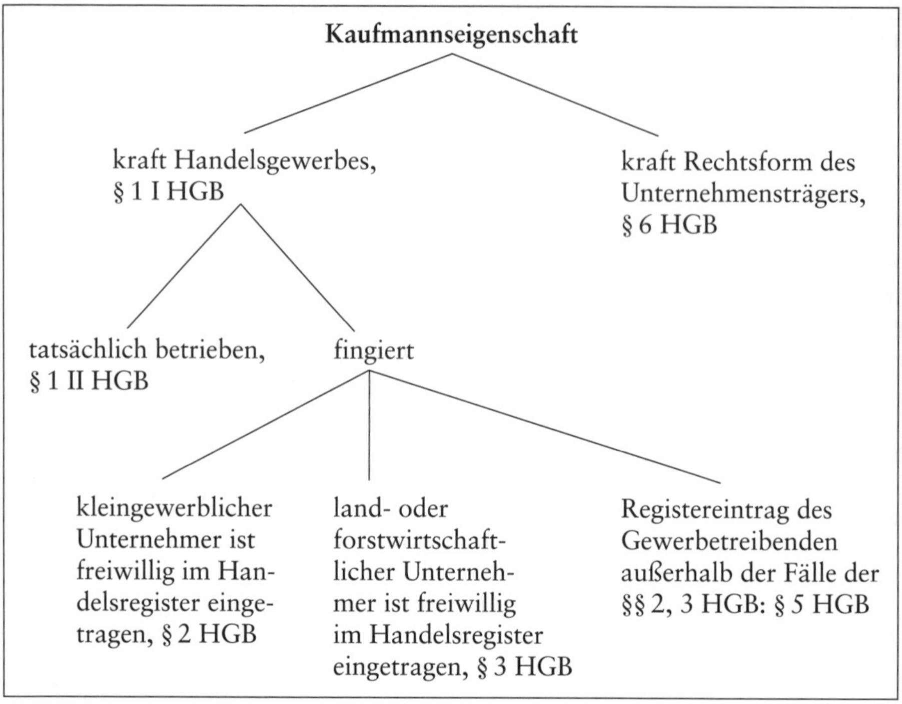

b) Neuordnung des Kaufmannsbegriffs durch das Handelsrechtsreformgesetz (HRefG) von 1998[22]

29 Sachliche Neuerungen brachte die Handelsrechtsreform von 1998 nur für die Kaufmannseigenschaft kraft Gewerbes (Rn. 21 ff.); der Kreis der Kaufleute kraft Rechtsform (Rn. 20) blieb unverändert.[23] Bis zur Reform war der Begriff des Handelsgewerbes durch ein verwickeltes Geflecht qualitativer und quantitativer Merkmale bestimmt. Ein Handelsgewerbe lag nach § 1 II HGB a. F. vor, wenn eines der enumerativ aufgezählten „Grundhandelsgewerbe" betrieben wurde. Wer ein solches Grundhandelsgewerbe betrieb, war „Musskaufmann". Diesen Musskaufmann gab es in zwei Abstufungen. Sofern der Betrieb des Grundhandelsgewerbes nicht nach Art und Umfang einen in kaufmännischer Weise eingerichteten Geschäftsbetrieb erforderte,[24] galten zahlreiche Regelungen des Handelsrechts nicht; der Betreffende war „Minderkaufmann" (§ 4 HGB a. F.). Oberhalb dieser Schwelle war man „Vollkaufmann" mit allen handelsrechtlichen Rechten und Pflichten.

---

[22] Gesetz v. 22.6.1998, BGBl. I S. 1474.

[23] Weitere Reformschwerpunkte waren u. a. die Liberalisierung des Firmenrechts (unten § 4) und die Sicherung der Unternehmenskontinuität in OHG und KG (unten § 12 Rn. 8, 20, 47).

[24] Vgl. heute § 1 II HGB i. d. F. von 1998.

Die lückenhafte Aufzählung der Grundhandelsgewerbe – nicht erfasst war z. B. das Dienstleistungsgewerbe! – wurde durch die Generalklausel des § 2 HGB a. F. ergänzt, welche allein auf den kaufmännischen Stil der Tätigkeit abstellte, so wie dies heute nach § 1 II HGB der Fall ist. Zudem musste dieser „Sollkaufmann" im Handelsregister eingetragen sein; die Eintragung hatte konstitutive Wirkung für den Erwerb der Kaufmannseigenschaft. 30

Merke: Die Begriffe Musskaufmann, Minderkaufmann, Vollkaufmann und Sollkaufmann gehören der Vergangenheit an. Sie sind bei der Arbeit mit dem geltenden Handelsrecht zu vermeiden.

Der Gesetzgeber hat die Kritik an diesem insgesamt als zu eng und zu kompliziert ausgestalteten Kaufmannsbegriff 1998 aufgegriffen. In § 1 II HGB wurden der bisherige Musskaufmann und der bisherige Sollkaufmann zusammengefasst. Handelsgewerbe ist seither *jeder* Gewerbebetrieb größeren Umfangs. Allein die Gewerblichkeit und die Betriebsgröße machen den Kaufmann nach § 1 HGB aus. Damit hat man insbesondere erreicht, dass auch der Dienstleistungssektor – mit Ausnahme der freien Berufe – unter das Handelsrecht fällt. 31

II. Das tatsächlich betriebene Handelsgewerbe („Istkaufmann")

1. Grundlagen

Nach § 1 I HGB ist Kaufmann, wer ein Handelsgewerbe betreibt. Die gesetzliche Begriffsbestimmung des Handelsgewerbes findet sich in § 1 II HGB: „Handelsgewerbe ist jeder Gewerbebetrieb, es sei denn, dass das Unternehmen nach Art oder Umfang einen in kaufmännischer Weise eingerichteten Geschäftsbetrieb nicht erfordert." 32

Der **Begriff des Handelsgewerbes** ist sonach **zweigliedrig**: Es muss ein **Gewerbe** betrieben werden; eine bestimmte **Mindestbetriebsgröße** erhebt dieses Gewerbe zum *Handels*gewerbe. Dabei ist der Gewerbebegriff – das erste Merkmal des Handelsgewerbes – tätigkeitsbezogen. 33

Merke: Gewerbe ist jede selbständige und berufsmäßige – aber nicht künstlerische, wissenschaftliche oder freiberufliche – Tätigkeit, die von der Absicht dauernder Gewinnerzielung getragen ist (str.), auf dem Markt erkennbar nach außen hervortritt und nicht gesetzes- oder sittenwidrig ist.[25]

Nach dem Sprachgebrauch des Gesetzes (§ 1 II HGB; auch § 2 S. 1 HGB) ist mit dem „Gewerbebetrieb" genau dieser in Rn. 33 wiedergegebene tätigkeitsbezogene Gewerbebegriff gemeint, nicht hingegen die Betriebsstätte als Bestandteil der sächlichen Mittel des Unternehmens. Auch das in § 1 II HGB verwendete weitere Merkmal des „Geschäftsbetriebs" ist tätigkeitsbezogen; es meint die organisierten Abläufe in einem Unternehmen. 34

---

[25] BGHZ 95, 155, 157 = NJW 1985, 3063; *K. Schmidt,* HandelsR, § 9 IV 2 mit Fn. 4; umfangreiche Nachw. hierzu bei Ebenroth/Boujong/Joost/Strohn/*Kindler,* § 1 HGB Rn. 9 mit Fn. 15; z. Folgenden s. Rn. 10ff. a. a. O. mit Nachw.

35 Der Begriff des Unternehmens selbst wird im Handels- und Wirtschaftsrecht nicht einheitlich verstanden. So verwendet das Handelsrecht einen tätigkeits- oder gegenstandsbezogenen Unternehmensbegriff. Tätigkeitsbezogen ist das in § 1 II HGB angesprochene „Unternehmen“, womit der an gleicher Stelle als Tatbestandsmerkmal erscheinende Gewerbebetrieb angesprochen ist. Gleiches gilt für den Unternehmensbegriff der §§ 2 S. 1 und 3 II HGB.[26] In gegenständlicher Hinsicht meint das Handelsrecht hingegen bisweilen mit „Unternehmen“ die betriebsfähige Wirtschaftseinheit, die dem Unternehmer das Auftreten am Markt ermöglicht (Inbegriff von materiellen wie immateriellen Vermögensgegenständen).[27] Dient das Unternehmen in diesem gegenständlichen Sinn der Ausübung eines Handelsgewerbes (§ 1 II HGB), so bezeichnet das Gesetz es in §§ 22–27 HGB als „Handelsgeschäft“ bzw. – in § 28 HGB – als „Geschäft“, nicht zu verwechseln mit dem „Handelsgeschäft“ im Sinne der §§ 343 ff. HGB (dazu unten § 7 Rn. 1 ff.).

2. Der Gewerbebegriff des HGB

a) Selbständigkeit

36 Dem oben Rn. 33 wiedergegebenen Gewerbebegriff ist zunächst zu entnehmen, dass der Inhaber selbständig tätig sein muss. Abhängig Beschäftigte (Arbeitnehmer, Beamte usw.) betreiben kein Gewerbe und kommen – in dieser Eigenschaft – nicht als Kaufleute in Betracht. Zur Selbständigkeit gehört begriffsnotwendig nicht unbedingt die wirtschaftliche Unabhängigkeit des Betroffenen. Daher kann auch der im Wesentlichen von einem Geschäftspartner abhängige Unternehmer ein Gewerbe im Sinne des HGB betreiben, wie dies z. B. beim Handelsvertreter (§§ 84 ff. HGB) häufig der Fall ist. Anhaltspunkte für den Begriff der Selbständigkeit liefert § 84 I 2, II HGB.

b) Marktausrichtung

37 Die Tätigkeit muss am Markt erfolgen. Dies erfordert ein nach außen erkennbares Tätigwerden. Deshalb ist z. B. ein Börsenspekulant nicht als Gewerbetreibender anzusehen; seine wirtschaftliche Tätigkeit verbleibt ganz im privaten Bereich.

c) Planmäßigkeit und Dauerhaftigkeit

38 Die Tätigkeit muss grundsätzlich auf eine unbestimmte Vielfalt von Geschäften gerichtet sein.[28] Wer nur gelegentlich eine selbständige Tätigkeit ausübt, betreibt kein Gewerbe (vgl. § 406 I 2 HGB zum „Gelegenheitskommissionär“, der ausdrücklich den § 383 ff. HGB unterstellt wird: Wäre er Gewerbetreibender, so wäre

[26] Ebenso in den §§ 84 IV, 93 III, 383 II, 407 III, 453 III, 467 III HGB.
[27] *BGH* NJW 1968, 392, 393.
[28] Vgl. *Canaris*, § 2 Rn. 6.

diese gesetzliche Verweisung überflüssig).[29] Unschädlich ist, dass die Tätigkeit nur auf einen kurzen Zeitraum beschränkt ist („Saison-Kaufmann"; z. B. beim Betrieb einer Würstchenbude auf einem Volksfest). Auch das Geschäftsvolumen ist für den Gewerbebegriff nicht von Bedeutung, was schon aus § 1 II HGB folgt, wonach quantitative Merkmale nur über die Einstufung als *Handels*gewerbe entscheiden.[30]

d) Gewinnerzielungsabsicht

Schon § 354 HGB zeigt, dass ein Kaufmann nach dem Vorstellungsbild des Ge- 39
setzes grundsätzlich nur gegen Entgelt tätig wird. Für die – nach **früherer Rspr.** erforderliche – Gewinnerzielungsabsicht reichte es nicht aus, wenn lediglich Kostendeckung oder die Verwirklichung gemeinnütziger Zwecke angestrebt wird. Die Absicht der Gewinnerzielung war entscheidend, nicht, ob tatsächlich Gewinne gemacht werden.[31] Anhand dieser Maßstäbe wurde etwa angenommen, dass das Streben nach Gewinn bei freiberuflichen Tätigkeiten nicht im Vordergrund steht.[32]

Dem ist nicht zu folgen. Gegen das Erfordernis einer Gewinnerzielungsabsicht 40
als konstituierendes Merkmal des Gewerbebegriffs spricht vor allem, dass es als rein unternehmensinterne Tatsache eine unterschiedliche rechtliche Behandlung im Geschäftsverkehr nicht zu rechtfertigen vermag.[33] Die neuere Rspr. scheint dem zu folgen.[34]

e) Erlaubtheit

Nach früher h. M. liegt ein Gewerbe nur dann vor, wenn die mit dem Inhaber 41
abgeschlossenen Geschäfte wirksam und die daraus folgenden Ansprüche klagbar sind.[35] Ein derart verengter Gewerbebegriff ist indessen abzulehnen. Im Hinblick auf die Unbeachtlichkeit öffentlichrechtlicher Verbote ist auf § 7 HGB zu verweisen. Die dort ausgesprochene Wertung sollte auch auf privatrechtliche Verbotsnormen (§§ 134, 138 BGB) übertragen werden. Anderenfalls wären gerade die unerlaubten Tätigkeiten von den kaufmännischen Grundpflichten (oben Rn. 2) freigestellt. Ungereimt erscheint dies deshalb, weil gerade die Einhaltung der kaufmännischen Grundpflichten die Überwachung dieser Unternehmen – durch Transparenz der Inhaberverhältnisse – erleichtert.

---

[29] Vgl. *OLG München* NJW 2003, 673: Keine Gewerbsmäßigkeit bei gelegentlichem Verkauf von Musikinstrumenten (zu § 366 HGB).

[30] Vgl. *Schön,* DB 1998, 1169, 1172.

[31] BGHZ 95, 155, 158 = NJW 1985, 3063.

[32] BVerfGE 17, 232, 239.

[33] *Kindler*, JZ 2006, 176, 177; auch nach § 1 II öUGB bedarf es keiner Gewinnerzielungsabsicht; dazu *K. Schmidt*, JBl. 2004, 31, 33; *Lurger*, RIW 2006, 411; *Krejci*, ZHR 170 (2006), 113, 120.

[34] BGHZ 155, 240, 245, 246 = NJW 2003, 2742; *OLG Dresden* NJW-RR 2003, 257, 259; auch zum Unternehmerbegriff bei § 14 BGB betont *BGH* NJW 2006, 2250 Tz. 18 mit Recht die fehlende Erkennbarkeit einer Gewinnerzielungsabsicht für den Rechtsverkehr; anders dann wieder *BGH* ZIP 2006, 1764 = NJW-RR 2006, 1713 Tz. 18; näher zu § 1 HGB noch MünchKomm-HGB/*K. Schmidt,* § 1 Rn. 31 und *ders.*, DB 2003, 703; vgl. vertiefend zu öffentlichen Unternehmen Ebenroth/Boujong/Joost/Strohn/*Kindler,* § 1 Rn. 28 f.

[35] *BayObLG* NJW 1972, 1327; Staub/*Brüggemann* (4. Aufl.), § 1 Rn. 17.

f) Keine Vermögensverwaltung

42 Wer lediglich eigenes Vermögen verwaltet, betreibt kein Gewerbe. Dies folgt aus § 105 HGB in der seit 1.7.1998 geltenden Fassung.[36] Dort stellt das Gesetz dem Gewerbe (§ 105 I HGB) die Vermögensverwaltung als typologisch zu trennende wirtschaftliche Betätigungsform gegenüber (§ 105 II 1 HGB). Auf die Abgrenzung des Gewerbes von der Vermögensverwaltung anhand der vorgenannten positiven Tatbestandsmerkmale des Gewerbebegriffs[37] kommt es seit der Neufassung des § 105 II HGB nicht mehr an.

43 Die rechtstatsächliche Bedeutung der Abgrenzung des Gewerbes von der bloßen Vermögensverwaltung lag bis zur Handelsrechtsreform 1998 nahezu ausschließlich auf dem Gebiet des Personengesellschaftsrechts, insbesondere des Rechts der KG. Die Anerkennung der Vermögensverwaltung als Gesellschaftszweck der Personenhandelsgesellschaften (OHG, KG) hat vor allem für die vor dem 1.7.1998 nicht eintragungsfähigen Vermögensverwaltungsgesellschaften (Immobilienverwaltungs-, Objekt-, Besitz- und Holdinggesellschaften) Bedeutung.[38] Diese Gesellschaften erwerben die Kaufmannseigenschaft nach § 105 II i.V.m. § 2 HGB mit der Eintragung in das Handelsregister (unten Rn. 114). Die Abgrenzung zwischen Gewerbe und Vermögensverwaltung ist deshalb nur noch für die Kaufmannseigenschaft von Einzelpersonen und von nicht eingetragenen Personengesellschaften von Bedeutung.

44 Das Halten und Verwalten von Grundstücken, Rechten und beweglichen Vermögensgegenständen ist nach der **Rspr.** im Regelfall kein Gewerbe. So soll etwa die Errichtung von Häusern und Eigentumswohnungen zum Zwecke späterer Vermietung und Verpachtung durch den Eigentümer eine Art der Nutzung des Eigentums am Grundstück sein.[39] Ein gewerblicher Charakter soll hier erst dann gegeben sein, wenn der Vermieter bzw. Verpächter die Absicht hat, sich aus der Vermietung einer auf Gewinn gerichtete, dauernde und berufsmäßige Erwerbsquelle zu verschaffen.[40] Dies soll der Fall sein, wenn die Verwaltung des Bauwerks eine besonders umfangreiche, über die übliche Verwaltungsarbeit eines Hauseigentümers hinausgehende Tätigkeit darstellt; deshalb soll etwa der Erwerb von drei Eigentumswohnungen zur möblierten Vermietung im Rahmen eines von Dritten geführten Hotelbetriebs nicht gewerblich sein.[41] Auch das Halten eines GmbH-Geschäftsanteils sowie Bank- und Börsengeschäfte, die der Pflege des eigenen Vermögens dienen, werden als bloße Vermögensverwaltung angesehen.[42]

---

[36] Art. 3 Nr. 24 HRefG v. 22.6.1998, BGBl. I S. 1474; näher *Siems*, NZG 2001, 738 ff.; *BGH* NJW 2006, 3486 Tz. 9.

[37] So noch Koller/*Roth*/Morck, § 1 Rn. 7.

[38] Nachw. zum früheren Rechtszustand bei Ebenroth/Boujong/Joost/Strohn/*Kindler*, § 1 Rn. 32 mit Fn. 83.

[39] BGHZ 74, 273, 276 = NJW 1979, 1650.

[40] BGHZ 74, 273, 277= NJW 1979, 1650; ebenso bei späterer Weiterveräußerung, *BFH* DStR 2002, 1707.

[41] BGHZ 74, 273 = NJW 1979, 1650.

[42] Zum GmbH-Anteil: BGHZ 133, 71, 78 = NJW 1996, 2156; BGHZ 165, 43, 47 f. = NJW 2006, 431 = JuS 2006, 463 m. Anm. *K. Schmidt*; BGHZ 166, 84 = NJW 2006, 830 Tz. 91; *BGH* NZG 2007, 820 Tz. 16 ff.; **zu den Bank- und Börsengeschäften:** *BGH* NZG 2011, 468 Tz. 34.

Diese Abgrenzung anhand quantitativer Maßstäbe (umfangreiche Verwaltungstätigkeit) ist seit der Neufassung von § 1 II HGB durch die Handelsrechtsreform 1998 nicht mehr haltbar. Denn danach entscheidet der quantitative Umfang der Vermögensanlage nicht schon über den Tatbestand des Gewerbes, sondern erst über das Vorliegen eines *Handels*gewerbes. Abzustellen ist deshalb auf die **spezifische Risikostruktur der gewerblichen Tätigkeit.**[43] Typisch vermögensverwaltend ist eine Tätigkeit, deren Risiken auf die fehlende oder verminderte Nutzbarkeit des Anlagevermögens und das Risiko von Forderungsausfällen begrenzt ist, nicht aber den Totalverlust des eingesetzten Vermögens mit einschließt. Nach beiden Betrachtungsweisen handeln etwa Ehegatten nicht gewerblich,[44] die ihr Haus nach der von der Rspr. akzeptierten Praxis statt in Miteigentum in Form einer GbR halten.[45] 45

g) Kein freier Beruf

Negative Tatbestandsvoraussetzung des Gewerbebegriffs ist ferner, dass es sich bei der Tätigkeit **nicht** um einen **freien Beruf mit vorwiegend höchstpersönlicher Leistungserbringung** handeln darf.[46] Da die freiberufliche Tätigkeit – auch als Wissenschaftler, Künstler oder Sportler – die unter Rn. 36 ff. behandelten positiven Merkmale des Gewerbebegriffs erfüllt, ist eine derartige negative Abgrenzung erforderlich. Teilweise ergibt sie sich aus seiner ausdrücklichen gesetzlichen Regelung (vgl. für Rechtsanwälte § 2 BRAO[47], für Notare § 2 S. 3 BNotO, für Wirtschaftsprüfer § 1 II WPO).[48] Hinsichtlich der übrigen freien Berufe entscheidet die Verkehrsanschauung. Anhaltspunkte für eine freiberufliche Tätigkeit sind die ausgeprägte Kreativität und eine höchstpersönliche Leistungserbringung, namentlich die Erbringung von „Diensten höherer Art" (§ 627 BGB). Freiberuflich tätig sind danach z. B. Architekten, Dolmetscher, Übersetzer, Ingenieure, Steuerbevollmächtigte, Privatlehrer und Schriftsteller.[49] Die weitreichende Aufzählung der freien Berufe in § 1 II PartGG ist für den handelsrechtlichen Gewerbebegriff nicht bindend. 46

Beispiel:[50] K meldet sein Unternehmen zur Eintragung in das Handelsregister an. Unternehmensgegenstand ist im Wesentlichen die Entwicklung und der Vertrieb von Software. Dabei handelt es sich um eine gewerbliche Tätigkeit. Zwar muss man die Entwicklung zumindest bestimmter Computerprogramme als hochwertige geistige Leistung ansehen.[51] Dies spricht eher für den freiberuflichen Charakter jedenfalls der Softwareentwicklung. Andererseits handelt es sich nicht bei allen Computerprogrammen um Werke mit einer derartigen Schöpfungshöhe. Hinzu kommt, dass die Leistungs*verwertung* entscheidend gegen den freiberuflichen

---

[43] *Schön,* DB 1998, 1169, 1173 m. Nachw.

[44] Näher Ebenroth/Boujong/Joost/Strohn/*Kindler,* § 1 Rn. 34 ff.

[45] *BGH* NJW 1982, 170; *Schön,* DB 1998, 1169, 1174.

[46] Kritisch zur Ausgrenzung der freien Berufe *K. Schmidt,* JZ 2003, 585, 589 f.

[47] Daher können sich Rechtsanwälte nicht in der Rechtsform einer KG betätigen: *BGH* NJW 2011, 3036; krit. *K. Schmidt,* DB 2011, 2477 ff.

[48] Weitere Beispiele für freiberufliche Tätigkeiten kraft Gesetzes bei Ebenroth/Boujong/Joost/Strohn/*Kindler,* § 1 Rn. 16.

[49] Weitere Angaben bei Ebenroth/Boujong/Joost/Strohn/*Kindler,* § 1 Rn. 38.

[50] Nach *BayObLG* NZG 2002, 718 = ZIP 2002, 1032.

[51] Vgl. § 69 a III UrhG.

Charakter einer derartigen Tätigkeit spricht. Denn nur bei entsprechender Vermarktung lassen sich die Entwicklungskosten erwirtschaften, und dies gilt gleichermaßen für den Vertrieb von Standardprogrammen wie auch von individuellen Software-Produkten. Der Vertrieb erfordert typischerweise ein marktnahes, wettbewerbsorientiertes Verhalten, das sich vom Marktauftritt freier Berufe wesentlich unterscheidet.

47 Dennoch können handelsrechtliche Vorschriften für Freiberufler vielfach von Bedeutung sein, so z. B. bei Mischtätigkeiten, deren Schwerpunkt im gewerblichen Bereich liegt,[52] bei Zusammenschluss in Form einer Kapitalgesellschaft (vgl. für Rechtsanwälte § 6 HGB i.V.m. § 59 c I BRAO) oder einer EWIV (zu dieser Unternehmensform des Europarechts unten § 9 Rn. 30), und bei der entsprechenden Anwendung einzelner Rechtsinstitute des Handelsrechts (vgl. zum kaufmännischen Bestätigungsschreiben unten § 7 Rn. 18 f.).

h) Mischtätigkeiten

48 Bei Mischtätigkeiten ist entscheidend, welche Komponente im Vordergrund steht. Die Rspr. stellt darauf ab, welcher Tätigkeitsbereich das **Gesamtbild** prägt und auch quantitativ nennenswert ist; im Vordergrund stehen Gewerbetreibende, die auch vermögensverwaltend bzw. auch freiberuflich tätig sind.[53]

i) Maßgeblicher Zeitpunkt

49 Das Gewerbe beginnt mit der **tatsächlichen Aufnahme des Geschäftsbetriebs** (auch schon durch außengerichtete Vorbereitungsgeschäfte wie z. B. die Anmietung von Geschäftsräumen, die Einstellung von Personal, der Kauf von Einrichtung und Waren, die Aufnahme eines Darlehens oder Werbeaufträge). Erst **mit der endgültigen Einstellung des gewerblichen Geschäftsbetriebs endet die Gewerblichkeit**, nicht schon mit Eintritt der Geschäftsunfähigkeit oder der Eröffnung des Insolvenzverfahrens. Auch eine bloß vorübergehende Betriebsstilllegung hebt den gewerblichen Charakter einer Tätigkeit noch nicht auf.[54]

3. Erforderlichkeit eines kaufmännischen Geschäftsbetriebs

a) Gesetzliche Vermutung der Kaufmannseigenschaft eines Gewerbetreibenden

50 Die Vorschrift des § 1 I HGB knüpft die Kaufmannseigenschaft an das Betreiben eines *Handels*gewerbes. Wer nach Maßgabe der soeben Rn. 36 ff. dargestellten Kriterien ein Gewerbe betreibt, ist grundsätzlich nach § 1 I HGB Kaufmann. Ausnahmsweise gilt nach § 1 II HGB ein Gewerbebetrieb dann nicht als Handelsgewerbe, wenn das Unternehmen nach Art oder Umfang keinen in kaufmännischer Weise eingerichteten Geschäftsbetrieb erfordert. Positiv ausgedrückt erfasst diese

---

[52] *BayObLG* NZG 2002, 718 = ZIP 2002, 1032.
[53] *BGH* NJW 1999, 2967, 2968; *BayObLG* NZG 2002, 718 = ZIP 2002, 1032.
[54] BayObLGZ 1983, 257, 260 f. = BB 1984, 92.

Vorschrift mithin nur Unternehmen, die nach Art *und* Umfang einen derartigen Geschäftsbetrieb erfordern. Dies ist im Zweifel zu bejahen.[55]

Durch die negative Formulierung („…, es sei denn …“) wird zudem klargestellt, dass die **Darlegungs- und Beweislast** dafür, dass das Unternehmen keinen in kaufmännischer Weise eingerichteten Geschäftsbetrieb erfordert, **beim Betreiber** liegt. Diese Regelung der Darlegungs- und Beweislast ist sachgerecht, weil die maßgeblichen Umstände in der Sphäre des betroffenen Unternehmers liegen, so dass sie von außen kaum zuverlässig beurteilt und praktisch oft ausschließlich von dem Gewerbetreibenden selbst bewiesen werden können.[56] Das in § 1 II HGB aufgenommene Erfordernis der Mindestbetriebsgröße entspricht den früher im Gesetz verwendeten Merkmalen zur Abgrenzung zwischen Voll- und Minderkaufleuten sowie zwischen Soll- und Nichtkaufleuten (vgl. oben Rn. 28 ff.). Auf die dazu vorliegende Rspr. und Lit. kann zurückgegriffen werden. 51

Starre Schwellenwerte (wie z. B. Bilanzsumme, Betriebsvermögen, Umsatz, Gewinne oder Arbeitnehmerzahl) verwendet das Gesetz nicht.[57] Zu Rechtsunsicherheit führt die damit verbundene wertende Gesamtbetrachtung indessen kaum: Nach der Eintragung (§ 29 HGB) kann sich der Gewerbetreibende wegen § 5 HGB nicht mehr darauf berufen, kein Handelsgewerbe zu betreiben, außerdem werden durch die Eintragung auch Kleingewerbetreibende i. S. des § 1 II HGB zu Kaufleuten (§ 2 HGB). 52

b) Merkmale eines kaufmännischen Geschäftsbetriebs

Ein in kaufmännischer Weise eingerichteter Geschäftsbetrieb umfasst die Einrichtungen, die ein Kaufmann normalerweise mit Rücksicht auf die Arbeitnehmer, Kunden und Gläubiger schaffen muss, um eine ordentliche, übersichtliche und zuverlässige Geschäftsführung zu gewährleisten (Führung von Handelsbüchern, Inventar- und Bilanzerrichtung, Aufbewahrung der Korrespondenz, Firmenführung, kaufmännische Vertretung, die Beschäftigung kaufmännisch vorgebildeter Personen, Lohnbuchhaltung). Entscheidend ist allein, ob eine derartige Einrichtung erforderlich ist, nicht ob sie tatsächlich vorhanden ist.[58] 53

Mit der *Art* des Gewerbebetriebs ist ein qualitatives Merkmal, d. h. dessen Geschäftsstruktur gemeint. Zu bewerten sind hier die Natur und Vielfalt der gewöhnlich vorkommenden Geschäfte, die Abwicklungsweise der Geschäfte, die Vielfalt der Erzeugnisse und Leistungen, die Art des Kundenkreises, die Teilnahme am Wechselverkehr. Mit dem *Umfang* des Gewerbebetriebs ist indessen ein quantitatives Merkmal angesprochen, nämlich die Betriebsgröße. Zu prüfen sind hier die Größe des Anlage- und Betriebskapitals, das Umsatzvolumen, die Höhe des Kreditbedarfs, die Zahl der Beschäftigten, Zahl und Größe der Betriebsstätten, der Umfang der Werbung und der Lagerhaltung. Eine gewisse Orientierungshilfe bietet in diesem Zusammenhang die registergerichtliche Rspr. zur Abgrenzung 54

---

55 *Siems*, NJW 2003, 1296 ff. m. Nachw.

56 Vgl. den Beispielsfall bei *Kindler*, JZ 2006, 176, 177.

57 Anders bei den Größenklassen der Kapitalgesellschaften im Bilanzrecht, § 267 HGB.

58 *BGH* WM 1960, 935 (danach ist allerdings das Vorhandensein einer solchen Einrichtung ein deutliches Anzeichen dafür, dass sie auch erforderlich ist).

von Minderkaufleuten nach früherem Recht (vgl. oben Rn. 28). Hier bestand die Tendenz, ab einem **Jahresumsatz** von – heute – 250.000 EUR die Erforderlichkeit eines in kaufmännischer Weise eingerichteten Geschäftsbetriebs zu bejahen.[59] Nach **§ 241a HGB** i. d. F. des Bilanzrechtsmodernisierungsgesetzes (BilMoG) unterliegen **Einzelkaufleute mit einem Jahresumsatz von nicht mehr als 500.000 EUR und einem Jahresüberschuss von nicht mehr als 50.000 EUR** nicht der Buchführungspflicht nach §§ 238 ff. HGB. Für diesen Personenkreis geht der Gesetzgeber mithin nicht von der Erforderlichkeit eines kaufmännischen Geschäftsbetriebs aus. Weil in der Freistellungsnorm von „Einzelkaufleuten" die Rede ist, handelt es sich insoweit um kleingewerbliche Kann-Kaufleute, die die Option für das Handelsrecht (§ 2 HGB) ausgeübt haben.[60] Nicht übertragbar – da zu weitmaschig – erscheinen die Größenmerkmale für Mikrounternehmen nach der EG-Empfehlung 2003/361/EG (EuZW 2003, 418).

c) Maßgeblicher Zeitpunkt

55 Entscheidend für den handelsgewerblichen Charakter eines Unternehmens ist, dass im Zeitpunkt des Eintritts der Rechtsfolge der in Rede stehenden handelsrechtlichen Norm ein kaufmännischer Geschäftsbetrieb notwendig ist.

d) Herabsinken zum Kleingewerbe

56 Die Notwendigkeit eines in kaufmännischer Weise eingerichteten Geschäftsbetriebs kann in Folge der geschäftlichen Entwicklung des Unternehmens auch nachträglich entfallen. Das Handelsgewerbe sinkt zum Kleingewerbe i. S. des § 1 II HGB herab. Für die Beurteilung der Kaufmannseigenschaft ist danach zu unterscheiden, ob der Betrieb im Handelsregister eingetragen war oder nicht. Im erstgenannten Fall verbleibt es bei der Kaufmannseigenschaft; streitig ist nur, ob dies aus § 2 HGB oder aus § 5 HGB folgt (unten Rn. 77). Im letzteren Fall endet die Kaufmannseigenschaft des Unternehmensbetreibers; handelsrechtlichen Vorschriften kann er allenfalls als Scheinkaufmann (unten Rn. 96 ff.) unterworfen bleiben.

57 **Übungsfall:**[61] Die V-GmbH verklagt den K auf Restkaufpreiszahlung. Für die Begründung der örtlichen Zuständigkeit des angegangenen Landgerichts beruft sich die V-GmbH auf eine Gerichtsstandsvereinbarung mit K. K wendet die Unwirksamkeit der Gerichtsstandsvereinbarung ein und beantragt die Verweisung des Rechtsstreits an das für seinen Wohnsitz zuständige Landgericht. Er ist der Auffassung, er sei kein Kaufmann. Das Geschäft des K besteht im Wesentlichen aus der Vermittlung von Beleuchtungs- und Musikanlagen für Bühnenereignisse. Hierzu wird das erforderliche technische Gerät vermittelt, aufgebaut und abgebaut. Neben diesem Vermittlungsgeschäft übernimmt K ca. fünf Aufträge im Jahr als Subunternehmer, in deren Rahmen er eine vollständige Bühnenpräsentation darbietet. Das Umsatzvolumen beträgt ca. 300.000 EUR p. a., wobei ein beachtlicher Teil auf die Großaufträge für Bühnenpräsentationen entfällt. Bei Abschluss der Gerichtsstandsvereinbarung beschäftigte K einen fest angestellten Mitarbeiter sowie vier Auszubildende; für die Bühnenpräsentationen

---

[59] Näher hierzu m. Nachw. Ebenroth/Boujong/Joost/Strohn/*Kindler,* § 1 Rn. 51.

[60] Sehr kritisch zu dieser 2009 in das HGB eingefügten Neuregelung *Kersting*, BB 2009, 790, 791 f.

[61] Nach *OLG Dresden* NJW-RR 2002, 33 = EWiR 2001, 673 mit Kurzkomm. *Pfeiffer*.

werden jeweils Aushilfskräfte eingestellt. Der Betrieb des K befindet sich in einem ehemaligen Kuhstall und einem darüber liegenden Arbeitszimmer. Die Geschäfte des K erstrecken sich auf den süddeutschen Raum, ferner auf Österreich und die Schweiz. Örtliche Zuständigkeit des prorogierten Gerichts?

Lösung: Nach §§ 12, 13 ZPO wäre K grundsätzlich an seinem Wohnsitzgericht zu verklagen. Abweichend hiervon könnte das von V angegangene Gericht kraft der zwischen den Parteien abgeschlossenen Gerichtsstandsvereinbarung zuständig sein, wenn die Vertragsparteien Kaufleute sind (§ 38 I ZPO). Die Kaufmannseigenschaft der V-GmbH ergibt sich aus § 6 I HGB i.V.m. § 13 III GmbHG. Die Kaufmannseigenschaft des K folgt aus § 1 HGB. K betreibt ein Gewerbe (§ 1 I HGB). Nach dem Gesamtbild des Unternehmens ist hierfür ein in kaufmännischer Weise eingerichteter Geschäftsbetrieb erforderlich (§ 1 II HGB): Dies ergibt sich hier aus der jährlichen Umsatzzahl und der überregionalen Tätigkeit des Unternehmens, sowie aus den im Vordergrund stehenden Großaufträgen für die Bühnenpräsentation. Für Letztere muss die kaufmännische Einrichtung als solche stets bereitstehen, damit eine kurzfristige Ausführung gewährleistet ist. Auf die tatsächliche Größe des Büros und der Lagerräume kommt es daneben nicht an. K ist somit Kaufmann kraft tatsächlich betriebenen Handelsgewerbes i.S. des § 1 HGB, woraus sich die Wirksamkeit der Gerichtsstandsvereinbarung mit der V-GmbH ergibt (§ 38 I ZPO). Das angegangene Landgericht ist örtlich zuständig.

4. Träger der Kaufmannseigenschaft

Nach § 1 I HGB ist derjenige Kaufmann, der ein Handelsgewerbe „betreibt". 58
Zur Ermittlung der Person des Kaufmanns ist zunächst zu fragen, ob der Betreffende dem Personenkreis angehört, der abstrakt für die Kaufmannseigenschaft in Betracht kommt. Ist dies der Fall, so ist weiter zu prüfen, ob im vorliegenden Fall gerade ihm das in Rede stehende Handelsgewerbe zuzurechnen ist.

a) Personenkreis

Als Träger der Kaufmannseigenschaft kraft Handelsgewerbes nach § 1 I HGB 59
kommen **natürliche und juristische Personen** in Betracht, ferner – mit gewissen Einschränkungen – **Gesamthandsgemeinschaften.** Keine Anwendung findet § 1 I HGB auf die körperschaftlich strukturierten Verbände des § 6 HGB. Für natürliche Personen ergibt sich aus § 1 BGB, dass diese ohne weiteres Inhaber eines Handelsgewerbes sein können. Allerdings unterliegt der Betrieb eines Handelsgewerbes durch einen **Minderjährigen** bestimmten gesetzlichen Beschränkungen. Diese betreffen zunächst die Aufnahme des Betriebs. Nach §§ 1645, 1823 BGB sollen gesetzliche Vertreter im Namen ihres Kindes bzw. Mündels ein neues Erwerbsgeschäft nicht ohne Genehmigung des Familien- bzw. Vormundschaftsgerichts beginnen. Verstöße hiergegen sind allerdings lediglich durch Aufsichts- und Haftungsnormen sanktioniert (§§ 1667, 1833, 1837 BGB). Nach § 1629 a BGB in der seit 1.1.1999 geltenden Fassung[62] haftet der Minderjährige nur mit dem Bestand des bei Volljährigkeit vorhandenen Vermögens, wenn er eine entsprechende Option ausübt.[63] Der entgeltliche Erwerb und die Veräußerung eines Erwerbsge-

[62] Zu diesem Datum trat das Gesetz zur Beschränkung der Haftung Minderjähriger vom 25.8.1998, BGBl. I S. 2487 in Kraft.

[63] Einzelheiten: *Muscheler,* WM 1998, 2271 ff.; *Behnke,* NJW 1998, 3078 ff.; *Habersack,* FamRZ 1999, 1 ff.

schäfts im Namen des Kindes/Mündels erfordern die Genehmigung des Familien- bzw. Vormundschaftsgerichts (§§ 1822 Nr. 3, 1643 I BGB). Bis zur Genehmigung durch das Gericht bleibt die Übernahme des Erwerbsgeschäfts schwebend unwirksam. Um den vom Gesetz bezweckten Schutz des Minderjährigen zu gewährleisten, wird die Kaufmannseigenschaft solange nicht begründet; das Registergericht darf deshalb erst bei Nachweis der gerichtlichen Genehmigung die Eintragung vornehmen.

60 Nach Beginn des Handelsgewerbes unterliegt der gesetzliche Vertreter beim laufenden Betrieb bestimmten Beschränkungen, die die Wirksamkeit der einzelnen Rechtsgeschäfte betreffen. Nach §§ 1821, 1822, 1643 I BGB bedürfen verschiedene Einzelgeschäfte im Rahmen des Gewerbebetriebs der gerichtlichen Genehmigung, die allerdings für gewisse Geschäftsarten allgemein erteilt werden kann (§§ 1825, 1643 III BGB).

61 Der über sieben Jahre alte Minderjährige ist beschränkt geschäftsfähig (§§ 106 ff. BGB) und kann auch selbst handeln: entweder mit der Einwilligung des gesetzlichen Vertreters zu dem konkreten Rechtsgeschäft (§ 107 BGB) oder aufgrund einer generellen Ermächtigung zum Betrieb eines Erwerbsgeschäfts (§ 112 BGB). Letztere bedarf zusätzlich der gerichtlichen Genehmigung und erfasst nicht die Vorbehaltsgeschäfte der §§ 1821, 1822, 1643 BGB.[64]

62 Ferner können alle **juristischen Personen des Privatrechts und des öffentlichen Rechts** (vgl. §§ 33 ff. HGB) ein Handelsgewerbe betreiben, da ihnen die Rechtsordnung die Rechtsfähigkeit zuerkennt.

Beispiel: Die „Berliner Wasserbetriebe" sind eine Körperschaft des Öffentlichen Rechts mit Kaufmannseigenschaft (KG BeckRS 2008 20697 zu § 95 GVG).

63 Schließlich können auch bestimmte **Gesamthandsgemeinschaften** die Kaufmannseigenschaft besitzen. Dies gilt zunächst für die Personenhandelsgesellschaften (OHG, KG), deren Kaufmannseigenschaft allerdings nicht aus § 1 I HGB, sondern aus § 6 I HGB folgt. Gleiches gilt gemäß § 1 EWIV-Ausführungsgesetz für die EWIV. Für die freiberufliche Partnerschaft bestimmt § 1 I 2 PartGG, dass sie kein Handelsgewerbe ausübt. Sie kann daher unabhängig von ihrer organisatorischen Struktur nicht Kaufmann sein.

64 Die **GbR** ist zwar nach Maßgabe der Entscheidung „Weißes Ross"[65] rechts- und parteifähig (unten § 10 Rn. 56 ff.). Sobald indessen der Zweck einer GbR auf den Betrieb eines Handelsgewerbes gerichtet ist, wandelt sie sich zur OHG (§ 105 I HGB), weshalb ab dann die Kaufmannseigenschaft aus § 6 I HGB folgt. Näher unten Rn. 113 ff.

65 Ehegatten in **Gütergemeinschaft** bilden bezogen auf das Gesamtgut ebenfalls eine Gesamthand. Zu dem Gesamtgut kann auch ein Handelsgeschäft gehören.[66] Allerdings ist nicht die Gütergemeinschaft selbst Unternehmensträgerin. Denn sie hat keine Organe, die mit Wirkung für und gegen die Gesamthand handeln könnten. Deshalb können nur die Ehegatten Betreiber des Unternehmens sein.

---

64 Näher Ebenroth/Boujong/Joost/Strohn/*Kindler*, § 1 Rn. 66 f.
65 BGHZ 142, 315 = NJW 1999, 3483.
66 *BGH* NJW 1977, 433; BayObLGZ 1991, 283, 284 = NJW-RR 1992, 33.

Die **Erbengemeinschaft** kann allenfalls ein zum Nachlass gehörendes Handelsgeschäft bis zur Auseinandersetzung fortführen; eine Umwandlung in eine OHG muss dabei nicht erfolgen.[67] Nach h. M. und Rspr. sind nur die Erben selbst Kaufleute.[68] Dafür spricht, dass der Erbengemeinschaft – ebenso wie der Gütergemeinschaft (oben Rn. 65) – eine der OHG oder KG entsprechende Organstruktur fehlt und sie daher zur Führung eines Unternehmens ungeeignet ist. 66

b) Zurechnung

Betreiber des Handelsgewerbes ist grundsätzlich derjenige, in dessen Namen die mit dem Handelsgewerbe verbundenen **Rechtsgeschäfte** abgeschlossen werden (§§ 164 ff. BGB). Nicht der Vertreter (z. B. ein Prokurist), sondern der Vertretene ist mithin Kaufmann. Unerheblich ist für das Betreiben eines Handelsgewerbes, wer Eigentümer der Betriebsmittel ist. 67

Wird ein Unternehmen im Namen einer juristischen Person geführt, so ist ausschließlich diese Betreiber, weder die Mitglieder ihrer Organe (Vorstands- und Aufsichtsratsmitglieder, Geschäftsführer)[69], noch ihre Gesellschafter, Aktionäre, Genossen oder Vereinsmitglieder.[70] Selbst der alleinige Gesellschafter einer Einmann-GmbH ist nicht Kaufmann, vgl. aber unten § 7 Rn. 78.[71] 68

Hinsichtlich der **Gesellschafter einer Personenhandelsgesellschaft** ist eine differenzierte Betrachtungsweise geboten. Die Vorschrift des § 6 I HGB stellt nur klar, dass die OHG/KG als Handelsgesellschaft selbst Kaufmann ist. Nicht gesetzlich geregelt ist, ob neben der Gesellschaft auch die Gesellschafter das Handelsgewerbe betreiben und daher auch diese nach § 1 I HGB die Kaufmannseigenschaft besitzen. Da Gesellschafter einer OHG und die persönlich haftenden Gesellschafter einer KG gemäß § 128 HGB (auch in Verbindung mit § 161 II HGB) persönlich für die Gesellschaftsschulden haften, werden sie – i. S. der obigen Zurechnungsformel (oben Rn. 67) durch die für die Gesellschaft getätigten Geschäfte verpflichtet. Sie sind deshalb Kaufleute.[72] Dagegen ist der Kommanditist grundsätzlich kein Kaufmann, da er nicht persönlich für die Gesellschaftsverbindlichkeiten haftet (§ 171 I HGB) und nach dem gesetzlichen Leitbild auch generell von der Vertretung der Gesellschaft ausgeschlossen ist (§ 170 HGB).[73] 69

---

[67] BGHZ 92, 259, 262 ff. = NJW 1985, 136; *K. Schmidt*, NJW 1985, 2785, 2787 f.

[68] RGZ 132, 138, 142 (Erben des Kaufmanns als „Inhaber der Firma"); *Hüffer*, ZGR 1986, 603, 624 f.

[69] BGHZ 121, 224, 228 = NJW 1993, 2873; BGHZ 132, 119, 122 = NJW 1996, 1467; 132, 71, 78 = NJW 1996, 2097; 165, 43, 48 = NJW 2006, 431.

[70] BGHZ 121, 224, 228 = NJW 1993, 2873; BGHZ 166, 84 = NJW 2006, 830 Tz. 91; *BGH* NZG 2007, 820 Tz. 16 ff.

[71] *BGH* NJW-RR 1987, 42, 43; BGHZ 121, 224, 228 = NJW 1993, 2873.

[72] BGHZ 45, 282, 284 = NJW 1966, 1960; *Canaris*, § 2 Rn. 20.

[73] *BGH* NJW 1980, 1573, 1574 (zu § 350 HGB); BGHZ 97, 127, 134 = NJW 1986, 1679; vgl. zur Zurechnung in weiteren Fällen Ebenroth/Boujong/Joost/Strohn/*Kindler*, § 1 Rn. 78 ff. (Stellvertreter, Insolvenzverwalter, stille Gesellschafter, Strohmänner, Ehegatten in der Gütergemeinschaft, Testamentsvollstrecker).

c) Betrieb verschiedener Gewerbe

70 Betreibt eine Person in organisatorisch getrennten Betrieben verschiedene Gewerbe nebeneinander, so ist jeweils gesondert zu prüfen, ob die Voraussetzungen eines Handelsgewerbes erfüllt sind. Der Inhaber kann dann gleichzeitig Kaufmann und Nichtkaufmann sein.[74] Demgegenüber ist bei der einheitlichen Organisation eines Betriebs, der gewerbliche und nicht gewerbliche Tätigkeiten umfasst, nur eine einheitliche Beurteilung der Kaufmannseigenschaft möglich.[75]

5. Rechtsfolgen aus dem Betreiben eines Handelsgewerbes

71 Wer ein Handelsgewerbe betreibt, ist Kaufmann kraft Gesetzes (§ 1 I HGB – Istkaufmann). Diese Rechtsfolge kann nicht durch Parteivereinbarung herbeigeführt werden. Es gibt keinen „Erklärungskaufmann".[76] Deshalb ist eine in AGB enthaltene Bestimmung, mit der ein Vertragspartner versichert, Kaufmann bzw. Unternehmer i. S. der §§ 14, 310 I BGB zu sein (vgl. oben Rn. 14) unwirksam.[77] Auch die Eintragung des Gewerbetreibenden im Handelsregister ist für die Kaufmannseigenschaft nach § 1 I HGB ohne Belang.

III. Kaufmanns-Optionen („Kannkaufmann")

72 Die Vorschrift des **§ 2 HGB fingiert** für bestimmte Fälle das Vorliegen eines **Handelsgewerbes.** Die Kaufmannseigenschaft des Gewerbetreibenden ergibt sich dann aus § 1 I HGB i. V. m. § 2 S. 1 HGB. § 2 HGB richtet sich ausschließlich an Kleingewerbetreibende, d. h. Gewerbetreibende (oben Rn. 36 ff.), deren Betrieb unterhalb der Mindestgrößenanforderungen des § 1 II HGB (oben Rn. 50 ff.) angesiedelt ist.[78] Dieser Personenkreis erhält durch § 2 HGB die Möglichkeit, mit der Handelsregistereintragung freiwillig die Kaufmannseigenschaft zu erwerben (Kaufmanns-Option). Durch die Verweisung in § 3 II HGB hat § 2 HGB zudem Bedeutung für die Land- und Forstwirtschaft.

1. Kleingewerblicher Kannkaufmann[79]

a) Rechtsnatur der Registeranmeldung

73 Nach § 2 S. 2 HGB sind Kleingewerbetreibende i. S. des § 1 II HGB berechtigt, aber – anders als der Istkaufmann (oben Rn. 32 ff.) – nicht verpflichtet, die Han-

---

[74] RGZ 130, 233, 234.

[75] *BGH* NJW 1999, 2967, 2968; o. Rn. 48.

[76] *AG Hersbruck* BeckRS 2010 22246.

[77] Zu zurückhaltend BGHZ 84, 109, 112 f. = NJW 1982, 2309: Versicherung der (Voll-)Kaufmannseigenschaft könne eine überraschende Klausel i. S. des § 3 AGBG (jetzt § 305 c I BGB) sein.

[78] Zur analogen Anwendung auf Vermögensverwalter vgl. Ebenroth/Boujong/Joost/Strohn/*Kindler*, § 2 Rn. 6 f.

[79] Zur Vertiefung s. *Mönkemöller*, JuS 2002, 30 ff.

delsregistereintragung herbeizuführen. Vor allem im Hinblick auf die strafbewehrten Buchführungspflichten nach §§ 238 ff. HGB bestehen allerdings kaum Anreize für die Ausübung dieser Kaufmanns-Option.[80]

Die Rechtsnatur der Handelsregisteranmeldung des Kannkaufmanns wird seit 74
jeher unterschiedlich beurteilt. Nach zutreffender h. M. liegt eine **Verfahrenshandlung** vor, weil sich die Rechtswirkung der Anmeldung darin erschöpft, das Eintragungsverfahren in Gang zu bringen. Denn die sachlich angestrebte Rechtsfolge – Erwerb der Kaufmannseigenschaft – tritt nicht aufgrund der Erklärung des Gewerbetreibenden ein, sondern – anknüpfend an den Staatsakt der Eintragung – kraft Gesetzes.[81] Dafür spricht auch, dass der Wortlaut des § 2 S. 1 HGB unter den Tatbestandsmerkmalen die Registeranmeldung durch den Kannkaufmann nicht aufführt. Die Fiktion eines Handelsgewerbes knüpft allein an die Register*lage* – Eintragung des Kannkaufmanns – an. Die verfahrensrechtliche Einordnung der Optionserklärung hat Bedeutung für die Amtslöschung (unten Rn. 77).

Bei der Anmeldung eines Gewerbebetriebs zum Handelsregister ist die Betriebs- 75
größe durch das Registergericht nicht zu prüfen: Erfordert das Unternehmen einen kaufmännisch eingerichteten Betrieb, so ist auf der Grundlage der §§ 1 II, 29 HGB einzutragen, anderenfalls auf der Grundlage des § 2 HGB.[82] Der anmeldende Gewerbetreibende ist daher entweder geborener Kaufmann nach § 1 II HGB oder gekorener Kaufmann nach § 2 HGB.[83] Eine dritte Möglichkeit gibt es nicht.

b) Löschung

Kleingewerbetreibende sind **„Kannkaufleute mit Rückfahrkarte."**[84] Nach § 2 76
S. 3 HGB können sie *beantragen*, wieder im Handelsregister gelöscht zu werden.[85] Dies setzt voraus, dass ein Gewerbe nicht zwischenzeitlich die Betriebsgrößenschwelle des § 1 II HGB (oben Rn. 50 ff.) überschritten hat. Denn dann gehört der Gewerbetreibende der Gruppe der Istkaufleute an (§ 1 I HGB), und unterliegt der Anmeldeverpflichtung nach § 29 HGB. Eine Löschungsoption wäre damit unvereinbar, da das Registergericht sogleich einen neuen Eintragungsantrag erzwingen müsste (§§ 29, 14 HGB).

Zur *Amts*löschung kommt es zum einen in den Fällen der ursprünglichen Un- 77
richtigkeit des Handelsregisters. Ursprünglich unzulässige Eintragungen hat das Registergericht nach § 395 I FamFG zu löschen. Im vorliegenden Zusammenhang betrifft dies Fälle, in denen es von vornherein am gewerblichen Charakter des Unternehmens fehlte oder der Anmelder nicht „Betreiber" dieses Unternehmens war. Darüber hinaus ist anerkannt, dass das Registergericht auch das unrichtig *gewordene* Handelsregister zu berichtigen hat, um die Funktionsfähigkeit des Re-

---

[80] Eingehend zu den Vor- und Nachteilen der Kaufmannseigenschaft Ebenroth/Boujong/Joost/Strohn/*Kindler*, § 2 Rn. 9 ff.

[81] BayObLGZ 1992, 253 = DB 1992, 1923 (Unanwendbarkeit der §§ 119 ff., 158 ff. BGB).

[82] *Ammon*, DStR 1998, 1474, 1476.

[83] Vgl. *Schmitt*, WiB 1997, 1113, 1117; näher *ders.*, Die Rechtsstellung der Kleingewerbetreibenden nach dem Handelsrechtsreformgesetz, 2003.

[84] So plastisch *K. Schmidt*, NJW 1998, 2161, 2162 f.

[85] Bei Einstellung des Geschäftsbetriebs ergibt sich die Anmeldepflicht hingegen aus § 31 II HGB.

gisters als Vertrauensgrundlage zu erhalten.[86] Bedeutung hat dies vor allem für den nachträglichen Wegfall der Gewerblichkeit des Unternehmens (vgl. § 31 II 2 HGB). Keine Amtslöschung hat nach zutreffender Auffassung zu erfolgen, wenn ein ursprünglich als Handelsgewerbe (§ 1 I HGB) betriebenes und im Handelsregister eingetragenes Unternehmen unter die Betriebsgrößenschwelle des § 1 II HGB herabsinkt. Der Eingetragene wird damit zum kleingewerblichen Kannkaufmann mit der Löschungs-Option nach § 2 S. 3 HGB. Dies folgt aus dem verfahrensrechtlichen Charakter der Anmeldung sowie namentlich daraus, dass § 2 S. 1 HGB für die Kaufmannseigenschaft an die bloße Tatsache der Eintragung im Handelsregister anknüpft (vgl. oben Rn. 74).[87]

c) Rechtsstellung der nicht im Handelsregister eingetragenen Kleingewerbetreibenden

78 Die Eintragung in das Handelsregister begründet die Kaufmannseigenschaft des Kleingewerbetreibenden (oben Rn. 72). Daraus folgt freilich keineswegs generell im Gegenschluss, dass die nicht im Handelsregister eingetragenen Kleingewerbetreibenden stets Nichtkaufleute wären. Für diesen Personenkreis kommt vielmehr eine Behandlung als Kaufmann nach Verkehrsschutzregeln (unten Rn. 85 ff.) und kraft ausdrücklicher gesetzlicher Anordnung in Betracht (Hauptfälle: §§ 84 IV, 93 III, 383 II HGB).[88] Außerhalb dieser Fallgruppen scheidet eine analoge Anwendung von Handelsrecht aus, da dies die Wahlfreiheit des Kleingewerbetreibenden nach § 2 HGB aufheben würde.[89]

2. Land- oder forstwirtschaftlicher Kannkaufmann

a) Grundlagen

79 Nach § 3 I HGB sind land- oder forstwirtschaftliche Gewerbebetriebe vom Kreis der Istkaufleute (§ 1 HGB, oben Rn. 32 ff.) ausgeschlossen. Das Gesetz privilegiert damit diesen Gewerbezweig. Angehörige der Land- oder Forstwirtschaft erwerben die Kaufmannseigenschaft nie nur kraft gesetzlicher Anordnung, sondern nach § 3 II HGB i.V.m. § 2 HGB (oben Rn. 72 ff.) durch einen hierauf gerichteten Willensentschluss. Wie Kleingewerbetreibende sind auch sie Kannkaufleute. Etwas anderes gilt nur dann, wenn der Land- oder Forstwirt sein Unternehmen in der Form einer Kapitalgesellschaft oder Genossenschaft betreibt. Dann besteht die Kaufmannseigenschaft kraft Rechtsform (unten Rn. 112 ff.). Die Privilegierung der Land- und Forstwirtschaft durch § 3 HGB ist rein historisch bedingt, d.h. durch den starken Einfluss dieser Interessengruppe auf den HGB-Gesetzgeber von 1897.[90]

---

[86] Grundlegend *Lutter*, NJW 1969, 1873, 1876; *BayObLG* NJW 1985, 982.

[87] *K. Schmidt*, ZHR 163 (1999), 87, 91 f., 94 f.; *ders.*, JZ 2003, 585, 588; *Treber*, AcP 199 (1999), 525, 582 f.; Ebenroth/Boujong/Joost/Strohn/*Kindler*, § 2 Rn. 30 ff.; a.A. *Canaris*, § 3 Rn. 21 ff., der für die Anwendung von § 5 HGB plädiert.

[88] Weitere Beispiele bei Ebenroth/Boujong/Joost/Strohn/*Kindler*, § 2 Rn. 38 ff.

[89] So tendenziell auch *Canaris*, § 1 Rn. 25, § 21 Rn. 2.

[90] Näher zur Entstehungsgeschichte des § 3 HGB Ebenroth/Boujong/Joost/Strohn/*Kindler*, § 3 Rn. 2 ff.

b) Landwirtschaft

Unter Landwirtschaft versteht man die Gewinnung pflanzlicher oder tierischer Rohstoffe durch Bodennutzung, einschließlich der Weiterverarbeitung und des Weiterverkaufs. Dieser Begriffsbestimmung unterliegen etwa der Anbau von Gemüse, Obst, Hopfen, Wein, Tabak, Weizen, Roggen, Hafer, Kartoffeln und Rüben, insgesamt der Acker-, Weide- und Wiesenbau. Auch die Vieh- und Pferdezucht ist als Landwirtschaft einzuordnen, wenn das Futter der Tiere ganz oder überwiegend aus Eigenerzeugnissen besteht, was etwa der Fall ist, wenn eigene oder gepachtete Wiesen als Weideland verwendet werden (vgl. auch § 585 I 2 BGB).[91] Bei wertender Betrachtung ist danach zu fragen, ob das für die klassische Landwirtschaft kennzeichnende **Betriebsrisiko eigener Art** besteht, wie es sich durch die **besondere Exponiertheit gegenüber den Naturkräften** (Witterungsbedingungen, Schädlingsbefall usw.) ergibt.[92] 80

c) Forstwirtschaft

Unter Forstwirtschaft fällt jede Wirtschaftstätigkeit, die auf Holzgewinnung und Walderhaltung gerichtet ist (z. B. Baumschulen, nicht aber der gewerbsmäßige Ankauf von Wäldern zum Abholzen). 81

d) Nebengewerbliche Unternehmen

Die Vorschrift des § 3 III HGB erstreckt die in § 3 I HGB (Ausschluss der Istkaufmannseigenschaft) und § 3 II HGB (Kannkaufmann) liegenden Privilegien auf Nebenbetriebe. Der Land- oder Forstwirt kann deshalb frei entscheiden, ob er seinen Nebenbetrieb dem Handelsrecht unterstellen will. Die Kaufmanns-Option steht ihm – gegenständlich beschränkt auf dem Nebenbetrieb – offen, wenn der Nebenbetrieb eine kaufmännische Organisation erfordert. 82

e) Kaufmannsoption

Als Kannkaufmann hat der Land- oder Forstwirt die Wahl, ob er sein Unternehmen dem Handelsrecht unterstellt oder nicht. Dieses Wahlrecht folgt für land- oder forstwirtschaftliche Großbetriebe aus § 3 II HGB i. V. m. § 2 S. 2 HGB, für Kleinbetriebe unmittelbar aus § 2 S. 2 HGB.[93] 83

f) Rechtsstellung der nicht im Handelsregister eingetragenen Land- oder Forstwirte

Land- oder forstwirtschaftliche Unternehmen, die sich gegen die Ausübung der Kaufmanns-Option entscheiden, unterliegen im vollen Umfang dem Allgemeinen Bürgerlichen Recht. Eine Behandlung als Kaufmann kommt nur nach Verkehrs- 84

---

[91] Ebenroth/Boujong/Joost/*Kindler*, § 3 Rn. 7; BGHZ 134, 146, 149 = NJW 1997, 664.
[92] BGHZ 134, 146, 150 f. = NJW 1997, 664.
[93] *K. Schmidt*, JZ 2003, 585, 588 mit Fn. 43.

schutzregeln (sogleich Rn. 85 ff.) in Betracht. Eine Anwendung der Sondervorschriften für nicht eingetragene Kleingewerbetreibende (oben Rn. 78 a. E.) scheidet tatbestandlich aus, weil diese Normen an bestimmte Tätigkeiten anknüpfen (z. B. Handelsvertreter), zu denen die Land- oder Forstwirtschaft nicht gehört.

IV. Verkehrsschutz

1. Absoluter Verkehrsschutz („Kaufmann kraft Eintragung“)

a) Grundlagen

85 Die Vorschrift des § 5 HGB bestimmt:

„Ist eine Firma im Handelsregister eingetragen, so kann gegenüber demjenigen, welcher sich auf die Eintragung beruft, nicht geltend gemacht werden, dass das unter der Firma betriebene Gewerbe kein Handelsgewerbe sei.“

85a Die Bestimmung soll **Streitigkeiten über die Erforderlichkeit kaufmännischer Einrichtungen** (§ 1 II HGB, oben Rn. 50 ff.) **ausschließen**. Sie dient der Rechtssicherheit und – weil von einem Vertrauenstatbestand unabhängig – dem absoluten Verkehrsschutz.[94] Das Vorliegen eines Handelsgewerbes wird durch § 5 HGB fingiert; der Eingetragene ist deshalb Kaufmann nach § 1 I HGB i. V. m. § 5 HGB.[95] Bei § 5 HGB handelt es sich **nicht** um eine **Rechtsscheinsnorm**. Denn die Rechtsfolge der Vorschrift tritt auch dann ein, wenn der andere Teil die wahre Sachlage – den fehlenden handelsgewerblichen Charakter des Unternehmens des Eingetragenen – kennt. Ferner wirkt § 5 HGB auch zu Ungunsten des Dritten. Beides ist mit den Regeln über die Rechtsscheinhaftung unvereinbar.[96] Insbesondere ist § 5 HGB nicht als Ausprägung der Lehre vom Scheinkaufmann (unten Rn. 96 ff.) anzusehen.[97]

86 Tatbestandlich und hinsichtlich seiner Rechtsfolgen ist § 5 HGB weitgehend mit § 2 S. 1 HGB deckungsgleich. Aus dem verfahrensrechtlichen Charakter der Handelsregisteranmeldung bei § 2 HGB (oben Rn. 74) ergibt sich, dass § 5 HGB seit der Handelsrechtsreform von 1998 nur noch für marginale Fälle Bedeutung hat. Die Vorschrift erfasst die Eintragung von Kleingewerbetreibenden und land- oder forstwirtschaftlichen Unternehmen, ohne dass der Inhaber eine Anmeldung vorgenommen hätte.[98]

87 Kein Fall des § 5 HGB besteht indessen bei der irrtümlichen Annahme, dass das Unternehmen einen in kaufmännischer Weise eingerichteten Geschäftsbetrieb erfordere und daher nach § 1 II HGB eintragungspflichtig sei, ferner dann, wenn dieses Erfordernis zwar ursprünglich erfüllt war, aber nachträglich weggefallen ist.[99]

---

[94] BGHZ 32, 307, 314 = NJW 1960, 1664; *BGH* NJW 1982, 45.

[95] Ebenroth/Boujong/Joost/Strohn/*Kindler,* § 5 Rn. 2.

[96] *BGH* NJW 1982, 45; *Canaris,* § 3 Rn. 51.

[97] *Canaris,* § 6 Rn. 9; missverständlich BGHZ 32, 307 = NJW 1960, 1664, Ls. 2.

[98] *v. Olshausen,* ZHR 163 (1999), 493, 496; Ebenroth/Boujong/Joost/Strohn/*Kindler,* § 5 Rn. 16 m. w. Nachw.; a. A. *Canaris,* § 3 Rn. 49 f.

[99] Ebenroth/Boujong/Joost/Strohn/*Kindler,* § 5 Rn. 11 ff.; a. A. *Canaris,* § 3 Rn. 49 f., beide m. w. Nachw.

b) Voraussetzungen der Registerwirkung

Zunächst verlangt das Gesetz, dass der Unternehmer mit seiner Firma im Handelsregister eingetragen ist. Da § 5 HGB keine Rechtsscheinnorm ist, sind gerade auch die Fälle erfasst, in denen die Eintragung versehentlich ohne Anmeldung oder aufgrund der Anmeldung eines unbefugten Dritten erfolgt ist, ferner z. B. beim Übersehen eines Widerrufs der Anmeldung durch das Registergericht. Auf die Veranlassung der Eintragung durch den Eingetragenen kommt es nicht an. Er ist ggf. auf Amtshaftungsansprüche verwiesen (§ 839 BGB; Art. 34 GG). 88

Unverzichtbar ist ferner, dass der Eingetragene ein Gewerbe (oben Rn. 33 ff.) betreibt. Denn § 5 HGB schneidet nur den Einwand ab, dass das unter der eingetragenen Firma betriebene Gewerbe kein *Handels*gewerbe sei.[100] Deshalb sind etwa versehentlich im Handelsregister eingetragene Freiberufler als nichtgewerbliche Unternehmer nicht von § 5 HGB erfasst. Eine erweiternde Auslegung des § 5 HGB mit der Folge der Einbeziehung von Freiberuflern[101] überschreitet den Wortlaut als Grenze jeder möglichen Auslegung.[102] 89

c) Rechtsstellung des Kaufmanns kraft Eintragung

Nach § 5 HGB wird nicht die Kaufmannseigenschaft fingiert,[103] sondern nur das diese nach § 1 I HGB konstituierende Merkmal der Handelsgewerblichkeit.[104] Eine derart beschränkte Rechtsfolgenanordnung des § 5 HGB erscheint überzeugender, als der Vorschrift pauschal eine Fiktion der Kaufmannseigenschaft zu entnehmen, diese aber dann im zweiten Zugriff wieder einzuschränken, z. B. um den Eingetragenen vor dem Strafrecht in Schutz zu nehmen.[105] Stimmiger ist es, schon die Fiktion der *Handels*gewerblichkeit von vornherein teleologisch auf diejenigen Rechtsbereiche zu beschränken, in denen der Normzweck des § 5 HGB vertreten ist (dazu sogleich Rn. 93 ff.). 90

Wegen seines beschränkten Normzwecks (absoluter Verkehrsschutz, oben Rn. 85) macht § 5 HGB den Eingetragenen **nur für den rechtsgeschäftlichen Verkehr und den Prozessrechtsverkehr** zum **Kaufmann.** Deshalb kann ein mit seiner Firma im Handelsregister eingetragener Gewerbebetrieb unter Berufung auf fehlende *Handels*gewerblichkeit (§ 1 II HGB) z. B. nicht geltend machen, die vereinbarte Vertragsstrafe sei herabzusetzen (§ 348 HGB), eine mündlich abgegebene Bürgschaftserklärung sei formunwirksam (§ 350 HGB), es habe keine Rügeobliegenheit nach § 377 HGB bestanden usw. Umgekehrt kann sich auch der Eingetragene zu seinem Vorteil auf die genannten Bestimmungen berufen. 91

---

[100] *BGH* NJW 1982, 45; BAG NJW 1988, 221, 222.
[101] So *K. Schmidt,* ZHR 163 (1999), 87, 96 f.; *ders.,* JZ 2003, 585, 589; bloß rechtspolitisch noch *ders.,* NJW 1998, 2161, 2164 nach Fn. 56.
[102] Ebenroth/Boujong/Joost/Strohn/*Kindler,* § 5 Rn. 21 ff.
[103] So aber z. B. *Canaris,* § 3 Rn. 48 ff. („Fiktivkaufmann").
[104] Zutreffend Staub/*Hüffer* (4. Aufl.), § 8 Rn. 82; MünchKomm-HGB/*Lieb,* § 5 Rn. 3.
[105] So die h. L., z. B. *Canaris,* § 3 Rn. 52 (der Fiktivkaufmann sei „kein wirklicher Kaufmann").

Weitere Beispiele: Wer in eine im Handelsregister eingetragene GbR eintritt, haftet nach §§ 128 ff. HGB für die Gesellschaftsverbindlichkeiten.[106] Im Falle des § 25 I 1 HGB (unten § 5 Rn. 26 ff.) kann sich der Erwerber nicht auf die fehlende Handelsgewerblichkeit des im Handelsregister eingetragenen Veräußerers berufen.[107]

92 Ferner kann der zu Unrecht eingetragene Gewerbetreibende unter seiner Firma klagen und verklagt werden (§ 17 II HGB). Gleiches gilt für die im Handelsregister zu Unrecht eingetragene GbR (§ 124 I HGB).[108] Auch § 38 I ZPO (vgl. oben Rn. 18, 57) findet Anwendung.

93 Umstritten ist, ob § 5 HGB auch im Rahmen *gesetzlich* begründeter Rechtsbeziehungen wirkt, insbesondere bei unerlaubten Handlungen und im Falle der ungerechtfertigten Bereicherung. Nach zutreffender h. M. kommt die Vorschrift nur für solche gesetzlichen Ansprüche in Betracht, die mit dem Geschäftsverkehr zusammenhängen, nicht aber schlechthin im sog. „Unrechtsverkehr".[109] Die Gegenauffassung, die für die Anwendbarkeit von § 5 HGB im gesamten Privatrechtsverkehr eintritt,[110] bewegt sich außerhalb des begrenzten Normzwecks der Vorschrift, wenn sie ihren Anwendungsbereich auf Fälle erstrecken will, in denen Rechtssicherheits- und Verkehrsschutzbelange nicht betroffen sind. Die Bedeutung des Meinungsstreits ist gering. Der frühere Hauptstreitpunkt, ob § 31 BGB auch auf eine im Handelsregister eingetragene GbR anzuwenden ist, hat sich durch BGHZ 154, 88[111] zur Haftung der GbR nach § 31 BGB erledigt.

94 Weitgehend ausgeschlossen ist die Anwendung öffentlichrechtlicher Bestimmungen einschließlich der kaufmännischen Grundpflichten auf den Eingetragenen. Eine Ausnahme gilt insoweit lediglich hinsichtlich der Verbote des Firmenrechts, die gleichermaßen auch für den Nichtkaufmann gelten.[112]

95 **Übungsfall:** Kaufmann Knauser hat sich zur Ruhe gesetzt. Um Registergebühren zu sparen, unterlässt er es, seine Firma aus dem Handelsregister löschen zu lassen. Die B-Bank nimmt ihn aus einer Bürgschaft in Anspruch, die er telefonisch versprochen hat. Haftet K als Bürge?

Lösung: Die Haftung des K als Bürge setzt ein wirksames Bürgschaftsversprechen nach § 766 BGB voraus. Danach ist die Bürgschaftserklärung schriftlich zu erteilen. Diese Voraussetzung liegt bei einem fernmündlichen Bürgschaftsversprechen nicht vor (§ 126 I BGB). Allerdings hebt § 350 HGB die Anwendung des § 766 BGB für Bürgschaften von Kaufleuten auf. Fraglich ist daher, ob K Kaufmann i. S. von § 350 HGB ist. Wegen der endgültigen Einstellung des Geschäftsbetriebs besteht keine Kaufmannseigenschaft nach § 1 HGB. Da K kein Gewerbe mehr betreibt, greift auch § 5 HGB nicht ein. Soweit die B-Bank von der Geschäftseinstellung und damit vom Erlöschen der Kaufmannseigenschaft allerdings keine Kenntnis hatte, kann K ihr diesen Umstand nach §§ 15 I, 31 II HGB nicht entgegenhalten (vgl. unten § 3 Rn. 21 ff.). Unter diesen Voraussetzungen findet § 350 HGB auf ihn Anwendung, mit der Folge, dass er aus der Bürgschaft haftet.

---

[106] *BGH* NJW 1982, 45.
[107] BGHZ 22, 234, 239 f. = NJW 1957, 179.
[108] *BGH* NJW 1982, 45.
[109] *Canaris,* § 3 Rn. 58.
[110] *K. Schmidt,* HandelsR, § 10 III 3 b; offen gelassen in *BGH* NJW 1982, 45.
[111] *BGH* NJW 2003, 1445.
[112] Einzelheiten bei Ebenroth/Boujong/Joost/Strohn/*Kindler,* § 5 Rn. 41 ff.

2. Rechtsschein („Scheinkaufmann“)

a) Grundsatz

Nach allgemeinen Rechtsscheingrundsätzen gilt: Wer zurechenbar einen Rechtsscheintatbestand geschaffen hat, muss sich von gutgläubigen Dritten, die im Vertrauen hierauf disponiert haben, an dem Rechtsscheintatbestand – nach Wahl des Dritten – festhalten lassen.[113] Bedeutsame handelsrechtliche Ausprägungen dieser Regel sind – neben der hier darzustellenden Lehre vom Scheinkaufmann – vor allem die Scheingesellschaft (unten § 10 Rn. 43 ff.), die Gewohnheitsrechtssätze zu § 15 III HGB (unten § 3 Rn. 51 ff.) und die Fälle des Rechtsscheins unbeschränkter Haftung (Firmenführung ohne den gebotenen Rechtsformzusatz, unten § 4 Rn. 52). 96

Merke: Wer die Kaufmannseigenschaft zwar nicht besitzt, aber durch sein Auftreten und Verhalten zurechenbar einen entsprechenden Rechtsschein bei einem darauf vertrauenden Dritten erzeugt, muss sich wie ein Kaufmann behandeln lassen.

b) Personenkreis

Die Lehre vom Scheinkaufmann ist subsidiär zu sämtlichen Kaufmannstatbeständen des geschriebenen Rechts, ferner zu § 15 HGB. Für im Handelsregister *eingetragene* Personen kommt der Scheinkaufmannstatbestand daher nur dann in Betracht, wenn diese nicht gewerblich handeln. Anderenfalls ergibt sich die Kaufmannseigenschaft bereits aus § 2 HGB oder aus § 5 HGB (oben Rn. 89). 97

Bei den *nicht* im Handelsregister eingetragenen Personen sind zwei Gruppen zu unterscheiden. Diejenigen, die tatsächlich ein Handelsgewerbe betreiben, sind bereits nach § 1 I HGB Kaufmann (oben Rn. 71). Als Adressaten der Lehre vom Scheinkaufmann verbleiben deshalb nur Personen, die (1) überhaupt kein Gewerbe, (2) ein Kleingewerbe i. S. des § 2 S. 1 HGB, oder (3) eine Land- bzw. Forstwirtschaft i. S. des § 3 HGB betreiben. In all diesen Fällen kann sich der Rechtsscheintatbestand nur auf das Vorspiegeln eines *handels*gewerblichen Unternehmens (§ 1 I HGB) oder – im Falle der Kleingewerblichkeit bzw. bei Land- oder Forstwirtschaft – einer Registereintragung (§ 2 HGB, auch i. V. m. § 3 II HGB; § 5 HGB) stützen. Der erweckte Rechtsschein überdeckt also gerade denjenigen Mangel, an dem die wirkliche Kaufmannseigenschaft scheitert. 98

c) Rechtsscheintatbestand (Auftreten als Kaufmann)

Als Kaufmann tritt zunächst auf, wer ausdrücklich erklärt, die Kaufmannseigenschaft zu besitzen. Ausgenommen sind selbstredend entsprechende Erklärungen in den AGB des Rechtsscheingegners (oben Rn. 71). Hier wird es freilich häufig auch an der Gutgläubigkeit (unten Rn. 103 ff.) fehlen. 99

Den Scheinkaufmannstatbestand verwirklicht ferner, wer sich einer Rechtseinrichtung bedient, die den Kaufleuten vorbehalten ist (Prokura, Firma). Dagegen liegt in der Verwendung von AGB, Fax- und e-mail-Adressen, aufwendigen Brief- 100

[113] *Canaris,* § 6 Rn. 68 ff.; *Brox/Henssler,* Rn. 63.

bögen mit mehreren Geschäftskonten, in der Eintragung im Branchenverzeichnis und dergleichen noch kein kaufmännisches Auftreten. Denn auch Kleingewerbetreibende und Freiberufler bedienen sich häufig dieser etwas großspurigen Formen der Außendarstellung ihres Unternehmens. Im Hinblick auf Nichtgewerbetreibende (insbesondere Vermögensverwalter, Freiberufler, Arbeitnehmer) muss der *doppelte* Rechtsschein der Gewerblichkeit *und* der von § 1 II HGB normierten Mindestbetriebsgröße gegeben sein.

d) Veranlassung

101 Der Scheinkaufmannstatbestand muss vom Betroffenen durch eigenes Verhalten veranlasst sein; auf ein Verschulden kommt es dabei nicht an.[114] Dem steht der Fall gleich, dass der Betroffene den von einem anderen erzeugten Rechtsschein kennt und duldet,[115] ferner der Fall, dass der Betroffene den von einem anderen hervorgerufenen Rechtsschein zwar nicht kennt, aber bei pflichtgemäßer Sorgfalt hätte kennen und verhindern können.[116]

Beispiel: Keine Anwendung von § 366 HGB im Falle des Erwerbs vom Scheinkaufmann, wenn der wahre Eigentümer der veräußerten Sache den Scheinkaufmannstatbestand in der Person des Veräußerers nicht veranlasst hat.[117]

102 Die Geschäftsunfähigkeit oder beschränkte Geschäftsfähigkeit in der Person des Veranlassers schließen die Zurechnung des Rechtsscheins grundsätzlich aus. Etwas anderes gilt nur in den Fällen der Teilgeschäftsfähigkeit nach § 112 BGB (auch i.V.m. § 1903 I 2 BGB), ferner wenn das Handeln eines nicht (voll) Geschäftsfähigen den Rechtsschein der Kaufmannseigenschaft in der Person eines Dritten begründet (arg. § 165 BGB).[118]

e) Voraussetzungen in der Person des Dritten

103 Anders als beim Kaufmann kraft Eintragung nach § 5 HGB (oben Rn. 87ff.) tritt eine Bindung an den Scheinkaufmannstatbestand nur bei **Gutgläubigkeit** in der Person des Dritten ein. Bezugspunkt der Gutgläubigkeit ist die Richtigkeit des Rechtsscheintatbestandes. Bösgläubig ist der Dritte nach dem hier entsprechend heranzuziehenden Redlichkeitsmaßstab des § 932 II BGB, wenn er positive Kenntnis von der wahren Rechtslage hat oder ihm diese infolge grober Fahrlässigkeit unbekannt ist.

Beispiel: Grob fahrlässig handelt, wer auf einen in sich unschlüssigen Scheintatbestand vertraut, wie etwa bei der Behauptung der Kaufmannseigenschaft eines Freiberuflers.

---

114 *BGH* NJW 1962, 2196, 2197f.
115 BGHZ 5, 111, 116 = NJW 1952, 657.
116 *BGH* WM 1977, 1169, 1170; *BGH* NJW 1962, 2196.
117 *OLG Düsseldorf* NJW-RR 1999, 615; gegen die h. M. *Canaris*, § 6 Rn. 26 mit dem Argument, dass der wahre Berechtigte bei einem Auftreten des Scheinkaufmanns als *Eigentümer* sein Recht ohnehin nach §§ 932ff. BGB verloren hätte; näher unten § 7 Rn. 54.
118 BGHZ 115, 78, 81 = NJW 1991, 2566.

Dennoch gibt es grundsätzlich **keine Nachforschungsobliegenheit** für den Rechtsscheingegner.[119] Auch diejenigen Literaturstimmen, die in Anlehnung an §§ 173, 405 BGB dem Rechtsscheingegner schon leichte Fahrlässigkeit zum Vorwurf machen, wollen ihn im Ergebnis nur bei „Evidenz der wahren Rechtslage" als bösgläubig betrachten.[120] Diese Formel erinnert aber an die Definition der groben Fahrlässigkeit; diese bezeichnet ein Verhalten, bei dem dasjenige unbeachtet bleibt, was im gegebenen Fall sich jedem aufgedrängt hätte.[121] Methodenehrlicher ist es deshalb, von vornherein nur grobe Fahrlässigkeit als schädlich anzusehen.[122] **104**

Da nicht bei jedem rechtsgeschäftlichen Kontakt eine Obliegenheit zur vorherigen Handelsregistereinsicht besteht, entfällt die Gutgläubigkeit nicht schon dann, wenn sich die fehlende Kaufmannseigenschaft aus dem Register ergibt. Anerkannt ist dies jedenfalls für Fälle, in denen ein spezifischer Rechtsschein außerhalb des Registers gesetzt wird.[123] Ob man dem Rechtsscheinveranlasser die Berufung auf den Inhalt des Handelsregisters mit dem Einwand des Rechtsmissbrauchs oder mit einer teleologischen Reduktion von § 15 II 1 HGB begegnet, bleibt sich im Ergebnis gleich.[124] **105**

Ferner muss der gutgläubige Geschäftsgegner im Vertrauen auf die Kaufmannseigenschaft des Rechtsscheinveranlassers **Entschließungen rechtsgeschäftlicher oder tatsächlicher Art** getroffen haben („Vertrauensdisposition"). **106**

Beispiele: Vertragsschluss mit einem Scheinkaufmann im Vertrauen auf handelsrechtliche Formerleichterungen (z. B. nach §§ 350 HGB, 38 I ZPO) oder im Vertrauen auf die Wirksamkeit einer AGB-Klausel wegen der durch § 310 I BGB abgeschwächten Einbeziehungs- und Inhaltskontrolle.

Schließlich muss der Rechtsschein für die Vertrauensdisposition des Geschäftsgegners **ursächlich** geworden sein. Deshalb ist etwa eine Haftung für vor Eintritt des Rechtsscheintatbestands begründete Ansprüche ausgeschlossen.[125] Der erste Anschein spricht dafür, dass das Geschäft im Vertrauen auf den Rechtsschein zustande gekommen ist.[126] **107**

f) Rechtsstellung des Scheinkaufmanns

Der Scheinkaufmann muss sich im **privatrechtlichen Geschäftsverkehr** wie ein Kaufmann behandeln lassen. Weil die Lehre vom Scheinkaufmann ausschließlich Verkehrsschutz bezweckt, kann der gutgläubige Geschäftsgegner sich auch auf die wahre Rechtslage berufen. Er hat insoweit ein Wahlrecht.[127] **108**

---

[119] Vgl. *BGH* NJW 1987, 3124, 3126.
[120] *Canaris,* § 6 Rn. 71.
[121] Vgl. z. B. *BGH* NJW 1994, 2022, 2023; *BGH* NJW-RR 2000, 577.
[122] Ebenroth/Boujong/Joost/Strohn/*Kindler,* § 5 Rn. 72.
[123] Vgl. BGHZ 71, 354, 357 = NJW 1978, 2030; *Canaris,* § 5 Rn. 36 ff.
[124] Vgl. Ebenroth/Boujong/Joost/Strohn/*Kindler,* § 5 Rn. 73.
[125] *BAG* NJW 1988, 222, 223.
[126] Eingehend *Canaris,* § 6 Rn. 77 ff.
[127] *BGH* NJW-RR 1990, 737.

109 Die h. M. nimmt an, dass auch zwingende Vorschriften zum Schutz von Nichtkaufleuten durch die Anwendung der Lehre vom Scheinkaufmann unanwendbar werden können (insbesondere §§ 343, 766 S. 1, 780, 781 BGB, deren Anwendbarkeit im Handelsverkehr durch §§ 348, 350 HGB aufgehoben wird; ferner §§ 29 II, 38 I ZPO und – wegen § 310 I BGB – §§ 305 II, III, 308, 309 BGB). Dies soll aus dem Schutzinteresse des Dritten an der Anwendung des Handelsrechts folgen. Dieses Interesse sei gerade auf die handelsrechtliche Erweiterung der Privatautonomie gerichtet.[128]

110 Diese Rechtsfolge ist indessen auf Kannkaufleute (oben Rn. 72 ff.) zu beschränken.[129] Denn dieser Personenkreis könnte die zwingenden Bestimmungen auch durch Ausübung der Kaufmannsoption nach §§ 2, 3 HGB außer Geltung setzen. Dies ist bei Nichtgewerbetreibenden anders, da ihnen die Kaufmanns-Option nicht zusteht. Der hier vertretene Standpunkt beruht auf der Erkenntnis, dass der Einzelne die für ihn geschaffenen zwingenden Schutzbestimmungen weder rechtsgeschäftlich noch durch Setzung eines Rechtsscheintatbestandes außer Kraft setzen kann.[130] Auch gegenüber scheinkaufmännischen Nichtgewerbetreibenden (Vermögensverwalter, Freiberufler, Arbeitnehmer usw.) werden die Interessen des Geschäftsgegners sich freilich häufig in Gestalt der Einrede der unzulässigen Rechtsausübung verwirklichen lassen.[131]

3. Der „Schein-Nichtkaufmann"

111 Der Rechtsschein kann auch auf die *fehlende* Kaufmannseigenschaft eines Beteiligten hindeuten. Nicht selten kommt es vor, dass ein Istkaufmann i. S. des § 1 HGB (oben Rn. 32 ff.) weder einen Eintragungsantrag stellt noch die Bezeichnung „eingetragener Kaufmann" führt (§ 19 I Nr. 1 HGB).[132] Fraglich ist in diesen Fällen, ob sich der Geschäftspartner eines solchen Istkaufmanns auf die Nichtanwendbarkeit von Handelsrecht berufen kann, weil er sein Gegenüber für einen Nichtkaufmann gehalten hat.

Beispiel: Handelskauf zwischen V und K. K hält den V gutgläubig für einen Nichtkaufmann. Kann er sich gegenüber V auf das Nichtbestehen der Rügeobliegenheit nach § 377 HGB berufen?[133] Eine solche Berufung auf die fehlende Kaufmannseigenschaft ist in Anwendung allgemeiner Rechtsscheingrundsätze (oben Rn. 96) zuzulassen. Zum gleichen Ergebnis gelangt, wer in derartigen Fällen mit der negativen Registerpublizität nach § 15 I HGB arbeitet.[134]

---

[128] MünchKomm-HGB/*K. Schmidt,* Anh. § 5 Rn. 25; *Brox/Henssler,* Rn. 68; *OLG Frankfurt* WM 1974, 1082, 1083 = BB 1974, 1366 (zu § 38 ZPO).

[129] Vgl. *Canaris,* § 6 Rn. 23 ff.

[130] Näher Ebenroth/Boujong/Joost/Strohn/*Kindler,* § 5 Rn. 81 ff.

[131] Näher Ebenroth/Boujong/Joost/Strohn/*Kindler,* § 5 Rn. 84 f.

[132] Vgl. *Lieb,* NJW 1999, 35, 36 zu Fn. 10.

[133] Vgl. *Kaiser,* JZ 1999, 495, 500.

[134] Nachw. zu beiden Auffassungen bei Ebenroth/Boujong/Joost/Strohn/*Kindler,* § 5 Rn. 89 f.

V. Kaufmannseigenschaft kraft Rechtsform des Unternehmensträgers

1. Grundlagen

Vgl. zunächst oben Rn. 28. Anknüpfungspunkt der Kaufmannseigenschaft war 112 in den bisher behandelten Fällen das „Handelsgewerbe". Bei diesem sog. materiellen Kaufmannsbegriff wird ein Handelsgewerbe entweder tatsächlich betrieben (§ 1 HGB), durch Registereintragung fingiert (§§ 2, 3, 5 HGB) oder jedenfalls dem Rechtsschein nach angenommen. Anders liegt es bei den in § 6 HGB geregelten Kaufleuten kraft Rechtsform des Unternehmensträgers. Die Vorschrift des § 6 I HGB *begründet* die Kaufmannseigenschaft aller Handelsgesellschaften. § 6 II HGB soll für alle Formkaufleute *klarstellen,* dass die Kaufmannseigenschaft unabhängig vom Vorliegen eines Handelsgewerbes i. S. des § 1 II HGB besteht.

2. Personenhandelsgesellschaften

§ 6 I HGB erfasst Personenhandelsgesellschaften und Kapitalhandelsgesellschaf- 113 ten gleichermaßen. Personenhandelsgesellschaften sind ausweislich der Überschrift des Zweiten Buches des HGB („Handelsgesellschaften und stille Gesellschaft") die **OHG** (§§ 105 ff. HGB) und die **KG** (§§ 161 ff. HGB). § 6 I HGB bestimmt die Kaufmannseigenschaft der bereits entstandenen Personenhandelsgesellschaft. Erforderlich und ausreichend für das Entstehen einer solchen Gesellschaft ist der Abschluss eines Gesellschaftsvertrages (§ 705 BGB) zwischen mindestens zwei Gesellschaftern, wobei der Zweck der Gesellschaft (1) auf den Betrieb eines Handelsgewerbes, (2) auf den Betrieb eines Kleingewerbes oder (3) auf die bloße Vermögensverwaltung gerichtet sein kann.

In den beiden zuletzt genannten Fällen hängt das Entstehen der Personen 114 handelsgesellschaft darüber hinaus noch davon ab, dass sie mit ihrer Firma im Handelsregister eingetragen ist (§ 105 II HGB, auch i. V. m. § 161 II HGB); bis zu diesem Zeitpunkt handelt es sich bei der kleingewerblichen und der vermögensverwaltenden Gesellschaft um eine GbR. Da derartige Gesellschaften überhaupt nur durch die insoweit konstitutive Handelsregistereintragung OHG oder KG werden, treffen hier die Entstehung als OHG oder KG im Innenverhältnis mit der Entstehung im Außenverhältnis (§ 123 I HGB) stets zusammen. Eine Entstehung im Außenverhältnis durch bloßen Geschäftsbeginn ist ausgeschlossen (vgl. den Vorbehalt einer abweichenden Regelung durch § 2 HGB oder § 105 II HGB in § 123 II HGB).[135]

Handelsgewerbliche Personenhandelsgesellschaften (§§ 105 I, 161 I HGB) – 115 oben Rn. 113 Fall (1) – entstehen durch Eintragung im Handelsregister (§ 123 I HGB) oder durch Geschäftsbeginn (§ 123 II HGB). Maßgebend ist der frühere Zeitpunkt. Mit der Entstehung als *Handels*gesellschaft tritt die Rechtsfolge des

[135] Näher zur Entstehung der Personenhandelsgesellschaften u. § 10 Rn. 4 ff.; zu deren Stellung als Formkaufmann *K. Schmidt*, FS Beuthien, 2010, S. 837 ff.

§ 6 I HGB auch im Außenverhältnis ein: Die Gesellschaft erwirbt die Kaufmannseigenschaft im Verhältnis zu Dritten.[136]

3. Sonstige Handelsgesellschaften

116 Die sonstigen von § 6 I HGB erfassten Handelsgesellschaften, insbesondere die **Kapitalhandelsgesellschaften,** besitzen diese Eigenschaft kraft sondergesetzlicher Anordnung. Hierunter fallen die AG (§ 3 I AktG), die KGaA (§ 3 I i.V.m. § 278 III AktG), die GmbH (§ 13 III GmbHG), die SE (Art. 1 I SE-VO) und die EWIV (§ 1 EWIV-AusfG). Keine Handelsgesellschaft ist die eG. Sie gilt nach § 17 II GenG als Kaufmann i.S. des HGB. Diese Vorschrift entspricht in der Rechtsfolge dem § 6 I HGB und geht ihm als Spezialregelung vor. Unternehmen in der Rechtsform der AG, KGaA, GmbH und EWIV sind Formkaufleute, weil der Unternehmensgegenstand für die Verleihung der Kaufmannseigenschaft unerheblich ist (vgl. § 3 I AktG, § 1 GmbHG). Entscheidend ist allein die Rechtsform des Unternehmensträgers.

Beispiel: Wirtschaftsprüfungs- oder Steuerberatungsgesellschaften in der Form der AG oder der GmbH besitzen nach § 6 I HGB die Kaufmannseigenschaft, obwohl die Tätigkeit der Gesellschaft wegen ihres freiberuflichen Charakters kein (Handels-)Gewerbe i.S. des § 1 HGB ist.

117 Für den Erwerb der Kaufmannseigenschaft muss die Gesellschaft bereits als solche, als juristische Person, entstanden sein. Deshalb besteht bei AG, KGaA und GmbH die Kaufmannseigenschaft erst ab der für das Entstehen der juristischen Person rechtsbegründend wirkenden Handelsregistereintragung (unten §§ 14 Rn. 4, 66ff.). Die vor der Handelsregistereintragung bestehende Vorgesellschaft ist nicht schon kraft Rechtsform Kaufmann, sondern allenfalls – wenn sie ein Handelsgewerbe betreibt – als OHG nach §§ 105 I, 123 II HGB.

4. Nichthandelsgewerbliche Formkaufleute

118 Für körperschaftlich organisierte Formkaufleute („Vereine") bestimmt § 6 II HGB, dass deren Rechtsstellung nicht davon abhängt, ob der Formkaufmann ein Handelsgewerbe i.S. des § 1 II HGB betreibt. Die Norm betrifft AG, KGaA, Gesellschaften mbH und eG. Sie ist seit der Handelsrechtsreform 1998 ohne erkennbaren Regelungsgehalt. Denn die Normadressaten des § 6 II HGB besitzen die Kaufmannseigenschaft bereits als Handelsgesellschaften nach § 6 I HGB oder als eG nach § 17 II GenG (Rn. 116). Wenn das Gesellschaftsrecht bestimmte Verbandstypen auch für Zwecke außerhalb des § 1 II HGB zur Verfügung stellt (vgl. § 3 I AktG, § 1 GmbHG) und das Handelsrecht in § 6 I HGB und in § 17 II GenG die Kaufmannseigenschaft an das Vorliegen eines solchen Verbandstyps knüpft, so ist es logisch ausgeschlossen, dass – wie § 6 II HGB aber voraussetzt – ein derartiger Formkaufmann mangels Handelsgewerblichkeit (§ 1 II HGB) dem Handelsrecht nicht oder nur eingeschränkt unterliegt.

---

[136] BGHZ 116, 7, 10 = NJW 1992, 241.

Fragen:

1. Welchen vier Grundpflichten unterliegt jeder Kaufmann? (Rn. 2)
2. Nennen Sie Beispiele für die Sonderstellung der Kaufleute im *bürgerlichen* Recht! (Rn. 7 ff.)
3. Das Gesetz unterscheidet zwei Grundtypen von Kaufleuten. Welche? (Rn. 20 f., 27 f.)
4. Welche Rolle spielen der Musskaufmann, Minderkaufmann, Vollkaufmann und der Sollkaufmann im geltenden Recht? (Rn. 29)
5. Was versteht man unter einem Gewerbe im Sinne des § 1 I HGB? (Rn. 34)
6. Wie ist die Vermögensverwaltung von der gewerblichen Tätigkeit abzugrenzen? (Rn. 45)
7. Welche zusätzlichen Merkmale machen ein Gewerbe zum *Handels*gewerbe? (Rn. 53 f.)
8. Wer „betreibt" das Handelsgewerbe? (Rn. 67)
9. Welche der nachgenannten Personen besitzen die Kaufmannseigenschaft: Prokurist, Eigentümer der Betriebsmittel, GmbH-Geschäftsführer, Aktionär, alleiniger Gesellschafter der Einmann-GmbH, persönlich haftender Gesellschafter/Kommanditist in der KG? (Rn. 67–69)
10. Die Anwendung von § 5 HGB scheidet aus, wenn der andere Teil die wahre Sachlage – den fehlenden handelsgewerblichen Charakter des Unternehmens des Eingetragenen – kennt. Richtig oder falsch? (Rn. 85)
11. Ist eine vermögensverwaltend tätige, nicht im Handelsregister eingetragene Personengesellschaft GbR oder OHG? (Rn. 114)
12. Kann eine Wirtschaftsprüfungs-GmbH gegen die Anwendung von Handelsrecht einwenden, sie erbringe freiberufliche Dienstleistungen und sei deshalb nicht gewerblich im Sinne des § 1 I HGB? (Rn. 116, auch Rn. 20, 27)

§ 3. Handelsregister

I. Aufgaben und Arbeitsweise

1. Aufgaben des Handelsregisters

1 Das Handelsregister ist ein öffentliches Verzeichnis, das die Aufgabe hat, wesentliche Tatsachen und Rechtsverhältnisse auf dem Gebiet des Handelsrechts zu offenbaren. Dadurch dient es der Sicherheit und Leichtigkeit des geschäftlichen Verkehrs mit Kaufleuten. Neben dem Sachbesitz (§ 1006 BGB), dem Grundbuch (§§ 891 ff. BGB) und dem Erbschein (§§ 2365 ff. BGB) gehört es zu den **Publizitätsmitteln des Privatrechts.** Umgekehrt hat das Register auch für den Kaufmann selbst eine nützliche Funktion. Denn durch die Eintragung und Bekanntmachung einer eintragungsfähigen Tatsache kann er sich zahlreiche Mitteilungen an seine Geschäftspartner ersparen. Zudem kommt ihm die Eintragung im Hinblick auf die Beweisführung über Tatsachen, z. B. bei § 2 HGB, zugute. Aber auch die Geschäftspartner können erhebliche Vorteile aus dem Register ziehen, indem sie sich Klarheit über Vertretungs- und Haftungsverhältnisse durch einen Blick ins Register verschaffen können. Und schließlich ermöglicht das Handelsregister eine umfassende gerichtliche Rechtskontrolle auf dem Gebiet des Handels- und Gesellschaftsrechts (vgl. z. B. §§ 9c GmbHG, 38 AktG). Seit dem 1.1.2007 wird das Handelsregister **elektronisch geführt** (§ 8 I HGB; § 7 HRV; Art. 61 EGBGB).

2. Öffentlichkeit

2 Das Handelsregister ist, wie auch das Grundbuch, für die Öffentlichkeit bestimmt (§§ 374, 385 FamFG). Dies zeigt insb. § 9 I HGB. Die Vorschrift gewährt jedem ein Recht zur – gebührenpflichtigen[1] – Einsichtnahme in das Handelsregister und in die zu ihm eingereichten Dokumente. Im Unterschied zum Grundbuch[2] muss für die Einsichtnahme kein besonderes Interesse bestehen; allerdings darf Einsicht nur „zu Informationszwecken" erfolgen.[3] Die Einsichtnahme kann nur dann verwehrt werden, wenn sie mit dem Ziel des Rechtsmissbrauchs verlangt wird. Ein solcher kann z. B. darin gesehen werden, dass die aus dem Handelsregister erlangten Informationen für unlautere Zwecke benutzt werden sollen.[4] So liegt ein Missbrauch z. B. bei schädigenden Einwirkungen auf das Handelsregister vor.[5]

---

[1] Vgl. § 90 KostO und das Gebührenverzeichnis zur Justizverwaltungskostenordnung; näher Staub/*Koch*, § 9 Rn. 51 ff.

[2] Vgl. § 12 GBO.

[3] Auch diese Einschränkung ist aber europarechtlich zweifelhaft: *EuGH* Slg. 2004, I-8663 = NZG 2005, 39 Tz. 33 (Rs. C-435/02); kritisch *Hirte*, NJW 2003, 1090 f.; instruktiv zur Reichweite des Einsichtsrechts etwa *OLG Hamm* DB 2006, 2399 (Anmeldeunterlagen).

[4] *Kollhosser*, NJW 1988, 2409, 2413.

[5] *Hager*, Jura 1992, 57.

Beispiele: Massenhafter Zugriff zur absichtlichen Lahmlegung des Registers; Datensabotage; das Einschleusen von Programmen; ein Zugriff zur Übertragung von Schadprogrammen („Viren").[6] Keinen Missbrauch stellt dagegen der Totalabruf zu gewerblichen Zwecken – Aufbau einer eigenen Datenbak des Nutzers – dar. Die anderslautende frühere Rspr.[7] ist nach der Umstellung auf eine elektronische Registerführung überholt. Denn durch das EHUG sollte u. a. auch der Wettbewerb auf dem Zweitverwertungsmarkt intensiviert werden.[8] Das Gesetz beschränkt sich heute auf einen Bezeichnungsschutz für das Handelsregister (§ 8 II HGB).

Neben dem Einsichtnahmerecht hat der Einzelne nach § 9 IV 1 HGB auch die 3
Möglichkeit, sich von den Eintragungen und den zum Handelsregister eingereichten Dokumenten einen **Ausdruck** aushändigen zu lassen. Von den Schriftstücken, die nur in Papierform vorliegen, kann eine – auf Wunsch beglaubigte – Abschrift verlangt werden (§ 9 IV 2, 3 HGB). Ferner kann nach § 9 V HGB ein **Negativattest** darüber verlangt werden, dass keine weiteren Eintragungen vorhanden sind oder eine bestimmte Eintragung nicht erfolgt ist (§ 386 FamFG). Im Zivilprozess kann so bewiesen werden, dass eine bestimmte Eintragung nicht erfolgt ist, was für **§ 15 I HGB** Bedeutung hat.

Die Einsichtnahme wurde mit Einführung des elektronischen Handelsregisters 4
für den Geschäftsverkehr erheblich erleichtert. Dabei erhält der Einzelne gegen Zahlung einer bestimmten Gebühr von dem jeweiligen Registergericht eine Zugangsberechtigung, mit der er jeder Zeit online das Handelsregister einsehen kann.[9]

Die **Bekanntmachungspflicht** des § 10 HGB, wonach die Eintragungen chrono- 5
logisch im Internet (www.handelsregister.de) und – auf Verlangen und Kosten des Eingetragenen – zusätzlich in einer Tageszeitung oder einem sonstigen Blatt zu publizieren sind, trägt dazu bei, dass ein großer Teil der Öffentlichkeit vom Registerinhalt Kenntnis erlangt. Die Eintragung wird zwar schon wirksam, sobald sie in den für die Handelsregistereintragungen bestimmten Datenspeicher aufgenommen ist und auf Dauer inhaltlich unverändert in lesbarerer Form wiedergegeben werden kann (§ 8a I HGB). Wie noch vor dem EHUG knüpft aber § 15 HGB an die Bekanntmachung an (dazu sogleich Rn. 16 ff.). Der Inhalt der Bekanntmachung deckt sich grundsätzlich mit dem der Eintragung (§ 10 Satz 2 HGB; vgl. aber § 162 II HGB). Ein von den Bundesländern gemeinsam betriebenes Bekanntmachungssystem findet sich unter www.handelsregisterbekanntmachungen.de im Internet. Neben das Handelsregister ist seit 1.1.2007 das vom Bundesministerium der Justiz als Teil des eBanz geführte **elektronische Unternehmensregister** getreten (www.unternehmensregister.de), §§ 8b, 9a HGB.[10] Es eröffnet den Zugang zum Originaldatenbestand der Handelsregister. Eine EU-Richtlinie zur Verknüpfung der mitgliedstaatlichen Unternehmensregister ist geplant (Januar 2011).

---

[6] Staub/*Koch*, § 9 Rn. 17.

[7] BGHZ 108, 32, 36 = NJW 1989, 2818.

[8] Näher Staub/*Koch*, § 9 Rn. 17 ff., 23. kritisch auch *Canaris,* § 4 Rn. 5 f.

[9] Näher *Seibert/Decker*, DB 2006, 2446, 2448.

[10] Grundlage ist das Gesetz über elektronische Handelsregister ... (EHUG) vom 10.11.2006, BGBl. I S. 2553; dazu Staub/*Koch*, § 9a Rn. 1 ff.; ferner *Kort*, AG 2007, 801 ff.; am 30.3.2012 ist der gedruckte Bundesanzeiger zum letzten Mal erschienen, seit April 2012 gibt es nur noch den eBanz.

3. Eintragungsfähige Tatsachen

6 In das Handelsregister können nicht beliebige Tatsachen eingetragen werden, sondern nur solche, die für den Handelsverkehr rechtserheblich sind, sog. eintragungsfähige Tatsachen. Dabei gilt nicht der enge Tatsachenbegriff des Prozessrechts;[11] in Betracht kommt vielmehr jeder Sachverhalt, der Gegenstand einer Eintragung sein kann. Dazu gehören **auch und gerade Rechtsverhältnisse.**[12] Welche Tatsachen für den Handelsverkehr rechtserheblich sind, also eintragungsfähig sind, regelt das Gesetz.

Beispiele für eintragungsfähige Tatsachen: Ausübung der Kaufmanns-Option, § 2 HGB; Haftungsbeschränkung, § 25 II HGB; Firma, § 29 HGB; Erteilung und Erlöschen einer Prokura, § 53 HGB; Gründung einer OHG, §§ 106 f. HGB; Auflösung einer OHG und Beitritt oder Austritt eines Gesellschafters, § 143 HGB.; Gründung von Kapitalgesellschaften, §§ 36 ff. AktG, 7 ff. GmbHG.

Beispiele für nicht eintragungsfähige Tatsachen: Handlungsvollmacht; Höhe des Gesellschaftsvermögens einer OHG oder KG.

Merke: Eintragungsfähig sind nur solche Tatsachen, für die das Gesetz die Eintragung vorsieht.

7 Eine Ausnahme von dem Grundsatz, dass eine Tatsache nur dann in das Handelsregister eingetragen werden kann, wenn das Gesetz die Eintragung vorsieht, wird jedoch dann gemacht, wenn die **Eintragung im Interesse des Rechtsverkehrs** dringend geboten und unumgänglich ist. Dies folgt aus der Funktion des HReg., Umstände zu verlautbaren, die für den Rechtsverkehr von wesentlicher Bedeutung sind.[13] Dieses wurde von der Rechtsprechung z. B. für die Ausdehnung der Prokura nach § 49 II HGB („Immobiliarklausel") und die Befreiung eines Geschäftsführers von § 181 BGB angenommen.[14]

8 Die eintragungsfähigen Tatsachen unterteilt man in eintragungspflichtige und bloß eintragungsfähige Tatsachen. Erstere sind solche Tatsachen, deren Eintragung zwingend vorgeschrieben ist.[15] Das Gesetz spricht dann davon, dass die Tatsache „anzumelden ist"; § 15 I, III HGB bezeichnet sie als „einzutragende Tatsachen". Bei letzteren besteht hingegen keine Anmeldepflicht, weil die Eintragung allein im Interesse des betroffenen Kaufmanns liegt.

---

[11] Dieser umfasst nur „die konkreten, nach Raum und Zeit bestimmten, vergangenen oder gegenwärtigen Geschehnisse und Zustände der Außenwelt und des Seelenlebens, die das objektive Recht zur Voraussetzung einer Rechtswirkung gemacht hat"; vgl. *BGH* NJW 1981, 1562 und die Kommentare zu § 284 ZPO.

[12] Staub/*Koch*, § 8 Rn. 32.

[13] *BGH* ZIP 2012, 623 Tz. 16 – Testamentsvollstreckervermerk; Staub/*Koch*, § 8 Rn. 45 f.

[14] *BayObLG* NJW 1971, 810 (zu § 49 II HGB); BGHZ 87, 59, 60 f. = NJW 1983, 1676 (zu § 181 BGB). Vgl. als weitere Beispiele im KG-Recht den Sonderrechtsnachfolgevermerk sowie den Vermerk einer Dauertestamentsvollstreckung, unten § 13 Rn. 39, 64. Näher Staub/*Koch*, § 8 Rn. 54 ff., 69; umstritten ist die Eintragungsfähigkeit der kaufmännischen Generalvollmacht, vgl. *Schroeder/Oppermann*, JZ 2007, 176 ff.

[15] Überblick bei Staub/*Koch*, § 8 Rn. 35 ff., § 14 Rn. 4.

Übersicht 3/1: 9

Eintragungen im Handelsregister

- eintragungsfähige Tatsachen
  - eintragungspflichtige (= „einzutragende“) Tatsachen (z. B. §§ 29, 31, 53 106 f., 143 HGB; 36 ff. AktG; 7 ff. GmbHG)
  - bloß eintragungsfähige Tatsachen (z. B. §§ 2, 3, 25 II, 28 II, 49 II HGB)
- nicht eintragungsfähige Tatsachen (z. B. § 54 HGB)

4. Rechtsfolgen der Eintragung

Bei den Rechtsfolgen, die die Eintragung von Tatsachen in das Handelsregister herbeiführt, ist zwischen konstitutiver und deklaratorischer Wirkung zu unterscheiden. Eine **konstitutive Wirkung** entfaltet die Eintragung dann, wenn die Tatsache erst durch Eintragung zur Entstehung gelangt. Die Kaufmannseigenschaft eines Kannkaufmanns entsteht z. B. nach § 2 HGB erst mit der Eintragung in das Handelsregister. Auch besteht eine Kapitalgesellschaft (unten § 9 Rn. 15) als solche nur, wenn sie in das Handelsregister eingetragen wurde, vgl. § 41 I 1 AktG, § 11 I GmbHG. In den meisten Fällen entfaltet die Eintragung ins Handelsregister jedoch lediglich eine **deklaratorische Wirkung**, so z. B. bei Erteilung oder Widerruf einer Prokura nach § 53 HGB. Den **Zeitpunkt** der Wirksamkeit einer Eintragung bestimmt § 8a I HGB. Danach wird eine Eintragung in das Handelsregister wirksam, sobald sie in den für die Handelsregistereintragungen bestimmten Datenspeicher aufgenommen ist und auf Dauer inhaltlich unverändert in lesbarer Form wiedergegeben werden kann. 10

Zur Vertiefung: *Koch/Rudzio*, ZZP 122 (2009), 37 ff. (über die Beweiswirkung von Handelsregistereintragungen).

II. Formelles Registerrecht

1. Zuständigkeit und Verfahren

Das Registerverfahren gehört zur freiwilligen Gerichtsbarkeit, §§ 8 HGB, 374 ff. FamFG. Die Führung des Handelsregisters ist Aufgabe des Amtsgerichts, vgl. § 376, 377 FamFG. Örtlich zuständig ist in den meisten Fällen dasjenige Amtsgericht, in dessen Bezirk sich die Niederlassung des Kaufmanns befindet (vgl. 11

§§ 29, 106 HGB; 14 AktG; 7 GmbHG). Die funktionelle Zuständigkeit liegt grundsätzlich bei den Rechtspflegern, vgl. §§ 3 Nr. 2d RPflG, 17 RPflG. Das Verfahren in Registersachen ist in §§ 374 ff. FamFG sowie in der HRV[16] geregelt.[17]

2. Abteilungen

12 Das Handelsregister besteht aus zwei Abteilungen, § 3 I HRV. In Abteilung A werden Rechtstatsachen über Einzelkaufleute (einschließlich der juristischen Personen i. S. des § 33 HGB), OHG und KG aufgeführt, § 3 II HRV. In Abteilung B sind Tatsachen über die Kapitalgesellschaften sowie VVaG zu finden, § 3 III HRV. In welche Abteilung ein Kaufmann gehört, ist schon auf den ersten Blick anhand seiner der Geschäftsbriefspublizität (oben § 2 Rn. 2) unterliegenden Eintragungsnummer erkennbar.

Beispiele: Eintragungsnummer eines Einzelkaufmanns: HR A 12345; Eintragungsnummer einer GmbH: HR B 12345.

3. Elektronische Anmeldung in öffentlich beglaubigter Form

13 Grundsätzlich findet eine Eintragung ins Handelsregister nur dann statt, wenn eine Anmeldung erfolgt ist, die den Formvorschriften der §§ 12 HGB, 129 BGB, § 39a BeurkG entspricht.[18] Das Amtsgericht darf nur in Ausnahmefällen von Amts wegen tätig werden, so z. B. bei der Eröffnung des Insolvenzverfahrens, § 32 HGB, oder dem Erlöschen der Firma, § 31 II HGB. Handelt es sich um eine eintragungspflichtige Tatsache (oben Rn. 8 f.), so ist die Anmeldung zu erzwingen (§ 14 HGB – „Registerzwang"; § 388 FamFG).

4. Prüfungsrecht

14 Das Registergericht hat nicht nur das Recht, sondern auch die Pflicht, die Anmeldung zu überprüfen. Dies folgt aus dem allgemeinen Grundsatz der Gesetzmäßigkeit staatlichen Handelns. Von dem Prüfungsrecht sind zunächst die formellen Aspekte umfasst: die eigene Zuständigkeit, die Berechtigung des Anmeldenden, die Formgültigkeit und die Eintragungsfähigkeit der Tatsache. Neben dem formel-

---

[16] Handelsregisterverordnung vom 12.8.1937, Abdruck in der dtv-Textausgabe Handelsrecht Nr. 5599 sowie z.B bei Staub/*Koch*, Anh. zu § 8 HGB.

[17] Kurzüberblick zum Registerfahren bei *Wicke*, GmbHG, Einl. Rn. 27; eingehend Staub/*Koch*, § 8 Rn. 77 ff., 127 ff.; zu den ab 1.9.2009 mit dem FamFG eingeführten Neuerungen s. *Krafka*, NZG 2009, 650 ff.; *Vossius*, ZGR 2009, 366 ff.; Kommentare und Handbücher: *Krafka/Willler/Kühn*, Registerrecht, 8. Aufl., 2010; *Fleischhauer/Preuß* (Hrsg.), Handelsregisterrecht, 2. Aufl., 2010; *Schmidt-Kessel/Leutner/Müther*, Handelsregisterrecht, 2010.

[18] Zur elektronischen Registeranmeldung vgl. *Wicke*, GmbHG, § 9c Rn. 2; *Seibert/Decker*, DB 2006, 2446 ff.; *Noack*, NZG 2006, 801 ff. und oben Rn. 5. Vielfach ist eine Anmeldung über das zentrale „Elektronische Gerichts- und Verwaltungspostfach" (www.egvp.de) möglich, so z. B. bei den Registergerichten des Freistaates Bayern.

len Prüfungsrecht steht dem Registergericht nach dem **Amtsermittlungsgrundsatz** (**§ 26 FamFG**) auch ein materielles Prüfungsrecht zu.[19] Das Gericht hat jedoch nur dann die Pflicht, die materielle Richtigkeit der einzutragenden Tatsache zu überprüfen, wenn begründete Zweifel an der Richtigkeit der einzutragenden Tatsache bestehen.[20]

Beispiel: Die Eintragung ist zu verweigern, wenn ein zur Eintragung angemeldeter Gesellschafterbeschluss nicht wirksam ist.[21]

5. Haftung nach Art. 34 GG i.V.m. § 839 BGB

15 Da das Registergericht bei der Eintragung bzw. Bekanntmachung von eintragungsfähigen Tatsachen in Ausübung eines ihm anvertrauten öffentlichen Amtes tätig wird, kann eine fehlerhafte Eintragung bzw. Bekanntmachung zur Staatshaftung gem. Art. 34 GG i.V.m. § 839 BGB führen. Das Spruchrichterprivileg nach § 839 II BGB findet keine Anwendung, da es sich um eine Tätigkeit im Bereich der Freiwilligen Gerichtsbarkeit handelt. Einen Staatshaftungsanspruch kann grds. der Anmeldende und derjenige, der von der Anmeldung betroffen wird, geltend machen.

Beispiel: Amtshaftung bei verfrühter Eintragung einer Umwandlung.[22]

III. Publizitätswirkungen

16 Das Handelsregister besitzt nicht nur, wie oben Rn. 2ff. dargestellt, eine formelle, sondern auch eine materielle Publizität. Diese ist in § 15 HGB positivrechtlich geregelt und wird durch Gewohnheitsrechtssätze ergänzt. Die Vorschrift bestimmt, welche Bedeutung dem Registerinhalt und der Registereintragung im Rechtsverkehr beizumessen ist. Zwischen den einzelnen Absätzen des § 15 HGB ist eine strikte Trennung vorzunehmen, da sie unterschiedliche Rechtssubjekte begünstigen und die Anknüpfungspunkte für den Verkehrsschutz divergieren. Während § 15 I und III HGB Dritten zugute kommt, schützt § 15 II HGB den Kaufmann, um dessen Rechtsverhältnisse es geht. Anknüpfungspunkt von § 15 I und II sind Eintragung und Bekanntmachung, wohingegen § 15 III HGB sich lediglich auf letztere bezieht. Keinen öffentlichen Glauben genießt das Unternehmensregister, weil es sich dabei nur um eine technische Möglichkeit der Handelsregistereinsicht handelt (oben Rn. 5) und ihm gegenüber auch keine Anmeldepflichten bestehen.

---

[19] RGZ 127, 154, 156; Staub/*Koch*, § 8 Rn. 83.
[20] *BayObLG* DB 1973, 1340.
[21] *BayObLG* NZG 2001, 128 = NJW-RR 2001, 469 (§ 181 BGB in der Einmann-GmbH).
[22] *BGH* NJW 2007, 224; näher Staub/*Koch*, § 8 Rn. 139ff.

1. Die negative Publizität des Handelsregisters, § 15 I HGB

a) Rechtsgedanke

17 Die Vorschrift des § 15 I HGB normiert die sog. negative Publizität des Handelsregisters. Danach soll ein Dritter in seinem Vertrauen darauf geschützt werden, dass eine eintragungspflichtige Tatsache (oben Rn. 8 f.), die nicht eingetragen und bekannt gemacht ist, auch nicht besteht. Der Dritte kann sich also nach § 15 I HGB lediglich auf das *Schweigen* des Handelsregisters verlassen, nicht dagegen auf die Richtigkeit der eingetragenen Tatsachen.

Merke: Soweit eine eintragungspflichtige Tatsache nicht eingetragen wurde, kann der Dritte von dem Fortbestehen der bisher eingetragenen bzw. gesetzlich geregelten Rechtslage ausgehen („Dem Schweigen des Handelsregisters darf man trauen").

18 § 15 I HGB verwirklicht das **reine Rechtsscheinprinzip.** Nicht von Bedeutung ist deshalb, auf wen die Nichteintragung bzw. Nichtbekanntmachung zurückzuführen ist. Vor allem spielt es keine Rolle, inwieweit das Unterlassen dem Anmeldepflichtigen zuzurechnen ist.[23] Folglich trägt der Anmeldepflichtige auch dann die Verlautbarungslast, wenn er zwar die Tatsache angemeldet hat, aber die Anmeldung seitens des Registergerichts schuldhaft nicht bearbeitet wurde.[24] Dafür spricht, dass der Dritte keinen Einfluss auf das Registerverfahren hat, wohl aber der Anmeldepflichtige.[25] Wegen des reinen Rechtsscheinprinzips findet die negative Publizität auch auf solche Anmeldepflichtigen Anwendung, die nicht voll geschäftsfähig sind.[26] Der Verkehrsschutz setzt sich folglich bei § 15 I HGB gegen den ansonsten vorrangigen Minderjährigenschutz durch.

19 **Übungsfall:**[27] Frau Klein ist Inhaberin eines Wechsels über 50.000 EUR, der von der Dick & Dünn GmbH am 5.5. ausgestellt und von der Bammel-GmbH, vertreten durch ihren Geschäftsführer Emsig, akzeptiert wurde. Zu diesem Zeitpunkt war E geschäftsunfähig. Am 3.8. wurde im Handelsregister eingetragen, dass E nicht mehr Geschäftsführer der B-GmbH ist. Als K von der B-GmbH nunmehr Zahlung verlangt, beruft sich diese auf die Geschäftsunfähigkeit des E. Hat K – unter Beachtung von § 15 I HGB – einen Anspruch auf Zahlung?

Lösung: Als Anspruchsgrundlage kommt Art. 28 I WG in Betracht. Dann müsste die B-GmbH Bezogene des Wechsels sein. Fraglich ist, ob sie aufgrund der Annahmeerklärung des E aus dem Wechsel verpflichtet wurde. Als E den Wechsel für die B akzeptierte, war sein Amt als Geschäftsführer beendet, da gem. § 6 II 1 GmbHG nur eine unbeschränkt geschäftsfähige Person Geschäftsführer sein kann. Somit handelte E ohne Vertretungsmacht. Die Beendigung des Geschäftsführeramtes ist allerdings nach § 39 I GmbHG ins Handelsregister einzutragen. Da die B-GmbH Kaufmann ist (§§ 6 I HGB, 13 III GmbHG; oben § 2 Rn. 116), findet § 15 HGB Anwendung. Die Eintragung nach § 39 I GmbHG erfolgte erst am 3.8. Deshalb kann

---

[23] *Canaris*, § 5 Rn. 20; *K. Schmidt*, HandelsR, § 14 II 2 c.

[24] *Brox/Henssler*, Rn. 81; *Tröller*, JA 2000, 27; der Anmeldepflichtige kann dann allenfalls einen Schadensersatzanspruch wegen Amtspflichtverletzung gem. Art. 34 GG, § 839 BGB geltend machen (oben Rn. 15).

[25] Staub/*Hüffer*, 4. Aufl., § 15 Rn. 22.

[26] Staub/*Koch*, § 15 Rn. 54; *K. Schmidt*, HandelsR, § 14 II 2 c; Ebenroth/Boujong/Joost/Strohn/*Gehrlein*, § 15 Rn. 9; speziell zu § 106 II Nr. 1 HGB und § 1629a I 1 BGB s. *Rust*, DStR 2005, 1992, 1995.

[27] Nach BGHZ 115, 78 = NJW 1991, 2566.

sich die B-GmbH gem. § 15 I HGB nicht darauf berufen, dass E am 5.5. auf Grund der Geschäftsunfähigkeit keine Vertretungsmacht mehr hatte. Die Geschäftsunfähigkeit des E beendete jedoch nicht nur sein Amt als Geschäftsführer, sie führte auch gem. § 105 I BGB zur Nichtigkeit seiner Willenserklärung. Da es sich bei der Geschäftsfähigkeit nicht um eine eintragungspflichtige Tatsache handelt, kann sich K *diesbezüglich* nicht auf § 15 I HGB berufen. Somit kann K wegen § 105 I BGB gegen B grundsätzlich keinen Anspruch geltend machen.[28]

b) Tatbestandsvoraussetzungen

(1) Eintragungspflichtige wahre Tatsache. Der Anwendungsbereich von § 15 I HGB ist nur eröffnet, wenn es sich um eine einzutragende Tatsache handelt. Unter „einzutragenden Tatsachen“ i. S. des § 15 I HGB sind lediglich die eintragungspflichtigen, nicht dagegen die bloß eintragungsfähigen Tatsachen zu verstehen. Nur wahre Tatsachen sind eintragungspflichtig (vgl. unten Rn. 48). Von Bedeutung ist diese Vorschrift gleichermaßen für deklaratorische wie für konstitutive Eintragungen. Da diese Begriffspaare schon oben Rn. 8 ff., 10 behandelt wurden, soll in diesem Rahmen nur noch auf den in der Literatur kontrovers diskutierten Fall der sog. *sekundären Unrichtigkeit*[29] des Handelsregisters eingegangen werden. Von einer sekundären Unrichtigkeit des Handelsregisters spricht man dann, wenn die korrespondierende *Voreintragung* einer eintragungspflichtigen Tatsache fehlt.[30] 20

Beispiel 1: Müller bestellt den Meier zum Prokuristen. Nach einigen Monaten widerruft Müller die Prokura. Weder die Erteilung noch der Widerruf der Prokura wurden in das Handelsregister eingetragen. Nach dem Widerruf nimmt Meier bei der B-Bank ein Darlehen im Namen von Müller auf. Kann sich die Bank unter Berufung auf § 15 I HGB an Müller halten?

Beispiel 2: Abele tritt mit sofortiger Wirkung in die Petz-OHG ein. Seine Mitgliedschaft wurde entgegen § 106 HGB nicht in das Handelsregister eingetragen. Da A sich nicht mit den Geschäftsmethoden anfreunden konnte, tritt er ein Jahr später aus der Gesellschaft aus. Auch dies wurde – entgegen § 143 II HGB – nicht im Handelsregister eingetragen. Nach seinem Austritt bestellt die OHG Waren bei V. Haftet A nach § 15 I HGB i. V. m. § 128 HGB dem V für diese Verbindlichkeit der OHG?

Einige Stimmen in der Literatur[31] lehnen die Anwendbarkeit von § 15 I HGB in den Beispielsfällen zu Rn. 20 ab. Sie stützen dies darauf, dass ohne eine Voreintragung in das Handelsregister kein Scheintatbestand vorliegen würde, der durch eine Folgeeintragung beseitigt werden müsste.[32] Diese Fälle sollen über die allgemeinen Grundsätze der Rechtsscheinhaftung, die für den Dritten regelmäßig ungünstiger sind, zu lösen sein.[33] 21

[28] Das schließt jedoch nicht aus, dass K unter dem allg. Gesichtspunkt der Rechtsscheinhaftung einen Anspruch hat. Vgl. dazu BGHZ 115, 78, 82 f. = NJW 1991, 2566.

[29] *Tröller,* JA 2000, 27, 28.

[30] Ebenroth/Boujong/Joost/Strohn/*Gehrlein,* § 15 Rn. 8.

[31] Vgl. *A. Hueck,* AcP 118 (1920), 350; *John,* ZHR 140 (1976), 236; *Medicus,* Bürgerliches Recht, Rn. 105; Staub/*Hüffer* (4. Aufl.), § 15 Rn. 20; *Schilken,* AcP 187 (1987), 1, 8.

[32] Staub/*Hüffer,* 4. Aufl., § 15 Rn. 20; *A. Hueck,* AcP 118 (1920), 350, 359; *Medicus,* Bürgerliches Recht, Rn. 105.

[33] Vgl. *Schilken,* AcP 187 (1987), 1, 8; *John,* ZHR 140 (1976), 236, 243 ff.; Staub/*Hüffer* (4. Aufl.), § 15 Rn. 20.

22 Dem ist jedoch mit der Rechtsprechung[34] und der h. L.[35] zu widersprechen. Zwar trifft es zu, dass das Handelsregister in Ermangelung einer Voreintragung keinen falschen Rechtsschein erzeugt. Es ist aber verfehlt, den Anwendungsbereich von § 15 I HGB aus dieser Perspektive bestimmen zu wollen. Denn der Wortlaut der Vorschrift setzt lediglich die Nichteintragung einer eintragungspflichtigen Tatsache voraus. Anhaltspunkte dafür, dass das Vertrauen des Dritten im Rahmen von § 15 I HGB durch eine Voreintragung geschaffen worden sein muss, enthält die Norm nicht.[36] Vielmehr reicht es für die Anwendbarkeit von § 15 I HGB aus, dass ein Dritter von der zunächst bestehenden Rechtslage auch auf anderem Wege Kenntnis erlangt haben könnte,[37] so dass es zur Klarstellung der veränderten Rechtslage einer Eintragung bedarf.

Daraus folgt für die beiden Beispiele zu Rn. 20, dass die Bank sich an Müller halten kann und A für die Verbindlichkeit der OHG nach §§ 15 I, 128 HGB haftet.

23 Eine Ausnahme von dem Grundsatz, dass § 15 I HGB auch bei Fehlen der eintragungspflichtigen Voreintragung Anwendung findet, kommt jedoch dann in Betracht, wenn die voreintragungspflichtige Tatsache nicht nach außen hervorgetreten ist. Verkehrsschutzgesichtspunkte (oben Rn. 1) sind hier nicht berührt. Zu denken ist z. B. an den Fall, dass die Prokura noch am selben Tag der Erteilung widerrufen worden wäre, ohne dass der Prokurist im Rechtsverkehr aufgetreten ist. Würde man hier § 15 I HGB anwenden, so wäre dies eine Rechtsscheinhaftung ohne Vertrauenstatbestand.[38]

24 *(2) Nichteintragung/Nichtbekanntmachung.* Die Nichteintragung einer Tatsache kann mit Hilfe eines Negativattests nach § 9 V HGB bewiesen werden (oben Rn. 3). Entgegen dem Wortlaut von § 15 I HGB ist es nicht erforderlich, dass Eintragung *und* Bekanntmachung fehlen.[39] Die Vorschrift gewährt auch dann Schutz, wenn die Tatsache zwar eingetragen wurde, jedoch die Bekanntmachung unterblieb, da die Bekanntmachung der eigentliche Publizitätsakt ist, vgl. § 10 HGB. Für das Nichtvorliegen der Eintragung bzw. Bekanntmachung ist auf den Zeitpunkt des anspruchsbegründenden Vorgangs abzustellen.[40]

Beispiel: Bei Ansprüchen aus einem Vertrag muss die Bekanntmachung oder die Eintragung zum Zeitpunkt des Vertragschlusses fehlen, damit § 15 I HGB angewandt werden kann.

25 *(3) Angelegenheit des Betroffenen.* § 15 I HGB findet nur zu Lasten desjenigen Anwendung, *in dessen Angelegenheiten* die Tatsache einzutragen ist. Darunter werden all diejenigen natürlichen bzw. juristischen Personen gefasst, die infolge der Eintragung/Bekanntmachung einen Vorteil haben würden. Im obigen Beispiel 2 (Rn. 20) trägt also der ausscheidende Gesellschafter die *Verlautbarungslast.*

---

[34] BGHZ 116, 37, 44 f. = NJW 1992, 505

[35] *K. Schmidt,* HandelsR, § 14 II 2 b; *G. H. Roth,* Rn. 50; *Canaris,* § 5 Rn. 12; Ebenroth/Boujong/Joost/Strohn/*Gehrlein,* § 15 Rn. 8; MünchKomm-HGB/*Krebs,* § 15 Rn. 36.

[36] Vgl. auch *Canaris,* § 5 Rn. 12.

[37] BGHZ 116, 37, 44 f. = NJW 1992, 505; *OLG Brandenburg* NZG 2002, 909, 910.

[38] Vgl. *K. Schmidt,* HandelsR, § 14 II 2 b; Baumbach/*Hopt,* § 15 Rn. 11; *Canaris,* § 5 Rn. 12.

[39] *Canaris,* § 5 Rn. 11; *Brox/Henssler,* Rn. 81; *K. Schmidt,* HandelsR, § 14 II 2 b; Baumbach/*Hopt,* § 15 Rn. 4.

[40] Koller/*Roth*/Morck, § 15 Rn. 7.

26 *(4) Guter Glaube des Dritten.* Der Dritte wird durch § 15 I HGB nur dann geschützt, wenn er bezüglich der einzutragenden Rechtsänderung gutgläubig ist. *Dritter* i. S. von § 15 I HGB kann nur ein Außenstehender sein, also derjenige, der von der einzutragenden Tatsache nicht selbst, sei es unmittelbar oder mittelbar, betroffen wird. **Schädlich** ist in diesem Rahmen allein die **positive Kenntnis**. Anders als bei § 932 BGB reicht grob fahrlässige Unkenntnis nicht aus. Auch kann die Gutgläubigkeit des Dritten nicht schon deswegen verneint werden, weil er lediglich Kenntnis von Umständen hat, aus denen die Eintragungspflichtigkeit hergeleitet werden kann.[41] Es spielt keine Rolle, ob der Dritte sein Verhalten tatsächlich auf die im Handelsregister eingetragene Rechtslage gestützt hat. Insbesondere muss eine **Einsichtnahme** des Dritten in das Handelsregister also **nicht stattgefunden** haben.[42] Vielmehr kommt es auf ein abstraktes Vertrauen auf den Fortbestand der bisherigen Rechtslage an, d. h. der Dritte muss sich bei seinem geschäftlichen Verhalten auf den unrichtigen Eintragungsstand verlassen haben können.[43]

Merke: Der Dritte wird durch § 15 I HGB auch dann geschützt, wenn kein ursächlicher Zusammenhang zwischen seinem Handeln und dem Vertrauenstatbestand besteht.

27 *(5) Handeln im Rechtsverkehr.* Da § 15 I HGB auf dem Prinzip des abstrakten Vertrauensschutzes beruht (oben Rn. 18), verlangt die h. M.[44] für die Anwendbarkeit dieser Vorschrift als ungeschriebenes Merkmal, dass der Dritte ein Handeln im Geschäfts- oder Prozessverkehr vorgenommen hat. Deshalb greift der Schutz von § 15 I HGB im reinen *Unrechtsverkehr* nicht.[45]

Beispiel:[46] A wurde von C, einem Gesellschafter der G-OHG, angefahren. Er kann nicht X, den ausgeschiedenen Gesellschafter der OHG, dessen Ausscheiden entgegen § 143 II HGB nicht eingetragen und bekannt gemacht worden ist, über § 15 I HGB in Anspruch nehmen. Denn A hat sich nicht im Vertrauen auf die im Handelsregister verlautbarte Mitgliedschaft des X von C anfahren lassen.

28 Dennoch ist § 15 I HGB bei unerlaubten Handlungen nicht generell unanwendbar. Soweit die unerlaubte Handlung im rechtsgeschäftlichen Verkehr – z. B. als Betrug bei Vertragsverhandlungen – stattgefunden hat, kommt ein Anspruch aus unerlaubter Handlung über § 15 I HGB in Betracht. Dies deckt sich mit der sachlichen Reichweite des Verkehrsschutzes beim Kaufmann kraft Eintragung und beim Scheinkaufmann (oben § 2 Rn. 85 ff.).

---

41 Vgl. RGZ 144, 199, 204; der Geschäftspartner einer GmbH, der zwar weiß, dass deren im Handelsregister eingetragener Geschäftsführer abberufen wurde, sich jedoch gerichtlich gegen die Abberufung wehrt, darf nach § 15 I HGB solange auf die Vertretungsmacht dieses Geschäftsführers (§ 35 GmbHG) vertrauen, bis ihm positiv bekannt ist, dass die Abberufung wirksam ist bzw. diese im Handelsregister eingetragen wurde (*OLG Oldenburg* ZIP 2011, 175).

42 Koller/*Roth*/Morck, § 15 Rn. 13; Staub/*Koch*, § 15 Rn. 60 f.

43 BGHZ 65, 309, 311 = NJW 1976, 569; *BGH* ZIP 2004, 39, 40 = NJW-RR 2004, 120 = JuS 2004, 348.

44 *BGH* NJW 1979, 42; *K. Schmidt,* HandelsR, § 14 II 3; *Canaris,* § 5 Rn. 14; *Brox/Henssler,* Rn. 84.

45 *K. Schmidt,* HandelsR, § 14 II 3; MünchKomm-HGB/*Krebs,* § 15 Rn. 22 f.

46 Vgl. RGZ 93, 238, 240.

c) Rechtsfolge

29 *(1) Wahlrecht.* Liegen die oben Rn. 20ff. erörterten Voraussetzungen von § 15 I HGB vor, so können dem Dritten die nicht eingetragenen, aber eintragungspflichtigen Tatsachen nicht entgegengehalten werden. Die Vorschrift begründet einen Einwendungsausschluss. Nach einhelliger Auffassung in der Rechtsprechung[47] und im Schrifttum[48] ist der Dritte deshalb nicht durch § 15 I HGB dazu gezwungen, sich auf das Schweigen des Handelsregisters zu berufen. Er hat ein Wahlrecht zwischen der sich aus dem Handelsregister ergebenden und der wahren Rechtslage.

30 *(2) „Rosinentheorie".* In diesem Zusammenhang hat das **„Rosinentheorie"**[49]-Urteil des BGH vom 1.12.1975[50] im handelsrechtlichen Schrifttum eine bis heute noch andauernde lebhafte Diskussion über den Umfang des *Wahlrechts* ausgelöst. Streitig ist, ob sich der gutgläubige Dritte innerhalb eines zusammenhängenden Sachverhalts teilweise auf die „wahre" Rechtslage und teilweise auf den Rechtsschein des Registers berufen kann.

Beispiel (BGHZ 65, 309 = „Rosinentheorie"-Urteil): A und B sind persönlich haftende Gesellschafter der Z-KG. Sie sind nur gemeinsam zur Vertretung berechtigt (§§ 125 II, 161 II HGB). A scheidet aus der KG aus, was entgegen §§ 143 II, 161 II HGB nicht im Handelsregister eingetragen wird. Nach dem Ausscheiden des A bestellt B für die KG bei C Waren, wobei er als Alleinvertreter der KG auftritt. Da die Z-KG nicht in der Lage ist, die gelieferten Waren zu bezahlen, verlangt C, dem das Ausscheiden des A bei Abschluss des Vertrages unbekannt war, von diesem Zahlung des Kaufpreises.

31 Der BGH hat im Beispielsfall dem Begehren des C stattgegeben. Er stützte sein Ergebnis auf § 15 I HGB. Danach könne sich C im Hinblick auf sein Wahlrecht bezüglich der Alleinvertretungsmacht des B auf die „wahre" Rechtslage berufen; soweit es um die Gesellschafterstellung des A geht, könne C hingegen nach § 15 I HGB vorgehen, so dass eine Haftung des A nach §§ 161 II, 128 HGB bejaht werden konnte.

32 Damit stieß der BGH in Teilen des Schrifttums auf heftige Kritik.[51] Zwar könne der Dritte zwischen der wahren Rechtslage und der Scheinlage des Handelsregisters wählen, jedoch sei eine Kombination von Elementen der wahren und der scheinbaren Rechtslage innerhalb eines einheitlichen Sachverhalts unzulässig. Gegen das Urteil des BGH wird geltend gemacht, dass der Dritte nach dieser Lösung besser stehe, als wenn die scheinbare Rechtslage der Wirklichkeit entspräche, und dafür ließe sich keine Rechtfertigung finden.[52] Zudem würde ein widersprüchliches bzw. treuwidriges Verhalten vorliegen, wenn der Dritte sich einerseits auf die

---

[47] BGHZ 55, 267, 273 = NJW 1971, 1268; BGHZ 65, 309, 310 = NJW 1976, 569; *BGH* NJW-RR 1990, 737, 738.

[48] Staub/*Hüffer,* § 15 Rn. 25; Baumbach/*Hopt,* § 15 2 c; *Canaris,* § 5 Rn. 24; *Brox/Henssler,* Rn. 86; a. A. *K. Schmidt,* HandelsR, § 14 II 4 b.

[49] So erstmals bezeichnet von *John,* ZHR 140 (1976), 236, 254.

[50] BGHZ 65, 309 = NJW 1976, 569.

[51] *Canaris,* § 5 Rn. 26 m.w. Nachw.

[52] *Canaris,* § 5 Rn. 26.

Publizität des Handelsregisters stützen würde, andererseits auf die tatsächliche Sachlage, er sich also auf zwei Sachverhalte berufe.[53]

Dieser Kritik ist nicht zu folgen. Denn der Dritte stützt sich nach dem Lösungsweg des BGH nicht auf unterschiedliche Sachverhalte. Ihm wird lediglich die Möglichkeit eröffnet, für jede einzutragende Tatsache – hier: die Vertretungsmacht und das Ausscheiden des Gesellschafters – gesondert zu bestimmen, ob er die Rechtsfolge des § 15 I HGB gelten lassen will oder nicht.[54] Da im Grunde nur die durch § 15 I HGB geschaffene Rechtslage durchgesetzt wird, ist das Verhalten des Dritten auch nicht als widersprüchlich bzw. treuwidrig zu bezeichnen, zumal es Sinn und Zweck der negativen Publizität ist, den Dritten und nicht den Eintragungspflichtigen zu schützen. 33

2. Schutz bei richtig eingetragenen und bekanntgemachten Tatsachen, § 15 II HGB

a) Rechtsgedanke

Bei § 15 II HGB geht es um die Wirkung richtig eingetragener und bekanntgemachter Tatsachen zu Lasten Dritter, also um den registerrechtlichen Normalfall. Nach dieser Vorschrift muss ein Dritter eine Tatsache gegen sich gelten lassen, wenn sie ordnungsgemäß eingetragen und bekanntgemacht ist. Damit scheint § 15 II HGB eine **Selbstverständlichkeit** zu regeln, nämlich die, **dass die wahre Rechtslage gilt.**[55] Die Bedeutung des § 15 II HGB zeigt sich indessen in den Fallgestaltungen, in denen eine *Änderung der bisherigen Rechtslage* eingetragen und bekanntgemacht wird.[56] Hier zerstört sie im Interesse des Eintragenden den durch § 15 I HGB normierten Vertrauensschutz.[57] 34

Beispiel: Gesellschafter Giftig scheidet im Streit aus der Reich & Schön OHG aus. Sein Ausscheiden wird im Handelsregister eingetragen und bekanntgemacht (§ 143 I, II HGB). Um sich an seinen ehemaligen Mitgesellschaftern zu rächen, nimmt er anschließend namens der OHG (vgl. § 125 HGB) ein Darlehen auf, lässt sich die Darlehenssumme ausbezahlen und taucht mit dem Geld unter. Hier schuldet die OHG nicht die Rückzahlung des Darlehens, da mangels Vertretungsmacht des G kein Darlehensvertrag mit ihr zustande gekommen ist.

b) Die Publizitätswirkung nach § 15 II 1 HGB

(1) Voraussetzungen. Da § 15 II 1 HGB in einem engen Zusammenhang mit § 15 I HGB zu sehen ist, bezieht sich auch diese Vorschrift lediglich auf eintragungs- 35

---

[53] *Brox/Henssler,* Rn. 86; MünchKomm-HGB/*Lieb* (1. Aufl.), § 15 Rn. 37.

[54] Staub/*Koch,* § 15 Rn. 66 ff.; vgl. *K. Schmidt,* HandelsR, § 14 II 4b; *M. Reinicke,* JZ 1985, 272, 274; *Schilken,* AcP 187, 8 f.; *P. Kreutz,* Jura 1982, 626, 637; i. Erg. auch Staub/*Hüffer,* 4. Aufl., § 15 Rn. 27.

[55] Vgl. *G. H. Roth,* Rn. 53; *Canaris,* § 5 Rn. 30; *K. Schmidt,* HandelsR § 14 I 1.

[56] *Canaris,* § 5 Rn. 35.

[57] *Canaris,* § 5 Rn. 35; *P. Kreutz,* Jura 1982, 634; ähnlich Staub/*Koch,* § 15 Rn. 24: Dem Kaufmann solle die Möglichkeit eröffnet werden, durch die Registerpublizität einen anderweitig begründeten Rechtsschein zu zerstören.

pflichtige Tatsachen (vgl. oben Rn. 8 f.).[58] Ferner muss die Tatsache richtig sein.[59] Die Anwendung des § 15 II 1 HGB erfordert schließlich, dass die Eintragung und Bekanntmachung der in Frage stehenden Tatsache erfolgt ist.

36 *(2) Rechtsfolgen.* Nach § 15 II 1 HGB kann derjenige, in dessen Angelegenheiten die Tatsache einzutragen und bekanntzumachen war, dem Dritten gegenüber die Tatsache geltend machen. Ihm steht es wie dem Dritten in § 15 I HGB frei, ob er sich auf § 15 II 1 HGB berufen will.[60]

c) Die Schonfrist nach § 15 II 2 HGB

37 Eine – zeitlich begrenzte – Ausnahme zu § 15 II 1 HGB ergibt sich aus § 15 II 2 HGB. Danach bleibt das nach § 15 I HGB begründete Vertrauen des Dritten geschützt, soweit eine Rechtshandlung innerhalb von **15 Tagen** nach Bekanntmachung vorgenommen wird und der Dritte beweisen kann, dass er die eingetragene und bekanntgemachte Tatsache weder kannte noch kennen musste (vgl. § 122 II BGB). § 15 II 2 HGB ist damit ein Rechtsscheintatbestand. Die 15-tägige Schonfrist beginnt mit der Bekanntmachung, vgl. dazu § 10 II HGB. Da an den Gutglaubensnachweis hohe Anforderungen gestellt werden – die bloße Unkenntnis ist nicht ausreichend, vielmehr muss der Dritte beweisen, dass keine *fahrlässige* (§ 276 BGB, bei Kaufleuten § 347 HGB) Unkenntnis vorliegt[61] –, kommt dieser Ausnahme in der Praxis nur eine geringe Bedeutung zu.[62] Wenn der Dritte den Gegenbeweis erbringen kann, so muss er sich die eingetragene und bekanntgemachte Tatsache nicht entgegenhalten lassen.

d) Das Verhältnis des § 15 II HGB zu anderen Rechtsscheintatbeständen

38 Fraglich ist, ob § 15 II 1 HGB nach Ablauf der 15-tägigen Schonfrist (Rn. 37) durch die allgemeinen Vorschriften und Regeln über die Rechtsscheinhaftung verdrängt wird.

Beispiel:[63] Beller betrieb als Einzelkaufmann einen Großhandel für Heiz-, Koch- und Kühlgeräte. 1966 wandelte er sein Unternehmen in eine GmbH & Co. KG um, was auch ordnungsgemäß ins Handelsregister eingetragen wurde. B führte jedoch seine Geschäfte in den folgenden Jahren ohne einen Rechtsformzusatz i. S. des § 19 II HGB fort. Hase, ein langjähriger Geschäftspartner von B, dem er von der Umwandlung seines Unternehmens nicht berichtete, will B persönlich bezüglich einer Kaufpreisforderung in Anspruch nehmen.

---

[58] Ebenroth/Boujong/Joost/Strohn/*Gehrlein,* § 15 Rn. 17; Koller/*Roth*/Morck, § 15 Rn. 19; Staub/*Hüffer,* § 15 Rn. 33; a. *A. Jung,* Kap. 3 § 3 Rn. 19.

[59] Baumbach/*Hopt,* § 15 Rn. 13.

[60] Staub/*Hüffer,* § 15 Rn. 35; Koller/*Roth*/Morck, § 15 Rn. 20.

[61] Ebenroth/Boujong/Joost/Strohn/*Gehrlein,* § 15 Rn. 20; Koller/*Roth*/Morck, § 15 Rn. 22; Staub/*Hüffer,* § 15 Rn. 37.

[62] *Jung,* Kap. 3 § 3 Rn. 19.

[63] Nach *BGH* BB 1978, 1025 = WM 1977, 1405.

Nach einhelliger Auffassung in der Rechtsprechung[64] und in der Literatur[65] **kann § 15 II 1 HGB im Einzelfall durch allgemeine Rechtsscheintatbestände verdrängt werden.** Lediglich die dogmatischen Begründungen divergieren. Nach der Rechtsprechung genießt ein allgemeiner Rechtsscheintatbestand gegenüber der richtigen Eintragung und Bekanntmachung im Handelsregister dann den Vorrang, wenn durch die Schaffung eines außerhalb des Handelsregisters liegenden Vertrauenstatbestandes eine Berufung auf den Registerinhalt rechtsmissbräuchlich wäre (§ 242 BGB).[66] In der Literatur wird die Anwendung allgemeiner Rechtsscheintatbestände teilweise durch eine teleologische Reduktion des § 15 II 1 HGB begründet.[67] Danach schließt § 15 II 1 HGB nur den *registerrechtlich* begründeten Vertrauensschutz aus, da es ansonsten zu unbilligen Ergebnissen kommen würde.[68] 39

In folgenden Fällen besteht ein **Vorrang der besonderen Rechtsscheintatbestände:** 40

- **Gesetzliche Vertrauenstatbestände** (§§ 171, 172 BGB; 19 II HGB) verdrängen § 15 II 1 HGB.
- Eine Berufung auf § 15 II 1 HGB scheidet aus, wenn sich aus einer **besonderen Geschäftsbeziehung** die Pflicht ergibt, den Dritten auf Veränderungen hinzuweisen. Hier muss dem Dritten die Registereinsicht überflüssig erscheinen.

Lösung des Beispielsfalles (Rn. 38): Vertragspartner des H ist B persönlich. Zwar hat B die Umwandlung seines Unternehmens ordnungsgemäß ins Handelsregister eintragen lassen. Jedoch ist die Berufung auf § 15 II HGB gegenüber H als rechtsmissbräuchlich einzustufen, da B seinen langjährigen Geschäftspartner, der auf die persönliche Haftung vertraut hatte, auf die KG als neue Unternehmensträgerin hätte hinweisen müssen. 41

3. Die positive Publizität des Handelsregisters, § 15 III HGB

a) Rechtsgedanke

Nach § 15 III HGB kann sich ein Dritter, wenn eine einzutragende Tatsache unrichtig bekannt gemacht worden ist, auf die bekanntgemachte Tatsache berufen, soweit er die Unrichtigkeit nicht kannte. So wie bei § 15 I und II 2 HGB handelt es sich bei § 15 III HGB um einen **Rechtsscheintatbestand.**[69] Geschützt wird das Vertrauen des Dritten in unrichtig bekanntgemachte Tatsachen. § 15 III HGB wurde erst durch das Gesetz vom 15.8.1969 zur Umsetzung der EG-Publizitätsrichtlinie (oben § 1 Rn. 28; unten § 9 Rn. 28) eingeführt. Nach dem bis dahin bestehenden Rechtszustand wurde das Vertrauen in unrichtige Eintragungen und Bekanntmachungen durch zwei gewohnheitsrechtlich anerkannte Grundsätze ge- 42

---

[64] Vgl. BGHZ 62, 216, 223 = NJW 1974, 1191; *BGH* NJW 1972, 1418; *BGH* NJW 1981, 2569.

[65] Staub/*Koch*, § 15 Rn. 90 ff.; *ders.*, AcP 207 (2007), 768 ff.; Baumbach/*Hopt*, § 15 Rn. 15; *Canaris*, § 5 Rn. 36; *Hager*, Jura 1992, 63 f.; *K. Schmidt*, HandelsR, § 14 I 2.

[66] Vgl. *BGH* NJW 1972, 1418 f.; *BGH* WM 1981, 2339.

[67] Vgl. *Canaris*, § 5 Rn. 36; *K. Schmidt*, HandelsR, § 14 I 2.

[68] Vgl. *Canaris*, § 5 Rn. 38.

[69] Vgl. *Canaris*, § 5 Rn. 42.

schützt.[70] Der erste Grundsatz besagte, dass derjenige, der durch eine unrichtige Anmeldung eine unrichtige Eintragung im Handelsregister veranlasst, sich diese Eintragung zugunsten eines redlichen Dritten entgegenhalten lassen muss.[71] Nach dem zweiten Grundsatz musste sich der Betroffene eine unrichtige Eintragung auch dann entgegenhalten lassen, wenn er sie zwar nicht veranlasst hat, es aber schuldhaft unterlassen hat, die Unrichtigkeit beseitigen zu lassen.[72] Diese Gewohnheitsrechtssätze werden nur teilweise von § 15 III HGB verdrängt.

b) Voraussetzungen

43 *(1) Abstrakt eintragungspflichtige Tatsachen.* Rechtsscheintatbestand bei § 15 III HGB ist die Bekanntmachung der Handelsregistereintragung (vgl. § 10 HGB). Gegenstand der Bekanntmachung ist eine eintragungspflichtige Tatsache (oben Rn. 8 f.). Im Unterschied zu § 15 I HGB handelt es sich dabei um eine bloß abstrakt – ihre **Richtigkeit unterstellt** – eintragungspflichtige Tatsache. Denn die in der Bekanntmachung verlautbarte unrichtige Tatsache ist als solche nicht eintragungspflichtig.[73]

Beispiel: Alf wird als Geschäftsführer der Meier-GmbH angemeldet (§ 39 GmbHG), aber versehentlich als Geschäftsführer der Maier-GmbH bekanntgemacht. Nach § 15 III HGB wird die Maier-GmbH aus den Geschäften verpflichtet, die A in ihrem Namen geschlossen hat.[74]

44 *(2) Unrichtige Bekanntmachung.* Wie aus dem eindeutigen Wortlaut des § 15 III HGB hervorgeht, erfasst diese Norm nur unrichtige Bekanntmachungen. Fallgestaltungen, in denen nur die Eintragung unrichtig ist, eine Bekanntmachung indessen unterblieb, regelt die Vorschrift nicht. Sie werden über die allgemeinen Rechtsscheingrundsätze gelöst (unten Rn. 51 ff.).[75]

45 Fraglich ist ferner, in welchen Fällen die Unrichtigkeit einer Bekanntmachung vorliegt. Hält man sich an Art. 3 VI der EG-Richtlinie (oben Rn. 42), so würde Unrichtigkeit i. S. der Vorschrift lediglich bedeuten, dass die Bekanntmachung von der Registereintragung abweicht.[76] Ein solches Verständnis der Norm würde aber zu einem stark begrenzten Anwendungsbereich führen. Dies wäre nicht mit dem Willen des Gesetzgebers vereinbar.[77] Daher liegt nach h. M. eine unrichtige Bekanntmachung i. S. von § 15 III HGB immer dann vor, wenn eine Abweichung zwischen *tatsächlicher Rechtslage* und Bekanntmachung gegeben ist.[78]

---

70 Vgl. *Brox/Henssler,* Rn. 92 ff.; *Canaris,* § 5 Rn. 43; Ebenroth/Boujong/Joost/Strohn/*Gehrlein,* § 15 Rn. 24.
71 Vgl. RGZ 142, 104 f.
72 Vgl. RGZ 131, 14 f.
73 MünchKomm-HGB/*Krebs,* § 15 Rn. 86; *Canaris,* § 5 Rn. 47; näher *Willhelm,* ZIP 2010, 713 ff.
74 Vgl. Staub/*Hüffer,* § 15 Rn. 43.
75 *Canaris,* § 5 Rn. 45; *K. Schmidt,* HandelsR, § 14 III 2 b.
76 So *Beuthien,* NJW 1970, 2283, 2284.
77 BT-Drs. V/3862 S. 10 f.; vgl. auch *Brox/Henssler,* Rn. 98; *Hager,* Jura 1992, 57, 64.
78 *Canaris,* § 5 Rn. 46; *K. Schmidt,* HandelsR, § 14 III 2c.

Deshalb wird bei folgenden vier Fallgruppen die Anwendung von § 15 III HGB bejaht:[79] 46

- Die Eintragung ist richtig, aber die Bekanntmachung weicht davon ab.

Beispiel: Kaufmann Meier bestellt den Ludwig zum Prokuristen, was auch ins Handelsregister eingetragen wird. Aufgrund eines Versehens des Registergerichts wird jedoch der Karl als Prokurist in der Bekanntmachung aufgeführt (wie Bsp. oben zu Rn. 43).

- Es fehlt die Handelsregistereintragung; es wird eine Tatsache bekanntgegeben, die überhaupt nicht eingetragen ist.
- Eintragung und Bekanntmachung stimmen überein, jedoch sind beide falsch.[80]
- Eintragung und Bekanntmachung stimmen nicht überein und beide sind falsch.

(3) Guter Glaube des Dritten. Damit sich der Dritte auf den Schutz von § 15 III HGB berufen kann, darf er **keine positive Kenntnis von der wahren Rechtslage** haben. Eine fahrlässige Unkenntnis des Dritten schadet nicht.[81] Auch hier spielt es genau wie bei § 15 I HGB keine Rolle, ob er tatsächlich von dem Inhalt der Bekanntmachung erfahren hat (oben Rn. 26). 47

(4) Veranlassungsprinzip. Streitig ist, ob derjenige, in dessen Angelegenheiten die Tatsache einzutragen war, die unrichtige Bekanntmachung veranlasst haben muss. Dies verneint eine literarische Minderheit mit Hinweis auf den Wortlaut von § 15 III HGB, der keine Anhaltspunkte hierfür enthält.[82] Das würde jedoch bedeuten, dass allein wegen des in der Bekanntmachung liegenden Rechtsscheins ein völlig Unbeteiligter haften müsste. Diese Konsequenz ist hier – im Unterschied zu § 15 I HGB – nicht zu rechtfertigen; immerhin hat der Betroffene dort durch die Schaffung und Verlautbarung der ursprünglichen Rechtslage und deren Änderung die Entstehung des Vertrauenstatbestands mit veranlasst, vgl. oben Rn. 18.[83] Deshalb ist der zutreffenden h. M. zu folgen, die eine Haftung nur dann bejaht, wenn der Betroffene die unrichtige Bekanntmachung veranlasst hat. Eine Veranlassung liegt auch nach h. M. allerdings schon dann vor, wenn ein richtiger Eintragungsantrag erfolgt ist.[84] Dessen Vollzug hat der Betroffene zu überwachen (vgl. §§ 383 FamFG, 36 HRV zur Benachrichtigung). 48

Beispiel:[85] Der ahnungslose Professor K wird als Gesellschafter der Reich & Schön Hundepension OHG ins Handelsregister eingetragen, und dies wird auch bekanntgemacht. Nach der hier befürworteten h. M. scheidet eine persönliche Haftung des K für Schulden der OHG nach § 128 I i.V.m. § 15 III HGB aus, da K die unrichtige Bekanntmachung nicht veranlasst hat.

---

[79] Staub/*Hüffer*, § 15 Rn. 50 (4. Aufl.); *Canaris*, § 5 Rn. 46.
[80] So im Fall *BGH* NJW-RR 1990, 737, 738.
[81] Vgl. Baumbach/*Hopt*, § 15 Rn. 20.
[82] *Hofmann*, JA 1980, 264, 269 f.; MünchKomm-HGB/*Lieb*, § 15 Rn. 84 f.
[83] *Canaris*, § 5 Rn. 51.
[84] *Canaris*, § 5 Rn. 51; Staub/*Hüffer*, § 15 Rn. 44 (4. Aufl.); Koller/*Roth*/Morck, § 15 Rn. 29; Baumbach/*Hopt*, § 15 Rn. 19.
[85] Nach Staub/*Hüffer*, § 15 Rn. 43 (4. Aufl.).

c) Rechtsfolge

49 Auch im Rahmen des § 15 III HGB hat der Dritte nach h. M. ein **Wahlrecht.**[86] Es liegt also in seiner Hand, ob er sich gegenüber demjenigen, in dessen Angelegenheiten die Tatsache einzutragen war, auf den Bekanntmachungsinhalt oder auf die wahre Rechtslage berufen möchte.

Beispiel:[87] Die Völler-GmbH verlangt von Kalle Kaufpreiszahlung. K wendet ein, der bei Vertragsschluss für die V-GmbH handelnde Murg habe ohne Vertretungsmacht gehandelt. Entgegen dem Handelsregister sei M nämlich bei Vertragsschluss am 8.3. nicht Geschäftsführer der V-GmbH gewesen. Deren Alleingesellschafter war – was zutrifft – zunächst Gerb gewesen. Am 16.1. hatte dieser seine Gesellschaftsanteile abgetreten, dennoch aber am 20.1. eine „Gesellschafterversammlung" abgehalten, in der u. a. M zum neuen alleinvertretungsberechtigten Geschäftsführer bestellt wurde. Nach Anmeldung wurde M am 15.2. in das Handelsregister eingetragen und dies auch bekannt gemacht. –
Da M vor seiner Eintragung in das Handelsregister nicht wirksam zum Geschäftsführer bestellt wurde, liegt eine unrichtige Bekanntmachung i. S. des § 15 III HGB vor, und zwar in der dritten oben Rn. 46 aufgeführten Fallgruppe (Perpetuierung der Unrichtigkeit von der Anmeldung über die Eintragung bis zur Bekanntmachung). K hat die Wahl, ob er sich – wie hier – auf die wahre Rechtslage oder den unrichtigen Bekanntmachungsinhalt beruft.

50 Dem Dritten ist jedoch der Schutz von § 15 III HGB dann zu verwehren, wenn es sich bei dem Veranlassenden um einen Geschäftsunfähigen oder beschränkt Geschäftsfähigen handelt, da diesen die Zurechnungsfähigkeit nach den allgemeinen Vorschriften abzusprechen ist.[88]

d) Ergänzung des § 15 HGB durch die allgemeine Rechtsscheinhaftung

51 Wie oben in Rn. 42 erwähnt, hat § 15 III HGB mit seinem In-Kraft-Treten im Jahre 1969 die bis dahin entwickelten Gewohnheitsrechtssätze weitgehend verdrängt. Nach diesen Grundsätzen kann sich derjenige, der eine unrichtige Eintragung im Handelsregister zurechenbar veranlasst oder eine unrichtige Eintragung schuldhaft nicht beseitigt, gegenüber einem gutgläubigen Dritten, der im Vertrauen auf die Eintragung gehandelt hat, nicht auf die wahre Rechtslage berufen.

52 Anwendbar sind die Gewohnheitsrechtssätze (1) bei falscher Eintragung aber richtiger Bekanntmachung, ferner (2) wenn eine falsche Eintragung vorliegt, aber noch keine Bekanntmachung erfolgt ist und (3) wenn es um eine nicht eintragungspflichtige Tatsache geht.[89] Gegen eine analoge Anwendung von § 15 III HGB[90] spricht hier der eindeutige Wille des Gesetzgebers, wonach ein reiner Eintragungsfehler nicht unter § 15 III HGB fallen sollte[91] und es mithin an der für eine Analogie erforderlichen planwidrigen Lücke der gesetzlichen Regelung fehlt. Tatbestandlich setzt eine Haftung durch die Gewohnheitsrechtssätze im Gegensatz zu § 15 HGB voraus, dass der Dritte auch tatsächlich Kenntnis von dem

---

[86] Vgl. *BGH* NJW-RR 1990, 737, 738; *Canaris,* § 5 Rn. 50.
[87] Nach *BGH* NJW-RR 1990, 737.
[88] Baumbach/*Hopt,* § 15 Rn. 19; *Rust,* DStR 2005, 1992, 1995 f.
[89] Vgl. auch Staub/*Hüffer,* § 15 Rn. 59 (4. Aufl.); *Brox/Henssler,* Rn. 99.
[90] So *Brück,* AcP 171 (1971), 328, 338.
[91] BT-Drs. V/3862, S. 11.

Rechtsschein erlangt hat und die unrichtige Eintragung ursächlich für sein Verhalten war, er also in das Handelsregister eingesehen hat.[92]

Übungsfall: Reich, Schön und Wichtig gründeten die RSW Gebrauchtwagenhandel OHG. Diese meldeten sie auch ordnungsgemäß zur Eintragung ins Handelsregister an. Das Registergericht hat jedoch versehentlich Reich, Schön und Giftig als Gesellschafter der OHG eingetragen. Die Bekanntmachung entsprach der Anmeldung. G erfuhr von der falschen Eintragung, kaufte im Namen der OHG bei Murg Waren und ließ sich diese liefern. Nun verlangt M, der nicht das Handelsregister eingesehen hatte, von der OHG Kaufpreiszahlung. Zu Recht? 53

Lösung: M kann die OHG nur dann nach § 433 II BGB in Anspruch nehmen, wenn zwischen ihm und der OHG ein Kaufvertrag zustande gekommen ist. Bezüglich der Vertretungsmacht des G kann M sich nicht über § 15 III HGB auf § 125 I HGB berufen, da lediglich die Eintragung falsch war, die Bekanntmachung dagegen richtig. Auch findet – wie oben Rn. 52 gezeigt – keine analoge Anwendung von § 15 III HGB statt. Die OHG könnte jedoch nach den allgemeinen Rechtsscheingrundsätzen haften. R, S und W haben es zumindest fahrlässig unterlassen, die unrichtige Eintragung zu beseitigen (vgl. § 383 FamFG). Somit können sie sich grds. gegenüber einem gutgläubigen Dritten – hier also M – nicht auf die wahre Rechtslage berufen. Dann müsste M aber im Vertrauen auf die Registereintragung gehandelt haben, d. h. die Registereintragung müsste ursächlich für den Vertragsschluss gewesen sein. Da M jedoch nicht das Handelsregister eingesehen hatte und auch nicht von anderer Seite Kenntnis von dem Registerinhalt hatte, war die Registereintragung nicht ursächlich für den Vertragsschluss. Er hat daher keinen Anspruch auf Kaufpreiszahlung gegen die OHG.

Fragen:

1. Welche Stelle führt das Handelsregister? (Rn. 11)
2. Ist das Registergericht befugt von Amts wegen Eintragungegen in das Handelsregister vorzunehmen? (Rn. 13)
3. Geben Sie Beispiele für eintragungspflichtige Tatsachen! (Rn. 8 f.)
4. Schützt § 15 I HGB den guten Glauben an die Richtigkeit des Eingetragenen? (Rn. 17)
5. Welche Merkmale muss die in § 15 I HGB erwähnte Tatsache besitzen? (Rn. 20)
6. Nach h. M. dienen § 15 I und III HGB dem abstrakten Verkehrsschutz. Was ist damit gemeint? (Rn. 26, 47)
7. Wird der gute Glaube an das Schweigen des Registers in § 15 I HGB auch im „Unrechtsverkehr" geschützt? (Rn. 27 f.)
8. Worauf bezieht sich „das Wahlrecht" des Dritten bei § 15 I, III HGB? (Rn. 29, 49)
9. Was ist mit „Rosinentheorie" im Zusammenhang mit den Publizitätswirkungen des Handelsregisters gemeint? (Rn. 30)
10. Rechtsgedanke des § 15 II HGB? (Rn. 34)
11. In welchen Fällen ist die Berufung auf den Registerinhalt rechtsmissbräuchlich? (Rn. 39 f.)
12. Welche vier Formen eines Bekanntmachungsfehlers i. S. von § 15 III HGB gibt es? (Rn. 46)

[92] Vgl. Ebenroth/Boujong/Joost/Strohn/*Gehrlein*, § 15 Rn. 38.

13. Durch welche ungeschriebenen Voraussetzungen wird der Anwendungsbereich des § 15 III HGB von der h. M. eingeschränkt? (Rn. 48, 50)
14. Worin bestehen die Unterschiede zwischen der gesetzlichen Rechtsscheinhaftung nach § 15 III HGB und den sie ergänzenden Gewohnheitsrechtssätzen? (Rn. 42, 51 f.)

§ 4. Handelsfirma

I. Grundlagen

1. Gesetzliche Regelung und Auswirkungen des HRefG

Der Dritte Abschnitt des Ersten Buches des HGB enthält das Recht der Firma. 1
Hier sind **drei Regelungskomplexe** zu unterscheiden:
- §§ 17 bis 24 HGB: Normen zur Zulässigkeit der Firmenbildung und -fortführung;
- §§ 25 bis 28 HGB: Vorschriften, die die Haftung bei Unternehmensübertragungen, bei der Fortführung eines Handelsgeschäfts durch Erben und beim Eintritt von Gesellschaftern in ein Handelsgeschäft betreffen (hierzu unten § 5 Rn. 24 ff.);
- §§ 29 bis 37 HGB: Bestimmungen zum Firmenregisterrecht und zum Firmenschutz.

Zwei zentrale Vorschriften der ersten Normgruppe (die §§ 18, 19 HGB) haben 2
durch das HRefG 1998 einschneidende Änderungen erfahren. Neben der Modernisierung des Kaufmannsbegriffs (oben § 2 Rn. 29 ff.) ging es dem Gesetzgeber vor allem um die Liberalisierung des Firmenrechts, um die damaligen Wettbewerbsnachteile der deutschen Wirtschaft gegenüber den weniger restriktiven Firmenrechten im europäischen Ausland zu beseitigen.[1] Ziel war dabei, das Firmenrecht von übermäßigen Formanforderungen – und damit Hemmnissen – zu befreien, ohne hierdurch das berechtigte Interesse des Rechtsverkehrs an zuverlässigen Informationen über die Unternehmen außer Acht zu lassen und den gebotenen Schutz der Verbraucher zu vernachlässigen. Obwohl das alte Recht gemäß Art. 38 I EGHGB mittlerweile keine Anwendung mehr findet,[2] ist dessen Kenntnis – insbesondere im Hinblick auf seine Schwachpunkte – für das Verständnis des heutigen Firmenrechts zum Teil unentbehrlich. Folgende firmenrechtliche Neuerungen durch das HRefG sind hervorzuheben:[3]
- Liberalisierung der Firmenbildung durch die Abkehr vom Zwang zur Personen- oder Sachfirma und durch Zulassung von Phantasiefirmen (§ 18 I HGB);
- Anerkennung eines die ganze Firma betreffenden Irreführungsverbots (§ 18 II HGB);

---

[1] Bundesministerium der Justiz, Bundesanzeiger 1994, Beilage 148a, S. 24; sehr kritisch zum früheren Recht *K. Schmidt*, JZ 2003, 585, 592: „Mischung aus Geistlosigkeit, rigoroser Strenge und Ineffektivität."

[2] Nach Art. 38 I EGHGB durften die vor dem 1.7.1998 eingetragenen Firmen bis zum 31.3.2003 weitergeführt werden, wenn sie nach den bisherigen Vorschriften geführt werden.

[3] Vgl. zu den durch das HRefG erfolgten Änderungen im Firmenrecht etwa *Bokelmann*, GmbHR 1998, 57 ff.; *Bydlinski*, ZIP 1998, 1169 ff.; *Fezer*, ZHR 161 (1997), 52 ff.; *Jung*, ZIP 1998, 677 ff.; *Kögel*, BB 1998, 1645 ff.; *Schulz*, JA 1999, 247 ff.; zu neueren Entwicklungen *Kögel*, Rpfleger 2011, 17 ff.

– Rechtsformpublizität für kaufmännische Gewerbetreibende (§ 19 I Nr. 1 bis 3 und II HGB).

3 Von firmenrechtlicher Bedeutung sind zudem verschiedene Einzelvorschriften in anderen Gesetzen (vgl. § 4 AktG, § 4 GmbHG, § 3 GenG, § 2 PartGG, einzelne Regelungen des UmwG und im Registerrecht die §§ 388 bis 393 FamFG). Da auch der Firmenschutz mit dem registerrechtlichen Firmenmissbrauchsverfahren nach § 37 I HGB und dem firmenrechtlichen Unterlassungsanspruch in § 37 II 1 HGB nur unvollständig geregelt ist, sind bei unzulässigem Firmengebrauch des Weiteren vor allem die allgemeinen zivilrechtlichen Abwehransprüche der §§ 12, 823 I, 1004 BGB und die Vorschriften des MarkenG (§§ 5 II, 15) heranzuziehen.

2. Begriff der Firma

a) Geschäftsname des Kaufmanns

4 Nach § 17 I HGB ist „die Firma der Name des Kaufmanns, unter dem er im Handel seine Geschäfte betreibt und die Unterschrift abgibt". Diese gesetzliche Definition der Firma drückt dreierlei aus:
– Die Firma ist ein Name.
– Die Firma ist der Name eines Kaufmanns.
– Die Firma ist der Name, unter dem der Kaufmann im Geschäftsverkehr auftritt („Geschäftsname").

5 Nach § 17 I HGB ist nur ein Kaufmann zur Firmenführung berechtigt, m. a. W. das Recht und die Pflicht zur Führung einer Firma obliegt allen Kaufleuten im Sinne der §§ 1 ff. HGB,[4] und zwar gleichermaßen den Kaufleuten kraft Handelsgewerbe und den Kaufleuten kraft Rechtsform (oben § 2 Rn. 20, 27). Nicht firmenfähig sind kleingewerblich Tätige und die stille Gesellschaft.[5] Auch der GbR fehlt die Firmenfähigkeit.[6] Die Partnerschaft ist zwar keine Firma im Sinne des § 17 HGB, jedoch verweist § 2 II PartGG für ihren Namen auf wichtige firmenrechtliche Vorschriften.

b) Firma und Unternehmen

6 Die Firma ist – entgegen dem alltäglichen Sprachgebrauch – nicht mit dem Unternehmen oder dem Betrieb gleichzusetzen. Das Unternehmen ist nicht rechtsfähig und somit keine namensfähige Person im Rechtssinne, sondern nur eine Vermögensmasse des Kaufmanns.[7] Die **Firma** bezeichnet vielmehr **die dem Unternehmen zugeordnete Person als Unternehmensträger.**[8] Sie stellt das Bindeglied zwischen dem nicht rechtsfähigen Unternehmen und dem Unternehmensträger

---

[4] Zu den übrigen „Grundpflichten" des Kaufmanns oben § 2 Rn. 4.

[5] Koller/*Roth*/Morck, § 17 Rn. 2; MünchKomm-HGB/*Heidinger*, § 17 Rn. 9.

[6] Heymann/*Emmerich*, § 17 Rn. 9; Staub/*Hüffer*, § 17 Rn. 14; Röhricht/Graf von Westphalen/*Ammon*, § 17 Rn. 25; Ebenroth/Boujong/Joost/Strohn/*Zimmer*, § 17 Rn. 8.

[7] *Brox/Henssler*, Rn. 105; ferner unten § 5 Rn. 1 ff.

[8] Staub/*Hüffer*, § 17 Rn. 2; Baumbach/*Hopt*, § 17 Rn. 4; Koller/Roth/*Morck*, § 17 Rn. 2; *K. Schmidt*, HandelsR, § 4 IV 3 a, § 12 I 1a; *Canaris*, § 10 Rn. 1.

dar, der die rechtsgeschäftlichen Handlungen in Bezug auf das Unternehmen vornimmt. Die Firma ermöglicht also eine Zuordnung von Rechten und Pflichten, die dem jeweiligen Träger des Unternehmens zugerechnet werden.[9] Diese enge Beziehung zwischen Firma und Unternehmen wird durch verschiedene Normen des HGB verdeutlicht:

- Nach § 2 HGB gilt ein Kleingewerbetreibender als Kaufmann, wenn die „Firma des Unternehmens" in das Handelsregister eingetragenen ist.
- § 23 HGB legt fest, dass die Firma nicht ohne das Handelsgeschäft, für welches sie geführt wird, veräußert werden kann.
- Nach § 24 I HGB ist bei einer Personenhandelsgesellschaft – aus Gründen der Unternehmenskontinuität – die Firma als Bezeichnung des betriebenen Unternehmens vom jeweiligen Gesellschafterbestand unabhängig.

Merke: Obwohl die Firma im allgemeinen Sprachgebrauch oft gleichbedeutend für das Unternehmen verstanden wird, hat der Gesetzgeber sie in § 17 I HGB anders definiert, nämlich als *Name* des Kaufmanns, unter dem er seine Geschäfte betreibt und die Unterschrift abgibt.

c) Die Firma und der bürgerlichrechtliche Name

Folglich erweitert § 17 I HGB den bürgerlichrechtlichen Namensschutz der natürlichen Person, indem er neben dem bürgerlichen Namen noch deren kaufmännischen Namen (Firma) begründet. Damit entstehen aber nicht etwa zwei Rechtssubjekte. Zwar gehört es mit zum Wesensmerkmal des Firmenrechts, dass der bürgerlich rechtliche Name eines Firmeninhabers von seinem kaufmännischen Namen abweichen kann, doch dienen beide Namen trotzdem nur zur Kenntlichmachung ein und derselben Person.[10] 7

Beispiel: Eine Ladenangestellte des unter der Firma „Büromöbel & Wohnaccessoires e. Kfm." handelnden Heinz Müller verkauft dem unter „Autohaus A. Schmidt e. K." firmierenden Anton Schmidt zwei Bürostühle. Wer wird aus diesem Rechtsgeschäft berechtigt und verpflichtet, wenn Schmidt nicht bekannt ist, welche natürliche Person hinter der Firma „Büromöbel & Wohnaccessoires e. Kfm." steht?
Sowohl Müller als auch Schmidt treten vorliegend unter ihrer Firma auf. Da die Firma kein neues Rechtssubjekt schafft, sondern lediglich der Name des Kaufmanns im Handelsverkehr ist, werden beide als jeweilige Unternehmensträger in eigener Person berechtigt und verpflichtet. Dies gilt bei eindeutig unternehmensbezogenen Geschäften auch dann, wenn die Identität des Unternehmensträgers bei Vertragsschluss nicht ausdrücklich offengelegt wurde.[11] Somit wird auch Heinz Müller persönlich berechtigt und verpflichtet, da die Firma ihn als Inhaber des Unternehmens individualisiert und ihn mit seinem Handelsnamen bloß in einer anderen Weise bezeichnet.

Nach § 17 I HGB soll der Kaufmann seine Firma nur im Handelsverkehr benutzen. Tritt er im Handel unter seiner Firma auf, so wird dadurch im Regelfall deutlich, dass das – möglicherweise auch branchenfremde[12] – Geschäft zum Betrieb 8

[9] BGHZ 92, 259, 268 = NJW 1985, 136; *BGH* NJW 1992, 1380; *BGH* NJW 1996, 2645; Ebenroth/Boujong/Joost/Strohn/*Zimmer*, § 17 Rn. 2.
[10] *G. H. Roth*, Rn. 539.
[11] Vgl. BGHZ 62, 216, 221 = NJW 1974, 1191; BGHZ 64, 11, 14 f. = NJW 1975, 1166; BGHZ 92, 259, 268 = NJW 1985, 136; *BGH* NJW 1981, 2569; *BGH* NJW 1998, 2897.
[12] Baumbach/*Hopt*, § 344 Rn. 3; Röhricht/Graf von Westphalen/*Wagner*, § 343 Rn. 18.

des Handelsgewerbes gehört und damit nach § 343 HGB Handelsgeschäft ist. Ein Handeln unter dem bürgerlichen Namen begründet dagegen in der Regel die Zuordnung zu seiner privaten Sphäre. Zwingend ist dies allerdings nicht. Die Gültigkeit des Rechtsgeschäfts bleibt unberührt, wenn der Kaufmann bei einem Handelsgeschäft unter seinem bürgerlichen Namen und im bürgerlichen Rechtsverkehr unter seiner Firma handelt.[13]

9 In bestimmten Fällen kann der Kaufmann allerdings nur unter seinem bürgerlichen Namen auftreten, wenn es gerade auf eine Identifizierung unter diesem ankommt:

- Der Kaufmann kann nur unter seinem bürgerlichen Namen die Ehe eingehen oder ein Testament errichten;
- er kann sich nur auf seinen bürgerlichen Namen einen Reisepass ausstellen lassen;
- eine Eintragung im Grundbuch kann – selbst bei Grundstücken, die dem Handelsgeschäft gewidmet sind – nur unter dem bürgerlichen Namen erfolgen.

Merke: Auch wenn der Einzelkaufmann mit der Firma als Handelsnamen und seinem bürgerlichen Namen zwei verschiedene Namen führt, wird durch beide dieselbe Person – lediglich in verschiedener Weise – bezeichnet.

10 Die Abgrenzung zwischen der Firma als Handelsname und dem bürgerlichen Namen beziehungsweise einem Handeln im Handelsverkehr und außerhalb desselben gilt freilich bloß für den Einzelkaufmann. Nur er führt zwei – unter Umständen verschiedene – Namen. Handelsgesellschaften können dagegen nur unter der Firma, ihrem einzigen Namen, tätig werden. Gleiches gilt für die Zuordnung eines Geschäfts zur Unternehmens- oder Privatsphäre. Da eine Kapitalgesellschaft oder OHG oder KG rechtsgeschäftlich *nur* unternehmensbezogen handeln kann, gibt es bei ihr keine Privatgeschäfte.[14]

3. Die Firma im Prozess

11 Ein Kaufmann kann nach § 17 II HGB „unter seiner Firma klagen und verklagt werden", d. h. der Kaufmann kann als Prozesspartei durch seine Firma bezeichnet werden. Durch § 17 II HGB werden aber weder die Firma noch das Unternehmen rechtlich verselbständigt. In einem Prozess in Geschäftsangelegenheiten handelt es sich unabhängig davon, ob die Firma des Unternehmens oder der bürgerliche Name des Inhabers verwendet wird, stets um ein und dieselbe Partei.[15] Auf Handelsgesellschaften bezieht sich § 17 II HGB nicht, da diese nur unter ihrer Firma im Rechtsverkehr auftreten und daher auch nur unter dieser klagen und verklagt werden können.[16]

---

[13] Röhricht/Graf von Westphalen/*Ammon*, § 17 Rn. 38; Baumbach/*Hopt*, § 17 Rn. 18; *Brox/Henssler*, Rn. 106.
[14] *BGH* NJW 1960, 1852; Staub/*Hüffer*, § 17 Rn. 4; *K. Schmidt*, HandelsR, § 12 I 1 b.
[15] RGZ 157, 369, 375; *BGH* NJW 1990, 908; *OLG Köln* NJW-RR 1996, 292.
[16] *OLG Frankfurt* BB 1985, 1219; Heymann/*Emmerich*, § 17 Rn. 30.

4. Funktionen und Rechtsnatur der Firma

a) Funktionen

12 Die wichtigste Aufgabe der Firma liegt – wie oben unter Rn. 7 gezeigt – in der Kennzeichnung des Kaufmanns als Unternehmensträger und der Verbindung seines Handelns zum Unternehmen.[17] Die Firma verleiht dem Kaufmann seine **Identität im Handelsverkehr**. Damit einher geht das Erfordernis der Unterscheidungskraft einer Firma, die das Publikum vor Verwechslungen der Firmen schützen soll. Auch die Informationsfunktion dient dem Rechtsverkehr. Die Firma hat dem Geschäftsverkehr Auskünfte sowohl über den Unternehmensträger als auch über das von ihm betriebene Unternehmen zu vermitteln.[18] Dies wird durch mehrere Bestimmungen des Firmenordnungsrechts sichergestellt (§§ 19, 29, 37a HGB). Allein der Hinweis auf die Haftungsverhältnisse bestimmt dabei häufig, inwieweit das Publikum dem Unternehmensträger Vertrauen entgegenbringt. Aber auch der Werbeeffekt, den ein Unternehmensträger mit einer zugkräftigen Firma erzielen kann, ist nicht zu unterschätzen. Die Firma stellt daher zumeist den wichtigsten Werbeträger eines Unternehmens dar. Schließlich ist die Firma geeignet, die einem Unternehmen entgegengebrachte Wertschätzung in sich zu vereinen und Erkennungs- und Statusfunktionen aufzubauen.[19] Daher kann die Firma einen ihr eigenen wirtschaftlichen Wert verkörpern und großen Einfluss auf den Unternehmenswert nehmen.

b) Rechtsnatur

13 Die Rechtsnatur der Firma ist streitig. Eine früher vertretene Ansicht stellte allein auf das Namenspersönlichkeitsrecht des Kaufmanns ab, da die Firma keinen Bestandteil des Geschäfts darstelle und nicht zu ihm gehöre.[20] Diese Auffassung ist jedoch überholt. Orientierte sie sich ohnehin vorwiegend am Einzelkaufmann, so ist sie nunmehr auch nicht mehr mit den infolge der Handelsrechtsreform von 1998 (oben Rn. 2) vorgenommenen gesetzlichen Änderungen zu vereinbaren. Indem das HGB seither die Sachfirma auch für Einzelkaufleute ausdrücklich zulässt, wird die Firma für den Unternehmensträger oftmals vor allem aus wettbewerbs- und vermögensrechtlicher Sicht bedeutsam sein.[21] Zudem lässt sich mit der Annahme einer rein persönlichkeitsrechtlichen Natur die nach § 22 HGB gegebene Zulässigkeit von Vererbung und Veräußerung nicht ohne weiteres in Einklang bringen.[22]

14 *Fezer* spricht sich für eine völlige Abkehr von der persönlichkeitsrechtlichen Sichtweise aus und begreift die Rechtsnatur der Firma als reines Immaterialgüter-

---

17 *K. Schmidt*, HandelsR, § 12 I 3 a; *Jung*, Kap. 4 Rn. 10; *Oetker*, § 4 B II 1.

18 Koller/*Roth*/Morck, § 17 Rn. 4; Ebenroth/Boujong/Joost/Strohn/*Zimmer*, § 17 Rn. 6; *Jung*, Kap. 4 Rn. 10.

19 *G. H. Roth*, Rn. 541.

20 RGZ 9, 104, 105 f., RGZ 158, 226, 230; so auch *Ullmann*, ZZP 62 (1941), 49 ff.

21 *K. Schmidt*, HandelsR, § 12 I 3 a; *Jung*, Kap. 4 § 1 Rn. 5; *Oetker*, § 4 B III.

22 Röhricht/Graf von Westphalen/*Ammon*, § 17 Rn. 8; *Canaris*, § 10 Rn. 7.

recht.[23] Dies erscheint jedoch als zu weitgehend, da es auch bei der Verwendung einer Sach- oder sogar Phantasiefirma um die Identifizierung des Unternehmensträgers geht.[24] Zudem ist allgemein anerkannt, dass auch juristischen Personen ein allgemeines Persönlichkeitsrecht und ein darauf gegründetes Namensrecht zukommt.[25]

15 Nach heute herrschender Auffassung ist die Firma richtigerweise als ein **Mischrecht mit Doppelnatur** anzusehen.[26] Das Recht an der Firma ist seiner namensrechtlichen Struktur nach zum einen ein absolutes Recht im Sinne des § 823 I BGB, das durch § 37 II HGB geschützt wird. Die Firma hat zusätzlich aber auch einen erheblichen wirtschaftlichen Wert (oben Rn. 12), da das Unternehmen im Verkehr weitestgehend mit seiner Firma identifiziert wird. Deshalb ist die Firma – im Gegensatz zum bürgerlichen Namensrecht – nicht auf ein reines Persönlichkeitsrecht beschränkt. Vielmehr weist sie neben persönlichkeitsrechtlichen auch vermögens- bzw. immaterialgüterrechtliche Züge auf. Dass die Frage nach der Rechtsnatur der Firma nicht nur dogmatischer Natur ist, sondern sich auch auf ihre rechtliche Behandlung auswirkt, zeigt insbesondere das Problem der Verwertung einer Firma in der Insolvenz (dazu unten Rn. 58).

Merke: Das Recht an der Firma ist als Namensrecht ein absolutes Recht im Sinne des § 823 I BGB; neben dem Persönlichkeitsrecht vereinigt die Firma auch vermögens- und immaterialgüterrechtliche Züge (Doppelnatur der Firma).

5. Arten der Firma

16 Wenngleich ohne besondere juristische Aussagekraft werden von ihrer Art her üblicherweise folgende Firmen unterschieden:

a) Einzelfirma/Gesellschaftsfirma

17 Das Vorliegen einer Einzelfirma oder einer Gesellschaftsfirma ist davon abhängig, ob ein Einzelkaufmann oder eine Gesellschaft *Unternehmensträger* ist.

b) Personalfirma/Sachfirma/Phantasiefirma/Mischfirma

18 Gemäß der Art ihrer *Namensgebung* sind zu unterscheiden

- die *Personalfirma*, die sich an den bürgerlichen Namen des – jetzigen oder früheren – Firmeninhabers anlehnt

Beispiele: „Heinz Wolf OHG", „Ferdinand Ritter, eingetragener Kaufmann"

---

[23] *Fezer*, ZHR 161 (1997), 52, 55.
[24] So ebenfalls *Canaris*, § 10 Rn. 7.
[25] BGHZ 81, 75 = NJW 1981, 2402; BGHZ 98, 94, 97 = NJW 1986, 2951.
[26] BGHZ 85, 221 = NJW 1983, 755; vgl. statt vieler *Bartels*, AcP 209 (2009), 309 ff.; *Köhler*, FS Fikentscher, 1998, S. 494 ff.; Baumbach/*Hopt*, § 17 Rn. 5; Jaeger/*Henckel*, InsO, 2003, § 35 Rn. 20.

- die Sachfirma, die dem Gegenstand des Unternehmens entnommen ist

Beispiele: „Bayerische Motorenwerke AG München“, „Kieler Fischräucherei OHG“

- die Phantasiefirma, die Worte bzw. Zeichen verwendet, die sich weder als Personen- noch als Sachfirma eignen

Beispiele: „ENT – GMBH“, „Papperlapapp e.K.“, „Happy hour AG“

- die Mischfirma, die durch die Zusammensetzung eines Personennamens (Personalfirma), einer Sachbezeichnung (Sachfirma) oder einer Phantasiefirma entsteht

Beispiele: „Schlüsseldienst Arthur Müller e.Kfm.“, „Klaviertransporte S. Kracht e.K.“, „MEDITEC Peter Panter e. K.“[27]

Seit Inkrafttreten des HRefG (oben Rn. 2) haben alle Kaufleute bei der Namensgebung Wahlfreiheit.[28] Mit dem Prinzip der Firmengestaltungsfreiheit sind infolgedessen die ehemals in §§ 18 I, 19 I HGB a.F., § 4 AktG a.F. und § 4 GmbHG a.F. festgelegten Bindungen entfallen und auf die Eignung zur Kennzeichnung und Unterscheidungskraft beschränkt worden. Da zudem seither auch die Phantasiefirma – freilich in den Grenzen des Irreführungsverbots – zugelassen ist,[29] hat die Unterscheidung zwischen Personal-, Sach-, Phantasie- und Mischfirma an Bedeutung verloren. 19

c) Einfache/zusammengesetzte Firma

Die Unterscheidung zwischen einer einfachen und einer zusammengesetzten Firma betrifft den *Umfang* der Firmenbezeichnung: 20

- Der Mindestinhalt einer Firma besteht aus dem **Firmenkern**, d.h. den nach der rechtlichen Natur des Unternehmensträgers erforderlichen Angaben.[30]

Beispiele: „Karl Berger e.K.“, „Gertrud Wimmer e.Kfr.“, „Alfons Schmidt OHG“

- Neben den Firmenkern können – oftmals zur Unterscheidung von anderen Firmen – **Firmenzusätze** treten.

Beispiele: „*Fotogeschäft* Karl Berger e.K., „Gertrud Wimmer *Handarbeitsladen* e.Kfr.“, „*Wach- und Schließgesellschaft* Alfons Schmidt OHG“

d) Ursprüngliche/abgeleitete Firma

Die Abgrenzung zwischen einer ursprünglichen und einer abgeleiteten Firma richtet sich nach dem *Erwerbstatbestand*. Eine ursprüngliche Firma ist gegeben, 21

---

27 *BayObLG* NZG 1999, 761 = NJW-RR 2000, 111 = JuS 2000, 497.
28 Baumbach/*Hopt,* § 17 Rn. 3; *Canaris*, § 10 Rn. 12; *G. H. Roth*, Rn. 542.
29 Vgl. die Regierungsbegründung, BT-Drs. 13/8444, S. 37, 52; Baumbach/*Hopt,* § 17 Rn. 6; Ebenroth/Boujong/Joost/Strohn/*Zimmer,* § 18 Rn. 27; *K. Schmidt*, HandelsR, § 12 III 1 b aa.
30 MünchKomm-HGB/*Heidinger,* Vor § 17 Rn. 43 ff.

wenn der derzeitige Unternehmensträger bei Aufnahme des Betriebs seines Unternehmens die Firma gemäß den gesetzlichen Vorschriften selbst gebildet hat.[31] Im Unterschied dazu besteht eine abgeleitete oder fortgeführte Firma, wenn sie nach einem Wechsel des Unternehmensträgers – aufgrund Veräußerung oder Vererbung – weiterhin den früheren Inhaber angibt und sich nicht auf den derzeitigen Unternehmensträger bezieht (vgl. § 22 HGB).[32]

6. Abgrenzung zu anderen Bezeichnungen

22 Da die firmenrechtlichen Vorschriften grundsätzlich nur auf die Firma im Sinne von § 17 HGB anwendbar sind, kann sich die Frage stellen, ob es sich bei einer vom Kaufmann gewählten Bezeichnung überhaupt um eine Firma im genannten Sinne handelt.[33] Folgende Bezeichnungen, mit denen ein Unternehmen im Rechtsverkehr in Erscheinung treten kann, sind von der Firma abzugrenzen:

a) Geschäftsbezeichnungen

23 Jeder Kaufmann kann neben seiner Firma eine oder mehrere Geschäftsbezeichnungen führen. Geschäftsbezeichnungen unterscheiden sich von der Firma insoweit, als sie sich nicht auf den Inhaber, sondern auf das **Geschäft** bzw. den **Betrieb als solches** beziehen.[34]

Beispiele: „Helios-Filmtheater" (BGH NJW 1964, 2255), „Strandhotel Imperial" (OLG Brandenburg NJW-RR 1999, 395), Gaststätte „Laterna" (OLG Düsseldorf NJW-RR 1998, 965), Gaststätte „Zum Viertele" (VGH Mannheim DStR 2012, 91), „Cafe Am Stadtpark", „Burg-Kino", „Hotel Waldeslust".

24 Nach früherem Recht waren Geschäftsbezeichnungen vor allem in den Fällen verbreitet, in denen Einzelkaufleute den Tätigkeitsbereich ihres Unternehmens umschreiben wollten.[35] Aufgrund des Zwanges zur Personalfirma (unten Rn. 37) war ihnen dies mit der Firma verwehrt. Das Gesetz erlaubte den Einzelkaufleuten lediglich, durch die Wahl einer Geschäftsbezeichnung, die bei Kaufleuten auch zum Bestandteil der eingetragenen Firma werden konnte (unselbständige Geschäftsbezeichnung), tätigkeitsbezogen aufzutreten.

25 Nachdem seit 1998 Sach-, Phantasie- und Mischfirmen generell zulässig sind, dürfte diese Praxis jedoch der Vergangenheit angehören.[36] Von Bedeutung ist allerdings weiterhin die Verwendung von Geschäftsbezeichnungen zu Werbezwecken, als Branchenangabe oder zur Kennzeichnung etwa von Gaststätten, Kinos, Theater und Apotheken.

---

[31] Koller/*Roth*/Morck, § 17 Rn. 12; *Jung*, Kap. 4 Rn. 9; *Hofmann*, S. 88.
[32] MünchKomm-HGB/*Heidinger*, § 17 Rn. 11; *K. Schmidt*, HandelsR, § 12 I 1 f.
[33] Vgl. *OLG Köln* NZG 2012, 188: keine Haftung nach § 25 I 1 HGB bei Handelsgeschäftsübernahme unter Fortführung einer bloßen Geschäfts- oder Etablissementbezeichnung (näher unten § 5 Rn. 34).
[34] Röhricht/Graf von Westphalen/*Ammon*, § 17 Rn. 9; *K. Schmidt*, HandelsR, § 12 I 2 a aa.
[35] MünchKomm-HGB/*Bokelmann*, 1. Aufl., § 17 Rn. 21; *Droste*, DB 1967, 539 ff.
[36] So auch Ebenroth/Boujong/Joost/Strohn/*Zimmer*, § 17 Rn. 10.

Beispiel: Der eingetragene Kaufmann Horst Schneider (Firma!) betreibt zwei Apotheken, eine unter der Bezeichnung „Rathaus-Apotheke“, die andere unter der Bezeichnung „Adler-Apotheke“.

Die Geschäftsbezeichnung eines Kaufmanns ist durch **§ 15 MarkenG** und – bei Namensfunktion, d.h. beständigem Gebrauch und kennzeichnender Kraft[37] – durch **§ 12 BGB** geschützt. 26

Merke: Geschäftsbezeichnungen weisen nicht, wie die Firma, auf den Betreiber eines Geschäfts hin, sondern bezeichnen das Geschäft selbst.

b) „Minderfirma“

Wie schon gesagt (oben Rn. 5), sind Nichtkaufleute wie Kleingewerbetreibende, Freiberufler oder die Gesellschaft bürgerlichen Rechts nicht firmenfähig. Sie haben aber wie Kaufleute das Recht zur Führung von **Geschäftsbezeichnungen** und können so ihre Geschäfte unter einem gesonderten Namen betreiben.[38] Schranken ergeben sich aus dem – allerdings durch die Reform von 1998 (oben Rn. 2) wesentlich entschärften – Verbot firmenähnlicher Geschäftsbezeichnungen. Da mittlerweile die Abgrenzung zwischen kaufmännischer Firma und nichtkaufmännischer Geschäftsbezeichnung in erster Linie durch das Publizitätserfordernis des § 19 HGB erfolgt, greift dieses Verbot heute nur noch, wenn Nichtkaufleute unzulässigerweise einen Rechtsformzusatz aufnehmen oder die Geschäftsbezeichnung inhaltlich in die Irre führt. In diesen Fällen muss das Registergericht nach § 37 I HGB i.V.m. § 392 FamFG einschreiten.[39] 27

Beispiel: Ein nicht ins Handelsregister eingetragener Winzer, dessen Gewerbebetrieb nach Art und Umfang keinen in kaufmännischer Weise eingerichteten Geschäftsbetrieb erfordert und der lediglich Weine aus eigenem Anbau vertreibt, tritt unter der Bezeichnung „Weingroßhandel. Die Welt des Weines“ auf. Diese Geschäftsbezeichnung ist inhaltlich irreführend, da sie vermuten lässt, es handele sich um einen Weinvertrieb bedeutender Größe und mit einem umfangreichen Angebot. Das Registergericht hat die Führung der Geschäftsbezeichnung „Weingroßhandel. Die Welt des Weines“ somit zu untersagen.

Ansonsten ist auf Geschäftsbezeichnungen außerhalb des kaufmännischen Bereichs nicht das Firmenrecht, sondern das Namensrecht (§ 12 BGB) und das im MarkenG geregelte Recht der Unternehmenskennzeichen anwendbar (insbes. §§ 5, 15 MarkenG.) 28

Merke: Auch ein nichtkaufmännisches Unternehmen ist berechtigt, eine Geschäftsbezeichnung zu führen, um sich aus der Menge gleichartiger Unternehmen herauszuheben sowie nach Art und Umfang kenntlich zu machen.

---

[37] Baumbach/*Hopt,* § 17 Rn. 12.

[38] Baumbach/*Hopt,* § 17 Rn. 15; Röhricht/Graf von Westphalen/*Ammon,* § 17 Rn. 16; *Zwernemann*, BB 1987, 774 ff. anderer Auffassung hingegen Koller/*Roth*/Morck, § 17 Rn. 8, der im Falle der Irreführung nur § 37 II HGB anwenden will.

[39] Baumbach/*Hopt,* § 17 Rn. 15; Röhricht/Graf von Westphalen/*Ammon,* § 17 Rn. 16; *Zwernemann*, BB 1987, 774 ff.; anderer Auffassung hingegen Koller/*Roth*/Morck, § 17 Rn. 8, der im Falle der Irreführung nur § 37 II HGB anwenden will.

c) Kurzbezeichnungen

29 Die Firma ist nicht nur von der Geschäftsbezeichnung, sondern auch von der – ähnlich wirkenden – Kurzbezeichnung (Firmenabkürzung oder -schlagwort) zu unterscheiden. Dabei handelt es sich um Abkürzungen, die entweder – als Firmenabkürzung – den Unternehmensträger oder – als Geschäftsbezeichnung – ein Geschäftslokal kennzeichnen.[40]

Beispiele: „BMW", „RWE", „EADS", „MAN", „KaDeWe".

30 Eingebürgert hat sich die Verwendung von Kurzbezeichnungen etwa als Internetkürzel, in Katalogen oder Zeitschriften oder auch als Bilddarstellung, also dort, wo sich der Unternehmer schlagwortartig, einprägsam und werbewirksam vorstellen will.[41] Eine Kurzbezeichnung darf allerdings nicht in firmenähnlicher Weise geführt werden.[42] Erwartet der Geschäftsverkehr die Führung einer Firma, so bestünde ansonsten die Gefahr, dass er die Kurzfirma als eigenen Namen – und somit „zweite Firma" – des Unternehmensträgers ansehen und damit entgegen dem Grundsatz der Firmeneinheit (unten Rn. 39 ff.) dem Unternehmen zwei Firmen zuordnen würde. Allerdings kommt die Möglichkeit eines unzulässigen, firmenähnlichen Gebrauchs einer Kurzbezeichnung wegen der Handelsrechtsreform und des für Firmen zwingend vorgeschriebenen Rechtsformzusatzes seit 1998 kaum mehr in Betracht.[43]

31 Kurzbezeichnungen werden durch §§ 5, 15 MarkenG, bei Namensabkürzungen durch § 12 BGB sowie, wenn es sich ersichtlich um eine schlagwortartige Verkürzung der Firma handelt, firmenrechtlich nach § 37 HGB geschützt.[44]

d) Marken

32 Durch die Marke kennzeichnet ein Unternehmensträger die Herkunft von Waren oder Dienstleistungen aus seinem Geschäftsbetrieb, d. h. das **Produkt eines Unternehmens**, nicht jedoch das Unternehmen selbst.[45] Nach § 3 I MarkenG können alle Zeichen, insbesondere Wörter einschließlich Personennamen, Abbildungen, Buchstaben, Zahlen, Hörzeichen, dreidimensionale Gestaltungen einschließlich der Form einer Ware oder ihrer Verpackung sowie sonstige Aufmachungen einschließlich Farben und Farbzusammenstellungen geschützt werden, die geeignet sind, Waren oder Dienstleistungen eines Unternehmens von denjenigen anderer Unternehmen zu unterscheiden.

Beispiele: „Coca Cola", „Mercedes", „UHU".

---

[40] Koller/*Roth*/Morck, § 17 Rn. 5; *Jung*, Kap. 4 Rn. 4; *Brox/Henssler*, Rn. 107.

[41] *OLG Stuttgart* BB 1991, 993; *OLG Bremen* NJW 1994, 1292; Heymann/*Emmerich*, § 17 Rn. 7, 12; Röhricht/Graf von Westphalen/*Ammon*, § 17 Rn. 13; *K. Schmidt*, HandelsR, § 12 I 2 a aa.

[42] *BGH* NJW 1991, 2023, 2024; Koller/*Roth*/Morck, § 17 Rn. 7; *Jung*, Kap. 4 Rn. 8.

[43] Vgl. *Schulenburg*, NZG 2000, 1156 ff.

[44] Ebenroth/Boujong/Joost/Strohn/*Zimmer*, § 37 Rn. 4; *Brox/Henssler*, Rn. 107.

[45] Baumbach/*Hopt*, § 17 Rn. 10; Koller/*Roth*/Morck, § 17 Rn. 5.

Marken werden als ausschließliches Recht durch das MarkenG (§ 14 MarkenG) und gegebenenfalls durch das allgemeine Namensrecht des § 12 BGB geschützt. 33

II. Entstehen und Erlöschen der Firma

1. Entstehen

Die Firma entsteht 34

- bei Istkaufleuten (§ 1 HGB) mit Geschäftsbeginn und ihrem tatsächlichen Gebrauch, da der Eintragung ins Handelsregister nur deklaratorische Wirkung zukommt;[46] wird vor der Eintragung keine Firma verwendet, so entsteht das Firmenrecht mit Eintragung der Firma in das Handelsregister;[47]
- bei Kleingewerbetreibenden (§ 2 HGB) und Unternehmen der Land- oder Forstwirtschaft (§ 3 HGB), für die die Handelsregistereintragung konstitutive Wirkung entfaltet, mit Eintragung der Firma ins Handelsregister;[48]
- bei Personenhandelsgesellschaften – gleich den Istkaufleuten – bei Betreiben eines Handelsgewerbes (§ 105 I HGB, auch i. V. m. § 161 II HGB) mit Aufnahme der Tätigkeit oder ansonsten (§ 105 II HGB, auch i.V.m. § 161 II HGB) mit Eintragung der Firma ins Handelsregister;[49]
- bei juristischen Personen (AG, KGaA, GmbH und eingetragene Genossenschaft) ebenfalls mit der Handelsregistereintragung, da sie erst zu diesem Zeitpunkt firmenfähig und firmenführungsberechtigt sind.[50]

2. Erlöschen

Gesetzliche Regelungen über das Erlöschen der Firma fehlen. § 31 II HGB enthält hierzu lediglich eine Anmeldepflicht. Die Erlöschensgründe sind infolgedessen aus dem handelsrechtlichen Firmenbegriff herzuleiten. Die Firma ist der Handelsname des Kaufmanns. Demzufolge erlischt die Firma des *Einzelkaufmanns* nach allgemeiner Meinung, wenn *kein Handelsgewerbe* mehr betrieben und ein solches auch nicht nach §§ 2, 3 oder 5 HGB fingiert wird.[51] 35

Das bedeutet im Einzelnen: 36

- Das Firmenrecht erlischt mit endgültiger Aufgabe der Firma;[52]

---

[46] Koller/*Roth*/Morck, § 17 Rn. 18; MünchKomm-HGB/*Heidinger*, § 17 Rn. 21.

[47] Ebenroth/Boujong/Joost/Strohn/*Zimmer*, § 17 Rn. 14.

[48] Baumbach/*Hopt*, § 17 Rn. 16; *K. Schmidt*, HandelsR, § 12 I 1 e aa.

[49] Röhricht/Graf von Westphalen/*Ammon*, § 17 Rn. 26; Koller/*Roth*/Morck, § 17 Rn. 18.

[50] *OLG München* BB 1990, 1153; Ebenroth/Boujong/Joost/Strohn/*Zimmer*, § 17 Rn. 14; s. auch BGHZ 120, 103, 106 = NJW 1993, 459: Firmenfähigkeit der Vorgesellschaft nur bei Betrieb eines Handelsgewerbes i. S. d. § 1 HGB („Columbus").

[51] *K. Schmidt*, HandelsR, § 12 I e b; zur Fiktion der Handelsgewerblichkeit oben § 2 Rn. 23 ff.

[52] BayObLGZ 1984, 129; Röhricht/Graf von Westphalen/*Ammon*, § 17 Rn. 28.

- ebenso erlischt die Firma des Einzelkaufmanns mit der endgültigen Einstellung des Gewerbebetriebes, d. h. wenn die gewerbliche Tätigkeit auf Dauer ruht;[53]
- auch wenn die bisherige Firma geändert wird (§ 31 I HGB), darf sie nicht mehr fortgeführt werden;[54]
- die Firma erlischt zudem bei einem Inhaberwechsel, wenn die Firma vom neuen Inhaber nicht fortgeführt wird (§§ 22, 24 HGB);[55]
- bei Personenhandelsgesellschaften ist zu beachten, dass nicht schon die Auflösung, sondern erst das Ende der Auseinandersetzung zur Beendigung und somit zum Erlöschen der Firma führt;[56]
- auch die Existenz der Firma einer Kapitalgesellschaft endet erst mit Beendigung der Abwicklung, da die Firma als einziger Name der Kapitalgesellschaft erst mit Beendigung des Rechtsträgers erlöschen kann.[57]

III. Firmenbildung

37 Vielfältige und weitreichende Auswirkungen hatte das HRefG 1998 auf das Recht der Firmenbildung. Dieser Bereich war zuvor durch viele gesetzliche Einschränkungen gekennzeichnet, die zu erheblichen Wettbewerbsnachteilen für deutsche Unternehmen führten:[58]

- Einzelkaufleute waren bei der Firmenbildung auf die Personalfirma beschränkt, die den Familiennamen mit mindestens einem ausgeschriebenen Vornamen enthalten musste;
- die Firma einer Personenhandelsgesellschaft musste den Namen mindestens eines persönlich haftenden Gesellschafter enthalten;
- die Firma einer AG war in der Regel aus dem Gegenstand des Unternehmens zu entnehmen;
- die GmbH konnte zwischen der Personen- und der Sachfirma wählen.

38 In den Grenzen der firmenrechtlichen Grundsätze (dazu sogleich Rn. 39 ff.) wird den Kaufleuten demgegenüber seit In-Kraft-Treten der Neuregelung ein **Höchstmaß an Gestaltungsfreiheit** bei der Bildung aussagekräftiger und werbewirksamer Firmen eingeräumt *(*Grundsatz der firmenrechtlichen Gestaltungsfreiheit*)*. Unabhängig von der Rechtsform können die Firmen als Personal-, Sach-, Phantasie- oder Mischfirma gebildet werden, sofern sie kennzeichnungs- und unterscheidungsfähig sind und die in § 19 HGB bestimmten Zusätze enthalten (vgl. Rn. 52 f.).[59]

---

[53] BayObLGZ 1983, 257; Staub/*Hüffer,* § 17 Rn. 16; MünchKomm-HGB/*Heidinger,* § 17 Rn. 23; Heymann/*Emmerich,* § 17 Rn. 18; zur Abgrenzung zu einer nur vorübergehenden Einstellung des Betriebes vgl. RGZ 170, 265, 274.

[54] Ebenroth/Boujong/Joost/Strohn/*Zimmer,* § 31 Rn. 10.

[55] *BayObLG* DB 1978, 2407; Heymann/*Emmerich,* § 17 Rn. 21.

[56] *K. Schmidt,* HandelsR, § 12 I 1 e bb; Röhricht/Graf von Westphalen/*Ammon,* § 17 Rn. 29.

[57] Ebenroth/Boujong/Joost/Strohn/*Zimmer,* § 17 Rn. 17; Koller/*Roth*/Morck, § 17 Rn. 20.

[58] Siehe etwa die Übersicht bei *Scheibe,* BB 1997, 1489 ff.

[59] Vgl. die Regierungsbegründung BR-Drs., 340/97 S. 52.

IV. Firmengrundsätze

1. Grundsatz der Firmenwahrheit

Oberstes Gebot[60] des Firmenrechts ist die Firmenwahrheit. Sie soll – sowohl bei Neubildung als auch bei Veränderung der Firma – die **Auskunftsfunktion** der Firma für die Öffentlichkeit gewährleisten und verhindern, dass durch die Firma beziehungsweise ihre Teile das Publikum oder andere Interessierte über Art, Umfang oder sonstige Verhältnisse des Handelsgeschäfts in die Irre geführt werden.[61] War für die inhaltliche Gestaltung der Firma vor der Handelsrechtsreform die Strenge der Vorschriften mit zahlreichen formalen Zwängen kennzeichnend,[62] so ist mit der HGB-Reform und der grundsätzlichen Firmengestaltungsfreiheit (oben Rn. 38) eine deutliche Liberalisierung eingetreten. Seitdem findet die Firmenwahrheit nur noch in folgenden Anforderungen ihren Ausdruck: 39
- Kennzeichnungs- und Unterscheidungskraft (§ 18 I HGB),
- Irreführungsverbot (§ 18 II HGB),
- Rechtsformzusatz, der unabhängig von der Rechtsform des Unternehmensträgers zwingend ist (§ 19 HGB).

Zentrale Vorschrift des Firmenordnungsrechts ist demzufolge **§ 18 HGB**. Er enthält mit der Kennzeichnungseignung, der Unterscheidungskraft und dem Fehlen einer Irreführungseignung Anforderungen, die im Interesse der Firmenwahrheit stets – unabhängig von der jeweiligen Rechtsform des Unternehmensträgers – an die Firmenbildung zu stellen sind. Auch die in § 19 HGB (bzw. §§ 4, 279 AktG, § 4 GmbHG, § 3 GenG) normierte Pflicht zur Hinzufügung eines Rechtsformzusatzes sowie die nach § 37a HGB erforderlichen Angaben auf Geschäftsbriefen sind Ausprägungen des Grundsatzes der Firmenwahrheit. Sie sollen vor allem einen Ausgleich zur infolge der Neuordnung entstandenen weitgehenden Deregulierung des Firmenrechts bilden, um auch weiterhin zu gewährleisten, dass die Firma als Name des Kaufmanns dem Verkehr verlässliche und zutreffende Informationen liefert.[63] 40

Merke: Die für die Firmenbildung zentrale Norm des § 18 HGB gilt für *alle* kaufmännischen Unternehmen, unabhängig von ihrer Rechtsform.

a) Kennzeichnungseignung und Unterscheidungskraft

(1) Kennzeichnungseignung. § 18 I HGB enthält allgemein die Vorgabe, dass die Firma zur „Kennzeichnung des Kaufmanns" geeignet sein und „Unterscheidungskraft" entfalten muss. Zur Kennzeichnung geeignet sind **alle Zeichen, die im Ver-** 41

---

60 *K. Schmidt*, HandelsR, § 12 III 1 a.

61 BGHZ 44, 286, 287 = NJW 1965, 2248; BGHZ 53, 65, 69 = NJW 1970, 704; BGHZ 80, 353, 355 = NJW 1981, 2746.

62 Dies wurde zudem noch dadurch verstärkt, dass die Rechtsprechung einen „verhältnismäßig strengen Maßstab" anlegte, wenn es galt, Täuschungen und Irrtümer zu vermeiden; vgl. BGHZ 65, 89, 92 = NJW 1975, 2293; BGHZ 80, 353, 355 = NJW 1981, 2746.

63 Ebenroth/Boujong/Joost/Strohn/*Zimmer*, § 19 Rn. 1.

kehr als Name verstanden werden und die Firma somit als solche individualisieren können.[64] Vor dem Hintergrund und der Zielsetzung einer möglichst weitgehenden Liberalisierung des Firmenrechts ist dabei stets zu berücksichtigen, dass sich auch Verkehrsanschauungen ändern können. Eine genaue Festlegung auf kennzeichnungsgeeignete und -ungeeignete Zeichen ist folglich nur schwer möglich.[65]

42 Grundsätzlich gegeben ist die Eignung zur Kennzeichnung bei folgenden Bezeichnungen:[66]
- Namen aller Art,
- Pseudonyme,
- Phantasie- und Künstlernamen,
- Abkürzungen,
- Beschreibungen des Unternehmensgegenstandes.

43 Als zur Kennzeichnung ungeeignet qualifizierte die Rechtsprechung demgegenüber etwa
- Bildzeichen,[67]
- das @-Zeichen (zweifelhaft).[68]

44 Dazu kommt eine Vielzahl von Kennzeichen, die infolge der Dynamik der Verkehrsanschauung sowohl innerhalb der Rechtsprechung als auch innerhalb der Literatur streitig sind und unterschiedlich behandelt werden, etwa
- nicht aussprechbare oder sinnlose Buchstabenkombinationen, denen ursprünglich die Kennzeichnungseignung generell abgesprochen wurde,[69] die mittlerweile jedoch – auch aufgrund ihrer Anerkennung als markenfähig im Sinne des § 3 I MarkenG – teilweise als zulässig angesehen werden,[70]
- Zahlenfolgen.[71]

---

[64] Koller/*Roth*/Morck, § 18 Rn. 3; Baumbach/*Hopt,* § 18 Rn. 4.

[65] So auch *Canaris,* § 10 Rn. 13; *Lutter/Welp*, ZIP 1999, 1073, 1078.

[66] Siehe die Rechtsprechungsauswertungen bei Ebenroth/Boujong/Joost/Strohn/*Zimmer,* § 18 Rn. 6 ff.; *Bokelmann*, Das Recht der Firmen- und Geschäftsbezeichnungen, 5. Aufl., 2000.

[67] Dazu *KG* JW 1930, 1742; BGHZ 14, 155, 159 = NJW 1954, 1681; auch nach der Liberalisierung des Firmenrechts *KG* NJW-RR 2001, 173.

[68] So *OLG Braunschweig* WRP 2001, 287 f.; *BayObLG* NJW 2001, 2337 mit Hinweis auf die fehlende namensrechtliche und lediglich bildliche Funktion; vgl. zudem *Mankowski*, EWiR 2001, 275 f.; *Spindler*, EWiR 2001, 729; offener insoweit das Patentrecht, das @ als bildlichen Hinweis auf das Internet akzeptiert, siehe BPatG CR 2000, 841, 842; überzeugender demgegenüber die Entscheidung des *LG Cottbus* CR 2002, 134, die das @-Zeichen als allgemein bekanntes Zeichen mit wortersetzender Funktion und somit als im Handelsregister eintragungsfähig ansah; ebenso *LG Berlin* NZG 2004, 532 = GmbHR 2004, 428 m. Anm. *Thomas/Bergs*; *LG München I* MittBayNot 2009, 315; *Kindler*, JZ 2006, 176, 179.

[69] BGHZ 74, 1, 6 f. = NJW 1979, 2311; einschränkend auch Koller/*Roth*/Morck, § 18 Rn. 3; *Kögel*, BB 1998, 1645, 1646; vgl. zudem *OLG Celle* NJW-RR 1999, 543 (Unzulässigkeit der Firma „AAA AAA AAA AB ins Lifesex-TV.de"); bezüglich dieser einzelnen Entscheidung zustimmend auch *Canaris,* § 10 Rn. 16, der jedoch vor allem auf das Verbot des Rechtsmissbrauchs zurückgreift; ferner *OLG Celle* EWiR 2006, 657 („AKDV GmbH").

[70] Vgl. aus der Rechtsprechung *BGH* GRUR 1985, 461 („GEFA"); für die Kennzeichnungseignung auch Ebenroth/Boujong/Joost/Strohn/*Zimmer,* § 18 Rn. 28; *Canaris,* § 10 Rn. 16; *Lutter/Welp,* ZIP 1999, 1078; *Schulenburg*, NZG 2000, 1156, 1157.

[71] Für die Kennzeichnungseignung von Zahlen *K. Schmidt*, ZIP 1997, 909, 915; *Bülow*, DB 1999, 269, 270; *Müther*, GmbHR 1998, 1058, 1060; *Canaris,* § 10 Rn. 17; *Schulenburg,* NZG 2000, 1156, 1158; in Bezug auf die alleinige Nennung von Ziffern und Zahlen anderer Auffassung etwa Ebenroth/Boujong/Joost/Strohn/*Zimmer,* § 18 Rn. 28; *Kögel*, BB 1998, 1645, 1646.

Beispiel: Eine Gesellschaft begehrt die Eintragung einer Firmenänderung in „HM & A GmbH & Co. KG". Der BGH bejaht die Kennzeichnungseignung der Firma, weil sie zur Identifikation der Gesellschaft geeignet ist.[72] Dafür reicht – wie hier – die Aussprechbarkeit der Firma im Sinne einer „Artikulierbarkeit" aus. In dem Urteil liegt eine Abkehr von der bisherigen Rechtsprechung, nach der reinen Buchstabenkombinationen die Firmeneignung mit dem Argument einer fehlenden Aussprechbarkeit als Wort versagt wurde. Künftig können damit Buchstabenkombinationen als Firmen eingetragen werden, wenn ihnen im Wirtschaftsleben Unterscheidungskraft zugemessen wird. Damit dürfte mehr Bewegung in das gerade im internationalen Vergleich strenge deutsche Firmenrecht kommen. Demgegenüber bleiben aber weiterhin fremdsprachige Bezeichnungen, die nicht aus lateinischen Buchstaben gebildet werden, und reine Bildzeichen als Firma unzulässig.

(2) Unterscheidungskraft. Unterscheidungskraft kommt einer Firma zu, wenn sie abstrakt und generell geeignet ist, den Unternehmensträger von anderen zu unterscheiden.[73] Grundsätzlich gilt, dass eine Firma, die zur Kennzeichnung geeignet ist, auch Unterscheidungskraft besitzt. Denn im Rahmen des § 18 I HGB geht es nicht um die konkrete Unterscheidung gegenüber einer anderen bereits bestehenden Firma (diese wird in § 30 I HGB geregelt), sondern lediglich um die allgemeine Eignung zur Unterscheidung. 45

Bedenken können sich hingegen etwa ergeben bei: 46
- Allerweltsnamen,[74]
- Begriffen der Alltagssprache,[75]
- gattungsmäßigen Bezeichnungen.[76]

b) Unzulässigkeit irreführender Angaben

In einem weiteren Schritt ist zu prüfen, ob der zur Kennzeichnung geeignete und unterscheidungskräftige Name irreführend ist (§ 18 II HGB). Die Firma darf nicht geeignet sein, bei den angesprochenen Verkehrskreisen eine unrichtige Vorstellung hervorzurufen. Auf eine Täuschungsabsicht kommt es dabei ebenso wenig an[77] wie auf das tatsächliche Eintreten einer Täuschung.[78] 47

Der Gesetzgeber hat 1998 das – schon aus § 18 II HGB a. F. bekannte – Irreführungsverbot gegenständlich weiter, aber im Maßstab milder gefasst. Zwar gilt es seither für alle Bestandteile der Firma, die Angaben über geschäftliche Verhält- 48

---

[72] *BGH* NZG 2009, 192.

[73] Baumbach/*Hopt*, § 18 Rn. 5; Koller/*Roth*/Morck, § 18 Rn. 4.

[74] Für eine Unterscheidungskraft und damit eine Verlagerung der Frage auf § 30 HGB spricht sich – richtigerweise – aus: Ebenroth/Boujong/Joost/Strohn/*Zimmer*, § 18 Rn. 7; auch *Canaris*, § 10 Rn. 20 bejaht die Unterscheidungskraft, jedenfalls bei Hinzufügung des Vornamens; so auch Baumbach/*Hopt*, § 18 Rn. 6; gegen eine Unterscheidungskraft von Allerweltsnamen jedoch Koller/*Roth*/Morck, § 18 Rn. 4.

[75] *BGH* NJW-RR 1998, 1261 („TODAY"); bejaht wurde die Unterscheidungskraft hingegen in *BGH* NJW-RR 2000, 415 („YES"); *BGH* NJW-RR 1999, 1057 („Premiere").

[76] RGZ 172, 130 („Fettchemie"); BGHZ 11, 218 = NJW 1954, 388 („Kaufstätten für Alle"); *BGH* NJW-RR 1991, 1190 („Leasing-Partner"); *BGH* NJW-RR 1996, 230 („COTTON LINE"), denen allesamt keine Unterscheidungskraft zukommt.

[77] *BayObLG* BB 1997, 1707.

[78] Koller/*Roth*/Morck, § 18 Rn. 7; Baumbach/*Hopt*, § 18 Rn. 9.

nisse (Art, Umfang, Branche, Inhaber, Rechtsformzusatz) enthalten.[79] Auf der anderen Seite werden aber, um dem Liberalisierungsgedanken nachzukommen, nur solche Irreführungen untersagt, die „für die angesprochenen Verkehrskreise wesentlich" sind.

49 *(1) Wesentlichkeitsschwelle.* Mit der Einschränkung auf „für die angesprochenen Verkehrskreise wesentliche Irreführungen" wurde die **Kontrolldichte** in materiellrechtlicher Hinsicht gegenüber der alten Rechtslage **zurückgenommen.**[80] Damit reagierte der Gesetzgeber auf die Kritik hinsichtlich der zu strengen Rechtsprechung zur Täuschungseignung.[81] Von der Beanstandung ausgeschlossen sind infolgedessen irreführende Angaben von nur geringer wettbewerblicher Relevanz oder nebensächlicher Bedeutung.[82] Da der Firmenschutz funktionsgebunden ist, ist ebenso zu berücksichtigen, dass etwa der Wirkungskreis einer juristischen Person – im Gegensatz zu natürlichen Personen – auf ihre wirtschaftliche Zwecksetzung begrenzt ist und diesbezüglich nicht jede gleichlautende Namensbenutzung verwechslungsfähig ist.[83] Zu einer Verwechslungsgefahr zwischen politischen und wirtschaftlichen Vereinigungen wird es daher grundsätzlich selten und nur unter besonderen Umständen kommen.[84] Abzustellen ist jeweils auf die Sicht des durchschnittlichen Angehörigen des betroffenen Personenkreises,[85] also nicht mehr auf den „flüchtigen Durchschnittsverbraucher", sondern auf den „informierten Durchschnittsverbraucher".[86]

Beispiel:[87] Eine KG darf eine Personalfirma (oben Rn. 18) mit dem Namen eines Kommanditisten bilden. Der irreführende Eindruck einer unbeschränkten persönlichen Haftung dieses Gesellschafters entgegen § 161 I HGB entsteht hierdurch nicht. Dies folgt aus der Wertung des § 19 I Nr. 3 HGB und der Zulässigkeit von – noch viel weniger transparenten – Sach- und Fantasiebezeichnungen in der Firma.

50 Da für die Irreführung die Anschauung der angesprochenen Verkehrskreise maßgeblich ist, unterliegt auch die Beurteilung der täuschungsgeeigneten Zusätze einem ständigen Wandel. In vielen Fällen hat sich bereits eine großzügigere Betrachtung durchgesetzt.

---

[79] *Canaris,* § 11 Rn. 3; Koller/*Roth*/Morck, § 18 Rn. 6; *Schaefer*, DB 1998, 1269, 1272; die Irreführung nach altem Recht war dagegen – ihrem Wortlaut nach – nur auf Firmenzusätze anwendbar.

[80] BR-Drs. 340/97 S. 35, 36 mit Hinweis auf die Vorbeugung einer „Versteinerung" des Firmenrechts.

[81] *Scheibe*, JuS 1997, 414, 415; *Bokelmann*, GmbHR 1998, 57, 60; *Fezer*, ZHR 161 (1997), 52, 57.

[82] BT-Drs. 13/8444, S. 53.

[83] Vertiefend *Peifer*, Individualität im Zivilrecht, 2001, S. 512ff.

[84] Vgl. *BGH* GRUR 1976, 376 („KSB"): „Es verstößt nicht gegen schutzwürdige Interessen eines Wirtschaftsunternehmens, wenn ein auch außerhalb der Hochschule politisch tätiger kommunistischer Studentenbund zur Abkürzung seines Vereinsnamens eine lautlich nicht ausgeschriebene Buchstabenfolge („KSB") verwendet, die mit einem von dem Wirtschaftsunternehmen als besondere Geschäftsbezeichnung verwendeten und im Verkehr durchgesetzten Firmenbestandteil identisch ist."

[85] Ebenso BT-Drs. 13/8444, S. 53.

[86] Baumbach/*Hopt,* § 18 Rn. 12; *Canaris,* § 11 Rn. 8; *Jung,* Kap. 4 Rn. 19.

[87] Nach *OLG Saarbrücken* NZG 2006, 586 = ZIP 2006, 1772.

Einzelfälle:[88]

- „Fabrik“ oder „Industrie“ legen dem allgemeinen Publikum nahe, dass es sich um einen Betrieb der industriellen Herstellung, Bearbeitung oder Verarbeitung handelt;[89]
- der Zusatz „Group“ ist bei einem Einzelkaufmann unzulässig, weil das unzutreffend auf eine Vereinigung oder einen Zusammenschluss mehrerer hindeutet;[90]
- nach früherem Verständnis wurde die Bezeichnung „Fachgeschäft“ mit einem aufgrund seiner Spezialisierung sehr leistungsfähigen Unternehmen mit überdurchschnittlich reichhaltigen Warensortiment gleichgesetzt;[91] mittlerweile stimmt man darüber ein, dass auch Geschäfte mit durchschnittlich breitem Sortiment der gängigen Marken, jedoch besonderer Qualität der Produkte und fachlicher Beratung als Fachgeschäfte gelten können;[92]
- „Zentrum“ oder „Center“ bezeichneten traditionell eine besonders hervorgehobene Stellung gegenüber Konkurrenten;[93] mittlerweile sind beide Begriffe zu „gängigen Alltagsworten“[94] geworden, so dass nur noch im Einzelfall bestimmte Begriffskombinationen unzulässig sein können;[95]
- auch der Zusatz „Haus“ rechtfertigt aufgrund einer großzügigeren Verkehrsauffassung nicht mehr das Erfordernis eines Spitzenunternehmens;[96]
- Gebiets- und Städteangaben werden grundsätzlich nicht mehr mit einer Spitzenstellung im betreffenden Gebiet in Verbindung gebracht;[97] ausreichend ist, wenn das Unternehmen an diesem Ort seinen Sitz hat oder sich sein Tätigkeitsgebiet auf diesen Ort bezieht;[98]
- die Verwendung des Namens einer fiktiven Person in der Firma einer GmbH (§ 4 GmbHG) ist nicht irreführend, da die Namen der Gesellschafter wegen § 13 II GmbHG für den Durchschnittsadressaten nicht von wesentlicher Bedeutung für seine Vertragsschlussentscheidung sind (*OLG Jena*, NZG 2010, 1354);
- akademische Grade und Professorenbezeichnung sind hingegen nur zulässig, wenn sie dem Unternehmensträger auch zustehen.[99]

Beispiel:[100] Die Antragstellerin begehrt die Eintragung der Firma „A.A.A.A.A.A. GmbH“ in das Handelsregister. Dem steht § 18 I HGB entgegen. Zwar wurden die Firmenbildungsmöglichkeiten durch das Handelsrechtsreformgesetz erweitert, und insbesondere für die GmbH sind neben Personal- und Sachfirmen auch Phantasiefirmen sowie Mischformen zulässig. Doch muss die Firma nach dem einheitlich für alle Kaufleute geltenden § 18 I HGB (oben

---

88 Siehe insoweit auch *Bokelmann*, Das Recht der Firmen- und Geschäftsbezeichnungen, 5. Aufl. 2000; ferner Ebenroth/Boujong/Joost/Strohn/*Zimmer*, § 18 Rn. 45 ff. MünchKomm-HGB/*Heidinger*, § 18 Rn. 106 ff.

89 Baumbach/*Hopt*, § 18 Rn. 29; Ebenroth/Boujong/Joost/Strohn/*Zimmer*, § 18 Rn. 47; in diese Fallgruppe gehört zB *OLG Jena* NZG 2011, 1191 – „Fahrzeugwerke“ (für Kleinbetrieb).

90 *OLG Schleswig* NZG 2012, 34, 35 – J. e.K. Group.

91 *OLG Nürnberg* BB 1959, 251.

92 MünchKomm-HGB/*Heidinger*, § 18 Rn. 133 f.

93 *BGH* DB 1977, 1046; *OLG Koblenz* GRUR 1989, 933.

94 Ebenroth/Boujong/Joost/Strohn/*Zimmer*, § 18 Rn. 46 verweist auf „Fitness-Center“ und „Wasch-Center“.

95 Für „Reha-Zentrum“ wurde dagegen nach § 3 UWG a. F. ein über den Durchschnitt gleichartiger Unternehmen hinausragendes Unternehmen gefordert, siehe *OLG Hamm* WRP 1992, 576 f. Dies dürfte auch nach § 5 UWG von 2004 gelten.

96 So *OLG Celle* NJW 1963, 1065.

97 So noch *BayObLG* WM 1983, 1431 („Westdeutsch“); *BayObLG* NJW-RR 1986, 839 („Münchner“); *KG* Rechtspfleger 1969, 392 („Berliner Wohnungsbaugesellschaft mbH“).

98 BayObLGZ 1992, 234 = NJW-RR 1993, 103; Baumbach/*Hopt*, § 18 Rn. 23; Koller/*Roth*/Morck, § 18 Rn. 14; vgl. auch *OLG Hamm* NZG 1999, 994 = NJW-RR 1999, 1710, nach dem der Zusatz „European“ nicht darauf schließen lasse, dass es sich um einen Verein mit entsprechender Größe und Aktivitäten mit Beziehungen zum europäischen Ausland handele.

99 *BGH* NJW 1991, 753; *Bokelmann*, Rpfleger 1973, 44 ff.; vgl. auch *OLG Frankfurt* NJW-RR 2002, 459: Zusammenschluss von Freiberuflern zu einem „Institut“ erweckt den falschen Eindruck einer wissenschaftlichen Einrichtung.

100 Fall nach *OLG Frankfurt* NZG 2002, 588.

Rn. 40) zudem zur Kennzeichnung der Gesellschaft geeignet sein und Unterscheidungskraft besitzen. Ob dies für die Wahl von Buchstabenfolgen grundsätzlich oder nur für solche Buchstabenfolgen gilt, die aussprechbar sind oder Verkehrsgeltung besitzen, ist unerheblich. Die hier gewählte Firma ist schon aus anderen Gründen unzulässig, da einer aus der sechsmaligen Aneinanderreihung des Großbuchstaben A bestehenden Firma die *Kennzeichnungseignung* fehlt. Darüber hinaus verstößt diese Firma auch gegen das Verbot des Rechtsmissbrauchs, denn eine solche Aneinanderreihung ist ersichtlich nicht zur Individualisierung eines Unternehmens gewählt. Sie verfolgt nur den Zweck, in Verzeichnissen und Registern möglichst an erster Stelle aufgeführt zu werden.

51 *(2) Ersichtlichkeit.* Nach § 18 II 2 HGB darf das Registergericht nur dann einschreiten, wenn ein Verstoß gegen das Irreführungsgebot des § 18 II 1 HGB ersichtlich ist. In den Verfahren nach §§ 29 HGB (Eintragung), 31 I HGB (Änderung), 37 I HGB (Missbrauch) und 395 FamFG (Amtslöschung) soll das Registergericht auf die Prüfung anhand eines **„Grobrasters"** beschränkt bleiben und Beanstandungen nur erheben, wenn bei einem Firmenbestandteil die Irreführungsgefahr nicht allzu fern liegt und ohne umfangreiche Beweisaufnahme bejaht werden kann.[101] Die **Feinsteuerung** obliegt demgegenüber der zivilrechtlichen Unterlassungsklage nach **§§ 37 II HGB, 5 UWG.**[102]

Merke: Das HGB lässt grundsätzlich jede Bezeichnung als Firma zu, sofern sie kennzeichnungs- und unterscheidungskräftig ist und keine Angaben enthält, die zur Irreführung geeignet sind.

c) Rechtsformzusatz und Kennzeichnung der Haftungsbeschränkung

52 Im Gegensatz zu § 18 HGB mit seinen Anforderungen, die unabhängig von der Rechtsform des Unternehmensträger bei der Firmenbildung und -führung zu beachten sind, begründen § 19 HGB sowie spezialgesetzliche Vorschriften im AktG, GmbHG und GenG (sogleich Rn. 53) rechtsformspezifische Pflichten zur Aufnahme eines Zusatzes in die Firma. § 19 HGB soll die Grenze zur Geschäftsbezeichnung ziehen.[103] Dies ist seit der Reform von 1998 umso mehr erforderlich, da im Gegensatz zum alten Firmenrecht nun auch für Einzelkaufleute sowie Personenhandelsgesellschaften die Führung einer Sach- oder Phantasiefirma zulässig ist, die ohne entsprechende Zusätze nicht erkennen lässt, wer hinter der Firma steht und persönlich haftet. Bezweckt werden somit Transparenz der Kaufmannseigenschaft und der Gesellschafts- und Haftungsverhältnisse.[104] Führt eine GmbH & Co. KG entgegen § 19 II HGB eine Firma, welche die Haftungsbeschränkung nicht erkennen lässt, so entsteht der Rechtsschein, dass mindestens eine natürliche Person nach §§ 161 II, 128 HGB persönlich für die Verbindlichkeiten der KG haf-

---

[101] Damit sollen die Registergerichte entlastet und die Eintragungsverfahren beschleunigt werden; vgl. Begründung des RefE, ZIP 1996, 1445, 1449; BayObLGZ 1999, 114 = NJW-RR 2000, 111; *Schulz*, JA 1999, 247, 249; *Lutter/Welp*, ZIP 1999, 1073, 1080.

[102] Koller/*Roth*/Morck, § 18 Rn. 10.

[103] Koller/*Roth*/Morck, § 19 Rn. 1; Ebenroth/Boujong/Joost/Strohn/*Zimmer*, § 18 Rn. 2; *Hofmann*, S. 99.

[104] BR-Drs. 340/97, S. 54.

tet. Daran muss sich der Geschäftsführer der Komplementär-GmbH festhalten lassen.[105]

Merke: Zum einen gilt nach § 18 HGB die grundsätzliche Wahlfreiheit bei der Firmenbildung, zum anderen muss die Firma aber bei sämtlichen Rechtsformen Angaben über Gesellschafts- und Haftungsverhältnisse enthalten.

Beispiel:[106] Die Antragstellerin begehrt die Eintragung der Firma „Windhund GmbH & Co. KG“ in das Handelsregister. Persönlich haftende Gesellschafterin ist aber keine reguläre GmbH, sondern eine „Unternehmergesellschaft (haftungsbeschränkt)“ mit einem Stammkapital von 1 EUR. Einer derartigen Firmierung steht § 19 II HGB entgegen. Denn die Unternehmergesellschaft hat in ihrer Firma abweichend von § 4 GmbHG zwingend die Bezeichnung „Unternehmergesellschaft (haftungsbeschränkt)" oder „UG (haftungsbeschränkt)" zu führen (§ 5a I GmbHG). Die deutlich andere Firmierung soll eine Täuschung des Geschäftsverkehrs darüber ausschließen, dass es sich um eine Gesellschaft handelt, die möglicherweise mit sehr geringem Gründungskapital ausgestattet ist. Gleiches gilt für die Bezeichnung nach § 19 II HGB. Diese soll den Geschäftsverkehr über die gesetzliche (Mindest-)Kapitalausstattung und die Vermögensstruktur des persönlich haftenden Gesellschafters unterrichten. Vgl. zur UG unten § 14 Rn. 104 ff.

---

105 BGHZ 71, 354, 357 f. = NJW 1978, 2594 ; *BGH* NJW-RR 1988, 477, 478 f.; *Canaris*, § 6 Rn. 36; dazu auch oben § 2 Rn. 96, unten § 16 Rn. 76.

106 Fall nach *KG* NZG 2009, 1159.

53 **Übersicht 4/1:**

Zusätze nach § 19 HGB und verwandten Vorschriften

Einzelkaufmann	§ 19 I Nr. 1 HGB	„eingetragener Kaufmann“ „eingetragene Kauffrau“ oder eine allgemein verständliche Abkürzung, insb.: „e. K.“ „e. Kfm.“ „e. Kfr.“
Offene Handelsgesellschaft	§ 19 I Nr. 2 HGB	„offene Handelsgesellschaft“ oder eine allgemein verständliche Abkürzung
Kommanditgesellschaft	§ 19 I Nr. 3 HGB	„Kommanditgesellschaft“ oder eine allgemein verständliche Abkürzung
OHG oder KG, bei der keine natürliche Person persönlich haftet	§ 19 II HGB	Bezeichnung, welche die Haftungsbeschränkung kennzeichnet
Aktiengesellschaft	§ 4 AktG	„Aktiengesellschaft“ oder eine allgemein verständliche Abkürzung
Kommanditgesellschaft auf Aktien	§ 279 AktG	„Kommanditgesellschaft auf Aktien“ oder eine allgemein verständliche Abkürzung
Gesellschaft mit beschränkter Haftung	§ 4 GmbHG	„Gesellschaft mit beschränkter Haftung“ oder eine allgemein verständliche Abkürzung
Genossenschaft	§ 3 GenG	„eingetragene Genossenschaft“ „eG“

2. Grundsatz der Firmenbeständigkeit

54 Firmenbeständigkeit bedeutet, dass eine **Firma** bei Namensänderungen des Kaufmanns oder bei einem Wechsel des Unternehmensträgers – sofern sie nicht irreführt – **fortgeführt werden darf** (§§ 21, 22, 24 HGB), obwohl sie bei einer Neubildung nach dem Grundsatz der Firmenwahrheit (oben Rn. 39 ff.) nicht zu-

lässig wäre.[107] Damit wird das Spannungsverhältnis zwischen Firmenwahrheit und Firmenbeständigkeit zugunsten des Bestandes der Firma und des in ihr verkörperten Vermögenswertes entschieden. Infolge der Liberalisierung des Firmenrechts hat die Bedeutung der Firmenbeständigkeit jedoch nachgelassen, da eine früher noch als unwahr zu beurteilende Firma mittlerweile unter Umständen selbst als zulässige Firma gebildet werden könnte und es somit des Grundsatzes der Firmenbeständigkeit gar nicht bedarf.

a) Fortführung der Firma bei Namensänderung

Zum Zwecke der Erhaltung des der Firma innewohnenden Wertes gestattet § 21 HGB die Fortführung einer Personalfirma (zum Begriff oben Rn. 18) trotz Änderung des bürgerlichen Namens. § 21 HGB erlaubt die Fortführung der Firma, verpflichtet aber nicht dazu. 55

Beispiel: Nach ihrer Eheschließung nimmt Maria Huber den Nachnamen ihres Ehemannes an und heißt Maria Kurz (§ 1355 BGB). Obwohl ihr Waschsalon nach ihrem Geburtsnamen firmiert, darf sie die Firma „Waschsalon Maria Huber, eingetragene Kauffrau" nach § 21 HGB fortführen, da sich zwar der Name, nicht jedoch die Unternehmensträgerin als Person verändert hat.

b) Fortführung der Firma bei Erwerb des Handelsgeschäfts

§ 22 HGB ermöglicht in den Fällen des **Inhaberwechsels** die Firmenfortführung durch den Erwerber mit oder ohne Nachfolgezusatz. Die Vorschrift umfasst drei Erwerbsformen: 56
- dauerhafter Erwerb des Unternehmens durch Rechtsgeschäft unter Lebenden (§ 22 I, 1. Alt. HGB);
- dauerhafter Erwerb des Unternehmens von Todes wegen (§ 22 I, 2. Alt. HGB);
- vorübergehende rechtsgeschäftliche Übertragung des Unternehmens aufgrund eines Nießbrauchs, eines Pachtverhältnisses oder eines ähnlichen Verhältnisses (§ 22 II HGB).

Auch § 22 HGB gewährleistet Firmenbeständigkeit und gestattet, dass zum Zwecke der Erhaltung des Firmenwerts der Grundsatz der Firmenwahrheit – in den Grenzen des Irreführungsverbots – durchbrochen werden kann.[108] Da das Firmenrecht des Erwerbers nach § 22 HGB nicht weitergehen kann als das des Veräußerers, muss die Firma, die der Veräußerer geführt hat, zulässig gewesen sein.[109] Überdies muss das Unternehmen zumindest im Kern und mit den für die Betriebsführung wesentlichen Einrichtungen übertragen werden.[110] Will der neue Unternehmensträger die bisherige Firma fortführen, so ist er zudem von der Ein- 57

[107] Baumbach/*Hopt*, § 22 Rn. 1; *Kögel*, BB 1997, 793, 800; grundsätzlich zur Firma als unternehmensakzessorischem Recht s. *Häublein*, FS Prölss, 2009, S. 47 ff.
[108] Näher zu diesem Spannungsverhältnis BGHZ 53, 65, 69 – NJW 1970, 704.
[109] RGZ 152, 365, 368; BayObLGZ 1988, 344 = NJW-RR 1989, 421; Koller/*Roth*/ Morck, § 22 Rn. 5; anderer Auffassung *K. Schmidt*, HandelsR, § 12 III 2 b.
[110] *BGH* NJW-RR 1990, 1318, 1319; Baumbach/*Hopt*, § 22 Rn. 4; Röhricht/Graf von Westphalen/*Ammon*, § 22 Rn. 11 ff.

willigung des bisherigen Geschäftsinhabers (oder dessen Erben) abhängig.[111] § 22 HGB entbindet nicht von der Verpflichtung eines Kaufmanns nach § 19 HGB, durch Rechtsformzusatz den gegenwärtigen Rechtszustand wiederzugeben und richtig zu stellen. Neben der Streichung irreführender Zusätze soll es aber auch genügen, wenn die bisherige Firma durch einen Nachfolgezusatz ergänzt wird, der die neue Rechtsform unzweifelhaft offen legt.[112]

58 **Übungsfall:** Über das Vermögen des Einzelkaufmanns Klaus Hirte ist das Insolvenzverfahren eröffnet worden. Der eingesetzte Insolvenzverwalter möchte das Handelsgeschäft des Hirte mit der Firma „Klaus Hirte Baustoffhandel, e. K." an Gerd Wimmer übertragen. Dieser legt großen Wert auf die Fortführung der Firma. Hirte stimmt der Übertragung der Firma auf Dritte hingegen nicht zu. Kann der Insolvenzverwalter die Übertragung der Firma trotzdem gestatten?

Lösung: Die Übertragung einer Personalfirma im Insolvenzverfahren ist umstritten. Vor der Handelsrechtsreform bestand Einigkeit, dass bei Übertragung einer Personalfirma von Einzelkaufleuten oder Personenhandelsgesellschaften aufgrund der zwingend persönlichkeitsrechtlichen Prägung die Zustimmung des Namensträgers erforderlich ist.[113] Unter Berufung auf die 1998 eingeführte namensrechtliche Gestaltungsfreiheit (oben Rn. 38) verneint nunmehr die h. Lit. die Notwendigkeit einer Zustimmung des Namensträgers. Durch die freiwillige Verwendung des Geschäftsnamens sei dieser kommerzialisiert.[114] Eine Gegenansicht stützt sich jedoch auf § 24 II HGB und will die Fälle des freiwilligen und des erzwungenen Ausscheidens gleichbehandeln, denn wenn § 24 II HGB schon die Zustimmung bei einem freiwilligen Ausscheiden erfordere, müsse dies erst recht gelten, wenn das Unternehmen insolvent werde.[115] Folgt man der h. L., so kann Hirte seine Firma ohnehin nicht weiterführen, weil sie bei einer Trennung von dem Unternehmen nach § 23 HGB erlischt.[116]

c) Fortführung der Firma bei Änderungen im Gesellschafterbestand

59 Nach § 24 I HGB darf eine Firma ebenso fortgeführt werden, wenn
- jemand in ein bestehendes Handelsgeschäft als Gesellschafter aufgenommen wird,
- ein neuer Gesellschafter in eine Handelsgesellschaft eintritt,
- ein Gesellschafter aus einer Handelsgesellschaft ausscheidet oder
- wenn die Firma den Namen des bisherigen Geschäftsinhabers oder den Namen von Gesellschaftern enthält.

59a Von untergeordneter Bedeutung ist dabei § 24 I Fall 1 HGB. Wird ein einzelkaufmännisches Unternehmen in eine Personenhandelsgesellschaft eingebracht, so wird die Firmenfortführung bereits durch § 22 I Fall 1 HGB gestattet. Die Gesellschaft ist allerdings nach § 19 I Nr. 2 und 3, II HGB dazu verpflichtet, die Gesellschaftsbezeichnung und ggf. einen Haftungsbeschränkungszusatz in die Firma aufzunehmen.

---

[111] Vgl. *BGH* NJW 1994, 2025; *Schlüter*, JZ 1986, 151.
[112] BGHZ 44, 286, 287 = NJW 1965, 2248; *OLG Hamm* NZG 1999, 993.
[113] BGHZ 32, 103, 110 f. = NJW 1960, 1008; BGHZ 85, 221, 224 = NJW 1983, 755; BGHZ 109, 364, 367 = NJW 1990, 1605.
[114] Röhricht/Graf von Westphalen/*Ammon*, § 22 Rn. 33; Koller/*Roth*/Morck, § 17 Rn. 25; *K. Schmidt*, HandelsR, § 12 I 3 c; *Uhlenbruck*, ZIP 2000, 401, 403; *Steinbeck*, NZG 1999, 136.
[115] GK/*Nickel*, § 22 Rn. 24a; *Kern*, BB 1999, 1717.
[116] So zutreffend *Canaris*, § 10 Rn. 67.

Einen selbständigen Anwendungsbereich hat dagegen die Regelung des Wechsels im Gesellschafterbestand durch den Beitritt neuer oder das Ausscheiden bisheriger Gesellschafter (§ 24 I, 2. und 3. Fall HGB). Auch hier erlaubt das Gesetz grundsätzlich die Fortführung der Gesellschaft unter der ursprünglichen Firma. Zudem stellt § 24 II HGB sicher, dass das Namensrecht eines ausscheidenden Gesellschafters, dessen Name in der Firma enthalten ist, nicht verletzt wird, indem es die Fortführung der Firma von der Einwilligung des bisherigen Inhabers, des ausscheidenden Gesellschafters oder dessen Erben abhängig macht. 60

Beispiel: Geißler, Henke und Müller betreiben die „Geißler OHG". Scheidet Geißler aus der Gesellschaft aus, so ist die Firmenfortführung gemäß § 24 II HGB nur dann statthaft, wenn Geißler dieser als namensgebender Gesellschafter zustimmt.

Abwandlung: Neben Geißler scheidet auch Henke aus. Hierdurch entsteht ein Einzelhandelsunternehmen, welches grundsätzlich auch als solches firmieren muss. § 22 HGB scheidet bei einem Übergang des Geschäfts von einer Personengesellschaft auf einen Einzelkaufmann aus, da nicht deutlich wird, dass nunmehr nur noch eine Person persönlich haftet.[117] Der irreführende Gesellschaftsformzusatz ist vielmehr durch einen Nachfolgezusatz richtig zu stellen (etwa „Geißler OHG, Inhaber Müller").[118] Zudem ist die Firmenfortführung wiederum von der Einwilligung des Geißler abhängig, da sein Name in der Firma enthalten ist.

---

[117] *BGH* NJW 1985, 736, 737.
[118] *OLG Hamm* NJW-RR 1999, 1709.

61 **Übersicht 4/2:**

Firmenbildung und Firmenbeständigkeit beim Inhaberwechsel[119]

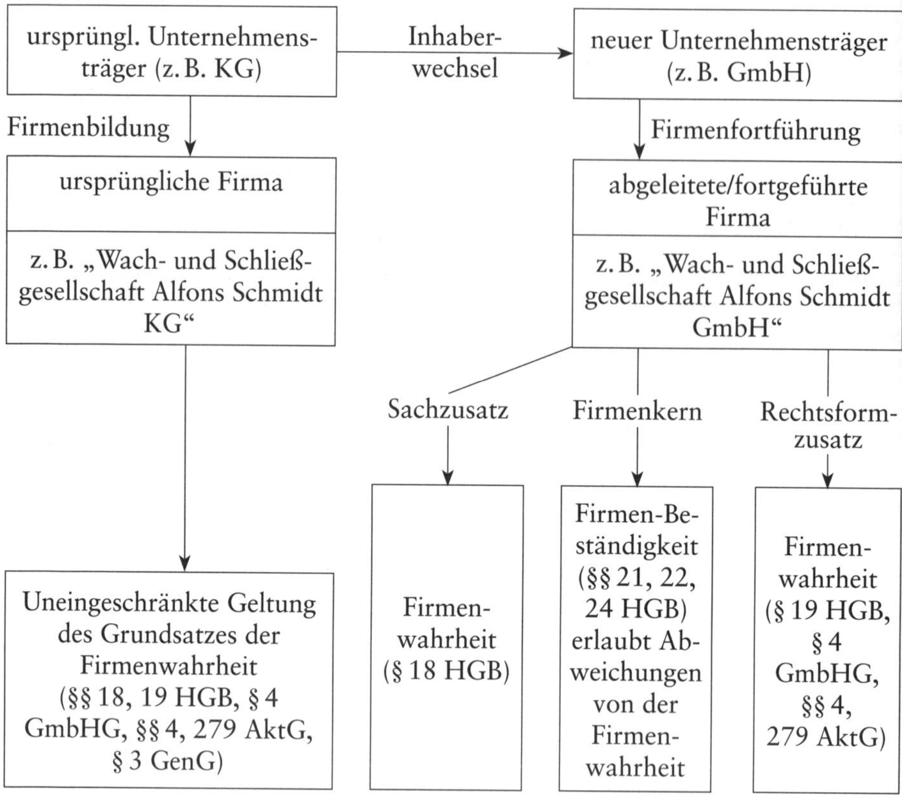

d) Verbot der Leerübertragung

62 Im Interesse der Rechtsklarheit verbietet § 23 HGB die Leerübertragung, d. h. die vom Handelsgeschäft losgelöste Übertragung der Firma. Eine Veräußerung der Firma ohne das Handelsgeschäft wäre täuschungsgeeignet, da der Geschäftsverkehr – unabhängig von der handelsrechtlichen Einordnung – die Firma als Name des Unternehmens auffasst und bei einer Fortführung der Firma auch eine Kontinuität des Unternehmens erwartet.[120] Das Gesetz schützt deshalb die Werterhaltung der Firma nur bei Gleichlauf von Firma und Handelsgeschäft.[121]

63 Nicht von § 23 HGB erfasst und damit **firmenrechtlich zulässig** ist dagegen der **„Mantelkauf“**.[122] Erworben werden hier die Anteile an einer Gesellschaft („Man-

---

[119] Nach *Jung,* Kap. 4 Rn. 26.

[120] Ebenroth/Boujong/Joost/Strohn/*Zimmer,* § 23 Rn. 1; Röhricht/Graf von Westphalen/*Ammon,* § 23 Rn. 1.

[121] *BGH* NJW 1972, 2123; Ebenroth/Boujong/Joost/Strohn/*Zimmer,* § 23 Rn. 2.

[122] Ebenso Baumbach/*Hopt,* § 23 Rn. 4; Koller/*Roth*/Morck, § 23 Rn. 2; MünchKommHGB/*Heidinger,* § 23 Rn. 2 f.; abweichend dagegen *Beater*, GRUR 2000, 119 ff.

tel"), die selbst kein Unternehmen betreibt. Da beim Veräußerer der Anteile kein tatsächlicher Geschäftsbetrieb zurückbleibt, ist eine Täuschung des Wirtschaftsverkehrs durch ein Auseinanderfallen von Unternehmen und Firma nicht zu besorgen. Gesellschaftsrechtlich liegt in der anschließenden Ausstattung der Gesellschaft mit einem Unternehmen und der erstmaligen Aufnahme des Geschäftsbetriebs freilich eine „wirtschaftliche Neugründung", die den Kapitalaufbringungsvorschriften unterliegt.[123]

Merke: Der Grundsatz der Firmenbeständigkeit besagt, dass eine Firma trotz Veränderungen des Unternehmensträger (§§ 22, 24 HGB) oder seines Namens (§ 21 HGB) in bestimmten Fällen unverändert fortgeführt werden darf.

3. Grundsatz der Firmenunterscheidbarkeit

Das firmenrechtliche Gebot der Unterscheidbarkeit bzw. Ausschließlichkeit 64
kommt sowohl in § 18 I HGB, der die allgemeine Kennzeichnungs- und Unterscheidungskraft der Firma bestimmt (oben Rn. 41 ff.), als auch in § 30 HGB zum Ausdruck. Nach § 30 I HGB muss sich jede neue Firma von den **im Firmenbezirk** bereits bestehenden und in das Handels- oder Genossenschaftsregister eingetragenen Firmen deutlich **unterscheiden.** Damit geht § 30 I HGB deutlich über die Anforderungen des § 18 I HGB hinaus. Der Grundsatz der Firmenunterscheidbarkeit dient hauptsächlich den Interessen des Rechtsverkehrs, der – auf die Firma zur Identifikation des Unternehmensträgers angewiesen – vor Irreführungen durch Verwechslungen geschützt werden soll.[124] Zugleich werden aber auch die Unternehmensträger in ihrem Interesse geschützt, dass von ihnen selbst verwendete Firmen nicht auch von anderen gebraucht werden.

Ob sich eine neue Firma von allen an diesem Ort oder dieser Gemeinde beste- 65
henden eingetragenen Firmen im Sinne von § 30 I HGB deutlich unterscheidet, richtet sich in erster Linie nach der **allgemeinen Verkehrsauffassung.**[125] Dabei ist das Gesamtbild der Firma entscheidend, d. h. das „Klangbild, wie es sich Ohr und Auge einprägt".[126] Die Unterschiede müssen so gravierend sein, dass sie im gewöhnlichen Verkehr eine Verwechslungsgefahr ausschließen:[127]

- Bei *Personalfirmen* wird bei gleichen Familiennamen die Unterscheidbarkeit durch verschiedene Vornamen,[128] nicht jedoch durch bloßen Gesellschaftszusatz[129] hergestellt; stimmen Vor- und Zuname zweier Einzelkaufleute überein, so ist der neuen Firma etwa ein tätigkeitsbezogener Zusatz beizufügen, der beide Firmen voneinander unterscheidet (§ 30 II HGB).

---

[123] Näher unten § 14 Rn. 43 f.

[124] BGHZ 46, 7, 11 = NJW 1966, 1813; *KG* OLGZ 1991, 396, 402; Heymann/*Emmerich*, § 30 Rn. 1a, Koller/*Roth*/Morck, § 30 Rn. 1; *K. Schmidt*, HandelsR, § 12 III 3 a.

[125] RGZ 171, 321, 323; *OLG Hamm* NJW 1966, 2172; Ebenroth/Boujong/Joost/Strohn/*Zimmer*, § 30 Rn. 17.

[126] BGHZ 46, 7, 12 = NJW 1966, 1813, Koller/*Roth*/Morck, § 30 Rn. 5; Baumbach/*Hopt*, § 30 Rn. 5.

[127] Koller/*Roth*/Morck, § 30 Rn. 5.

[128] *BGH* NJW 1993, 2236, insoweit nicht in BGHZ 122, 71 = NJW 1993, 2236.

[129] BGHZ 46, 7, 13 = NJW 1966, 1813.

- Bei *Sachfirmen* werden für das Vorliegen deutlicher Unterscheidbarkeit im Sinne des § 30 II HGB im allgemeinen höhere Anforderungen gestellt als bei Personalfirmen, da die Verwechslungsgefahr bei identischen oder ähnlichen Tätigkeitsbereichen besonders stark ist.[130]

Beispiele:
- keine Verwechslungsgefahr bezüglich „Commerzbank" und Commerzbau";[131]
- aufgrund des angegebenen Handelszweigs ausreichend unterscheidbar: „Gebrüder L." und „Gebrüder L. Blusen und Kleider";[132]
- deutlich unterscheidbar: „Western Store Inhaber X" und „Western Store Handelsgesellschaft mbH";[133]
- nicht deutlich unterscheidungskräftig: „XYZ Süd Wohnbau GmbH & Co. KG" und „XYZ Südwest Wohnbau GmbH & Co. KG";[134]
- keine Unterscheidungskraft bei „Brillen Be. Augenoptikermeister Ha. GmbH" und „Brillen Be. Augenoptikermeister Lü. GmbH".[135]

66 Nach § 30 I HGB trifft die Pflicht zur Unterscheidung den Inhaber der neuen Firma (Prioritätsprinzip). Da § 30 HGB in erster Linie den Rechtsverkehr und somit die Allgemeinheit schützt (oben Rn. 64), kann seine Anwendung auch nicht durch die Zustimmung des Inhabers der älteren Firma ausgeschlossen werden.[136]

Beispiel: Josef Schulze will für sein Fotogeschäft die Firma „Josef Schulze e. K." zur Eintragung ins Handelsregister anmelden. In derselben Gemeinde ist jedoch schon eine Firma „Josef Schulze e. K." für einen Friseursalon eingetragen. Selbst wenn der Friseurmeister Schulze in die nochmalige Verwendung der Firma einwilligt, darf sie nicht ins Handelsregister eingetragen werden, da § 30 HGB dem Schutz des Publikums und somit dem öffentlichen Interesse dient. Nach dem Prioritätsgrundsatz ist Fotohändler Schulze gehalten, einen unterscheidungskräftigen Zusatz in seine Firma aufzunehmen.

Merke: Um Verwechslungen auszuschließen, muss sich jede neue Firma von anderen am selben Ort oder in derselben Gemeinde bestehenden und ins Handelsregister eingetragenen Firmen deutlich unterscheiden (Prinzip der Firmenunterscheidbarkeit).

4. Grundsatz der Firmeneinheit

67 Der Grundsatz der Firmeneinheit ist von Rechtsprechung und Lehre aus dem Grundsatz der Firmenwahrheit entwickelt worden. Er besagt, dass der Unternehmensträger für ein und dasselbe Unternehmen immer nur eine Firma führen darf.[137] Damit dient er wie § 30 HGB (oben Rn. 64 ff.) dem Interesse des Rechtsverkehrs an eindeutigen und klaren Verhältnissen, und er schützt die Öffentlichkeit vor Täuschungen, die durch verschiedene Bezeichnungen für ein und dasselbe Unternehmen entstehen würden. Die Firmeneinheit soll vor allem die eindeutige

---

[130] *KG* OLGZ 1991, 396, 401.
[131] *BGH* NJW-RR 1989, 1388.
[132] *KG* JW 1926, 2001.
[133] *OLG München* BB 1971, Beilage 9, S. 19.
[134] *OLG Frankfurt* BB 1975, Beilage 12, S. 20.
[135] *OLG Frankfurt* OLGZ 1981, 8, 9.
[136] BGHZ 46, 7, 11 = NJW 1966, 1813; Baumbach/*Hopt*, § 30 Rn. 1; Ebenroth/Boujong/Joost/Strohn/*Zimmer*, § 30 Rn. 2.
[137] *BGH* NJW 1991, 2023, 2024.

Bestimmung des Rechtsträgers des Unternehmens ermöglichen, dem die Rechte und Pflichten zugeordnet werden. Der Grundsatz „ein Unternehmen – eine Firma" lässt jedoch offen, ob sich ein Unternehmensträger für *mehrere* Unternehmen verschiedener Firmen bedienen darf. Dabei ist rechtsformabhängig zu unterscheiden.

a) Einzelkaufleute

Werden von einem Einzelkaufmann mehrere Unternehmen betrieben, die orga- 68
nisatorisch voneinander getrennt und selbständig sind, so darf der Einzelkaufmann nach h. M. unter verschiedenen Firmen auftreten.[138] Uneinigkeit besteht lediglich, ob dem Einzelkaufmann insoweit ein Wahlrecht zusteht[139] oder ob er verschiedene Firmen führen *muss*.[140] Betreibt ein Einzelkaufmann hingegen nur ein Unternehmen mit verschiedenen Sparten, so ist die Führung mehrerer Firmen für dieses einzige Unternehmen unzulässig.[141]

b) Personen- und Kapitalgesellschaften

Personen- und Kapitalgesellschaften dürfen dagegen immer nur eine Firma füh- 69
ren, selbst wenn sie klar getrennt mehrere Handelsgeschäfte betreiben.[142] Im Gegensatz zum Einzelkaufmann ist für Personen- und Kapitalgesellschaften die Firma die einzige Kennzeichnung, anhand derer sie zu identifizieren sind.

c) Zweigniederlassungen

Besonderheiten hinsichtlich des Grundsatzes der Firmeneinheit ergeben sich für 70
Zweigniederlassungen.[143] Eine Zweigniederlassung (unten § 5 Rn. 8) stellt zwar kein getrenntes und organisatorisch eigenständiges Unternehmen dar, doch geht sie andererseits mit einer gewissen organisatorischen und wirtschaftlichen Selbständigkeit über die organisatorische Gliederungsform einer bloßen Abteilung hinaus. Sie muss stets so organisiert sein, dass sie aufgrund ihres Geschäftsbetriebes beim Wegfall der Hauptniederlassung als eigene Hauptniederlassung fortbestehen könnte.[144] Für ihre Behandlung gilt:

- Eine Zweigniederlassung darf unter der Firma der Hauptniederlassung betrieben werden, es sei denn, es existieren verwechslungsfähige Firmen an demselben Ort oder in derselben Gemeinde (§ 30 I HGB).[145]

---

[138] *BayObLG* NJW-RR 2001, 1688.
[139] Ebenroth/Boujong/Joost/Strohn/*Zimmer,* § 17 Rn. 7; Baumbach/*Hopt,* § 17 Rn. 8; Staub/*Hüffer,* § 17 Rn. 26.
[140] RGZ 116, 284; so auch MünchKomm-HGB/*Heidinger,* Vor § 17 Rn. 36; Heymann/*Emmerich,* § 17 Rn. 24; *K. Schmidt,* HandelsR, § 12 II 2 a.
[141] Baumbach/*Hopt,* § 17 Rn. 8; Staub/*Hüffer,* § 17 Rn. 27; *K. Schmidt,* § 12 II 2 a.
[142] RGZ 85, 397, 399; RGZ 113, 213, 216; BGHZ 67, 166 = NJW 1976, 2163; Ebenroth/Boujong/Joost/Strohn/*Zimmer,* § 17 Rn. 29; Heymann/*Emmerich,* § 17 Rn. 26; Baumbach/*Hopt,* § 17 Rn. 8; MünchKomm-HGB/*Heidinger,* Vor § 17 Rn. 37; *K. Schmidt,* § 12 II 2 c; *Oetker,* D § 4 III 1.
[143] Vgl. dazu *Kögel,* Rpfleger 1993, 1 ff.
[144] MünchKomm-HGB/*Bokelmann,* § 17 Rn. 30 (1. Aufl.).
[145] Ebenroth/Boujong/Joost/Strohn/*Zimmer,* § 17 Rn. 13.

- Stimmt die Firma der Zweigniederlassung mit derjenigen der Hauptniederlassung überein, so darf der Firma der Zweigniederlassung ein Zusatz beigefügt werden, der sie „als Firma der Zweigniederlassung" bezeichnet.[146]
- Die Niederlassungen dürfen auch unter verschiedenen Namen betrieben werden, wenn die Zweigniederlassung die Hauptniederlassung in einer Weise enthält, die den Zusammenhang zwischen beiden Niederlassungen ausdrückt.[147]

Merke: Nach dem Grundsatz der Firmeneinheit darf für ein Unternehmen stets nur eine Firma geführt werden. Mehrere Firmen sind nur bei mehreren Unternehmen eines Einzelkaufmanns mit organisatorischer Selbstständigkeit und bei selbständigen Zweigniederlassungen erlaubt.

5. Grundsatz der Firmenöffentlichkeit

71 Da die Firma als Bezeichnung des Unternehmensträgers sowohl wirtschaftliche Interessen des Kaufmanns als auch solche der Marktteilnehmer und der Allgemeinheit berührt,[148] haben der Einzelkaufmann und die Handelsgesellschaften ihre Firma der Öffentlichkeit kundzugeben. Der Geschäftsverkehr soll die Möglichkeit haben, **allgemeine Grundinformationen über den Kaufmann und sein Handelsgeschäft** zu erhalten.[149] Der Offenlegung dient vor allem die Pflicht zur Eintragung der Firma ins Handelsregister, dessen Publizitätsfunktion sich insoweit aus § 9 I HGB ergibt. Danach ist es jedermann gestattet, zu Informationszwecken Einsicht in das Handelsregister zu nehmen (oben § 3 Rn. 2 ff.). Die bezüglich einer Firma ins Handelsregister aufzunehmenden Angaben umfassen
- die Firma des Kaufmanns und den Ort seiner Handelsniederlassung (§ 29 HGB),
- eine Änderung der Firma oder ihrer Inhaber sowie die Verlegung der Niederlassung an einen anderen Ort (§ 31 I HGB),
- das Erlöschen der Firma (§ 31 II HGB),
- von Amts wegen die Eröffnung des Insolvenzverfahrens und die Aufhebung desselben (§ 32 HGB).

72 Das Verfahren der Eintragung richtet sich nach den §§ 8 ff. HGB. Die Anmeldung der Firma ist dabei eine eintragungspflichtige Tatsache, die das Registergericht nach § 14 HGB durch Festsetzung eines Zwangsgeldes durchsetzen kann. Zum formellen Registerrecht oben § 3 Rn. 11 ff.

73 Nach den §§ 37a, 125a HGB, § 80 AktG, § 35a GmbHG und § 25a GenG müssen zudem auf allen Geschäftsbriefen[150] und Bestellscheinen eines Kaufmanns folgende Angaben enthalten sein:
- Firma
- Rechtsformzusatz nach § 19 I HGB

---

[146] RGZ 113, 213, 218; RGZ 114, 318, 320; Röhricht/Graf von Westphalen/*Ammon*, § 17 Rn. 21.

[147] BayObLGZ 1992, 59 = NJW-RR 1992, 1062; Heymann/*Emmerich*, § 17 Rn. 29; *K. Schmidt*, HandelsR, § 12 II 3 a; *Bokelmann*, Das Recht der Firmen- und Geschäftsbezeichnungen, 5. Aufl., 2000, Rn. 877.

[148] MünchKomm-HGB/*Heidinger*, Vor § 17 Rn. 24; siehe auch oben Rn. 12.

[149] Baumbach/*Hopt*, § 37a Rn. 1; Koller/*Roth*/Morck, § 18 Rn. 1.

[150] Dazu gehört auch die elektronische Post (E-Mail), *Schmittmann/Ahrens*, DB 2002, 1038 ff.

- Ort der Handelsniederlassung
- Registergericht
- Handelsregisternummer

Nachdem diese Verpflichtung vor dem HRefG 1998 nur für AG, GmbH, Genossenschaft und Personengesellschaften, bei welcher keine natürliche Person haftet, galt, wurden die Angabepflichten zum Schutz des Rechtsverkehrs in § 37a HGB auf Einzelkaufleute und in § 125a HGB auf sämtliche Personengesellschaften ausgedehnt. Bedingt durch die Einräumung größerer Freiheiten bei der Firmenbildung und Firmenführung (speziell der Zulässigkeit von Sach- und Phantasiefirmen) soll so verhindert werden, dass im Geschäftsverkehr Missverständnisse über die Stellung eines Einzelkaufmanns entstehen.[151] Auch hier hat das Registergericht zur Durchsetzung der Angabepflichten Zwangsgelder festzusetzen (§ 37a IV HGB). Ergänzende Offenlegungspflichten ergeben sich aus §§ 15a, 70b GewO, § 312c I BGB, §§ 6, 7 TDG. Zur Geschäftsbriefpublizität als kaufmännische Grundpflicht oben § 2 Rn. 2. 74

Merke: Der Grundsatz der Firmenöffentlichkeit sagt aus, dass die Firma ins Handelsregister eingetragen und der Öffentlichkeit im Sinne des § 37a HGB kundgemacht werden muss.

V. Firmenschutz

1. Das Firmenmissbrauchsverfahren

Das Firmenmissbrauchsverfahren nach § 37 I HGB (i.V.m. §§ 388 ff., 392 f. FamFG) gibt dem Registergericht die Möglichkeit, **von Amts wegen** für die Unterlassung eines unzulässigen Firmengebrauchs zu sorgen. Da es den unzulässigen Firmengebrauch an sich sanktioniert, kommt es nicht auf die Verletzung eines fremden Firmenrechts, sondern nur darauf an, dass die Führung der Firma – von Anfang an oder ab einem bestimmten Zeitpunkt – unzulässig ist.[152] Nach der herrschenden Meinung richtet sich das Firmenmissbrauchsverfahren auch gegen Nichtkaufleute, wenn diese bei der Verwendung einer firmenähnlichen Bezeichnung gegen das Firmenrecht verstoßen.[153] Verschulden ist nicht erforderlich.[154] 75

Hinsichtlich der Einleitung des Firmenmissbrauchsverfahrens hat das Registergericht ein Ermessen.[155] Unter Abwägung der widerstreitenden Interessen kann es somit einen unzulässigen Firmengebrauch auch dulden. Eine Klage nach § 37 II HGB (sogleich Rn. 77) bildet kein Hindernis für ein Firmenmissbrauchsverfahren, doch kann dieses nach Klageerhebung ausgesetzt werden (§ 381 FamFG). Im Falle 76

---

[151] Ebenroth/Boujong/Joost/Strohn/*Hillmann*, § 37a Rn. 1; Baumbach/*Hopt*, § 37a Rn. 1.

[152] *Oetker*, § 4 F II; *Canaris*, § 11 Rn. 42 spricht insoweit von „Institutionenschutz".

[153] Vgl. insoweit Baumbach/*Hopt*, § 37 Rn. 2; Röhricht/Graf von Westphalen/*Ammon*, § 37 Rn. 13; einschränkend Ebenroth/Boujong/Joost/Strohn/*Zimmer*, § 37 Rn. 8.

[154] Heymann/*Emmerich*, § 37 Rn. 12; Koller/*Roth*/Morck, § 37 Rn. 5.

[155] So die herrschende Meinung: *OLG Köln* BB 1977, 1671; BayObLGZ 1989, 44, 50; Ebenroth/Boujong/Joost/Strohn/*Zimmer*, § 37 Rn. 13; Baumbach/*Hopt*, § 37 Rn. 6; anderer Auffassung dagegen MünchKomm-HGB/*Krebs*, § 37 Rn. 34; Staub/*Hüffer*, § 37 Rn. 18; Röhricht/Graf von Westphalen/*Ammon*, § 37 Rn. 15, die § 37 I HGB als gebundene Norm ansehen.

der Beanstandung hat das Registergericht dem Beteiligten unter Androhung eines Ordnungsgeldes aufzugeben, die Löschung der Firma zügig herbeizuführen.

2. Der privatrechtliche Unterlassungsanspruch

77 Der Inhaber eines Firmenrechts hat zudem einen privatrechtlichen Anspruch auf Unterlassung gegen denjenigen, der eine Firma unbefugterweise gebraucht und ihn in seinen Rechten verletzt (§ 37 II 1 HGB). Dabei kommen nicht nur absolute Rechte in Betracht, sondern auch jede weitere Beeinträchtigung eines rechtlichen Interesses wirtschaftlicher Art.[156] § 37 II 1 HGB gewährt hingegen keinen Anspruch auf Einschreiten des Registergerichts nach § 37 I HGB. Um das Prozessrisiko einer eigenen Klage zu umgehen, kann jedoch der in seinen Rechten Verletzte ein Firmenmissbrauchsverfahren nach § 37 I 2 HGB „anregen".[157] Da § 37 HGB bereits eingreift, wenn der Firmengebrauch objektiv unbefugt ist, und kein Verschulden voraussetzt, bleiben nach § 37 II 2 HGB Ansprüche auf Schadensersatz aus anderen Vorschriften unberührt.[158] Zu nennen sind:
- deliktsrechtliche Schadensersatzansprüche nach § 823 I BGB i.V.m. § 12 BGB, § 823 II BGB i.V.m. § 37 II HGB, § 826 BGB;
- der markenrechtliche Schadensersatzanspruch nach § 15 V MarkenG i.V.m. § 5 II MarkenG;
- der wettbewerbsrechtliche Schadensersatzanspruch aus §§ 3, 5, 9 UWG.

3. Weitere Unterlassungsansprüche außerhalb des HGB

78 Weitere Unterlassungsansprüche bei unzulässigem Firmengebrauch können sich ferner ergeben aus
- § 1004 I BGB analog i.V.m. § 823 I BGB oder § 12 BGB (allgemeiner zivilrechtlicher Unterlassungsanspruch);
- § 12 S. 2 BGB (namensrechtlicher Unterlassungsanspruch);
- § 15 IV MarkenG i.V.m. § 5 II MarkenG (markenrechtlicher Unterlassungsanspruch);
- §§ 3, 5, 8 UWG (wettbewerbsrechtlicher Unterlassungsanspruch).

Fragen:
1. Was versteht das Handelsgesetzbuch unter der „Firma"? (Rn. 4ff.)
2. Wie verhalten sich die Begriffe der „Firma" und des „Unternehmens" zueinander? (Rn. 6)
3. Die X-AG hat gegen die unter „Modeboutique B, Inh. G e. Kfr." firmierende G einen Kaufpreisanspruch in Höhe von 9.600 EUR. Da ihre geschäftliche

[156] *OLG Hamburg* BB 1973, 1456; *BGH* NJW 1991, 2023; *K. Schmidt,* HandelsR, § 12 IV 2 a.
[157] MünchKomm-HGB/*Krebs,* § 37 Rn. 34; Heymann/*Emmerich,* § 37 Rn. 19; *K. Schmidt,* HandelsR, § 12 IV 2 b.
[158] Insoweit wird auf die entsprechenden Kommentierungen verwiesen.

Finanzlage aufgrund nachlassender Kundschaft immer mehr bergab geht, macht sich die X-AG Sorgen um die Erfüllung ihres Anspruchs gegen G. Darauf angesprochen entgegnet G, dass bei ihr geschäftlich „nichts zu holen sei“. Zwar habe sie vor einigen Wochen 50.000 EUR im Lotto gewonnen, doch seien Berufs- und Privatleben strikt zu trennen. Zudem hätte sie den Kaufvertrag unter ihrer Firma geschlossen und den Lottoschein unter ihrem bürgerlichen Namen ausgefüllt. Ist diese Aussage richtig? (Rn. 7 f.)

4. Worin bestehen die Aufgaben der Firma? (Rn. 12)
5. Welche Einteilungen der Firma gibt es? (Rn. 16 ff.)
6. Der Kleingewerbetreibende F betreibt, ohne ins Handelsregister eingetragen zu sein, einen kleinen Blumenladen. Um werbewirksamer auftreten zu können, möchte er sich eine Geschäftsbezeichnung zulegen. Dabei denkt er über folgende Alternativen nach:
   a) „Blumengroßmarkt“
   b) „Der kleine Blumenladen am Rathaus“
   c) „F’s Blumenparadies e. K.“
   Welche dieser Möglichkeiten stehen dem F offen? (Rn. 22 ff.)
7. Wie entsteht die Firma
   a) von Einzelkaufleuten,
   b) von Personenhandelsgesellschaften,
   c) von Kapitalgesellschaften? (Rn. 34)
8. Welche Möglichkeiten eröffnen sich Einzelkaufleuten, Personenhandelsgesellschaften und Kapitalgesellschaften bei der Firmenbildung? (Rn. 38)
9. Welche firmenrechtlichen Grundsätze gibt es und welchen Inhalt haben sie? (Rn. 39 ff.)
10. Wie ist die Firma „CCCBBA“ nach § 18 HGB zu bewerten? (Rn. 41 ff.)
11. Worin liegt der Unterschied des Begriffs „Unterscheidungskraft“, der sowohl in § 18 I HGB als auch in § 30 I HGB enthalten ist? (Rn. 45)
12. Was ist bei der Beurteilung der Eignung zur Irreführung in Bezug auf die Verkehrsanschauung zu beachten? (Rn. 50)
13. In welchen Normen findet der Grundsatz der Firmenbeständigkeit seinen Ausdruck? (Rn. 54 ff.)
14. Welche Möglichkeit gibt es bei Namensgleichheit, eine Firmenunterscheidbarkeit im Rahmen des § 30 HGB herbeizuführen? (Rn. 66)
15. Warum ist die Behandlung der Zweigniederlassung eine Ausnahme zum Grundsatz der Firmeneinheit und wie wird sie behandelt? (Rn. 70)
16. Was hat ein Kaufmann zu tun, um den Grundsatz der Firmenöffentlichkeit ausreichend zu berücksichtigen? (Rn. 71 ff.)
17. Wie werden innerhalb des HGB der öffentlich-rechtliche und der privatrechtliche Firmenschutz verwirklicht? (Rn. 75 ff.)

§ 5. Das Handelsunternehmen

I. Begriff des Unternehmens

1. Handelsrecht

1 Das Handelsrecht verwendet den Begriff des Unternehmens z. B. in den §§ 2, 3 II, III HGB, enthält jedoch an keiner Stelle eine Definition. Unter einem Unternehmen ist eine **betriebsfähige Wirtschaftseinheit** zu verstehen, **die dem Unternehmer das Auftreten am Markt ermöglicht.**[1] Es handelt sich hierbei um einen Inbegriff von Vermögensgegenständen (Sachen, Rechte und sonstige Güter).[2] Umfasst werden sowohl materielle Werte wie Büroeinrichtungen, Grundstücke, Maschinen, als auch immaterielle Werte wie Geschäftsbeziehungen, Forderungen und Verbindlichkeiten, Marken, Urheberrechte und Lizenzen, Geschäftsgeheimnisse. In den §§ 22 ff. HGB wird das Unternehmen als „Handelsgeschäft" bezeichnet.

2 Zu unterscheiden ist das Unternehmen von dem Unternehmens*träger*. Nur der Unternehmensträger ist selbst Rechtssubjekt und kann daher auch in Anspruch genommen werden. Das Unternehmen dagegen ist lediglich Rechtsobjekt. Es wird dem Unternehmensträger zugeordnet. Verträge mit einem „Unternehmen" werden also in Wirklichkeit immer mit dem Unternehmensträger geschlossen.

Beispiel: Kübler kauft in dem Kaufhaus des Veil eine Hose. Beraten wurde er dabei von dem Angestellten Ast. Später bemerkt er einen Mangel. Hier liegt zwischen K und V ein Kaufvertrag vor. Die Mängelrechte muss K gegen V als Unternehmensträger geltend machen.

3 Als Unternehmensträger kommt jeder in Betracht, der Rechtssubjekt, also Träger von Rechten und Pflichten sein kann.[3] Dies sind natürliche Personen, juristische Personen und Gesamthandsgemeinschaften. Unternehmer können danach zum Beispiel der Kaufmann oder ein Angehöriger eines freien Berufes sein. Ist der Unternehmensträger Kaufmann, so ist sein Unternehmen das Handelsgewerbe (oben § 2 Rn. 20 ff.).

---

[1] Grdl. *J. v. Gierke*, ZHR 111 (1948), 1, 6 ff., 12 f.; MünchKomm-HGB/*Lieb*, Anh. § 25 Rn. 3.
[2] Vgl. *BGH* NJW 2002, 1042, 1043 unter II. 1 a.
[3] *K. Schmidt*, HandelsR, § 5 I.

Übersicht 5/1: 4

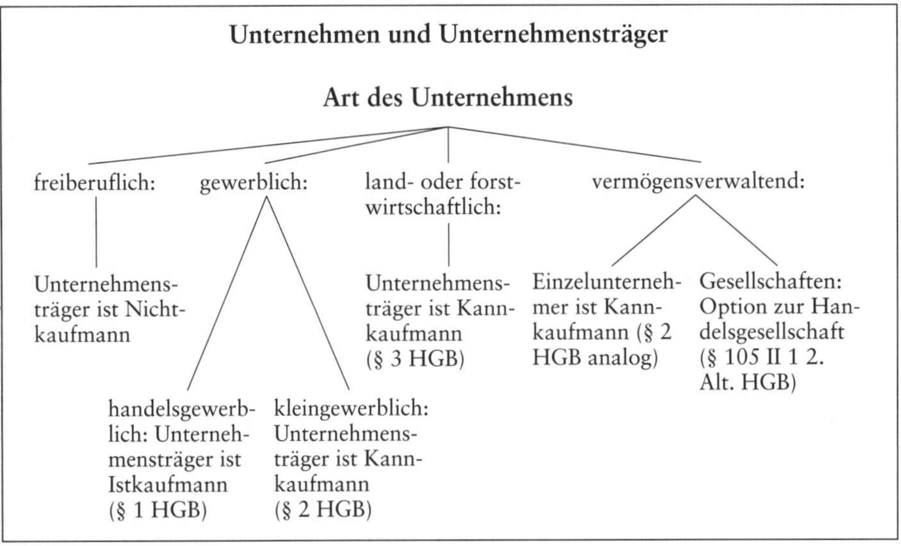

Weniger bedeutsam für die Kaufmannseigenschaft ist die Art des Unternehmens bei den Gesellschaften (oben § 2 Rn. 112ff.).

2. Andere Rechtsgebiete

Der Begriff des Unternehmens ist auch in anderen Rechtsgebieten zu finden. Zu 5
beachten ist hierbei jedoch, dass er nicht überall die gleiche Bedeutung hat. Der handelsrechtliche Unternehmensbegriff kann mit den Unternehmensbegriffen der anderen Rechtsgebiete Gemeinsamkeiten aufweisen, aber er kann sich auch unterscheiden.[4] So muss etwa im *Arbeitsrecht* nach § 47 I BetrVG ein Gesamtbetriebsrat gebildet werden, wenn das Unternehmen mehrere Betriebe hat. Hierbei gilt als Unternehmen eine organisatorische Einheit, mit welcher der Unternehmer wirtschaftliche Zwecke verfolgt.[5] Dies entspricht dem handelsrechtlichen Unternehmensbegriff. *Mitbestimmungspflichtig* nach § 1 I MitbestG sind nur solche Unternehmen, die in der Rechtsform der AG, KGaA GmbH betrieben werden oder mehr als 2000 Arbeitnehmer beschäftigen. Das *Kartellrecht* behandelt in § 1 GWB rechtsformneutral Unternehmen als vertragsfähig. Dies dient hier vor allem dem Zweck des GWB, der in der unbeschränkten wirtschaftlichen Betätigung liegt.[6] Auch der Unternehmensbegriff des *Konzernrechts* (§§ 15ff., 291ff. AktG) stellt nicht auf die Rechtsform ab.[7]

---

[4] *K. Schmidt*, HandelsR, § 4 I 3 a.
[5] *Junker*, Grundkurs Arbeitsrecht, 9. Aufl., 2010, Rn. 126.
[6] *Brox/Henssler*, Rn. 123.
[7] *Hüffer*, § 15 AktG Rn. 11.

3. Niederlassungen eines Unternehmens

6 Unter Niederlassung eines Unternehmens wird der Ort verstanden, von dem aus das Unternehmen geführt und betrieben wird. Bei den Niederlassungen eines Unternehmens kann zwischen der Hauptniederlassung und der Zweigniederlassung unterschieden werden. Das Gesetz verwendet beide Begriffe in den §§ 13 ff. HGB, enthält aber keine Definition. Die Niederlassung kann Anknüpfungspunkt für die internationale und örtliche Gerichtszuständigkeit nach §§ 17, 21 ZPO, Art. 5 Nr. 5 EuGVVO sein, ferner für den Erfüllungsort (§§ 269 II, 270 II BGB).

a) Hauptniederlassung

7 Die Hauptniederlassung ist der Mittelpunkt des gesamten Unternehmens, von dem aus es geleitet und geführt wird.[8] Für den Einzelkaufmann ist dies der Ort, der den räumlichen Mittelpunkt des Unternehmens bildet und dauerhaft der Geschäftsleitung dient.[9] Bei den Personenhandelsgesellschaften (oben § 2 Rn. 112 ff.) ist der Sitz der Gesellschaft die Hauptniederlassung. Dagegen kann der Sitz bei Kapitalgesellschaften (oben § 2 Rn. 116 f.) durch die Satzung bestimmt werden (§ 5 AktG, § 4a GmbHG). Regelmäßig befindet sich der Sitz nach § 5 II AktG, § 4a II GmbHG dort, wo sich die Geschäftsleitung befindet oder die Verwaltung geführt wird. Bedeutung hat die Bestimmung der Hauptniederlassung für das Registerverfahren nach den §§ 13 ff. HGB.

b) Zweigniederlassung

8 Die Zweigniederlassung ist ein dauerhaft von der Hauptniederlassung räumlich getrennter Teil des Unternehmens mit einer gewissen Selbständigkeit. Sie ist mehr als eine Abteilung des Unternehmens, aber weniger als ein eigenständiges Unternehmen.[10] Entscheidend ist die Identität des Unternehmensträgers (oben Rn. 2 f.) der Haupt- und der Zweigniederlassung und – im Wesentlichen – auch des Geschäftszweigs, in dem die Niederlassungen tätig sind. Anhaltspunkte für eine gewisse organisatorische Selbständigkeit sind etwa das Vorhandensein eines Leiters, der nach außen selbständig auftritt, z. B. als Niederlassungsprokurist i. S. des § 50 III HGB (sogleich Rn. 9).

9 Nach § 13 I 1 HGB ist die Zweigniederlassung beim Gericht der Hauptniederlassung bzw. des Sitzes der Gesellschaft zur Eintragung in das Handelsregister anzumelden.[11] Bedeutung hat die Zweigniederlassung auch für die Prokura. Nach § 50 III HGB kann die Prokura auf den Betrieb einer von mehreren Niederlassungen des Geschäftsinhabers beschränkt werden. Erforderlich hierbei ist jedoch, dass die Niederlassungen unter verschiedenen Firmen betrieben werden. Hierbei

---

[8] *Brox/Henssler,* Rn. 125.

[9] Ebenroth/Boujong/Joost/Strohn/*Pentz,* § 13 Rn. 15.

[10] Vgl. *K. Schmidt,* HandelsR, § 4 II 2 a.; näher *Voigt,* Das Handelsrecht der Zweigniederlassung, 2010; bespr. von *Krafka,* ZHR 175 (2011), 154 ff.

[11] Zur Neufassung des § 13 HGB ab 1.1.2007 s. *Liebscher/Scharff,* NJW 2006, 3745, 3751 f., zur Zweigniederlassung ausländischer Gesellschaften s. §§ 13d ff. HGB und den Beispielfall *OLG Karlsruhe* NZG 2012, 553.

reicht es nach § 50 III 2 HGB aus, dass für eine Zweigniederlassung ein Zusatz beigefügt wird (unten § 6 Rn. 38).

II. Der Erwerb eines Unternehmens

Das **Unternehmen als Rechtsobjekt** (oben Rn. 1 f.) kann **Gegenstand des Rechtsverkehrs** sein. Daher kann der Träger eines Unternehmens dieses an einen anderen veräußern.[12] Hierbei ist streng zwischen der schuldrechtlichen und der sachenrechtlichen Ebene zu unterscheiden.[13] 10

1. Schuldrechtliche Ebene

Die Veräußerung des Unternehmens beruht im Regelfall auf einem Verpflichtungsvertrag, wie z. B. einem Kaufvertrag (§§ 433, 453 BGB) oder Schenkungsvertrag (§ 516 BGB). Verpflichtet sich der Unternehmer, sein Unternehmen nur zeitweilig zu überlassen, so kann zwischen den Parteien ein Pacht- oder Treuhandvertrag vereinbart werden. 11

a) Inhalt und Form des Verpflichtungsvertrages

Der Verpflichtungsvertrag verpflichtet den Veräußerer, dem Erwerber das gesamte zum Unternehmen gehörende Vermögen zu verschaffen. Hierbei muss das Unternehmen mit seiner Vielzahl von einzelnen Gegenständen als *eine Einheit* angesehen werden. Durch Auslegung des Kaufvertrages ist zu ermitteln, welche Gegenstände des Unternehmens veräußert werden sollen. Bestehen Abgrenzungsschwierigkeiten zwischen dem Privatvermögen und dem Unternehmensvermögen des Veräußerers, so ist im Zweifel auf die Bilanz abzustellen.[14] Liegt ein Kaufvertrag vor, so ist zu unterscheiden zwischen dem **Kauf des ganzen Unternehmens als Einheit („asset deal")** und dem **Kauf von Beteiligungen am Unternehmensträger („share deal")**. 12

Beispiel 1: Unternehmer Utz möchte seine Werkstatt verkaufen. Diese besteht aus den Maschinen, den einzelnen Werkzeugen, Forderungen gegenüber Kunden etc. Schließt U nun mit Kraus einen Kaufvertrag über sein Unternehmen, so ist Gegenstand des Kaufvertrages das ganze Unternehmen des U (Unternehmenskauf = „asset deal"). Vgl. BGH NJW 1995, 1547.

Beispiel 2: Wie soeben Beispiel 1. Betreiber der Werkstatt und Träger des Unternehmensvermögens ist aber nicht Utz persönlich, sondern die Utz-GmbH, deren alleiniger Gesellschafter der U ist. Verkauft U dem Kraus die von ihm gehaltenen Geschäftsanteile, so sind diese – und nicht das Unternehmen selbst – Gegenstand des Kaufvertrags (Anteilskauf = „share deal"). Vgl. BGH NJW-RR 2006, 1037 = ZIP 2006, 765.

---

[12] Zu den typischen Abläufen bei Unternehmensübertragungen („M & A-Transaktionen") s. *Grau*, NJW 2008, 1409 ff.; *Saenger*, Gesellschaftsrecht, 2010, Rn. 1074 ff.

[13] Allg. zum Trennungsprinzip *Musielak*, Grundkurs BGB, 11. Aufl., 2009, Rn. 260 f., 265, 551. Standardwerk: *Holzapfel/Pöllath*, Unternehmenskauf in Recht und Praxis, 14. Aufl., 2010.

[14] *Canaris*, § 8 Rn. 7.

13 Grundsätzlich sind Verpflichtungsgeschäfte formfrei. Ausnahmsweise ist eine **Form** dann einzuhalten, wenn sich innerhalb des Vermögens des Unternehmens ein Gegenstand befindet, zu dessen Übertragung eine Formvorschrift zu beachten ist. Bedarf es für diesen Gegenstand einer besonderen Form i. S. der §§ 125 ff. BGB, so ist diese einzuhalten. Ein solches Formerfordernis besteht zum Beispiel beim Kauf eines Grundstücks:[15] Gehört zu dem Vermögen des Unternehmens ein **Grundstück,** so ist der ganze Kaufvertrag und damit der ganze Unternehmenskauf gemäß **§ 311b I 1 BGB** formbedürftig. Wurde die Form nicht beachtet, so wird der Kaufvertrag durch Heilung nach § 311b I 2 BGB mit seinem ganzen Inhalt gültig, wenn die Auflassung und die Eintragung in das Grundbuch später erfolgt sind. Auch **§ 311b III BGB** (Gesamtvermögensübertragung) kann zu beachten sein.[16] Formerfordernisse können – je nach Gesellschaftsform – ferner beim Anteilskauf bestehen (vgl. § 15 IV GmbHG; unten § 15 Rn. 13).

14 Eine weitere Besonderheit ergibt sich, wenn das Unternehmen das ganze Vermögen des Veräußerers darstellt und dieser im gesetzlichen Güterstand oder in Gütergemeinschaft lebt. Hierzu bedarf es nach den §§ 1365 f. BGB bei der Zugewinngemeinschaft der **Genehmigung des Vertrages durch den anderen Ehegatten.** Im Rahmen der Gütergemeinschaft erfordern die §§ 1423 f. BGB die Einwilligung des anderen Ehegatten. Eine gerichtliche Genehmigung ist in den Fällen des § 1822 Nr. 3 BGB (auch i. V. m. § 1643 I BGB oder § 1908i I BGB) erforderlich.

b) Haftung für Mängel

15 In der Regel liegt dem Unternehmenserwerb ein Kaufvertrag zugrunde. Ist das verkaufte Unternehmen mangelhaft, stellt sich die Frage nach den Rechtsbehelfen des Käufers. Nach § 453 I BGB finden die Vorschriften über den Kauf von Sachen auch auf den Kauf von Rechten und sonstigen Gegenständen Anwendung. Sonstige „Gegenstände" sind alle übertragbaren Sachen und Rechte, die einzeln oder zusammengefasst im Rechts- und Wirtschaftsverkehr gegen Entgelt gehandelt werden. Folglich regelt § 453 I BGB auch den Kauf eines Unternehmens, so dass sich die Rechtsbehelfe des Käufers nach den kaufrechtlichen Vorschriften der §§ 437 ff. BGB richten.[17] Ist der Kaufgegenstand, hier: das Unternehmen, mit einem Sachmangel behaftet, so kann der Käufer seine Rechte aus § 437 BGB geltend machen (Nacherfüllung, Rücktritt, Minderung, Schadensersatz, Aufwendungsersatz).[18] Dabei ist danach zu differenzieren, ob ein Unternehmenskauf oder ein Anteilskauf vorliegt (zu dieser Unterscheidung oben Rn. 12).

---

[15] Zu weiteren Fällen, die eine Beachtung der Form erfordern vgl. *Wiesbrock*, DB 2002, 2311 ff.

[16] *OLG Hamm* NZG 2010, 1189 m. Aufs. *Böttcher/Fischer*, S. 1332 ff. = EWiR 2011, 141 m. Kurzkomm. *Schmitz-DuMont*.

[17] Vgl. BT-Drs. 14/6040 S. 242, aus der hervorgeht, dass der Gesetzgeber mit der Vorschrift der Rechtsprechung folgt, welche die kaufrechtlichen Vorschriften, soweit sie passen, auch bei dem Kauf eines Unternehmens angewendet; allg. über Unternehmenskauf und Schuldrechtsmodernisierung *U. Huber*, AcP 202 (2002), 179 ff.; *Kindl*, WM 2003, 409 ff.; *M. Fischer*, DStR 2004, 276 ff.; S. *Lorenz*, FS Heldrich, 2005, S. 305 ff.; *Schröcker*, ZGR 2005, 63 ff.; *Weller*, FS Maier-Reimer, 2010, S. 839 ff.

[18] Ausführlich zu den einzelnen BGB-Rechtsbehelfen des Käufers und deren Voraussetzungen beim Unternehmenskauf s. *Canaris*, § 8 Rn. 15 ff.

(1) Unternehmenskauf. Eine Haftung nach den § 437 ff. BGB ergibt sich insbesondere für die Mängel an einzelnen zum Unternehmen gehörenden Sachen und Rechten („Substratmangel"). Hierbei hat die Unterscheidung zwischen Rechts- und Sachmangel keine Bedeutung, da beide Mängelarten gleichgestellt sind, vgl. §§ 433 I 2, 434, 435 BGB. 16

Beispiel: Kraus kauft das Unternehmen des Völler. Hierzu gehört eine Fertigungsmaschine, die mangelhaft ist. K hat gegen V einen Anspruch auf Nacherfüllung aus §§ 437 Nr. 1, 439 BGB. Später stellt sich heraus, dass V eine weitere Maschine bereits an einen Dritten veräußert hat (§ 929 BGB). Hier liegt ein Rechtsmangel vor, der ebenfalls eine Haftung des V gegenüber K aus § 437 BGB begründet.

Problematischer sind Fälle, in denen der Verkäufer dem Käufer Angaben zu Unternehmensverhältnissen gemacht hat. Hierbei stellt sich die Frage, ob solche Abschlussangaben, wenn sie fehlerhaft sind, einen Mangel darstellen. Handelt es sich dabei um ein Garantieversprechen i. S. d. § 443 BGB, so stehen dem Käufer die Rechte aus der Garantie zu.[19] 17

Beispiel: Vollmund gibt hinsichtlich seines Unternehmens bestimmte Umsatzverhältnisse oder bestimmte Gewinnerwartungen an. Treffen diese in Wirklichkeit nicht zu, ist fraglich, ob dies einen Mangel darstellt und der Käufer dann gegen V die Rechtsbehelfe des § 437 BGB geltend machen kann. Hat V dagegen die Umsatzverhältnisse oder Gewinnerwartungen zum Inhalt eines Garantieversprechens gemacht, so hat K nach § 443 I BGB *neben* den gesetzlichen Rechtsbehelfen auch Ansprüche aus der Garantie.

Vor dem SMG wurden solche Angaben von der Rechtsprechung nicht als Fehler angesehen, da sie die Gebrauchstauglichkeit des Unternehmens nur mittelbar beeinträchtigen.[20] Eine Haftung des Verkäufers bestand danach nur nach den Grundsätzen der culpa in contrahendo, wenn kein selbständiges Garantieversprechen vorlag.[21] Der Käufer, der nicht die Gewährleistungsrechte geltend machen konnte, hatte gegen den Verkäufer einen Anspruch aus c. i. c., der auf Vertragsaufhebung oder Schadensersatz gerichtet war.[22] 18

Nach der heutigen Rechtslage ist ebenfalls fraglich, ob Abschlussangaben eine Beschaffenheitsvereinbarung darstellen. Dafür spricht, dass das heutige Recht lediglich auf die vereinbarte Beschaffenheit abstellt (§ 434 I 1 BGB).[23] Demnach können auch Abschlussangaben grundsätzlich eine solche Beschaffenheit darstellen. Allerdings muss der Mangel durch physische Merkmale einer Sache beschrieben werden, da sonst ein spezifischer Bezug zu dem Kaufgegenstand fehlt.[24] 19

Liegt ein Mangel vor, so hat der Käufer die in § 437 BGB genannten Rechtsbehelfe. Zunächst besteht ein Anspruch auf Nacherfüllung gemäß §§ 437 Nr. 1, 439 BGB, z. B. auf Beseitigung eines Rechtsmangels. Bei unrichtigen Abschlussanga- 20

---

[19] Vgl. zur Garantiehaftung beim Unternehmenskauf *v. Westphalen*, FS Röhricht, 2005, S. 675 ff.

[20] *Wolf/Kaiser,* DB 2002, 411, 414 m. w. Nachw. hinsichtlich der älteren Rspr.; vgl. auch den Wortlaut des § 459 I 1 BGB a. F., nach dem die Sache „mit Fehlern behaftet" sein muss.

[21] BT-Drs. 14/6040 S. 242.

[22] Vgl. *Dauner-Lieb/Arnold/Dötsch/Kitz,* Fälle zum neuen Schuldrecht, 2002, Fall 87 m. w. Nachw. zur alten Rechtslage; *BGH* NJW 2001, 2163; *BGH* ZIP 2003, 1399, 1402.

[23] So auch *Dauner-Lieb/Arnold/Dötsch/Kitz,* Fälle zum neuen Schuldrecht, 2002, Fall 87.

[24] *Grigoleit/Herresthal,* JZ 2003, 118, 125.

ben kommt ein solcher Anspruch des Käufers allerdings nicht in Betracht (§ 275 I BGB).[25] Ferner hat der Käufer die Möglichkeit, vom Vertrag nach § 437 Nr. 2 Alt. 1 BGB i.V.m. §§ 440, 323, 326 V BGB zurückzutreten, nach § 437 Nr. 2 Alt. 2 BGB den Kaufpreis nach § 441 BGB zu mindern und nach § 437 Nr. 3 BGB Schadensersatz oder Ersatz vergeblicher Aufwendungen zu verlangen. (§§ 280 ff., 284 BGB).

21 Für die Abgrenzung zur Haftung auf das negative Interesse kommt es auf die Art der Abschlussangabe an. Bezieht sich diese auf einen mehrjährigen Zeitraum und wurde sie von den Parteien vereinbart, so liegt darin eine vereinbarte Beschaffenheit.[26] Hingegen dürfte bei den Angaben, die sich auf einen kürzeren Zeitraum beziehen, keine Beschaffenheitsvereinbarung vorliegen, so dass für diese Angaben eine Haftung des Verkäufers aus §§ 241 II, 311 II, 280 I BGB in Betracht kommt.[27] Dem wird allerdings von einer Mindermeinung entgegengehalten, dass durch die Weite des Beschaffenheitsbegriffs in § 434 I 1 BGB gerade Rechtssicherheit und Rechtsklarheit geschaffen werden soll. Daher könne es nicht auf eine solche u. U. sehr schwierige Unterscheidung nach der Art der Abschlussangabe ankommen.[28]

22 *(2) Anteilskauf.* Ein Kauf von Beteiligungen (share deal) ist ein Rechtskauf. Nach § 453 I BGB finden die Vorschriften über den Kauf von Sachen auch auf den Kauf von Rechten Anwendung. Dies bedeutet, dass bei Mängeln auch die §§ 434 ff. BGB einschlägig sind. Nach § 435 S. 1 BGB liegt ein Rechtsmangel vor, wenn ein Dritter in Bezug auf die Sache oder den Gegenstand Rechte geltend machen kann. Fraglich ist hierbei, ob Mängel einzelner Vermögensgegenstände des Unternehmens auch einen Mangel des gekauften *Anteils* darstellen können. Denn die einzelnen Gegenstände des Unternehmens sind gerade nicht Bestandteil des Kaufvertrages. Die Mangelfreiheit dieser Gegenstände ist aber im Interesse des Beteiligungskäufers. Daher sollen ihm Mängelrechte zustehen, wenn der wirtschaftliche Zustand des Unternehmens auf die Anteilsrechte durchschlägt.[29] Dies ist bei wirtschaftlicher Vergleichbarkeit des Anteilserwerbs mit dem Unternehmenskauf der Fall, d. h. beim Erwerb einer zumindest satzungsändernden Mehrheit der Anteile an der unternehmenstragenden Gesellschaft.[30]

Beispiel: Küblbeck möchte von Veldbusch alle Anteile an der V-GmbH kaufen. Das Gesellschaftsvermögen besteht im Wesentlichen aus einer Fertigungsmaschine. Ist diese nun mangelhaft, so wird K ein Interesse an Mängelrechten haben. Zwar sind die vertragsgegenständlichen GmbH-Anteile i. S. d. § 435 S. 1 BGB als solche mangelfrei. Hier ist aber davon auszugehen, dass sich der wirtschaftliche Zustand des Unternehmens auch auf die Beteiligung auswirkt. K kann somit Mängelrechte geltend machen.

---

[25] Vgl. *Weitnauer,* NJW 2002, 2511, 2514; *Wolf/Kaiser,* DB 2002, 411, 418. Eine Nacherfüllung ist bei Abschlussangaben immer unmöglich.

[26] *Weitnauer,* NJW 2002, 2511, 2513 f.

[27] So *Weitnauer,* NJW 2002, 2511, 2514.

[28] So *Wolf/Kaiser,* DB 2002, 411, 414.

[29] *Weitnauer,* NJW 2002, 2511, 2514, 2515. So auch *Wolf/Kaiser,* DB 2002, 411, 417, wonach grundsätzlich bei allen Mängeln, die den Unternehmenswert mindern, auch das Äquivalenzverhältnis gestört ist, was einen Mangel beim Anteilskauf darstellt; eingehend *Weller,* FS Maier-Reimer, 2011, S. 838, 841 ff. (auch zur Verjährung).

[30] *BGH* NJW 2001, 2163, 2164 („sämtliche oder nahezu sämtliche Anteile"); *BGH* NZG 2002, 644, 646.

Übungsfall (nach *OLG Brandenburg* GmbHR 2011, 375): Bolle (B) verkauft seine Alleingesellschafterstellung in der B-GmbH an den Kalle (K). Im Zeitpunkt des Vertragsschlusses bestanden Zahlungsverpflichtungen der GmbH von mehr als 160.000 EUR, zu deren Erfüllung die Gesellschaft nicht imstande war. Dies verschwieg der B dem K. Kann K den Kaufvertrag anfechten? 22a

Lösung: In Betracht kommt eine Anfechtung des Kaufvertrages wegen arglistiger Täuschung durch Unterlassen (§ 123 I BGB). B hat den K über die finanzielle Lage der Gesellschaft getäuscht. In Anbetracht der angespannten finanziellen Lage der GmbH war der B ungefragt aufklärungspflichtig gewesen hinsichtlich solcher Umstände, die nur dem Verkäufer bekannt sind und von denen er weiß oder wissen muss, dass sie für den Käufer von wesentlicher Bedeutung sind, weil sie den Vertragszweck vereiteln können (*BGH* NJW-RR 1998, 1406). Ersichtlich ist das Nichtbedienenkönnen dieser Verbindlichkeiten seitens der GmbH geeignet, den Vertragszweck zu vereiteln. Solche dem Käufer unbekannten Umstände sind für ein Unternehmen und auch für GmbH-Anteile wertbildende Faktoren, die der aufgrund seines Wissens überlegene Verkäufer nicht verschweigen darf. Darüber muss er umfassend und wahrheitsgemäß unterrichten. Die Aufklärungspflicht des Verkäufers besteht unabhängig von der Durchführung einer Kaufvorprüfung („Due-Diligence-Prüfung") seitens des Kärufers. Die Arglistanfechtung greift daher durch.

Ergänzender Hinweis: Für den Käufer von Geschäftsanteilen kommt in Fällen dieser Art (Gefährdung der Überlebensfähigkeit des Unternehmens) daneben eine Schadensersatzhaftung des Verkäufers gem. § 280 I, § 311 II BGB wegen Pflichtverletzungen bei Vertragsverhandlungen in Betracht, die aber abbedungen werden kann (vgl. § 444 BGB). Zur Vertiefung: *Schodder*, EWiR 2011, 375 f.; ferner *OLG Köln* ZIP 2009, 2063 und dazu *Weller*, FS Maier-Reimer, 2011, S. 838 ff.

2. Sachenrechtliche Ebene

Das Unternehmen ist schuldrechtlich zwar als Einheit anzusehen, jedoch handelt es sich nicht um einen einheitlichen Rechtsgegenstand (vgl. oben Rn. 1: Unternehmen als Inbegriff von Sachen, Rechten und sonstigen Gütern).[31] Aufgrund des sachenrechtlichen **Bestimmtheitsgrundsatzes** (Spezialitätsprinzip) können dingliche Rechte nur an einzelnen Sachen bestehen. Daher besteht Eigentum an den einzelnen Gegenständen mit der Folge, dass jeder einzelne Gegenstand nach der für ihn einschlägigen Vorschrift übertragen werden muss. Anwendung finden deshalb: §§ 929 ff. BGB für bewegliche Sachen, §§ 873 ff. BGB für unbewegliche Sachen, §§ 398 ff. BGB für Forderungen und § 413 BGB für die Übertragung anderer Rechte. 23

Beispiel: Das Unternehmen des Völler besteht aus einem Betriebsgrundstück, zwei Maschinen und einigen Forderungen gegen seine Abnehmer. Schließt er nun mit Kraus einen Kaufvertrag über sein Unternehmen, so werden das Grundstück nach den §§ 873, 925 BGB, die Maschinen nach § 929 BGB und die Forderungen nach § 398 BGB übertragen.

Auch in sachenrechtlicher Hinsicht ist die Unterscheidung zwischen dem Kauf des Unternehmens und dem Kauf von Gesellschaftsanteilen (oben Rn. 12) bedeutsam,[32] da sich der Erwerb nach anderen Vorschriften richten kann. 24

Beispiel: Kist möchte das von der Vollholtz-GmbH betriebene Unternehmen erwerben. Zum Unternehmensvermögen gehört ein Grundstück. Bei einem Erwerb des Unternehmens von der

---

[31] *K. Schmidt*, HandelsR, § 6 I 1.
[32] *K. Schmidt*, HandelsR, § 6 II 1 c.

V-GmbH muss diese als Verkäuferin das Grundstück nach §§ 873, 925 BGB an den K übereignen. Dazu ist sie nach § 433 I 1 BGB verpflichtet. Kauft K hingegen von Alleingesellschafter Vollholtz dessen Geschäftsanteile an der V-GmbH, so erfolgt keine Übereignung des Grundstücks. Dieses verbleibt im Vermögen der Gesellschaft. V ist als Verkäufer zur Übertragung der Geschäftsanteile verpflichtet (§§ 433 I 1, 453 I BGB). Die Übertragung der Anteile erfolgt nach §§ 398 ff. BGB, 413 BGB, 15 GmbHG.

III. Wechsel des Inhabers

25 Dem Inhaber (Träger) des Unternehmens und nicht dem Unternehmen selbst werden die Rechte und Pflichten aus dem Betrieb des Unternehmens zugeordnet. Denn nur der Unternehmensträger ist Rechtssubjekt (z. B. nach § 1 BGB oder nach § 11 I GmbHG usw.), das Unternehmen ist Rechtsobjekt (oben Rn. 2). Bei einem Wechsel des Inhabers ist es im Rechtsverkehr von Bedeutung, wem fortan diese Rechte und Pflichten aus dem Betrieb des Unternehmens zugeordnet sind.

Beispiel: Das Unternehmen des Völler hat u. a. Forderungen gegen Dritte und Verbindlichkeiten gegenüber Gläubigern. Für letztere stellt sich die Frage, wen sie bei einem Wechsel des Inhabers in Anspruch nehmen können. Für den Erwerber des Unternehmens ist von Bedeutung, ob er nun auch neuer Gläubiger hinsichtlich der Forderungen geworden ist.

26 Geregelt ist der Inhaberwechsel in den §§ 25 ff. HGB. Vorschriften bezüglich der Haftung für die Schulden finden sich in § 25 I 1, III HGB. Regelungen über den Forderungsübergang enthält § 25 I 2 HGB. Tritt jemand in das Unternehmen eines Einzelkaufmannes ein, so gilt die gegenüber § 25 HGB speziellere Regelung des § 28 HGB. Schließlich behandelt § 27 HGB noch einige besondere Fragen beim Inhaberwechsel von Todes wegen. Vgl. zur Gesetzessystematik auch die Übersicht unten Rn. 61.

1. Haftung für Schulden

27 Bei der Suche nach dem einschlägigen Tatbestand ist zunächst danach zu fragen, ob das Unternehmen unter seiner bisherigen Firma fortgeführt werden soll oder nicht. Bei Firmenfortführung gilt § 25 I 1 HGB, anderenfalls § 25 III HGB.

a) Haftung bei Fortführung der bisherigen Firma

28 Nach § 25 I 1 HGB haftet derjenige, der ein Handelsgeschäft erworben hat und dieses unter der bisherigen Firma weiterführt, für alle im Betrieb des Geschäfts begründeten Verbindlichkeiten des früheren Inhabers.

29 *(1) Normzweck und Rechtsgrund des § 25 I 1 HGB.*[33] Nach nahezu einhelliger Auffassung bezweckt § 25 I 1 HGB den Schutz von Haftungserwartungen des

---

[33] Eindrucksvoll hierzu nach wie vor Staub/*Hüffer,* § 25 Rn. 1 ff.

Rechtsverkehrs.[34] Was der Rechtsgrund der Schuldenhaftung des Unternehmenserwerbers sein soll, ist indessen seit In-Kraft-Treten des HGB umstritten. Ursprünglich war die **Erklärungstheorie** herrschend.[35] Im neueren Schrifttum findet sie sich kaum noch;[36] die Rspr. hat indessen auch bis in die jüngste Zeit immer wieder auf sie zurückgegriffen: So soll nach BGH NJW-RR 1990, 1253 den „Rechtsgrund der Haftung nach § 25 HGB ... die in der Fortführung des Geschäfts unter der Firma liegende, an die Öffentlichkeit gerichtete Erklärung des Erwerbers (bilden), für die bisherigen Geschäftsschulden haften zu wollen." Dies läuft indessen auf die – unzulässige – Fiktion einer Willenserklärung hinaus, da der Erwerber im Regelfall keinerlei Interesse an der Übernahme der Verbindlichkeiten hat.

Die **Rechtsscheintheorie** sieht in § 25 I 1 HGB einen Fall der allgemeinen Ver- 30
trauenshaftung. Danach ergibt sich anknüpfend an die Erklärung, für die Altschulden haften zu wollen, eine Rechtsscheinwirkung. Auch diesen Gedanken hat die Rspr. aufgegriffen.[37] Hiergegen spricht aber, dass dieser Schein dadurch zerstört werden kann, dass der neue Inhaber einen Nachfolgezusatz verwendet (§ 22 HGB; dazu oben § 4 Rn. 56). Denn durch diesen Zusatz erfährt der Geschäftspartner von dem Inhaberwechsel. Ferner erfordert § 25 HGB im Gegensatz zu anderen Rechtsscheintatbeständen keine Schutzbedürftigkeit des Gläubigers.

Die so genannte **Haftungsfondstheorie** beruht auf dem Gedanken der Zusam- 31
mengehörigkeit von Aktiva und Passiva; neben den Erwerb des Geschäftsvermögens tritt der Erwerb eines haftungsindizierenden Merkmals.[38] Demnach liegt der Rechtsgrund für eine Haftung in einer Kombination der Vermögensübernahme und dem Verkehrsschutzprinzip.[39] Dieser Theorie kann entgegengehalten werden, dass sie gerade nicht, wie der Wortlaut der Vorschrift es fordert, auf die Fortführung der Firma eingeht, sondern die Fortführung des Vermögens. Ferner kann die Haftungsfondstheorie nicht erklären, warum § 25 I 1 HGB auch den Zugriff auf das Privatvermögen des neuen Geschäftsinhabers und dessen bereits vorhandenes gewerbliches Vermögen eröffnet.

Die **Theorie von der Haftungskontinuität** geht davon aus, dass die §§ 25, 28 32
HGB einheitlich zu betrachten sind.[40] Die Haftung soll aus der bloßen Tatsache der Fortführung des Unternehmens folgen.[41] Für § 25 I 1 HGB hat sich dem der **BGH** angeschlossen, allerdings ohne die zuvor vertretenen Konzeptionen zu ver-

---

[34] Ebenroth/Boujong/Joost/Strohn/*Zimmer*, § 25 Rn. 2 mit Bezugnahme auf die Materialien; *Canaris*, § 7 Rn. 18.

[35] Vgl. schon die Denkschrift zu dem Entwurf eines HGB, Reichstagsvorlage, 1897, zitiert nach *Schubert/Schmiedel/Krampe*, Quellen zum HGB, Bd. II/2, 1987, S. 979 (Textwiedergabe auch bei Ebenroth/Boujong/Joost/Strohn/*Zimmer*, § 25 Rn. 2): „Der Erwerber eines Geschäfts, der die Firma ... fortführt, erklärt dadurch seine Absicht, in die Geschäftsbeziehungen des früheren Geschäftsinhabers soweit als möglich einzutreten."

[36] Wohl nur bei *Säcker*, ZGR 1973, 261, 266 f., 272 ff.

[37] Vgl. BGHZ 18, 248, 250 – NJW 1955, 1916; BGHZ 29, 1, 3 = NJW 1959, 241.

[38] *Schricker*, ZGR 1972, 121, 150.

[39] *Schricker*, ZGR 1972, 121, 150 f.

[40] *K. Schmidt*, HandelsR, § 8 I 3; für Österreich *Krejci*, ZHR 170 (2006), 113, 126.

[41] *K. Schmidt*, HandelsR, § 8 I 4 a.

werfen.[42] Gegen den Gedanken der Haftungskontinuität spricht die Möglichkeit des Haftungsausschlusses nach den §§ 25 II, 28 II HGB.[43] Ferner wird auch hier eingewendet, dass diese Theorie allenfalls eine Haftung mit dem Unternehmen und nicht mit dem sonstigen Vermögen rechtfertigt.[44] Insgesamt kann man nur *Canaris* beipflichten, der § 25 I 1 HGB als eine systemfremde Norm ohne einleuchtenden Gerechtigkeitsgehalt ansieht, die daher eng auszulegen sei.[45]

33 *(2) Voraussetzungen des § 25 I 1 HGB.* Zunächst setzt § 25 I 1 HGB voraus, dass es sich bei dem Unternehmen um ein **Handelsgeschäft** handelt. Hierunter fallen lediglich kaufmännische Handelsgeschäfte, so dass eine Anwendung des § 25 I 1 HGB auf Nichtkaufleute ausscheidet.[46] Ferner setzt § 25 I 1 HGB voraus, dass das Handelsgeschäft unter Lebenden **erworben** worden ist. Unter Erwerb ist hier jeder tatsächliche Wechsel der Unternehmensträgerschaft zu verstehen, der nicht auf Erbfolge beruht.[47] Unerheblich ist nach h. M. auch, ob das dem Erwerb zugrunde liegenden Verpflichtungs- oder Verfügungsgeschäft mangelhaft oder sogar unwirksam ist.[48] Nach zutreffender Ansicht genügt es indessen nicht, dass das Unternehmen von dem Erwerber bloß tatsächlich fortgeführt wird. Hierfür spricht der Wortlaut („erworben") und die größere Schutzbedürftigkeit des Erwerbers.[49]

34 Weiterhin wird vorausgesetzt, dass das Handelsgeschäft unter der bisherigen Firma fortgeführt wird. Das **Handelsgeschäft** wird fortgeführt, wenn auch weiterhin noch Geschäfte getätigt werden, mindestens mit einem wesentlichen Unternehmensteil.[50] Dies erfordert die Beibehaltung – im Kern – des Tätigkeitsbereichs, der inneren Organisation und der Räumlichkeiten ebenso wie der Kunden- und Lieferantenbeziehungen und/oder die Übernahme von Teilen des Personals.[51] Ferner muss der Erwerber die **Firma** fortführen.[52] Ausreichend ist hierbei, dass der

---

[42] BGHZ 146, 374, 376 = NJW 2001, 1352; *BGH* NJW 2006, 1001 = NZG 2006, 261 Tz. 7; *BGH* NJW 2010, 236 = JuS 2010, 261 (*K. Schmidt*) – Schmierstoffe Tz. 15.

[43] *Canaris,* § 7 Rn. 14.

[44] *Canaris,* § 7 Rn. 14.

[45] *Canaris,* § 7 Rn. 16, 24.

[46] Wohl h. M. Vgl. Ebenroth/Boujong/Joost/Strohn/*Zimmer,* § 25 Rn. 24, Baumbach/*Hopt,* § 25 Rn. 2 m.w. Nachw. Nach a. A. findet § 25 I HGB auf alle Unternehmensträger Anwendung (vgl. *K. Schmidt*, HandelsR, § 8 II 1 a).

[47] Koller/*Roth*/Morck, § 25 Rn. 4.

[48] So Rspr. und Teile der Lit. Für eine Anwendbarkeit des § 25 HGB auch bei einem rechtsunwirksamen Erwerbsgeschäft spricht, dass § 25 HGB an die bloße Firmenfortführung anknüpft. Vgl. dazu BGHZ 18, 248, 251 = NJW 1955, 1916.

[49] *Canaris,* § 7 Rn. 24; Beispiel: *OLG Frankfurt* DB 2005, 2519 = NZG 2005, 846; anders *BGH* NJW 2006, 1001 = NZG 2006, 261: die bloße Tatsache der Geschäftsfortführung wirke haftungsbegründend!

[50] Baumbach/*Hopt,* § 25 Rn. 6; Beispiele: *BGH* NJW 2006, 1001 = NZG 2006, 261; *OLG Düsseldorf* NZG 2005, 176.

[51] *BGH* NJW 2010, 236 = JuS 2010, 261 (*K. Schmidt*) – Schmierstoffe Tz. 18; *BGH* BeckRS 2012, 15861 Tz. 18.

[52] Zur Abgrenzung der Firma von anderen Kennzeichen s. oben § 4 Rn. 22 ff. Die Fortführung einer bloßen Geschäfts- oder Etablissementbezeichnung löst eine Haftung nach § 25 I 1 HGB nicht aus; für eine analoge Anwendung der Vorschrift fehlt es an einer Regelungslücke, da der HRefG-Gesetzgeber (§ 4 Rn. 2) insoweit offenbar keinen Handlungsbedarf gesehen hat, OLG Köln NZG 2012, 188.

Kern der alten Firma mit dem der neuen Firma identisch ist.[53] Daher liegt bei geringfügigen Änderungen der Firma trotzdem eine Firmenfortführung vor, ebenso bei einer bloß zwischenzeitlichen Umfirmierung, wenn diese nach außen nur für eine kurze Zeitspanne in Erscheinung tritt.[54] Die Beifügung eines Zusatzes, der auf die Nachfolge hinweist, ist ausdrücklich in § 25 I 1 HGB vorgesehen.

Beispiel: Bäckermeister Vollgut betreibt ein Unternehmen mit der Firma „Lecker-Bäcker". Dieses verkauft er an den Knack, der das Unternehmen fortführt. K wandelt das Unternehmen in eine GmbH um. Die Firma lautet nun „Lecker-Bäcker-GmbH". Der Kern der alten Firma ist mit dem der neuen Firma identisch, so dass eine Firmenfortführung im Sinne des § 25 I 1 HGB vorliegt. Vgl. *BGH* NZG 2004, 716; BeckRS 2012, 15861 Tz. 18.

Schließlich muss es sich bei den Verbindlichkeiten um solche handeln, die im Betrieb des Geschäfts begründet wurden. Daher wird für die privaten Schulden des alten Inhabers nicht gehaftet. Die Abgrenzung richtet sich nach §§ 343, 344 HGB (dazu unten § 7 Rn. 4 ff.). Maßgeblich ist der Zeitpunkt der Begründung des Schuldverhältnisses, nicht der erst die Fälligkeit des einzelnen Anspruchs. 34a

Beim Erwerb vom **Insolvenzverwalter** scheidet § 25 I HGB aus. Denn Aufgabe des Insolvenzverwalters ist es, die Vermögensgegenstände des Gemeinschuldners zu verwerten und dabei im Interesse der Insolvenzgläubiger den höchstmöglichen Erlös zwecks anschließender Verteilung zu erzielen. Mit dieser Aufgabe wäre es unvereinbar, wenn der Erwerber eines zur Masse gehörenden Unternehmens nach § 25 HGB haften müsste. Außerdem würde die Anwendung des § 25 HGB den Grundsatz der Gläubigergleichbehandlung (§ 1 InsO) verletzen, weil die Geschäftsgläubiger des Veräußerers (Insolvenzschuldner) den Erwerber in Anspruch nehmen könnten, während dies den Privatgläubigern versagt bliebe.[55] 35

(3) Rechtsfolge

(a) Rechtsbeziehung zwischen dem Gläubiger und dem früheren Inhaber. Der frühere Inhaber haftet grundsätzlich neben dem Erwerber in vollem Umfang weiter, z. B. aus § 433 II BGB. Allerdings kann die Haftung nach § 26 HGB zeitlich begrenzt sein. Nach dieser Vorschrift haftet der frühere Inhaber für die Geschäftsverbindlichkeiten nur, wenn sie vor Ablauf von fünf Jahren fällig und daraus Ansprüche gegen ihn gerichtlich geltend gemacht sind (Nachhaftungsbegrenzung). Nach Ablauf dieser Frist erlöschen die Ansprüche gegen den früheren Inhaber. 36

(b) Rechtsbeziehung zwischen dem Gläubiger und dem neuen Inhaber; Haftungsausschluss. Liegen die Voraussetzungen des § 25 I 1 HGB vor, so haftet der Erwerber für alle im Betrieb des Geschäfts begründeten Verbindlichkeiten des früheren Inhabers. Hierbei haftet er nicht nur mit dem Geschäftsvermögen, son- 37

---

53 BGHZ 146, 374 = NJW 2001, 1352: Weiterführung des „prägenden Teils" der alten Firma bei bloßer Ergänzung um den Rechtsformzusatz „GmbH" *BGH* NJW 2006, 1001 = NZG 2006, 261.

54 *BGH* NJW 2010, 236 = JuS 2010, 261 (*K. Schmidt*) – Schmierstoffe Tz. 15.

55 Grundlegend BGHZ 104, 151 = NJW 1988, 1912; ferner *OLG Stuttgart* NZG 2010, 628 m. abl. Anm. *Heinze/Hüfner*, S. 1060 ff.; *BAG* NJW 2007, 942; instruktiv zum Unternehmenskauf aus der Insolvenz: *Morshäuser/Falkner*, NZG 2010, 881 ff.

dern auch mit seinem Privatvermögen. Nach der wohl h. M. handelt es sich um einen gesetzlichen Schuldbeitritt.[56] Dies hat zur Folge, dass die Vorschriften über die Gesamtschuldnerschaft Anwendung finden, §§ 421 ff. BGB. Der Rechtsgrund, aus welchem die Verbindlichkeit entstanden ist, ist grundsätzlich unerheblich.[57]

38 Die **Haftung** des Erwerbers für die Altverbindlichkeiten des Veräußerers kann **nach § 25 II HGB ausgeschlossen** werden. Dies setzt voraus, dass die Vereinbarung über den Haftungsausschluss in das Handelsregister eingetragen und bekannt gemacht oder einem Dritten, also einem Gläubiger, mitgeteilt worden ist. Liegt ein Haftungsausschluss vor, so gilt dieser nur für eine Haftung aus § 25 I 1 HGB.[58] Das Registergericht darf die Eintragung eines beantragten Haftungssausschlusses nur dann ablehnen, wenn eine Haftung nach § 25 I 1 HGB offensichtlich nicht in Betracht kommt. Die Publizitätsfunktion des Handelsregisters schließt es aus, es in das Ermessen des Gerichts oder das Belieben der Beteiligten zu stellen, welche Eintragungen im Handelsregister vorgenommen werden.[59]

b) Haftung ohne Fortführung der bisherigen Firma

39 Führt der Erwerber die Firma des alten Inhabers nicht fort, so besteht keine Haftung aus § 25 I 1 HGB. Stattdessen ist § 25 III HGB einschlägig. Nach dieser Vorschrift haftet der Erwerber für die früheren Geschäftsverbindlichkeiten nur, wenn ein **„besonderer Verpflichtungsgrund"** vorliegt. Als einen Verpflichtungsgrund nennt § 25 III HGB die handelsübliche Bekanntmachung der Übernahme der Verbindlichkeiten durch den Erwerber. Eine Haftung des Erwerbers kann sich aber auch aus den allgemeinen bürgerlichrechtlichen Haftungstatbeständen ergeben. Durch Vertrag (§ 311 I BGB) kann ein Schuldbeitritt vorgenommen werden. Ferner kann der Erwerber durch einen Übernahmevertrag i. S. des § 414 BGB die Schuld des Veräußerers übernehmen. Eine gesetzliche Schuldübernahme ergibt sich aus § 613 a BGB.

2. Forderungsübergang

40 Forderungen des bisherigen Inhabers gegenüber seinen Schuldnern werden an den Erwerber nach den §§ 398 ff. BGB übertragen (oben Rn. 23). Werden einige Forderungen nicht übertragen, besteht für den Schuldner die Gefahr, dass er an den falschen Gläubiger leistet und nicht von seiner Leistung frei wird. Nach § 25 I 2 HGB gelten deshalb die in dem Betrieb begründeten Forderungen gegenüber den Schuldnern als auf den Erwerber übergegangen, wenn der bisherige Inhaber oder Erbe in die Fortführung eingewilligt hat. Hierdurch wird der Schuldner in

---

[56] Baumbach/*Hopt,* § 25 Rn. 10; Ebenroth/Boujong/Joost/Strohn/*Zimmer,* § 25 Rn. 58, 61 m.w. Nachw.

[57] Ebenroth/Boujong/Joost/Strohn/*Zimmer,* § 25 Rn. 66.

[58] Baumbach/*Hopt,* § 25 Rn. 16; zur Vertiefung s. *OLG Frankfurt* NZG 2005, 846.

[59] *OLG Düsseldorf* GmbHR 2011, 987 Ls. 1 = EWiR 2012, 143 m. Kurzkomm. *Schodder;* ähnlich schon *BGH* JuS 2010, 261 m. Anm. *K. Schmidt* = NZG 2010, 112; *OLG Stuttgart* NZG 2010, 628 m. abl. Anm. *Heinze/Hüfner*, S. 1060 ff.

der Weise geschützt, dass er von seiner Verbindlichkeit auch dann befreit wird, wenn er an den Erwerber leistet.

Beispiel: Erpel erwirbt das Unternehmen des Glaub, welches u. a. eine Forderung gegenüber Schube beinhaltet, die aber nicht abgetreten wird. Da S nicht genau weiß, an wen er seine Forderung erbringen muss, leistet er an E. Nach § 25 I 2 HGB befreit ihn dies von seiner Leistung.

Die Voraussetzungen des § 25 I 2 HGB stimmen zunächst mit denen des § 25 I 1 HGB überein. Es muss also ein erworbenes Handelsgeschäft unter der bisherigen Firma fortgeführt werden. Ferner muss der bisherige Inhaber in die Firmenfortführung eingewilligt haben. Es darf auch keine abweichende Vereinbarung i. S. d. § 25 II HGB vorliegen. Schließlich ist zu beachten, dass es sich um solche Forderungen handeln muss, die formfrei abgetreten werden konnten. 41

Beispiel: Forderungen aus einer Hypothek werden nicht von § 25 I 2 HGB erfasst. Der Hypothekenschuldner wird also nicht von seiner Leistung frei, wenn er an den Erwerber leistet. Ansonsten würde dies zu einer Umgehung der Formvorschriften (§ 1154 BGB) führen.

Als Rechtsfolge ordnet § 25 I 2 HGB an, dass die im Betrieb begründeten Forderungen auf den neuen Inhaber als übergegangen gelten. Dies bedeutet zunächst, dass die Schuldner an den neuen Inhaber mit befreiender Wirkung leisten können. Die Regelung in § 25 I 2 HGB hat jedoch lediglich Bedeutung für das Außenverhältnis, d. h. die Beziehung zwischen neuem Inhaber und Forderungsschuldner. Für das Innenverhältnis zwischen dem alten und dem neuen Inhaber des Handelsgeschäfts gilt der zwischen diesen abgeschlossene Schuldvertrag (oben Rn. 16 ff.). Leistet der Schuldner an den neuen Inhaber des Handelsgeschäfts, so hat der bisherige Inhaber des Handelsgeschäfts als nach wie vor berechtigter Forderungsgläubiger in jedem Fall aus § 816 II BGB einen Ausgleichsanspruch gegen den neuen Inhaber des Handelsgeschäfts.[60] Denn die vom Schuldner an den neuen Inhaber des Handelsgeschäfts (Nichtberechtigter) bewirkte Leistung ist gegenüber dem alten Inhaber des Handelsgeschäfts (Berechtigter) wegen § 25 I 2 HGB wirksam. Auch aus dem Schuldvertrag kann sich für den neuen Inhaber die Nebenpflicht zur Weiterleitung der empfangenen Beträge an den alten Inhaber ergeben. 42

Spiegelbildlich zu § 25 I 2 HGB stellt sich der Schuldnerschutz in den Fällen des § 407 BGB dar. Im Unterschied zur handelsrechtlichen Regelung setzt diese Vorschrift gerade voraus, dass ein Gläubigerwechsel stattgefunden hat. Den Schuldner befreit hier die Leistung an den Altgläubiger. Nach § 25 I 2 HGB erfolgt indessen die Leistung an den vermeintlichen Neugläubiger mit befreiender Wirkung. 43

3. Eintritt in ein Unternehmen

Nach § 28 HGB kann die Schuld eines Einzelkaufmannes auch auf die von ihm mit einem anderen gegründete Personenhandelsgesellschaft übergehen. 44

60 Koller/*Roth*/Morck, § 25 Rn. 16.

a) Voraussetzungen

45 Die Vorschrift des § 28 I 1 HGB setzt voraus, dass es sich um das **Geschäft eines Einzelkaufmanns** handelt. Hierunter fallen alle Kaufleute i. S. der §§ 1–3, 5 HGB, nicht aber Handelsgesellschaften i. S. des § 6 HGB. Umstritten ist, ob § 28 HGB auch Anwendung findet, wenn keine Kaufmannseigenschaft vorliegt. Für das Erfordernis der Kaufmannseigenschaft sprechen der Wortlaut des § 28 I 1 HGB („… Geschäft eines *Einzelkaufmanns* …"), sowie praktische Gründe der Rechtssicherheit. Mit diesen Argumenten lehnt die Rspr. eine Anwendung der Vorschrift auf nichtkaufmännische Einzelunternehmer ab.[61]

46 Weiterhin setzt eine Haftung aus § 28 HGB die **Entstehung einer OHG oder KG** durch den Eintritt voraus. Der Wortlaut spricht zwar von „Eintritt", gemeint ist aber die Gründung einer neuen Gesellschaft. Der Eintretende muss selbst kein Kaufmann sein.[62] Die neue Gesellschaft muss entweder eine OHG oder KG sein.[63] Nach einer Mindermeinung genügt entgegen dem Wortlaut die Entstehung einer GbR.[64] Danach stellt § 28 HGB keine handelsrechtliche Besonderheit dar, da die Weiterhaftung bei einer Vermögensüberführung im Gläubigerinteresse bei jeder Personengesellschaft geboten sei.[65] Dagegen spricht jedoch § 28 II HGB, wonach eine abweichende Vereinbarung in das Handelsregister eingetragen werden kann. Diese Möglichkeit besteht bei einer GbR mangels Handelsregistereintragung nicht.[66] Deshalb scheidet § 28 HGB aus, wenn lediglich eine GbR entsteht.[67]

47 Fraglich ist, ob § 28 HGB analog bei einer Einbringung in eine bereits *bestehende* Gesellschaft angewendet werden soll. Nach h. M. ist hier § 25 HGB einschlägig, nicht aber § 28 HGB, da die Gesellschaft ihrerseits Gläubiger hat, deren Interessen durch eine Haftung nach § 28 HGB gefährdet wären.[68] Eine Mindermeinung befürwortet eine analoge Anwendung des § 28 HGB auch auf die Fälle, in denen eine Gesellschaft bereits besteht. Ihr zufolge beruht die Vorschrift auf dem Rechtsgedanken, dass die Gläubiger in allen Fällen von Unternehmenskontinuität einen weiteren Schuldner erhalten sollen.[69] Ein derartiger Rechtsgedanke ist indessen nicht anzuerkennen (vgl. Rn. 29 ff., 32), und deshalb ist § 28 HGB mit der h. M. als nicht analogiefähig anzusehen.

---

[61] BGHZ 31, 397, 400 f. = NJW 1960, 624; BGHZ 143, 314, 317 f. = NJW 2000, 1193 mit Nachw. zu kritischen Stimmen im Schrifttum.

[62] MünchKomm-HGB/*Lieb,* § 28 Rn. 20.

[63] BGHZ 31, 397, 400 f. = NJW 1960, 624; BGHZ 143, 314, 317 f. = NJW 2000, 1193 mit Nachw. zu kritischen Stimmen im Schrifttum.

[64] MünchKomm-HGB/*Lieb,* § 28 Rn. 9; *K. Schmidt,* HandelsR, § 8 III 1 b bb.

[65] *OLG Naumburg* NZG 2006, 711 = EWiR 2006, 239 m. zust. Kurzkomm. *Knöfel;* MünchKomm-HGB/*Lieb,* § 28 Rn. 9.

[66] BGHZ 157, 361, 367 = NJW 2004, 836; Ebenroth/Boujong/Joost/Strohn/*Zimmer,* § 28 Rn. 16; Koller/*Roth*/Morck, § 28 Rn. 5.

[67] St. Rspr., BGHZ 143, 314, 317 = NJW 2000, 1193; BGHZ 157, 361, 366 f. = NJW 2004, 836; *BGH* NZG 2012, 65 Tz. 20 = JuS 2012, 357 m. Anm. *K. Schmidt* (keine Haftung einer Anwalts-GbR für Verbindlichkeiten einer eingebrachten Einzelanwaltskanzlei); kritisch *Schodder,* EWiR 2012, 351 f.

[68] Baumbach/*Hopt,* § 28 Rn. 2; *Canaris,* § 7 Rn. 98.

[69] MünchKomm-HGB/*Lieb,* § 28 Rn. 6.

Weiterhin ist erforderlich, dass das bisherige **Unternehmen** in die neue Gesellschaft **eingebracht und fortgeführt** wird.[70] Im Unterschied zu § 25 I 1 HGB ist eine Fortführung der Firma nicht erforderlich. Und schließlich darf eine Haftung nach § 28 II HGB nicht ausgeschlossen sein. 48

Beispiel: Einzelkaufmann Knack führt einen Lebensmittelhandel. Um sein Unternehmen zu vergrößern, gründet er mit Eiermann eine OHG unter anderer Firma. K leistet seinen Lebensmittelhandel als Einlage und E leistet eine Bareinlage in Höhe von 100.000 EUR. K hat noch Verbindlichkeiten gegenüber Glaub aus seiner Zeit als Einzelkaufmann. G will sich nun mit seiner Forderung an die OHG halten und beruft sich auf § 28 I 1 HGB. Bei dem Lebensmittelhandel des K handelt es sich um ein Geschäft eines Einzelkaufmanns. Durch den Eintritt von E ist eine OHG entstanden (§§ 105 I, 123 II HGB). Das Geschäft des K wurde in die OHG eingebracht und auch fortgeführt. Die Fortführung der Firma ist nicht erforderlich. Da auch kein Haftungsausschluss vereinbart wurde, kann G sich nach § 28 I 1 HGB an die OHG halten.[71]

b) Rechtsfolge

Nach § 28 I 1 HGB haftet die neu entstandene Personenhandelsgesellschaft für alle Verbindlichkeiten des früheren Geschäftsinhabers, die *vor* dem Eintritt begründet wurden. Dagegen folgt aus der Vorschrift keine Haftung der Gesellschaft für Altschulden eines eintretenden Gesellschafters. Dies ergibt sich aus dem Wortlaut des § 28 I 1 HGB und der Parallele zu § 130 HGB.[72] Wie § 25 I 1 HGB (oben Rn. 37) ordnet die Vorschrift einen **gesetzlichen Schuldbeitritt** an. Die Haftung des früheren Geschäftsinhabers bleibt daneben unberührt. Dieser haftet zugleich als Gesellschafter der neuen Gesellschaft je nach Art seiner Gesellschafterstellung, d.h. als persönlich haftender Gesellschafter nach § 128 HGB (im Falle einer KG i.V.m. § 161 II HGB) oder als Kommanditist nach § 171 HGB mit der Nachhaftungsbegrenzung des § 28 III HGB. Die Vorschrift des § 130 HGB ist hier nicht einschlägig, weil die Handelsgesellschaft erst durch den Eintritt entstanden ist.[73] Und schließlich haftet, da die Gesellschaft nach § 28 I 1 HGB haftet, auch der Eingetretene für die Altverbindlichkeiten des Einzelkaufmanns persönlich, und zwar je nach Gesellschafterstellung nach § 128 HGB (auch i.V.m. § 161 II HGB) oder nach § 171 HGB. 49

Beispiel: Sachverhalt wie Beispiel zu Rn. 48. Zu den Verbindlichkeiten des Knack gehört auch eine Kaufpreisschuld gegenüber dem Glaub. Für deren Erfüllung haftet die OHG nach § 28 I 1 HGB i.V.m. § 433 II BGB. K haftet in doppelter Weise: als Käufer nach § 433 II BGB und als Gesellschafter, da er für die Schuld der OHG aus § 28 I 1 HGB i.V.m. § 433 II BGB nach § 128 S. 1 HGB einstehen muss. Letzteres gilt auch für den Eiermann.

4. Unternehmenserwerb von Todes wegen

Den Unternehmenserwerb von Todes wegen regelt **§ 27 HGB**. Diese Vorschrift begründet eine den erbrechtlichen Vorschriften gegenüber besondere **handels-** 50

---

[70] Ungeschriebenes Tatbestandsmerkmal, welches sich aus der Einbringung ergibt. Vgl. MünchKomm-HGB/*Lieb*, § 28 Rn. 17.

[71] Zur Haftung der Gesellschafter sogleich Rn. 49.

[72] *BGH* NZG 2010, 1222 Tz. 6–8; zu § 130 HGB unten § 12 Rn. 31.

[73] Ebenroth/Boujong/Joost/Strohn/*Hillmann*, § 130 Rn. 4; näher unten § 12 Rn. 31.

rechtliche Haftung des Erben. Deren Hauptbedeutung liegt in der Ausschaltung der bürgerlichrechtlichen Möglichkeit zur Beschränkung der Erbenhaftung auf die Nachlassmasse.

a) Erbenhaftung nach BGB

51 Mit dem Tod des alleinigen Geschäftsinhabers geht das Handelsgeschäft (d.h. alle dazugehörigen Sachen, Rechte und sonstigen Güter, oben Rn. 1) auf den oder die Erben über (§ 1922 I BGB).[74] Ferner rückt der Erbe in die Schuldnerstellung des Erblassers ein; er haftet daher u.a. für dessen Geschäftsschulden (§§ 1922 I, 1967 BGB). Ein Weg zur **Vermeidung der Erbenhaftung** besteht darin, die Erbschaft zur Gänze auszuschlagen (§§ 1942 I, 1953 BGB). Dann wird der Erbe nicht Inhaber des im Nachlass befindlichen Handelsgeschäfts; er haftet in diesem Fall auch nicht handelsrechtlich nach § 27 HGB. Geht es dem Erben indessen nur darum, für die Nachlassverbindlichkeiten nicht mit seinem Privatvermögen aufkommen zu müssen, so ist die Beschränkung der Erbenhaftung nach § 1975 BGB der richtige Weg. Die Bestimmung verlangt, dass eine Nachlassverwaltung angeordnet oder ein Nachlassinsolvenzverfahren eröffnet wird. Geschieht dies nicht, so kann dem Erben die Dürftigkeitseinrede nach § 1990 I BGB zustehen. Hiernach kann der Erbe die Befriedigung eines Nachlassgläubigers verweigern, wenn der Nachlass dafür nicht ausreicht.

b) Erbenhaftung nach HGB

52 Die Regelung des § 27 HGB schließt eine derartige Beschränkung der Haftung des Erben für die Verbindlichkeiten des verstorbenen Inhabers auf den Nachlass aus und begründet somit für den Erben eine gegenüber den Vorschriften des BGB speziellere, eigenständige Haftung.[75]

53 *(1) Voraussetzungen.* Eine Haftung nach § 27 HGB setzt zunächst voraus, dass sich das Handelsgeschäft im Nachlass befindet. Das Handelsgeschäft geht dann nach § 1922 BGB mit dem Tod des bisherigen Inhabers (Erbfall) auf den Erben über. Gehören Anteile einer Gesellschaft zum Nachlass, so findet § 27 HGB keine Anwendung.[76]

54 Haftungsschuldner ist der Erbe des Inhabers des Handelsgeschäfts. An der Erbenstellung fehlt es, wenn der Berufene die Erbschaft ausgeschlagen hat. Nach § 1953 I BGB bewirkt die Ausschlagung, dass der ausschlagende Erbe von Anfang an nicht als Erbe anzusehen war. Um einer Haftung nach § 27 HGB zu entgehen, hat der Erbe also die Möglichkeit, seine Erbschaft innerhalb der Aus-

---

[74] Bei *gemeinschaftlichem* Betrieb eines Handelsgewerbes liegt eine Personenhandelsgesellschaft (OHG oder KG) vor; Gegenstand der Vererbung ist dann der Gesellschaftsanteil, §§ 131 III 1 Nr. 1, 139, 177 HGB und unten § 12 Rn. 20 ff.

[75] Ebenroth/Boujong/Joost/Strohn/*Zimmer*, § 27 Rn. 3; näher *Kindler/Gubitz*, Erbrecht und Unternehmensnachfolge; in: Hausmann/Hohloch (Hrsg.), Handbuch des Erbrechts, 2. Aufl., 2010, Kap. 22.; Übungsfall bei *J. Koch*, JuS 2006, 142 ff.

[76] Vgl. o. Fn. 67.

schlagungsfrist von sechs Wochen ab Kenntnis des Erbanfalls (§ 1944 BGB) auszuschlagen.

55 § 27 I HGB setzt ferner voraus, dass das Handelsgeschäft fortgeführt wird. Dies bedeutet, dass das Handelsgeschäft weiterhin unverändert betrieben werden muss.[77] Dies ist auch dann der Fall, wenn der Erbe einen Vertreter bestellt, da die Willenserklärungen des Vertreters gemäß § 164 I BGB für und gegen den Vertretenen, hier: den Erben, wirken.[78]

56 Hat der Erblasser dagegen **Testamentsvollstreckung** angeordnet, so gelten die Bestimmungen der §§ 2197 ff. BGB. Bei einem Testamentsvollstrecker handelt es sich nach h. M. nicht um einen Vertreter des Erben, sondern um einen Treuhänder und Träger eines privaten Amtes.[79] Das Handelsgeschäft wird hier nicht „von dem Erben" (§ 27 I HGB) fortgeführt; eine Erbenhaftung nach § 27 HGB scheidet aus. Weil andererseits der Testamentsvollstrecker nur den Nachlass, nicht aber den Erben persönlich verpflichten kann (§ 2206 I 1 BGB), ist eine derartige Fortführung des Unternehmens durch den Testamentsvollstrecker als solchen nach h. M. unzulässig. Sie würde zu einem einzelkaufmännischem Unternehmen „mit beschränkter Haftung" führen.[80] Die Praxis weicht auf rechtsgeschäftliche Hilfskonstruktionen aus: die Unternehmensführung durch den Testamentsvollstrecker nicht in dieser Eigenschaft, sondern als Treuhänder oder Bevollmächtigter für den Erben.[81]

57 Umstritten ist, ob das Handelsgeschäft auch unter seiner bisherigen *Firma* fortgeführt werden muss. Dieses Erfordernis könnte sich durch die Verweisung auf § 25 HGB ergeben. Die h. M. nimmt hier zutreffend eine Rechtsgrundverweisung an, mit dem Argument, dass der Gesetzgeber sich bei den §§ 25, 27 HGB für die Firmenfortführung als Kontinuitätskriterium entschieden hat.[82] Dafür spricht auch, dass es nach geltendem Recht keine unbeschränkte Haftung wegen der bloßen Fortführung des Unternehmens gibt.[83] Ferner streitet die systematische Stellung der Vorschrift im Abschnitt über die Handelsfirma für das Erfordernis der Firmenfortführung. Die Gegenansicht, die die Verweisung auf § 25 HGB für eine bloße Rechtsfolgenverweisung hält, wendet ein, dass bei Fortführung des Unternehmens durch einen einfachen Wechsel der Firma eine Haftung umgangen werden kann.[84] Genau diese Möglichkeit sollte dem Erben indessen offen stehen; ihn insoweit schlechter zu stellen als den Erwerber kraft Rechtsgeschäfts (§ 25 HGB; oben Rn. 38), ist nicht begründbar.

58 *(2) Ausschluss der Haftung.* Schon nach Erbrecht haftet der Erbe dann nicht für die Verbindlichkeiten des früheren Inhabers, wenn er die Erbschaft ausgeschlagen

---

[77] Ebenroth/Boujong/Joost/Strohn/*Zimmer*, § 27 Rn. 10.
[78] So auch die wohl h. L. Vgl. Ebenroth/Boujong/Joost/Strohn/*Zimmer*, § 27 Rn. 11 m. w. Nachw.
[79] Vgl. BGHZ 25, 275, 279 f. = NJW 1957, 1834, der von einer freien Stellung des Testamentsvollstreckers spricht.
[80] Vgl. BGHZ 35, 13, 17 f. = NJW 1961, 1304; Staub/*Hüffer*, Vor § 22 Rn. 74 (4. Aufl.).
[81] Eingehend – und kritisch – hierzu *Canaris*, § 9 Rn. 30 ff.
[82] Ebenroth/Boujong/Joost/Strohn/*Zimmer*, § 27 Rn. 13.
[83] Staub/*Hüffer*, § 27 Rn. 11 (4. Aufl.).
[84] *K. Schmidt*, HandelsR, § 8 IV 2 b. Ihm zustimmend MünchKomm-HGB/*Lieb*, § 27 Rn. 32.

hat. Die Ausschlagung der Erbschaft nach § 1953 I BGB bewirkt, dass der Anfall der Erbschaft nie an den ausschlagenden Erben erfolgt ist. Deshalb haftet er auch nicht nach § 1967 BGB für die Nachlassverbindlichkeiten. Daneben bietet **§ 27 II HGB** eine – weniger einschneidende – **handelsrechtliche Möglichkeit des Haftungsausschlusses.** Nach dieser Bestimmung haftet der Erbe für die Verbindlichkeiten nicht unbeschränkt, wenn er innerhalb von drei Monaten nach Kenntnis von der Erbschaft das Geschäft einstellt. Der Erbe hat also eine Bedenkzeit von drei Monaten, innerhalb derer er sich für oder gegen die Fortführung des Handelsgeschäfts entscheiden muss. Eine Einstellung liegt vor, wenn das Handelsgeschäft aufgelöst wird.[85] Damit ist eine Beendigung der werbenden Tätigkeit gemeint.

59 Ferner kommt ein Haftungsausschluss nach § 27 I i.V.m. § 25 II HGB in Betracht. Nach h. M. handelt es sich bei dem Verweis auf die Vorschriften des § 25 HGB um eine Rechtsgrundverweisung.[86] Dies ist dann auch ein Verweis auf § 25 II HGB (oben Rn. 38).[87]

60 (3) *Rechtsfolge.* Als Rechtsfolge ordnet § 27 HGB an, dass der Erbe für die früheren *Geschäfts*verbindlichkeiten des Erblassers haftet. Unter die früheren Verbindlichkeiten fallen also solche Verbindlichkeiten nicht, die der Erblasser im privaten Bereich eingegangen ist. Für diese gelten die bürgerlich rechtlichen Regeln der Erbenhaftung (oben Rn. 50). Der Erbe haftet ferner persönlich für die so genannten Nachlasserbenschulden. Hierbei handelt es sich um die Verbindlichkeiten, die der Erbe bei der Fortführung des Handelsgeschäfts eingeht.[88]

---

[85] Ebenroth/Boujong/Joost/Strohn/*Zimmer,* § 27 Rn. 27.

[86] Vgl. oben Rn. 57.

[87] So die wohl h. M. Vgl. Koller/*Roth*/Morck, § 27 Rn. 8; Staub/*Hüffer,* § 27 Rn. 22 m.w. Nachw.; dagegen MünchKomm-HGB/*Lieb,* § 27 Rn. 50; *K. Schmidt,* HandelsR, § 8 IV 3 a m.w. Nachw.

[88] MünchKomm-HGB/*Lieb,* § 27 Rn. 40.

Übersicht 5/2: 61

Haftung und Schuldnerschutz beim Erwerb eines kaufmännischen Unternehmens

- unter Lebenden (§§ 25, 26 HGB)
  - **Gläubigerschutz:** Haftung des Erwerbers für Altschulden
    - **ohne Fortführung der Firma:** Haftung nur wenn „besonderer Verpflichtungsgrund" (§ 25 III HGB): z.B. Kundbarmachung, Rechtsgeschäft (Bürgschaft, Schuldübernahme), § 613 a BGB
    - **mit Fortführung der Firma:** Haftung allein kraft Firmen- und Unternehmenskontinuität (§ 25 I 1, II HGB)
  - **Schuldnerschutz:** befreiende Wirkung der Leistung an den Erwerber (§ 25 I 2, II HGB ↔ Abgrenzung zu § 407 BGB)
- von Todes wegen (§ 27 HGB): Ausschaltung der §§ 1975 ff. BGB
- Einbringen des Handelsgeschäfts in eine OHG/KG (§ 28 HGB): Haftung der Gesellschaft für Altschulden

Fragen:

1. Erklären Sie die Begriffe „Unternehmen" und „Unternehmensträger"! (Rn. 1, 3)
2. Welche Formen der Niederlassung gibt es? (Rn. 6 ff.)
3. Stellen fehlerhafte Abschlussangaben einen Mangel dar? (Rn. 17 ff.)
4. Kann ein Unternehmen durch einen einzigen Vertrag verkauft und dinglich übertragen werden? (Rn. 23)
5. Welche Konstellationen beinhalten die §§ 25, 27, 28 HGB für den Inhaberwechsel? (Rn. 26, 61)
6. Auf welchem Rechtsgrund beruht die Haftung für Altschulden nach § 25 I 1 HGB? (Rn. 29 ff.)
7. Der unerkannt geschäftsunfähige U verkauft dem K sein Unternehmen. Gläubiger G hat eine Geschäftsverbindlichkeit gegen U. Nachdem K das Unternehmen des U unter bisheriger Firma fortführt, möchte G nun den K in Anspruch nehmen. K beruft sich auf die Unwirksamkeit des Kaufvertrages zwischen ihm und U. Haftet K trotz unwirksamen Kaufvertrages? (Rn. 33)
8. Worin unterscheidet sich der Schuldnerschutz nach § 25 I 2 HGB von § 407 BGB? (Rn. 43)

9. Kann § 28 HGB entsprechend angewendet werden, wenn das Unternehmen in eine bereits bestehende Gesellschaft eingebracht wird? (Rn. 47)
10. Stellen Sie die Haftung des Erben nach dem BGB dar und erklären Sie die handelsrechtliche Besonderheit des § 27 HGB! (Rn. 51 f.)
11. Welche Probleme ergeben sich, wenn der Erblasser einen Testamentsvollstrecker ernannt hat? (Rn. 56)

§ 6. Handelsrechtlich Bevollmächtigte

I. Grundlagen

1. Zweck der handelsrechtlichen Vollmachten

Während sich natürliche Personen im nichtgewerblichen Bereich nur selten eines Stellvertreters bedienen, erfolgt die Ausübung der kaufmännischen Geschäftstätigkeit in einer arbeitsteiligen Wirtschaft meist durch bevollmächtigte Hilfspersonen. Das HGB trägt dem in §§ 48–58 durch drei Sonderformen der handelsrechtlichen Stellvertretung Rechnung. Geregelt sind dort die Prokura, die Handlungsvollmacht, sowie die gesetzliche Anscheinsvollmacht der Ladenangestellten. Das gemeinsame Merkmal der handelsrechtlichen Bevollmächtigungen besteht darin, dass der **Umfang der Vertretungsmacht** jeweils im Hinblick auf die besonderen *Verkehrsschutzbedürfnisse des Handelsverkehrs* typisierend **festgelegt** ist. Diese Festlegung ist bei der Prokura sogar zwingend (vgl. § 50 I HGB), weshalb dieses Rechtsinstitut insoweit mit der Vertretungsmacht der Organe von Handelsgesellschaften (§§ 125 f. HGB, 82 AktG, 37 GmbHG) vergleichbar ist. Mittelbar dient der durch die Regelung der handelsrechtlichen Bevollmächtigungen gewährleistete Verkehrsschutz auch der Schnelligkeit und Leichtigkeit des Handelsverkehrs, da hierdurch zeitraubende Nachforschungen hinsichtlich des Umfangs der Vertretungsmacht entbehrlich werden (vgl. § 1 Rn. 14). 1

Lernhinweis: Kaum ein Gebiet des Handelsrechts ist so eng mit dem allgemeinen bürgerlichen Recht verflochten wie die §§ 48 ff. HGB. Lernmethodisch ist es deshalb sinnvoll, vor einer Beschäftigung mit den handelsrechtlich Bevollmächtigten noch einmal die Grundlagen des allgemeinen Stellvertretungsrechts zu wiederholen, z. B. im Grundkurs BGB Rn. 812 ff. 2

2. Verhältnis zur organschaftlichen Vertretungsmacht

Die gewillkürte rechtsgeschäftliche Vertretung nach §§ 167 ff. BGB, 48 ff. HGB ist von der notwendigen gesetzlichen Vertretung der juristischen Personen und Gesellschaften durch ihre Organe zu unterscheiden. Grundlage der gesetzlichen Vertretungsmacht der Organe ist nicht eine Vollmacht, sondern das Gesetz, das lediglich zur Individualisierung der Organpersonen auf Satzung, Gesellschaftsvertrag oder Bestellungsakt Bezug nimmt (vgl. § 26 BGB für den Verein, § 78 AktG für die AG, § 35 GmbHG für die GmbH, § 125 HGB – auch i. V. m. § 161 II HGB – für OHG und KG). Organschaftliche Vertretungsmacht haben auch die geschäftsführenden Gesellschafter der GbR.[1] 3

Aus der Verschiedenheit von rechtsgeschäftlicher und organschaftlicher Vertretungsmacht folgt zunächst ein **Überschneidungsverbot:** Ein organschaftlicher Ver- 4

[1] Vgl. BGHZ 154, 88 = NJW 2003, 1445 zur Haftung der GbR für ihre geschäftsführenden Gesellschafter nach § 31 BGB.

treter darf nicht zugleich rechtsgeschäftlicher Vertreter sein und umgekehrt.[2] Deshalb kann z. B. einem gesetzlichen Gesamtvertreter keine echte rechtsgeschäftliche Vollmacht oder Untervollmacht erteilt werden.[3]

5 Ferner ist die Befugnis zur organschaftlichen Willensbildung und -erklärung und die damit verbundene Verantwortung unübertragbar. Der Geschäftsführer/Vorstand kann seine Vertretungsmacht nicht im Ganzen durch einen anderen ausüben lassen. Durch dieses Verbot einer umfassenden Übertragung der organschaftlichen Vertretungsmacht sollen die Gesellschafter vor allem vor einer Ausübung der Geschäftsführungsbefugnis durch Personen geschützt werden, die nicht ihr Vertrauen genießen.[4]

3. Besonderheiten bei der Anwendung des allgemeinen Stellvertretungsrechts im Handelsverkehr

a) Unternehmensbezogene Geschäfte

6 Zu den Voraussetzungen einer wirksamen Stellvertretung gehört nach § 164 I 1 BGB, dass der Vertreter im Namen des Vertretenen handelt (Offenheits- oder Offenkundigkeitsprinzip).[5] Dabei macht es nach § 164 I 2 BGB keinen Unterschied, ob die Erklärung ausdrücklich im Namen des Vertretenen erfolgt oder ob die Umstände ergeben, dass sie in dessen Namen erfolgen soll. Problematisch sind Fälle, in denen jemand nicht für einen bestimmten Unternehmensträger (den Einzelkaufmann K, die X-OHG, Y-GmbH usw.) handelt, das Geschäft aber dennoch Bezug zu dem Unternehmen hat; hier gilt:[6] Wer mit Vertretungsmacht erkennbar „im Namen des Unternehmens" handelt, berechtigt und verpflichtet den Unternehmensträger. Darin liegt keine Abweichung vom Offenkundigkeitsprinzip.[7] Denn auch in diesen Fällen muss das Unternehmen als Vertragspartner für den Dritten von vornherein eindeutig erkennbar sein.[8] Entscheidend ist, dass das Geschäft in dem Sinne unternehmensbezogen ist, dass es mit einem bestimmten Handelsunternehmen abgeschlossen und ersichtlich der Inhaber dieses Unternehmens Vertragspartner werden sollte.

Beispiel:[9] *Robert J.* hatte sein Fliesenunternehmen auf seine Ehefrau übertragen. Mit einem von ihm unterzeichneten Kaufvertrag bestellte die *Firma Robert J. Fliesenhandel und -verlegung* einen Lkw. Vertragspartner wird hier die Ehefrau des Robert J. als Unternehmensträgerin. Die Firmenfortführung ohne Nachfolgezusatz (§ 22 I HGB, oben § 4 Rn. 56) ändert hieran nichts.[10]

---

[2] MünchKomm-HGB/*Krebs,* Vor §§ 48 Rn. 36.
[3] BGHZ 64, 72, 75 = NJW 1975, 1117.
[4] *BGH* NJW-RR 2002, 1325 = NZG 2002, 813 = JuS 2003, 95 (Unzulässigkeit einer Generalvollmacht, die GmbH-Geschäftsführertätigkeiten einschließt); *K. Schmidt,* HandelsR, § 16 II.1.b; großzügiger *Hüffer,* § 78 Rn. 10 a. E. zur AG.
[5] Vgl. nur *Musielak,* Grundkurs BGB, 11. Aufl., 2009, Rn. 807 (Aufbauschema), 811 ff.
[6] Vgl. *K. Schmidt,* HandelsR § 5 III 1a.
[7] So aber MünchKomm-HGB/*Krebs,* Vor §§ 48 Rn. 45.
[8] So *BGH* NJW 2000, 2984, 2985 (auch zum Folgenden).
[9] *BGH* NJW 1983, 1844.
[10] Weitere Einzelfälle bei Palandt/*Heinrichs,* § 164 BGB Rn. 2.

b) Generalvollmacht

Rein bürgerlichrechtlichen Charakter hat auch die im Wirtschaftsleben weit 7 verbreitete Generalvollmacht. Sie ist nicht zu verwechseln mit der General*handlungs*vollmacht, einer Unterart der Handlungsvollmacht im Sinne des § 54 HGB (dazu unten Rn. 44 ff.). Die Generalvollmacht berechtigt grundsätzlich zur Vornahme aller Rechtsgeschäfte, soweit eine Stellvertretung zulässig ist.[11]

In der Rechtsprechung ist die **Zulässigkeit** einer Generalvollmacht für Per- 8 sonenhandelsgesellschaften anerkannt,[12] für die GmbH hingegen nicht;[13] für die AG wird eine Generalvollmacht überwiegend als zulässig angesehen, wenn sie nicht organverdrängend in dem Sinne wirkt, dass der Bevollmächtigte die Gesellschaft anstelle der Vorstandsmitglieder vertreten soll oder sie als unwiderrufliche Vollmacht ausgestaltet ist.[14] Sachgerecht erscheint, für alle Gesellschaftsformen die gleichen Maßstäbe anzulegen, da sich unter Gesellschafter- und Gläubigergesichtspunkten keine rationalen Differenzierungskriterien aufstellen lassen.[15] Wegweisend erscheint hier die BGH-Entscheidung vom 18.7.2002 zur Generalvollmacht in der GmbH.[16] Danach ist eine umfassende Übertragung der organschaftlichen Vertretungsmacht vor allem deshalb ausgeschlossen, weil hier der Generalbevollmächtigte den Geschäftsführer sogar in dessen eigenverantwortlich wahrzunehmendem Aufgabenbereich (vgl. §§ 41, 43 III GmbHG; 15a InsO) ersetzt.[17] Eine hiernach unzulässige Generalvollmacht ist regelmäßig in eine Generalhandlungsvollmacht umzudeuten.[18] Eine Generalvollmacht kann nicht in das Handelsregister eingetragen werden.[19]

II. Prokurist

1. Erteilung der Prokura

Die Prokura setzt zunächst das Vorliegen eines **Handelsgeschäfts**[20] voraus. *Nur* 9 der Handelsgeschäftsinhaber (der „Prinzipal")[21] oder dessen gesetzlicher Vertreter (zu diesem sogleich Rn. 10) können die Prokura mittels ausdrücklicher Er-

---

[11] Unzulässig ist die Stellvertretung bei höchstpersönlichen Rechtsgeschäften (z.B. nach §§ 1311, 2064, 2274 BGB) und bei einem Verstoß gegen den Grundsatz der Unübertragbarkeit der organschaftlichen Vertretungmacht, *BGH* NJW-RR 2002, 1325 = NZG 2002, 813 = JuS 2003, 95 (oben Rn. 5).

[12] BGHZ 36, 292, 295 = NJW 1962, 738; instruktiv *KG* NZG 2010, 1423: Erfordernis der Erteilung der Generalvollmacht durch die GbR selbst.

[13] *BGH* NJW-RR 2002, 1325 = NZG 2002, 813 = JuS 2003, 95.

[14] *Hüffer,* § 78 AktG Rn. 10.

[15] Staub/*Joost,* § 49 Rn. 48; Ebenroth/Boujong/Joost/Strohn/*Weber,* Vor § 48 Rn. 5.

[16] NJW-RR 2002, 1325 = NZG 2002, 813 = JuS 2003, 95.

[17] Vgl. *Lutter/Hommelhoff,* § 35 GmbHG Rn. 1.

[18] *BGH* NJW-RR 2002, 1325 = NZG 2002, 813 = JuS 2003, 95.

[19] *OLG Hamburg* NZG 2009, 957 mit überzeugender Begründung.

[20] Zum Handelsgeschäft vgl. oben § 5 Rn. 1.

[21] Im Sinne eines Kaufmanns, nicht: Kleingewerbetreibender. Vgl. Baumbach/*Hopt,* § 48 Rn. 1.

klärung erteilen (§ 48 I HGB). Es gibt keine der BGB-Duldungsvollmacht vergleichbare Duldungsprokura und auch keine durch den Prokuristen erteilte „Unterprokura“.[22] Die Prokura ist jederzeit widerruflich (§ 52 I HGB) und nicht übertragbar (§ 52 II HGB). Die Erteilung selbst ist nicht an die Schriftform gebunden, d. h. sie kann auch mündlich erfolgen.[23] Prokura kann als Innen- oder Außenvollmacht erteilt werden.

10 Erteilungsbefugt sind der Inhaber des Handelsgeschäfts und seine **gesetzlichen Vertreter** (§ 48 I HGB). Eine Erteilung durch den Inhaber selbst kommt nur bei *natürlichen Personen* in Betracht, die ein einzelkaufmännisches Unternehmen betreiben und die voll geschäftsfähig sind. Bei fehlender oder bloß beschränkter Geschäftsfähigkeit des Inhabers liegt die Erteilungsberechtigung beim gesetzlichen Vertreter (§§ 1629, 1793, 1902, 1903 BGB). Dieser bedarf für die Prokuraerteilung der gerichtlichen Genehmigung (§ 1822 Nr. 11 BGB, auch i. V. m. § 1643 I oder § 1908 I I BGB). Deren Fehlen wird nicht durch die Handelsregistereintragung geheilt. Wird ein einzelkaufmännisches Unternehmen durch eine *juristische Person* betrieben (vgl. §§ 33 ff. HGB; oben § 2 Rn. 62) oder ist eine *Gesellschaft* i. S. d. § 6 HGB Unternehmensträger (oben § 2 Rn. 112 ff.), so sind deren gesetzliche Vertreter erteilungsbefugt (§§ 125 f. HGB, auch i.V.m. § 161 II HGB, § 35 GmbHG; 78 AktG).

11 Erteilt ein Generalbevollmächtigter oder Prokurist eine Prokura bzw. eine Unterprokura, so ist diese nach § 48 I HGB unwirksam, da es sich jeweils bei dem Erteilenden nicht um den Geschäftsinhaber handelt. Die Erklärung ist dann jedoch unter den Voraussetzungen des § 54 HGB in eine Handlungsvollmacht umzudeuten (§ 140 BGB).[24]

12 Als Prokurist kommt nur eine natürliche Person in Betracht. Denn die Erteilung der Prokura beruht – wie insbesondere § 52 II HGB zeigt – auf einem besonderen persönlichen Vertrauensverhältnis zwischen Prinzipal und Prokurist. Eine derartige Vertrauensbeziehung kann zu einer juristischen Person schon wegen der dort jederzeit möglichen Änderung der Beherrschungs- und Vertretungsverhältnisse nicht bestehen.[25] Ist der Prokurist beschränkt geschäftsfähig, so hindert dies die Wirksamkeit der von ihm oder ihm gegenüber abgegebenen Erklärungen nicht (vgl. § 165 BGB).

2. Gesamtprokura

a) Echte Gesamtprokura

13 Nach § 48 II HGB kann die Prokura mehreren Personen gemeinschaftlich erteilt werden (Gesamtprokura). Dies muss ausdrücklich erfolgen, da sonst jeweils eine Einzelprokura als erteilt gilt.[26] Die Gesamtprokura ist ein Fall der Gesamtvertre-

---

[22] So auch GK/*Nickel*, § 48 Rn. 9; Koller/*Roth*/Morck, § 48 Rn. 26; *K. Schmidt*, HandelsR, § 16 III 2 e.

[23] Eingehender *K. Schmidt*, HandelsR, § 16 II 2.

[24] So auch *Canaris*, § 12 Rn. 3; § 13 Rn. 16 f.

[25] *KG* NZG 2002, 48 mwN; MünchKomm-HGB/*Krebs*, § 48 Rn. 26.

[26] *BGH* WM 1964, 151; Schlegelberger/*Schröder*, § 48 Rn. 21.

tungsmacht, d. h. die Vertretungsmacht kann grundsätzlich nur von allen zur Vertretung Berufenen gemeinschaftlich ausgeübt werden (sog. allseitige echte Gesamtprokura). Bei der Gesamtprokura handelt es sich um eine *persönliche Beschränkung* der Ausübung, nicht um eine sachliche Beschränkung des Umfangs (vgl. § 50 I HGB).[27] Sie dient dem Kaufmann dazu, sich selbst durch eine den Prokuristen auferlegte gegenseitige Kontrolle vor Gefahren aus dem Vertreterhandeln zu schützen.

Beispiel: Peter und Paul wird aufgrund ihrer herausragenden Fähigkeiten Gesamtprokura erteilt. Hierdurch sollen sie sich ergänzen und ihre Entscheidungen einer gegenseitigen Kontrolle unterziehen.

Grundsätzlich finden auf die Gesamtprokura die Regelungen des BGB über die Gesamtvertretung Anwendung.[28] Daher können die Gesamtprokuristen nur gemeinschaftlich die Abgabe einer Willenserklärung für den Kaufmann vornehmen. Dagegen genügt es für die Passivvertretung (§ 164 III BGB), dass einer der Gesamtprokuristen die Willenserklärung entgegen nimmt.[29] **14**

Darüber hinaus können die Gesamtvertretungsberechtigten einzelne von ihnen für bestimmte Geschäfte zur Alleinvertretung berufen.[30] Dies wird allgemein daraus gefolgert, dass das Gesetz diese Gestaltungsmöglichkeit für bestimmte Fälle der *organschaftlichen* Vertretung vorsieht (vgl. §§ 125 II 2, 150 II 1 HGB, 78 IV, 269 IV AktG, 25 III GenG). Eine solche Alleinvertretung durch einen Gesamtvertretungsberechtigten ist jedoch durch den Schutzzweck der Gesamtvertretung (oben Rn. 13) beschränkt:[31] Die Gesamtvertreter können den von ihnen zur Alleinvertretung Berufenen nicht mit einer Vollmacht versehen, deren Umfang tatsächlich einer allgemeinen Ermächtigung gleicht.[32] Die Gesamtvertretung soll den Vertretenen ja gerade vor dem alleinigen Handeln eines Gesamtvertreters schützen. Die Vertreter können daher den Umfang ihrer Vertretungsmacht nicht eigenmächtig abändern.[33] Eine Übertragung der dem gesamtvertretungsberechtigten Vertreter erteilten Vollmacht in vollem Umfang oder als Ermächtigung, ihn in seiner Eigenschaft als Mitgeschäftsführer allgemein zu vertreten, ist daher unzulässig.[34] **15**

Die Gesamtprokura kann auch neben einer erteilten Einzelprokura bestehen (sog. halbseitige echte Gesamtprokura).[35] Hier kann der Gesamtprokurist nicht **16**

---

[27] Koller/*Roth*/Morck, § 48 Rn. 15; MünchKomm-HGB/*Krebs,* § 48 Rn. 70; Staub/*Joost,* § 48 Rn. 94.

[28] Vgl. Koller/*Roth*/Morck, § 48 Rn. 15; MünchKomm-HGB/*Krebs,* § 48 Rn. 69.

[29] In Analogie zu §§ 28 II, 1629 I 2 BGB, 125 II 3, 150 II 2 HGB, 35 II 3 GmbHG, 78 II 2 AktG, 25 I 3 GenG, 171 III ZPO. Vgl. MünchKomm-HGB/*Krebs,* § 48 Rn. 69, 102.

[30] BGHZ 34, 27, 30 = NJW 1961, 506; BGHZ 64, 72, 74 = NJW 1975, 1117; *BGH* NJW-RR 1986, 778 = JuS 1986, 808; MünchKomm-BGB/*Schramm,* § 164 Rn. 82; Schlegelberger/*Schröder,* § 48 Rn. 28; *Flume,* § 45 I 3.; Palandt/*Heinrichs,* § 167 Rn. 3c.

[31] *BGH* NJW-RR 1986, 778.

[32] *BGH* NJW-RR 1986, 778 m.w. Nachw.; vgl. hierzu Anm. *K. Schmidt,* JuS 1986, 808.

[33] *BGH* NJW-RR 1986, 778; Schlegelberger/*Schröder,* § 48 Rn. 28.

[34] *BGH* NJW-RR 1986, 778.

[35] BGHZ 62, 166, 170 = NJW 1974, 1194; BGHZ 99, 76, 78 = NJW 1987, 841; so schon RGZ 90, 21, 22 f.; Röhricht/*Wagner,* § 48 Rn. 47; Staub/*Joost,* § 48 Rn. 101; *K. Schmidt,* HandelsR, § 16 III 3 c cc ddd; *Canaris,* § 12 Rn. 28; abl. MünchKomm-HGB/*Krebs,* § 48 Rn. 73.

ohne den Einzelprokuristen handeln, dieser kann jedoch allein handeln. Die Praxis verwendet die halbseitige Gesamtprokura z. B. dann, wenn einem der Prokuristen noch die notwendige Geschäftserfahrung fehlt. Der Kaufmann kann sich hierdurch selbst vor Fehlentscheidungen des (Gesamt-)Prokuristen schützen.

Beispiel: Der erfahrene Erbsenzahl ist zum Einzelprokuristen des Bäckermeisters Knack bestellt. Daneben wird E Gesamtprokura zusammen mit dem noch jungen und unerfahrenen Gernegroß erteilt.

b) Gemischte (unechte) Gesamtprokura

17 Ferner kann die Gesamtprokura in der Weise erteilt werden, dass der Prokurist nur gemeinsam mit einem (gesamtvertretungsberechtigten) *organschaftlichen* Vertreter handeln kann (sog. gemischte (unechte) Gesamtprokura).[36] Hierfür enthalten die §§ 48 ff. HGB keine Regelung. Wenn jedoch der Prokurist an die Mitwirkung eines anderen Prokuristen gebunden werden kann (vgl. § 48 II HGB), dann muss „erst recht" die Bindung an die Mitwirkung eines organschaftlichen Vertreters zulässig sein.[37]

18 Hinsichtlich des Umfangs der Vertretungsmacht ist streng zwischen der rechtsgeschäftlichen und der gesetzlichen Vertretung der Handelsgesellschaft zu unterscheiden.[38] Die *rechtsgeschäftliche* Vertretung obliegt dem Prokuristen. Soweit dieser bei der Ausübung seiner Vertretungsmacht an die Mitwirkung des gesetzlichen Vertreters gebunden ist, verbleibt es bei § 49 HGB.[39] Die *gesetzliche* Vertretung obliegt den Gesellschaftsorganen: bei OHG und KG den persönlich haftenden Gesellschaftern (§ 125 HGB, auch i. V. m. § 161 II HGB), bei der AG dem Vorstand (§ 78 AktG), bei der GmbH dem Geschäftsführer (§ 35 GmbHG). Soweit die Gesellschaftsorgane bei der Ausübung ihrer Vertretungsmacht kraft gesellschaftsvertraglicher Bestimmung an die Mitwirkung des Prokuristen gebunden sind (§§ 125 III HGB, 78 III AktG), bestimmt sich der Umfang der Vertretungsmacht des Prokuristen nicht nach § 49 HGB, sondern nach dem Umfang der Vertretungsmacht des Organs, wie er z. B. in §§ 126 HGB, 78 I, 82 AktG, 35 I, 37 II GmbHG festgelegt ist.[40] Der Prokurist kann in diesen Fällen – unter Mitwirkung des gesetzlichen Vertreters der Gesellschaft – z. B. Grundstücksgeschäfte i. S. des § 49 II HGB vornehmen oder einen (weiteren) Prokuristen bestellen (vgl.

[36] Entgegen der üblichen Bezeichnung als gemischte Gesamtprokura handelt es sich in Wirklichkeit nicht um einen Fall der Gesamtprokura. Denn es wird nur Prokura in der Form erteilt, dass ihre wirksame *Ausübung* von der Mitwirkung eines *organschaftlichen* Vertreters, also von einer Gesamtvertretung mit letzterem abhängt. So Staub/*Joost,* § 48 Rn. 103. Vgl. BGHZ 99, 76 = NJW 1987, 841 = JuS 1987, 494; *BayObLG* NJW 1971, 810, 811; *OLG Hamm* NJW 1971, 1369, 1370.

[37] So *K. Schmidt*, HandelsR, § 16 III 3 c cc. Der *BGH* und die h. M. folgern dies aus §§ 125 III HGB, 78 III AktG, 25 II GenG, BGHZ 62, 166, 171 = NJW 1974, 1194; BGHZ 99, 76, 78 = NJW 1987, 841; *OLG Dresden* NJW-RR 1995, 803; vgl. Baumbach/*Hopt*, § 48 Rn. 6; Ebenroth/Boujong/Joost/Strohn/*Weber,* § 48 Rn. 43 ff.; *Drexl/Mentzel,* Jura 2002, 289, 291; Staub/*Joost,* § 48 Rn. 106 m. w. Nachw.; ablehnend und nur für echte gemischte Gesamtvertretung MünchKomm-HGB/*Krebs,* § 48 Rn. 83.

[38] BGHZ 99, 76, 80 f. = NJW 1987, 841; Staub/*Joost,* § 48 Rn. 119.

[39] BGHZ 99, 76, 81 = NJW 1987, 841; Ebenroth/Boujong/Joost/Strohn/*Weber,* § 48 Rn. 52.

[40] BGHZ 99, 76, 80 f. = NJW 1987, 841; Ebenroth/Boujong/Joost/Strohn/*Weber,* § 48 Rn. 52.

§ 48 I HGB).[41] Da der Prokurist hier an der organschaftlichen Stellvertretung teilnimmt, kann Gesamtprokura nicht in der Weise erteilt werden, dass der Prokurist nur mit einem außenstehenden Dritten vertretungsbefugt ist (Verbot der Drittorganschaft).[42] Zulässig ist mithin nur eine Gesamtprokura, bei der auf der einen Seite zumindest ein Prokurist, auf der anderen Seite ein gesamtvertretungsberechtigter organschaftlicher Vertreter der Gesellschaft steht.[43] Die Bindung eines alleinvertretungsberechtigten organschaftlichen Vertreters an die Mitwirkung eines Prokuristen ist unzulässig.[44]

Ferner kann keine Gesamtvertretungsmacht des Prokuristen mit einem Einzel- 19
kaufmann erteilt werden.[45] Denn der Inhaber des Handelsgeschäfts kann nicht zugleich sein eigener Vertreter sein. Zudem wäre die Ausübung der Prokura an eine zustimmungsähnliche Mitwirkung des Kaufmanns gebunden. Dies verstieße gegen § 50 II HGB, der ja gerade die Unbeschränkbarkeit der Prokura normiert.[46]

Eine Bindung des Prokuristen an die Zustimmung einer selbst nicht vertretungs- 20
berechtigten Person ist unzulässig, da wegen des zwingenden Umfangs der Prokura (§§ 49, 50 HGB) die für die Zustimmung zuständige Person dieselben Befugnisse wie ein Prokurist haben müsste. Die Erteilung dieser Vertretungsbefugnisse liegt aber nicht konkludent in dem Zustimmungserfordernis, weil Prokura nur ausdrücklich erteilt werden kann (§ 48 I HGB).[47]

Beispiel: Prokurist Pingelick soll nur zusammen mit dem Kommanditisten Kasper handeln können. Dies ist nach § 50 II HGB unzulässig, denn ein Kommanditist hat nach der zwingenden Vorschrift des § 170 HGB keine organschaftliche Vertretungsmacht. Ihm kann allenfalls selbst Prokura erteilt werden. Nur dann ist die Bindung eines Prokuristen an seine Zustimmung möglich.

Schließlich ist auch eine Bindung an die Zustimmung eines Handlungsbevoll- 21
mächtigten (§ 54 HGB) unzulässig, und zwar aus den gleichen Gründen wie die Bindung an die Zustimmung einer selbst nicht vertretungsberechtigten Person.[48]

---

[41] Baumbach/*Hopt*, § 49 Rn. 3.
[42] Vgl. auch *BayObLG* NJW 1994, 2965 zur Gesamtprokurabestellung bei der KG.
[43] *OLG Frankfurt* a.M. NZG 2001, 222 zur gemischten Gesamtprokura bei einer GmbH & Co. KG.
[44] BGHZ 26, 330, 332f. = NJW 1958, 668 zu § 125 III HGB; *OLG Dresden* NJW-RR 1995, 803; Baumbach/*Hopt*, § 49 Rn. 3.
[45] *BayObLG* NJW 1998, 1161 zum Einzelkaufmann, Baumbach/*Hopt*, § 48 Rn. 7; *Canaris*, § 12 Rn. 29; a. A. Staub/*Joost*, § 48 Rn. 104; *Bärwaldt/Hadding*, NJW 1998, 1103, 1104.
[46] Vgl. *Canaris*, § 12 Rn. 29.
[47] *Canaris*, § 14 Rn. 31.
[48] Staub/*Joost*, § 48 Rn. 113f.

22 **Übersicht 6/1:**

Bindung des Prokuristen an die Mitwirkung anderer Personen

Prokurist § 48 II HGB	Organschaftlicher Vertreter §§ 125 III HGB, 78 III AktG, 25 II GenG	Inhaber des Handelsgeschäfts	Selbst nicht vertretungsberechtigte Person	Handlungsbevollmächtigter § 54 HGB
Zulässig: Gesetzlich ausdrücklich gestattete „echte Gesamtprokura"	**Zulässig:** Gesetzlich ausdrücklich gestattete „gemischte – oder unechte – Gesamtprokura"	**Unzulässig,** da niemand zugleich sein eigener Vertreter sein kann.	**Unzulässig,** wegen des Ausdrücklichkeitsgebots in § 48 I HGB	

3. Inhalt und Umfang

a) Grundsatz – Abgrenzung zu den Privatgeschäften des Kaufmanns

23 Die Prokura ermächtigt zu allen Arten von gerichtlichen und außergerichtlichen Geschäften und Rechtshandlungen, die der Betrieb *eines* – d. h. irgendeines – Handelsgewerbes mit sich bringt (§ 49 I HGB). Der Prokurist kann daher **auch betriebsfremde,** d. h. branchenübergreifende **Geschäfte** tätigen. Dies ergibt sich u. a. aus dem Vergleich zu § 54 I HGB, der die Handlungsvollmacht auf Geschäfte beschränkt, die der Betrieb eines *derartigen* Handelsgeschäfts mit sich bringt (vgl. unten Rn. 52). Für die Abgrenzung zu den Privatgeschäften des (Einzel-) Kaufmanns sind die §§ 343, 344 I HGB maßgeblich. Näher unten § 7 Rn. 4 ff.

Beispiel: Prokurist Pausemann der Rundstück-GmbH, Zweigniederlassung St. Pauli, kauft im Namen der GmbH einen Motorroller der Marke Aprilia, Modell Leonardo. Zwar gehört der Kauf eines Motorrollers nicht zum (gewöhnlichen) Geschäftsbetrieb einer Bäckerei. § 49 I HGB erfasst indessen auch branchenfremde Geschäfte. Auf § 344 I HGB kommt es nicht an, da Handelsgesellschaften keine juristische Privatsphäre haben. Prokurist P handelt daher im Rahmen seiner Vollmacht.

b) Grundlagen- und Prinzipalgeschäfte

24 Von der Prokura nicht umfasst sind die sog. Grundlagengeschäfte, d. h. alle Entscheidungen, die die Grundlage oder die Struktur des Handelsgeschäfts berüh-

ren. Von ihnen kann man nicht sagen, dass sie der Betrieb eines Handelsgewerbes „mit sich bringt" i. S. des § 49 I HGB. Unzulässig[49] sind als solches z. B. die Änderung des Unternehmensgegenstandes, Satzungsänderungen, die Änderung der Firma, die Betriebseinstellung, die Aufnahme von Gesellschaftern, die Veräußerung oder Liquidation des Unternehmens.

25 Aber auch Rechtsgeschäfte, die dem Handelsgeschäftsinhaber selbst vorbehalten sind („Prinzipalgeschäfte"), sind von der Prokura nicht gedeckt, so z. B. die Prokuraerteilung (§ 48 I HGB) oder die Anmeldung der Firma zum Handelsregister (§§ 29, 31 HGB). Ferner ist die Erteilung einer Unterprokura durch § 48 I HGB ausgeschlossen. Sonstige Anmeldungen zum Handelsregister[50] durch den Prokuristen sind dagegen zulässig, wenn der materielle Vorgang weder eine Grundlagenentscheidung noch ein höchstpersönliches Rechtsgeschäft zum Gegenstand hat.[51] Bei Grundlagenentscheidungen ist eine besondere Bevollmächtigung des Prokuristen nach § 12 I 2 HGB erforderlich.

c) Grundstücksgeschäfte

26 Darüber hinaus nimmt § 49 II HGB lediglich Rechtsgeschäfte von der Vertretungsmacht der Prokura aus, die die **Veräußerung oder Belastung von Grundstücken** zum Inhalt haben. Hierfür bedarf der Prokurist einer gesondert zu erteilenden Befugnis („Immobiliarklausel"). Die Vorschrift trägt der besonderen Schutzbedürftigkeit des Unternehmensinhabers Rechnung, die sich aus der bei Grundstücken regelmäßig nur eingeschränkt bestehenden Möglichkeit einer Ersatzbeschaffung ergibt, sowie aus der Tatsache, dass das Betriebsgrundstück meist den bedeutendsten Vermögenswert eines Unternehmens darstellt.[52]

27 Dieser Schutzzweck des § 49 II HGB rechtfertigt die einhellig befürwortete analoge Anwendung der Vorschrift auf die zugrunde liegenden Verpflichtungsgeschäfte.

Beispiel: Prokurist Pausemann schließt im Namen der Rundstück-GmbH mit Kraus einen notariellen Kaufvertrag über den Verkauf des Betriebsgrundstücks der GmbH an den K ab. Aus diesem Vertrag wird die GmbH nicht verpflichtet. Wegen § 49 II HGB handelt P ohne Vertretungsmacht i. S. des § 164 I 1 BGB. Es gelten die §§ 177 ff. BGB.

28 Nicht ausgeschlossen sind durch § 49 II HGB der Ankauf, die Anmietung und Vermietung von Grundstücken, sowie die Verpfändung von Grundpfandrechten.

d) Insichgeschäfte

29 Insichgeschäfte sind von der Prokura grundsätzlich nicht gedeckt, soweit sie nicht ausschließlich in der Erfüllung einer Verbindlichkeit bestehen. Dies folgt aus

---

49 Vgl. MünchKomm-HGB/*Krebs*, § 49 Rn. 26; *Canaris*, § 12 Rn. 15; *K. Schmidt*, HandelsR, § 16 III 3 a; a. A. wohl zur Änderung des Unternehmensgegenstands *Hofmann*, F II.1.b) [Maschinenfabrik-Beispiel].

50 Vgl. BGHZ 116, 190, 193 f. = NJW 1992, 975; MünchKomm-HGB/*Krebs*, § 49 Rn. 35; *Canaris*, § 12 Rn. 15.

51 Vgl. Fn. zuvor.

52 MünchKomm-HGB/*Krebs*, § 49 Rn. 37; zur Eintragung der Immobiliarklausel im Handelsregister o. § 3 Rn. 7.

§ 181 BGB. Eine Befreiung von diesem Verbot kann für den Einzelfall erteilt werden. Eine generelle Befreiung ist zulässig, bedarf aber der Eintragung in das Handelsregister.[53]

4. Beschränkungen im Außenverhältnis

a) Grundsatz

30 Im Innenverhältnis kann der Prokurist Beschränkungen hinsichtlich seiner Vertretungsmacht unterworfen werden. Verstößt er gegen eine solche interne Beschränkung, wird er ggf. dadurch schadensersatzpflichtig gegenüber seinem Geschäftsherrn. Eine Beschränkung der Prokura gegenüber Dritten, also im Außenverhältnis, ist grundsätzlich unwirksam (§ 50 I HGB). Als Beschränkung gilt jede Begrenzung hinsichtlich des Umfangs oder der Art des abzuschließenden Geschäfts, sowie jegliche örtliche und zeitliche Beschränkung bzw. eine Bindung der Ausübung der Prokura an gewisse Umstände (§ 50 II HGB). Das Begrenzungsverbot dient vornehmlich dem Verkehrsschutz, aber auch der Erleichterung und Sicherung des Handelsverkehrs zugunsten des Vertretenen.[54] Beide Seiten des Rechtsgeschäfts wissen, was sie (hinsichtlich des Umfangs der Vertretungsmacht) erwartet. Das Begrenzungsverbot des § 50 II HGB gilt indessen nicht ausnahmslos:

b) Missbrauch der Prokura

31 Überschreitet der Prokurist seine Vertretungsmacht wie z. B. beim Verkauf eines Grundstücks (§ 49 II HGB, oben Beispiel Rn. 27), so finden unmittelbar die §§ 177 ff. BGB Anwendung. Nach § 179 BGB haftet der Prokurist persönlich, wenn der Prinzipal die Genehmigung des betreffenden Geschäfts ablehnt; der Dritte kann von dem Prokuristen Schadensersatz oder Erfüllung verlangen.

32 Schwieriger zu beurteilen sind die Fälle des Missbrauchs im Innenverhältnis. Aus der das gesamte Stellvertretungsrecht kennzeichnenden Unterscheidung zwischen dem Grundverhältnis (rechtliches „Dürfen“) und der Vollmacht (rechtliches „Können“) folgt, dass Bindungen im Grundverhältnis die Vertretungsmacht unberührt lassen. Nach diesem **stellvertretungsrechtlichen Abstraktionsprinzip**[55] ist das Geschäft im Verhältnis zum Dritten regelmäßig auch dann wirksam, wenn sich der Prokurist über die im Grundverhältnis bestehenden Bindungen hinweg setzt.

Beispiel:[56] Prokurist Pingelick der Busse-Bank erklärt gegenüber dem Dreier: „… wir verpflichten uns hiermit, die o. g. Schecks bei Vorlage zu den jeweiligen Ausstellungsterminen ohne Rücksicht auf den Kontostand des Ausstellers einzulösen.“ Zu einer derartigen Scheck-

---

[53] *OLG Hamm* DB 1983, 982.

[54] So auch MünchKomm-HGB/*Krebs*, Vor § 48 Rn. 14; *K. Schmidt*, HandelsR, § 16 III 3 c aa; Spitzbarth/*Preuß*, III. Rn. 1.

[55] *Musielak*, Grundkurs BGB, 11. Aufl., 2009, Rn. 820.

[56] Nach *BGH* NJW 1999, 384.

einlösungszusage[57] war P nach dem Anstellungsvertrag nicht befugt. Dennoch gilt hier grundsätzlich, dass die B-Bank aus der Scheckeinlösungszusage verpflichtet ist. Zu den Ausnahmen s. sogleich.

Wie im bürgerlichen Recht ist aber auch im Handelsverkehr ein **missbräuchliches Zusammenwirken des Geschäftsgegners mit dem Vertreter** zum Schaden des Vertretenen (Kollusion) **verboten**. Der Geschäftsgegner kann sich in diesen Fällen nicht auf den Bestand des Geschäfts berufen.[58] 33

Abweichungen vom bürgerlichen Recht ergeben sich in den Fällen des *einseitigen Missbrauchs* der Vertretungsmacht durch den Prokuristen. Eine Bindung des Vertretenen an die Erklärungen des Vertreters entfällt im **BGB** nämlich schon dann, wenn der Dritte das pflichtwidrige Handeln entweder erkannt hat oder sich ihm die Erkenntnis davon zumindest hätte aufdrängen müssen.[59] Dies setzt eine **objektive Evidenz des Missbrauchs** voraus, die nur bei massiven Verdachtsmomenten gegeben ist.[60] 34

Demgegenüber verstärkt das **HGB** hier den Verkehrsschutz und nimmt einen Missbrauch der *Prokura* nur an, wenn der Prokurist – über die soeben in Rn. 34 geschilderten Voraussetzungen hinaus – seine **Vertretungsmacht bewusst missbraucht** hat.[61] Zusammenfassend lassen sich die – im Vergleich zum bürgerlichen Recht strengeren – Voraussetzungen des Missbrauchs der Prokura demnach wie folgt formulieren:[62] Auf Seiten des Vertretenen handelt der Prokurist vorsätzlich und zum Nachteil des Vertretenen, auf Seiten des Dritten liegt mindestens grob fahrlässige Unkenntnis des Verhaltens des Prokuristen vor. Bei einem derartigen Missbrauch der Prokura kann sich der Dritte nicht auf die Vertretungsmacht des Vertreters berufen; der Vertretene hat analog §§ 177 ff. BGB die Wahl, ob er das Geschäft genehmigen oder nicht gegen sich gelten lassen will. 35

c) **Vertragsvorbehalt**

Ferner kann der Grundsatz des § 50 II HGB durch einen in den Vertrag zwischen dem Kaufmann und dem Vertragspartner aufgenommenen Zustimmungsvorbehalt durchbrochen werden. Gesichtspunkte des Verkehrsschutzes sind hier nicht berührt (oben Rn. 1). Z. B. kann sich der Kaufmann bei einem noch nicht in allen Punkten geregelten Verkauf vorbehalten, dass er die durch den Prokuristen mit dem Vertragspartner ausgehandelten Einzelregelungen genehmigen muss, bevor diese verbindlich für ihn werden.[63] 36

---

57 Zivilrechtlich kann es sich dabei um einen Garantievertrag, eine Schuldübernahme oder eine Bürgschaft handeln, vgl. *BGH* NJW-RR 1994, 821 f.

58 Baumbach/*Hopt*, § 50 Rn. 5; näher *Vedder*, Missbrauch der Vertretungsmacht, 2007.

59 *BGH* NJW-RR 1992, 1135, 1136 (zur BGB-Vollmacht); *BGH* NJW 2006, 2776 = NZG 2006, 626 Tz. 3 (zu § 37 II GmbHG).

60 *BGH* NJW 1994, 2083.

61 BGHZ 50, 112, 114 = NJW 1968, 1379, 1380; *BGH* NJW 1990, 384, 385 unter I. 3. der Entscheidungsgründe; zutr. *Canaris*, § 12 Rn. 37 sowie MünchKomm-HGB/*Krebs*, Vor § 48 Rn. 72 gegen die h. L.

62 Ebenroth/Boujong/Joost/Strohn/*Weber*, § 50 Rn. 10.

63 Vgl. *BGH* NJW 1997, 2678 (zu § 37 II GmbHG).

d) Fehlende Schutzwürdigkeit des Gesellschafters

37 Darüber hinaus muss der Gesellschafter, der mit der Handelsgesellschaft, vertreten durch den Prokuristen, einen Vertrag schließt, sein Wissen um etwaige Beschränkungen des Prokuristen im Innenverhältnis gegen sich gelten lassen. Schließlich weiß gerade er, welchen Beschränkungen der Prokurist (im Innenverhältnis) unterliegt. Er bedarf daher des besonderen Schutzes, der mit den handelsrechtlichen Vollmachten bezweckt wird, nicht.

e) Niederlassungsprokura

38 Die Prokura nur für einen bestimmten Betrieb im Sinne einer Niederlassung (oben § 6 Rn. 5 ff.) zu erteilen, ist als weitere gesetzliche Ausnahme zum Begrenzungsverbot zulässig und gegenüber Dritten wirksam, wenn die Niederlassung unter einer anderen Firma betrieben wird (§ 50 III 1 HGB). Für die Verschiedenheit der Firmen reicht es aus, wenn die Firma einen Zusatz trägt, aus dem hervorgeht, dass es sich um eine Zweigniederlassung handelt (§ 50 III 2 HGB).

5. Erlöschen der Prokura

39 Die Prokura ist nicht übertragbar (§ 52 II HGB). Der Tod des Handelsgeschäftsinhabers führt nicht zum Erlöschen der Prokura (§ 52 III HGB). Dagegen erlischt sie, sofern der **Prokurist stirbt**. Anderenfalls würde durch einen Rechtsübergang auf die Erben dem Handelsgeschäftsinhaber ein Prokurist aufgezwungen, den dieser nicht auswählen konnte. Das besondere Vertrauensverhältnis zum Prokuristen schließt eine Fiktion des Fortbestehens der Vollmacht nach §§ 673 S. 2, 168 S. 1 BGB aus.

40 Die Prokura erlischt des Weiteren mit **Beendigung des zugrundeliegenden Rechtsverhältnisses** (§ 168 S. 1 BGB)[64] ohne (ausdrücklichen) Widerruf,[65] ferner bei Eröffnung des Insolvenzverfahrens über das Vermögen des Prinzipals in den Fällen der §§ 117 I, 115 I InsO,[66] und wenn der Prokurist selbst zum Inhaber des Handelsgeschäfts wird bzw. zum Vertretungsorgan der unternehmenstragenden Gesellschaft aufsteigt.[67]

41 Wird der **Betrieb des Handelsgeschäfts eingestellt** oder **verliert der Prinzipal seine Kaufmannseigenschaft** (z. B. durch Herabsinken zum Kleingewerbetreibenden, oben § 2 Rn. 56), so erlischt auch die Prokura.[68] Dies gilt nicht bei der Auflösung einer Personenhandelsgesellschaft, für die eine Prokura besteht. Die Gesellschaft verfolgt mit der Auflösung zwar nicht mehr ihren ursprünglichen Zweck, sondern nurmehr das Ziel der Abwicklung (unten § 12 Rn. 34). Das lässt aber ihre Rechtsnatur und ihren Status als Handelsgesellschaft (§ 6 HGB) unbe-

---

[64] Allg. Ansicht, vgl. bspw. Baumbach/*Hopt,* § 52 Rn. 4.
[65] Vgl. hierzu auch *BAG* NJW 1987, 862.
[66] Baumbach/*Hopt,* § 52 Rn. 5; MünchKomm-HGB/*Krebs,* § 52 Rn. 30.
[67] Vgl. auch *K. Schmidt*, HandelsR, § 16 III.5.c u. d.
[68] *OLG Oldenburg* NJW-RR 1996, 1180, 1181.

rührt.[69] Tätigt der (frühere) Prokurist dennoch weiterhin Geschäfte als Prokurist, so haftet nicht der Kaufmann, sondern der Handelnde nach den §§ 177 ff. BGB. Unterbleibt jedoch entgegen § 53 II HGB die Handelsregistereintragung des Erlöschens der Prokura, so trifft den Kaufmann ggf. die Rechtsscheinhaftung unter den Voraussetzungen des § 15 I HGB (vgl. oben § 3 Rn. 17 ff.).

Ferner ist die Prokura ohne Rücksicht auf das der Erteilung zugrunde liegende 42
Rechtsverhältnis **jederzeit widerruflich** (§ 52 I HGB). Der Widerruf kann entweder gegenüber dem Prokuristen oder gegenüber dem Dritten erfolgen (§§ 168 S. 3, 167 I BGB), insbes. auch durch Eintragung des Widerrufs in das Handelsregister oder durch öffentliche Bekanntmachung.[70]

6. Eintragung in das Handelsregister

Die Erteilung der Prokura ist eine **eintragungspflichtige Tatsache** und daher 43
vom Geschäftsinhaber zur Eintragung in das Handelsregister anzumelden (§ 53 I 1 HGB), unter Angabe der Art der Prokura (Einzel- oder Gesamtprokura).[71] Der Hinterlegung der Namensunterschrift zur Aufbewahrung bei dem Gericht bedarf es seit der Umstellung auf das elektronische Handelsregister zum 1.1.2007 durch das EHUG nicht mehr. Die Wirksamkeit der Prokura hängt nicht von ihrer Eintragung ab (vgl. auch oben § 3 Rn. 10).[72] Wird die Prokura nicht eingetragen, so kommen §§ 9 V, 14, 15 I HGB in Betracht. Das Erlöschen der Prokura ist in gleicher Weise wie die Erteilung zur Eintragung anzumelden (§ 53 II HGB).[73] Vgl. zur Prokura noch den Beispielsfall oben § 1 Rn. 34.

III. Handlungsbevollmächtigte

1. Erteilung und Arten der Handlungsvollmacht

Neben der Prokura besteht für den Kaufmann die Möglichkeit, einem Einzel- 44
nen eine sog. Handlungsvollmacht zu erteilen (§ 54 HGB). Sie ist der Regelfall der handelsrechtlichen Stellvertretung[74] und wird ausschließlich **Hilfspersonen des Kaufmanns** erteilt.[75] Auch bei ihr ist das Vollmachtsverhältnis vom Grundverhältnis (z. B. Dienst- o. Arbeitsvertrag) zu trennen, wie oben Rn. 30 für die Prokura. Hinsichtlich ihres sachlichen Umfangs unterscheidet § 54 I HGB drei Varianten der Handlungsvollmacht, vgl. hierzu die nachfolgende

---

69 *OLG München* NZG 2011, 1183.

70 Röhricht/Graf von Westphalen/*Wagner*, § 52 Rn. 12; a. A. Heymann/*Sonnenschein/Wietemeyer*, § 52 Rn. 10.

71 *LG Mainz* NJW-RR 2000, 1567 zu den Anforderungen an einen Antrag zur Anmeldung der Prokura.

72 RGZ 134, 303, 307; Koller/*Roth*/Morck, § 48 Rn. 9, § 53 Rn. 1.

73 Vgl. hierzu auch *OLG Düsseldorf* NJW-RR 1999, 107; 1994, 1056 zur Gesamtprokura.

74 MünchKomm-HGB/*Krebs*, § 54 Rn. 1.

75 Baumbach/*Hopt*, § 54 Rn. 1; Koller/*Roth*/Morck, § 54 Rn. 1 a. E.; MünchKomm-HGB/*Krebs*, § 54 Rn. 10; *K. Schmidt*, HandelsR, § 16 IV 1 a; a. A. Staub/*Joost*, § 54 Rn. 9 f.

45 **Übersicht 6/2:**

Gesetzliche Typen der Handlungsvollmacht

Handlungsvollmacht

Generalhandlungsvollmacht nach § 54 I 1. Fall HGB: Betrieb des Handelsgewerbes	Arthandlungsvollmacht nach § 54 I 2. Fall HGB: bestimmte Art von Geschäften	Spezialhandlungsvollmacht nach § 54 I 3. Fall HGB: einzelne Geschäfte

Vgl. wegen der Abgrenzung zur Generalvollmacht oben Rn. 7.

46 Für welche Variante sich der Geschäftsinhaber entscheidet, steht in seinem freien Belieben. Das Gesetz beschränkt sich auf eine Regelung des Mindestumfangs der Handlungsvollmacht im Interesse des Verkehrsschutzes. Die Hauptmerkmale der Handlungsvollmacht lassen sich am besten im Vergleich zur Prokura verdeutlichen:

2. Unterschiede zur Prokura

a) Person des Vollmachtgebers

47 Nach hergebrachter Auffassung kann **nur ein Kaufmann** Handlungsvollmacht erteilen.[76] Dafür sprechen zwar der Wortlaut der Vorschrift („Betrieb eines Handelsgewerbes") und der Grundsatz, dass Vorschriften mit Bezug auf das Handelsgewerbe auch für die übrigen Kaufleute Geltung beanspruchen (oben § 2 Rn. 4 f.). Diese Auslegung erscheint indessen als zu eng. § 54 HGB sollte auch auf nichteingetragene Kleingewerbetreibende (oben § 2 Rn. 78) angewendet werden, und zwar wegen deren Kaufmannsähnlichkeit und der Notwendigkeit einer einheitlichen Analogie wie bei § 56 HGB (unten Rn. 60).[77] Dem gegenüber steht die Prokura dem nicht eingetragenen Kleingewerbetreibenden schon wegen des zwingenden Mindestumfangs der Vertretungsmacht (§§ 49, 50 HGB) und den sich hieraus ergebenden Gefahren für den Vertretenen nicht zur Verfügung.

48 Unterschiede ergeben sich auch hinsichtlich der **Erteilungsbefugnis**. Während die Prokura nur durch den Geschäftsinhaber erteilt werden kann und folglich die Erteilung einer „Unterprokura" ausgeschlossen ist (oben Rn. 9), kann eine Handlungsvollmacht auch durch einen Prokuristen oder einen Handlungsbevollmächtigten erteilt werden. Dies folgt aus § 58 HGB, wonach die Handlungsvollmacht mit Zustimmung des Inhabers übertragbar ist, sowie aus § 49 HGB, soweit es um die Erteilung durch den Prokuristen geht. Eine dem § 52 II HGB (oben Rn. 39) entsprechende Vorschrift gibt es für die Handlungsvollmacht nicht.

[76] Staub/*Joost*, § 54 Rn. 53.
[77] Baumbach/*Hopt*, § 54 Rn. 6.

b) Art und Weise der Erteilung

Im Unterschied zur Prokura muss die Handlungsvollmacht nicht ausdrücklich erteilt werden. In Betracht kommt auch eine stillschweigende Erteilung, ferner die Annahme einer Handlungsvollmacht nach den bürgerlich rechtlichen Regeln einer Duldungs- oder einer Anscheinsvollmacht. 49

Beispiel:[78] Der Inhaber eines Handelsgeschäfts lässt es zu, dass ein Lehrling telefonisch übermittelte Erklärungen entgegen nimmt.

Weil die Handlungsvollmacht im Unterschied zur Prokura nicht ausdrücklich erklärt zu werden braucht, kann sie auch durch Umdeutung (§ 140 BGB) einer unzulässigen Generalvollmacht entstehen.[79] 50

c) Registerrechtliche Behandlung

Anders als die Prokura (§ 53 HGB; oben Rn. 42) ist die Handlungsvollmacht **keine eintragungsfähige Tatsache**. Ein Gutglaubensschutz nach § 15 HGB scheidet insoweit deshalb aus. 51

d) Inhalt und Umfang

Während der Umfang der Prokura einheitlich und nach § 50 I HGB zwingend festgelegt ist, sieht § 54 I HGB Handlungsvollmachten mit unterschiedlichem Inhalt und Umfang vor. In allen drei Varianten (oben Rn. 45) berechtigt eine Handlungsvollmacht allerdings nur zur Vornahme solcher Geschäfte oder Rechtshandlungen, die der konkrete Geschäftsbetrieb „gewöhnlich mit sich bringt“. Dies ist freilich nur eine Auslegungsregel; der Inhalt der rechtsgeschäftlichen Erklärung geht vor.[80] Die Prokura deckt hingegen alle Arten von gewöhnlichen oder außergewöhnlichen Rechtsgeschäfte ab, die der Betrieb irgendeines Handelsgewerbes mit sich bringt (oben Rn. 23). 52

e) Beschränkbarkeit

Eine Beschränkung der Prokura ist Dritten gegenüber nach § 50 I HGB unwirksam; eine begrenzte Ausnahme ergibt sich nur für die Niederlassungsprokura im Sinne des § 50 III HGB (vgl. oben Rn. 38). Dem gegenüber kann die Handlungsvollmacht **mit Wirkung für das Außenverhältnis beschränkt werden**, wobei ein beschränkter Gutglaubensschutz durch § 54 III HGB gewährleistet ist. 53

---

[78] Nach RGZ 102, 296; zur schlüssigen Handlungsvollmacht *BGH* NJW 1982, 1390; NJW-RR 2002, 967.
[79] *K. Schmidt*, JuS 2003, 95, 96 in Anm. zu *BGH* NJW-RR 2002, 1325 = NZG 2002, 813.
[80] Ebenroth/Boujong/Joost/Strohn/*Weber*, § 54 Rn. 9.

3. Notwendigkeit einer besonderen Ermächtigung

54 **Bestimmte Rechtgeschäfte**, die zum Betrieb des betreffenden Handelsgewerbes gehören mögen, hat der Gesetzgeber typischerweise als für den Prinzipal derart **risikoträchtig** angesehen, dass der Handlungsbevollmächtigte sie nur mit einer besonderen Ermächtigung vornehmen darf. Nach § 54 II HGB gilt dies für die Veräußerung oder Belastung von Grundstücken, die Eingehung von Wechselverbindlichkeiten, die Aufnahme von Darlehen und die Prozessführung. Grundstücksgeschäfte unterliegen denselben Begrenzungen, wie sie § 49 II HGB für den Prokuristen normiert (vgl. oben Rn. 26ff.).

4. Die Abschlussvollmacht als Sonderfall der Handlungsvollmacht

55 Die Vorschrift des § 55 HGB regelt die Abschlussvollmacht als Sonderfall der Handlungsvollmacht. Nach § 55 I HGB findet § 54 HGB auch Anwendung auf solche **Handlungsbevollmächtigte**, die als Handelsvertreter (§§ 84ff. HGB) oder als Handlungsgehilfen (§§ 59ff. HGB) damit betraut sind, **außerhalb des Betriebes des Prinzipals** Geschäfte in dessen Namen abzuschließen. Die Verweisung auf § 54 HGB rechtfertigt sich daraus, dass der Rechtsverkehr nur schwer beurteilen kann, ob unselbständige, aus dem Unternehmen heraus handelnde Gehilfen oder selbständige Gehilfen tätig sind. § 55 HGB enthält ferner auch eine Reihe von Abwandlungen zu § 54 HGB, die auf die spezielle Interessenlage des Außendienstes abgestellt sind. § 55 II, III HGB beschränkt den Umfang der Abschlussvollmacht (Ausschluss von Vertragsänderungen und Annahme von Zahlungen) im Interesse des Prinzipals, § 55 IV HGB erweitert ihn im Interesse des Rechtsverkehrs um die Ermächtigung, Erklärungen entgegen zu nehmen, die ein Dritter im Zusammenhang mit mangelhaften Leistungen des Kaufmanns abgibt. Damit begründet § 55 IV HGB eine Empfangsvollmacht bezüglich der Mängelanzeige (§ 377 HGB), des Rücktritts vom Vertrag und des Minderungsverlangens (vgl. §§ 437 Nr. 2, 634 Nr. 3 BGB), sowie der Mahnung (§ 286 I 1 BGB).

5. Erlöschen

56 Da das HGB das Erlöschen der Handlungsvollmacht nicht regelt, sind hierfür die **§§ 168–173 BGB** anwendbar. Danach erlischt die Handlungsvollmacht z. B. mit dem zugrunde liegenden Rechtsverhältnis, durch Eröffnung des Insolvenzverfahrens über das Vermögen des Prinzipals (§ 117 InsO), durch Widerruf bei fortbestehendem Grundverhältnis oder mit Aufgabe des Betriebs. Tätigt der frühere Handlungsbevollmächtigte nach Erlöschen oder Widerruf seiner Vollmacht Geschäfte im Namen des Prinzipals, so haftet er als Vertreter ohne Vertretungsmacht nach den §§ 179ff. BGB.[81]

---

[81] *Musielak*, Grundkurs BGB, 12. Aufl., 2011, Rn. 847ff.

IV. Die Vollmacht des Ladenangestellten

1. Regelungsgegenstand des § 56 HGB

Der in einem Laden oder Warenlager Angestellte gilt nach § 56 HGB als dazu ermächtigt, Verkäufe und Empfangnahmen, die in einem derartigen Laden oder Warenlager geschehen, vorzunehmen. Die Worte „gilt als ermächtigt“ beinhalten nach h. M. zum einen die sog. **Anscheinshandlungsvollmacht** des Angestellten.[82] Zugleich enthält § 56 HGB die widerlegbare Vermutung über das **Bestehen einer Vollmacht mit bestimmtem Inhalt**, sofern die dort angestellte Person in Wirklichkeit nicht zu den genannten Handlungen ermächtigt ist. Nach anderer Ansicht handelt es sich um die (gesetzliche) Fiktion einer Bevollmächtigung. Die unterschiedliche dogmatische Einordnung hat für die gutachterliche Prüfung folgende Konsequenz:[83] Nach h. M. ist zunächst das Vorliegen einer rechtsgeschäftlich erteilten Vollmacht zu untersuchen, und erst bei ihrem Fehlen ist ggf. auf die Anscheinsvollmacht nach § 56 HGB einzugehen. Nach a. A. ist sofort die Fiktion der Bevollmächtigung zu prüfen. Beiden Ansichten ist gemein, dass sie den Verkehrsschutz in den Vordergrund stellen. Gegen eine Bevollmächtigungsfiktion spricht entscheidend der Wortlaut, ferner die Ähnlichkeit zu § 54 HGB, der ebenfalls eine Vermutungsregelung wie auch eine Anscheinsvollmacht enthält. 57

2. Voraussetzungen des § 56 HGB

Die Ladenvollmacht nach § 56 HGB setzt voraus, dass ein Verkauf oder eine Empfangnahme in einem Laden oder Warenlager durch eine Hilfsperson des Kaufmanns vorgenommen wird. 58

Übungsfall: Im SB-Möbel-Haus der IDEA-GmbH will Student Bien für sein Zimmer neue Regale erstehen. In der Regalabteilung spricht ihn der IDEA-Mitarbeiter Schurk an, der ihm erklärt, dass es diese Regale heute zu einem besonders günstigen Preis gäbe. Bien müsse nur das Regalpaket nehmen und hinter dem Kassenbereich auf ihn warten. Dort gäbe es einen besonderen Stand, an dem der vergünstigte Preis an ihn – Schurk – bezahlt werden würde. Schurk würde gleich selbst dorthin kommen, um ebenda seinen Kassierdienst anzutreten. Bien freut sich und handelt entsprechend. Einen besonderen Stand gibt es allerdings nicht. Ebenso wenig trägt Schurk die gleiche Arbeitskleidung wie die Kassierer. Als Bien das Möbelhaus verlassen will, schlägt der Hausalarm an. Der herbeigeeilte Geschäftsführer fordert nach Biens Schilderung der Abwicklung seines „Kaufs“ den Kaufpreis ein. Bien macht geltend, er habe den Kaufpreis bereits an den Schurk bezahlt. Wer hat Recht? (Lösung Rn. 65). 59

a) Hilfsperson des Kaufmanns

Zunächst muss es sich bei dem Handelnden um eine Hilfsperson des Kaufmanns handelt, die mit dessen Wissen und Wollen für ihn tätig wird.[84] Ein wirk- 60

---

[82] BGHZ 5, 112 = NJW 1952, 657. So auch *Canaris,* § 14 Rn. 5 f. m.w. Nachw.
[83] Nach *K. Schmidt*, HandelsR, § 16 V 2.
[84] RGZ 108, 48, 49; *BGH* NJW 1975, 2191; Koller/*Roth*/Morck, § 56 Rn. 4.

sames Arbeits- oder Dienstverhältnis muss dagegen nicht vorliegen.[85] Die Anstellung begründet die Vermutung, dass eine Innenvollmacht erteilt worden ist. In der Anstellung ist zugleich die Mitteilung einer Bevollmächtigung wie nach § 171 BGB zu sehen. Für nicht eingetragene Kleingewerbetreibende (oben § 2 Rn. 78) gilt § 56 HGB aus Verkehrsschutzgründen entsprechend.[86]

b) Laden oder Warenlager

61 Unter Laden oder Warenlager ist **ein Geschäftsraum** zu verstehen, der für das Publikum zugänglich und nicht notwendig dauerhaft eingerichtet ist.[87] Bei dem Geschäft muss es sich um einen Verkauf oder eine Empfangnahme handeln, die dort gewöhnlich vorgenommen wird, d. h. als dort üblich anzusehen ist.[88] Die Üblichkeit hängt hier von der Branche, dem Ladentyp und dem konkreten Geschäft ab. Insoweit ist ein örtlicher Zusammenhang zwischen dem Wirkungsbereich des Angestellten und dem Geschäftsabschluss nötig.[89]

c) Verkauf oder Empfangnahme

62 Zu den Verkäufen zählen insoweit auch alle den Verkauf vorbereitenden und begleitenden Handlungen, nicht jedoch der Ankauf.[90] Unter Empfangnahmen ist jede Entgegennahme von Sachen oder Erklärungen im Laden mit Bezug zu den im Laden vorgenommenen Geschäften zu verstehen.[91] Durch das Merkmal der *Gewöhnlichkeit* werden branchenfremde Rechtsgeschäfte ausgeschlossen.

d) Gutgläubigkeit des Dritten

63 Ferner muss der Dritte hinsichtlich der bestehenden Anscheinsvollmacht gutgläubig sein (Rechtsgedanke der §§ 173 BGB, 54 III HGB). Er darf also nicht wissen bzw. fahrlässig in Unkenntnis darüber geblieben sein, dass der Angestellte zu der von ihm vorgenommenen Handlung nicht berechtigt ist.[92]

---

[85] *BGH* NJW 1975, 2191; Baumbach/*Hopt*, § 56 Rn. 2 f.; MünchKomm-HGB/*Krebs*, § 56 Rn. 13 ff.

[86] *K. Schmidt*, NJW 1998, 2161, 2164; Baumbach/*Hopt*, § 56 Rn. 1.

[87] RGZ 69, 308; Koller/*Roth*/Morck, § 56 Rn. 5.

[88] Baumbach/*Hopt*, § 56 Rn. 4.

[89] Baumbach/*Hopt*, § 56 Rn. 4.

[90] *BGH* NJW 1988, 2109; Baumbach/*Hopt*, § 56 Rn. 4 mit weiteren Beispielen; MünchKomm-HGB/*Krebs*, § 56 Rn. 28.

[91] MünchKomm-HGB/*Krebs*, § 56 Rn. 29.

[92] Instruktiv *OLG Düsseldorf* NJW-RR 2009, 1043: Die fehlende Inkassovollmacht des Filialleiters eines Autohauses ist für den barzahlenden Käufer auch dann nicht ohne Weiteres erkennbar, wenn im Bestellformular ohne besondere drucktechnische Hervorhebung eine Empfangsvollmacht für „Angestellte" ausgeschlossen wird (in dem entschiedenen Fall war der Filialleiter zudem stets Ansprechpartner des Kunden und nach den AGB der Verkäuferin sollte eine Barzahlung erfolgen).

3. Rechtsfolge

Liegen die zuvor genannten Voraussetzungen vor, so führt die Anscheinsvollmacht zum Zustandekommen des Rechtsgeschäfts zwischen dem Kaufmann und dem Dritten. 64

Lösung des Übungsfalles (Rn. 59): Als Anspruchsgrundlage kommt § 433 II BGB in Betracht. Den hierfür erforderlichen Kaufvertrag mit Bien hat Schurk als vollmachtloser Vertreter der IDEA-GmbH abgeschlossen. In der Zahlungsaufforderung des Geschäftsführers der IDEA-GmbH liegt die Genehmigung dieses Vertrags (§ 177 I BGB). Fraglich ist, ob der Kaufpreisanspruch durch Zahlung an den Schurk erloschen ist. Da Schurk nicht Gläubiger dieses Anspruchs ist (§ 362 I BGB), könnte die Zahlung an ihn der IDEA-GmbH nur nach § 56 HGB zugerechnet werden. Die im Wortlaut der Vorschrift aufgeführten Tatbestandsmerkmale treffen zu; fraglich ist allein, ob die darüber hinaus erforderliche Gutgläubigkeit des Bien im Hinblick auf eine Inkassovollmacht des Schurk gegeben war. Dies ist zu verneinen. Vorliegend gab es einen eigens ausgewiesenen Kassenbereich, der klar von dem restlichen Verkaufsraum abgegrenzt war. Zudem waren die Kassierer durch eine besondere Arbeitskleidung deutlich von anderen Hilfspersonen zu unterscheiden. Weiter gab es den von Schurk beschriebenen Sonderstand nicht. Bien hätte daher aus den Umständen bei Anwendung der im Verkehr erforderlichen Sorgfalt erkennen können, dass Schurk über keine Inkasso-Vollmacht verfügte und daher nicht zur Entgegennahme des Kaufpreises berechtigt war. Die Zahlung an Schurk ist der IDEA-GmbH daher nicht nach § 56 HGB zuzurechnen; sie kann von Bien Kaufpreiszahlung verlangen. 65

Fragen:

1. Was ist der Zweck der handelsrechtlichen Vollmachten? (Rn. 1 f.)
2. Welches Verhältnis besteht zur organschaftlichen Vertretungmacht? (Rn. 3 ff.)
3. Was ist unter einem unternehmensbezogenen Geschäft zu verstehen? (Rn. 6)
4. Was beinhaltet die Generalvollmacht und ist diese im Handelsverkehr zulässig? (Rn. 7 f.)
5. Was ist die Besonderheit der Prokura im Vergleich zur BGB-Vollmacht? (Rn. 9 ff., 31 ff.)
6. Welche Formen der Prokura werden unterschieden?(Rn. 9 ff., 13 ff.)
7. Was ist eine gemischte Gesamtprokura? (Rn. 17 ff.)
8. Welche Ausnahmen zum Begrenzungsverbot nach § 50 II HGB gibt es? (Rn. 30 ff.)
9. Welche drei Arten der Handlungsvollmachten gibt es? Was ist ihr Inhalt? (Rn. 45)
10. Welche Unterschiede ergeben sich zur Prokura? (Rn. 47 ff.)
11. Regelungsgehalt des § 54 III HGB? (Rn. 53, 63)
12. Welche zwei Aussagen beinhaltet die Regelung des § 56 HGB? (Rn. 57)
13. Nennen Sie die Voraussetzungen der Anscheinsvollmacht nach § 56 HGB! (Rn. 58 ff.)

2. Teil. Handelsgeschäfte

§ 7. Das besondere Vertrags- und Sachenrecht des Handels

I. Das Verhältnis der §§ 343 bis 372 HGB zum BGB

1. Inhalt und Entstehungsgeschichte der allgemeinen Vorschriften über die Handelsgeschäfte

Das vierte Buch des HGB regelt die „Handelsgeschäfte“.[1] **Handelsgeschäfte** 1
sind hier – anders als in §§ 22ff. HGB (oben § 4 Rn. 56ff.; § 5 Rn. 25ff.) – nicht die kaufmännischen Unternehmen, sondern **die von einem Kaufmann vorgenommenen Rechtsgeschäfte und sein sonstiges rechtserhebliches Verhalten.** Der erste Abschnitt (§§ 343–372 HGB) enthält zunächst Vorschriften über den Anwendungsbereich des vierten Buches, sodann ein „schlecht geordnetes Sammelsurium“[2] von Einzelregelungen zu Fragen des Vertrags-, Sachen- und Wertpapierrechts: „Variationen über bürgerlichrechtliche Themen“.[3] Die hochtrabende Überschrift des ersten Abschnitts „Allgemeine Vorschriften“ ist deshalb ohne jede sachliche Rechtfertigung. Sie weckt die Erwartung, dass die §§ 343 bis 372 HGB für die nachfolgenden „besonderen“ Handelsgeschäfte – Handelskauf, Kommissionsgeschäft, Frachtgeschäft, Speditionsgeschäft, Lagergeschäft – gewissermaßen den „Allgemeinen Teil“ bilden, vergleichbar der Stellung und der Bedeutung des Buches 1 des BGB im Verhältnis zu den Büchern 2–5. Davon kann angesichts des fragmentarischen Charakters der Regelungen in §§ 343–372 HGB keine Rede sein.[4] Hauptsächlich geht es dort um:

- das Zustandekommen der Handelsgeschäfte durch Schweigen (Sonderregelungen zu §§ 145ff., 663 BGB),
- das Zurückbehaltungsrecht (Sonderregelungen zu §§ 273f. BGB),
- das Kontokorrent (Sonderregelungen – vor allem – zu §§ 387ff. BGB),
- den Eigentums- und Pfandrechtserwerb vom Nichtberechtigten (Sonderregelungen zu §§ 932ff., 1207ff. BGB).

---

[1] Durch das Bilanzrichtliniengesetz vom 19.12.1985 (BGBl. I S. 2355) wurde die Überschrift des bisherigen dritten Buches in „Viertes Buch“ geändert. Vgl. die Rechtsprechungsübersicht zu §§ 343ff. HGB bei *Kindler*, JZ 2006, 176, 184ff.; über Handelsgeschäfte (§§ 343ff. HBG) und Unternehmergeschäfte (§ 14 BGB) vgl. *Weyer*, WM 2005, 490ff.; grdl. *Reymann*, Das Sonderprivatrecht der Handels- und Verbraucherverträge, 2009.

[2] *K. Schmidt*, HandelsR, § 18 III pr.; zum historischen Hintergrund oben § 1 Rn. 24.

[3] Vgl. *Canaris*, § 1 Rn. 47; kritisch *K. Schmidt*, JZ 2003, 585, 586: Handelsrecht als „Fortbildungsprogramm“, hin zu einem Außenprivatrecht der Unternehmen; grdl. – und kritisch – *Chr. Reymann*, Das Sonderprivatrecht der Handels- und Verbraucherverträge, 2009.

[4] Anderer Ansicht insoweit offenbar *Wiedemann/Fleischer*, HandelsR, PdW-Bd. 7/1, die unter Nr. 437 von einem „Allgemeinen Teil“ des Rechts der Handelsgeschäfte sprechen; noch überzogener *Jung*, Kap. 9 („Die allgemeine Handelsgeschäftslehre“).

2 Diese – an der Stoffanordnung im BGB orientierte – Reihenfolge der wichtigsten Regelungskomplexe im ersten Abschnitt im vierten Buches des HGB liegt auch der hiesigen Darstellung zugrunde, die mit einem zusätzlichen Abschnitt über einige weitere punktuelle Besonderheiten schließt. Besonderes Augenmerk sollte der Lernende auf den Vertragsschluss durch Schweigen im Handelsrecht (unten Rn. 12 ff.) und den Erwerb vom Nichtberechtigten (unten Rn. 52 ff.) legen. Ein beliebtes Prüfungsthema ist ferner die Formfreiheit der Bürgschaft (unten Rn. 72 ff.).

3 Die Heterogenität und der bruchstückhafte Charakter der in §§ 343–372 HGB versammelten Vorschriften und Rechtsinstitute ist nur aus der Entstehungsgeschichte dieses Abschnitts verständlich (oben § 1 Rn. 22 ff., 24). Mit *Raisch* lässt sich sagen, „dass den Gesetzgeber des ausgehenden 19. Jahrhunderts in Deutschland kein einsichtiges Prinzip bei der Stoffaufteilung zwischen BGB und HGB leitete und eine Reihe von Vorschriften des HGB ins BGB gehört hätten".[5] Daraus folgt aus heutiger Sicht zum Teil die Verfassungswidrigkeit einzelner Vorschriften,[6] mindestens aber die rechtspolitische Forderung nach deren Aufhebung oder Übernahme in das allgemeine Bürgerliche Recht.[7] Diese Grundsatzfragen können hier nicht vertieft werden.

2. Anwendungsbereich des vierten Buches des HGB

a) Grundlagen

4 Ausnahme- oder Ergänzungscharakter im Verhältnis zum BGB haben die Vorschriften des vierten Buches grundsätzlich nur bei Vorliegen eines **Handelsgeschäfts**, d.h. unter den Voraussetzungen der §§ 343–345 HGB.[8] Nach der Grundnorm des § 343 HGB entscheiden zwei Merkmale über das Vorliegen eines Handelsgeschäfts: die Kaufmannseigenschaft des Handelnden und die Betriebszugehörigkeit des Geschäfts.

5 Der **Begriff des Handelsgeschäfts** wird dabei weit verstanden. Er umfasst **alle Rechtsgeschäfte und rechtsgeschäftsähnlichen Handlungen**.[9] Darüber hinaus zeigt § 362 HGB, dass das Handelsrecht auch Unterlassungen wie Rechtsgeschäfte behandelt. Wegen der Marktbezogenheit des vierten Buches des HGB zählen ferner auch die Übertragung des Besitzes, die Zusendung von Waren, zur ungerechtfertigten Bereicherung führende Leistungen,[10] deliktisches Verhalten bei der Begründung oder Abwicklung eines Vertragsverhältnisses, wettbewerbswidriges Verhalten und die GoA zugunsten eines Marktpartners als Handelsgeschäft.[11] Reine Tathandlungen fallen nicht unter § 343 HGB.[12]

---

[5] *Raisch*, ZHR 154 (1990), 567, 568.

[6] So z.B. *Canaris*, § 26 Rn. 10 zu §§ 352 f. HGB im Anschluss an *Kindler*, Gesetzliche Zinsansprüche im Zivil- und Handelsrecht, 1996.

[7] Vgl. statt aller *Canaris*, § 1 Rn. 30 ff.; zu Österreich *Krejci*, ZHR 170 (2006), 113, 140 f.

[8] Allgemein über das Verhältnis des HGB zum BGB oben § 1 Rn. 6 ff.

[9] Rechtsgeschäftsähnliche Handlungen sind Willensäußerungen, an die das Gesetz Rechtsfolgen knüpft, wobei der Erklärende – im Unterschied zur Willenserklärung – diese Rechtsfolge nicht gewollt haben muss, vgl. *Musielak*, Grundkurs BGB, 11. Aufl., 2009, Rn. 209.

[10] *Kindler*, Gesetzliche Zinsansprüche im Zivil- und Handelsrecht, 1996, S. 132 ff.

[11] Staub/*Koller*, § 343 Rn. 4.

[12] MünchKomm-HGB/*K. Schmidt*, § 343 Rn. 5.

b) Kaufmannseigenschaft

Das Handelsrecht ist das Sonderrecht der Kaufleute (oben § 1 Rn. 2 ff.). Nach § 343 HGB sind nur die Geschäfte „eines Kaufmanns" Handelsgeschäfte. Die Kaufmannseigenschaft beurteilt sich dabei nach §§ 1–6 HGB (ausführlich oben § 2). Anwendbar sind die Vorschriften des vierten Buches des HGB darüber hinaus für folgende Gruppen für Nichtkaufleuten: 6
- Scheinkaufleute (§ 2 Rn. 96 ff.),
- „Unternehmer" i. S. des § 91 HGB,
- nichtkaufmännische Gewerbetreibende nach Maßgabe der §§ 383 II, 407 III Nr. 2, 453 III, 467 III HGB.

Dem Handelsrecht unterfällt ferner, wer im Rahmen eines einseitigen Handelsgeschäfts (§ 345 HGB) als Nichtkaufmann mit einem Kaufmann in rechtliche Beziehungen tritt. 7

Eine generelle Ausdehnung des Begriffs der Handelsgeschäfte auf nichtkaufmännische Unternehmer scheidet nach h. M. aus.[13] Jedenfalls für Kleingewerbetreibende ergibt sich dies zwingend aus § 2 HGB: Entscheidet sich der Kleingewerbetreibende gegen eine Ausübung der Kaufmanns-Option (oben § 2 Rn. 72 ff.), so geht es nicht an, ihn „durch die Hintertür" im Wege einer extensiven Auslegung des § 343 HGB zum Kaufmann zu machen. Schwieriger liegt es im Hinblick auf Freiberufler. 8

Beispiele: Ist ein Wirtschaftsprüfer bei Schweigen auf einen Auftrag seines Mandanten nach § 362 HGB gebunden? Verliert ein Arzt seine Mängelrechte für ein medizinisches Gerät bei nicht rechtzeitiger Rüge nach § 377 HGB?[14]

Im Einzelfall wird hier eine Analogie für zulässig erachtet, so z. B. bei § 362 HGB, nicht aber bei § 377 HGB.[15]

c) Betriebszugehörigkeit

Das zweite Merkmal des § 343 HGB besagt, dass das in Rede stehende Geschäft zum Betrieb des Handelsgewerbes des Kaufmann gehören muss. Auch hierbei verfährt man großzügig: Betriebszugehörig sind alle Geschäfte, die dem Interesse des Handelsgewerbes, der Erhaltung seiner Substanz und der Erzielung von Gewinn dienen sollen.[16] Deshalb kommt es nicht darauf an, ob das jeweilige Geschäft für die Branche des Kaufmanns typisch ist oder nicht; auch Hilfs- und Nebengeschäfte sind betriebszugehörig. 9

Beispiel:[17] Gastwirt Gäbele lässt durch die Bauunternehmung Bob der Baumeister GmbH Erd-, Mauer-, Beton- und Stahlbetonarbeiten am Neubau des Gasthauses vornehmen.

---

[13] Baumbach/*Hopt,* § 343 Rn. 2.

[14] Beispiele nach MünchKomm-HGB/*K. Schmidt,* § 343 Rn. 19.

[15] Vgl. die Auflistung der analogiefähigen Vorschriften bei Baumbach/*Hopt,* § 1 Rn. 10; eingehend zur Erstreckung der Regeln des vierten Buches auf bestimmte Arten von Nichtkaufleuten *Canaris,* § 21; *Siems,* Kaufmannsbegriff und Rechtsfortbildung, 2003 (dazu *K. Schmidt,* JZ 2003, 585).

[16] Baumbach/*Hopt,* § 343 Rn. 3.

[17] Nach BGHZ 63, 32 = NJW 1974, 1462.

10 Zwei Regeln helfen bei der Bestimmung der Betriebszugehörigkeit des Geschäfts: 1) Bei **Handelsgesellschaften** i.S. des § 6 HGB ist *jedes Geschäft* betriebszugehörig, da die Handelsgesellschaft keinen Bereich hat, in dem sie privat tätig werden kann. (2) Bei **Einzelkaufleuten** ist nach § 344 I HGB zu *vermuten*, dass die von ihnen vorgenommenen Rechtsgeschäfte zum Betrieb des Handelsgewerbes gehören; aus Gründen des Verkehrsschutzes gilt diese Vermutung erst dann als widerlegt, wenn die erkennbaren Umstände oder die gemeinsamen Vorstellungen oder eine Abrede den Schluss auf den privaten Charakter des Geschäfts eindeutig zulassen.[18] Eine inhaltsgleiche Vermutungsregel enthält § 344 II HGB für die von einem Kaufmann gezeichneten Schuldscheine (z.B. Wechsel, Bürgschaftsurkunden und die in § 363 HGB genannten Papiere).

Beispiel:[19] Der im Handelsregister eingetragene Bäckermeister Klein hat bei der Bonz-Bank ein Bürgschaftsformular blanko unterzeichnet und dabei die Bank mündlich ermächtigt, die Erklärung zu vervollständigen. Im Nachhinein beruft er sich auf die Formunwirksamkeit seiner Bürgschaftserklärung; er habe sich nämlich als Privatmann und nicht als Kaufmann für die Schulden seines Schwiegersohnes verbürgt, was der Bank auch bekannt gewesen sei. Mit diesem Einwand dringt K durch: Die Blanko-Bürgschaft genügt nicht den Formanforderungen des § 766 S. 1 BGB. Diese Vorschrift ist hier auch nicht nach § 350 HGB unanwendbar. Zwar ist K Kaufmann, doch hat er die Bürgschaft nicht im Betrieb seines Handelsgewerbes abgegeben. Die Vermutung des § 344 I HGB – wie auch des § 344 II HGB – ist hier widerlegt, weil der B-Bank dies bekannt war.

d) Einseitige Handelsgeschäfte

11 Nach § 345 HGB kommen auf ein Rechtsgeschäft, das nur für einen der beiden Teile ein Handelsgeschäft ist, die Vorschriften über Handelsgeschäfte gleichmäßig zur Anwendung, soweit sich nicht aus dem Gesetz ein anderes ergibt. Ein derartiges „einseitiges" Handelsgeschäft liegt vor, wenn einer der Beteiligten kein Kaufmann ist (oben Rn. 6ff.) oder es auf seiner Seite an der Betriebszugehörigkeit (oben Rn. 9f.) fehlt. Die Vorschrift führt in Fällen zu **Wertungswidersprüchen**, in denen Nichtkaufleute – also meist **Verbraucher** (§ 13 BGB)! – bei Geschäften mit einem Kaufmann härter behandelt werden, als wenn sie das Geschäft mit einem Nichtkaufmann abgeschlossen hätten (z.B. beim Handelskauf nach §§ 373–376 HGB). Der BGH nimmt dies hin.[20] Verständlich ist § 345 HGB nur in der historischen Rückschau: Die Vorläuferbestimmung in Art. 277 ADHGB (1861) sollte dem in der Handelsrechtskodifikation enthaltenen allgemeinen Vertrags-, Schuld- und Sachenrecht einen möglichst weiten Anwendungsbereich sichern. Angesichts der seinerzeit fehlenden Bundeskompetenz für die Vereinheitlichung des allgemeinen Zivilrechts wurde das Handelsrecht – unter anderem mit dem Kunstgriff des Art. 277 ADHGB – zum „trojanischen Pferd" der Zivilrechtsvereinheitlichung in Deutschland (oben § 1 Rn. 23). Vereinzelt verlangt das Gesetz ein beiderseitiges Handelsgeschäft (z.B. in § 377 HGB).[21]

---

[18] MünchKomm-HGB/*K. Schmidt*, § 344 Rn. 9.
[19] Nach *BGH* NJW 1997, 1779.
[20] BGHZ 170, 1 = NJW 2007, 1198 Tz. 38.
[21] Weitere Fälle des beiderseitigen Handelsgeschäfts: §§ 346, 352 I, 353, 369–372, 379, 391 HGB.

II. Vertragsschluss durch Schweigen

1. Bürgerlichrechtliche Ausgangslage

Im bürgerlichen Recht ist das **Schweigen meist keine Willenserklärung**, weder eine zustimmende noch eine ablehnende. Dieser Grundsatz erfährt allerdings gewisse Ausnahmen. So gilt das Schweigen z. B. nach §§ 416 I 2, 455 S. 2, 516 II 2 BGB als Zustimmung, hingegen nach §§ 108 II 2, 177 II 2, 415 II 2, 451 I 2 BGB als Ablehnung. Abgesehen von diesen Einzelfällen hat Schweigen immer dann **Erklärungswert, wenn besondere Umstände vorliegen**, die bei der Auslegung nach Treu und Glauben den Schluss rechtfertigen, der Schweigende gebe durch sein Nichtstun zu erkennen, dass nach seinem Willen bestimmte Rechtsfolgen eintreten sollen („beredtes Schweigen" – § 242 BGB). So kann z. B. zwischen den Parteien im Vorhinein vereinbart werden, dass dem Schweigen einer Partei eine bestimmte rechtsgeschäftliche Bedeutung zukommen soll.[22] Und auch aus einer ständigen Übung der Parteien oder aus der Verkehrssitte (§ 157 BGB) kann sich ergeben, dass dem Schweigen ein bestimmter Erklärungswert beigelegt werden soll. Im Hinblick auf den Vertragsschluss erweitert das Handelsrecht aus Gründen des Verkehrsschutzes diese Regeln in zweifacher Weise: 12

- durch § 362 HGB (Schweigen des Kaufmanns auf Anträge, sogleich Rn. 13 ff.), und
- durch die gewohnheitsrechtlich anerkannten Grundsätze über das kaufmännische Bestätigungsschreiben (unten Rn. 16 ff.).

2. Schweigen auf einen Antrag

Grundsätzlich kommt ein Vertrag durch Angebot und Annahme zustande (vgl. § 151 BGB). Die Annahmeerklärung des Kaufmanns wird durch § 362 I 1 HGB fingiert, wenn er auf ein Angebot zum Abschluss eines Geschäftsbesorgungsvertrages (§ 675 BGB) schweigt. Damit geht das Handelsrecht in den Rechtfolgen deutlich über § 663 BGB hinaus; diese Vorschrift führt zwar zu einem Schadensersatzanspruch, nicht aber zu einem wirksamen Vertragsschluss. Im Einzelnen setzt § 362 HGB voraus: 13

- Kaufmannseigenschaft beim Empfänger des Angebots;
- eine Geschäftsbesorgung (jede selbständige – rechtsgeschäftliche oder rein tatsächliche – Tätigkeit wirtschaftlicher Art für einen anderen und in dessen Interesse);
- Bezug der Geschäftsbesorgung zum Gewerbebetrieb des Kaufmanns;
- Geschäftsverbindung (§ 362 I 1 HGB) oder Erbieten zum Besorgen von Geschäften (§ 362 I 2 HGB);
- keine unverzügliche (§ 121 I 1 BGB) Antwort.

---

[22] Grenze: § 308 Nr. 5 BGB (fingierte Erklärungen).

Diese Voraussetzungen sind aus sich heraus verständlich und hier nicht näher zu behandeln.

14 Antwortet der Empfänger nicht unverzüglich auf das Angebot des anderen Teils, so **kommt ein Vertrag mit dem Inhalt des Angebots zustande.** Denn § 362 I 1 Hs. 2 HGB fingiert die Annahme dieses Angebots durch den Kaufmann. Daher ist der Empfänger des Angebots zur Ausführung der Geschäftsbesorgung verpflichtet, während der Anbietende die Gegenleistung zu erbringen hat.

15 Da § 362 I HGB das Vorliegen einer Willenserklärung des Kaufmanns fingiert, finden grundsätzlich die allgemeinen Regeln über Willenserklärungen und -mängel Anwendung. Daraus folgt zunächst, dass bei Geschäftsunfähigkeit oder beschränkter Geschäftsfähigkeit des Kaufmanns ein wirksamer Geschäftsbesorgungsvertrag nicht zustande kommt (§§ 104 ff. BGB). Die **Anfechtung des Schweigens** beurteilt sich nach §§ 119 ff. BGB. Dabei ist eine Anfechtung nach § 123 BGB stets zulässig, ebenso eine Anfechtung wegen Inhaltsirrtums (weil der Kaufmann den Antrag falsch verstanden hat) oder wegen Eigenschaftsirrtums (weil der Kaufmann falsche Vorstellungen über den Vertragsgegenstand oder die Person des Vertragspartners hatte). Eine wichtige Einschränkung der Irrtumsanfechtung ergibt sich jedoch aus dem Zweck des § 362 I HGB und dem Sinn der dort angeordneten Fiktion: Deshalb scheidet eine Anfechtung mit der Begründung aus, die Rechtswirkungen des Schweigens nicht gekannt zu haben (obwohl hier tatbestandlich ein Inhaltsirrtum vorliegt).[23]

3. Schweigen auf ein kaufmännisches Bestätigungsschreiben

a) Begriff und Abgrenzung zur Auftragsbestätigung

16 Gewohnheitsrechtlich gilt, dass der Empfänger eines kaufmännischen Bestätigungsschreibens unverzüglich widersprechen muss, wenn er den Inhalt des Schreibens nicht gegen sich gelten lassen will. **Widerspricht** er **nicht**, so ist der **Vertrag** mit dem aus dem Bestätigungsschreiben ersichtlichen Inhalt **rechtsverbindlich**, es sei denn, der Bestätigende hat das Verhandlungsergebnis bewusst unrichtig wiedergegeben oder das Bestätigungsschreiben weicht inhaltlich soweit vom Verhandlungsergebnis ab, dass der Absender vernünftigerweise nicht mit dem Einverständnis des Empfängers rechnen konnte.[24] Diese Rechtsregel ist aus der im Handelsverkehr herrschenden Gepflogenheit hervorgegangen, Vertragsschlüsse nach Verhandlungen zu Beweiszwecken schriftlich zu bestätigen und etwaige Unrichtigkeiten einer solchen Bestätigung alsbald zu rügen. Sie gelten für ein Verhandlungsprotokoll entsprechend, das der vollmachtlose Vertreter des Empfängers errichtet hat.[25] Die Grundsätze finden im geltenden Recht eine Stütze im Rechtsgedanken der §§ 75h, 91a, 362 HGB. Sie dienen dem **Verkehrsschutz.**

---

[23] BGHZ 11, 1, 4 ff. = BeckRS 1953 30373959 (unbeachtlicher Rechtsfolgenirrtum); zum Ganzen auch MünchKomm-HGB/*Welter*, § 362 Rn. 40 ff.

[24] BGHZ 7, 187, 189 = NJW 1952, 1369 ; BGHZ 11, 1, 3 f.; NJW 1994, 1288; NJW 2011, 1965 = ZIP 2011, 1260 Tz. 22.

[25] *BGH* NJW 2011, 1965 = ZIP 2011, 1060 Tz. 24.

Keine Vertragsannahme liegt regelmäßig im Schweigen auf eine „Auftragsbestätigung". Denn mit der Auftragsbestätigung nimmt der Kaufmann ein ihm gemachtes Angebot („Auftrag") an, und schon hierdurch kommt der Vertrag zustande (vgl. § 151 BGB). Weicht die Auftragsbestätigung vom Angebot ab, so gilt dies als Ablehnung und neuer Antrag (§ 150 II BGB). Zu einem Vertragsschluss nach Maßgabe einer derart „modifizierten" Auftragsbestätigung kommt es nur dann, wenn deren Absender zugleich die Leistung erbringt. In der widerspruchslosen Entgegennahme dieser Vertragsleistung liegt dann die stillschweigende Annahme des in der modifizierten Auftragsbestätigung enthaltenen neuen Antrags.[26] Für die Abgrenzung zum kaufmännischen Bestätigungsschreiben ist entscheidend, ob das Schreiben nach seinem Inhalt den Vertrag erst zustande bringen – dann Auftragsbestätigung – oder das Ergebnis vorangegangener Vertragsverhandlungen verbindlich festlegen soll – dann kaufmännisches Bestätigungsschreiben.[27] 17

b) Persönliche Reichweite der Regeln über das kaufmännische Bestätigungsschreiben

Anerkannt ist, dass der **Empfänger** nicht die Kaufmannseigenschaft besitzen muss. Den Regeln unterworfen ist auch ein Nichtkaufmann, der ähnlich einem Kaufmann am Geschäftsleben teilnimmt und von dem erwartet werden kann, dass er nach kaufmännischer Sitte verfährt, d. h. dem Bestätigungsschreiben – falls nötig – widerspricht. Dies trifft z. B. für Grundstücksmakler, Architekten, Rechtsanwälte und Insolvenzverwalter zu.[28] 18

Die Anforderungen an den **Absender** sind streitig. Einer Auffassung zufolge kann es sich beim Absender auch um einen reinen Privatmann handeln; dafür spricht die Wertungsparallele zu § 362 HGB.[29] Mit der Rechtsprechung[30] ist indessen zu verlangen, dass auch der Absender ähnlich einem Kaufmann am Geschäftsleben teilnimmt. Denn nur für diesen Personenkreis kann von der oben Rn. 16 geschilderten Gepflogenheit ausgegangen werden. Nur dort besteht regelmäßig die Erwartung, dass einem unrichtigen Bestätigungsschreiben widersprochen wird. 19

c) Sachliche Voraussetzungen

(1) Vorverhandlungen. Dem Schreiben müssen ernsthafte Vertragsverhandlungen vorausgegangen sein, die aus der Sicht des Bestätigenden zum Vertragsabschluss geführt haben. Den Nachweis, dass Vorverhandlungen stattgefunden haben, hat der Bestätigende zu erbringen, da es sich hier um eine für ihn günstige, anspruchsbegründende Tatsache handelt. Mindestens muss der Vertragsschluss so 20

---

26 *BGH* NJW 1995, 1671, 1672; vgl. auch Art. 18 I 1 CISG: „sonstiges Verhalten des Empfängers" als „Zustimmung zum Angebot".

27 *Von Dücker,* BB 1996, 3, 6.

28 *BGH* ZIP 2011, 1260 Tz. 23; Baumbach/*Hopt,* § 346 Rn. 18 m.w. Nachw.

29 Baumbach/*Hopt,* § 346 Rn. 19.

30 BGHZ 40, 43, 44 = NJW 1963, 1922 (Grundstücksmakler); *OLG Düsseldorf* ZIP 2004, 1211 (GmbH-Geschäftsführer) = EWiR 2004, 709 m. Kurzkomm. *Pfeiffer.*

weit vorbereitet worden sein, dass das Bestätigungsschreiben nur noch als förmlicher Abschluss des bereits Vereinbarten anzusehen ist.

21 *(2) Zeitlicher Zusammenhang.* Das Bestätigungsschreiben muss dem Empfänger in engem zeitlichen Zusammenhang zugegangen sein. Wie lange dieser zeitliche Abstand sein darf, hängt davon ab, ob der Absender im Einzelfall noch damit rechnen durfte, dass der Empfänger das Schreiben als richtig akzeptiert. Als Faustregel gilt, dass ein **Abstand von drei Wochen zu lang** ist, sofern nicht zwischendurch die Verhandlungen aufgegriffen wurden oder das Bestätigungsschreiben angekündigt wurde.[31]

22 *(3) Schweigen des Empfängers.* Das Schweigen auf das Bestätigungsschreiben hat – wie oben Rn. 16 dargestellt – zur Folge, dass der Inhalt des Schreibens als verbindlich gilt. Diese Wirkung kann der Empfänger nur durch unverzüglichen (§ 121 BGB) Widerspruch verhindern.[32] Die Rechtsprechung neigt dazu, einen Widerspruch mehr als eine Woche nach Empfang der Bestätigung als verspätet zu betrachten.[33]

23 *(4) Schutzwürdigkeit des Bestätigenden.* Ausnahmsweise kann sich der Bestätigende nicht auf den Erklärungswert des Schweigens des anderen Teils berufen, wenn Umstände vorliegen, die ihn als nicht schutzwürdig erscheinen lassen. Dies ist bei bewusst unrichtiger oder entstellender Bestätigung der Fall, ferner wenn die Bestätigung sich – auch schuldlos – vom mündlichen Verhandlungsergebnis so weit entfernt, dass der Bestätigende verständigerweise nicht mit dem Einverständnis des anderen rechnen kann.[34] An der Schutzwürdigkeit des – jeweiligen – Absenders fehlt es auch bei sich kreuzenden, inhaltlich verschiedenen Bestätigungsschreiben, denn diese tragen den Widerspruch gegen das Bestätigungsschreiben des anderen Teils in sich.

24 *(5) Willensmängel.* Bei einem Irrtum des Schweigenden über die rechtlich bindende Wirkung seines Verhaltens oder über die Abweichung des Bestätigungsschreibens vom Inhalt der Vertragsverhandlungen scheidet eine Irrtumsanfechtung aus. Nur so ist der durch die Regeln über das kaufmännische Bestätigungsschreiben bezweckte Vertrauensschutz lückenlos zu gewährleisten.[35] Anders liegt es, wenn der Schweigende über den Inhalt des Bestätigungsschreibens als solches irrte. In diesen Fällen ist eine Anfechtung in entsprechender Anwendung der §§ 119 ff. BGB nach h. M. grundsätzlich zulässig. Denn das Vertrauen des Absenders, dass das Schweigen des Empfängers nicht durch Willensmängel beeinflusst ist, verdient keinen stärkeren Schutz als nach den allgemeinen Regeln.[36]

---

[31] *BGH* NJW 2011, 1965 = ZIP 2011, 1060 Tz. 23; MünchKomm-HGB/*K. Schmidt,* § 346 Rn. 153.
[32] BGHZ 18, 212, 216 = NJW 1955, 1794.
[33] Baumbach/*Hopt,* § 346 Rn. 25 m.w. Nachw.
[34] *BGH* NJW 1994, 1288; *BGH* NJW 2011, 1965 = ZIP 2011, 1060 Tz. 23.
[35] Vgl. BGHZ 11, 1, 5.
[36] Vgl. *Canaris,* § 23 Rn. 38.

Beispielsfall:[37] Die Kalb GmbH betreibt einen Landhandel, Berta ein einzelkaufmännisches Transportunternehmen (Firma B). Die Kalb GmbH verlangt von Berta die Bezahlung eines Kaufpreises von insgesamt 20.000 EUR aus einem Geschäft, das die Kalb GmbH mit einem gewissen Kurt geschlossen hat. Kurt rief im September bei der Kalb GmbH an und kaufte „im Namen der Firma B" 100 Tonnen Weizen. Die Kalb bestätigte der „Firma B" den Kaufvertrag mit Schreiben vom 28.9. Nachdem Kurt die bestellte Ware bei der Kalb GmbH abgeholt hatte, stellte diese der „Firma K" den Weizen in Rechnung. Die Kalb GmbH hat behauptet, Berta habe auf Grund der getroffenen Vereinbarungen davon gewusst, dass Kurt in ihrem Namen Waren kaufte. Sie hätte mit dem Kurt betrügerisch zusammengearbeitet, um diesem die Tilgung seiner Schulden bei ihr zu ermöglichen. Berta hat dies bestritten und behauptet, dem Bestätigungsschreiben der Kl. vom 28.9. sei sofort telefonisch widersprochen worden. Begründetheit der Kaufpreisforderung? 24a

Hinweise zur Lösung: Die Kaufpreisforderung ist begründet (§ 433 II BGB), wenn zwischen der Kalb GmbH und Berta ein Kaufvertrag über die gelieferten 100 Tonnen Weizen besteht. Da eine Duldungs- wie auch eine Anscheinsvollmacht des Kurt ausscheidet, kommt ein Vertragsschluss allein nach den Grundsätzen über das kaufmännische Bestätigungsschreiben in Betracht. Danach gilt: Geht einem Kaufmann von einem anderen Teilnehmer des kaufmännischen Rechtsverkehrs ein einen – wirklich oder vermeintlich – abgeschlossenen Vertrag bestätigendes Schreiben (eben das sog. kaufmännische Bestätigungsschreiben) zu und widerspricht er nicht unverzüglich, so muss er den Inhalt des Bestätigungsschreibens gegen sich gelten lassen, sofern er nicht darlegen und beweisen kann, dass der wahre Vertragsinhalt ein gänzlich anderer war oder dass der Absender unredlich gehandelt hat. Dieser Gewohnheitsrechtssatz hilft nicht nur, wenn über den Inhalt eines abgeschlossenen Vertrags gestritten wird, sondern auch – wie hier – bei einem Streit über den Vertragsschluss als solchen. Daher kann also auch ein – wie hier – von einem *falsus procurator* abgeschlossener Vertrag durch das Schweigen des Empfängers auf ein kaufmännisches Bestätigungsschreiben Erfüllungsansprüche gegen den vertretenen Kaufmann begründen. Für den vorliegenden Fall bedeutet dies: Mit dem Schreiben vom 28.9. hat die Kalb GmbH der Firma B den Abschluss eines Kaufvertrags vom gleichen Tag über 100 Tonnen Weizen bestätigt. Die Berta ist ebenso wie die Kalb GmbH (§§ 13 III GmbHG, 6 HGB) Kaufmann i. S. des § 1 HGB, da sie ein Transportunternehmen betreibt. Berta hat dem Bestätigungsschreiben der Kalb GmbH auch nicht widersprochen. Sie hat zwar behauptet, sie habe dies sofort nach Zugang des Schreibens telefonisch getan; sie hat dafür jedoch nicht den ihr obliegenden Beweis angetreten. Die Voraussetzungen für das Zustandekommen des Vertrages durch ein kaufmännisches Bestätigungsschreiben liegen daher hier vor. Der Kaufpreisanspruch ist begründet.

III. Kaufmännisches Zurückbehaltungsrecht

1. Unterschiede zum Zurückbehaltungsrecht nach § 273 BGB

Mit dem in §§ 369–372 HGB geregelten Zurückbehaltungsrecht verschafft das Handelsrecht dem Kaufmann ein **besonderes Sicherungsmittel**, das neben die auch im Handelsverkehr einschlägigen Zurückbehaltungsrechte des bürgerlichen Rechts (§§ 273 f., 1000 BGB) tritt. Drei **Unterschiede zum allgemeinen Zurückbehaltungsrecht** nach § 273 BGB sind hervorzuheben: 25

(1) § 369 HGB verlangt nicht, dass der fällige Anspruch, zu dessen Durchsetzung das Zurückbehaltungsrecht geltend gemacht wird, aus demselben rechtlichen Verhältnis stammt wie der Gegenstand des Zurückbehaltungsrechts. Dieses so genannte **Konnexitätserfordernis** wird allerdings bei § 273 BGB derart weit 26

[37] Vereinfacht nach *BGH* NJW 2007, 987 = JuS 2007, 779 m. Anm. *K. Schmidt*.

verstanden, dass das handelsrechtliche Zurückbehaltungsrecht insoweit kaum eigenständige Bedeutung erlangt.[38]

27 (2) Mit seiner Beschränkung auf bewegliche Sachen und Wertpapiere ist das handelsrechtliche Zurückbehaltungsrecht **gegenständlich enger** als § 273 I BGB; zudem müssen die vorbezeichneten Gegenstände mit Willen des Schuldners aufgrund von Handelsgeschäften (oben Rn. 4 ff.) in den Besitz des Gläubigers gelangt sein.

28 (3) Das handelsrechtliche Zurückbehaltungsrecht ist in den Rechtswirkungen weiter: Es verschafft dem Gläubiger nicht nur eine Einrede (wie § 273 BGB), sondern auch ein **Befriedigungsrecht** (§ 371 HGB) und ein **Absonderungsrecht** in der Insolvenz des Schuldners (§§ 50, 51 Nr. 3 InsO).

2. Voraussetzungen

a) Beiderseitige Kaufmannseigenschaft

29 § 369 I HGB setzt voraus, dass der Gläubiger und der Schuldner der gesicherten Forderung die Kaufmannseigenschaft besitzen. Dies trifft zunächst für die durch §§ 1–6 HGB zum Kaufmann bestimmten Personen zu (zur Kaufmannseigenschaft ausführlich oben § 2), ferner für bestimmte Kleingewerbetreibende.[39] Beim Scheinkaufmann (oben § 2 Rn. 96 ff.) ist zu unterscheiden: Als Gläubiger kann er sich nicht auf § 369 HGB berufen, weil der Rechtsschein nicht zu seinem Vorteil wirkt; als Schuldner muss er sich vom Rechtsscheingegner § 369 HGB entgegen halten lassen.

b) Fällige Geldforderung

30 Der Gesetzeswortlaut des § 369 I 1 HGB verlangt nur eine fällige (§ 271 BGB) Forderung. Den Vorschriften über die Befriedigungsmöglichkeit nach §§ 371, 372 HGB wird jedoch allgemein entnommen, dass § 369 HGB auf *Geld*forderungen beschränkt ist. Immerhin genügt es, wenn die Forderung zumindest in eine Geldforderung übergehen kann (§ 1228 II 2 BGB).[40] Dies trifft bei den allermeisten Forderungen zu, z. B. bei Schadensersatzansprüchen nach § 280 BGB, beim Herausgabeanspruch nach § 985 BGB,[41] und bei Rückabwicklungsansprüchen (§§ 346 ff., 812 ff. BGB), sofern diese nichtgeldliche Gegenstände zum Inhalt haben.

c) Beiderseitiges Handelsgeschäft

31 Weiterhin setzt § 369 I HGB voraus, dass die gesicherte Forderung aus einem zwischen Gläubiger und Schuldner geschlossenen beiderseitigen Handelsgeschäft (vgl. oben Rn. 11 mit Fn. 21) stammt.

---

[38] Vgl. MünchKomm-HGB/*Welter*, § 369 Rn. 4. Zum Konnexitätsbegriff des § 273 BGB Medicus/Lorenz, Schuldrecht I – Allgemeiner Teil, 19. Aufl., 2010, Rn. 234; *Musielak*, Grundkurs BGB, 12. Aufl., 2011, Rn. 530.

[39] Vgl. §§ 383 II, 407 III, 453 III, 467 III HGB, oben Rn. 6.

[40] Zutreffend auch der Hinweis auf § 916 ZPO bei MünchKomm-HGB/*Welter*, § 369 Rn. 31.

[41] Zu letzterem BGHZ 53, 29, 31 f. = NJW 1970, 241; 56, 308, 312 = NJW 1971, 2065.

d) Gegenstand des Zurückbehaltungsrechts

Zurückbehaltungsfähig sind nur verpfändbare bewegliche Sachen und Wertpapiere. Denn nur diese Gegenstände unterliegen der Befriedigungsmöglichkeit nach § 371 HGB und der Absonderung nach §§ 50, 51 Nr. 3 InsO; zudem ist bei einer derartigen Beschränkung das Publizitätsprinzip durch Besitzübertragung gewahrt.[42] Mit Wertpapieren sind nur die den Sachen gleich zu achtenden Inhaber- und Orderpapiere gemeint. 32

Beispiele: Aktien (Inhaber- und Namensaktien, vinkulierte Namensaktien), Wechsel, Schecks, Urkunden nach § 363 HGB, wenn sie an Order lauten.

Grund der Beschränkung auf Inhaber- und Orderpapiere ist, dass deren Übertragung nach sachenrechtlichen Regeln (§§ 929 ff. BGB) erfolgt.[43] 32a

e) Eigentum des Schuldners

Das Zurückbehaltungsrecht nach § 369 HGB ist auf bewegliche Sachen und Wertpapiere „des Schuldners“ beschränkt. Denn nur bei Eigentum des Schuldners kann hieran ein Befriedigungsrecht nach § 371 HGB entstehen (vgl. § 1256 I 1 BGB). Ausnahmsweise begründet § 369 I 2 HGB unter besonderen Voraussetzungen ein Zurückbehaltungsrecht an Sachen des Gläubigers, und zwar (1) wenn das Eigentum vom Schuldner auf den Gläubiger übergegangen, der Gläubiger aber zur *Rückübertragung* des Eigentums auf den Schuldner verpflichtet ist (z. B. nach §§ 437 Nr. 2, 346 ff. BGB) oder (2) wenn das Eigentum durch einen Dritten auf den Gläubiger übertragen wurde, jedoch mit der Verpflichtung zur Weiterübertragung an den Schuldner (z. B. in Fällen der Einkaufskommission nach § 384 II Hs. 2 a. E. HGB). 33

f) Besitz des Gläubigers

Die dingliche Befriedigungsmöglichkeit nach § 371 HGB soll für außenstehende Dritte aus den Besitzverhältnissen erkennbar sein (Publizitätsprinzip; vgl. beim Pfandrecht § 1205 I 1 BGB). Deshalb verlangt § 369 I HGB, dass der Gegenstand im Zeitpunkt der Begründung des Zurückbehaltungsrechts im Besitz des Gläubigers ist. Dabei darf der Gläubiger sich den Besitz nicht eigenmächtig verschafft haben; die Besitzerlangung muss von dem ausdrücklichen oder stillschweigenden Willen des Schuldners gedeckt sein, wofür aber das Schweigen des Schuldners genügt, wenn nach Handelsbrauch Widerspruch erwartet werden durfte.[44] Schließlich muss der Gläubiger den Besitz aufgrund eines Geschäfts erlangt haben, das mindestens auf seiner Seite ein Handelsgeschäft (oben Rn. 4 ff.) darstellt. Hierfür genügt auch die Anbahnung eines derartigen Geschäfts (z. B. bei der Zusendung unbestellter Waren).[45] 34

---

[42] MünchKomm-HGB/*Welter*, § 369 Rn. 35.
[43] Vgl. zur Einteilung der Wertpapiere *Brox/Henssler*, Rn. 502 ff.
[44] MünchKomm-HGB/*Welter*, § 369 Rn. 52.
[45] § 241a BGB scheidet in diesen Fällen mangels Verbrauchereigenschaft des Empfängers aus.

g) Kein Ausschluss

35 Das kaufmännische Zurückbehaltungsrecht kann grundsätzlich[46] durch Parteivereinbarung ausgeschlossen werden. Derartige Vereinbarungen sind auch in AGB gegenüber Kaufleuten unbedenklich; das Klauselverbot des § 309 Nr. 2 b BGB findet wegen § 310 I 1 BGB keine Anwendung.[47] Unabhängig davon ergibt sich kraft Gesetzes ein Ausschluss des Zurückbehaltungsrechts in den Fällen des § 369 III HGB, wenn die Zurückbehaltung des Gegenstandes (1) der von dem Schuldner vor oder bei der Übergabe erteilten Weisung oder (2) der von dem Gläubiger übernommenen Verpflichtung, mit dem Gegenstand in einer bestimmten Weise zu verfahren, widerspricht. Gemeint sind damit vor allem Fälle, in denen der Gläubiger die Sache einem Dritten zu übergeben hat, z. B. als Kommissionär, Handelsvertreter oder Spediteur.

3. Wirkungen

a) Einrede

36 Wie im bürgerlichen Recht (vgl. §§ 273, 1000 BGB) kann der Gläubiger gegenüber dem Herausgabeanspruch des Schuldners die Zurückbehaltungseinrede erheben und hierdurch auf den Schuldner **Druck zur Erfüllung der gesicherten Forderung** ausüben. Prozessual führt die Einrede nicht zur Klageabweisung, sondern nur zur Verurteilung des Schuldners zur Leistung Zug-um-Zug (§ 274 I BGB). Gegenüber dem Herausgabeanspruch eines Dritten steht dem Gläubiger nach § 369 II HGB die Einrede nur insoweit zu, als dem Dritten die Einwendungen gegen den Anspruch des Schuldners auf Herausgabe des Gegenstandes entgegen gesetzt werden können. Dies trifft z. B. nach § 986 II BGB bei einer Veräußerung der dem Zurückbehaltungsrecht unterliegenden Sache nach § 931 BGB zu. Ein ergänzender Gutglaubensschutz ergibt sich aus § 372 HGB.

b) Verwertungsrecht

37 Nach § 371 HGB ist der Gläubiger kraft des Zurückbehaltungsrechts befugt, sich aus dem zurückbehaltenen Gegenstand für seine Forderung zu befriedigen. Dabei hat der Gläubiger die Wahl zwischen der **Vollstreckungsbefriedigung**, die einen Zahlungstitel gegen den Schuldner voraussetzt (§ 371 III HGB i. V. m. § 809 ZPO) und der **Verkaufsbefriedigung** nach § 371 I HGB mit der Befugnis zum freihändigen Verkauf (§ 371 II HGB i. V. m. §§ 1233 ff. BGB). Grundlage der Verkaufsbefriedigung ist ein Duldungstitel, wonach der Schuldner die Zwangsvollstreckung in den Gegenstand zu dulden hat. In dieser pfandrechtsähnlichen Wirkung des kaufmännischen Zurückbehaltungsrechts besteht der hauptsächliche Vorteil gegenüber dem Zurückbehaltungsrecht nach § 273 BGB, mit dem keine Verwertungsbefugnis verbunden ist.

---

[46] Ausnahme: § 88a HGB.
[47] Vgl. aber oben § 2 Rn. 14.

c) Insolvenzrechtliches Absonderungsrecht

Ein vor Eröffnung des Insolvenzverfahrens über das Vermögen des Schuldners entstandenes kaufmännisches Zurückbehaltungsrecht[48] gibt dem kaufmännischen Gläubiger ein Absonderungsrecht nach §§ 50, 51 Nr. 3 InsO. Der Gläubiger kann gegenüber dem Insolvenzverwalter die Herausgabe der Sache verweigern und die Verwertung nach § 173 InsO betreiben. Hierfür bedarf es eines Vollstreckungstitels gegen den Insolvenzverwalter auf Gestattung der Befriedigung aus der zurückbehaltenen Sache. 38

d) Deliktsschutz

Als „sonstiges Recht" i. S. von § 823 I BGB genießt das Zurückbehaltungsrecht Deliktsschutz gegen Dritte. Die Einstufung als sonstiges Recht folgt daraus, dass das kaufmännische Zurückbehaltungsrecht ein Recht zum Besitz gewährt.[49] 39

IV. Kontokorrent

1. Begriff und Aufgabe

Nach der Legaldefinition des § 355 I HGB liegt ein Kontokorrent (= laufende Rechnung) vor, wenn „jemand mit einem Kaufmann derart in Geschäftsverbindung steht, dass die aus der Verbindung entspringenden beiderseitigen Ansprüche und Leistungen nebst Zinsen in Rechnung gestellt und in regelmäßigen Zeitabschnitten durch Verrechnung und Feststellung des für den einen oder anderen Teil sich ergebenden Überschusses ausgeglichen werden". Die Hauptaufgaben des Kontokorrents liegen in der **Vereinfachung des Zahlungsverkehrs** und der **Sicherung** der in das Kontokorrent eingestellten **Forderungen**, da insoweit durch die automatische Verrechnung kein Insolvenzrisiko besteht.[50] Praktische Hauptanwendungsfälle des Kontokorrents sind das Bankkontokorrent (vgl. §§ 676 f., 676g BGB, Ziff. 7 der AGB-Banken[51]), ferner die Beziehungen zwischen den Gesellschaftern einer OHG oder KG („Kapitalkonten", vgl. § 120 II HGB; unten § 11 Rn. 44 ff.). In der Fallprüfung geht es dabei nie abstrakt um das Vorliegen eines Kontokorrentverhältnisses zwischen den Beteiligten, sondern um Voraussetzungen und Wirkungen der Kontokorrentzugehörigkeit einer einzelnen Forderung. 40

Der Schlüssel zum Verständnis dieses auf den ersten Blick nicht einfach zu durchschauenden Rechtsinstituts liegt in der gedanklichen Trennung der **vier verschiedenen Verträge**, die ein Kontokorrentverhältnis kennzeichnen:[52] 41

---

[48] Aus § 91 I InsO folgt, das *nach* Verfahrenseröffnung kein Zurückbehaltungsrecht an Massegegenständen mit Wirkung gegenüber den Insolvenzgläubigern erworben werden kann.

[49] *Canaris*, § 28 Rn. 31.

[50] Die Sicherungsfunktion des Kontokorrents ist daher mit der Sicherungsfunktion der bürgerlich-rechtlichen Aufrechnung (§§ 387 ff. BGB; hierzu MünchKomm-BGB/*Schlüter* § 387 Rn. 1) vergleichbar.

[51] Abdruck z. B. in der Textausgabe Handelsrecht (dtv-Bd. 5559 unter Nr. 7).

[52] *Canaris*, § 25 Rn. 4, vertiefend *Pfeiffer*, JA 2006, 105 ff.

- die **Kontokorrentabrede**, durch die die beiderseitigen Ansprüche und Leistungen in Rechnung gestellt werden, d.h. deren Kontokorrentzugehörigkeit herbeigeführt wird;
- die **Verrechnung**, d.h. der Ausgleich der sich höhenmäßig deckenden Forderungen und Leistungen;
- die **Feststellung des Überschusses**, der sich für den einen oder den anderen Teil ergibt;
- der **Geschäftsvertrag** als Rahmenvereinbarung zu den vorgenannten drei Verträgen mit der Verpflichtung zur Inrechnungstellung, Verrechnung und Überschussfeststellung.

42 Nicht näher darzustellen sind hier die weiteren Regelungen über Sicherheiten im Kontokorrent (§ 356 HGB) und über die Pfändung im Rahmen des Kontokorrents (§ 357 HGB).

2. Voraussetzungen der Kontokorrentzugehörigkeit einer Forderung

a) Geschäftsverbindung mit einem Kaufmann

43 Eine Geschäftsverbindung zwischen den Beteiligten liegt dann vor, wenn sie für gewisse Zeit in geschäftlichem Kontakt stehen, derart, dass zumindest eine Seite[53] Ansprüche erwerben kann. Nach einhelliger Auffassung werden die Rechtsfolgen der Kontokorrentzugehörigkeit einer Forderung (unten Rn. 46ff.) auch auf Kontokorrentabreden zwischen Nichtkaufleuten (**„uneigentliches Kontokorrent"**) erstreckt, z.B. bei Beteiligung von Freiberuflern. Denn den §§ 355ff. HGB fehlt jeder spezifisch handelsrechtliche Gehalt.[54]

b) Kontokorrentabrede

44 Ferner muss zwischen den Parteien eine Kontokorrentabrede (= Verrechnungsabrede) bestehen, die drei Punkte umfasst: (1) Die Ansprüche und Leistungen nebst Zinsen sollen in Rechnung gestellt werden; (2) die beiderseitigen Forderungen und Leistungen sollen verrechnet werden; (3) das Ergebnis der Verrechnung (= Saldo) soll festgestellt und dem anderen Vertragsteil mitgeteilt werden. Bei diesem letzten Merkmal haben die Parteien die Wahl zwischen der Ausgestaltung als Perioden- oder Staffelkontokorrent. Beim gesetzlichen Regelfall des Periodenkontokorrents finden die Saldierungen immer nach bestimmten Zeiten statt. Dagegen wird beim Staffelkontokorrent immer sofort saldiert, d.h. in dem Zeitpunkt, in dem sich zwei Forderungen aus der Geschäftsverbindung gegenüber treten.

c) Kontokorrentzugehörigkeit der konkreten Forderung

45 Schließlich muss im Einzelfall die Forderung, um die es geht, dem Kontokorrentverhältnis zwischen den Parteien zuzuordnen sein. Ob eine derartige Konto-

---

[53] BGHZ 50, 277 = NJW 1968, 2100.
[54] *Canaris,* § 25 Rn. 55f.

korrentzugehörigkeit besteht, ist von der Parteiabrede abhängig. Hierbei gilt, dass im Zweifel alle Ansprüche aus der Geschäftsbeziehung in das Kontokorrent einbezogen werden. Den Parteien steht es aber frei, einzelne Forderungen oder Arten von Forderungen vom Kontokorrent auszunehmen.[55]

3. Wirkungen der Kontokorrentzugehörigkeit einer Forderung

a) Ausnahme vom Zinseszinsverbot

Nach § 248 I BGB ist eine im Voraus getroffene Vereinbarung über Zinseszinsen nichtig. Davon ist nach § 248 II BGB der Bankverkehr ausgenommen. Eine weitere Ausnahme vom Zinseszinsverbot ergibt sich unmittelbar aus § 355 I HGB. Für eine kontokorrentgebundene Forderung können daher Zinseszinsen auch außerhalb des Bankverkehrs vereinbart werden. 46

b) Kontokorrentbindung („Lähmung") der eingestellten Forderungen

Die Kontokorrentbindung bewirkt, dass die Forderung ihre Selbständigkeit verliert und zum reinen **Rechnungsposten** innerhalb des Kontokorrents wird. Diese „Lähmung" äußert sich in einer Reihe von Rechtsfolgen. Vor allem schließt die Kontokorrentbindung ähnlich wie eine Stundung die selbständige Geltendmachung der Forderung mit einer Leistungsklage aus, wenn der Beklagte die „Kontokorrenteinrede" erhebt.[56] Diese Sperrwirkung des Kontokorrents gegenüber der selbständigen Geltendmachung einer einzelnen Forderung wird durch das Gesetz nicht ausdrücklich angeordnet, ergibt sich aber aus dem Sinn und Zweck der Kontokorrentabrede, die Einzelforderungen soweit wie möglich durch Verrechnung zu tilgen.[57] Zulässig bleibt allerdings eine Feststellungsklage bezüglich der Einzelforderung, weil ein gegebenenfalls hierauf ergehendes Feststellungsurteil keinen Vollstreckungstitel bildet.[58] 47

Ferner kann die kontokorrentgebundene Forderung nicht abgetreten (§ 399 BGB), verpfändet (§ 1274 II BGB) oder gepfändet (§ 851 II ZPO) werden. Auch eine einseitige Aufrechnung ist ausgeschlossen (§ 394 BGB). Aus der Kontokorrenteinrede, die ein Leistungsverweigerungsrecht darstellt, folgt zudem die Hemmung der Verjährung nach § 205 BGB; mangels Durchsetzbarkeit der Einzelforderung kann auch kein Verzug eintreten. Fälligkeitszinsen nach § 353 HGB sind hingegen geschuldet, da die Fälligkeit durch die Kontokorrentbindung nicht gehindert wird.[59] 48

---

[55] BGHZ 84, 371, 375 ff. = NJW 1982, 2193; Ebenroth/Boujong/Joost/Strohn/*Grundmann*, § 355 Rn. 8.
[56] *BGH* NJW 1970, 560, 561; Baumbach/*Hopt*, § 355 Rn. 7.
[57] *Canaris*, § 25 Rn. 7.
[58] RGZ 125, 311, 316; vgl. allg. *Musielak*, Grundkurs ZPO, 10. Aufl., 2010, Rn. 573.
[59] Vgl. zu allem *Canaris*, § 25 Rn. 8 f.

c) Verrechnung

49 Nach Ablauf der Rechnungsperiode (oben Rn. 44) werden die beiderseitigen Forderungen gegeneinander verrechnet (§ 355 I HGB). Mit dieser Verrechnung tritt eine **zweifache Rechtswirkung** ein: (1) Soweit die Posten ausgeglichen sind, **erlöschen die einzelnen Forderungen** wie bei einem Aufrechnungsvertrag; die Verrechnung hat Tilgungswirkung. (2) In Höhe des Überschusses entsteht für den begünstigten Teil eine **kausale Saldoforderung**, ohne dass es hierfür einer besonderen Parteierklärung bedürfte; in der Kontokorrentabrede liegt bereits der vorweggenommene Verrechnungsvertrag.[60]

Beispiel: Großhändler Großkatz steht mit dem Einzelhändler Eiermann in einem Kontokorrentverhältnis. Am Ende der Abrechnungsperiode sind zugunsten des G drei Kaufpreisforderungen von je 15.000 EUR verzeichnet. Zugunsten des E steht eine Provisionsforderung aus einer Geschäftsbesorgung für den G über 6.000 EUR im Kontokorrent. Soweit die Posten ausgeglichen sind (hier: 6.000 EUR), erlöschen die wechselseitigen Einzelforderungen. In Höhe des Überschusses (hier: 39.000 EUR) entsteht eine kausale Saldoforderung für G.

50 Sofern die kausale Saldoforderung nicht als neuer Rechnungsposten in die nächste Kontokorrentperiode vorzutragen ist, kann aus ihr unmittelbar auf Zahlung geklagt werden. Weil die Rechtslage hinsichtlich der zugrunde liegenden Einzelforderungen unterschiedlich sein kann, z.B. hinsichtlich der Länge der Verjährungsfrist,[61] des Erfüllungsorts, des Gerichtsstands usw., kommt es darauf an, aus *welchen* Einzelforderungen sich der kausale Saldo zusammensetzt. Nach der vom **BGH** vertretenen **Lehre von der verhältnismäßigen Gesamtaufrechnung** werden die erlöschenden Gegenforderungen anteilig auf alle Forderungen des Saldogläubigers angerechnet.[62] Im Beispiel zu Rn. 49 würde danach die Gegenforderung des E in Höhe von 6.000 EUR anteilig auf die drei Forderungen des G angerechnet, womit sich dann jede der drei Kaufpreisforderungen des G nur noch auf 13.000 EUR beliefe. Die damit verbundene Unübersichtlichkeit der zwischen den Parteien bestehenden Abrechnungslage wird vermieden, wenn man der zutreffenden **h. L.** folgt, die hier die **Tilgungsregeln** der §§ 366, 367, 396 BGB **entsprechend heranzieht.**[63] Bei dieser Betrachtungsweise wird im obigen Beispiel die zunächst fällige Forderung in Höhe von 6.000 EUR getilgt,[64] so dass sich die Saldoforderung aus einer Kaufpreisforderung in Höhe von 9.000 EUR und zwei weiteren Kaufpreisforderungen in Höhe von jeweils 15.000 EUR zusammensetzt.

d) Feststellung des Überschusses

51 In der Feststellung des Überschusses nach § 355 I HGB liegt darüber hinaus ein **abstraktes Schuldanerkenntnis** im Sinne von § 781 BGB.[65] Hierdurch entsteht eine

---

[60] BGHZ 107, 192, 197 = NJW 1989, 2120; *Canaris,* § 25 Rn. 16.

[61] Dieses Problem ist durch die Einführung der Jahresschlussverjährung in § 199 I BGB in der Fassung des SMG entschärft worden.

[62] BGHZ 49, 24, 30 = NJW 1968, 33.

[63] *Canaris,* § 25 Rn. 23.

[64] Vgl. § 366 II BGB.

[65] BGHZ 93, 307, 313 = NJW 1985, 1706; zur Formfreiheit unten Rn. 72ff.

einheitliche abstrakte Saldoforderung, und es wird vermieden, dass die Saldoforderung rechtlich je nach den sie bildenden Einzelforderungen unterschiedlich beurteilt wird, wie dies bei einer bloß kausalen Saldoforderung (oben Rn. 49 f.) zwingend der Fall ist. Auf das abstrakte Schuldanerkenntnis besteht ein Anspruch aus dem Geschäftsvertrag (oben Rn. 41), und zwar dahingehend, dass der Saldo nicht ungünstiger festgestellt wird, als es der kausalen Rechtslage entspricht.[66] Nach der Rechtsprechung ersetzt die neue (abstrakte) Saldoforderung die bisherige (kausale) Saldoforderung im Wege der Schuldumschaffung.[67] Hierbei verbinden die Parteien die Aufhebung der kontokorrentgebundenen Schuldverhältnisse derart mit der Begründung eines neuen Schuldverhältnisses, dass das neue Schuldverhältnis an die Stelle der alten Schuldverhältnisse tritt. Gegen diese dogmatische Konstruktion spricht freilich entscheidend § 364 II BGB. Danach geht im Regelfall die alte Forderung gerade nicht unter; sie wird lediglich durch die neue Forderung ergänzt. Auch vermag die von der Rechtsprechung vertretene Novationstheorie den von § 356 HGB angeordneten Fortbestand der für die Einzelforderungen bestehenden Sicherheiten nicht zu erklären. Überzeugender erscheint daher die Annahme eines abstrakten Schuldanerkenntnisses.[68] Da das Saldoanerkenntnis unter § 812 II BGB fällt, kann es der Schuldner bei Unrichtigkeit der anerkannten Saldoforderung kondizieren.[69]

V. Gutgläubiger Erwerb

1. Bürgerlichrechtliche Ausgangslage und Normzweck des § 366 HGB

Bei Verfügungen eines Nichtberechtigten schützt das bürgerliche Recht in §§ 932–936, 1207 f. BGB nur das Vertrauen des Erwerbers darauf, dass der Verfügende Eigentümer der Sache ist oder die Sache nicht mit Rechten Dritter belastet ist.[70] Der **gute Glaube an die Verfügungsbefugnis** des Veräußerers wird **nicht geschützt**. Für den Handelsverkehr ist dies deshalb misslich, weil der Geschäftspartner des Kaufmanns beim Erwerb einer Sache oder eines Pfandrechts häufig sehr wohl weiß, dass der Kaufmann nicht Eigentümer der zu übereignenden oder zu verpfändenden Sache ist; er hält diesen aber für verfügungsbefugt, weil er von der Einwilligung des Berechtigten nach § 185 I BGB ausgeht. Diese Lücke im Redlichkeitsschutz schließt § 366 HGB. 52

[66] BGHZ 72, 9, 12 = NJW 1978, 2149.
[67] BGHZ 50, 277, 279 = NJW 1968, 2100; BGHZ 84, 371, 376 = NJW 1982, 2193; BGHZ 93, 307, 313 f. = NJW 1985, 1706
[68] *Canaris,* § 25 Rn. 30.
[69] BGHZ 51, 348 = NJW 1969, 879.
[70] *Musielak,* Grundkurs BGB, 11. Aufl., 2009, Rn. 565 ff.

Beispiele: Verfügungen des Vorbehaltskäufers im Rahmen eines verlängerten Eigentumsvorbehaltes;[71] Verfügungen im Rahmen einer Verkaufskommission (§ 383 HGB).

53 Für die **Fallprüfung** ist zu beachten, dass § 366 HGB die bürgerlichrechtlichen Gutglaubensvorschriften nur teilweise verdrängt. Auch für den handelsrechtlichen Erwerb sind Einigung, Übergabe (bzw. Übergabesurrogat), das Einigsein der Beteiligten im Zeitpunkt der Übergabe und das Fehlen von Ausschlusstatbeständen (§ 935 BGB) erforderlich. § 366 HGB ist nur im Hinblick auf die Gutgläubigkeit des Erwerbers zu prüfen, nachdem festgestellt wurde, dass es an einer Berechtigung des Verfügenden (aus § 903 BGB oder aus § 185 BGB) fehlte und auch ein Gutglaubenserwerb nach §§ 932 ff. BGB ausscheidet, weil der Erwerber den Verfügenden nicht für den *Eigentümer* gehalten hat.

2. Veräußerung und Verpfändung von beweglichen Sachen

a) Kaufmannseigenschaft des Verfügenden

54 Für einen gutgläubigen Erwerb nach § 366 I HGB verlangt das Gesetz zunächst, dass der Verfügende die Kaufmannseigenschaft besitzt. Dies trifft für die durch §§ 1–6 HGB zum Kaufmann bestimmten Personen zu, ferner nach § 383 II 2 HGB für den nicht eingetragenen kleingewerblichen Kommissionär. Ein klassisches Problem liegt in der Frage, ob auch der **Scheinkaufmann** (oben § 2 Rn. 96 ff.) **als Verfügender** bei § 366 HGB in Betracht kommt. Das OLG Düsseldorf hat dies in einer ausführlichen und überzeugend begründeten Entscheidung **verneint.**[72] Hauptargument ist die Erwägung, dass der Rechtsnachteil (Eigentumsverlust) in diesen Fällen nicht den Scheinkaufmann trifft, sondern den wahren Berechtigten, der aber den Rechtsschein der bestehenden Kaufmannseigenschaft nicht veranlasst hat.[73] Aus den gleichen Gründen kommt der gutgläubige Erwerber auch nicht über § 15 I HGB in den Genuss des Schutzes von § 366 I HGB, wenn die Eintragung eines früheren Kaufmanns im Handelsregister nicht gelöscht wurde, der Veräußerer also zu Unrecht durch das Handelsregister als Kaufmann ausgewiesen ist. Eine Reflexwirkung zu Lasten des wahren Eigentümers, dem die unterbliebene Löschung nicht zugerechnet werden kann, ist nicht gerechtfertigt. Die Gegenansicht macht geltend, dass der wahre Berechtigte bei einem Auftreten des Scheinkaufmanns als Eigentümer sein Recht ohnehin nach §§ 932 ff. BGB verloren hätte.[74]

---

[71] Um dem Vorbehaltskäufer die Weiterveräußerung der Ware zu ermöglichen und gleichzeitig dem Sicherungsbedürfnis des Vorbehaltsverkäufers Rechnung zu tragen, wird hier die Vorbehaltsabrede (§ 449 I BGB) durch drei zusätzliche Abreden ergänzt: die Verfügungsermächtigung an den Vorbehaltskäufer (§ 185 I BGB), die Vorausabtretung der Forderungen des Vorbehaltskäufers aus dem Weiterverkauf der Ware an den Vorbehaltsverkäufer (§ 398 BGB) und eine Einziehungsermächtigung des Vorbehaltskäufers (§§ 185 I, 362 II BGB); Beispiele: *BGH* NJW 1999, 425; *BGH* NJW-RR 2004, 555 = EWiR 2004, 327.

[72] *OLG Düsseldorf* NJW-RR 1999, 615 = JuS 1999, 921 m. Anm. *K. Schmidt* (lesenwert!).

[73] Ebenroth/Boujong/Joost/Strohn/*Stadler,* § 366 Rn. 4 m. zutreffender Kritik am abweichenden Standpunkt von *Canaris,* § 6 Rn. 26.

[74] *Canaris,* § 6 Rn. 26.

b) Betriebsbezogenheit

Der Kaufmann muss die Veräußerung oder Verpfändung „im Betrieb seines Handelsgewerbes" vorgenommen haben, d. h. im Rahmen eines Handelsgeschäfts (§§ 343, 344 HGB, oben Rn. 4 ff.). Die typische Erwartung des Geschäftspartners, der Kaufmann sei auch als Nichteigentümer verfügungsbefugt (oben Rn. 52), trifft nämlich für Privatgeschäfte des Kaufmanns nicht zu; ein gegenüber dem bürgerlichen Recht gesteigerter Verkehrsschutz ist daher nicht erforderlich. Auch wird der gute Glaube des Erwerbers an eine objektiv nicht gegebene Betriebszugehörigkeit nicht geschützt, und zwar auch dann nicht, wenn der Kaufmann die Betriebszugehörigkeit vorspiegelt. Denn auch in diesen Fällen würden die Folgen nicht den Verfügenden treffen, sondern den wahren Berechtigten, dem bei objektiv fehlender Betriebszugehörigkeit kein Rechtsnachteil entstehen darf.[75] 55

c) Gegenstände des Gutglaubenserwerbs

Nach § 366 HGB unterfallen nur Verfügungen über **bewegliche Sachen** dem erweiterten Gutglaubensschutz im Handelsverkehr. Gleichgestellt sind – vorbehaltlich § 367 HGB – grundsätzlich auch **Inhaberpapiere**, nicht aber Orderpapiere. Letztere unterliegen schon nicht den §§ 932 ff. BGB; bei ihnen bedarf die Übertragung einer zusätzlichen Legitimation (vgl. §§ 363 bis 365 HGB, Art. 16 I WG). Beim Warenerwerb mit Hilfe von Traditionspapieren als Übergabesurrogate[76] kommt § 366 HGB in Betracht, wenn der Erwerber auf die Verfügungsbefugnis des Papierinhabers *bezüglich der Güter* vertraut.[77] 56

d) Fehlendes Eigentum des verfügenden Kaufmanns

§ 366 I HGB setzt weiter voraus, dass die Sache nicht im Eigentum des Veräußerers oder Verpfänders steht („ihm nicht gehörige ... Sache"). Dieses Merkmal ist wörtlich zu verstehen. § 366 I HGB hilft dem Erwerber in sonstigen Fällen der fehlenden Berechtigung des Veräußerers nicht, etwa bei absoluten Verfügungsbeschränkungen z. B. nach §§ 1365 ff., 1984 BGB; 80, 81 InsO oder bei gesetzlichen bzw. behördlichen Veräußerungsverboten (§§ 135 f. BGB). Dies folgt aus der Komplementärfunktion von § 366 HGB gegenüber den §§ 932 ff. BGB (oben Rn. 53). 57

e) Redlichkeit des Erwerbers

Nicht der Erwerber hat seine Redlichkeit zu beweisen, sondern – umgekehrt – der Eigentumsprätendent (§ 985 BGB) die Bösgläubigkeit des Erwerbers.[78] Wer vom Händler im Rahmen von dessen Geschäftsbetrieb eine Ware kauft, darf in 58

---

[75] Ebenroth/Boujong/Joost/Strohn/*Stadler*, § 366 Rn. 6 gegen Staub/*Canaris*, § 366 Rn. 10.

[76] Traditionspapiere sind Papiere, deren Übergabe sachenrechtlich wie die Übergabe des verbrieften Gutes wirkt; z. B. der Ladeschein (§ 448 HGB), sowie der Orderlagerschein (§ 475 g HGB).

[77] Ebenroth/Boujong/Joost/Strohn/*Stadler*, § 366 Rn. 7.

[78] Baumbach/*Hopt*, § 366 Rn. 6; zum Folgenden auch Koller/*Roth*/Morck, § 366 Rn. 3.

Ermangelung sich aufdrängender gegenteiliger Anhaltspunkte von dessen Verfügungsbefugnis ausgehen.[79] An der Redlichkeit des Erwerbers fehlt es m.a.W. dann, wenn er die fehlende Verfügungsmacht kannte oder grob fahrlässig nicht kannte (§ 932 II BGB), etwa weil ihr Fehlen evident war. Das ist der Fall, wenn der Erwerber ohne besondere Aufmerksamkeit und ohne besonders gründliches Überlegen aufgrund der Gesamtumstände die fehlende Berechtigung des Veräußerers hätte erkennen müssen.[80] Anerkannt ist die **Evidenz fehlender Verfügungsmacht** in einer Reihe von **Fallgruppen:** (1) wenn die Veräußerung bzw. Verpfändung für den Veräußerer berufsuntypisch ist; (2) wenn es für den Erwerber erkennbar ist, dass es sich um (verlängertes) Eigentumsvorbehalts- oder Sicherungsgut handelt und das Gut vom Eigentümer evident nicht zur Weiterveräußerung erworben worden ist[81] oder (3) wenn das Gut üblicherweise nur mit Genehmigung (§ 185 II BGB) des Eigentümers veräußert wird oder (4) wenn bei bestimmten Arten von Sicherungsgut eine Weiterveräußerung evident unüblich ist oder (5) der Erwerber weiß, dass die für die Verfügungsbefugnis konstitutive Vorausabtretung ins Leere geht.[82] Außerhalb des gewöhnlichen oder ordnungsgemäßen Geschäftsbetriebs des Veräußerers hat sich der Erwerber grundsätzlich nach dessen Verfügungsbefugnis zu erkundigen.

59 Bezugspunkt der Redlichkeit des Erwerbers ist die Verfügungsbefugnis des veräußernden Kaufmanns. Hauptfall ist das **Vertrauen** in eine rechtsgeschäftlich erteilte Verfügungsermächtigung i.S. von **§ 185 I BGB**, z.B. in den oben Rn. 52 geschilderten Beispielen. Da § 366 I HGB den Rechtsgrund der angeblichen Verfügungsbefugnis des Kaufmanns nicht bezeichnet, ist auch der gute Glaube an eine Verfügungsbefugnis kraft Gesetzes geschützt, d.h. an einen Tatbestand, bei dessen Vorliegen eine derartige Verfügungsbefugnis besteht. Eine Verfügungsbefugnis besteht z.B. kraft eines Notverkaufsrechts nach §§ 383 BGB, 373, 389, 419 III 3 HGB, ferner nach §§ 966 II, 979 BGB.[83]

59a Nach dem Wortlaut des § 366 I HGB ist der Erwerber nur geschützt, wenn der Kaufmann im eigenen Namen handelt. Umstritten ist, ob § 366 I HGB auf das **Fehlen der Vertretungsmacht analog** anzuwenden ist. Dies ist **mit der h.M.** zu verneinen. Zwar trifft es zu, dass das Handelsrecht nicht deutlich zwischen dem Handeln in fremdem Namen und dem Handeln in eigenem Namen unterscheidet, wie der Wortlaut der §§ 49, 54, 56, 126 HGB zeigt. Gegen eine Analogie spricht aber jedenfalls entscheidend der Wertungsgesichtspunkt, dass beim Handeln im fremden Namen der mit der Kaufmannseigenschaft verbundene Scheintatbestand regelmäßig wesentlich schwächer ist. So ist das Vorliegen von Vertretungsmacht nicht in gleicher Weise typisch wie das Vorliegen von Verfügungsmacht in den oben Rn. 52 aufgeführten Beispielen.[84] Für das Vertrauen des Erwerbers gilt der Gutglaubensmaßstab des § 932 II BGB entsprechend.

---

[79] *BGH* NJW 1999, 425, 426.

[80] *OLG München* NJW 2003, 673 (Erwerb einer Gragnani-Geige unter zweifelhaften Umständen, Bargeschäft in der Bahnhofsgegend).

[81] *BGH* ZIP 2003, 2211, 2212 = NJW-RR 2004, 555.

[82] Wie vorige Fn.

[83] So die h.M., kritisch *Canaris,* § 27 Rn. 13. Beispielsfall zur fehlenden Redlichkeit des Erwerbers bei verlängertem Eigentümervorbehalt des Vorlieferanten: *BGH* NJW-RR 2004, 555 = EWiR 2004, 327 (lesenswert!).

[84] *Canaris,* § 27 Rn. 16.

3. Gutgläubiger lastenfreier Erwerb

Nach § 366 II HGB – dem handelsrechtlichen Gegenstück zu § 936 BGB – ist der lastenfreie Erwerb gewährleistet, wenn der Erwerber gutgläubig davon ausgeht, der Veräußerer dürfe vorbehaltlos hinsichtlich der Belastung verfügen. 60

Beispiel: Kaufmann Knapp veräußert an den Eberle eine Jugendstil-Lampe. E weiß von einem Pfandrecht (§§ 1205 ff. BGB), das dem Derb zusteht. E geht aber gutgläubig davon aus, dass D den K zu einer Verfügung ohne Vorbehalt des Pfandrechts ermächtigt habe. Nach § 366 II HGB erwirbt E das lastenfreie Eigentum an der Jugendstil-Lampe.

4. Gesetzliche Pfandrechte

Nach § 366 III HGB stehen die gesetzlichen Pfandrechte des Handelsrechts[85] hinsichtlich des Gutglaubensschutzes einem nach § 366 I HGB durch Vertrag erworbenen Pfandrecht gleich. Daraus ergibt sich ein **doppelter Vertrauensschutz** für den Erwerber: bezüglich des Eigentums und bezüglich einer Verfügungsbefugnis des Nichteigentümers.[86] Damit geht § 366 III HGB über den Redlichkeitsschutz des BGB hinaus. Denn nach herrschender, wenngleich nicht unbestrittener Auffassung kommt beim Erwerb gesetzlicher Pfandrechte des bürgerlichen Rechts ein gutgläubiger Erwerb vom Nichteigentümer eben nicht in Betracht.[87] 61

Die Fälle, die sich im unmittelbaren Anwendungsbereich des § 366 HGB abspielen, sind in der Regel unproblematisch. In der **Klausur** tritt **§ 366 HGB** deshalb meist als **Hilfsargument** in Erscheinung, und zwar bei der Frage, ob die gesetzlichen Besitzpfandrechte des *bürgerlichen Rechts* gutgläubig erworben werden können, wenn der Gläubiger an das Eigentum seines Vertragspartners glaubt. Die h. M. schließt dies u. a. unter Hinweis auf den Wortlaut des § 1257 BGB („… ein kraft Gesetzes *entstandenes* Pfandrecht …“) aus.[88] Folglich könne § 1257 BGB nicht auf § 1207 BGB verweisen, der in seinem unmittelbaren Anwendungsbereich den gutgläubigen Erwerb rechtsgeschäftlich bestellter Pfandrechte regelt. Sachgerecht erscheint, hinsichtlich des Erwerbs gesetzlicher Pfandrechte vom Nichtberechtigten zwischen besitzlosen und Besitzpfandrechten zu unterscheiden.[89] Der Vorschrift des § 366 III HGB ist einerseits zu entnehmen, dass der Gesetzgeber die Möglichkeit eines Erwerbs gesetzlicher Besitzpfandrechte vom Nichtberechtigten als selbstverständlich erachtet, und zwar sogar dann, wenn der Kaufmann bloß von der „Verfügungsbefugnis“ (d. h. dem Einverständnis des Eigentümers mit dem Abschluss des *Schuldvertrags*, an den §§ 397 usw. HGB[90] den Pfandrechtserwerb knüpfen) ausgehen durfte. Bei wertender Betrachtung folgt hieraus, dass ein redlicher Erwerb erst recht in Betracht kommen muss, wenn der Erwerber an das Eigentum seines Vertragspartners glauben durfte. Rechts- 62

[85] §§ 397, 441, 464, 475b HGB.
[86] Ebenroth/Boujong/Joost/Strohn/*Stadler*, § 366 Rn. 23.
[87] BGHZ 100, 95, 101 = NJW 1987, 1880 = JuS 1987, 655 m. Anm. *K. Schmidt*.
[88] So BGHZ 34, 122, 124, 153 = NJW 1961, 499 zum Werkunternehmerpfandrecht nach § 647 BGB und nachfolgend z. B. BGHZ 100, 95 = NJW 1987, 1880 (vorige Fn.).
[89] Vgl. *Habersack*, Examensrepetitorium – Sachenrecht, 4. Aufl., 2005, Rn. 194.
[90] Vgl. Fn. 78.

scheinträger ist in diesen Fällen der Besitz, der dem Pfandrechtserwerber – z. B. im Falle des § 647 BGB – übertragen wird (vgl. § 1006 BGB). Ein vergleichbarer Rechtsscheintatbestand besteht bei den besitzlosen Pfandrechten (z. B. dem Vermieterpfandrecht nach §§ 562 ff. BGB) nicht.

VI. Weitere Besonderheiten bei Handelsgeschäften

1. Überblick

63 Im ersten Abschnitt des vierten Buches des HGB finden sich eine Reihe weiterer Sonderregelungen für Handelsgeschäfte, die in Einzelfragen vom bürgerlichen Recht abweichen. Diese Vorschriften sind zum Teil bedeutungslos (§§ 347, 358–361 HGB),[91] zum Teil enthalten sie aber auch entscheidende Abweichungen, die in Prüfung und Praxis eine große Rolle spielen und Gegenstand der nachfolgenden Darstellung sind. Ausgeklammert bleiben hiervon lediglich die §§ 363–365 HGB, die in das Wertpapierrecht gehören und folglich nicht mehr Gegenstand des Pflichtfachwissens im Handelsrecht sind.

2. Handelsbräuche

64 Nach § 346 HGB ist unter Kaufleuten hinsichtlich der Bedeutung und Wirkung von Handlungen und Unterlassungen auf die im Handelsverkehr geltenden Gewohnheiten und Gebräuche (Handelsbräuche) Rücksicht zu nehmen. Diese bilden die Verkehrssitte des Handels (vgl. §§ 157, 242 BGB). Eine derartige kaufmännische Verkehrssitte setzt eine gleichmäßige und einverständliche Übung durch einen Verkehrskreis über einen angemessenen Zeitraum voraus.[92] Meist sind Handelsbräuche branchenabhängig und unterliegen regionalen oder lokalen Beschränkungen. Anders als das Gewohnheitsrecht sind Handelsbräuche **keine Rechtsquelle**. Sie gelten nur im Rahmen der **Vertragsauslegung** (§§ 157 BGB, 346 HGB) und wirken nicht gewissermaßen „von außen“ auf ein Rechtsgeschäft ein. Als Sonderregel kann der Handelsbrauch dispositives Recht verdrängen, nicht aber das zwingende Recht.[93]

65 In subjektiver Hinsicht ist anerkannt, dass Handelsbräuche allein kraft gesetzlicher Anordnung (§ 346 HGB) gelten, weshalb es **auf die Kenntnis oder einen Unterwerfungswillen der Parteien nicht ankommt**. Die Parteien müssen lediglich in räumlicher wie auch persönlicher Hinsicht zu dem Verkehrskreis gehören, in dem der Handelsbrauch herrscht. Allerdings wird bei einer Vertragsauslegung anhand eines für die betroffenen Parteien unbekannten Handelsbrauchs im Regelfall der Tatbestand des mangelnden Erklärungsbewusstseins oder eines Inhaltsirr-

---

[91] So die – bis auf § 354 I HGB (unten Rn. 83) – zutreffende Einschätzung von *K. Schmidt*, HandelsR, § 18 III pr.

[92] *BGH* NJW 1994, 659; Baumbach/*Hopt*, § 346 Rn. 1.

[93] Vgl. BGHZ 62, 71, 82 = NJW 1974, 852 (kartellrechtswidriger Handelsbrauch).

tums im Sinne von § 119 I BGB vorliegen.[94] Im Handelsverkehr finden derartige Willensmängel im Hinblick auf Handelsbräuche nach h. M. keine Berücksichtigung. Dafür spricht schon die Notwendigkeit einer Gleichbehandlung mit dem Schweigen im Handelsverkehr, wo der Irrtum über die Bedeutung des Schweigens unbeachtlich ist (oben Rn. 15, 24).[95]

Beispiele:[96] Kaufmännisches Bestätigungsschreiben (oben Rn. 16 ff.), zum Teil die von der internationalen Handelskammer veröffentlichten Trade Terms[97], zum Teil die Einheitlichen Richtlinien und Gebräuche für Dokumentenakkreditive (ERA)[98], Allgemeine Seeversicherungsbedingungen, Tegernseer Gebräuche im Holzhandel[99], zum Teil die INCOTERMS 2010[100].

Soweit die soeben Rn. 65 aufgeführten Handelsklauseln einen Handelsbrauch darstellen, werden sie unmittelbar kraft der Verweisung durch § 346 HGB Vertragsinhalt, ohne dass es einer rechtsgeschäftlichen Geltungsvereinbarung zwischen den Parteien (oben § 2 Rn. 14) bedürfte. 66

Im Prozess gilt, dass Handelsbräuche Tatsachen sind. Wer sich auf einen Handelsbrauch beruft, muss dessen Bestehen und Inhalt behaupten und gegebenenfalls beweisen. Dieser Beweis ist durch Gutachten der zuständigen Industrie- und Handelskammern zu führen, sofern das Gericht nicht aus eigener Sachkunde entscheidet (§ 114 GVG). Eine dem § 346 HGB entsprechende Vorschrift findet sich in Art. 9 CISG.[101] 67

Übungsfall:[102] Alf und Berta, beide Kaufleute, betreiben Reisebüros. A verkauft für B, die „IATA-Agent" ist, Flugscheine an Reisekunden. Im Vertrag zwischen A und B ist festgehalten, dass dem A für seine Leistungen eine Provision von bis zu 7 % der Flugpreise zusteht. Ob von B noch gesondert Mehrwertsteuer zu zahlen ist, ist vertraglich nicht geregelt. A verlangt dies von B; dies entspreche einem Handelsbrauch in der Reisebürobranche. Kann A die Mehrwertsteuer verlangen? 68

Lösung: Ein Anspruch auf Provisionszahlung könnte sich aus § 354 I HGB (unten Rn. 83) ergeben. Grundsätzlich ist die Mehrwertsteuer freilich als rechtlich unselbständiger Teil des zu zahlenden Entgeltes bereits mit diesem abgegolten und kann nicht gesondert verlangt werden.[103] Abweichend hiervon ergibt sich der von A geltend gemachte Vergütungsergänzungsanspruch indessen hier aus dem Vorliegen eines entsprechenden Handelsbrauchs.

---

[94] Bei mangelndem Erklärungsbewusstsein wird die Willenserklärung dem Erklärenden zugerechnet, wenn er zumindest hätte erkennen können, dass sein Verhalten von einem anderen als Willenserklärung aufzufassen ist; *Musielak*, Grundkurs BGB, 10. Aufl., 2007, Rn. 63 m. Hinweis auf *BGH* NJW 2002, 2325, 2327.

[95] *Canaris,* § 22 Rn. 31.

[96] Überblick bei Baumbach/*Hopt,* § 346 Rn. 15.

[97] Deutsche Fassung in Staub/*Koller,* Vor § 373 Rn. 763 ff.; dazu auch MünchKomm-HGB/*K. Schmidt,* § 346 Rn. 109 f.

[98] Textabdruck bei Baumbach/*Hopt,* Handelsrechtliche Nebengesetze (11); Ebenroth/Boujong/Joost/Strohn/*M. Hakenberg,* BankR II (S. 1897 ff.) m. Erl. Rn. 456 ff. (1876 ff.); dazu auch MünchKomm-HGB/*Nielsen* Recht des Zahlungsverkehrs (Bd. 5) Rn. H 1 ff. (S. 947 ff.).

[99] *BGH* NJW-RR 1987, 95.

[100] Textabdruck z. B. bei Baumbach/*Hopt,* Handelsrechtliche Nebengesetze (6).

[101] Vgl. z. B. *B.Piltz,* RIW 2000, 485, 487: INCOTERMS 2000 als Handelsbrauch im Sinne des Art. 9 CISG.

[102] Nach *BGH* NJW 1994, 659.

[103] BGHZ 115, 47 = NJW 1991, 2484.

3. Erschwerte Herabsetzung der Vertragsstrafe

69 Nach § 348 HGB ist die richterliche Herabsetzung einer unverhältnismäßig hohen Vertragsstrafe beim Handelsgeschäft für den Kaufmann ausgeschlossen. Die Vorschrift betrifft allerdings nur eine Herabsetzung in Anwendung von **§ 343 BGB**. Der Ausschluss von § 343 BGB beruht auf der Vorstellung des Gesetzgebers, der Kaufmann sei aufgrund seiner Geschäftserfahrung besser als der Privatmann in der Lage, die Tragweite der Vertragsstrafe richtig einzuschätzen. **Unberührt** bleiben die sich aus **§§ 134, 138, 307 BGB** ergebenden Grenzen einer Vertragsstraferegelung.[104] Möglich ist trotz § 348 HGB auch eine Anpassung der Vertragsstrafe nach den Regeln über die Geschäftsgrundlage (§ 313 BGB), wenn die Parteien bei der Festlegung der Höhe von falschen Voraussetzungen ausgegangen sind oder wenn die Höhe wegen einer Änderung der tatsächlichen Verhältnisse nachträglich unangemessen wird.[105] Ferner ist in besonders gelagerten Fällen nicht ausgeschlossen, dass auch bei einer von einem Kaufmann übernommenen Vertragsstrafe eine Herabsetzung nach § 242 BGB in Betracht kommt. Dies ist der Fall, wenn eine Vertragsstrafe in einem außerordentlichen Missverhältnis zu der Bedeutung der Zuwiderhandlung steht.

4. Keine Einrede der Vorausklage

70 Nach §§ 771 ff. BGB kann der Bürge die Befriedigung des Gläubigers verweigern, solange nicht der Gläubiger eine Zwangsvollstreckung gegen den Schuldner ohne Erfolg versucht hat. Diese Einrede der Vorausklage gesteht das BGB auch demjenigen zu, der aus einem Kreditauftrag als Bürge haftet (§ 778 BGB). Nach § 349 HGB entfällt die Einrede der Vorausklage, wenn die Bürgschaft bzw. der Kreditauftrag für den Bürgen ein Handelsgeschäft (oben Rn. 4 ff.) ist. Im **Handelsverkehr** sind die **Bürgschaft** und der **Kreditauftrag** daher kraft Gesetzes stets **selbstschuldnerisch.**

71 Die praktische Bedeutung von § 349 HGB ist gering, da Bürgschaften und Kreditaufträge im Handelsverkehr *regelmäßig* bereits rechtsgeschäftlich selbstschuldnerisch begeben werden, d. h. unter Ausschluss der Einrede der Vorausklage. Sie sind daher schon nach bürgerlichem Recht (§§ 773 I 1, 778 BGB) selbstschuldnerisch. Die Subsumtion von § 349 HGB bietet keine nennenswerten Schwierigkeiten. Die Vorschrift sollte dem Studenten aber bekannt sein, da sie ein „beliebter" Prüfungsgegenstand ist, z. B. als Einstieg für die Prüfung der Kaufmannseigenschaft eines Beteiligten. Das Gleiche gilt für die nachfolgend behandelten §§ 350, 352, 353, 354, 354a HGB.

---

[104] BGHZ 85, 305, 314 = NJW 1983, 385; *BGH* NJW-RR 1991, 568, 570; s. auch BGHZ 146, 318, 326 f. = NJW 2001, 2622: uneingeschränkte richterliche Prüfung der Frage, ob überhaupt eine die Vertragsstrafe auslösende Zuwiderhandlung vorliegt.

[105] *BGH* NJW 2009, 1882 Tz. 41 – Kinderwärmekissen, auch zum Folgenden.

5. Formfreiheit

a) Grundlagen

72 Nach § 350 HGB finden auf eine Bürgschaft, ein Schuldversprechen oder ein Schuldanerkenntnis die Vorschriften der §§ 766, 780, 781 BGB (Schriftform) keine Anwendung, sofern das betreffende Rechtsgeschäft auf der Seite des Schuldners ein Handelsgeschäft (oben Rn. 4 ff.) ist. Nach der Vorstellung des Gesetzgebers erfüllen die genannten Formvorschriften im Handelsverkehr keinerlei Warnfunktion, da sich der **Kaufmann** ohnehin aufgrund seiner **besonderen Geschäfts- und Rechtserfahrenheit** der Tragweite der genannten Rechtsgeschäfte bewusst ist. Abweichend von den genannten Vorschriften des bürgerlichen Rechts ist im Handelsverkehr daher z. B. eine Bürgschaft auch dann formwirksam, wenn sie mündlich, durch ein Telegramm,[106] durch Telefax,[107] oder in elektronischer Form[108] erteilt wird.

b) Sachliche Reichweite der Formfreiheit

73 § 350 HGB gilt zunächst für die **Bürgschaft nach § 765 BGB**, nicht aber für die Wechselbürgschaft nach Art. 30 ff. WG oder die Scheckbürgschaft nach Art. 25 ff. ScheckG. Dies folgt aus der Bezugnahme auf § 766 BGB; von der wertpapierrechtlichen Form nach Art. 31 WG und Art. 26 ScheckG wird keine Befreiung erteilt. Da § 766 BGB auf sonstige Haftungserstreckungen – z. B. Garantien oder Schuldenmitübernahmeerklärungen – nicht angewendet wird,[109] ist insoweit für § 350 HGB kein Raum und kein Bedürfnis.

74 Die Formfreiheit des *Schuldversprechens* und des *abstrakten Schuldanerkenntnisses* wirkt sich vor allem beim **Akkreditiv** aus. Denn die Bestätigung des Dokumentenakkreditivs gegenüber dem Akkreditivbegünstigten – z. B. dem Verkäufer beim Warenexport – bewirkt ein abstraktes Schuldversprechen der Eröffnungsbank im Sinne von § 780 BGB. Hieraus ergibt sich für den Akkreditivbegünstigten ein abstrakter Anspruch gegen die Bank. Die Erklärung der Bank bedarf in diesen Fällen nach § 350 HGB nicht der gesetzlichen Schriftform (§ 780 BGB), so dass z. B. die Entgegennahme eines Telefaxschreibens durch den Akkreditivbegünstigten genügt.[110] Auch die **Regulierungszusage** des Haftpflichtversicherers gegenüber dem Geschädigten (AHB § 5 Nr. 7) ist ein Fall des § 350 HGB.[111]

c) Persönliche Reichweite der Formfreiheit

75 Da § 350 HGB ein Handelsgeschäft voraussetzt, muss der Bürge bzw. der Schuldner die Kaufmannseigenschaft besitzen (oben Rn. 6 ff.). Damit sind die

---

[106] BGHZ 24, 297, 302 = NJW 1957, 1279.
[107] BGHZ 121, 224, 228 f. = NJW 1993, 1126.
[108] § 766 S. 2 BGB.
[109] So die h. M., vgl. nur MünchKomm-HGB/*K. Schmidt,* § 350 Rn. 12.
[110] MünchKomm-HGB/*K. Schmidt,* § 350 Rn. 13 m. Hinweis auf *OLG Frankfurt* WM 1996, 58.
[111] *BGH* NJW-RR 2009, 382 Tz. 8.

Kaufleute nach §§ 1–6 HGB gemeint, ferner der Scheinkaufmann (zu ihm oben § 2 Rn. 96 ff.).[112] Die **analoge Anwendung des § 350 HGB auf bestimmte Nichtkaufleute** wird kontrovers diskutiert. Drei Personengruppen stehen hier im Mittelpunkt des Interesses: nichtkaufmännische Unternehmer, GmbH-Gesellschafter, GmbH-Geschäftsführer.

76 (1) Im **nichtkaufmännischen Bereich** finden sich nichtgewerbliche Unternehmer und Gewerbetreibende mit Option zur Kaufmannseigenschaft. Für erstere, insbesondere Freiberufler, wird eine Befreiung von § 766 BGB überwiegend abgelehnt.[113] Insoweit besteht keine planwidrige Gesetzeslücke, da der Gesetzgeber mit dem HRefG 1998 die freien Berufe bewusst nicht in das Handelsrecht einbezogen hat (vgl. oben § 2 Rn. 46 f.). Das mag man rechtspolitisch bedauern,[114] ist aber nicht dadurch zu beheben, dass man analog § 1 II HGB diejenigen Freiberufler in das Handelsrecht einbezieht, deren Geschäftsbetrieb nach Art und Umfang kaufmännischer Einrichtungen bedarf.[115] Für gewerblich tätige Unternehmer, die als Nichtkaufleute eine Option zur Kaufmannseigenschaft haben (§§ 2, 3, 105 II HGB), scheidet die Formerleichterung des § 350 HGB schon deshalb aus, weil sie sich durch Nichtausübung der Kaufmanns-Option gerade gegen die Anwendung des Handelsrechts entschieden haben, oben Rn. 8.

77 (2) Anders als die Gesellschafter einer OHG und die Komplementäre einer KG betreiben **GmbH-Gesellschafter** nicht das Handelsgewerbe der Gesellschaft; sie sind daher keine Kaufleute (oben § 2 Rn. 68). Der Geschäftsbetrieb der Gesellschaft kann diesem Personenkreis auch nicht im Wege der Analogie zugerechnet werden.[116]

78 (3) Auch für die dritte Personengruppe, die **GmbH-Geschäftsführer** und sonstigen Mitglieder von Organen juristischer Personen, ist anerkannt, dass keine Kaufmannseigenschaft besteht (oben § 2 Rn. 68). Wegen ihrer **Weisungsgebundenheit gegenüber den Gesellschaftern** (§ 37 I GmbHG; unten § 16 Rn. 24) sind sie nicht eigenverantwortlich im Handelsverkehr tätig und können daher einem Kaufmann nicht gleichgestellt werden. Dieses Bedenken entfällt freilich bei geschäftsführenden Einmann- oder Mehrheitsgesellschaftern der GmbH. Von ihnen lässt sich ohne weiteres sagen, dass sie eigenverantwortlich eine unternehmerische Tätigkeit im Handelsverkehr entfalten, weshalb sie gegenüber den Gefahren einer mündlichen Bürgschaftserklärung ebenso wenig schutzbedürftig sind wie ein Einzelkaufmann.[117] Entgegen der Rechtsprechung[118] gilt daher für diesen Personenkreis **§ 350 HGB analog.** Vgl. zu § 350 HGB noch den Beispielsfall oben § 1 Rn. 35.

---

[112] Zum Scheinkaufmann Baumbach/*Hopt,* § 350 Rn. 1; differenzierend MünchKomm-HGB/*K. Schmidt,* § 350 Rn. 8.

[113] Baumbach/*Hopt,* § 343 Rn. 2.

[114] *Canaris,* § 1 Rn. 34 (gerade im Hinblick auf § 350 HGB), § 24 Rn. 10; *K. Schmidt,* JZ 2003, 585, 589 f.

[115] So freilich MünchKomm-HGB/*K. Schmidt,* § 350 Rn. 7.

[116] Vgl. BGHZ 121, 224, 228 = NJW 1993, 1126.

[117] So zutreffend MünchKomm-HGB/*K. Schmidt,* § 350 Rn. 10.

[118] *BGH* NJW-RR 1987, 42, 43; BGHZ 121, 224, 228 = JR 1993, 318 m. krit. Anm. von *K. Schmidt*; BGHZ 165, 43, 48 = NJW 2006, 431 = JuS 2006, 463 m. Anm. *K. Schmidt.*

6. Zinsen

Nach **§§ 352 f.** HGB beträgt der gesetzliche Zinssatz bei beiderseitigen Handelsgeschäften abweichend von § 246 BGB nicht vier Prozent, sondern **fünf Prozent**, und die Zinsen sind abweichend von § 288 BGB nicht erst seit Verzugseintritt, sondern schon **vom Tage der Fälligkeit an** geschuldet. Beide Abweichungen vom bürgerlichen Recht sind durch keinerlei Sachgesichtspunkte gerechtfertigt und sollten deshalb durch eine Vereinheitlichung des Systems der Zinstatbestände und Zinssätze aufgehoben werden.[119] 79

Für die Praxis der beiderseitigen Handelsgeschäfte hat sich die Problematik durch die Vorverlagerung des Verzugszeitpunkts auf den Zeitpunkt des Zugangs einer Rechnung (§ 286 III BGB 2002) und die erweiterten Gestaltungsmöglichkeiten beim Verzug kraft Parteivereinbarung (§ 286 II Nr. 2 BGB 2002) sowie die angemessene Anhebung der Verzugszinsen (§ 288 II BGB 2002) für die meisten Fallgestaltungen erledigt. § 352 I HGB stellt ausdrücklich klar, dass der dort bestimmte Zinssatz nicht für die Bemessung der Verzugszinsen maßgeblich ist. 80

Einen weiteren eigenständigen Zinsanspruch des Handelsrechts enthält **§ 354 II HGB**. Danach kann der Kaufmann für Darlehen, Vorschüsse, Auslagen und andere Verwendungen vom Tage der Leistung an Zinsen berechnen. Hierdurch werden die Verzinsungspflichten des bürgerlichen Rechts in sachlicher und zeitlicher Hinsicht erweitert. Die in § 354 II HGB aufgeführten Rückzahlungsansprüche sind (1) kraft Gesetzes und (2) vom Tag der Leistung an zu verzinsen. Die Vorschrift bezweckt, dass die mit der Verwendung verbundenen Liquiditätsvorteile nicht beim Nutznießer der Verwendung verbleiben sollen, sondern mit ihrem Gegenwert an den Verwender zu erstatten sind. Entscheidend ist der Zeitpunkt, in dem der Kaufmann den Geldbetrag seinem Betrieb zugunsten des Schuldners entzieht.[120] 81

Nach bürgerlichem Recht besteht eine gesetzliche Zinspflicht für *Darlehen und Vorschüsse* in Ermangelung einer Vereinbarung (z. B. nach § 488 I 2 BGB) nur bei Verzug (§ 288 BGB) oder bei Rechtshängigkeit des Rückzahlungsanspruchs (§ 291 BGB). Darüber hinaus erweitert § 354 II HGB auch die Zinspflicht nach § 353 S. 1 HGB. Während nämlich § 353 S. 1 HGB den Zinslauf mit der Fälligkeit des Rückzahlungsanspruches beginnen lässt, verlegt § 354 II HGB den Beginn der Zinspflicht mit der Anknüpfung an die Erbringung der Verwendung auf einen noch früheren Zeitpunkt. Im Hinblick auf *Auslagen und sonstige Verwendungen* ergeben sich indessen keine Abweichungen zum bürgerlichen Recht (§ 256 BGB). 82

7. Entgeltlichkeitsprinzip

„Der Kaufmann tut nichts umsonst". Dieser Grundsatz besagt, dass der Kaufmann nach der Verkehrssitte seine Tätigkeit nicht unentgeltlich in den Dienst anderer stellt, sondern auch mit Vergütung dafür rechnet, und dass dies jeder weiß oder wissen muss, der mit einem Kaufmann in geschäftliche Beziehungen 83

[119] *Canaris*, § 26 Rn. 10 im Anschluss an *Kindler*, Gesetzliche Zinsansprüche im Zivil- und Handelsrecht, 1996. Eingehend Ebenroth/Boujong/Joost/Strohn/*Kindler*, § 353 Rn. 1 ff.; vgl. Art. 166, 168 GEKR, die ebenfalls eine strengere Zinsverpflichtung für Unternehmer vorsehen.

[120] Ebenroth/Boujong/Joost/Strohn/*Kindler*, § 354 Rn. 33.

tritt.[121] Anknüpfend hieran gibt **§ 354 I HGB** dem Kaufmann „auch ohne Verabredung" bei Geschäftsbesorgungen und Dienstleistungen für einen anderen einen Provisionsanspruch. Darin liegt eine Erweiterung gegenüber den im bürgerlichen Recht bei einem Dienst-, Werk-, Makler- oder Verwahrungsvertrag geltenden Regelungen. Denn danach ist grundsätzlich eine ausdrückliche Vereinbarung über die Vergütung erforderlich. Eine stillschweigende Vergütungsvereinbarung wird nach §§ 612 I, 632 I, 653 I, 689 BGB lediglich dann fingiert, wenn die in Rede stehende Leistung „den Umständen nach" nur gegen Entgelt zu erwarten ist. Demgegenüber ist der Anknüpfungspunkt der Vergütungspflicht nach § 354 I HGB bereits die Zugehörigkeit der Tätigkeit des Kaufmanns zu seinem Unternehmen, wobei die Rspr. allerdings noch verlangt, dass der Kaufmann „befugter Weise" für den anderen tätig wird.[122] Wegen seiner **dispositiven Natur** greift § 354 HGB dann nicht ein, wenn die Parteien eine Vergütung ausgeschlossen haben, wobei ein solcher Ausschluss auch konkludent erfolgen kann.[123] § 354 HGB gilt – wegen § 345 HGB (oben Rn. 11) – auch für Rechtsgeschäfte mit Verbrauchern.[124] Aus § 354 I HGB folgt z. B. die grundsätzliche Entgeltpflichtigkeit von Dienstleistungen im Bankgewerbe; § 354 I HGB bildet damit das gesetzliche Leitbild der Klauselkontrolle (§ 307 BGB) in diesem Bereich.[125]

Beispiel:[126] Zwischen dem Handelsvertreter Willy Lohmann und der Wagner GmbH bestand bis zum 30.6. ein Handelsvertretervertrag (vgl. §§ 84 ff. HGB). Im Juli vermittelte L der W ein Geschäft mit dem Derb. W verweigert dem L dafür eine Vermittlungsprovision (vgl. § 87 HGB), da kein Vertragsverhältnis mehr bestanden habe. In der Vermittlungstätigkeit des L liegt jedoch eine Dienstleistung im Sinne des § 354 I HGB, so dass L aufgrund dieser Vorschrift von W Provision verlangen kann.

8. Wirksamkeit verbotswidriger Abtretungen

84 Nach § 399 BGB kann der Gläubiger eine Forderung nicht abtreten, wenn die Abtretung durch Vereinbarung mit dem Schuldner ausgeschlossen ist. Die davon betroffenen **Forderungen** kann der Gläubiger – z. B. im Rahmen einer Sicherungszession oder eines „Factoring-Geschäfts" – nicht als **Finanzierungsinstrument** nutzen, aber genau diese Möglichkeit soll ihm durch die zwingende Vorschrift des § 354a HGB gegeben werden.[127] Ausgenommen sind Kreditinstitute als Gläubiger

---

121 So RGZ 122, 229, 232.

122 BGHZ 163, 332, 337 f. = NJW-RR 2005, 1572, 1574 unter II 2 b aa der Entscheidungsgründe; näher Ebenroth/Boujong/Joost/Strohn/*Kindler*, § 354 Rn. 1; entgegen *K. Schmidt*, HandelsR, § 18 III 1 b ist § 354 I HGB daher nicht „bedeutungslos".

123 *BGH* BeckRS 2009 86149 Tz. 21 mit Verweis auf Ebenroth/Boujong/Joost/Strohn/*Kindler*, § 354 Rn. 18.

124 BGHZ 170, 1 = NJW 2007, 1198 Tz. 38.

125 *Kindler*, ZIP 2003, 620, 621 in Anm. zu BGHZ 153, 344 = NJW 2003, 1447 = ZIP 2003, 617; *Kindler*, Entgeltklauseln in der Kreditwirtschaft, in: Hadding/Hopt/ Schimansky (Hrsg.) Bankrechtstag 2001 (Schriftenreihe der Bankrechtlichen Vereinigung, 19), 2002, S. 1 ff.; *ders.*, JZ 2006, 176, 188.

126 Nach *BGH* NJW-RR 1993, 802.

127 Vgl. zum Normzweck der Vorschrift *BGH* NJW 2001, 1724, 1725; ferner *BGH* ZIP 2005, 447 = JuS 2005, 564 (Zustimmungserfordernis als Abtretungsausschluss); NJW 2006, 3486 Tz. 10 f. (eine Analogiefähigkeit der Vorschrift ablehnend); vertiefend *Petersen*, JURA 2005, 680 ff.; *Seggewiße*, NJW 2008, 3256 ff.; *E. Wagner*, WM 2010, 202 ff.

mit ihren Darlehensforderungen, die der Gesetzgeber nicht als schutzwürdig betrachtet (§ 354a II HGB). Nach **§ 354a I 1 HGB** ist die **Abtretung** einer Geldforderung trotz eines Abtretungsverbots nach § 399 BGB **wirksam**, wenn die betroffene Forderung ihre Grundlage in einem beiderseitigen Handelsgeschäft hat.[128] Der Abtretungsempfänger kann dann z. B. gegen die Vollstreckungsgläubiger des Zedenten nach § 771 ZPO vorgehen.

Im Interesse des Schuldners bestimmt allerdings **§ 354a I 2 HGB**, dass dieser **mit befreiender Wirkung an den Altgläubiger leisten** kann, und zwar – weitergehend als nach § 407 BGB – selbst dann, wenn er weiß, dass die Forderung abgetreten ist. Die Befreiungswirkung nach § 354a I 2 HGB steht freilich unter dem **Vorbehalt des Rechtsmissbrauchs**. Rechtsmissbräuchlich ist eine Berufung auf § 354a I 2 HGB, wenn die Zahlung an den Altgläubiger nicht mehr durch Praktikabilitätsinteressen auf Seiten des Schuldners gedeckt ist. § 354a I 2 HGB soll den Schuldner nämlich nur in seinem Interesse schützen, „sich nicht auf wechselnde Gläubiger einstellen zu müssen, sowie Verrechnungen und Zahlungsvereinbarungen mit dem alten Gläubiger vornehmen zu können".[129] Ist eine Leistung an den Abtretungsempfänger zahlungstechnisch unschwer möglich und hat der Schuldner auch im Übrigen keine Gründe für eine Leistung an den Altgläubiger – zu denken ist etwa an das Bestreben, dessen Liquidität im Interesse einer geplanten Fortsetzung der Geschäftsverbindung zu verbessern –, so tritt keine befreiende Wirkung der Zahlung an den Nichtgläubiger nach § 354a I 2 HGB ein.[130] Im Falle einer Zahlung mit befreiender Wirkung an den Altgläubiger erfolgt der **Innenausgleich** im Verhältnis zwischen Alt- und Neugläubiger nach **§ 816 II BGB**. 85

Übungsfall: Ein Automobilhersteller (die A-AG) vereinbart mit einem Zulieferbetrieb (der Z-GmbH), dass dieser seine Kaufpreisforderungen gegen den Hersteller nicht an Dritte abtreten darf. Entgegen dieser Vereinbarung tritt die Z-GmbH ihr gegen die A-AG zustehende Forderungen an ihre Hausbank H ab. H verlangt von der A-AG Zahlung aus abgetretenem Recht. A beruft sich auf das mit Z vereinbarte Abtretungsverbot und eine zwischenzeitlich an Z geleistete Zahlung. 86

Lösung: Die Kaufpreisforderung (§ 433 II BGB) wurde wirksam an die H übertragen (§ 398 BGB). Denn entgegen § 399 BGB ist das zwischen A und Z vereinbarte Abtretungsverbot unverbindlich, da die Lieferverträge beiderseitige Handelsgeschäfte zwischen A und Z sind (§ 354a I 1 HGB i. V. m. § 343 HGB). Die Kaufmannseigenschaft der Beteiligten folgt aus §§ 3 I AktG, 13 III GmbHG i. V. m. § 6 HGB. Trotzdem konnte A mit Erfüllungswirkung an die Z-GmbH zahlen (§ 354a I 2 HGB). Das Zahlungsverlangen der H ist daher unbegründet.

Ist eine trotz Abtretungsverbot erfolgte Abtretung nach § 354a I 1 HGB wirksam, kann der Schuldner in Kenntnis der Abtretung mit dem Zedenten keinen Vergleich schließen, nach dem die Forderung ganz oder teilweise nicht mehr geltend gemacht werden kann. Dies folgert man zwar teilweise aus § 354a I 2 HGB: Die Bestimmung solle dem Schuldner einen über § 407 I BGB hinausgehenden 87

---

[128] Zum Erfordernis des beiderseitigen Handelsgeschäfts s. *BGH* NJW 2006, 3486 Tz. 11; gleichgestellt sind Fälle, in denen der Schuldner eine juristische Person des öffentlichen Rechts oder ein öffentlich-rechtliches Sondervermögen ist.

[129] Vgl. BT-Drs. 12/7912, S. 25; zur Aufrechnung als „Leistung" i. S. d. § 354a I 2 HGB s. *BGH* ZIP 2005, 445, 447 = JuS 2005, 564.

[130] Zutreffend *Canaris*, § 26 Rn. 25.

Schutz gewähren. Die Rechtsposition des Schuldners gegenüber dem Zedenten solle durch die entgegen dem Abtretungsverbot nach § 354a I 1 HGB wirksame Abtretung erhalten bleiben, so dass er auch bei Kenntnis der Abtretung andere forderungsbezogene Rechtsgeschäfte mit dem Zedenten wirksam vornehmen könne. Demgegenüber betont die Rspr. freilich, dass der Zedent lediglich eine Empfangszuständigkeit habe, die weder dem Schuldner noch dem Zedenten die Befugnis gebe, Letzteren noch als Forderungsinhaber zu behandeln.[131] In der Tat sprechen sowohl der Wortlaut als auch die Systematik der Vorschrift dafür, forderungsbezogene Rechtsgeschäfte als nicht von § 354a I 2 HGB erfasst anzusehen.

Fragen:

1. Was versteht man unter einem „Geschäft" i. S. des § 343 HGB? (Rn. 5)
2. Wie beurteilt sich die Betriebszugehörigkeit eines durch den Kaufmann vorgenommenen Geschäfts? (Rn. 9)
3. Die von einem Einzelkaufmann vorgenommenen Geschäfte sind im Zweifel Privatgeschäfte. Richtig oder falsch? (Rn. 10)
4. In welchen Fällen kommt dem Schweigen im Handelsverkehr Bedeutung zu? (Rn. 12)
5. Wie unterscheidet sich hinsichtlich der Rechtsfolgen § 362 HGB von § 663 BGB? (Rn. 13)
6. Kann ein nach § 362 HGB abgeschlossener Vertrag durch Anfechtung wieder gelöst werden? (Rn. 15)
7. Was besagt die Regel vom kaufmännischen Bestätigungsschreiben? (Rn. 16)
8. Welche Anfechtungsmöglichkeiten hat der Empfänger eines kaufmännischen Bestätigungsschreibens? (Rn. 24)
9. In welchen drei Punkten unterscheidet sich das kaufmännische Zurückbehaltungsrecht (§ 369 ff. HGB) vom Zurückbehaltungsrecht nach § 273 BGB? (Rn. 25–28)
10. Welche Rechtswirkungen entfaltet das kaufmännische Zurückbehaltungsrecht? (Rn. 36–39)
11. Welche Vereinbarungen sind bei einem Kontokorrentverhältnis zu unterscheiden? (Rn. 41)
12. Rechtswirkungen der Verrechnung beim Kontokorrent? (Rn. 49)
13. Bezugspunkt des guten Glaubens bei § 366 HGB im Unterschied zu §§ 932, 1207 BGB? (Rn. 52)
14. Gibt es nach § 366 HGB einen gutgläubigen Erwerb vom Scheinkaufmann? (Rn. 54)
15. Schützt § 366 HGB den guten Glauben an die Vertretungsmacht? (Rn. 59)
16. Wie gestaltet sich der redliche Erwerb von gesetzlichen Pfandrechten des HGB und des BGB? (Rn. 61 f.)
17. Handelsbräuche werden kraft gesetzlicher Anordnung unmittelbar Vertragsinhalt. Richtig oder falsch? (Rn. 66)
18. Trifft es zu, dass sich ein Kaufmann per Telefax verbürgen kann? (Rn. 72)

---

[131] BGHZ 178, 315 = NJW 2009, 438 = JuS 2009, 375 m. Anm. *K. Schmidt*.

19. „Der Kaufmann tut nichts umsonst". Was ist mit diesem Grundsatz gemeint und in welcher Vorschrift des HGB hat er sich niedergeschlagen? (Rn. 83)
20. Nach § 354a I 1 HGB ist ein Abtretungsverbot unter bestimmten Voraussetzungen unwirksam. Im Falle einer Zahlung des Schuldners mit befreiender Wirkung an den Altgläubiger erfolgt der Innenausgleich im Verhältnis zwischen Alt- und Neugläubiger
    a) nach § 354a I 2 HGB?
    b) nach § 816 II BGB?
    (Rn. 85)

§ 8. Handelskauf

I. Grundlagen

1. Rechtsquellen

1 In den Abschnitten 2 bis 6 des vierten Buches regelt das HGB den Handelskauf, das Kommissionsgeschäft, das Frachtgeschäft, das Speditionsgeschäft und das Lagergeschäft. Nach den meisten Prüfungsordnungen zählt hiervon nur der Handelskauf zum handelsrechtlichen Pflichtfachwissen;[1] auf ihn beschränkt sich daher die vorliegende Darstellung.

Lernhinweis: Wiederholen Sie an dieser Stelle zunächst das BGB-Kaufrecht![2]

2 Im Abschnitt über den Handelskauf (§§ 373–383 HGB) finden sich eine Reihe von Regeln, die das allgemeine Leistungsstörungs- und Mängelrecht des BGB ergänzen oder abändern. Sie dienen allesamt der Beschleunigung der Vertragsdurchführung, meist im Interesse des Verkäufers.

3 **Übersicht 8/1:**

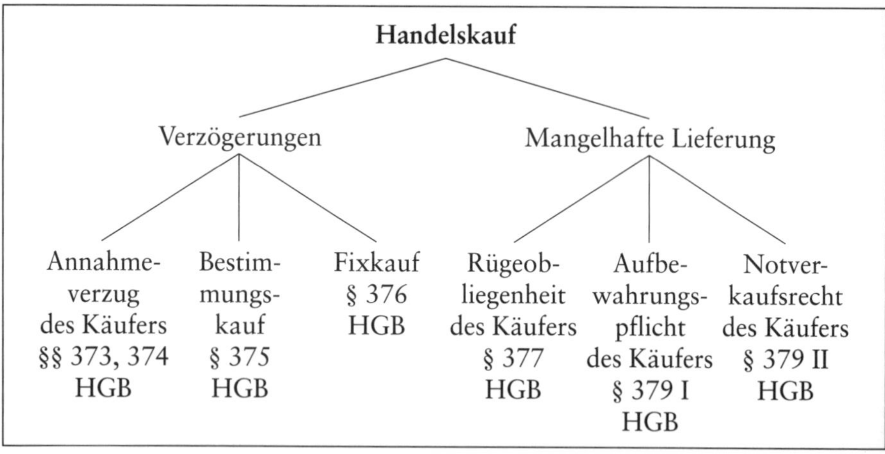

4 Das Verhältnis dieser Vorschriften zum BGB richtet sich nach Art. 2 I EGHGB (oben § 1 Rn. 6 ff.).

[1] Z. B. § 11 II Nr. 3 b JAG NRW; § 18 II Nr. 2 a BayJAPO. Vgl. die Rechtsprechungsübersicht zum Handelskauf bei *Kindler*, JZ 2006, 176, 186 ff.

[2] Z. B. bei *Medicus/Lorenz*, Schuldrecht II – Besonderer Teil, 16. Aufl., 2012, §§ 74 ff.; ferner *Musielak*, Grundkurs BGB, 12. Aufl., 2011, Rn. 542 ff.

Beispiel: Die Köln-Versicherungs-AG bestellt bei der Vutter-GmbH „2000 Kartons Suppenpulver" zur Verwendung in ihrer Bedienstetenkantine. Die am 1. Juli gelieferte Ware ist aufgrund von Feuchtigkeitsschäden unbrauchbar. Dies erfährt die K-AG erst Anfang November aus dem Kreise ihrer Angestellten. Deshalb rügt sie sogleich diesen Mangel gegenüber V und verlangt Lieferung mangelfreier Ware. Stichproben des Suppenpulvers hatte K zu keinem Zeitpunkt vorgenommen. – Der Nacherfüllungsanspruch ist nach bürgerlichem Recht wegen eines Sachmangels des Kaufgegenstandes begründet (§§ 439 I, 437 Nr. 2, 434 I S. 2 Nr. 1 BGB). Indessen gilt hier die Ware als genehmigt (§ 377 II HGB), weil wegen der Kaufmannseigenschaft der Beteiligten ein beiderseitiger Handelskauf vorliegt (vgl. §§ 343, 6 HGB; 3 I AktG, 13 III GmbHG) und die K-AG das Suppenpulver entgegen § 377 I HGB nicht unverzüglich, d. h. in den ersten Julitagen, untersucht hat. Die K-AG hat deshalb ihre Mängelrechte verloren (vgl. RGZ 99, 247).

2. Begriff

5 Eine gesetzliche Begriffsbestimmung des Handelskaufs fehlt. Nach der Gesetzessystematik – die §§ 373 ff. HGB sind Teil des vierten Buches des HGB über die „Handelsgeschäfte" – ist der Handelskauf ein **Kaufvertrag, der für mindestens eine Partei ein Handelsgeschäft i. S. des §§ 343** ff. HGB darstellt (zum Handelsgeschäft oben § 7 Rn. 1 ff.). Beidseitigkeit ist nur in §§ 377, 379 HGB vorausgesetzt. Über die möglichen Kaufgegenstände geben §§ 373 I, 381 I HGB Aufschluss: Danach kann Handelskauf nur ein Kaufvertrag über Waren oder Wertpapiere sein. Somit lässt sich der Begriff des Handelskaufs zusammenfassen als Kauf, der zumindest für einen Vertragspartner ein Handelsgeschäft darstellt und eine Ware oder ein Wertpapier zum Gegenstand hat.[3]

6 Außerhalb dieser Begriffsbestimmung stehen folglich der Grundstückskauf, der Kauf von nicht in Wertpapieren verbrieften Rechten und insbesondere der Kauf eines Unternehmens im Ganzen (vgl. oben § 5 Rn. 10 ff.). Andererseits erstreckt das Gesetz den Anwendungsbereich der Vorschriften über den Handelskauf auf weitere Vertragstypen (wobei Vertragsgegenstand im Einzelfall wiederum Waren oder Wertpapiere sein müssen): den Kauf von Wertpapieren und den Werklieferungsvertrag (§ 381 HGB).

3. Internationaler Handelskauf

7 An die Stelle des innerstaatlichen Zivil- und Handelsrechts tritt auf dem Gebiet des Kaufrechts in Sachverhalten mit Auslandsberührung häufig das **CISG.**[4] Das Übereinkommen ist am 1.1.1991 für die Bundesrepublik Deutschland in Kraft getreten und gilt derzeit (April 2012) im Verhältnis zu 76 Staaten, darunter die wichtigsten Handelspartner Deutschlands. Das CISG setzt für seine Anwendung grundsätzlich voraus, dass Verkäufer und Käufer ihre Niederlassung in verschiedenen Vertragsstaaten des Übereinkommens haben (Art. 1 I Buchst. a CISG). Obwohl es

---

[3] Ebenroth/Boujong/Joost/Strohn/*Müller,* Vor § 373 Rn. 1; Koller/*Roth*/Morck, Vor §§ 373–376 Rn. 1.

[4] Kurzlehrbuch: *Schlechtriem,* Int. UN-Kaufrecht, 4. Aufl., 2007; Überblick bei *Kindler,* Einführung in das neue IPR des Wirtschaftsverkehrs, 2009, S. 73 ff. Abdruck des CISG z. B. in der Textausgabe Handelsrecht (dtv 5599). Internet: www.cisg-online.ch.; vgl. auch die Erläuterung des CISG im Münchener Kommentar zum BGB, Bd. 3, 6. Aufl., 2012.

auch Nichtkaufleute erfasst (Art. 1 III CISG), ist das Übereinkommen durch den Ausschluss des Verbraucherkaufs (Art. 2 Buchst. a CISG) sachlich i.W. auf den grenzüberschreitenden Handelskauf beschränkt. Das Kaufrecht des CISG kann von den Parteien ganz oder teilweise vertraglich ausgeschlossen werden (Art. 6 CISG).

8 Die in Teil II des Übereinkommens enthaltene Regelung des **Vertragsschlusses** (Art. 14 bis 24 CISG) weicht in verschiedener Hinsicht vom BGB ab. Dies betrifft zunächst die Frage, ob ein Vertrag ohne bestimmten oder bestimmbaren Kaufpreis wirksam sein kann. § 316 BGB setzt dies voraus; demgegenüber verlangt Art. 14 CISG die „genügende Bestimmtheit" des Vertragsangebots (ungeklärt ist bis heute allerdings das Verhältnis zu Art. 55 CISG). Ferner ist das Angebot auf Vertragsabschluss bis zur Absendung der Annahmeerklärung widerruflich (Art. 16 I CISG), wohingegen das BGB von der Unwiderruflichkeit des Angebots ausgeht (§§ 130 I S. 2, 145 BGB). Eine verspätete Annahme kann vom Offerenten als rechtzeitig behandelt werden und so zum Vertragsschluss führen (Art. 21 CISG; anders § 150 I BGB).

9 Teil III des Übereinkommens regelt die **Rechte und Pflichten der Vertragsparteien** (Art. 25 bis 88 CISG) und tritt damit weitgehend an die Stelle der §§ 433 ff. BGB und 373 ff. HGB. Inhaltlich **entspricht das CISG in den Grundzügen dem deutschen innerstaatlichen Kaufrecht**, das mit dem SMG bewusst dem internationalen Kaufrecht angenähert wurde. Das Leistungsstörungsrecht des CISG beruht auf einem einheitlichen Tatbestand der Vertragsverletzung. Dem Käufer stehen in diesem Fall fünf Rechtsbehelfe zur Wahl (vgl. Art. 45 CISG): ein Anspruch auf (Nach-) Erfüllung (Art. 46 CISG), das Recht zum Zurückbehalten der eigenen Leistung (Art. 58 I, 71 CISG), ein Schadensersatzanspruch (Art. 45 I Buchst. b i.V.m. Art. 74 ff. CISG), bei wesentlicher Vertragsverletzung das Recht auf Aufhebung des Vertrages (Art. 49 CISG), das Recht zur Kaufpreisminderung (Art. 50 CISG). Der Hauptunterschied zur Regelung des BGB liegt bei der Schadensersatzhaftung des Verkäufers: Nach dem CISG (Art. 74 ff.) kann der Käufer unabhängig von einem Verschulden oder Vertretenmüssen bei jeder Vertragsverletzung Schadensersatz verlangen (vgl. demgegenüber die strengeren Voraussetzungen der Schadensersatzhaftung nach §§ 280 I, 311a II BGB). Auffällig ist zudem, dass die Rüge im Falle von Sachmängeln innerhalb „angemessener" Frist zu erheben ist (Art. 39 I CISG), wohingegen § 377 I HGB eine „unverzügliche" (§ 121 I BGB) Rüge verlangt. Auch lässt die Rügeversäumung – im Unterschied zu § 377 II HGB – nicht stets alle Käuferrechte entfallen (Art. 44 CISG).

II. Annahmeverzug des Käufers

1. Anwendbare Vorschriften

10 Verzögerungen bei der Vertragsdurchführung (vgl. nochmals die Übersicht oben Rn. 3) können sich zunächst daraus ergeben, dass der Käufer die ihm vom Verkäufer angebotene Leistung nicht annimmt. Er gerät damit in Annahmeverzug (§§ 293 ff. BGB) und unterliegt den Rechtsfolgen der §§ 300 ff., 372 ff. BGB. § 373 HGB erweitert die dort bestimmten Rechte des Verkäufers zur Hinterle-

gung und zum Selbsthilfeverkauf. Der Verkäufer soll sich des Kaufgegenstandes rasch entledigen können.

2. Hinterlegung

a) Bürgerlichrechtliche Ausgangslage

Durch Hinterlegung des Kaufgegenstandes erreicht der Verkäufer die Räumung seiner Lager und die Entlassung der Ware aus seiner Obhut. Nach § 372 Satz 1 BGB können bestimmte hinterlegungsfähige Sachen („Geld, Wertpapiere und sonstige Kostbarkeiten") beim Amtsgericht als Hinterlegungsstelle[5] hinterlegt werden. Erklärt der Schuldner (Verkäufer) gegenüber der Hinterlegungsstelle, dass er auf das Recht zur Rücknahme des Hinterlegungsgegenstandes verzichte (§ 376 II Nr. 1 BGB), dann hat die Hinterlegung die gleiche Wirkung wie die Leistung an den Gläubiger (§ 378 BGB). Nach § 374 II 1 BGB hat der Schuldner dem Gläubiger die Hinterlegung anzuzeigen. 11

b) Die Hinterlegung beim Handelskauf

Nach § 373 I HGB kann der Verkäufer die Ware hinterlegen, wenn sich der Käufer in Annahmeverzug befindet. Beim Handelskauf ist demnach **jede Ware** hinterlegungsfähig. Der Annahmeverzug richtet sich hierbei nach den §§ 293 ff. BGB. Weiterhin reicht es beim Handelskauf aus, wenn der Verkäufer die Ware in einem **öffentlichen Lagerhaus oder sonst in sicherer Weise hinterlegt**. Hat der Verkäufer die Ware hinterlegt, so muss er dies dem Käufer nach § 374 II 1 BGB anzeigen. Die Hinterlegung erfolgt auf Gefahr und Kosten des Käufers. Dabei kann der Verkäufer nach § 354 II HGB die üblichen Lagerkosten auch dann verlangen, wenn er die von ihm zu liefernde Ware während des Annahmeverzugs des Käufers in eigener Obhut behalt.[6] 12

Im Gegensatz zu § 378 BGB tritt keine Erfüllungswirkung ein, da die hierfür erforderliche Mitwirkung des Amtsgerichts als Hinterlegungsstelle (vgl. § 376 II BGB) bei Hinterlegung an anderer Stelle ausscheidet.[7] Der Verkäufer wird beim Handelskauf lediglich vor der Aufbewahrung und deren Kosten bewahrt. Liegen allerdings gleichzeitig die Voraussetzungen des § 372 BGB vor (oben Rn. 11), so kann auch bei einem Handelskauf die Erfüllungswirkung eintreten.[8] 12a

Beispiel: Möbelhersteller Kerb ist mit der Annahme von Holz, welches er bei Volz bestellt hat, in Verzug. Da V seinen Lagerplatz für neue Ware braucht, hinterlegt er das Holz bei der Spedition Schnell, mit der er schon mehrere Jahre zusammenarbeitet und von deren Leistung er überzeugt ist, zu einem Lagerpreis von 100 EUR pro Monat. Die Lagerkosten hat hier K zu zahlen. Ebenfalls trägt er die Gefahr eines Unterganges des Holzes. Trotz der Hinterlegung bleibt V aber weiterhin aus § 433 I 1 BGB zur Lieferung des Holzes verpflichtet. Der Anspruch ist nicht nach § 378 BGB untergegangen.

---

[5] § 374 I BGB i.V.m. Landesrecht.
[6] BGHZ 170, 1 = NJW 2007, 1198 Tz. 37.
[7] *Brox/Henssler*, Rn. 388.
[8] Ebenroth/Boujong/Joost/Strohn/*Müller*, § 374 Rn. 9.

3. Selbsthilfeverkauf

a) Bürgerlichrechtliche Ausgangslage

13 Auch durch den Selbsthilfeverkauf kann sich der Verkäufer der angebotenen Ware entledigen. Nach § 383 I 1 BGB kann der Schuldner bei Verzug des Gläubigers die geschuldete Sache am Leistungsort versteigern und den Erlös hinterlegen. Bei der geschuldeten Sache muss es sich um eine solche handeln, die nicht zur Hinterlegung geeignet ist. Daraus folgt, dass sich im bürgerlichen Recht die Hinterlegung und der Selbsthilfeverkauf gegenseitig ausschließen. Ferner muss es sich um eine öffentliche Versteigerung handeln (vgl. § 383 III 1 BGB), die am Leistungsort stattzufinden hat.

b) Der Selbsthilfeverkauf beim Handelskauf

14 Der Selbsthilfeverkauf beim Handelskauf ist im Vergleich zu den Regelungen des BGB wesentlich **schuldnerfreundlicher** ausgestaltet. Nach § 373 II 1 HGB kann der Verkäufer *jede* Ware nach vorgängiger Androhung öffentlich versteigern lassen oder, wenn die Ware einen Markt- oder Börsenwert hat, aus freier Hand verkaufen. Gegenstand des Selbsthilfeverkaufs nach HGB können mithin auch hinterlegungsfähige Sachen sein, so dass der Verkäufer zwischen der Hinterlegung und dem Selbsthilfeverkauf der Ware wählen kann.

15 *(1) Durchführung.* Die Durchführung des Selbsthilfeverkaufs ist in § 373 II HGB geregelt. Als erste Variante wird dort die **öffentliche Versteigerung** genannt (§ 373 II 1 Hs. 1 HGB). Als zweite Variante enthält die Vorschrift die Möglichkeit, den **Verkauf der Ware aus freier Hand** durch einen zu solchen Verkäufen öffentlich ermächtigten Handelsmakler oder durch eine zur öffentlichen Versteigerung befugten Person zu bewirken (§ 373 II 1 Hs. 2 HGB). Nur bei ordnungsmäßiger Durchführung tritt die Erfüllungswirkung des Selbsthilfeverkaufs (unten Rn. 19) ein.

16 Bei beiden Varianten bedarf es einer vorherigen **Androhung**. Der Käufer soll entscheiden können, ob er es überhaupt zum Selbsthilfeverkauf kommen lassen will und ob er gegebenenfalls mitbieten will.[9] Unter Androhung ist eine **Ankündigung der Vornahme eines Selbsthilfeverkaufs** zu verstehen. Es handelt sich hierbei um eine empfangsbedürftige Willensäußerung (nicht Willenserklärung), die formlos möglich ist.[10] Sie muss rechtzeitig erfolgen, damit der Käufer noch die Möglichkeit hat, die Ware anzunehmen. Auf die Androhung kann nach § 373 II 2 HGB verzichtet werden, wenn die Sache dem Verderb ausgesetzt ist und Gefahr im Verzug ist. Ferner kann auf die Androhung verzichtet werden, wenn sie untunlich ist.

17 Kommt eine öffentliche Versteigerung (erste Variante) in Betracht, so sind neben der Androhung die in § 383 III BGB angegebenen Formalien zu beachten. Die Versteigerung ist von einem Gerichtsvollzieher oder anderen dazu befugten Beam-

---

[9] Staub/*Koller*, § 374 Rn. 34.

[10] Koller/*Roth*/Morck, § 374 Rn. 9; Röhricht/Graf von Westphalen/*Wagner*, § 374 Rn. 16.

ten durchzuführen. Ort und Zeit der Versteigerung sind nach § 383 III 2 BGB öffentlich bekanntzumachen. Ferner hat der Verkäufer nach § 373 V 1 HGB die Pflicht, den Käufer von der Zeit und dem Ort der Versteigerung zu benachrichtigen. Auch der Käufer, ebenso wie der Verkäufer, dürfen mitbieten (vgl. § 373 IV HGB). Unterlässt der Verkäufer die Benachrichtigung, so ist er nach § 373 V 2 HGB zum Schadensersatz verpflichtet.

Beispiel: Verkäufer Volz droht dem Käufer Kerb bezüglich der Ware im Wert von 5.000 EUR den Selbsthilfeverkauf im Wege der öffentlichen Versteigerung an, unterlässt hierbei jedoch, ihn über Zeit und Ort zu benachrichtigen. Bei der Versteigerung wird ein Erlös von 4.500 EUR erzielt. V macht einen Anspruch auf Zahlung des Unterschiedsbetrages in Höhe von 500 EUR gegen K geltend. Dieser wendet ein, dass er bei Kenntnis von Zeit und Ort der Versteigerung einen Kunden hätte beibringen können, der dort auch 4.750 EUR geboten hätte. Hier hat K gegen V einen Anspruch auf 250 EUR Schadensersatz aus § 373 V 2 HGB, den er gegen den Anspruch des V aufrechnen kann.

Ein freihändiger Verkauf (zweite Variante) ist dagegen möglich, wenn die Ware einen Börsen- oder Marktpreis hat. Auch hierbei bedarf es einer vorgängigen Androhung und gemäß § 373 V 1 HGB einer Benachrichtigung des Käufers über Zeit und Ort des Verkaufs. 18

Übersicht 8/2: 19

Durchführung des Selbsthilfeverkaufs

Öffentliche Versteigerung	Freihändiger Verkauf
– vorherige Androhung – Versteigerung durch Gerichts vollzieher oder anderen dazu befugten Beamten (vgl. § 383 III 1 BGB) – Benachrichtigung des Käufers über Zeit und Ort	– vorherige Androhung – Ware muss einen Börsen- oder Marktpreis haben – Verkauf durch einen dazu öffentlich ermächtigten Handelsmakler oder durch eine zur öffentlichen Versteigerung befugte Person – Benachrichtigung des Käufers über Zeit und Ort

(2) Wirkung. Die Wirkung des Selbsthilfeverkaufs ist von der Ordnungsmäßigkeit der Durchführung abhängig. Nach § 373 III HGB geschieht der Selbsthilfeverkauf „für Rechnung des Käufers." Aus der systematischen Stellung des § 373 III HGB folgt, dass es sich um einen nach § 373 II HGB ordnungsgemäß durchgeführten Verkauf handelt. Über die Wirkung sagt § 373 III HGB ausdrücklich nichts. Die Vorschrift ist dahingehend zu verstehen, dass der Verkäufer im Auftrag des Käufers tätig ist.[11] Der Verkäufer ist also ein Beauftragter mit den Rechten und Pflichten, die sich aus einem Auftragsverhältnis nach den §§ 666, 667, 670 BGB ergeben. Der Beauftragte hat nach § 667 BGB die Pflicht, alles was er zur Ausführung erhält und aus der Geschäftsbesorgung erlangt, herauszugeben. Unter dem Erlangten ist hierbei der **Veräußerungserlös** zu verstehen, also der Betrag, der 20

[11] *Canaris,* § 29 Rn. 10.

durch den Selbsthilfeverkauf erzielt wurde. Auch nach dem Selbsthilfeverkauf bleibt der Anspruch des Verkäufers auf Zahlung des **Kaufpreises** (§ 433 II BGB) vorerst bestehen. Mit dem Anspruch auf Herausgabe des Veräußerungserlöses aus § 667 BGB kann der Käufer jedoch gegen den Anspruch auf Kaufpreiszahlung **aufrechnen**. Gemäß § 670 BGB kann der Verkäufer zudem als Beauftragter vom Käufer **Aufwendungsersatz** verlangen. Durch den Selbsthilfeverkauf wird der Verkäufer von seiner Lieferschuld (§ 433 I BGB) befreit.[12] Es tritt also eine **Erfüllungswirkung** ein.

Beispiel: Käufer Kalb befindet sich im Annahmeverzug der Ware im Wert von 10.000 EUR. Verkäufer Vlink hatte den Selbsthilfeverkauf im Wege der Versteigerung rechtzeitig angedroht. Auf der Versteigerung erzielt er einen Erlös in Höhe von 9.000 EUR. K hat gegen V einen Anspruch auf Herausgabe der 9.000 EUR aus § 667 BGB und V gegen K einen Anspruch auf Kaufpreiszahlung i.H.v. 10.000 EUR aus § 433 II BGB. V kann also gegen den Anspruch des K die Aufrechnung erklären (vgl. §§ 387 ff. BGB). Hinsichtlich des Unterschiedsbetrags in Höhe von 1.000 EUR hat V weiterhin einen Anspruch aus § 433 II BGB. Die Kosten des Schriftverkehrs, der für die Versteigerung erforderlich war, sind von K nach § 670 BGB zu ersetzen. Wurde auf der Versteigerung hingegen ein Erlös in Höhe von 12.000 EUR erzielt, so hat K gegen V einen Herausgabeanspruch des Mehrerlöses in Höhe von 2.000 EUR. In beiden Fällen ist der Anspruch des K gegen V auf Lieferung der Ware aus § 433 I 1 BGB untergegangen.

21 War die **Durchführung des Selbsthilfeverkaufs nicht ordnungsgemäß**, so wirkt er nicht für Rechnung des Käufers.[13] Der Käufer muss den Selbsthilfeverkauf nicht gegen sich gelten lassen. Handelt der Verkäufer aber in einer berechtigten Geschäftsführung ohne Auftrag (§§ 677 ff. BGB), so muss der Käufer den Selbsthilfeverkauf dennoch gegen sich gelten lassen.[14] Sind die Voraussetzungen einer GoA erfüllt, kann der aus der Veräußerung erlangte Erlös nach §§ 681 S. 2, 667 BGB mit dem Anspruch auf Kaufpreiszahlung aufgerechnet werden.[15] Liegt keine GoA vor, erfolgte der Verkauf nicht auf Kosten des Käufers. Jedoch könnte ein nicht ordnungsgemäß durchgeführter Selbsthilfeverkauf unter Umständen einen Deckungsverkauf darstellen, wenn sich der Käufer auch im Zahlungsrückstand befindet (dazu sogleich Rn. 22).

22 *(3) Abgrenzung zum Deckungsverkauf.* Im Unterschied zum Selbsthilfeverkauf erfolgt der **Deckungsverkauf auf eigene Rechnung des Verkäufers**. Er richtet sich nach dem BGB und bedarf keiner besonderen Form, insbesondere keiner Androhung gegenüber dem Käufer. Den *Mindererlös* aus dem Deckungsgeschäft kann der Verkäufer nach §§ 280 I, III, 281 BGB als Schadensersatz statt der Leistung vom Käufer verlangen.[16] Ein derartiger Schadensersatzanspruch setzt voraus:
- Nichterbringung einer fälligen Leistung (Kaufpreiszahlung; Abnahme der Ware, falls Hauptpflicht[17]);

---

[12] Koller/*Roth*/Morck, § 374 Rn. 14; *Brox/Henssler,* Rn. 391; *Canaris,* § 29 Rn. 11.
[13] Baumbach/*Hopt,* § 373 Rn. 15.
[14] Ebenroth/Boujong/Joost/Strohn/*Müller,* § 373 Rn. 62; Schlegelberger/*Hefermehl,* § 373 Rn. 43.
[15] *Canaris,* § 29 Rn. 12.
[16] *Emmerich,* Recht der Leistungsstörungen, 5. Aufl., 2003, § 13 VI 2.
[17] Jauernig/*Chr. Berger,* § 433 Rn. 30.

- Vertretenmüssen des Käufers (beim Zahlungsrückstand wegen des Grundsatzes „Geld hat man zu haben" unproblematisch[18]);
- erfolglose Setzung einer angemessenen Nachfrist zur Erbringung
- der geschuldeten Leistung.

Anders als noch § 326 BGB a. F. ist Verzug des Schuldners keine Voraussetzung für den Schadensersatzanspruch, doch wird in der Nachfristsetzung (§ 281 I 1 BGB) regelmäßig zugleich eine Mahnung (§ 286 I 1 BGB) liegen.[19] 22a

Einen eventuellen *Mehrerlös* gegenüber dem Vertragspreis darf der Käufer grds. behalten.[20] 22b

Beispiel: Käufer Knapp befindet sich sowohl in Annahme- als auch in Zahlungsrückstand mit Ware zum Preis von 5.000 EUR. Eine Nachfristsetzung bleibt erfolglos. Im Wege des Deckungsverkaufs erzielt Verkäufer Vlink einen Erlös in Höhe von 4.000 EUR. Die Differenz zwischen dem Deckungsgeschäft (4.000 EUR) und dem vereinbarten Kaufpreis (5.000 EUR) beträgt 1.000 EUR. Diesen Unterschiedsbetrag kann V als Schaden geltend machen.

4. Rechte aus § 374 HGB i. V. m. Vorschriften aus dem BGB

Hinsichtlich des Annahmeverzuges enthält § 373 HGB – wie dargestellt – einige Besonderheiten zur Hinterlegung und zum Selbsthilfeverkauf nach dem BGB. Nach § 374 HGB sollen jedoch die Vorschriften des BGB, die dem **Verkäufer** bei Annahmeverzug des Käufers **weitere Befugnisse** gewähren, nicht berührt werden. Wichtig sind: § 300 I BGB (Haftungsminderung auf Vorsatz und grobe Fahrlässigkeit), § 300 II BGB (Übergang der Leistungsgefahr einer nur der Gattung nach bestimmten geschuldeten Ware), § 304 BGB (Ersatz der Mehraufwendungen für erfolgloses Angebot der Sache und deren Aufbewahrung), § 326 II 1 BGB (Bestehenbleiben des Gegenanspruchs bei Untergang der Sache während des Annahmeverzugs), § 372 BGB (Hinterlegung), § 383 BGB (Selbsthilfeverkauf). 23

Beispiel: Verkäufer Vlink hinterlegt die Ware für den Käufer Knapp im Lagerhaus der Spedition Schnell, während K sich in Annahmeverzug befindet. Aufgrund eines schuldlos verursachten Unfalls wird die Ware zerstört. Hat V gegen K noch einen Anspruch auf Zahlung des Kaufpreises? Fraglich ist hier, ob V trotz Unmöglichkeit der Lieferung seinen Anspruch auf die Gegenleistung – d. h. auf Kaufpreiszahlung (§ 433 II BGB) – behält. Nach § 326 II 1 BGB ist dies der Fall, wenn V von seinem Lieferanspruch nach § 275 BGB befreit wurde, K sich im Annahmeverzug befand und V den Untergang nicht zu vertreten hat. Diese Voraussetzungen des § 326 II 1 BGB liegen hier vor, so dass V weiterhin von K Zahlung des Kaufpreises verlangen kann.

III. Bestimmungskauf

Der Bestimmungskauf (Spezifikationshandelskauf, § 375 HGB) ist ein Handelskauf, bei dem dem Käufer die nähere Bestimmung über Form, Maß oder ähnliche Verhältnisse vorbehalten ist. Der Kaufgegenstand ist also anfänglich erst teilweise 24

[18] Vgl. MünchKomm-BGB/*Grundmann*, § 276 Rn. 180.
[19] *Emmerich* (Fn. 15), § 18 III 1.
[20] *BGH* NJW 2000, 1409, 1411; grdl. BGHZ 136, 52, 53, 55 ff. = NJW 1997, 2378.

bestimmt. Der Sinn und Zweck des Bestimmungskaufs liegt darin, sich Waren durch Vertragsschluss zu einem bestimmten Preis sofort zu sichern.[21] Verzögerungen bei der Vertragsdurchführung (vgl. oben Übersicht 8/1 Rn. 3) können sich hier ergeben, wenn der Käufer sein Bestimmungsrecht nicht ausübt.

1. Das Bestimmungsrecht des Käufers

25 Nach § 375 I HGB ist der Käufer berechtigt und verpflichtet, die Ware zu bestimmen. Hinsichtlich der **Bestimmung (Spezifikation)** sind die Vorschriften bezüglich der einseitigen Leistungsbestimmungsrechte in den §§ 315 ff. BGB zu beachten. Unter einer Bestimmung ist eine einseitige empfangsbedürftige Willenserklärung zu verstehen, die formlos möglich ist.[22] Im Gegensatz zu § 315 I BGB wird für den Käufer nicht nur ein Recht, sondern eine **Pflicht zur Bestimmung** normiert. Die Vornahme erfolgt nach § 315 I BGB im Zweifel nach billigem Ermessen. Die Pflicht zur Bestimmung stellt für den Käufer eine Hauptleistungspflicht dar.[23]

26 Zu bestimmen sind Form, Maß oder ähnliche Verhältnisse der Ware bzw. des Wertpapiers (vgl. § 381 I HGB).

Beispiel: Der Möbelhändler Kerb bestellt beim Hersteller Volz 100 Tische des Bautypus „Tonnenträger", die V gerade preisgünstig im Angebot hat. Hinsichtlich der Farben behält sich K die Bestimmung vor. Die bestellte Sache, hier der Tisch eines bestimmten Typs, bildet den vertraglich festgelegten Rahmen. K kann jetzt die Farbe der einzelnen Tische bestimmen.

2. Abgrenzung zum Wahlkauf

27 Der Bestimmungskauf ist vom Wahlkauf zu unterscheiden. Bei diesem handelt es sich um eine **Wahlschuld i. S. des § 262 BGB**, nach welcher der Schuldner zu verschiedenen Leistungen verpflichtet ist, und zwar in der Weise, dass nach späterer Wahl einer Partei nur eine dieser Leistungen zu bewirken ist.[24] In der Praxis wird das Wahlrecht vertraglich meist dem Gläubiger (Käufer) eingeräumt. Liegen keine gegenteiligen Vereinbarungen vor, so steht im Zweifel das Wahlrecht dem Schuldner zu. Gegenstand des Bestimmungskaufs ist eine Ware, deren besonderen Eigenschaften noch festzulegen sind. Hingegen sind beim Wahlkauf mehrere Leistungen zu erbringen, mit der Maßgabe, dass nur die eine oder die andere zu erbringen ist.

Beispiel: Kerb bestellt bei Volz 20 Tische der Typen „Tonnenträger" und „Federträger". Er behält sich dabei aber vor, die genaue Anzahl der von jeder dieser Typen zu liefernden Tische später mitzuteilen. Hier liegt ein Wahlkauf vor, da es sich um Tische eines unterschiedlichen Typus und damit um unterschiedliche Gegenstände handelt.

---

[21] MünchKomm-HGB/*Grunewald,* § 375 Rn. 4.
[22] Koller/*Roth*/Morck, § 375 Rn. 2.
[23] *Canaris,* § 29 Rn. 19.
[24] MünchKomm-BGB/*Krüger,* § 262 Rn. 2.

3. Rechtsfolgen

Befindet sich der Käufer mit der Pflicht, die Sache zu bestimmen, im Verzug („**Spezifikationsverzug**"), so hat der Verkäufer die in § 375 II HGB genannten Rechte. Hiernach kann der Verkäufer die Bestimmung selbst vornehmen, Schadensersatz statt der Leistung nach §§ 280, 281 BGB verlangen oder nach § 323 BGB vom Vertrag zurücktreten. 28

a) Selbstbestimmung durch den Verkäufer

Der Verkäufer kann die Bestimmung nach § 375 II 1 Fall 1 HGB selbst vornehmen. Dies setzt nach § 375 II 2 HGB voraus, dass der Verkäufer dem Käufer die Bestimmung mitteilt und ihm eine angemessene Frist zur Vornahme einer anderweitigen Bestimmung setzt. Nimmt der Käufer innerhalb der gesetzten Frist die Bestimmung nicht vor, so gilt die vom Verkäufer getroffene Bestimmung (§ 375 II 3 HGB). Trifft der Käufer innerhalb der Frist eine Bestimmung, so hat diese Vorrang. 29

b) Schadensersatz statt der Leistung

Weiterhin kann der Verkäufer nach § 375 II 1 Fall 2 HGB Schadensersatz *statt der Leistung* nach den §§ 280, 281 BGB verlangen. Hierbei handelt es sich um eine Rechtsgrundverweisung[25], so dass die Voraussetzungen der §§ 280, 281 BGB vorliegen müssen. Es muss mithin eine Pflichtverletzung gegeben sein, hinsichtlich derer der Schuldner sich nicht entlasten kann (§ 280 I BGB). Die Pflichtverletzung besteht hier darin, dass der Käufer seiner Bestimmungspflicht, also einer Hauptleistungspflicht, nicht nachkommt. Ferner muss der Verkäufer dem Käufer nach § 281 I 1 BGB eine angemessene Frist zur Ausübung seines Bestimmungsrechts einräumen. Diese kann aber nach § 281 II BGB entbehrlich sein oder nach § 281 III BGB nicht in Betracht kommen. 30

Der Schadensersatz wegen *Verzögerung der Leistung* nach §§ 280 I, II, 286 BGB wird nicht ausdrücklich in § 375 II HGB genannt. Jedoch kann dem Verkäufer durch den Verzug ein Schaden entstehen und er weiterhin an der Leistung, der Bestimmung durch den Käufer, interessiert sein. Daher ist fraglich, ob ein Anspruch auf Schadensersatz nach §§ 280 I, II, 286 BGB in Betracht kommt. Nach Art. 2 I EGHGB gelten die Vorschriften des BGB, soweit durch das HGB oder EGHGB nichts anderes bestimmt ist. Es kommt also darauf an, ob durch § 375 II HGB die Vorschriften der §§ 280 I, II, 286 BGB ausgeschlossen sind. Für einen Ausschluss spricht der Wortlaut der Vorschrift, der durch die Nennung der drei Rechtsbehelfe auf einen abschließenden Charakter der Regelung hindeutet. Hinzu kommt die – entscheidende – Überlegung, dass der Verkäufer eines derartigen Schadensersatzanspruchs nicht bedarf: Er kann seine Interessen durch Selbstvornahme der Bestimmung (oben Rn. 28) hinreichend wahren.[26] 31

---

[25] Eine Änderung durch das SMG ist nicht erfolgt.

[26] A. A. Staub/*Koller*, § 375 Rn. 15, der die Befugnis zur Selbstspezifikation unter dem Gesichtspunkt des Mitverschuldens (§ 254 II BGB) bei der Bemessung des Verzögerungsschadens berücksichtigen will. Die damit verbundene Rechtsunsicherheit wird bei dem hier im Text vertretenen Ansatz vermieden.

c) Rücktritt vom Vertrag

32 Schließlich hat der Verkäufer nach § 323 BGB i.V.m. § 375 HGB das Recht, vom Vertrag zurückzutreten. Die Voraussetzungen eines Rücktritts nach § 323 I BGB müssen vorliegen. Im Interesse der Rechtsklarheit kann der Schuldner dem Gläubiger eine Erklärungsfrist analog § 350 BGB setzen.

d) Mangelnde Spezifikation als Annahmeverzug

33 Die Bestimmung durch den Käufer ist zum einen dessen Schuldnerpflicht; als solche führt sie zu den in § 375 II HGB bezeichneten Rechtsfolgen (soeben Rn. 28 ff.). Sie ist aber auch mitwirkende Gläubigerhandlung i.S. des § 295 S. 1 BGB. Ihre Unterlassung begründet daher zugleich Annahmeverzug (oben Rn. 10 ff.).[27]

IV. Fixhandelskauf

1. Das relative Fixgeschäft im BGB

34 Nach § 323 I, II Nr. 2 BGB kann der Gläubiger ohne Fristsetzung vom Vertrag zurücktreten, wenn der Schuldner die Leistung zu einem im Vertrag bestimmten Termin oder innerhalb einer bestimmten Frist nicht bewirkt und der Gläubiger im Vertrag den Fortbestand seines Leistungsinteresses an die Rechtzeitigkeit der Leistung gebunden hat (sog. „relatives Fixgeschäft“[28]). Die **Einhaltung der Leistungszeit** muss nach dem Parteiwillen **so wesentlich** sein, dass das **Geschäft** mit ihr **„stehen und fallen“** soll.[29]

Beispiele: Klauseln wie „fix“, „genau“, „präzise“ oder „spätestens“ in Verbindung mit genauen Terminangaben; Lieferung zu einem bestimmten Anlass.

35 Bei Nichtleistung zum angegebenen Zeitpunkt kann der Gläubiger – hier: der Käufer – ohne weitere Ankündigung vom Vertrag zurücktreten (soeben Rn. 34) und Schadensersatz statt der Leistung nach §§ 280 I, III, 281 BGB verlangen, auch letzteres wegen § 281 II BGB regelmäßig ohne weitere Fristsetzung. Der Anspruch auf die Leistung ist dann ausgeschlossen (§ 281 IV BGB). Da der Verkäufer mit Verstreichen des Termins bzw. der Frist regelmäßig in Schuldnerverzug gerät (§ 286 II Nr. 1 BGB), kann der Käufer auch am Vertrag festhalten und nur den Ersatz des Verspätungsschadens verlangen (§§ 280 I, II, 286, 288 BGB). Zudem tritt die Verzugsfolge des § 287 BGB ein.

---

[27] Staub/*Koller,* § 375 Rn. 6, 27.

[28] Vor dem SMG in § 361 BGB a.F. geregelt.

[29] BGHZ 110, 88, 96 = NJW 1990, 2065; für die Abgrenzung zum „absoluten Fixgeschäft“ (Unmöglichkeit der Leistung bei Nichtleistung zum vereinbarten Zeitpunkt) s. *Musielak*, Grundkurs BGB, 11. Aufl., 2009, Rn. 442 f.

2. Besonderheiten beim Fixhandelskauf

a) Begriff

Auf der Tatbestandsseite bestehen sachlich keine Unterschiede zwischen dem Fixhandelskauf i. S. des § 376 HGB und dem soeben Rn. 34 f. dargestellten relativen Fixgeschäft des bürgerlichen Rechts: Auch der Fixhandelskauf erfordert (1) eine festbestimmte Leistungszeit bzw. -frist und (2) eine Fixvereinbarung, aus der deutlich wird, dass mit der Einhaltung dieser Zeit/Frist der Vertrag stehen und fallen soll.[30] Darüber hinaus erfordert § 376 HGB nur noch, dass der Kauf mindestens (vgl. § 345 HGB, oben § 7 Rn. 11) für einen Teil ein Handelsgeschäft i. S. des § 343 HGB ist. 36

Beispiele: Just-in-time-Lieferbeziehungen zwischen Herstellern und Zulieferern,[31] Klauseln wie oben zu Rn. 34, ferner die Vereinbarung eines höheren Preises bei pünktlicher Belieferung.[32]

Die nachfolgende Darstellung geht vom praktischen Regelfall aus, dass die *Verkäuferpflichten* (§ 433 I BGB) Gegenstand der Fixvereinbarung sind, der Verkäufer mithin Schuldner i. S. des § 376 HGB ist. 36a

b) Rücktrittsrecht

Auf der Rechtsfolgenseite ergeben sich beim Rücktrittsrecht **seit dem SMG keine Abweichungen mehr zum bürgerlichen Recht**: Anders als § 361 BGB a. F. enthält § 323 II Nr. 2 BGB nicht bloß eine Auslegungsregel für Fixschuldvereinbarungen, wonach nur „im Zweifel" ein vertragliches Rücktrittsrecht bestand, sondern ein gesetzliches Rücktrittsrecht, das – wie § 376 I 1 HGB – allein an die Pflichtverletzung durch Überschreiten eines qualifiziert vereinbarten Liefertermins anknüpft.[33] Ein Nachfristerfordernis für den Rücktritt vom Vertrag besteht somit weder beim bürgerlichrechtlichen Fixgeschäft noch beim Fixhandelskauf. Auch die BGB-Regeln über den Rücktritt schon vor Eintritt der Fälligkeit, über Teilleistungen und über die Gläubigerverantwortlichkeit (§ 323 IV–VI BGB) finden Anwendung. Das Rücktrittsrecht unterliegt den Regeln über die Verwirkung (§ 242 BGB).[34] Eine Fristsetzung analog § 350 BGB[35] durch den Schuldner muss aus Gründen der Rechtsklarheit jedenfalls im Recht der Handelsgeschäfte wegen des dort besonders ausgeprägten Bedürfnisses nach einfacher und schneller Abwicklung der Geschäfte (vgl. oben § 1 Rn. 16) möglich sein.[36] Weitere, nach wie vor vorhandene Unter- 37

---

[30] *BGH* NJW 2003, 1600; Koller/*Roth*/Morck, § 376 Rn. 4 f.

[31] *OLG Düsseldorf* NJW-RR 1993, 823.

[32] *BGH* WM 1982, 1384, 1385 = BB 1983, 1813.

[33] Zum Vorbildcharakter des § 376 HGB für § 323 II Nr. 2 BGB s. *Lorenz/Riehm*, Lehrbuch zum neuen Schuldrecht, 2002, Rn. 202 mit Hinweis auf BT-Drs. 14/6040, S. 185.

[34] *BGH* NJW 2002, 669, 670.

[35] Die Vorschrift ist auf das vertragliche Rücktrittsrecht beschrankt, wohl „unbeabsichtigt", vgl. *Rolland* in *Haas u.* a., Das neue Schuldrecht, 2002, § 4 Rn. 83 (S. 154).

[36] So die h. M. zu § 376 HGB vor dem SMG: Koller/*Roth*/Morck, 3. Aufl., 2002, § 376 Rn. 8; vgl. auch § 455 BGB (Billigungsfrist beim Kauf auf Probe).

schiede zum bürgerlichen Recht betreffen den Fortbestand des Erfüllungsanspruchs und das Recht auf Schadensersatz (sogleich Rn. 38 f., 40 ff.).

c) **Anzeige des Erfüllungsverlangens**

38 Während im BGB der Gläubiger beim relativen Fixgeschäft im Falle der Säumnis des Schuldners weiterhin *Erfüllung* verlangen kann,[37] geht das Handelsrecht davon aus, dass eine Erfüllung nach Überschreitung der Leistungszeit für den Gläubiger – hier: den Käufer – sinnlos ist. Es kommt daher zu einer **„Vertragsaufhebung kraft Gesetzes"**, wenn der Gläubiger nicht *sofort* (d. h. schneller als „unverzüglich" i. S. des § 121 I 1 BGB!) nach Ablauf der Zeit oder Frist dem Schuldner anzeigt, dass er auf Erfüllung bestehe. Über den Wortlaut des § 376 I 2 HGB hinaus entfällt hier wegen der synallagmatischen Rechtsnatur des Kaufvertrages auch der Erfüllungsanspruch des Verkäufers, d. h. der Kaufpreisanspruch aus § 433 II BGB.[38] Die Anzeige des Erfüllungsverlangens kann auch konkludent erfolgen, z. B. durch Nachfristsetzung (vgl. §§ 281 I 1, 323 I BGB)[39] oder – wohl seltener – durch Bewirken der Gegenleistung (Kaufpreiszahlung). Unterbleibt die Anzeige, so ist der Käufer endgültig auf die Rechte aus § 376 I 1 HGB (Rücktritt, Schadensersatz) beschränkt.[40]

Beispiel: Die Kübler-GmbH hat bei der Volz-GmbH Gartengeräte „zum 31.3. fix" bestellt. Da die V-GmbH nicht liefert, fragt die K-GmbH am 15.4. ihren Rechtsanwalt, ob sie noch Erfüllung verlangen kann. Der Rechtsanwalt wird dies verneinen, da die K-GmbH ihr Erfüllungsverlangen nicht „sofort" gegenüber der V-GmbH angezeigt hat. Wegen der Kaufmannseigenschaft der Vertragsparteien (§ 6 I HGB i. V. m. § 13 III GmbH) liegt ein Handelskauf vor, und zwar – wegen der Terminvereinbarung – ein Fixhandelskauf i. S. d. § 376 I 1 HGB. Da die K-GmbH trotz Nichtleistung durch die V-GmbH am vereinbarten Tag (31.3.) dieser ihr Erfüllungsverlangen nicht sofort, d. h. ohne jede Verzögerung,[41] angezeigt hat, ist der Erfüllungsanspruch nach § 376 I 2 HGB erloschen.

39 Bei **sofortiger Anzeige des Erfüllungsverlangens** besteht der **Anspruch aus § 433 I BGB** hingegen fort. Das Geschäft wird zu einem „gewöhnlichen Handelskauf"[42] und die Rechte aus § 376 I 1 HGB erlöschen. An ihre Stelle treten das allgemeine Rücktrittsrecht nach § 323 BGB und die Ansprüche auf Schadensersatz statt der Leistung (§§ 280 I, III, 281 BGB) sowie auf Schadensersatz wegen Verzögerung der Leistung (§§ 280 I, II, 286 BGB).[43] Auch § 325 BGB findet Anwendung (keine Alternativität von Rücktritt und Schadensersatz).

---

[37] Nur beim absoluten Fixgeschäft erlischt der Anspruch auf die Leistung nach § 275 I BGB, MünchKomm-BGB/*Ernst* § 275 Rn. 45 ff.

[38] Deutlich z. B. Ebenroth/Boujong/Joost/Strohn/*Müller*, § 376 Rn. 47: Der Kaufvertrag soll „nicht mehr abgewickelt werden"; siehe dort auch Rn. 27 mit Hinweis auf BGHZ 87, 156, 158 f. = NJW 1983, 1605 (Wegfall der beiderseitigen Leistungspflichten); klarer ist hier die Parallelregelung in Art. 1457 II des ital. ZGB: Vertragsaufhebung, vgl. *Kindler*, Italienisches Handels- und Wirtschaftsrecht, 2002, § 5 Rn. 69.

[39] *BGH* NJW-RR 1998, 1489, 1490.

[40] *BGH* NJW-RR 1998, 1489, 1490.

[41] *BGH* NJW-RR 1998, 1489, 1490; vgl. auch *BGH* DB 1983, 385, 386: so schnell als möglich.

[42] Staub/*Koller*, § 376 Rn. 18.

[43] Vgl. *BGH* NJW-RR 1998, 1489, 1490 f. unter II. 3 a (Verweis auf die Rechte aus §§ 286, 326 BGB a. F.).

d) Voraussetzungen des Schadensersatzanspruchs

Ein Anspruch auf Schadensersatz statt der Leistung steht dem Käufer beim bürgerlichrechtlichen Fixgeschäft nur unter den Voraussetzungen der §§ 280 I, III, 281 BGB (Nachfristsetzung!) zu. Demgegenüber gewährt das Handelsrecht Schadensersatz schon dann, wenn der Schuldner sich im Verzug befindet (§ 376 I 1 HGB), und zwar auch **ohne Nachfristsetzung**. Verzug des Schuldners liegt bei schuldhafter Nichtleistung trotz Fälligkeit und Mahnung vor (§ 286 BGB).[44] Fälligkeit tritt bei Erreichen des vereinbarten Leistungszeitpunkts ein (§ 271 BGB); eine Mahnung ist beim Fixgeschäft nicht erforderlich, weil die Leistungszeit i. S. d. § 286 II Nr. 1 BGB bestimmt ist. Am fehlenden Verschulden des Schuldners wird der Verzug selten scheitern, da sich der Schuldner insoweit zu entlasten hat (§ 286 IV BGB). 40

Fraglich ist, ob das Recht auf Schadensersatz aus § 376 I 1 HGB entfällt, wenn der Käufer den **Rücktritt** vom Vertrag erklärt. In Umkehrung der bis zum SMG geltenden Rechtslage ordnet § 325 BGB für das *bürgerliche Recht* ausdrücklich an, dass das Recht auf Schadensersatz durch den Rücktritt nicht ausgeschlossen wird; ausgeschlossen ist bloß die Schadensberechnung nach der Surrogationsmethode, weil es infolge des Rücktritts nicht mehr zum Leistungsaustausch kommt.[45] Dieser klare Fortschritt[46] gegenüber der nach §§ 325, 326 BGB a. F. geltenden Alternativität von Rücktritt und Schadensersatz ist u. a. Anstößen aus dem Recht des internationalen Handelskaufs zu verdanken: § 325 BGB entspricht nahezu wörtlich den Art. 45 II, 61 II CISG.[47] 41

Vor diesem Hintergrund muss es überraschen, dass der Gesetzgeber des SMG § 376 HGB nicht geändert hat. Dort ist nach wie vor bestimmt, der Gläubiger (Käufer) könne „zurücktreten ... *oder* ... Schadensersatz ... verlangen". Dies hat man bis zum SMG einhellig so verstanden, dass – wie bei §§ 325, 326 BGB a. F. – das Recht auf Schadensersatz entfällt, wenn der Gläubiger den Rücktritt erklärt,[48] und der unveränderte Wortlaut des § 376 HGB scheint auf die Fortgeltung dieser Alternativität von Rücktritt und Schadensersatz beim Fixhandelskauf hinzudeuten. Für eine Sperrwirkung des einmal erklärten Rücktritts gegenüber dem Anspruch auf Schadensersatz scheint auch der Vergleich mit dem Wortlaut des § 437 BGB zu sprechen, wonach die dort aufgeführten Käuferrechte grundsätzlich *nebeneinander* bestehen (§ 437 Nr. 2 BGB a. E.: „... *und*"). Damit gelangte man freilich zu dem widersinnigen Ergebnis, dass beim Fixhandelskauf Schadensersatz unter engeren Voraussetzungen gewährt würde als beim gewöhnlichen Handelskauf ohne Fixvereinbarung und beim bürgerlichrechtlichen Fixgeschäft. Denn dort kommt jeweils § 325 BGB zur Anwendung. Und auch beim (ursprünglichen) Fixhandelskauf kann sich der Käufer auf § 325 BGB berufen, nachdem er sein 42

---

[44] Einzelheiten: *Musielak*, Grundkurs BGB, 11. Aufl., 2009, Rn. 439 ff.

[45] *Lorenz/Riehm*, Lehrbuch zum neuen Schuldrecht, 2002, Rn. 214 f., 237; *Musielak*, Grundkurs BGB (10. Aufl. 2007) Rn. 534.

[46] *Canaris*, JZ 2001, 499, 514.

[47] Vgl. die RegBeg SMG in: Beck'sche Gesetzesdokumentation Schuldrechtsmodernisierung 2002, 2002, S. 580, 581, 766 f. (allerdings mit Hinweis auf Art. 75, 76 CISG); allg. zum CISG oben Rn. 7 ff.

[48] Koller/*Roth*/Morck, 3. Aufl., 2002, § 376 Rn. 8; *BGH* DB 1983, 385, 386.

Erfüllungsverlangen i.S. des § 376 I 2 HGB angezeigt hat, weil hierdurch der Fixcharakter entfällt und das Geschäft zum gewöhnlichen Handelskauf wird (oben Rn. 39 a.E.). Die Alternativität von Rücktritt und Schadensersatz beim Fixhandelskauf knüpft heute also kumulativ an zwei Voraussetzungen an: die Fixvereinbarung *und* das Unterlassen einer Erfüllungsanzeige nach § 376 I 2 HGB. Keines dieser beiden Merkmale rechtfertigt indessen die Abweichung von § 325 BGB. Für die Fixvereinbarung ergibt sich dies schon daraus, dass auch das BGB in §§ 325, 326 a.F. 100 Jahre lang für die Alternativität von Rücktritt und Schadensersatz nicht danach unterschieden hat, ob ein Fixgeschäft vorliegt oder nicht. Für das Unterlassen der Erfüllungsanzeige ist darauf zu verweisen, dass ja bereits hierdurch die Vertragsaufhebung kraft Gesetzes eintritt (oben Rn. 38); ein etwaiger nachfolgend erklärter Rücktritt ginge ins Leere. Weshalb der Rücktritt – als einzige Rechtsfolge – den Schadensersatzanspruch beseitigen sollte, ist daher nicht einsichtig.

43 Widersinnig wäre ein Ausschluss des Schadensersatzanspruchs durch Rücktritt ausgerechnet beim Fixhandelskauf schließlich auch deshalb, weil der Normzweck des § 376 HGB darin besteht, den Käufer gerade beim Schadensersatz *besser* zu stellen als nach dem BGB: durch Verzicht auf die Nachfrist des § 281 I 1 BGB (oben Rn. 40) und durch Erleichterungen bei der Schadensberechnung (§ 376 II HGB; sogleich Rn. 44). Der handelsrechtliche Hintergrund des § 325 BGB (oben Rn. 41), die sachwidrigen Differenzierungsgesichtspunkte des § 376 I 1 HGB (oben Rn. 42) und der hier Rn. 43 dargelegte Zweck des § 376 I 1 HGB als Schadensersatznorm legen es deshalb insgesamt nahe, **das „oder" in § 376 I 1 HGB als ein „und" zu lesen** und demzufolge – in Anwendung des Rechtsgedankens des § 325 BGB – auch in § 376 I 1 HGB Rücktritt und Schadensersatz nicht als alternative Rechtsbehelfe anzusehen.[49]

e) Schadensberechnung

44 Verlangt der Käufer Schadensersatz wegen der Nichtlieferung zum vereinbarten Zeitpunkt, so lässt ihm schon § 252 Satz 2 BGB die Wahl zwischen konkreter und abstrakter Berechnungsweise (oben § 2 Rn. 10). Konkreter Schaden ist dabei der Schaden, der sich nach den besonderen Umständen des Einzelfalls ergibt.

Beispiel: Der zwischen K und V vereinbarte Kaufpreis beträgt 10.000 EUR. K hat sich wegen Nichtlieferung der Ware zum Preis von 12.000 EUR anderweitig eindecken müssen. Der konkrete Schaden des K beträgt 2.000 EUR. Dies ist der Unterschiedsbetrag zwischen dem Deckungskaufpreis (12.000 EUR) und dem Vertragspreis (10.000 EUR).

44a Besitzt die Ware einen **Börsen- oder Marktpreis**, so unterliegt der Gläubiger bei der konkreten Schadensberechnung gewissen Beschränkungen (§ 376 III, IV HGB), die eine Spekulation zum Nachteil des Schuldners verhindern sollen.

45 Abstrakter Schaden ist der Schaden, der sich nach dem gewöhnlichen Lauf der Dinge ergibt. Abstrakt im strengen Sinne, d.h. losgelöst von den individuellen Verhältnissen des Geschädigten, ist die Schadensberechnung nur in wenigen gesetzlich bestimmten Fällen, bei denen dem Schädiger der Nachweis eines tatsäch-

---

[49] *Kindler*, JZ 2006, 176, 186 f.; im Ergebnis auch *Canaris*, § 29 Rn. 31.

lich niedrigeren Schadens verwehrt ist. Ein solcher Fall ist § 376 II HGB („Marktpreisregel").[50] Danach kann im Falle eines Fixhandelskaufes bei Vorhandensein eines Börsen- oder Marktpreises der Schaden nach dem Unterschiedsbetrag zwischen dem Vertragspreis und dem Börsen- oder Marktpreis zur Zeit und am Ort der geschuldeten Leistung berechnet werden. Die praktische Bedeutung von § 376 II HGB ist begrenzt, weil der Kreis marktgängiger Waren klein ist.[51]

Beispiel: Sachverhalt wie Beispiel zu Rn. 44. Der Marktpreis beträgt 14.000 EUR, der Unterschied zum Vertragspreis (10.000 EUR) mithin 4.000 EUR. Diesen Betrag kann K nach § 376 II HGB von V verlangen, obwohl sein konkreter Schaden (2.000 EUR) geringer ist.

Meist wird der Begriff des abstrakten Schadens – terminologisch ungenau – im bürgerlichen Recht im Sinne einer bloßen Vermutungsregel verstanden. Die Schadensberechnung beruht dabei auf der Annahme, dass der Schaden im Einzelfall dem gewöhnlichen Lauf der Dinge entspricht, wobei aber dem Schuldner – wie z. B. in § 497 I 3 BGB – der Nachweis eines tatsächlich niedrigeren Schadens offen steht. Diese Regel greift beim gewöhnlichen Handelskauf, wenn dem Kaufmann nach §§ 280 I, III, 281 I 1 BGB gegen seinen Lieferanten ein Schadensersatzanspruch statt der Leistung zusteht (oben Rn. 39). Denn es spricht eine widerlegbare Vermutung dafür, dass der Gläubiger (Käufer) die Sache zum Marktpreis hätte weiterverkaufen können und einen Gewinn in Höhe des Unterschieds zwischen dem Markt- und dem Einkaufspreis erzielt hätte. Der „Marktpreis" ist hier der Preis eines möglichen (hypothetischen) Weiterverkaufs.[52] 46

V. Mängelhaftung beim beiderseitigen Handelskauf

1. Bürgerlichrechtliche Ausgangslage und Bedeutung des § 377 HGB

Das **HGB** enthält selbst **keine eigenen Rechtsbehelfe für den Käufer** bei Mängeln der Kaufsache. Daher stehen dem Käufer auch beim Handelskauf grundsätzlich die in § 437 BGB aufgeführten Mängelrechte zu (Nacherfüllung, Rücktritt, Minderung, Schadensersatz bzw. Aufwendungsersatz), ferner der Anspruch aus § 478 II BGB. Eine Anfechtung des Kaufvertrags nach § 119 II BGB wegen eines Irrtums über die Mangelfreiheit der Sache ist ausgeschlossen.[53] 47

Lernhinweis: Für das richtige Verständnis der handelsrechtlichen Besonderheiten der Mängelhaftung beim Kaufvertrag ist die Beherrschung der bürgerlichrechtlichen Regeln unerlässlich. Diesbezüglich vorhandene Unsicherheiten sollten daher an dieser Stelle ausgeräumt werden.[54]

---

[50] Weitere Fälle der abstrakten Schadensberechnung in diesem Sinne: §§ 288, 849 BGB; Art. 76 CISG.

[51] Vgl. *Emmerich*, Das Recht der Leistungsstörungen, 5. Aufl., 2003, § 13 V 1.

[52] Ebenroth/Boujong/Joost/Strohn/*Müller*, § 376 Rn. 34.

[53] Näher *Medicus/Lorenz*, Schuldrecht II, 16. Aufl., 2012, Rn. 271; speziell zur Nacherfüllung beim beiderseitigen Handelskauf s. *Mankowski*, NJW 2006, 865 ff.

[54] Vgl. z. B. die Darstellung im *Musielak*, Grundkurs BGB, 11. Aufl., 2009, Rn. 575 ff.

48 Die Mängelrechte des BGB verjähren beim Warenkauf im Regelfall erst nach zwei Jahren (§ 438 I Nr. 3 BGB), bei Baustoffen u. U. sogar erst nach fünf Jahren (§ 438 I Nr. 2 lit. b BGB). Diese Fristen genügen nach Einschätzung des deutschen Gesetzgebers den Bedürfnissen des Handelsverkehrs nicht: Dort soll der Verkäufer möglichst schnell Klarheit über die ordnungsgemäße und endgültige Abwicklung des Vertragsverhältnisses erhalten. Deshalb verpflichtet **§ 377 I HGB** den Käufer zur **unverzüglichen Rüge** etwaiger Mängel. Dadurch soll der Verkäufer in die Lage versetzt werden, Feststellungen und Dispositionen zur Schadensabwendung zu treffen.[55] Rechtsvergleichend zeigt sich freilich, dass das typische Verkäuferinteresse an rascher Vertragsabwicklung auch außerhalb des Handelsverkehrs besteht.[56]

49 § 377 I HGB begründet eine **Obliegenheit**, keine Rechtspflicht. Es handelt sich um ein Gebot, dessen Befolgung der Verkäufer nicht erzwingen kann, sondern das im eigenen Interesse des dadurch belasteten Käufers liegt. Bei Nichtbeachtung drohen ihm Rechtsnachteile: Nach § 377 II, III HGB gilt die Ware bei Verletzung der Rügeobliegenheit als genehmigt, d. h. als vertragsgerecht und damit „frei von Sachmängeln" i. S. des § 434 BGB.[57] Mängelrechte scheiden dann aus. Für die **Fallprüfung im Gutachtenstil** folgt hieraus ein zweistufiges Vorgehen: Zunächst ist zu untersuchen, ob Ansprüche oder Rechte aus §§ 434 ff. BGB bestehen. Bejahendenfalls oder – bei entsprechenden Anhaltspunkten im Sachverhalt – hilfsgutachtlich ist sodann zu prüfen, ob die Ware nach §§ 377 II, III HGB als genehmigt gilt und deshalb eine Verkäuferhaftung nach §§ 434 ff. BGB entfällt. Vgl. auch den Beispielsfall oben § 1 Rn. 36.

Zur Vertiefung: Vergleichen Sie § 377 HGB mit Art. 38, 39, 44 CISG sowie Art. 121, 122 GEKR! Wie bewerten Sie die 14-Tagesfrist des Art. 121 I GEKR?

2. Voraussetzungen der Rügeobliegenheit

a) Beiderseitiger Handelskauf über Waren

50 Die Rügeobliegenheit nach § 377 I HGB besteht nur beim beiderseitigen Handelskauf, d. h. bei einem Kaufvertrag, der für Käufer und Verkäufer ein Handelsgeschäft i. S. des §§ 343, 344 HGB darstellt (vgl. oben § 7 Rn. 4 ff.). Die h. M. beschränkt die Rügeobliegenheit auf Kaufverträge über bewegliche Sachen, wofür u. a. der Wortlaut des § 377 II HGB („Ware") spricht.[58] Die Rügeobliegenheit

---

[55] BGHZ 101, 49, 53 = NJW 1987, 2235.

[56] Vgl. die Mitgliedstaatenoption für die Einführung einer zweimonatigen Anzeigefrist beim Verbrauchsgüterkauf nach der Richtlinie 1999/44/EG (ABl. EG Nr. L 171/12 = NJW 1999, 2421). Das schweizerische Recht enthält in Art. 201 OR eine allgemeine Anzeigepflicht des Käufers (*Wittibschlager*, Einführung in das schweizerische Recht, 2000, Rn. 623), ebenso das italienische Recht in Art. 1495 c.c. (*Kindler*, Einführung in das italienische Recht, 2. Aufl., 2008, § 16 Rn. 15).

[57] Vgl. BGHZ 101, 337, 348 = NJW 1988, 52.

[58] A. A. – Rügeobliegenheit auch beim Grundstückskauf – mit beachtlichen Gründen *Dreier*, ZfIR 2004, 416 ff.

trifft auch den **Scheinkaufmann** als Käufer; als Verkäufer kann er sich indessen nicht auf § 377 HGB berufen.[59]

b) Ablieferung

Die Rügeobliegenheit entsteht grundsätzlich mit der Ablieferung der Ware beim Käufer. Um festzustellen, ob die Rüge noch „unverzüglich" war, muss der Ablieferungszeitpunkt genau bestimmt werden. Hierfür sind weder die Übergabe der Ware (§ 929 BGB) noch der Gefahrübergang (§§ 446, 447 BGB) entscheidend, sondern allein die Möglichkeit zu ihrer Untersuchung. 51

Eine **Ablieferung** liegt deshalb – in Anlehnung an die Formel für den Zugang von Willenserklärungen[60] – vor, wenn die Ware so in den **Machtbereich des Käufers** gelangt ist, dass dieser die tatsächliche Möglichkeit zu ihrer **Untersuchung** hat.[61] 51a

Dies entspricht dem Begriff der Ablieferung bei § 438 II BGB. Da die Ablieferung die Überprüfung der Ware ermöglichen soll, setzt sie die Aushändigung aller wesentlichen Teile der Lieferung voraus. 51b

Beispiel:[62] Eine Computeranlage wird ohne das dazugehörige Handbuch geliefert. Da die Überprüfung der Vertragskonformität der Anlage nur unter Zuhilfenahme des Handbuchs möglich ist, liegt keine Ablieferung i. S. des § 377 I HGB vor.

Einzelfälle:
- *Holschuld:* Hat der Käufer die Ware in der Niederlassung des Verkäufers abzuholen (nach § 269 I BGB der gesetzliche Regelfall), so trifft die Ablieferung mit der Abholung zusammen, nicht schon mit dem Annahmeverzug des Käufers.[63] 52
- *Versendungskauf:* Beim Versendungskauf versendet der Verkäufer auf Verlangen des Käufers die Sache nach einem anderen Ort als dem Erfüllungsort (§ 447 I BGB), z. B. abweichend von § 269 I BGB (Sitz des Verkäufers) an den Sitz des Käufers. Abweichend von § 326 I BGB verlegt § 447 I BGB den Übergang der Preisgefahr auf den Zeitpunkt der Auslieferung der Kaufsache an die Transportperson vor. Weil hierdurch der Käufer aber noch nicht in die Lage versetzt wird, die Sache zu untersuchen, tritt die Ablieferung i. S. des § 377 I HGB nicht schon mit Gefahrübergang ein, sondern erst mit Übertragung des unmittelbaren Besitzes an der Kaufsache durch die Transportperson an den Käufer oder dessen Empfangsberechtigten.[64]
- *Streckengeschäft:* Beim Streckengeschäft („Durchlieferung") liefert der Verkäufer die Sache nicht an den Käufer, sondern an dessen Abnehmer.[65] Da der Käufer die Untersuchung der Ware seinem Abnehmer überlässt, tritt Ablieferung unmittelbar dadurch ein, dass der Verkäufer oder dessen Transportperson die Sache dem Abnehmer des Käufers am vereinbarten Ort zur Verfügung stellen. Deshalb trifft den Käufer die Rügeobliegenheit auch dann, wenn der Verkäufer die Kaufsache auf Anweisung des Käufers an einen Dritten abliefert. Er muss dafür sorgen, dass der Abnehmer ihn sobald wie möglich von Mängeln unterrichtet.[66]

---

[59] Zum Scheinkaufmann oben § 2 Rn. 96 ff.

[60] *Musielak*, Grundkurs BGB, 11. Aufl., 2009, Rn. 73 ff.

[61] Vgl. BGHZ 93, 338, 345 f. = NJW 1985, 1333; BGHZ 143, 307, 310 = NJW 2000, 1415.

[62] Nach *BGH* NJW 1993, 461, 2436; s. a. BGHZ 143, 307, 310 ff. = NJW 2000, 1415.

[63] *BGH* NJW 1995, 3381, 3383.

[64] *BGH* NJW 1996, 586, 587.

[65] Vgl. zur sachenrechtlichen Seite *BGH* NJW 1982, 2371 = JuS 1982, 858 Nr. 3; NJW 1986, 1166 (Durchgangserwerb des Erstkäufers).

[66] *OLG Karlsruhe* NZG 2009, 395.

– *Bringschuld:* Liegt kein Versendungskauf vor, sondern ist die Sache dem Käufer an dessen Sitz zu bringen, weil dort – abweichend von der Regel des § 269 I BGB – der vereinbarte Erfüllungsort für die Lieferschuld liegt, so wird die Ablieferung mit der Übergabe der Kaufsache an den Käufer bewirkt.

c) Schutzwürdigkeit des Verkäufers

53 Die **Rügeobliegenheit entfällt** nach § 377 V HGB, wenn der Verkäufer den **Mangel arglistig verschwiegen** hat. Dahinter steht der Gedanke, dass der unredliche Verkäufer durch die Geltendmachung der Mängelrechte nicht überrascht wird. Der gleiche Gedanke liegt den Vorschriften des BGB zugrunde, die den Käufer im Falle der Arglist des Verkäufers gegen den Einwand grobfahrlässiger Nichtentdeckung des Mangels (§ 442 I 2 BGB) schützen, sowie gegen die Berufung auf einen Haftungsausschluss (§ 444 BGB) und gegen die kurzfristige Verjährung (§ 438 III BGB). Arglistig handelt ein Verkäufer, der den Mangel kennt oder jedenfalls mit seinem Vorhandensein rechnet und eine Mitteilung hiervon an den Käufer in der Absicht unterlässt, diesen zu täuschen. Der Verkäufer muss sich der Tatsache bewusst sein, dass der Käufer den Mangel nicht kennt und die Ware bei Kenntnis des Mangels beanstanden würde.

Beispiel:[67] Kern bestellt bei Volz 200 generalüberholte Getriebe für Kraftfahrzeuge. Beide Parteien besitzen die Kaufmannseigenschaft. Die Getriebe werden am 2.3. angeliefert. Am 19.4. beanstandete K, dass die Getriebe entgegen dem Vertrag nicht generalüberholt seien. V behauptet zu seiner Verteidigung, er selbst habe die Getriebe gebraucht gekauft und generalüberholt. Die Beweisaufnahme ergibt, dass letzteres nicht zutrifft. Die Rüge durch K war zwar nicht mehr „unverzüglich" i. S. des § 377 I HGB (unten Rn. 60 ff.). Die Versäumung der Rüge bewirkt aber nicht die Genehmigung der Ware nach § 377 II HGB, weil V die fehlende Generalüberholung arglistig verschwiegen hat, § 377 V HGB.

Das Gleiche gilt beim **krassen aliud**, das nicht einmal einen Erfüllungsversuch darstellt. Dann liegt Zusendung unbestellter Ware vor, für die § 377 HGB keine Anwendung findet.[68]

54 § 377 HGB ist nachgiebiges Recht. Der Verkäufer kann daher jederzeit auf den Verspätungseinwand verzichten, z. B. auch konkludent durch feste Zusage der Nachbesserung, vorbehaltlose Rücknahme der Ware[69] oder Einverständnis mit einer Durchlieferung an den Abnehmer des Käufers (Rn. 71). In **Allgemeinen Geschäftsbedingungen** ist eine Verschärfung der Rügeobliegenheit über § 377 HGB hinaus, z. B. nur im Zeitpunkt der Ablieferung oder sonst ohne Rücksicht auf Erkennbarkeit nach § 307 BGB als unangemessene Benachteiligung des Käufers anzusehen. Denn sie führt im Ergebnis zum Ausschluss jeder Haftung für verborgene Mängel.[70] Umgekehrt ist in Allgemeinen Einkaufsbedingungen die formularmäßige Abbedingung der Rügeobliegenheit jedenfalls für offenkundige Mängel als unangemessene Benachteiligung des Verkäufers anzusehen.[71]

---

[67] Nach *BGH* NJW 1986, 316.
[68] Koller/*Roth*/Morck, § 377 Rn. 5 a.
[69] *BGH* NJW 1991, 2633 f.; NJW 1999, 1259 (zur Parallelvorschrift in Art. 39 CISG).
[70] *BGH* NJW-RR 1986, 52.
[71] *BGH* NJW 1991, 2633, 2634.

Auch bei erkennbaren Mängeln ist eine Untersuchungsobliegenheit generell ausgeschlossen, wenn dem Hersteller/Verkäufer im Rahmen einer **langjährigen Geschäftsverbindung** nicht nur eine schuldhafte Schlechtleistung,[72] sondern eine **Nebenpflichtverletzung** wegen Nichtankündigung der für den Sachmangel und die Mangelfolgeschäden nach Weiterverarbeitung verantwortlichen Produktionsänderung[73] vorzuwerfen ist. Vom Verkäufer kann nach § 242 BGB eine Mitteilung über solche Umstände erwartet werden, die nur ihm bekannt sind oder bekannt sein müssen und von denen er weiß oder wissen muss, dass sie für den Käufer von wesentlicher Bedeutung sind.[74] Der Verkäufer ist in diesen Fällen nicht schutzwürdig; allerdings ist der erst später erkannte Sachmangel analog § 377 HGB unverzüglich und ordnungsgemäß zu rügen (unten Rn. 67f.). 55

Beispiel: Die K2-GmbH stellt Wanderschuhe her. Das hierfür benötigte Leder bezog sie im Rahmen einer seit zehn Jahren bestehenden Geschäftsverbindung von der Vitz-GmbH. In der Zeit vom 24.9. bis 27.11. lieferte die V-GmbH der K-GmbH „Bernina Bergleder voll imprägniert". Diese Lieferungen waren infolge einer Änderung der Zurichtung des Leders, über die die V-GmbH die K-GmbH nicht unterrichtet hatte, mangelhaft. Das Leder nahm bei Berührung mit Wasser Feuchtigkeit auf, was zu pockennarbigen Aufwölbungen führte. Der Fehler hätte bei Anwendung eines Wassertropfentests von der K-GmbH entdeckt werden können. Die K-GmbH verarbeitete das Leder zu Schuhen und lieferte diese an ihre Kunden aus. Erstmals am 7.1. des darauf folgenden Jahres rügten die Kunden der K-GmbH dieser gegenüber das pockenartige Oberleder. Die K-GmbH rügte ihrerseits gegenüber der V-GmbH am 11. und 19.1. den Mangel und verlangte Schadensersatz (Nettoverkaufswert der mängelbehafteten Schuhe und verschiedene Nebenkosten). Hier lässt die Verletzung der Hinweispflicht (§ 241 II BGB) der V-GmbH hinsichtlich der Änderung von Beschaffenheitsmerkmalen, auf die die K-GmbH vertraute, die Untersuchungs- und Rügeobliegenheiten in dem entsprechenden Umfang entfallen.[75]

3. Inhalt der Rügeobliegenheit

a) Rüge und Untersuchung

Bestand im Einzelfall eine Rügeobliegenheit nach Rn. 50ff., so ist weiter zu prüfen, ob der Käufer diese erfüllt hat. Das Gesetz scheint in § 377 I HGB eine eigenständige, der Rügeobliegenheit vorgelagerte Pflicht zur Untersuchung der Ware anzuordnen („hat der Käufer die Ware … zu untersuchen *und* … Anzeige zu machen."). Dennoch wahrt der Käufer auch durch eine **Rüge ohne vorherige Untersuchung** der Kaufsache seine Rechte, z. B. bei einer offenbaren Fehlerhaftigkeit, auf begründeten Verdacht hin („Verdachtsrüge") oder bei einer von dritter Seite offenbarten Fehlerhaftigkeit.[76] Die bloße Hilfsfunktion der Untersuchung – als bloß *eine* von mehreren möglichen Quellen der Erkenntnis des Mangels – wird vor allem aus § 377 II, III HGB deutlich: Danach ist der Verlust der Mängelrechte 56

---

[72] Vgl. §§ 280 I, III, 281, 437 Nr. 3 BGB.
[73] Vgl. §§ 241 II, 280 I, III, 282 BGB.
[74] *BGH* NJW 2007, 3057 Rn. 35; *OLG Karlsruhe* NZG 2009, 395, 397 unter II 2 a.
[75] Nach BGHZ 132, 175 = NJW 1996, 1537 – „vollimprägniertes Bergleder".
[76] *BGH* LM § 377 HGB Nr. 1; *OLG Koblenz* NJW-RR 2004, 1553.

allein an das Unterlassen der – ordnungsgemäßen und fristgerechten – Rüge geknüpft; von der Untersuchung ist dort nicht die Rede.

Beispiel: Verkel verkauft an Kistner Apfelsaftkonzentrat und liefert dieses vereinbarungsgemäß an Albi, die Abnehmerin des K. A stellt fest, dass die Ware mit Glucosesirup versetzt war und zeigt dies dem K an. K rügt den Mangel gegenüber V. Der Wirksamkeit der Mängelrüge des K steht nicht entgegen, dass K die Ware nicht selbst untersucht hat.[77]

57 Die Untersuchung ist allerdings bei *nur* durch Untersuchung erkennbaren Mängeln mittelbar für die Rechtzeitigkeit der Rüge von Bedeutung: Mit Ablauf der für eine Untersuchung objektiv erforderlichen Zeit entsteht für den Käufer die Pflicht, den Mangel unverzüglich anzuzeigen, und zwar unabhängig davon, ob er die Ware tatsächlich untersucht hat oder nicht.[78] Die Rügefrist verlängert sich um diejenige Frist, die für die Untersuchung erforderlich ist (näher unten Rn. 62 ff.).

b) Anzeige des Mangels

58 Da die Mängelanzeige dem Verkäufer eine Entscheidungsgrundlage für sein weiteres Vorgehen bieten soll (oben Rn. 48), muss sie **inhaltlich bestimmt** sein. Deshalb ist die schlichte Mitteilung, dass Mängel vorhanden seien („derselbe Mist“)[79] unzureichend; der Verkäufer muss Art und Umfang der Mängel aus der Anzeige erkennen können, so dass er diese überprüfen und ggf. abstellen kann. Die Schilderung muss so konkret sein, dass der Verkäufer gegen ein Nachschieben von Gründen geschützt ist. Mehrere Mängel sind einzeln aufzuführen.

Beispiel: Sachverhalt wie Beispiel zu Rn. 55. K schreibt an V, er stelle die Ware als „vertragswidrig“ zur Verfügung. Damit hat er den gesetzlichen Anforderungen an eine substantiierte Mängelrüge nicht entsprochen.[80]

59 Die Mängelanzeige bedarf **keiner Form**. Sie kann daher auch mündlich oder fernmündlich[81] erklärt werden. Als geschäftsähnliche Handlung kann die Mängelanzeige aber entsprechend § 127 BGB vertraglich der Schriftform unterstellt werden, auch in AGB. Die Rüge ist an den Verkäufer oder dessen Empfangsbevollmächtigten (§§ 54, 55 IV, 91 II HGB; oben § 6 Rn. 55) zu richten.

60 Aus dem Charakter der Mängelanzeige als geschäftsähnliche Handlung hat die **Rspr.** ferner gefolgert, dass die Anzeige erst mit **Zugang** beim Verkäufer analog § 130 BGB wirksam werde; für die Anwendung der Regeln über Willenserklärungen spreche vor allem der Zweck der Mängelanzeige (oben Rn. 48), der bei Nichtzugang verfehlt würde.[82] **Dem ist zu widersprechen.** Das Hauptbedenken gegen

---

[77] Nach *OLG Stuttgart* OLGR 2002, 148 = NJOZ 2002, 792 (zu Art. 38 CISG); vgl. schon ROHG 8, 221.

[78] RGZ 138, 336; Koller/*Roth*/Morck, § 377 Rn. 17.

[79] *OLG Düsseldorf* NJW-RR 2001, 821, 822 (Verbindungsteile für Aluminiumvierkantrohre).

[80] Vgl. auch *BGH* BB 1978, 1489: Gewichtsunterschied zwischen dem bestellten und dem tatsächlich gelieferten Material beanstandet, aber ohne auch nur das ungefähre Ausmaß mitzuteilen. Auch diese Rüge wurde als zu ungenau verworfen.

[81] *BGH* NJW 1980, 782, 783 (Schriftlichkeit nur, wenn der Verkäufer nicht zu erreichen ist).

[82] BGHZ 101, 49, 52 ff. = NJW 1987, 2235; dazu kritisch *Reinicke*, JZ 1987, 1030; *J. Hager*, JR 1988, 287.

die käuferfeindliche Haltung des BGH ergibt sich aus § 377 IV HGB. Danach genügt zur Erhaltung der Rechte des Käufers die rechtzeitige *Absendung* der Anzeige. Diese Norm ist nicht nur im Wortlaut eindeutig; sie wurde auch von ihren Verfassern so verstanden, dass mit der „Gefahr der Ankunft" vor allem die des Verlusts gemeint ist.[83] Diese Gefahrverteilung ist sachgerecht, weil der *Verkäufer* seine Pflicht zur Lieferung mangelfreier Ware (§ 433 I 2 BGB) nicht erfüllt hat und nur deshalb der Käufer zur Erstattung der Mängelanzeige gezwungen ist, will er nicht seiner Mängelrechte nach § 377 II, III HGB verlustig gehen. Der gleiche Gedanke liegt der Parallelregelung im UN-Kaufrecht zugrunde, die dem Verkäufer das Verzögerungs- und das Zugangsrisiko auferlegt (Art. 27, 39 CISG).[84] Auch im Sinne einer CISG-freundlichen Auslegung des nationalen Kaufrechts,[85] die vor allem der Vermeidung schwerer Wertungswidersprüche[86] dient, sollte § 377 IV HGB deshalb nach seinem Wortlaut und dem historischen Gesetzgeberwillen so verstanden werden, dass das **Verlustrisiko beim Verkäufer** liegt.[87] Im Ergebnis belastet die hier vertretene Auffassung den Verkäufer nicht über die Maßen, da sie den Käufer nicht seiner Pflicht enthebt, den Mangel in geschäftsüblicher Weise[88] anzuzeigen. Dazu gehört im Zeitalter der elektronischen Kommunikation bei einem Kaufmann die Übermittlung in Textform (§ 126b BGB), verbunden mit dem Ersuchen um sofortige Empfangsbestätigung.[89]

c) Rechtzeitigkeit der Mängelanzeige

Die Rüge hat nach § 377 I HGB **„unverzüglich"**, d. h. ohne schuldhaftes Zögern (§ 121 I 1 BGB) zu erfolgen. Für die Rechtzeitigkeit der Anzeige sind – nach dem Grad ihrer Erkennbarkeit – **drei Gruppen von Mängeln** zu unterscheiden: 61

(1) **Offen zu Tage liegende oder dem Käufer nach Vertragsschluss bekannt gewordene Mängel**[90] bedürfen zu ihrer Entdeckung keiner Untersuchung. Sie sind unverzüglich nach der Ablieferung der Ware (oben Rn. 51 f.) zu rügen. Eine besondere Frist für die Untersuchung steht dem Käufer hier nicht zu.[91] 62

Beispiel: Gemüsehändler Kolb bestellt bei Großhändler Völler rote Paprikaschoten. Geliefert werden grüne Paprikaschoten. Der Sachmangel in Gestalt einer Falschlieferung (§ 434 III Fall 1 BGB) ist evident und daher sofort zu rügen.

---

83 Entwurf eines Handelsgesetzbuches nebst Denkschrift, amtl. Ausgabe, 1896, S. 227 und dazu *Reinicke*, JZ 1987, 1031 f.; *Canaris*, § 29 Rn. 69.

84 Vgl. Staudinger/*Magnus*, 2005, Art. 27 CISG Rn. 3: „Der rechtspolitische Grund des Art. 27 wird darin gesehen, dass die erfassten Erklärungen … durch Vertragsverletzungen der anderen Partei veranlasst sind und deshalb auf deren Risiko reisen sollen."

85 *Schlechtriem/Schwenzer*, Kommentar zum Einheitlichen UN-Kaufrecht, 5. Aufl., 2008, Einl. sub III.3.

86 *Canaris*, § 29 Rn. 69.

87 Wie hier Ebenroth/Boujong/Joost/Strohn/*Müller*, § 377 Rn. 103 f.; anders im Ergebnis *Canaris*, § 29 Rn. 69 a. E., der den von ihm selbst konstatierten „schweren Wertungswiderspruch" gerade wegen des internationalen Charakters der Parallelnorm hinnehmen will. Allg. zum CISG oben Rn. 7 ff.

88 *BGH* LM § 377 HGB Nr. 8.

89 Vgl. *Pötter/Hübner*, EWiR 2002, 339, 340 unter 4.1.

90 Für bereits *bei Vertragsschluss* dem Käufer bekannte Mängel wird nach § 442 I 1 BGB nicht gehaftet.

91 RGZ 106, 359, 361; Ebenroth/Boujong/Joost/*Müller*, § 377 Rn. 90.

63 (2) Ist der **Mangel erst durch eine Untersuchung zu erkennen**, so steht dem Käufer nach § 377 I HGB eine zweifache Frist zu: für die unverzügliche Untersuchung *und* für die unverzügliche Rüge. Beide Fristen zusammen ergeben die **Gesamtrügefrist**,[92] d. h. den Zeitraum ab Ablieferung, innerhalb dessen die Rüge erhoben werden muss, damit sie als rechtzeitig angesehen werden kann.[93]

64 Für die Bemessung der ersten Teilfrist, d. h. des für eine Untersuchung erforderlichen Zeitraums, ist nach dem Gesetz (§ 377 I HGB) darauf abzustellen, inwieweit eine Untersuchung „nach ordnungsmäßigem Geschäftsgang tunlich ist". Dies ist eine Frage des Einzelfalls und erfordert eine Gesamtabwägung unter Berücksichtigung u. a. folgender Gesichtspunkte:[94] Kosten- und Zeitaufwand der Untersuchung, Erfordernis technischer Kenntnisse und Vorbereitungen, Erfordernis der Zuziehung Dritter, Gefahr besonders hoher Mangelfolgeschäden bei Weiterverarbeitung.

65 Folgende **„Faustregeln"** für die Intensität – und damit die Dauer – der **Untersuchung** sind anerkannt:[95]

- Vornahme einer ersten groben Untersuchung sofort nach Ablieferung (Öffnen der Verpackungen, Vergleich mit Begleitpapieren, erste Stichproben).
- Verderbliche Ware (z. B. Obst und Gemüse) ist binnen weniger Stunden zu untersuchen.
- Geringerer Untersuchungsbedarf bei Markenware, da geringere Fehlerwahrscheinlichkeit.
- Beim Kauf von Maschinen muss der Käufer deren Funktionsfähigkeit überprüfen, z. B. durch einen Probelauf.

66 Für die Bemessung der zweiten Teilfrist, d. h. des für die Abfassung und Absendung der Rüge erforderlichen Zeitraums, nachdem das Ergebnis der Untersuchung vorliegt („wenn sich ein Mangel zeigt", § 377 I HGB), gilt wiederum der Maßstab der Unverzüglichkeit. Hier geht es lediglich um die sachgemäße Abwicklung der eigenen Geschäftskorrespondenz und deshalb billigt die Rspr. dem Käufer im Regelfall eine Erklärungsfrist von nur 1 bis 2 Tagen zu.[96] Die gleiche Frist gilt bei unterlassener oder unsachgemäß durchgeführter Untersuchung ab dem Zeitpunkt, in dem sich der Mangel bei sorgfältiger Untersuchung hätte zeigen können.[97]

67 (3) Schließlich gibt es Mängel, die *trotz* ordnungsgemäßer Untersuchung nicht entdeckt worden sind. Man bezeichnet sie als **verborgene oder verdeckte Mängel**, § 377 II HGB a. E. Dazu gehören auch Mängel, die mit Sicherheit nicht entdeckt worden wären, selbst wenn eine ordnungsgemäße Untersuchung durchgeführt worden wäre.

Beispiel:[98] Ein Käufer von Perlonstrümpfen muss nicht mit Hilfe einer aufwendigen und kostspieligen chemischen Untersuchung feststellen, ob Perlon- oder Nylonstrümpfe geliefert worden sind. Bei Lieferung von Nylonware liegt deshalb ein verdeckter Mangel vor.

---

[92] Vgl. Staudinger/*Magnus*, CISG (1999) Art. 38 Rn. 35.
[93] *Brox/Henssler*, Rn. 411; *BGH* LM § 377 HGB Nr. 1.
[94] Baumbach/*Hopt*, § 377 Rn. 24.
[95] Nachweise zur umfangreichen Rspr. z. B. bei Baumbach/*Hopt*, § 377 Rn. 25; Ebenroth/Boujong/Joost/Strohn/*Müller*, § 377 Rn. 41 ff.
[96] *BGH* NJW-RR 1986, 52, 53; *OLG Koblenz* NJW-RR 2004, 1553.
[97] Staub/*Brüggemann*, § 377 Rn. 105.
[98] Nach *BGH* NJW 1959, 1081.

Die Rechtzeitigkeit der Rüge eines verdeckten Mangels beurteilt sich nach § 377 III HGB („solcher Mangel“ = Mangel i. S. des § 377 II HGB a. E., soeben Rn. 67). Die Vorschrift erwartet vom Käufer eine unverzügliche Rüge erst nach Entdeckung des Mangels, d. h. sobald dieser – z. B. durch Reklamation seitens der Abnehmer des Käufers – offenbar wird (*OLG Stuttgart* NJW-RR 2010, 933). 68

Übersicht 8/3: 69

Rechtzeitigkeit der Mängelanzeige

Der Mangel ist …

… ohne jede Untersuchung erkennbar: Rüge unverzüglich nach **Ablieferung** (§ 377 I HGB, oben Rn. 61)	… nur bei ordnungsgemäßer Untersuchung erkennbar: Rüge unverzüglich nach **Untersuchung** (§ 377 I HGB, oben Rn. 62 ff.)	… trotz ordnungsgemäßer Untersuchung nicht erkennbar: Rüge unverzüglich nach **Entdeckung** (§ 377 III HGB, oben Rn. 67 ff.)

4. Der Käufer als Zwischenhändler

a) Bürgerliches Recht

Durchläuft ein Handelsgut mehrere Wirtschaftsstufen (z. B. Hersteller – Großhändler – Einzelhändler – Endverbraucher), so kommt es vor, dass sich Mängel erst auf der vorletzten oder letzten Stufe zeigen. 70

Beispiel: „Schuhleder“- Fall (oben Rn. 55).

Nimmt der unmittelbar Betroffene seinen Vormann aus §§ 434 ff., 478 II BGB in Anspruch, so wird dieser daran interessiert sein, seinerseits seinen Vormann zu belangen usw. **Mängelrechte** bestehen hier **nur im jeweiligen Vertragsverhältnis;** einen unmittelbaren Durchgriff des Letztverkäufers auf das für den Mangel verantwortliche Glied in der Vertragskette hat man zwar bei den Vorarbeiten zum SMG erwogen, schließlich aber im Interesse der Vertragsfreiheit verworfen.[99] Die Relativität der Vertragsbeziehungen bleibt auch hinsichtlich der *Erfüllung* der Verkäuferpflichten (§ 433 I BGB) gewahrt. Jeder Verkäufer erfüllt seine Pflichten gegenüber seinem Käufer. Das Eigentum wandert selbst bei Auslieferung unmittelbar an den Endabnehmer („Streckengeschäft“, „Durchlieferung“) im Regelfall 70a

[99] Instruktiv dazu *von Sachsen Gessaphe*, RIW 2001, 721, 728 ff. (mit Rechtsvergleich zur französischen „action directe“); RegBegr SMG in: Beck'sche Gesetzesdokumentation Schuldrechtsmodernisierung 2002, 2002, S. 875 (zu § 478 BGB, Vorbemerkung).

durch die Kette, d.h. mit Zwischenerwerb aller Vormänner.[100] Sachenrechtlich handelt es sich um Geheißerwerb.[101]

b) Untersuchungsobliegenheit

71 Keine Besonderheiten hinsichtlich der Untersuchung ergeben sich, wenn die Ware zunächst an den Zwischenhändler geliefert wird und dieser sie sodann an die nächste Handelsstufe weitergibt. Denn hier hat der Zwischenhändler Gelegenheit zur Prüfung der Beschaffenheit der Ware. Anders liegt es bei der **Durchlieferung** (soeben Rn. 70). Hier ist der Zwischenhändler von der Untersuchungsobliegenheit befreit.[102] Denn der Zweck der Durchlieferung besteht gerade darin, die Warenlieferung durch Überspringen des Zwischenhändlers zu vereinfachen und zu beschleunigen. Deshalb bedeutet das Einverständnis des Erstverkäufers mit der Durchlieferung zugleich einen stillschweigenden Verzicht auf eine Untersuchung seitens des Zwischenhändlers (oben Rn. 54).[103] Allerdings muss der Zwischenhändler **seinen Abnehmer** zur unverzüglichen Untersuchung und Rüge anhalten.[104] Geschieht dies nicht, so wird dem Zwischenhändler diese Obliegenheitsverletzung seines Abnehmers **analog § 278 BGB** zugerechnet. Zum für die Bemessung der Untersuchungsfrist maßgeblichen Ablieferungszeitpunkt s. oben Rn. 51 f.

c) Rügeobliegenheit

72 Auch hinsichtlich der Rüge gelten bei der Lieferung in den jeweiligen Vertragsverhältnissen keine Besonderheiten. Anders wiederum bei der **Durchlieferung:** Hier muss sich der Erstverkäufer darauf einstellen, dass sein Vertragspartner (der Zwischenhändler) erst durch eine Mängelanzeige seitens des Empfängers der Lieferung Kenntnis von den Mängeln erlangen kann. Die Rügeobliegenheit des Zwischenhändlers erschöpft sich deshalb darin, die empfangene Rüge unverzüglich an seinen Verkäufer weiterzuleiten.[105] Wurde schon dem Zwischenhändler gegenüber nicht ordnungsgemäß gerügt, so hat er keinen Schaden, den er gegenüber dem Erstverkäufer geltend machen könnte.

73 Trifft den Zweitkäufer im Verhältnis zum Erstkäufer keine Rügelast (z.B. weil es ihm an der Kaufmannseigenschaft fehlt), so hat der Erstkäufer dafür zu sorgen, dass er möglichst bald und umfassend über etwaige Sachmängel unterrichtet wird,

---

[100] Baumbach/*Hopt*, Überblick vor § 373 Rn. 9.

[101] Nachweise oben Fn. 64.

[102] RGZ 96, 13, 15; *BGH* NJW 1977, 1055, 1056; 1978, 2394; BGHZ 110, 130, 138 f. = NJW 1990, 1290; *OLG Karlsruhe* NZG 2009, 395, 396; *OLG Hamm* NJW-RR 2012, 355, 356 (entsprechende Wertung im Produkthaftungsrecht); Ebenroth/Boujong/Joost/Strohn/*Müller*, § 377 Rn. 55 f.; a. A. *Canaris*, § 29 Rn. 62, wonach den Zwischenhändler aus Gründen der Zeitersparnis auch bei Lieferung an ihn selbst keine Untersuchungsobliegenheit treffen soll. Zur Vertiefung: *Lange*, JZ 2008, 661 ff.

[103] RGZ 96, 13, 14 f.

[104] *OLG Karlsruhe* NZG 2009, 395, 396 Ls. 1.

[105] *OLG Karlsruhe* NZG 2009, 395, 396.

damit er seine ihm gegenüber dem Erstverkäufer obliegende Rügepflicht erfüllen kann.[106] Tut er dies nicht, gerät er u. U. in eine Haftungsfalle.

Beispiel:[107] Die Stadt S hat bei dem Kaufmann K Tulpenzwiebeln für ihren Tulpenpark gekauft. K kauft sie beim Züchter, der V-GmbH, und gibt Anweisung zur Lieferung unmittelbar an S. Bei der Pflanzung nach Monaten stellt S fest, dass statt der bestellten „Papageientulpen" die minder wertvolle Sorte „lustige Witwe" geliefert worden ist, was bei fachkundiger Untersuchung sogleich hätte erkannt werden können. Nach vergeblicher Fristsetzung tritt S vom Kaufvertrag mit K zurück (§§ 323 I, 434 I, III, 437 Nr. 2 BGB) und verlangt Rückzahlung des Kaufpreises (§ 346 I BGB). Seinen entgangenen Gewinn kann K nicht bei der V-GmbH liquidieren, da die Ware nach § 377 II HGB als genehmigt gilt.

5. Rechtslage bei ordnungsgemäßer Rüge

Bei einer ordnungsgemäßen – d. h. inhaltlich bestimmten und rechtzeitigen – Rüge **bleiben dem Käufer sämtliche Rechte** wegen der fehlerhaften Lieferung **erhalten,** d. h. die in § 437 BGB aufgeführten Mängelrechte sowie der Anspruch aus § 478 II BGB. Seit dem SMG ist auch die Falschlieferung ein Unterfall des Sachmangels (§ 434 III Fall 1 BGB); durch die Aufhebung von § 378 HGB sind die spezifisch handelsrechtlichen Fragen der Falschlieferung entfallen.[108] Die Rechtsfolgen der Minderlieferung unterstehen nach § 434 III Fall 2 BGB ebenfalls dem Mängelhaftungsrecht. Bei einer Mehrlieferung braucht der Käufer das zuviel Geleistete nicht zu behalten und nicht zu bezahlen. 74

6. Rechtslage bei Unterlassen der Rüge

Unterbleibt die Rüge oder erfolgt sie zu spät oder zu ungenau, **so gilt die Ware als genehmigt** (§ 377 II, III HGB). Der Käufer muss sie als ordnungsgemäß ansehen. Im Falle einer Schlechtlieferung muss er die Ware behalten und den vereinbarten Kaufpreis bezahlen. Auch ein Aufwendungsersatzanspruch nach § 478 II BGB ist ausgeschlossen (§ 478 VI BGB). Nicht ausgeschlossen sind allerdings Ansprüche aus der Verletzung vertraglicher Nebenpflichten (§ 241 II BGB)[109] oder aus Delikt.[110] 75

Bei Lieferung eines weniger wertvollen **aliud** muss der Käufer den vereinbarten Preis entrichten. Ist die Falschlieferung wertvoller als die bestellte Ware, so kann der Verkäufer das Geleistete nach § 812 I 1 BGB kondizieren, einen Anspruch auf 76

---

106 RGZ 102, 91; BGHZ 110, 130, 139 = NJW 1990, 1290; *OLG Karlsruhe* NZG 2009, 395, 396; kritisch *Canaris*, AcP 190 (1990), 410, 428 ff.; *Knops*, JuS 1994, 106 ff.; vertiefend zur Rügelast bei mehrstufigen Verkaufsketten *W.-H. Roth*, FS Canaris, Bd. II, 2007, S. 365 ff.

107 Nach RGZ 102, 91; *K. Schmidt,* HandelsR, § 29 III 4 b.

108 Vgl. die RegBegr SMG zu § 434 III Fall 1 BGB in: Beck'sche Gesetzesdokumentation Schuldrechtsmodernisierung 2002, 2002, S. 819.

109 Beispiel: BGHZ 66, 208, 213 f. = NJW 1976, 1353 – Batterie-Fall (unzureichende Verpackung).

110 BGHZ 101, 337, 343 ff. = NJW 1988, 52 – Korken-Fall (schadhafte Korken verderben den im Eigentum des Käufers stehenden Wein; § 823 I BGB – Eigentumsverletzung); BGHZ 105, 346 = NJW 1989, 707 – Futtermittel-Fall; umfassend zum Einfluss der Rügeversämnis auf Schadensersatzansprüche s. *Canaris,* § 29 Rn. 75 ff.

einen entsprechend höheren Preis gewährt das HGB aber nicht.[111] Zum erfüllungsuntauglichen aliud oben Rn. 53.

77 Bei einem **Mengenfehler** ist danach zu unterscheiden, ob der Verkäufer zu wenig oder zu viel geliefert hat. Wurde weniger geliefert als vereinbart, so liegt nach § 434 III Fall 2 BGB ein Mangel vor, den der Käufer hinzunehmen hat (§ 377 II, III HGB).[112] Eine Mehrlieferung ist hingegen kein Mangel (arg. § 434 III Fall 2 BGB)[113] und fällt daher von vorneherein nicht unter die Rügeobliegenheit. Wie beim höherwertigen aliud (soeben Rn. 76) kann der Verkäufer kondizieren. Zivilrechtlich ist zu prüfen, ob ein Angebot des Verkäufers auf Vertragsänderung vorliegt (Erweiterung der Lieferung bei entsprechend höherem Kaufpreis), das der Käufer durch Aneignung oder Ingebrauchnahme der Ware akzeptiert.[114] Ausnahmsweise kann auch eine Mehrlieferung einen Mangel darstellen („Quantitätsmangel"), und zwar wenn die geschuldete Menge ein Beschaffenheitsmerkmal i. S. d. § 434 I BGB ist, z. B. wenn das Gewicht der gelieferten Weihnachtsstollen größer ist als das vertraglich geschuldete Gewicht.[115]

7. Aufbewahrungspflicht und Recht zum Notverkauf

78 Hat der Käufer die Ware beanstandet, so trifft ihn nach § 379 I HGB die Pflicht, für deren einstweilige Aufbewahrung zu sorgen. Die Vorschrift setzt voraus, dass der Kauf für beide Teile ein Handelsgeschäft ist und ein Distanzkauf vorliegt. Verderbliche Ware darf der Käufer bei Gefahr im Verzug für Rechnung des Verkäufers verkaufen, § 379 II HGB.

Fragen:

1. In welchem Verhältnis stehen die Regelungen der §§ 373 ff. HGB zu den Vorschriften des BGB? (Rn. 4)
2. Was versteht man unter einem Handelskauf? (Rn. 5)
3. Wo findet sich internationales Einheitsrecht für Kaufverträge, im EKG (einheitliches Kaufgesetz), im CISG (United Nations Convention on Contracts for the International Sale of Goods), im EGBGB (Art. 27 ff.) oder in der Rom I-VO über das auf vertragliche Schuldverhältnisse anzuwendende Recht? (Rn. 7)
4. Was ist Gegenstand der Hinterlegung beim Handelskauf und was kann nach den §§ 372 ff. BGB hinterlegt werden? (Rn. 11, 12)
5. Können durch den Selbsthilfeverkauf beim Handelskauf auch hinterlegungsfähige Sachen verkauft werden? (Rn. 13)
6. Wie unterscheiden sich Selbsthilfeverkauf und Deckungsverkauf? (Rn. 22)

---

[111] *Canaris,* § 29 Rn. 73; näher *Hadding*, FS Kollhosser, 2004, S. 175 ff.

[112] BGHZ 91, 293, 300 ff. = NJW 1984, 1964.

[113] A. A. Koller/*Roth*/Morck, § 377 Rn. 19 e, 27 b.

[114] *Canaris,* § 29 Rn. 74; vgl. Art. 18 I 1 CISG: Vertragsannahme durch „sonstiges Verhalten". Vertiefend zur Rechtslage bei Unterlassen der Rüge *G. Müller*, ZIP 2002, 1178 ff.; speziell zu Quantitätsabweichungen beim Handelskauf s. *Oetker*, FS Canaris, Bd. II, 2007, S. 313 ff.

[115] S. *Oetker*, FS Canaris, Bd. II, 2007, S. 313, 317 mit Verweis auf *BGH* BB 1977, 468.

7. Erklären Sie den Begriff „Bestimmungskauf"! (Rn. 24)
8. Welche Rechte hat der Verkäufer gegen den Käufer, wenn dieser sich mit der Bestimmungspflicht in Verzug befindet? (Rn. 28 ff.)
9. Was ist ein Fixhandelskauf? (Rn. 36)
10. Beim Fixhandelskauf behält der Käufer nach Ablauf der Leistungszeit seinen Anspruch aus § 433 I BGB nur, wenn er unverzüglich anzeigt, auf Erfüllung zu bestehen. Richtig oder falsch? (Rn. 38)
11. Findet § 325 BGB auch beim Fixhandelskauf Anwendung? (Rn. 41 ff.)
12. 12. Worin unterscheidet sich die abstrakte Schadensberechnung nach § 376 II HGB von der nach § 497 I BGB? (Rn. 45, 46)
13. Welche Rechte stehen dem Käufer grundsätzlich zu, wenn die Ware mangelhaft ist? (Rn. 47)
14. Welcher Zweck wird durch § 377 HGB verfolgt? (Rn. 48)
15. Ist § 377 I HGB eine Anspruchsgrundlage? (Rn. 49)
16. Wann ist eine Ware abgeliefert? (Rn. 51)
17. Inwieweit können Regelungen über den Handelskauf durch AGB abbedungen werden? (Rn. 54)
18. Warum stellt die Mitteilung, die gelieferte Ware sei „Mist", keine ordnungsgemäße Mängelrüge dar? (Rn. 58)
19. Ist die Mängelrüge zugangsbedürftig i. S. d. § 130 BGB? (Rn. 60)
20. Unter welchen Voraussetzungen kann der Käufer trotz Unterlassen der rechtzeitigen Rüge Ansprüche wegen einer Nebenpflichtverletzung geltend machen? (Rn. 55)
21. Welche drei Gruppen von Mängeln sind für die Beurteilung der Rechtzeitigkeit der Rüge zu unterscheiden? (Rn. 69)
22. Welche Rechtsfolge trifft den Käufer, wenn er es unterlässt, die mangelhafte Ware unverzüglich zu untersuchen und zu rügen? (Rn. 75)

B. Gesellschaftsrecht

§ 9. Einführung

I. Gegenstand und Abgrenzung

Gegenstand des Gesellschaftsrechts sind die **privatrechtlichen Personenvereinigungen, die zur Erreichung eines bestimmten gemeinsamen Zwecks durch Rechtsgeschäft begründet** werden (vgl. § 705 BGB). Diese Begriffsbestimmung umfasst alle „Gesellschaften im weiteren Sinne", d. h. nicht nur die Personengesellschaften nach dem Vorbild der römischen societas, sondern auch die als Körperschaft (d. h. Personenvereinigung) organisierten juristischen Personen.[1] Welche Verbände das deutsche Gesellschaftsrecht[2] hiernach einschließt, zeigt die nachfolgende 1

Übersicht 9/1: Gesellschaften

Grundtyp Personengesellschaft	**Grundtyp juristische Person**
1. BGB-Gesellschaft (GbR) §§ 705–740 BGB 2. offene Handelsgesellschaft (OHG) §§ 105–160 HGB 3. Kommanditgesellschaft (KG) §§ 161–177 a HGB 4. Stille Gesellschaft (StG) §§ 230–236 HGB 5. Partenreederei §§ 489–508 HGB 6. nichtrechtsfähiger Verein § 54 BGB 7. Partnerschaftsgesellschaft (PartG) §§ 1 ff. PartGG	1. rechtsfähiger Verein §§ 21–53, 55–79 BGB 2. Aktiengesellschaft §§ 1 ff. AktG 3. Kommanditgesellschaft auf Aktien (KGaA) §§ 278–290 AktG 4. Gesellschaft mit beschränkter Haftung (GmbH) §§ 1 ff. GmbHG 5. eingetragene Genossenschaft (eG) §§ 1 ff. GenG 6. Versicherungsverein auf Gegenseitigkeit (VvaG) §§ 7, 15–53 VAG

Die zusammenfassende Darstellung dieser Verbände in einem einheitlichen Rechtsgebiet erklärt sich daraus, dass vielfach dieselben rechtlichen Fragestellungen zu behandeln sind, z. B. zu ihrer Verfassung, zu Rechtsfähigkeit, Vertretung und Haftung. Demgegenüber regelt das Handelsrecht, welche dieser Gesellschaf- 2

---

[1] Grdl. über die „Gesellschaften im weiteren Sinn" *J. v. Gierke*, ZHR 119 (1956), 141 ff.; hierzu auch *Hüffer/Koch*, GesR § 2 Rn. 1 ff.; *K. Schmidt*, GesR, § 3 I 1. Zur römischrechtlichen societas s. *Kaser/Knütel*, Römisches Privatrecht, 18. Aufl., 2005, § 43 Rn. 1 ff.

[2] Zum Europäischen Gesellschaftsrecht unten Rn. 30 ff.

ten die Kaufmannseigenschaft besitzen (§ 6 HGB) und welche Rechtstellung sich hieraus ergibt.[3] Wegen seiner Ausrichtung am Stoffumfang für die staatliche Pflichtfachprüfung[4] behandelt der vorliegende Grundkurs hiervon nur GbR, OHG, KG, sowie – beschränkt auf Teilgebiete – die GmbH. Für das Vereinsrecht wird auf die Darstellungen des Allgemeinen Teils des Bürgerlichen Rechts verwiesen. Die **tatsächliche Verbreitung** der wichtigsten Unternehmensformen gestaltet sich wie folgt (Handelsregistereintragungen am 1.1.2012):[5]

- Einzelkaufmännische Unternehmen: 169.296
- Offene Handelsgesellschaften: 26.232
- Kommanditgesellschaften: 245.222
- Aktiengesellschaften: 16.705
- Gesellschaften mit beschränkter Haftung: 1.071.908

3 **Nicht Gegenstand des Gesellschaftsrechts** sind die folgenden Gebilde, bei denen jeweils mindestens eines der oben Rn. 1 aufgeführten Begriffsmerkmale fehlt:

4 – sämtliche **Organisationen des Öffentlichen Rechts**[6] ohne Rücksicht auf ihre Rechtsform: Körperschaften des Öffentlichen Rechts sind außer dem Staat und den Gemeinden die Kirchen i. S. von Art. 140 GG in Verbindung mit Art. 137 WRV, ferner meist die Universitäten. Anstalten des Öffentlichen Rechts sind z. B. die Rundfunkanstalten. Hierher gehören schließlich auch die öffentlich-rechtlichen Stiftungen (z. B. die „Stiftung Preußischer Kulturbesitz"). All diese Organisationen entstehen nicht durch privatrechtlichen Vertrag, sondern durch Hoheitsakt oder öffentlichrechtlichen Vertrag. Beteiligt sich eine solche Organisation an einer Gesellschaft des Privatrechts (z. B. „Stadtwerke Augsburg Holding GmbH"), so unterliegt diese Gesellschaft vollständig dem Privatrecht.[7]

5 – **Familienrechtliche Gemeinschaften:** Auch soweit sie auf Rechtsgeschäft beruhen (Ehe, Adoption), sind familienrechtliche Gemeinschaften nicht auf bestimmte Einzelzwecke beschränkt, sondern begründen eine umfassende Lebensgemeinschaft (vgl. z. B. § 1353 BGB). Dies schließt nicht aus, dass zwischen den Angehörigen einer familienrechtlichen Gemeinschaft zugleich eine Gesellschaft besteht (z. B. „Ehegattengesellschaft").

Beispiel:[8] Eheleute verschaffen sich gemeinsam durch Grundstückserwerb eine arbeitsfreie Einnahmequelle. Der Ehemann kassiert die Einnahmen, nach Scheidung klagt die Ehefrau trotz vereinbarter Gütertrennung (§ 1414 BGB) auf eine Ausgleichszahlung. Da ein über die eheliche Lebensgemeinschaft hinausgehender Zweck verfolgt wurde, lag eine GbR vor, was den Anspruch der Klägerin auf Gewinnbeteiligung aus § 722 BGB rechtfertigt. Zum nichtgewerblichen Charakter der Gesellschaft oben § 2 Rn. 45.

---

[3] Ebenroth/Boujong/Joost/Strohn/*Kindler,* § 6 HGB Rn. 1 ff.; hier § 2 Rn. 112 ff.

[4] Vgl. Vorwort oben S. V und §§ 5 I Hs. 2, 5 a DRiG i. d. F. des Gesetzes v. 26.4.2002, BGBl. I S. 2592.

[5] Angaben nach *Kornblum*, GmbHR 2012, 728, 729.

[6] Vgl. § 89 BGB (Körperschaften, Anstalten und Stiftungen des Öffentlichen Rechts).

[7] Vgl. zu den gemischtwirtschaftlichen Unternehmen *Habersack*, ZGR 1996, 544, 545 f.; umfassend *Th. Mann*, Die öffentlich-rechtliche Gesellschaft, 2002; vgl. dazu auch die „Grundsätze guter Unternehmens- und Beteiligungsführung im Bereich des Bundes" vom 1.7.2009.

[8] Nach *BGH* JuS 1975, 188 mit Anm. *K. Schmidt* = NJW 1974, 2278; nachfolgend z. B. BGHZ 142, 137 = NJW 1999, 2962; *OLG Schleswig* NJW-RR 2004, 972.

- **Eheliche Gütergemeinschaft** (§§ 1415 ff. BGB): Die Gütergemeinschaft ist ehevertraglicher Güterstand, nicht aber eine Personenvereinigung. Sie regelt bloß die vermögensrechtlichen Beziehungen in der ehelichen Lebensgemeinschaft. 6
- **Schuldverhältnisse aufgrund von Austauschverträgen** (z. B. Kauf, Miete, Dienstvertrag, Arbeitsvertrag usw.): Derartige Schuldverhältnisse bilden keine Personenvereinigung. Sie sind nicht auf die Erreichung eines *gemeinsamen* Zwecks gerichtet; vielmehr verfolgen die Beteiligten entgegengesetzte Zwecke und Interessen. Deshalb scheidet z. B. bei Einordnung einer Rechtsbeziehung als Austauschvertrag die Anwendung des Kartellverbots aus. § 1 GWB erklärt in Anlehnung an § 705 BGB wettbewerbsbeschränkende Verträge für unwirksam, die Unternehmen oder Vereinigungen von Unternehmen zu einem gemeinsamen Zweck schließen. 7
- **Bruchteilsgemeinschaft** (§ 741 ff. BGB): Die Bruchteilsgemeinschaft ist keine Personenvereinigung, sondern schlichte Rechtsgemeinschaft. Meist entsteht sie *kraft Gesetzes* und nicht kraft Rechtsgeschäfts, so z. B. beim Miteigentum (§§ 1008 ff. BGB)[9] in den Fällen der Verbindung oder der Vermischung (§§ 947 I, 948 BGB), ferner bei der gemeinschaftlichen Erfindung nach § 6 PatG oder im Falle der Miturheberschaft nach § 8 UrhG. Beim *rechtsgeschäftlichen* Erwerb einer Sache zu Miteigentum kann es an einem gemeinsamen Zweck fehlen, der das Erwerbsgeschäft überdauert, so z. B. beim gemeinsamen Erwerb eines Hausgrundstücks zu Wohnzwecken.[10] 8
- **Erbengemeinschaft** (§§ 2032 ff. BGB): Die Erbengemeinschaft ist kein Zweckverband der Gesamthänder, sondern eine auf Auseinandersetzung (vgl. §§ 2042 ff. BGB) gerichtete Gemeinschaft. Zudem entsteht sie kraft Gesetzes (§§ 1922 I, 2032 I BGB), nicht durch Rechtsgeschäft der Beteiligten. Die Erbengemeinschaft als solche besitzt keine Rechtspersönlichkeit und ist auch sonst nicht rechtsfähig.[11] Berührungspunkte zum Gesellschaftsrecht bestehen bei der Möglichkeit, ein zum Nachlass gehörendes Handelsgeschäft bis zur Auseinandersetzung zu führen, ohne dass eine Umwandlung in eine OHG erfolgen müsste,[12] ferner bei der Vererbung von Gesellschaftsanteilen (vgl. §§ 727 BGB; 131 III Nr. 1, 139, 177 HGB; 18 GmbHG; 69 AktG). 9
- **Privatrechtliche Stiftungen** (§§ 80 ff. BGB[13]): Stiftungen sind keine Personenvereinigungen (Körperschaften), sondern juristische Personen ohne Mitglieder. Bezüge zum Gesellschaftsrecht bestehen aber bei der unternehmenstragenden Stiftung.[14] Die Stiftung ist hier entweder selbst als Einzelkaufmann Träger eines Unternehmens (unmittelbare Unternehmensträgerstiftung) oder sie betreibt als 10

---

[9] Zur Teilrechtsfähigkeit der Eigentümergemeinschaft vgl. BGHZ 163, 154 = NJW 2005, 2061.

[10] Näher MünchKomm-BGB/*Ulmer,* § 705 BGB Rn. 145.

[11] *BGH* NJW 2002, 3389, 3390; NJW 2006, 3715; *LAG Hamm* NZG 2012, 777.

[12] Ebenroth/Boujong/Joost/Strohn/*Kindler,* § 1 Rn. 76; BGHZ 92, 259, 262 ff.= NJW 1985, 136.

[13] In der Fassung des Gesetzes v. 15.7.2002 zur Modernisierung des Stiftungsrechts, BGBl. I S. 2634; dazu *Andrick/Suerbaum*, NJW 2002, 2905 ff.

[14] Grundlegend *Kronke*, Stiftungstypus und Unternehmensträgerstiftung, 1988; *ders.*, ZGR 1996, 18 ff.

Allein- oder Mehrheitsgesellschafterin das der Gesellschaft zuzuordnende Unternehmen (mittelbare Unternehmensträgerstiftung).

II. Personengesellschaften und juristische Personen (Vereine)

11 Wesensmerkmal aller Gesellschaften ist, dass sie aus einer Vereinigung von Personen hervorgeht (Ausnahme: die Einmann-Gesellschaft; vgl. §§ 1 AktG, 1 GmbHG). Betrachtet man die rechtliche Ausgestaltung der einzelnen Personenvereinigungen näher, so tritt eine Reihe von Hauptmerkmalen hervor, die eine Zuordnung zu den beiden Grundtypen (Personengesellschaft/juristische Person, oben Rn. 1) erlauben. Als Prototyp der juristischen Person wird der Verein (§§ 21 ff. BGB) angesehen, weshalb bei Einzelfragen, die im Recht der anderen juristischen Personen nicht oder unvollständig geregelt sind, grundsätzlich auf das Recht des Vereins zurückgegriffen werden kann.

Beispiel: Die sogenannte Repräsentantenhaftung nach § 31 BGB trifft sämtliche juristische Personen des Privatrechts.[15]

11a Zu unterscheiden sind die Vereine des BGB von den sogenannten Wirtschaftsvereinen, die allesamt die Kaufmannseigenschaft besitzen oder durch sondergesetzliche Regelungen den Kaufleuten gleichgestellt sind (AG, KGaA, GmbH, eG, VVaG).[16]

12 Allgemein zeigt sich, dass Personengesellschaften stärker als Vereine von der Individualität der Gesellschafter geprägt werden. Die Personengesellschaft ist daher nach innen wie nach außen weniger verselbständigt als der Verein.

13 **Merkmale der Personenbezogenheit** bei den Personengesellschaften:

- Nach der gesetzlichen Regelung sind grundsätzlich nur die **Gesellschafter**, nicht aber die Gesellschaft als solche **Träger aller gesellschaftlichen Rechte und Pflichten** (Haftung!); keine Personengesellschaft ist juristische Person.[17]
- **Selbstorganschaft:** Nur Gesellschafter sind zur Geschäftsführung und Vertretung der Gesellschaft berechtigt und verpflichtet (§§ 709, 714 BGB; 114, 125 HGB, auch i.V.m. § 161 II HGB). Leitbild ist die enge Zusammenarbeit der Gesellschafter auf der Grundlage des zwischen ihnen bestehenden Vertrauensverhältnisses (intuitus personae).
- **Unübertragbarkeit der Mitgliedschaftsrechte** (§ 717 S. 1 BGB); grundsätzlich keine Teilhabe der Erben eines Gesellschafters an der Fortsetzung der Gesellschaft (§§ 727 BGB; 139 HGB auch i.V.m. § 161 II HGB): Den übrigen Gesellschaftern soll kein neues Mitglied „aufgezwungen" werden können, zu dem nicht dasselbe Vertrauensverhältnis besteht wie zu dem Ausgeschiedenen.

---

[15] MünchKomm-BGB/*Reuter*, § 31 Rn. 11.

[16] Zur Kaufmannseigenschaft von Gesellschaften oben § 2 Rn. 112 ff. und Ebenroth/Boujong/Joost/Strohn/*Kindler*, § 6 Rn. 1 ff.

[17] Dabei handelt es sich freilich um ein bloßes Lippenbekenntnis des Gesetzgebers; vgl. § 124 I HGB (auch in Verbindung mit § 161 II HGB) zur rechtlichen Verselbständigung von OHG/KG und BGHZ 146, 341 = NJW 2001, 1056 („Weißes Ross") zur GbR. Näher unten § 10 Rn. 54 ff.

– Für die **Willensbildung** in der Gesellschaft gilt das **Einstimmigkeitsprinzip** (§ 709 BGB).

14 **Merkmale der Verselbständigung der juristischen Person** gegenüber ihren Mitgliedern:

– **Eine körperschaftliche Organisation** stellt sicher, dass der Verein nach innen und außen als handlungsfähiges Ganzes auftritt. Eine derartige Organisation zeigt sich vor allem in den folgenden drei Merkmalen:
– Willensbildung, Geschäftsführung und Vertretung des Verbands obliegen besonderen Organen (Mitgliederversammlung bzw. Gesellschafterversammlung oder Hauptversammlung; Vorstand bzw. Geschäftsführung) und nicht den einzelnen Gesellschaftern als solchen. Für die Vertretungs- und Aufsichtsorgane gilt der Grundsatz der Drittorganschaft (vgl. § 6 III 1 GmbHG).
– Auftreten der Einheit nach außen unter eigenem Namen.[18]
– Grundsätzlich unbeschränkte Möglichkeit des Mitgliederwechsels durch Eintritt, Austritt und Vererbung (vgl. §§ 15 V GmbHG; 68 II AktG).[19]
– **Rechtliche Verselbständigung** als juristische Person, die alleiniges Zuordnungssubjekt des Vermögens sowie von sonstigen Rechten und Pflichten ist. Grundsätzlich haften die Mitglieder nicht für die Verbindlichkeiten der Gesellschaft (§§ 1 I 2 AktG, 13 II GmbHG).
– Die **Willensbildung** in der Gesellschaft folgt dem **Mehrheitsprinzip** (§ 32 I 2 BGB; § 47 I GmbHG).

15 Mehr veranschaulichenden als dogmatischen Charakter hat die Unterscheidung zwischen **Personengesellschaften und Kapitalgesellschaften.** Denn hier geht es nicht um rechtliche Merkmale der in die Vergleichsbetrachtung einbezogenen Gesellschaften. Unterscheidungsmerkmal ist vielmehr, dass die Personengesellschaft auf den persönlichen Einsatz der Gesellschafter angewiesen ist (namentlich deren Arbeitskraft, aber auch Kreditfähigkeit und Privatvermögen), wohingegen der entscheidende Beitrag der Gesellschafter in der Kapitalgesellschaft darin besteht, dass sie der Gesellschaft Kapital zur Verfügung stellen. Personengesellschaften sind GbR, OHG, KG, StG; Kapitalgesellschaften sind nach herkömmlicher Einteilung AG, KGaA und GmbH. Der herausgehobenen Bedeutung des Gesellschaftskapitals für die Erreichung des Gesellschaftszwecks und den Gläubigerschutz trägt das Gesetz Rechnung: Die Satzung der Kapitalgesellschaften muss das in Aktien bzw. Geschäftsanteile zerlegte Grund- oder Stammkapital ziffernmäßig festlegen (§§ 23 II Nr. 3 AktG; 3 I Nr. 3 GmbHG). Als Rechtsbegriff erscheint die Kapitalgesellschaft nur im Bilanzrecht.[20]

16 Die **Unterscheidung zwischen dem Verein** (im weiteren Sinne des § 6 II HGB) **und der Personengesellschaft** entspricht ganz weitgehend der Unterscheidung zwischen der juristischen Person und der Gesamthandsgesellschaft.[21] Mit Ausnahme des nichtrechtsfähigen Vereins[22] sind nur die Vereine juristische Person,

---

[18] Dies ist bei der GbR nicht zwingend.

[19] Vgl. aber § 38 BGB für den Verein.

[20] Vgl. die Überschrift vor § 264 HGB: „[...] Kapitalgesellschaften (Aktiengesellschaften, Komanditgesellschaften auf Aktien und Gesellschaften mit beschränkter Haftung) [...]" und die Gleichstellung bestimmter Personengesellschaften durch § 264a HGB.

[21] *Kraft/Kreutz*, A III 1 e.

[22] Vgl. § 54 BGB.

d. h. ein selbständiges Rechtssubjekt, das wie eine natürliche Person Träger von Rechten und Pflichten ist. Demgegenüber sind jedenfalls GbR, OHG und KG bloße Gesamthandsgesellschaften. Dies bedeutet, dass das Gesellschaftsvermögen den Gesellschaftern gesamthänderisch (zur gesamten Hand) zugeordnet ist (§§ 718, 719 BGB, auch i. V. m. §§ 105 III, 161 II HGB). Die Personengesellschaften sind aber nicht juristische Person. Dem steht die Rechtsfähigkeit von Personengesellschaften nach § 124 I HGB (auch i. V. m. § 161 II HGB) bzw. nach neuerer Rspr. zur GbR[23] nicht entgegen. Dies zeigt schon § 14 I BGB, wo deutlich zwischen der juristischen Person und der rechtsfähigen Personengesellschaft unterschieden wird.[24]

17 Und schließlich hat die Unterscheidung zwischen Verein und Personengesellschaft mit derjenigen zwischen **Innen- und Außengesellschaft** zu tun. Der Verein entfaltet immer zugleich im Innen- wie im Außenverhältnis rechtliche Wirkungen, d. h. in den Beziehungen der Mitglieder untereinander und in den Beziehungen der Personenvereinigung zu Dritten. Demgegenüber können sich Personengesellschaften auf eine Regelung des Innenverhältnisses beschränken; sie sind dann reine Innengesellschaften.

Beispiele für reine Innengesellschaften: StG (§§ 230–237 HGB), Unterbeteiligung an einem Gesellschaftsanteil; GbR-Gelegenheitsgesellschaft (z. B. Tippgemeinschaften für Toto oder Lotto), Stimmrechtskonsortium.[25]

18 Die Personen*handels*gesellschaften sind hingegen stets zugleich auch immer Außengesellschaft,[26] weil die Gesellschafter unter gemeinsamer Firma im geschäftlichen Verkehr auftreten (§§ 105 I, 161 I HGB).

III. Rechtsformzwang und Vertragsfreiheit

19 Im Gesellschaftsrecht geht es weithin um **Verkehrsschutz und Gläubigerschutz,** d. h. um den Schutz Dritter, die von der Gestaltung der gesellschaftsrechtlichen Verhältnisse ausgeschlossen sind. Deshalb stellt das Gesetz nur eine begrenzte Anzahl (numerus clausus) an Gesellschaftsformen zur Verfügung. Gläubiger, die Öffentlichkeit und die Gesellschafter selbst sollen bereits an der Gesellschaftsform erkennen können, welche wesentlichen Rechte und Pflichten sie gegenüber der Gesellschaft und den (Mit-) Gesellschaftern haben. Es herrscht **Rechtsformzwang:** Jeder nach außen auftretende Verband muss sich einer gesetzlich vorgesehenen Rechtsform bedienen. Daher kann es z. B. keine „Gesellschaft des bürgerlichen Rechts mit beschränkter Haftung (GbRmbH)" geben.[27] Dennoch verbleibt Raum

---

[23] BGHZ 146, 341 = NJW 2001, 1056.

[24] Dazu auch BGHZ 146, 341, 343 = NJW 2001, 1056, unter A. I. vor 1. der Entscheidungsgründe: Soweit die Personengesellschaft eigene Rechte und Pflichten begründen könne, sei sie – ohne juristische Person zu sein – rechtsfähig; näher *K. Schmidt,* GesR, § 8 I 3.

[25] Zum Stimmrechtskonsortium BGHZ 179, 13 = NJW 2009, 669 = JuS 2009, 474 m. Anm. K. Schmidt – Schutzrechtsgemeinschaft II.

[26] BGHZ 10, 44, 48 = NJW 1953, 1548.

[27] Näher unten § 10 Rn. 81.

für die privatautonome Gestaltung der gesellschaftsrechtlichen Verhältnisse, und zwar in zweifacher Hinsicht:

(1) Es besteht **Freiheit der Rechtsformwahl.** Die Gesellschafter können grundsätzlich frei entscheiden, ob sie z.B. eine OHG, eine GmbH oder eine AG gründen. Einschränkungen bestehen nur für bestimmte Wirtschaftsbereiche und freie Berufe. 20

Beispiele: Eine Versicherung kann nur entweder in der Form des VVaG oder der AG betrieben werden (vgl. § 7 I VaG), eine Hypothekenbank nur als AG oder KGaA (§ 2 HypBankG); Träger eines Bankunternehmens kann nur eine Handelsgesellschaft (vgl. § 6 HGB) sein (§ 2a I KWG). Berufsrechtliche Rechtsformbeschränkungen gibt es z.B. für Apotheken (§ 8 ApothekenG; dazu *EuGH* EuZW 2009, 409 – Doc Morris), Steuerberatungs- und Wirtschaftsprüfungsgesellschaften (§§ 49 StBerG, 27 WPO) und Rechtsanwaltsgesellschaften (vgl. §§ 59 c–59 m BRAO und dazu BVerfG NZG 2012, 343; näher unten § 13 Rn. 7).

Mittelbar ergeben sich Beschränkungen der Rechtsformwahl daraus, dass das Gesellschaftsrecht selbst einen Verbandstyp auf bestimmte Zwecke beschränkt oder von der Verfolgung bestimmter Zwecke ausschließt. 21

Beispiele: Die GbR kann kein Handelsgewerbe betreiben; die eG muss die Förderung des Erwerbes oder der Wirtschaft ihrer Mitglieder mittels gemeinschaftlichen Geschäftsbetriebes bezwecken (§ 1 GenG); der gemeinsame Zweck der Partnerschaftsgesellschaft muss auf den gemeinsamen Betrieb einer freiberuflichen Praxis gerichtet sein (§ 1 PartGG).

Für welche Rechtsform sich die Gründer entscheiden, hängt meist von einer Reihe von Erwägungen ab. Neben den Grundmerkmalen des in Betracht gezogenen Verbandstyps (oben Rn. 13 f.) spielen vor allem noch folgende Faktoren eine Rolle: steuerliche Belastung der Gesellschafter und der Gesellschaft, organisatorische Gesichtspunkte, bilanzielle Gestaltungsmöglichkeiten, Börsenfähigkeit, Vermeidung der Arbeitnehmermitbestimmung. Praktische Auswirkungen hat der Rechtsformzwang in den Fällen der **Rechtsformverfehlung.** Hier erfüllen die Gesellschafter die tatbestandlichen Voraussetzungen einer bestimmten Gesellschaftsform, wollen aber in Wirklichkeit eine Gesellschaft anderer Rechtsform errichten. 22

Beispiel:[28] A, B und C betreiben ein Unternehmen mit der Firma „Rohfa, Gesellschaft mit beschränkter Haftung, Rohfleischversand und Fabrikation". Diese „Rohfa GmbH" wurde nie formgerecht als GmbH errichtet und eingetragen. Diese Gesellschaft erfüllt die objektiven Merkmale einer OHG (§ 105 I HGB). A, B und C haften deshalb für die Verbindlichkeiten der Gesellschaft persönlich und unbeschränkt (§ 128 S. 1 HGB).

(2) Neben diese Freiheit der Rechtsformwahl tritt die **Freiheit bei der rechtsgeschäftlichen Ausgestaltung des Gesellschaftsvertrags.** Dies gilt vor allem für das Innenverhältnis, da die hierfür maßgeblichen Vorschriften in den meisten Gesellschaftsformen abdingbar sind. Die Gestaltungsfreiheit geht so weit, dass etwa ein als KG organisiertes Unternehmen stark kapitalgesellschaftsrechtliche Merkmale aufweist („kapitalistische Personengesellschaft") oder umgekehrt eine GmbH- 23

[28] Nach BGHZ 22, 240 = NJW 1957, 218 – Rohfa; ähnlich *BGH* NZG 2004, 663 – Natursteine.

Satzung stark personalistisch geprägt ist.[29] Schranken der Vertragsfreiheit ergeben sich aus zwingenden Vorschriften, insbesondere des Gesellschaftsrechts (z.B. §§ 716 II, 723 III, 724 BGB; 128 S. 2, 126 II HGB; 37 II GmbHG; 23 V AktG – Grundsatz der aktienrechtlichen „Satzungsstrenge"), und dem Verbot sittenwidriger Rechtsgeschäfte (§ 138 I BGB).[30] Eine AGB-rechtliche Inhaltskontrolle ist durch § 310 IV BGB ausgeschlossen.[31]

Beispiel: Zeitungsverleger Z aus Münster hatte zusammen mit zwei anderen Verlagen eine GmbH gegründet, womit die Gesellschafter den Zweck verfolgten, gemeinsam Anzeigenblätter herauszugeben und zu vertreiben. In dem Gesellschaftsvertrag wurde ein umfassendes Wettbewerbsverbot für die Gesellschafter vereinbart. Als Z später im Münsterland die Gratiszeitung „Hallo" herausgab, beschlossen die beiden anderen Gesellschafter die Einziehung des Gesellschaftsanteils des Kl. wegen des Verstoßes gegen das gesellschaftsvertragliche Wettbewerbsverbot (vgl. § 34 GmbHG). Z erhob Anfechtungsklage gegen den Gesellschafterbeschluss, weil seiner Meinung nach das Wettbewerbsverbot wegen des Verstoßes gegen § 1 GWB nichtig war. Lies: *BGH* NZG 2010, 76 = JuS 2010, 547 (*Emmerich*).

IV. Europarechtliche Bezüge[32]

24 Europarechtliche Bezüge weist das Gesellschaftsrecht in dreifacher Hinsicht auf:

- Gesellschaften sind unter den Voraussetzungen des Art. 54 AEUV Träger der Niederlassungsfreiheit (Art. 49 AEUV).
- Innerstaatliches Gesellschaftsrecht hat den einschlägigen EU-Richtlinien zu entsprechen.
- Das EU-Recht selbst stellt eigenständige Gesellschaftsformen zur Verfügung.

Für alle drei Bereiche ist die **Vorabentscheidungszuständigkeit des Gerichtshofes der Europäischen Union** nach Art. 267 AEUV gegeben und von den mitgliedstaatlichen Gerichten zu respektieren. Bei Verstoß des innerstaatlichen Rechts

---

[29] Vgl. hierzu die grundlegenden Schriften von *Immenga*, Die personalistische Kapitalgesellschaft, 1970; *Nitschke*, Die körperschaftlich strukturierte Personengesellschaft, 1970; weit. Nachw. bei *K. Schmidt*, GesR, § 5 II.

[30] Z.B. bei der „Löwengesellschaft" (societas leonina), bei der ein Teil der Gesellschafter von der Teilnahme am Erfolg ausgeschlossen oder auf einen geringen Gewinnanteil beschränkt ist, MünchKomm-BGB/*Ulmer*, § 705 Rn. 151; ferner in sonstigen Fällen der Entrechtung eines Gesellschafters wie in BGHZ 44, 158, 161 = NJW 1965, 2147: Ausschluss sämtlicher Verwaltungsrechte eines OHG-Gesellschafters trotz Fortbestands der persönlichen Haftung; BGHZ 164, 98, 101 = NJW 2005, 3641 und BGHZ 164, 107, 110f. = NJW 2005, 3644: Recht zum Ausschluss von Mitgesellschaftern nach freiem Ermessen („Hinauskündigung"); dazu *Peltzer*, ZGR 2006, 702ff.; monographisch: *Frase*, „Leoninische Vereinbarungen" und Ergebnisbeteiligungspflicht im deutschen und italienischen Gesellschaftsrecht, 2010.

[31] Zur Reichweite der Vorschrift im Einzelnen s. *Bieder*, ZHR 174 (2010), 705ff.

[32] Vgl. § 5a II 3 DRiG (zu den europarechtlichen Bezügen des Privatrechts als Ausbildungsinhalt); **Schrifttum und Internet:** MünchKomm-BGB/*Kindler*, Bd. 11, 5. Aufl., 2010, IntGesR, Rn. 32ff., 98ff.; *Habersack/Verse*, Europäisches Gesellschaftsrecht, 4. Aufl. 2011; *Saenger* (Hrsg.), Casebook Europäisches Gesellschafts- und Unternehmensrecht, 2002; *Engert*, in: Langenbucher (Hrsg.), Europarechtliche Bezüge des Privatrechts, 2. Aufl., 2008; rechtspolitische Entwicklungen unter http://ec.europa.eu/internal_market/company/index_de.htm (Internetauftritt der Generaldirektion Binnenmarkt und Dienstleistungen der EU-Kommission).

gegen EU-Recht kommen ferner Vertragsverletzungsverfahren (Art. 258 ff. AEUV) und eine Schadensersatzhaftung des Mitgliedstaats in Betracht.[33]

1. Niederlassungsfreiheit

Nach Art. 49, 54 AEUV genießen die Staatsangehörigen eines jeden Mitglied- 25
staats sowie die nach den Rechtsvorschriften eines Mitgliedstaats gegründeten und innerhalb der Europäischen Union niedergelassenen Gesellschaften das Recht, sich auf dem Gebiet eines anderen Mitgliedstaats niederzulassen und dort einer selbständigen Tätigkeit nachzugehen. Dies umfasst zum einen die sog. **„primäre" Niederlassungsfreiheit**, d. h. das Recht, den Schwerpunkt der unternehmerischen Tätigkeit („Hauptniederlassung") in das Gebiet eines anderen Mitgliedstaats zu verlegen (Art. 49 I 1 AEUV).

Beispiel:[34] Eine niederländische Besloten Vennootschap met beperkte aansprakelijkheid (B.V.)[35] verlegt ihren tatsächlichen Verwaltungssitz in das Gebiet der Bundesrepublik Deutschland. Deutschland als Zuzugsstaat muss die Gesellschaft weiterhin als rechts- und parteifähig behandeln. Allerdings darf der Wegzugsstaat der Gesellschaft die Verlegung des Verwaltungssitzes untersagen.[36] Andererseits besteht eine Verpflichtung des Zuzugsstaates, den identitätswahrenden Formwechsel in eine Gesellschaft seines Rechts zu ermöglichen, wenn der Formwechsel für entsprechende inländische Gesellschaften vorgesehen ist (im deutschen Recht §§ 190 ff. UmwG).[37]

Ferner umfasst die sog. **„sekundäre" Niederlassungsfreiheit** das Recht, Agentu- 26
ren, Zweigniederlassungen oder Tochtergesellschaften im Gebiet eines anderen Mitgliedstaates zu gründen (Art. 49 I 2 AEUV); dabei behält die Gesellschaft im Regelfall den Schwerpunkt ihrer unternehmerischen Betätigung im Heimatstaat.

Beispiel:[38] Eine private limited company britischen Rechts errichtet in Dänemark eine Zweigniederlassung.

Umstritten ist die niederlassungsrechtliche Stellung von **Briefkastengesellschaf-** 27
ten, d. h. Gesellschaften, die in einem Mitgliedstaat der Europäischen Union nach dortigem Recht gegründet und ins Handelsregister eingetragen wurden, deren tatsächlicher Verwaltungssitz aber in einem anderen Mitgliedstaat belegen ist. Derar-

[33] Zur Schadensersatzhaftung *EuGH* v. 19.11.1991 – Rs. C-6/90 und 9/90 („Francovich"), Slg. 1991, I-5357 = NJW 1992, 165; Beispielsfall zum Europäischen Gesellschaftsrecht: *LG Berlin* EuZW 2001, 511 = EWS 2001, 561.

[34] Nach *EuGH* v. 5.11.2002 – Rs. C-208/00 („Überseering"), Slg. 2002, I-9919 = NJW 2002, 3614; dazu *Kindler*, NJW 2003, 1073 ff.; *ders.* (Fn. 32) Rn. 107 ff.

[35] Dieser Gesellschaftstyp entspricht i.W. der GmbH deutschen Rechts.

[36] *EuGH* v. 16.12.2008 – Rs. C-210/06 („Cartesio"), NJW 2009, 569 mit Aufs. *Kindler*, NZG 2009, 130 ff.; *ders.* IPRax 2009, 189 ff.

[37] *EuGH* ZIP 2012, 1394 („Vale") m. Anm. *Mörsdorf/Jopen*; anders noch *OLG Nürnberg* DNotI-Report 2012, 58.

[38] Nach *EuGH* v. 9.3.1999 – Rs. C-212/97 („Centros"), Slg. 1999, I-1495 = NJW 1999, 2027 mit Bespr. *Kindler*, 1993 ff.; dazu auch *Kindler* (Fn. 32) Rn. 117 ff.; gleichgelagerte Fallgestaltung (britische Limited mit Zweigniederlassung in den Niederlanden) bei *EuGH* v. 30.9.2003 – Rs. C-167/01 („Inspire Art"), Slg. 2003, I-10155 = NJW 2003, 3331 = NZG 2003, 1064 m. Aufs. *Kindler* 1086; dazu auch *Kindler* (Fn. 31) Rn. 110 f.; aus der deutschen Rspr. etwa *OLG Düsseldorf* NZG 2006, 317, *OLG München* NZG 2006, 512; *OLG Frankfurt* NZG 2006, 515.

tige Gesellschaften waren nach deutschem internationalem Privatrecht herkömmlich als Gesellschaften deutschen Rechts anzusehen, wenn der tatsächliche Verwaltungssitz in Deutschland belegen war.[39] Die Rspr. sieht dies seit 2003 anders. Danach **unterliegen EU-ausländische Briefkastengesellschaften derjenigen Rechtsordnung, nach der sie gegründet wurden, jedenfalls solange der Satzungssitz der Gesellschaft sich in dem betreffenden Staat befindet.**[40] Folge dieser Rspr. war es u. a., dass immer mehr – vor allem kapitalschwache – Kleinunternehmen als englische Limited mit Verwaltungssitz in Deutschland gegründet wurden. Nach Einführung der UG im Jahre 2008 (unten § 14 Rn. 104 ff.) ist die Anzahl der Limiteds drastisch zurückgegangen von ca. 50.000 auf jetzt 12.553 (*Kornblum*, GmbHR 2012, 728, 729, Stand: 1.1.2012). Umstritten ist insbesondere, auf welche gesellschaftsrechtlichen Fragen sich das Gründungsrecht im Einzelnen erstreckt und inwieweit daneben das Delikts- und Insolvenzrecht sowie die Rechtsscheingrundsätze des Verwaltungssitzstaates Anwendung finden.[41] Nach einem Referentenentwurf des BMJ vom Januar 2008 sollen künftig alle Gesellschaften einheitlich dem Gesellschaftsrecht des Gründungsstaates unterliegen, unabhängig von der Belegenheit des tatsächlichen Verwaltungssitzes.[42]

2. Rechtsangleichung

28 Auf der Ebene des sekundären Unionsrechts bestehen ferner eine Reihe von Richtlinien (Art. 288 AEUV), die die Mitgliedstaaten dazu verpflichten, ihre Rechtsvorschriften anzupassen. Bezüge zur Niederlassungsfreiheit (Rn. 25 ff.) weist dieses Rechtsangleichungsprogramm der EU insofern auf, als Art. 50 II Buchst. g AEUV hierfür die primärrechtliche Ermächtigungsgrundlage liefert, worauf auch bei der Auslegung richtliniengebundenen nationalen Rechts zu achten ist.[43] Nach dem derzeitigen Stand der Rechtsangleichung sind folgende **Richtlinien der ersten Generation (1968–1989)** in deutsches Recht umgesetzt:[44]

- die Erste Richtlinie von 1968 („Publizitätsrichtlinie“), die u. a. zur Einführung des § 15 III HGB führte;
- die Zweite Richtlinie von 1976 („Kapitalschutzrichtlinie“);
- die Dritte Richtlinie von 1978 („Verschmelzungsrichtline“), die hauptsächlich den Minderheitenschutz bei der Verschmelzung von Gesellschaften verbessert;
- die Vierte Richtlinie von 1978 („Bilanzrichtlinie“);

---

[39] BGHZ 151, 204 = NJW 2002, 3539 = IPRax 2003, 62 m. Aufs. *Kindler*, 41 ff.

[40] BGHZ 154, 185 = NJW 2003, 1461 („Überseering“); *BGH* NJW 2005, 1648; für drittstaatliche Gesellschaften s. aber *BGHZ* 178, 192 = NJW 2009, 289 mit Aufsatz *Kindler*, IPRax 2009, 189 ff. (Fall „Trabrennbahn“).

[41] Vgl. für Einzelheiten statt aller *Kindler* (Fn. 32) Rn. 427 ff.; *ders.*, NJW 2007, 1785 ff.

[42] *Kindler*, Status: Recht 2008, 68 ff.; *G. H. Roth*, FS Westermann, 2008, S. 1345 ff.; *Rotheimer*, NZG 2008, 181 ff.; *Wagner/Timm*, IPRax 2008, 81 ff.

[43] Vgl. BGHZ 110, 47, 69 = NJW 1990, 982.

[44] Einzelnachweise zum Folgenden bei *Kindler* (Fn. 32), Rn. 32 ff.; umfassend *Habersack/Verse* (Fn. 32), §§ 5 ff.; zur Staatshaftung bei fehlerhafter Richtlinienumsetzung *BGH* NZG 2006, 232 (zur Ersten Richtlinie).

- die Sechste Richtlinie von 1982 („Spaltungsrichtlinie") mit den hauptsächlichen Regelungszwecken des Anlieger- und Gläubigerschutzes;
- die Siebente Richtlinie von 1983 („Konzernabschlussrichtlinie");
- die „Mittelstandsrichtlinie" von 1990 mit Erleichterungen für kleinere und mittlere Gesellschaften bei der Rechnungslegung;
- die Elfte Richtlinie von 1989 über die Offenlegung von Zweigniederlassungen;
- die Zwölfte Richtlinie von 1989 über die Zulässigkeit der Einpersonen-GmbH.

In der **zweiten Richtliniengeneration (seit 2004)** sind umgesetzt: 29

- die Richtlinie von 2004 betreffend Übernahmeangebote;
- die Richtlinie von 2005 über die Verschmelzung von Kapitalgesellschaften aus verschiedenen Mitgliedstaaten;
- die Richtlinie von 2006 über Abschlussprüfungen;
- die Aktionärsrechte-Richtlinie von 2007.

Bezüge zur Niederlassungsfreiheit (Rn. 25 ff.) weist dieses Rechtsangleichungs- 29a
programm der EG insofern auf, als Art. 50 II Buchst. g AEUV hierfür die primärrechtliche Ermächtigungsgrundlage darstellt, worauf auch bei der Auslegung richtliniengebundenen nationalen Rechts zu achten ist.[45] Am 5.4.2011 hat die EU-Kommission das Grünbuch „Europäischer Corporate Governance-Rahmen" veröffentlicht.[46] Eine online-Konsultation zum Anpassungsbedarf im Europäischen Gesellschaftsrecht lief vom 20.2.-14.5.2012 (http://ec.europa.eu/yourvoice/ipm/forms/dispatch?form=companylaw2012&lang=de).

3. Rechtsvereinheitlichung

Ebenfalls auf der Ebene des Sekundärrechts hat die Europäische Union im Wege 30
der Verordnung nach Art. 288 AEUV supranationale Gesellschaftsformen geschaffen. Derzeit stehen hier die **Europäische Wirtschaftliche Interessenvereinigung** (EWiV) für die grenzüberschreitende Zusammenarbeit der freien Berufe und die **Europäische Aktiengesellschaft** (Societas Europaea = SE) zur Verfügung, ferner die Europäische Genossenschaft (Societas Cooperativa Europaea = SCE).[47]

Am 20.1.2009 hat der Rechtsausschuss des Europäischen Parlaments dem Sta- 30a
tut einer **Europäischen Privatgesellschaft („Societas Privata Europaea" [SPE])** zugestimmt, auch „EPG" oder „Euro-GmbH" genannt (KOM(2008) 396). Dieser Text wurde zum Teil kritisch aufgenommen, weshalb die ungarische Ratspräsidentschaft 2011 einen Kompromissvorschlag vorgelegt hat (Ratsdok. 10611/11; NZG 2011, 695). Insbesondere Deutschland und Schweden haben aber wieterhin Vorbehalte gegen die neue Rechtsform für KMU. Diese beziehen sich auf das Mindestkapital, die Arbeitnehmermitbestimmung und den Sitz der Gesellschaft. Die EPG wurde entwickelt, weil für grenzüberschreitend tätige kleinere und mittlere Unternehmen kostenintensive Verpflichtungen bestehen. Sie müssen bisher in jedem Mitgliedstaat, in dem sie tätig werden wollen, Tochterunternehmen mit

---

[45] Vgl. BGHZ 110, 47, 69 = NJW 1990, 982.

[46] Näher *Institut für Gesellschaftsrecht der Universität zu Köln* NZG 2011, 975 ff.; *Jung*, BB 2011, 1987 ff.; *Bachmann*, WM 2011, 1301 ff.; Mitt. in NZG 2011, 695.

[47] Einzelnachweise hierzu bei *Kindler* (Fn. 31), Rn. 65 ff.; näher *Fleischer*, ZHR 174 (2010), 385 ff.

jeweils unterschiedlicher Rechtsform gründen. Die SPE würde in der Praxis bedeuten, dass künftig ein und dieselbe Rechtsform ausreicht.[48]

V. Geschichtliche Grundlagen[49]

31 Vgl. zunächst § 1 Rn. 22 ff. zur Geschichte des Handelsrechts.[50] Die erste europäische Kodifikation des Gesellschaftsrechts enthielt das preußische **ALR** von 1794. Danach bestand für alle privatrechtlichen Verbände im Prinzip **Gründungsfreiheit**, wenngleich gewisse polizeirechtliche Einschränkungen zu beachten waren. Das ALR regelte bereits die vermögensmäßige, nicht kaufmännische societas als Vorläuferin der GbR, ferner mit eigener Rechtsfähigkeit ausgestattete „moralische Personen" sowie die OHG und die StG. In der Kodifikationsgeschichte des Gesellschaftsrechts folgte sodann Frankreich mit dem **Code de commerce** von 1807, der u. a. die erste gesetzliche Regelung der **Aktiengesellschaft** (société anonyme) brachte.

32 Eine erste zusammenfassende Regelung des deutschen Gesellschaftsrechts[51] findet sich im **ADHGB** von 1861. Dort waren die Handelsgesellschaften (KG, KGaA, AG), ferner die StG und die Gelegenheitsgesellschaft geregelt. Nach dem ADHGB bedurfte die Gründung einer AG der staatlichen Genehmigung (**Konzessionssystem**), bei deren Erteilung man allerdings zunehmend großzügig verfuhr (vgl. Art. 208 I ADHGB). Im Zuge der liberalen Tendenzen der 1860er Jahre hob die Aktienrechtsnovelle von **1870** die staatliche Konzessionierung der einzelnen Gesellschaften auf und führte das seither geltende **System der Normativbestimmungen** ein. Danach besteht – wie schon nach dem ALR – Gründungsfreiheit, allerdings verbunden mit einem Registrierungszwang unter Beachtung bestimmter Förmlichkeiten. Eine tiefgreifende Änderung der ADHGB-Regeln über die KGaA und die AG brachte allerdings erst das **Gesetz vom 18.7.1884**, mit dem Ziel der Bekämpfung des Gründungsschwindels und sonstiger Missbräuche. Regelungsschwerpunkte waren eine stark formalisierte Gründung der Gesellschaft einschließlich der Gründerhaftung, zwingende Vorschriften zum Schutz der Aktionäre (insbesondere betreffend Minderheitsrechte), und die Ausgestaltung des **Aufsichtsrats** als obligatorisches Kontrollorgan anstelle der bis dahin bestehenden – weitgehend wirkungslosen – Staatsaufsicht.

33 Weitere Entwicklungsschritte außerhalb des ADHGB folgten, und zwar das GenG von 1889 und das **GmbHG von 1892**. Für die GmbH gab es dabei weder

---

[48] Vgl. die Mitt. in AG 2009, R 59; näher *Fischer zu Cramburg*, NZG 2009, 217; *Hommelhoff/Teichmann*, DStR 2008, 925 ff.; *Maul /Röhricht*, BB 2008, 1578 ff.; *Peters/Wüllrich*, NZG 2008, 807 ff.

[49] Vgl. § 5 a II 3 DRiG (zu den geschichtlichen Grundlagen des Privatrechts als Ausbildungsinhalt).

[50] Schrifttum speziell zur Geschichte des Gesellschaftsrechts: *Kübler*, GesR § 2; *Wiedemann*, GesR I § 1 II 2.

[51] Vgl. zuvor aber die preußischen Gesetze über die Eisenbahnunternehmungen von 1838 und über die Aktiengesellschaften von 1843; näher *Thiessen*, „Eine Association von Capitalien", 2009.

im Ausland noch im Wirtschaftsleben ein reales Vorbild. Sie entspricht den Bedürfnis der mittelständischen Wirtschaft nach einer Kapitalgesellschaft (Haftungsbeschränkung!) mit weitreichenden Gestaltungsmöglichkeiten für das Innenverhältnis zwischen den Gesellschaftern (vgl. § 45 GmbHG im Unterschied zur aktienrechtlichen „Satzungsstrenge" nach dem – heutigen – § 23 V AktG). Die Rechtsform der GmbH wurde durch zahlreiche Rechtsordnungen der Welt rezepiert.[52]

Die Grundlagen der heutigen Gesellschaftsrechtssystematik schufen das BGB von 1896 und das HGB von 1897. Diese Gesetze führten zu einer gewissen Akzentverschiebung zum allgemeinen Recht hin, indem die beiden Grundformen (Verein und Personengesellschaft, oben Rn. 11 ff.) in das BGB eingefügt wurden (vgl. §§ 21 ff., 705 ff. BGB).[53] Zusätzlich wurden die Personenhandelsgesellschaften durch Verweisungsnormen auch äußerlich mit der Regelung des BGB verknüpft (heute §§ 105 III, 161 II HGB). 34

Im **20. Jahrhundert** beschränkten sich die gesetzgeberischen Maßnahmen weitgehend auf das **Aktienrecht** und das allgemeine Unternehmensrecht. Das Aktienrecht des HGB (§§ 178–334 i. d. F. von 1897) konnte eine Reihe von Missständen größeren Ausmaßes nicht verhindern, die sich vor allem durch die Folgen des Ersten Weltkrieges und durch die Inflation ergeben hatten. Problemschwerpunkte waren dabei die übermäßige Verwendung von Mehrstimmrechtsaktien und Verwaltungsaktien, ferner tiefgreifende Mängel der Rechnungslegung. Die hieran anknüpfenden Reformbestrebungen führten schließlich zur Ausgliederung des Aktienrechts aus dem HGB und der Schaffung des AktG von 1937. Kernpunkte der Neuregelung waren eine verschärfte Rechnungslegung, das Auskunftsrecht des Aktionärs und die Erleichterung der Kapitalbeschaffung durch Vorzugsaktien und bedingtes oder genehmigtes Kapital. Zur damals herrschenden Ideologie passte die in § 70 AktG 1937 dem Vorstand zugewiesene „Führerrolle". In der Zeit nach dem Zweiten Weltkrieg hat man zunächst eine Änderung des Aktienrechts gerade aus ideologischen Gründen gefordert, hiervon aber wieder Abstand genommen. Sachliche Schwachpunkte des AktG 1937 bestanden von Anbeginn an bei den Dividendeninterressen der Aktionäre und im Recht der verbundenen Unternehmen (Konzernrecht). Auf diesen beiden Gebieten brachte das noch heute geltende AktG von 1965 entscheidende Fortschritte. 35

Wesentliche Impulse enthielt das Aktienrecht in der Folge seit 1969 durch ***europäische*** Vorgaben (vgl. Rn. 28 f.). Im gleichen Jahr hatte das Publizitätsgesetz umfangreiche ***Offenlegungspflichten*** für große Gesellschaften normiert. Für fast alle Gesellschaften ist die ***Arbeitnehmermitbestimmung*** nach dem MitbestG 1976 von Bedeutung, die für Großunternehmen eine formal paritätische Beteiligung der Belegschafts- und Gewerkschaftsvertreter in der Unternehmensleitung fordert. Die **GmbH-Gesetz-Novelle von 1980** ermöglichte die Gründung einer Einmann- 36

---

[52] Vgl. zum ausländischen GmbH-Recht *Behrens* (Hrsg.), Die Gesellschaft mit beschränkter Haftung im internationalen und europäischen Recht, 1997, mit Länderberichten zu folgenden Staaten: Österreich, Schweiz, Frankreich, Belgien, Luxemburg, Niederlande, Dänemark, Großbritannien und Irland, Italien, Spanien, Portugal, Griechenland, Türkei; ferner *Süß/Wachter* (Hrsg.), Handbuch des internationalen GmbH-Rechts, 2007.

[53] Das Vorbild der GbR, die Gelegenheitsgesellschaft nach Art. 266 ff. ADHGB, hat man nicht in das HGB übernommen.

GmbH. Das **HRefG** von 1998 stärkte die Unternehmenskontinuität im Personengesellschaftsrecht. Zehn Jahre später hat sich der Gesetzgeber erneut in einem größeren Reformschritt der mittelständischen Unternehmen angenommen. Die **GmbH-Gesetz-Novelle von 2008** (**„MoMiG“**) soll diese Rechtsform für Gründer wieder attraktiver machen, vor allem im Vergleich zur britischen Limited (oben Rn. 27). Zugleich sollen die Gesetzesänderungen die bessere Bekämpfung von Missbräuchen ermöglichen.[54]

37 Bedeutende Änderungen ergaben sich in jüngerer Zeit für die Aktiengesellschaft vor allem durch folgende Gesetze:[55]
- das Gesetz für kleine Aktiengesellschaften und zur Deregulierung des Aktienrechts v. 2.8.1994 (u. a. mit Einführung der Einmann-AG);[56]
- das Gesetz zur Kontrolle und Transparenz im Unternehmensbereich (KonTraG) v. 27.4.1998;[57]
- das Gesetz zur Namensaktie und zur Erleichterung der Stimmrechtsausübung (NaStraG) v. 18.1.2001;[58]
- das Transparenz- und Publizitätsgesetz (TransPuG) v. 19.7.2002;[59]
- das Gesetz zur Unternehmensintegrität und Modernisierung des Anfechtungsrechts (UMAG) v. 22.9.2005;[60]
- das Gesetz zur Umsetzung der Aktionärsrechterichtlinie (ARUG) v. 30.7.2009;[61]
- das Gesetz zur Angemessenheit der Vorstandsvergütung (VorstAG) v. 31.7.2009;[62]

Fragen:
1. Welche Verbände sind Gegenstand des Gesellschaftsrechts und wie lautet die Begriffsbestimmung der Gesellschaft? (Rn. 1)
2. Ist die Erbengemeinschaft eine Gesellschaft? (Rn. 9)
3. Worin bestehen die grundsätzlichen Unterschiede zwischen den Personengesellschaften und den Körperschaften? (Rn. 13 f.)
4. Welchen Sinn hat der gesellschaftsrechtliche Rechtsformzwang und in welchen Fällen wirkt er sich aus? (Rn. 19, 22)
5. Inwiefern ist das Gesellschaftsrecht durch Europarecht beeinflusst? (Rn. 24)
6. Welche bedeutenden gesellschaftsrechtlichen Entwicklungen verbinden Sie mit folgenden Jahreszahlen: 1861, 1892, 1896/97, 1937, 1965? (Rn. 31–35)

---

[54] Gesetz vom 23.10.2008, BGBl. I S. 2026; dazu einführend *Kindler*, NJW 2008, 3249 ff.; näher unten § 14 Rn. 2.
[55] Gesamtüberblick bei *K. Schmidt*, GesR, § 26 II 2 h.
[56] Zu diesem Gesetz *Kindler*, NJW 1994, 3041 ff.
[57] Hierzu *Zimmer*, NJW 1998, 3521 ff.
[58] Zu diesem Gesetz *Kindler*, NJW 2001, 1678 ff.
[59] Hierzu *Hermanns*, ZIP 2002, 1785 ff.
[60] Näher *Spindler*, NZG 2005, 825 ff., 865 ff.
[61] Dazu *Drinhausen/Keinath*, BB 2009, 64 ff.
[62] Näher *Hamann/Wittuhn*, ZGR 2009, 847 ff.

1. Teil. Personengesellschaften

§ 10. GbR und OHG – Entstehung und Außenverhältnis

I. Grundlagen

1 Nach der Gesetzessystematik ist die OHG eine bloße **Sonderform der GbR.**[1] Soweit die §§ 105–160 HGB für die OHG keine Regelung treffen, verweist § 105 III HGB zur Lückenfüllung auf die Vorschriften des BGB über die GbR (§§ 705–740 BGB). Daraus ergibt sich zunächst ein einheitlicher Gesellschaftsbegriff. **OHG** wie **GbR** sind ein **vertraglicher Zusammenschluss von Personen zur Verfolgung eines gemeinschaftlichen Zwecks, § 705 BGB.** Besteht dieser Zweck im Betrieb eines Handelsgewerbes (zum Begriff oben § 2 Rn. 32 ff.), so ist die Gesellschaft nach § 105 I HGB OHG, bei Verfolgung sonstiger Zwecke ist sie GbR.[2] Die in § 105 I HGB genannte **„gemeinschaftliche Firma"** ist **keine Voraussetzung der OHG,** sondern notwendige Folge des gemeinschaftlichen Betriebs eines Handelsgewerbes.[3]

2 Mit dem einheitlichen Gesellschaftsbegriff sind die Gemeinsamkeiten freilich noch nicht erschöpft. Nach neuerer Rspr. decken sich GbR und OHG auch in ihren beiden Hauptmerkmalen: Beide Gesellschaften sind rechtlich verselbständigt und die Gesellschafter haften für die Gesellschaftsverbindlichkeiten persönlich. Für die OHG ist dies gesetzlich in §§ 124, 128 ff. HGB bestimmt, für die GbR spätestens durch das Grundsatzurteil des BGH vom 29.1.2001 („Weißes Ross") entschieden.[4] Dort hat der BGH mehrfach auf die genannten Vorschriften des HGB Bezug genommen.[5] Das Schrifttum stimmt der Gleichstellung von GbR und OHG nahezu einhellig zu.[6]

---

[1] Vgl. *Hüffer/Koch,* GesR, § 15 Rn. 1; aktuelle Rechtsprechung zum Personengesellschaftsrecht bei *Strohn*, DB 2012, 1137 ff.

[2] In den Fällen des § 105 II HGB hat die GbR die Option zur Umwandlung in eine OHG, unten Rn. 14.

[3] MünchKomm-HGB/*K. Schmidt,* § 105 Rn. 43 ff. (weshalb das Fehlen oder die Unzulässigkeit einer Firma – vgl. die Anforderungen in §§ 18, 19 I Nr. 2, II HGB – nichts am OHG-Tatbestand ändert).

[4] BGHZ 146, 341, 358 = NJW 2001, 1056; nachfolgend BGHZ 148, 201 = NJW 2001, 2718 (zur Haftung für Abfindungsansprüche ausgeschiedener Gesellschafter); BGHZ 148, 291 = NJW 2001, 3121 (zur Fähigkeit der GbR, Kommanditistin zu sein); BGHZ 150, 1 = NJW 2002, 1642 (zu ausnahmsweise geltenden Haftungsbeschränkungen bei geschlossenen Immobilienfonds und Bauherrengemeinschaften); BGHZ 154, 88 = NJW 2003, 1445 (zur Gesellschafterhaftung für Schadensersatzansprüche Dritter wegen deliktischen Organhandelns); BGHZ 154, 370 = NJW 2003, 1803 (zur Haftung beitretender Gesellschafter für Altverbindlichkeiten einer GbR).

[5] BGHZ 146, 341, 346, 355 f., 358 = NJW 2001, 1056.

[6] Vgl. nur *Ulmer*, ZIP 2001, 585 ff.; *ders.*, ZIP 2003, 1113, 1114 („Roma locuta causa finita"); *K. Schmidt*, NJW 2001, 993, 1002 („Meilenstein"); *Hüffer/Koch,* GesR, § 8 Rn. 4 ff.; *Habersack*, BB 2001, 477, 478; zusammenfassend *Hadding*, ZGR 2001, 712 ff. ablehnend z. B. *Peifer*, NZG 2001, 296 ff.; *Prütting*, FS Wiedemann, 2002, S. 1177 ff.; *Beuthien,* ZIP 2011, 1589 ff.; *ders.*, NZG 2011, 481 ff.; *ders.*, WM 2012, 1 ff.

3 Wenn sonach heute die GbR dem gesetzlich festgelegten Vorbild der OHG folgt – und nicht umgekehrt, wie dies die Verweisung in § 105 III HGB nahe zu legen scheint –, so muss dies Konsequenzen für die Didaktik des Gesellschaftsrechts haben. Die vorliegende Darstellung geht deshalb von der **OHG als Grundtypus der Personengesellschaft** aus und behandelt auf diesem Hintergrund die für die GbR bestehenden Abweichungen. Soweit nachfolgend von der „Gesellschaft" oder der „Personengesellschaft" die Rede ist, sind beide Gesellschaftsformen gemeint.

II. Entstehung

1. Gesellschaftsvertrag

a) Rechtsnatur

4 Die Gründung einer Gesellschaft setzt zunächst den Abschluss eines Gesellschaftsvertrags voraus, d.h. eines Vertrages, durch den sich mehrere Personen zur Verfolgung eines gemeinsamen Zweckes zusammenschließen, § 705 BGB (für die OHG i.V.m. § 105 III HGB). Derartige Verträge sind **zugleich Schuldvertrag und Organisationsvertrag**. Ersteres ergibt sich schon aus dem systematischen Standort der §§ 705 ff. BGB im Abschnitt 8 („Einzelne Schuldverhältnisse") des dem Recht der Schuldverhältnisse gewidmeten Buch 2 sowie aus den vielfältigen, unter Gesellschaftern bestehenden Pflichten, die auf ein Tun oder Unterlassen gerichtet sein können (§ 241 I BGB).

Beispiel: die Pflicht der Gesellschafter zur Beitragleistung nach §§ 705 f. BGB.

4a Mit dieser schuldrechtlichen Komponente entspricht der Gesellschaftsvertrag der societas des klassischen römischen Rechts und des gemeinen Rechts.[7]

5 Nach der gesetzlichen Regelung ist die GbR als Außengesellschaft mit Gesamthandsvermögen und Gesellschaftsorganen ausgestaltet (vgl. §§ 718, 719 BGB); die **OHG** ist **stets Außengesellschaft**, weil mit ihr nur Zwecke verfolgt werden können, die die Teilnahme am Rechtsverkehr voraussetzen (Betrieb eines Handelsgewerbes, Betrieb eines Kleingewerbes, Vermögensverwaltung; § 105 I, II HGB). Bei einer Außengesellschaft begründet der Gesellschaftsvertrag nicht nur schuldrechtliche Pflichten der Gesellschafter untereinander; zugleich bringt er die Gesellschaft selbst als organisatorische Einheit hervor. Insoweit ist er Organisationsvertrag[8] (auch: gemeinschaftsbegründender Vertrag[9]). Die Einordnung des Gesellschaftsvertrags als Organisationsvertrag hat nicht nur beschreibenden Charakter. Aus ihr folgt z.B., dass der Gesellschafter „Mitglied" der Gesellschaft als Organisation ist, weshalb die Mitgliedschaft ein eigenständiges Rechtsobjekt bildet.[10] Folge der rechtli-

---

[7] Zur societas oben § 9 Rn. 1.
[8] MünchKomm-BGB/*Ulmer*, § 705 Rn. 158 f.
[9] *Windbichler*, § 6 Rn. 2.
[10] *BGH* NJW-RR 1987, 286, 287; BGHZ 112, 40, 45 = NJW 1990, 2616; MünchKomm-BGB/*Ulmer*, § 705 Rn. 159.

chen Verselbständigung der Gesellschaft als Organisation ist weiterhin deren – im Vergleich zu einem schlichten Schuldvertrag – größere Bestandskraft nach Maßgabe der Lehre von der fehlerhaften Gesellschaft (hierzu unten Rn. 27 ff.).[11]

b) Form

In formeller Hinsicht bestehen für die Wirksamkeit des Gesellschaftsvertrags keine besonderen Voraussetzungen; insoweit gelten die allgemeinen Vorschriften für Vertragsschlüsse. Demgemäß ist der Abschluss des Gesellschaftsvertrags **grundsätzlich formfrei** wirksam und kann ausdrücklich oder konkludent herbeigeführt werden. Auch für die OHG ergibt sich aus § 106 HGB nichts anderes. Lediglich in bestimmten Ausnahmefällen sind Formerfordernisse zu beachten, um die Nichtigkeitsfolge des § 125 BGB zu vermeiden.[12] 6

Beispiel: Altmann und Brunner betreiben einen Möbelhandel. Der privatschriftliche Gesellschaftsvertrag bestimmt u. a., dass spätere Vertragsänderungen ebenso schriftlich zu fassen sind. Aufgrund der guten Geschäftsentwicklung benötigen A und B nach einiger Zeit dringend neue Lagerkapazitäten. Ein im Eigentum des A stehendes Grundstück kommt den beiden für den Bau der neuen Lagerhalle daher sehr gelegen. Sie ändern den Gesellschaftsvertrag dahingehend, dass sich A verpflichtet, der Gesellschaft das Grundstück zu übereignen. Ist die schriftliche Vertragsänderung wirksam?

Häufig sind Gesellschaftsverträge schriftlich verfasst und enthalten darüber hinaus **Schriftform-Klauseln**, wonach die Schriftform auch für Vertragsänderungen erforderlich ist, vgl. §§ 127, 126 BGB. Wird die gewillkürte Schriftform nicht beachtet, ist das Rechtsgeschäft gem. § 125 S. 2 BGB nichtig. Im Beispielsfall zu Rn. 6 haben A und B den Gesellschaftsvertrag entsprechend der Klausel schriftlich geändert. Der Vertrag ist somit nicht gem. § 125 S. 2 BGB nichtig. Zu § 311b I BGB sogleich Rn. 10. 7

Große praktische Bedeutung für die Formwirksamkeit von Gesellschaftsverträgen hat weiterhin § 311b I BGB. Danach bedarf ein Vertrag, in dem sich ein Gesellschafter gegenüber der Gesellschaft verpflichtet, ein **Grundstück** zu erwerben oder zu veräußern, der notariellen Beurkundung. Dies gilt zumindest dann, wenn die Verpflichtung eine Beitragspflicht (unten § 11 Rn. 4 ff.) des Gesellschafters darstellt. Verpflichtet sich hingegen ein Gesellschafter zum *Beitritt in eine bereits bestehende Gesellschaft*, bei der Grundvermögen vorhanden ist, so ist der Vertragsabschluss an keine Form gebunden. Denn die Mitberechtigung des Gesellschafters am Grundvermögen der Gesellschaft ist nur als bloße Folge seines Beitritts zu verstehen.[13] Mittelbar ergibt sich ein Zwang mindestens zur öffentlichen Beglaubigung des Gesellschaftsvertrages aus § 29 GBO, sollte die GbR ein Grundstück erwerben (näher unten Rn. 68). 8

Sofern der Formmangel gem. § 311b I S. 2 BGB durch Auflassung und Eintragung in das Grundbuch nicht geheilt wird und auch keine Umdeutung (z. B. in eine 9

[11] MünchKomm-BGB/*Ulmer*, § 705 Rn. 159.

[12] Einführend zu Formfreiheit und Formzwang *Musielak*, Grundkurs BGB, 11. Aufl., 2009, Rn. 47 ff.

[13] RGZ 82, 299, 302; 108, 60; BGHZ 82, 292, 294 = NJW 1982, 881; Soergel/*Hadding*, § 705 Rn. 9; Staub/*Schäfer*, § 105 Rn. 171.

formfreie Verpflichtung zur Gebrauchsüberlassung oder zur Bestellung eines Nießbrauchsrechts) nach § 140 BGB möglich ist,[14] ist die vertragliche Verpflichtung nichtig, § 125 S. 1 BGB. Nach h. M. bezieht sich die Nichtigkeit nur auf die formbedürftige Beitragspflicht. Die Wirksamkeit der sonstigen Vertragsabsprachen richtet sich nach den Regeln der Teilnichtigkeit von Rechtsgeschäften, § 139 BGB.[15] A. A. zufolge sind die Grundsätze der Lehre von der fehlerhaften Gesellschaft anzuwenden (unten Rn. 27), da das Formerfordernis nicht nur einzelne Teile, sondern den gesamten Gesellschaftsvertrag erfassen soll.[16]

10 Im Beispielsfall zu Rn. 6 haben A und B zwar nur einfache Schriftform für Vertragsänderungen vereinbart. Die gesetzlich vorgesehene notarielle Beurkundung der Verpflichtung des A, das Grundstück zu übereignen, bleibt jedoch weiterhin zwingend. Unter der Voraussetzung, dass eine Umdeutung gem. § 140 BGB hier nicht möglich ist, ist die Vertragsänderung zumindest nach der h. M. nichtig, § 125 S. 1 BGB. Eine Heilung gem. § 311b I S. 2 BGB ist gleichwohl noch möglich.

c) Inhalt

11 Im Gesellschaftsvertrag verpflichten sich die Gesellschafter nach § 705 BGB gegenseitig, die Erreichung eines gemeinsamen Zwecks in der vertraglich bestimmten Weise zu fördern, insbesondere, die vereinbarten Beiträge zu leisten. Die Erfüllung dieser Mindestvoraussetzungen lässt regelmäßig eine GbR entstehen. Sollte der gemeinsame Zweck auf den Betrieb eines *Handelsgewerbes* (oben § 2 Rn. 32 ff.) gerichtet sein, entsteht nach § 105 I HGB oder 161 I HGB eine Personen*handels*gesellschaft (OHG, KG), und zwar entgegen dem missverständlichen Wortlaut des Gesetzes auch dann, wenn sich die Gesellschafter auf keine oder auf eine unzulässige (oben § 4, bes. Rn. 39 ff.) Firmenbezeichnung einigen.[17]

12 *(1) Gemeinsamer Zweck.* Der gemeinsame Zweck des Gesellschaftsvertrags stellt das wesentliche **Abgrenzungskriterium zu anderen Schuldverhältnissen** wie den Austauschverträgen dar. Nicht den Leistungsaustausch zweier Parteien bezweckt die Gesellschaft, sondern die Erreichung eines gemeinsamen Ziels durch Leistungs*vereinigung*. Soweit der gemeinsame Zweck in einer Gewinnbeteiligung besteht, kann sowohl ein Gesellschaftsverhältnis als auch ein *partiarisches Rechtsverhältnis* vorliegen. Darunter sind Austauschverträge zu verstehen, bei denen ein Vertragspartner vom anderen eine Vergütung in Form einer Gewinnbeteiligung erhält. Dabei ist er im Regelfall nicht zugleich am Verlust beteiligt, und ihm stehen keine Mitwirkungs- und Kontrollrechte zu.

---

[14] Eine Umdeutung kommt insbesondere in Betracht, (1) wenn der Erwerb bzw. die Veräußerung des Grundstücks für alle Gesellschafter zumutbar ist oder (2) der gemeinsame Zweck auch ohne den Grundstückserwerb gefördert und erreicht werden kann (vgl. *BGH* WM 1967, 951, 952).

[15] MünchKomm-HGB/*K. Schmidt,* § 105 Rn. 137, 156.

[16] MünchKomm-BGB/*Ulmer,* § 705 Rn. 35, 40 ff.; *Wiesner*, NJW 1984, 98.

[17] Baumbach/*Hopt*, § 105 Rn. 5.

Beispiel: Nach dem Vertrag ist eine Person zu nicht mehr verpflichtet, als eine Dienstleistung zu erbringen, einen einmaligen Geldbetrag zu leisten oder einen Kredit zu gewähren, um hierfür im Gegenzug eine bestimmte Gewinnbeteiligung zu erhalten.

Ein solcher Zusammenschluss mehrerer Personen beinhaltet keinen gemeinsamen Zweck. Der Gewinn des anderen ist nur auf sein Engagement und nicht auf einen gemeinschaftlichen Vertragszweck zurückzuführen.[18] Die Verbindung dient ausschließlich der Verfolgung verschiedenartiger, eigener Interessen und begründet demnach keine Gesellschaft. 12a

An den gemeinsamen Zweck werden sonst keine besonders hohen Anforderungen gestellt. In Betracht kommt **jeder erlaubte**, also nicht gegen ein gesetzliches Verbot oder die guten Sitten verstoßende **Zweck**, der dauerhaft oder vorübergehend verfolgt wird. So kann eine gemeinsame Urlaubsreise oder die einmalige Herstellung bzw. der Erwerb einer bestimmten Sache einen gemeinsamen Zweck darstellen. 13

Beispiel: Altmann macht eine Forderung i.H.v. 10.000 EUR gegenüber Berz geltend. Da B nicht zahlt, beabsichtigt A, den Geldbetrag einzuklagen. A scheut jedoch das Prozesskostenrisiko. Deswegen schließt er mit Derb einen Vertrag, wonach D das Kostenrisiko des Rechtsstreits übernimmt und A dem D im Gegenzug einen bestimmten Anteil am Prozessergebnis gewährt. Auch derartige *Prozessfinanzierungsverträge* beinhalten einen gemeinsamen Zweck und können somit einen Gesellschaftsvertrag darstellen, da jeder Gesellschafter seinen persönlichen Beitrag leistet, um den gemeinsamen Zweck (Gewinn des Prozesses) zu fördern.[19] A bringt die Forderung in die Gesellschaft ein, D als Finanzierer übernimmt die Prozesskosten. Der etwaige Gewinn wird aufgeteilt.

Gleichgültig ist auch, ob der Zweck wirtschaftlicher oder ideeller Natur ist. 14
Wirtschaftliche Zwecke werden meist auf den Betrieb eines Erwerbsgeschäfts gerichtet sein; ideelle Zwecke können z. B. wissenschaftlicher, kultureller, politischer oder religiöser Art sein. In der Lebenswirklichkeit lassen sich **nach dem Gesellschaftszweck vier Typen der Personengesellschaft** unterscheiden:

- die **handelsgewerblich** tätige Personengesellschaft (nach §§ 105 I, 161 I HGB zwingend OHG oder KG);
- Gesellschaften zur **gemeinsamen Berufs-, Gewerbe- oder Verwaltungstätigkeit** bei Unterhaltung eines eigenen Geschäftsbetriebs, z. B. Berufssozietäten (mit Option zur PartG nach dem PartGG), Gesellschaften zwischen Kleingewerbetreibenden (mit Option zur OHG bzw. KG, §§ 105 II, 161 II HGB), Vermögensverwaltungsgesellschaften (ebenfalls mit Option zur OHG bzw. KG, §§ 105 II, 161 II HGB);
- **Projektgesellschaften** mit einer konkreten Zielvorgabe wie z. B. Arbeitsgemeinschaften (ARGE) vornehmlich auf dem Gebiet der Bauwirtschaft, Bauherrengemeinschaften, Vorgründungsgesellschaften (unten § 14 Rn. 45 ff.), Emissions- oder Finanzierungskonsortien;
- Gesellschaften zur **Verhaltensabstimmung** bei bereits anderweitig verbundenen Personen, z. B. Stimmbindungsvereinbarungen in der GmbH oder Vereinbarungen zur Steuerung von Gemeinschaftsunternehmen (unten § 14 Rn. 9 ff.).

---

[18] *BGH* NJW 1990, 573; 1992, 2696; 1995, 192; *K. Schmidt*, GesR, § 62 II 1 c bb; Palandt/*Sprau*, § 705 Rn. 51.

[19] *Buschbell*, in: Beck'sches Rechtsanwaltshandbuch, 10. Aufl., 2011, § 53 Rn. 204.

14a Den entscheidenden Vorzug der Rechtsform der GbR im Vergleich zu den Handelsgesellschaften (OHG, KG, GmbH, AG) sehen die Beteiligten häufig in der fehlenden Registerpublizität. Da die GbR kein Handelsgewerbe betreibt, ist sie kein Kaufmann i. S. d. § 29 HGB. Die Vereinbarungen bleiben daher der Öffentlichkeit verborgen.

15 Der Zweck ist nicht zu verwechseln mit den *Motiven* der Parteien für ihre Beteiligung an der Gesellschaft. Der gemeinsame Zweck wird nicht dadurch beeinträchtigt, dass sich die jeweiligen Beweggründe der Vertragspartner unterscheiden.[20]

Beispiel: Schöngeist und Baggermann schließen einen Kooperationsvertrags zur Finanzierung einer neuen Konzerthalle. S unterstützt den Bau, um das kulturelle Leben seiner Heimatstadt zu bereichern. Dass sich B als Bauunternehmer hingegen mit diesem Projekt in erster Linie eigene finanzielle Vorteile erhofft, steht dem gemeinsamen Zweck dabei nicht entgegen.

16 Vor allem bei den nachfolgend erörterten Rechtsverhältnissen ist den Beteiligten vielfach nicht bewusst, dass sie sich zu einer GbR zusammengeschlossen haben. Hier ergibt die Auslegung der zwischen ihnen bestehenden Vereinbarung häufig, dass ein gemeinsamer Zweck i. S. d. § 705 BGB verfolgt werden soll:

17 Die Partner einer **nichtehelichen Lebensgemeinschaft** begründen einen Gesellschaftsvertrag zwar nicht schon aufgrund des bloßen Zusammenlebens und gemeinsamen vermögensmäßigen Handelns, da die persönlichen Bindungen im Vordergrund stehen. Abgesehen von einem ausdrücklich zustande gekommenen Gesellschaftsvertrag, können zwischen den Partnern gesellschaftsrechtliche Grundsätze dennoch anwendbar sein, und zwar dann, wenn von beiden die *Schaffung eines gemeinschaftlichen erheblichen Vermögenswerts* beabsichtigt ist, der ihnen dauerhaft – unter Umständen über das Bestehen der Partnerschaft hinaus – gehören soll.[21] Anhaltspunkte für eine derartige Absicht gemeinschaftlicher Wertschöpfung können sich aus Absprachen zwischen den Partnern, Äußerungen des u. U. allein dinglich Berechtigten gegenüber Dritten oder im Wege einer Gesamtwürdigung aus wesentlichen Beiträgen eines Partners ergeben, auch wenn dieser nicht (Mit-) Eigentümer ist.[22] Bei Beendigung der nichtehelichen Lebensgemeinschaft – und damit der GbR – ergeben sich Auseinandersetzungsansprüche nach §§ 722, 730 ff. BGB.

18 Auch **zwischen Ehegatten** ist ein Gesellschaftsverhältnis anzunehmen, wenn ein über den typischen Rahmen der Lebensgemeinschaft hinausgehender Zweck verfolgt wird. Für die Auseinandersetzung sind hier gleichfalls §§ 722, 730 ff. BGB maßgeblich.

Beispiele: Ehepartner bauen ein gemeinsames *Unternehmen* auf, üben eine gemeinsame *berufliche Tätigkeit* aus oder errichten Eigentums- oder Mietwohnungen zur *Schaffung einer Erwerbsquelle*.

---

[20] Staub/*Schäfer*, § 105 Rn. 20 f.

[21] Eingehend *Hausmann*, Nichteheliche Lebensgemeinschaften und Vermögensausgleich, 1990, S. 206 ff.; BGHZ 77, 55 = NJW 1980, 1520; 84, 388 = NJW 1982, 2863 = JuS 1983, 145 m. Anm. *K. Schmidt*.

[22] *BGH* NJW 2008, 443 Tz. 16 ff.

Demgegenüber begründet die lediglich gemeinschaftlich finanzierte Errichtung eines Eigenheims bzw. die Mithilfe einer Ehefrau zur Errichtung einer Arztpraxis unter finanzieller Unterstützung des Ehemanns keinen gemeinsamen Zweck und somit keinen Gesellschaftsvertrag.[23] Eine auf *Vermögensbildung* gerichtete Ehegattengesellschaft besteht, wenn die Ehegatten einen über die eheliche Lebensgemeinschaft hinausgehenden Zweck erreichen wollen und das gemeinsam geschaffene Vermögen wirtschaftlich betrachtet nicht nur dem formal berechtigten, sondern auch dem anderen Ehegatten zustehen soll.[24] 18a

Ebenso verhält es sich bei mehreren **Miteigentümern**, die einen Gegenstand gemeinschaftlich halten und verwalten. In Abgrenzung zur Bruchteilsgemeinschaft (§§ 741 ff. BGB) ist hierbei ausschlaggebend, ob über das bloße Halten des Gegenstands hinaus ein weitergehendes gemeinsames Ziel verfolgt wird.[25] 19

Beispiel: Lindbergh und Rust haben für private Zwecke die Pilotenprüfung abgelegt. Da sie sich kein eigenes Flugzeug leisten können, erwerben sie gemeinsam eine gebrauchte Cessna. Jeder zahlt die Hälfte des Kaufpreises und der laufenden Kosten. Weiterhin regeln sie, inwieweit jeder von ihnen das Flugzeug selbst nutzen kann. 19a

Lösungshinweis: Hier ist lediglich von einer Bruchteilsgemeinschaft auszugehen. Denn L und R wollen das Flugzeug jeweils für ihre eigenen Zwecke verwenden. Damit verfolgen sie nur eigene Vorteile und eben keinen darüber hinausgehenden gemeinsamen Zweck. Anders liegt der Fall freilich, wenn L und R die Cessna zur Weitervermietung anschaffen und sich die daraus erzielten Erlöse teilen wollen. Damit verfolgen beide einen gemeinsamen wirtschaftlichen Zweck i. S. d. § 705 BGB, und zwar den der Vermögensverwaltung i. S. des § 105 II HGB.

(2) Förderung. Der gemeinsame Zweck muss durch eine irgendwie geartete vermögenswerte Leistung von allen Gesellschaftern gefördert werden, § 705 BGB. Entsprechend dem Rechtscharakter der Gesellschaft als Dauerschuldverhältnis muss die Förderungspflicht im Allgemeinen **auf Dauer** angelegt sein. Eine einmalige Beitragspflicht lässt eher auf ein Schenkungs- oder Austauschverhältnis schließen.[26] 20

Die Förderungspflichten können ganz unterschiedlicher Art sein und erschöpfen sich nicht in der Leistung der vereinbarten Beiträge, vgl. § 705 BGB („insbesondere").[27] Vielmehr können sie – abhängig von der jeweiligen Vertragsgestaltung – auch Pflichten begründen, für die Gesellschaft in bestimmter Weise tätig zu werden oder bestimmte Handlungen aus wettbewerblichen Gründen zu unterlassen.[28] 21

Beispiel: Lutter, Ulmer und Zöllner vereinbaren eine gemeinsame Ballonfahrt über die Schweiz. Jeder soll sich mit 10.000 EUR in bar beteiligen. Zöllner verspricht, den Pilotenschein zu erwerben, Ulmer will die erforderlichen behördlichen Genehmigungen beibringen, Lutter hat die Aufgabe, einen geeigneten Sekt zu beschaffen: all dies sind taugliche Beiträge i. S. §§ 705, 706 BGB.

---

[23] *BGH* NJW 1990, 1090; 1995, 3383; Palandt/*Sprau,* § 705 Rn. 39.
[24] BGHZ 142, 137 = NJW 1999, 2962; NJW 2003, 2982, 2984; BGHZ 165, 12 = NJW 2006, 996 = JuS 2006, 754 m. Anm. *K. Schmidt.*
[25] *K. Schmidt,* GesR, § 59 I 3 a.
[26] MünchKomm-BGB/*Ulmer,* § 705 Rn. 153.
[27] Zur Beitragsleistung i. E. § 706 BGB (unten § 11 Rn. 4 ff.).
[28] näher *Lutter,* AcP 180 (1980), 84; *C. Schäfer,* Gesellschaftsrecht, 2. Aufl. 2011, § 5 Rn. 3.

Darüber hinaus haben die Gesellschafter stets die aus jedem gesellschaftsrechtlichen Vertragsverhältnis resultierende Treuepflicht zueinander zu beachten. Sie gebietet, der Zweckerreichung nicht zuwiderzuhandeln.[29]

22 *(3) Gesellschafter.* Als Vertragsparteien, und damit gleichzeitig als Gesellschafter, kommen bei GbR und OHG praktisch meist **natürliche Personen** in Betracht. Die Gesellschafterfähigkeit besteht hier auch bei Vorliegen von Geschäftsunfähigkeit (§ 104 BGB) oder beschränkter Geschäftsfähigkeit (§ 106 BGB). Allerdings bedarf der Beitritt oder Anteilserwerb stets der Mitwirkung des gesetzlichen Vertreters.

Beispiel: Altmann führt seinen Schreibwarenladen als einzelkaufmännisches Unternehmen. Er will seinen siebzehnjährigen Neffen Norbert als Gesellschafter beteiligen. Da der Gesellschaftsvertrag auch Verpflichtungen für die beiden Gesellschafter mit sich bringt, ist er für N nicht lediglich vorteilhaft. Daher ist die Einwilligung oder Genehmigung des gesetzlichen Vertreters des N – d.h. im Regelfall der Eltern, §§ 1626 I, 1629 BGB – erforderlich, §§ 107, 108 BGB.

23 Ist – wie im Beispiel zu Rn. 22 – der Gegenstand der Gesellschaft der Betrieb eines Erwerbsgeschäfts, so ist bei Beteiligung Minderjähriger ferner eine Genehmigung des Familiengerichts einzuholen, §§ 1643 I, 1822 Nr. 3 BGB. Entsprechendes gilt bei Betreuung (§ 1908i I BGB).

24 Ferner greift § 181 BGB ein, soll der gesetzliche Vertreter neben dem Minderjährigen selbst Partei des Gesellschaftsvertrages werden.

Beispiel: Schreibwarenhändler A (Rn. 22) will seinen siebzehnjährigen Sohn Sepp als Gesellschafter beteiligen. Er unterliegt dem Verbot des Selbstkontrahierens (§ 181 BGB). Hier ist nach § 1909 BGB ein Ergänzungspfleger zu bestellen, der anstelle des gesetzlichen Vertreters die Einwilligungserklärung i. S. d. § 107 BGB bzw. die Genehmigungserklärung i. S. d. § 108 BGB abgibt. Näher Gebele, BB 2012, 728 ff. (zur Vertretung Minderjähriger bei der Schenkung von Gesellschaftsanteilen).

25 Auch **juristische Personen** (z. B. GmbH, AG, KGaA, e.V.) besitzen die Fähigkeit, Gesellschafter einer GbR oder OHG zu sein. Wegen des engen Ineinandergreifens beider Grundtypen – juristische Person und Personengesellschaft – in einer wirtschaftlichen und organisatorischen Einheit spricht man in diesen Fällen von einer **Grundtypenvermischung.**[30] Nach h. M. können sogar **Personengesamtheiten ohne eigene Rechtspersönlichkeit** Gesellschafter einer *GbR* werden, sofern sie im Verkehr als selbständige Einheiten auftreten und eine selbständige Haftung übernehmen. Dies trifft für GbR, OHG, KG und den nichtrechtsfähigen Verein zu.[31]Dieser Grundsatz lässt sich für die Personen*handels*gesellschaften allerdings nur eingeschränkt übernehmen. Zwar folgt aus § 125a I S. 3 HGB, dass eine OHG/KG auch Gesellschafterin einer anderen OHG/KG sein kann. Demgegenüber kamen nach früher h. M. die GbR und der nichtrechtsfähige Verein mangels Eintragung ins Handelsregister und der daraus resultierenden fehlenden Register-

---

[29] MünchKomm-BGB/*Ulmer,* § 705 Rn. 154; zu den Gesellschafterpflichten i. E. vgl. die Übersicht in § 11 Rn. 61.

[30] Näher *Westermann*, FS K. Schmidt, 2009, S. 1709 ff.

[31] *BGH* NJW 1997, 376; MünchKomm-BGB/*Ulmer,* § 705 Rn. 78 ff.; vgl. zum Ganzen *Armbrüster/Jansen*, DStR 1999, 1907.

publizität als Gesellschafter einer Personen*handels*gesellschaft nicht in Betracht.[32] Dem ist der BGH im Urteil vom 16.7.2001[33] für die KG entgegengetreten: Die durch BGHZ 146, 341 („Weißes Ross"; oben Rn. 2) anerkannte Rechtsfähigkeit der GbR begründe auch ihre Gesellschafterfähigkeit, und die Registerpublizität für Kommanditisten (§ 162 HGB) sei bei Beteiligung einer GbR als Kommanditistin eben auf *deren Gesellschafter* zu erstrecken.[34] Der Gesetzgeber hat diese begrüßenswerte Rechtsfortbildung durch eine Klarstellung in § 162 I 2 HGB[35] bestätigt. Darin dürfte freilich zugleich die – rechtspolitisch fragwürdige – Ablehnung der Beteiligungsfähigkeit der GbR als voll haftende OHG- oder KG-Gesellschafterin liegen.[36]

Die *Anzahl* der Gesellschafter ist zahlenmäßig nicht beschränkt, allerdings 26
muss eine Gesellschaft als Zusammenschluss mehrerer Personen notwendigerweise aus **mindestens zwei Personen** bestehen.[37] Dies folgt schon aus dem Wortlaut von § 705 BGB („Gesellschafter") und aus dem Vergleich mit §§ 1 GmbHG, 2 AktG, wo für die dort geregelten Rechtsformen ausnahmsweise die Einmanngründung gestattet ist. Hinzukommt, dass jedes Schuldverhältnis – und daher auch die Personengesellschaft (oben Rn. 4) – die Beteiligung von mindestens zwei Personen voraussetzt. Kein Gesellschafter soll nach der Rspr. der **Treugeber** eines Gesellschafters sein, selbst wenn diesem im Innenverhältnis die Gesellschafterrechte zustehen (näher unten Rn. 115 ff.).

d) Vertragsmängel – fehlerhafte Gesellschaft[38]

(1) Grundlagen. Vertragsabschlüsse bzw. einzelne darauf gerichtete Willenser- 27
klärungen können naturgemäß mit **Fehlern** behaftet sein, die nach allgemeinen Vorschriften zur Nichtigkeit bzw. Anfechtbarkeit oder Widerrufbarkeit führen.

Beispiele: Willenserklärungen können nichtig bzw. unwirksam sein aufgrund von Geschäftsunfähigkeit (§ 105 I BGB), Minderjährigkeit (§ 108 BGB), Anfechtung wegen Irrtums oder Täuschung (§§ 142, 119, 123 I BGB), aufgrund Verstoßes gegen ein gesetzliches Verbot (§ 134 BGB) oder die guten Sitten (§ 138 BGB),[39] Formmangel (§ 311b I BGB), ferner bei Ausbleiben der gerichtlichen Genehmigung (§ 1829 BGB). Auch ein Widerruf nach Verbraucherschutzrecht (z. B. § 312 BGB)[40] sowie Verstöße gegen § 1 GWB gehören hierher.[41]

---

[32] *BGH* NJW-RR 1990, 798, 799; Ebenroth/Boujong/*Joost*, § 105 Rn. 102.
[33] BGHZ 148, 291 = NJW 2001, 3121.
[34] BGHZ 148, 291, 295 = NJW 2001, 3121.
[35] Eingefügt durch das Gesetz über elektronische Register [...] vom 11.12.2001, BGBl. I S. 3422.
[36] So Koller/*Roth*/Morck, § 105 Rn. 19 (Umkehrschluss aus § 162 I 2 HGB); a. A. mit guten Gründen *OLG Celle* NZG 2012, 667; *LG Berlin* NZG 2003, 580, 581 sowie MünchKomm-HGB/*K. Schmidt*, § 105 Rn. 99.
[37] *OLG Schleswig* ZIP 2006, 615, 616 f. = NJOZ 2006, 902 = DNotZ 2006, 374; wohl auch *BGH* NZG 2004, 611 unter I; MünchKomm-BGB/*Ulmer*, § 705 Rn. 60 f.; a. A. *Baumann*, BB 1998, 231; vertiefend *H. P. Westermann*, FS Röhricht, 2005, S. 655 ff.
[38] *C. Schäfer*, Die Lehre vom fehlerhaften Verband, 2002; dazu *Kort*, AG 2003, 110.
[39] Zu § 138 BGB *BGH* NZG 2011, 1225 Tz. 9: Bei Errichtung der Gesellschaft wird die einem Gesellschafter erteilte Generalvollmacht missbraucht.
[40] So die neuere Rspr., z. B. *BGHZ 186, 167* = NJW 2010, 3096 („Friz II"); dazu *Kindler/Libbertz*, NZG 2010, 603 ff.; *C. Schäfer*, ZGR 2011, 352 ff.
[41] *BGH* v. 4.3.2008 – KVZ 55/07, NZG 2009, 182; dazu *Lohse*, FS Säcker, 2011, S. 827 ff.

28 **Grundsätzlich** werden derart fehlerhafte Verträge nach den Bestimmungen über die ungerechtfertigte Bereicherung, §§ 812 ff. BGB, der **Rückabwicklung** unterzogen.

28a Es kommt allerdings vor – namentlich wenn die Gesellschafter von der Fehlerhaftigkeit des Gesellschaftsvertrages nichts ahnen –, dass die Gesellschaft bereits in Vollzug gesetzt wurde.

Beispiel: Alf und Breetz gründen die A&B Backwaren OHG. Ein halbes Jahr nach Geschäftsbeginn erfährt A, dass B wegen Unterschlagung vorbestraft ist. B hatte ihm dies bei Vertragsschluss verschwiegen. A ficht den Gesellschaftsvertrag an (§§ 119 II, 142, 143 BGB). Von B verlangt er die Rückübereignung eines in die OHG eingebrachten LKW. Einen kürzlich namens der OHG mit Volz abgeschlossenen Kaufvertrag über den Erwerb einer größeren Menge Mehl will er nicht gelten lassen, weil eine OHG wegen der Anfechtung überhaupt nicht bestehe (§ 142 I BGB).

29 In derartigen Fällen führt die Nichtigkeit der Gesellschaft ex tunc nicht zu sachgerechten Ergebnissen. Denn eine Rückabwicklung der Gesellschaft nach Bereicherungsrecht (Innenverhältnis) und eine Behandlung der Gesellschaft als inexistent gegenüber Dritten (Außenverhältnis) würde sich über die berechtigte Erwartung aller Beteiligten hinwegsetzen, es mit einer wirksamen Gesellschaft zu tun zu haben. Deshalb **kann** nach heute einhelliger Auffassung **eine in Vollzug gesetzte Personengesellschaft, deren Gesellschaftsvertrag nichtig oder unwirksam ist, nicht mit rückwirkender Kraft beseitigt werden.** Das Gesellschaftsverhältnis wird vielmehr aus Gründen des Bestandschutzes der Gesellschaft und des Verkehrsschutzes Dritter als wirksam behandelt, bis es durch Kündigung oder Auflösungsklage für die Zukunft endet.[42]

30 Dogmatische **Grundlage der Lehre von der fehlerhaften Gesellschaft** ist die **Doppelnatur** des Gesellschaftsvertrages als Schuldverhältnis und Organisationsvertrag (oben Rn. 4 f.).[43] Die Lehre von der fehlerhaften Gesellschaft beruht auf der Erkenntnis, dass die in Vollzug gesetzte Gesellschaft die organisierte Wirkungseinheit ihrer Mitglieder ist. Die rechtlichen Bindungen, die diese Organisation hervorbringt, unterliegen anders als bloße Leistungsaustauschbeziehungen nicht der Disposition der Beteiligten.[44] Es geht darum, „die soziale Wirklichkeit des Verbandes mit den Maßstäben des Vertragsrechts zu versöhnen".[45] Dagegen greift die Annahme zu kurz, die Lehre von der fehlerhaften Gesellschaft solle bloß die nach dem bürgerlichen Recht eintretenden Nichtigkeitsfolgen beschränken.[46] Denn die Wirksamkeit des Gesellschaftsvertrages trotz dessen Fehlerhaftigkeit ergibt sich nicht aus den modifizierten Rechtsfolgen (Auflösung und Abwicklung statt Nichtigkeit). Vielmehr folgt umgekehrt aus der Wirksamkeit des Vertrages der Bestand der Gesellschaft.[47]

---

[42] Grundlegend BGHZ 55, 5, 8 f. = NJW 1971, 375; nachfolgend z. B. BGHZ 153, 214, 221 = NJW 2003, 1252; BGHZ 156, 46, 53 = NJW 2003, 2821; BGHZ 167, 239 = NJW 2006, 1955 Tz. 28; *BGH* NJW 2010, 3096 Tz. 6; Schrifttum: *Goette*, DStR 1996, 266 ff. (m. w. Nachw.).

[43] Vgl. *Goette*, DStR 1996, 266, 267.

[44] *Flume*, Allg. Teil des Bürgerlichen Rechts, Bd. I/1: Die Personengesellschaft, 1977, § 2 III, S. 13 ff.; *Hüffer/Koch*, GesR § 23 Rn. 1; ähnlich BGHZ 167, 252 = NJW 2006, 1788 Tz. 19.

[45] So anschaulich *K. Schmidt*, GesR, § 6 I 1 a.

[46] So aber *A. Hueck*, Das Recht der OHG, 4. Aufl., 1971, § 7 III; weitere Nachw. zu dieser Auffassung in Staub/*Schäfer*, § 105 Rn. 324.

[47] Vgl. *Paschke*, ZHR 155 (1991), 1, 5; *Hüffer/Koch*, GesR, § 23 Rn. 5.

(2) Tatbestand. Die Anwendung der Grundsätze über die fehlerhafte Gesellschaft[48] setzt in tatbestandlicher Hinsicht voraus: (1) den – wenn auch unwirksamen – **Abschluss eines Gesellschaftsvertrages** zwischen den Beteiligten; (2) die **Invollzugsetzung** dieser Gesellschaft.[49] 31

Formel:[50] Eine wegen Nichtigkeit des Gesellschaftsvertrages fehlerhafte Gesellschaft begründet, wenn sie tatsächlich in Vollzug gesetzt worden ist, sowohl im Verhältnis der Gesellschafter untereinander als auch gegenüber Dritten bis zu ihrer Beendigung durch Kündigung grundsätzlich ein rechtlich anzuerkennendes Gesellschaftsverhältnis.

(1) Die erste soeben Rn. 31 dargestellte Voraussetzung ist erfüllt, wenn **Willenserklärungen** zwischen den Beteiligten vorliegen, **die auf den Abschluss eines Gesellschaftsvertrages gerichtet sind.** Eine fehlerhafte Gesellschaft setzt also wie jede andere Gesellschaft einen Gesellschaftsvertrag voraus; es genügt aber bei ihr das Vorliegen eines mangelhaften Vertrages, der von dem *tatsächlichen* – wenn auch rechtlich fehlerhaften – *Willen* der Vertragsschließenden getragen ist.[51] Daher liegt keine fehlerhafte Gesellschaft vor, wenn ein Mitgesellschafter die ihm erteilte Vollmacht überschreitet.[52] Zu den möglichen Gründen der Fehlerhaftigkeit des Gesellschaftsvertrags oben Rn. 27. 32

Es muss sich um einen **grundlegenden Vertragsmangel** handeln, der jeden Gesellschafter zur Auflösung der Gesellschaft berechtigt. Hiervon abzugrenzen sind die Fälle, in denen lediglich einzelne Vertragsbestandteile unwirksam sind, denen aber für die Verfolgung des Gesellschaftszwecks keine entscheidende Bedeutung zukommt.[53] 33

Beispiele für einfache Vertragsmängel: (1) unzulässige Abfindungsklauseln; (2) Recht zur Ausschließung eines Gesellschafters ohne wichtigen Grund.[54]

Auch ohne eine salvatorische Klausel im Gesellschaftsvertrag („Die Nichtigkeit einzelner Vertragsbestimmungen berührt die Gültigkeit des Vertrags im Übrigen nicht.“) ist hier abweichend von der Auslegungsregel des § 139 BGB meist das Bestandsinteresse der Gesellschafter vorrangig zu berücksichtigen (§§ 133, 157 BGB). Der Restvertrag ist daher im Regelfall wirksam.[55] 33a

(2) Das zweite oben Rn. 31 aufgeführte Merkmal der **Invollzugsetzung** des Gesellschaftsvertrags ist erfüllt, wenn die Gesellschafter damit begonnen haben, den Vertrag durchzuführen. Das ist jedenfalls dann der Fall, wenn die Gesellschaft ihre Tätigkeit *nach außen* aufgenommen hat, wenn auch nur im Rahmen von Vorbereitungsgeschäften.[56] In der jüngeren Rechtsprechung wird die Invollzugsetzung 34

---

[48] Nach BGHZ 55, 5, 8 = NJW 1971, 375 handelt es sich dabei um einen „gesicherten Bestandteil des Gesellschaftsrechts“.

[49] Zum – negativen – Tatbestandsmerkmal des Fehlens vorrangiger Schutzinteressen sogleich unten Rn. 36 ff.

[50] Nach *BGH* NJW 1983, 748.

[51] BGHZ 11, 190, 191 = NJW 1954, 231; BGHZ 26, 330, 337 = NJW 1958, 668; *BGH* NJW 1992, 1501, 1502.

[52] BGH NZG 2011, 1225 Tz. 12.

[53] MünchKomm-BGB/*Ulmer,* § 705 Rn. 330.

[54] Vgl. zu beiden Beispielen MünchKomm-BGB/*Ulmer,* § 705 Rn. 133, 330.

[55] Vgl. zu beiden Beispielen MünchKomm-BGB/*Ulmer,* § 705 Rn. 133, 330.

[56] BGHZ 13, 320, 321 = NJW 1954, 1562.

der Gesellschaft mit der Schaffung von Rechtstatsachen gleichgesetzt, „an denen die Rechtsordnung nicht vorbeigehen kann".[57] Auch Handlungen im Innenverhältnis setzen die Gesellschaft bereits in Vollzug, so z.B. Einlageleistungen der Gesellschafter und die – hieraus folgende – Bildung von Gesamthandsvermögen.[58] Unumkehrbare Rechtstatsachen im Sinne der BGH-Formel werden ferner dadurch geschaffen, dass ein Gesellschafter ein gesellschaftsvertragliches Recht ausübt.[59]

35 Für die **fehlerhafte OHG** ist streitig, ob eine Invollzugsetzung jedenfalls mit der Eintragung der Gesellschaft im Handelsregister vorliegt. Für die ordnungsgemäß errichtete OHG folgt dann die Wirksamkeit im Verhältnis zu Dritten aus § 123 I HGB. Dennoch verneint die h.M. die Invollzugsetzung der fehlerhaften OHG allein durch Handelsregistereintragung, weil hierin noch keine Betätigung der Gesellschaft nach innen oder nach außen liege.[60] Diese Auffassung erscheint als zu eng. Mit der Verlautbarung der Gesellschaft im Handelsregister gibt sie gegenüber Dritten ihr Bestehen zu erkennen, vergleichbar dem Beginn der Kundenwerbung.[61] Immerhin erblickt die herrschende Meinung in der Handelsregistereintragung ein Indiz für die Geschäftsaufnahme und damit den Vollzug des Gesellschaftsvertrags.[62] In den meisten Fällen der Handelsregistereintragung dürfte die Streitfrage theoretisch bleiben, weil zugleich mit der Anmeldung zum Handelsregister (§ 106 HGB) Maßnahmen getroffen werden, die zweifelsfrei Vollzugsakte sind.[63]

36 *(3) Fehlen vorrangiger Schutzinteressen.* Aus dem Grundsatz der **Einheit der Rechtsordnung** folgt, dass der Anerkennung der fehlerhaften Gesellschaft keine vorrangig schutzwürdigen Interessen entgegenstehen dürfen.[64] Nach h.L. und Rspr. kommen die Regeln über die fehlerhafte Gesellschaft deshalb nicht zur Anwendung, wenn die Nichtigkeit auf Normen beruht, die höherrangigen Interessen der Allgemeinheit dienen oder bestimmte Personen schützen sollen.[65] Die Rechtsordnung kann nicht ein von ihr verbotenes und für nichtig erklärtes Rechtsverhältnis anerkennen, das laufend neue Rechte und Pflichten begründet.[66] Im Vordergrund des Interesses stehen zwei Fallgruppen:[67]

---

[57] *BGH* NJW 1992, 1501, 1502f. (im dort entschiedenen Fall hatte der Gesellschafter den Geschäftsführer monatelang für die Gesellschaft handeln lassen, ohne sich auf die Fehlerhaftigkeit der Gesellschaft zu berufen).

[58] *BGH* NJW 1992, 1501, 1502; MünchKomm-BGB/*Ulmer,* § 705 Rn. 331.

[59] *BGH* NJW 2000, 3558, 3559f.

[60] Staub/*Schäfer,* § 105 Rn. 335; a. A MünchKomm-HGB/*K. Schmidt*, § 105 Rn. 236.

[61] So im Ergebnis auch *K. Schmidt* (vorige Fn.); vgl. zur Kundenwerbung als Fall des Geschäftsbeginns i.S.d. § 123 II HGB: Koller/*Roth*/Morck, § 123 Rn. 4. Allg. zum Geschäftsbeginn unten Rn. 49.

[62] Baumbach/*Hopt*, § 105 Rn. 82 unter Berufung auf BGHZ 26, 330, 334 = NJW 1958, 668.

[63] *Goette,* DStR 1996, 266, 268.

[64] Staub/*Schäfer,* § 105 Rn. 337.

[65] BGHZ 62, 234, 241 = NJW 1974, 1201; BGHZ 75, 214, 217 = NJW 1980, 638; BGHZ 97, 243, 250 = NJW 1987, 65 ; *BGH* NJW 1992, 1503, 1504.

[66] So wörtlich *OLG Hamm* NJW-RR 1986, 1487f. (zu § 1 GWB); ebenso schon BGHZ 62, 234, 241 = NJW 1974, 1201.

[67] Gesamtüberblick zu allen unter dem Stichwort des Vorrangs entgegenstehender Schutzinteressen diskutierten Fallgruppen z.B. bei Baumbach/*Hopt,* § 105 Rn. 83f.; MünchKomm-BGB/*Ulmer,* § 705 Rn. 332ff.

(1) In der ersten Fallgruppe liegt ein **Gesetzes- oder Sittenverstoß** vor, der nach §§ 134, 138 BGB die Gesamtnichtigkeit des Gesellschaftsvertrages bewirkt. Durch die Anerkennung eines derartigen Rechtsverhältnisses würde die Rechtsordnung mit sich selbst in Widerspruch treten, und zwar wegen der laufenden Begründung neuer Rechte und Pflichten.[68] Keinen Bestandschutz genießen danach etwa Gesellschaften, deren Zweck auf Steuerhinterziehung, Zuwiderhandlungen gegen das Rechtsberatungsgesetz oder Verstöße gegen das Kartellrecht gerichtet ist, oder die sich als berufsrechtlich verbotener Zusammenschluss darstellen.[69] Eine Gesellschaft, die den Betrieb eines Bordells zum Gegenstand hat, ist nach § 138 BGB nur nichtig – und damit von einem Bestandsschutz nach den Regeln über die fehlerhafte Gesellschaft ausgenommen –, wenn der Bordellbetrieb nach § 180a I StGB strafbar ist.[70] 37

(2) Eine zweite Fallgruppe des Vorrangs entgegenstehender Schutzinteressen ist dadurch gekennzeichnet, dass **nicht vollgeschäftsfähige Personen** beteiligt sind. Hier geht es um Fälle der Geschäftsunfähigkeit (§ 105 I, II BGB) und der beschränkten Geschäftsfähigkeit (§ 106 BGB) ohne die erforderliche Mitwirkung des gesetzlichen Vertreters bzw. Vormunds oder ohne die notwendige familien- bzw. vormundschaftsgerichtliche Genehmigung nach den §§ 1643 I, 1822 Nr. 3 BGB (oben Rn. 22 ff.). 38

Beispiel:[71] Altmann und Brunner gründen mit dem minderjährigen Motz, der durch seine Eltern vertreten wird, eine OHG. Zweck der Gesellschaft ist der Betrieb der Gaststätte „Eisvogel". Obwohl die nach §§ 1643 I, 1822 Nr. 3 BGB erforderliche Genehmigung des Familiengerichts nicht eingeholt ist, wird die Eisvogel-OHG in das Handelsregister eingetragen. Die Geier-Bank verlangt von M die Rückzahlung eines Darlehens, das sie der Gesellschaft zum Betrieb der Gaststätte zur Verfügung gestellt hatte.

In derartigen Fällen – wie etwa im Beispiel soeben zu Rn. 38 – räumt die h. M. den Belangen des Schutzes nicht Vollgeschäftsfähiger den Vorrang vor der Anerkennung der fehlerhaften Gesellschaft und dem damit verbundenen Verkehrs- und Vertrauensschutz ein.[72] Daher nehmen nicht vollgeschäftsfähige Personen nicht an Gewinn oder Verlust teil (vgl. §§ 721 f. BGB; 120 f. HGB); und es trifft sie auch keine Außenhaftung, weder nach § 128 HGB noch nach den in Analogie hierzu anerkannten Haftungsregeln in der GbR[73] noch aus dem Gesichtspunkt des Rechtsscheins.[74] Im Beispielsfall haftet M der G-Bank daher nicht. Allerdings besteht eine (fehlerhafte) Gesellschaft unter den übrigen Vertragsschließenden, im Beispielsfall mithin zwischen A und B.[75] Denn insoweit besteht kein besonderes, 39

---

[68] BGHZ 62, 234, 241 = NJW 1974, 1201.

[69] *BGH* WM 1973, 156 (zur Steuerhinterziehung); BGHZ 62, 234, 241= NJW 1974, 1201 (zum Rechtsberatungsgesetz); *BGH* NJW-RR 1991, 1002 sowie BGH v. 4.3.2008 – KVZ 55/07, NZG 2009, 182 mit Aufsatz *Lohse*, FS Säcker, 2011, S. 827, 838 ff. (zum Kartellverbot des § 1 GWB); BGHZ 75, 214, 217 f. = NJW 1980, 638; BGHZ 97, 243, 250 = NJW 1987, 65 (beide zum Berufsrecht). Zu Verstößen gegen § 1 KWG *Kindler*, FS Röhricht, 2005, S. 301 ff.; kritisch Staub/*Schäfer*, § 105 Rn. 345.

[70] *BGH* NJW-RR 1988, 1379.

[71] Nach *BGH* NJW 1983, 748 – Eisvogel.

[72] *BGH* NJW 1983, 748 – Eisvogel; ferner *BGH* NJW 1992, 1503, 1504.

[73] BGHZ 142, 315 = NJW 1999, 3483; BGHZ 146, 341, 358 f. = NJW 2001, 1056.

[74] Kritisch Ebenroth/Boujong/Joost/Strohn/*Wertenbruch*, § 105 Rn. 183.

[75] BGHZ 17, 160, 166 ff. = NJW 1955, 1067.

der rechtlichen Anerkennung des tatsächlich geschaffenen Zustandes gegenüber vorrangiges Schutzbedürfnis.[76] Soweit ein nicht Vollgeschäftsfähiger Leistungen zum Gesellschaftsvermögen erbracht hat, kann er diese nach § 812 I 1 Fall 1 BGB (Leistungskondiktion) zurückverlangen.

40 *(4) Rechtsfolgen.* Für die **Zeit bis zur Geltendmachung des Fehlers** ist die fehlerhafte **Gesellschaft** im Innen- wie im Außenverhältnis als **wirksam** zu behandeln. Hierfür muss, wie unter Rn. 31 bis 39 dargestellt, ein fehlerhafter, in Vollzug gesetzter Gesellschaftsvertrag vorliegen und der Anerkennung der fehlerhaften Gesellschaft dürfen nicht ausnahmsweise höherrangige schutzwürdige Interessen entgegenstehen. *Vor* Invollzugsetzung (oben Rn. 34 f.) können die Gesellschafter Vertragsmängel auch mit Rückwirkung geltend machen, und zwar durch Anfechtung gegenüber allen Mitgesellschaftern oder durch Berufung auf die Nichtigkeit.[77] *Nach* Invollzugsetzung kann die Gesellschaft nur noch mit Wirkung für die Zukunft aufgelöst und abgewickelt werden.

41 Dabei erfolgt die **Geltendmachung des Mangels in der OHG durch Auflösungsklage** nach § 133 HGB **oder** durch **Ausschließungsklage** nach § 140 HGB.[78] Der für diese Rechtsbehelfe erforderliche wichtige Grund liegt in dem Vertragsmangel; allerdings kann die Berufung auf den Mangel gegen die gesellschaftsrechtliche Treuepflicht verstoßen.[79] Kein Zwang zur Auflösungs- oder Ausschließungsklage besteht bei verbraucherschutzrechtlichen Widerrufsrechten, z. B. nach § 312 BGB.[80] Die Geltendmachung des Vertragsmangels durch eine Willenserklärung (Kündigung) ist in der GbR ohne weiteres möglich, in der OHG nur auf der Grundlage einer entsprechenden Vertragsklausel.[81] In der GbR folgt die Befugnis zur Kündigung aus wichtigem Grund aus § 723 I BGB.

42 Wiederum unter dem Gesichtspunkt der Einheit der Rechtsordnung (vgl. schon oben Rn. 36) erfährt der Bestandsschutz im Innenverhältnis eine wesentliche Einschränkung: Es bleibt bei der Unwirksamkeit derjenigen Vertragsklausel, auf der die Fehlerhaftigkeit des Gesellschaftsvertrags beruht; andernfalls würde sich die Rechtsordnung selbst aufheben.

Beispiele:[82] (1) Der Gesellschaftsvertrag ist nach § 311b I BGB fehlerhaft. Hier ist der Gesellschafter auch nicht nach den Regeln über die fehlerhafte Gesellschaft zur Auflassung an die Gesellschaft verpflichtet. (2) Bei Sittenwidrigkeit der Gewinnverteilungsabrede (§ 138 BGB) kann der Gewinn nicht anhand dieser Abrede verteilt werden.[83]

43 *(5) Abgrenzung zur Scheingesellschaft und zur Haftung des Scheingesellschafters.* Von einer fehlerhaften Gesellschaft kann nur die Rede sein, wenn die Betei-

---

[76] *BGH* NJW 1983, 748.
[77] MünchKomm-BGB/*Ulmer,* § 705 Rn. 342.
[78] BGHZ 3, 285, 290 ff. = NJW 1952, 97; BGHZ 47, 293, 300 ff.= NJW 1967, 1566; Baumbach/*Hopt,* § 105 Rn. 88.
[79] *BGH* NJW 1988, 1324, 1325.
[80] Vgl. *BGH* NJW-RR 2005, 180 und oben Rn. 27 a. E.
[81] BGHZ 47, 293, 300 ff. = NJW 1967, 1566.
[82] Nach *Hüffer/Koch,* GesR, § 23 Rn. 4.
[83] BGHZ 47, 293, 301 = NJW 1967, 1566.

ligten tatsächlich Willenserklärungen abgegeben haben, die auf den Abschluss eines Gesellschaftsvertrages gerichtet waren (oben Rn. 32). Eine **Scheingesellschaft** liegt hingegen vor, **wenn mehrere Personen durch ihr Auftreten nach außen den Rechtsschein einer GbR, OHG oder KG hervorrufen, obwohl sie ein Gesellschaftsverhältnis nicht gewollt oder nur zum Schein (§ 117 BGB) abgeschlossen haben.**[84] Die Grundsätze der fehlerhaften Gesellschaft finden hier im *Innenverhältnis* mangels eines Vertragsschlusses keine Anwendung. Soweit nicht ohnehin Herausgabeansprüche nach § 985 BGB gegeben sind, sind Leistungen im Innenverhältnis nach Bereicherungsrecht abzuwickeln.[85]

Im *Außenverhältnis* wird der Verkehrsschutz in den Fällen der Scheingesellschaft nach den allgemeinen Regeln über die Rechtsscheinhaftung hergestellt, sofern nicht die noch schärferen Publizitätsgrundsätze des § 15 HGB eingreifen (vgl. zur ausnahmsweise gegebenen Nachrangigkeit des § 15 HGB aber oben § 3 Rn. 38 ff.).[86] 44

Formel:[87] Scheingesellschafter, denen der Rechtsschein einer Personengesellschaft zurechenbar ist, müssen sich gegenüber Dritten, die auf den Rechtsschein vertraut haben, so behandeln lassen, als sei die Gesellschaft unter ihrer Beteiligung wirksam entstanden.

Die wichtigste Rechtsfolge im Außenverhältnis besteht darin, dass redliche Dritte die Scheingesellschafter nach § 128 HGB bzw. – im Falle der GbR – entsprechend dieser Vorschrift[88] für die Erfüllung der Gesellschaftsverbindlichkeiten in Anspruch nehmen können.[89] 45

Hiervon zu unterscheiden ist der Fall, dass der **Rechtsschein einer Gesellschafterstellung** erzeugt wird. Der Rechtsscheinveranlasser haftet dann nach den Regeln über den Scheingesellschafter. Der Scheingesellschafter erweckt oder unterhält den Anschein, als Gesellschafter einer wirklichen – oder scheinbaren – Gesellschaft anzugehören, während er in Wahrheit nicht Gesellschafter ist (sondern z. B. Prokurist), vgl. hierzu die folgende 46

Formel:[90] Wer durch sein Auftreten im Geschäftsverkehr den Anschein hervorruft, er sei persönlich haftender Gesellschafter einer Handelsgesellschaft, haftet für Verbindlichkeiten aus Geschäften, die ein Dritter im Vertrauen auf diesen Rechtsschein abschließt.

Diese Grundsätze hat die Rspr. in neuerer Zeit auch auf den Rechtsschein der Mitgliedschaft in einer GbR angewendet. So haften z. B. angestellte Rechtsanwälte sowie freie Mitarbeiter einer Anwalts-GbR wie Sozietätsmitglieder, wenn sie den zurechenbaren Anschein gesetzt haben, Mitglieder der Sozietät zu sein.[91] 46a

---

[84] BGHZ 11, 190, 191 = NJW 1954, 231.

[85] Staub/*Schäfer*, § 105 Rn. 367.

[86] MünchKomm-BGB/*Ulmer*, § 705 Rn. 377 f. (zur Schein-GbR); zum Ganzen auch *Canaris*, § 6 Rn. 27 ff.

[87] Nach Staub/*Schäfer*, § 105 Rn. 371.

[88] Vgl. BGHZ 146, 341, 358 f. = NJW 2001, 1056.

[89] BGHZ 17, 13, 16 = NJW 1955, 985; BGHZ 61, 59, 64 f. = NJW 1973, 1691 (Scheinkommanditist mit der Haftungsfolge des § 176 HGB); *BGH* WM 1960, 1326, 1329 f.; WM 1970, 665; NJW 1980, 784, 785; vgl. auch BGHZ 69, 95, 98 ff. = NJW 1977, 1639 (wiederum zur Kommanditistenhaftung).

[90] Nach BGHZ 17, 13 = NJW 1955, 985; ähnlich *BGH* NZG 2012, 221 Tz. 19.

[91] BGH NZG 2012, 65 Tz. 22 = JuS 2012, 357 m. Anm. *K. Schmidt*.

Hierher gehört auch der Fall des Kommanditisten, der den Anschein unbeschränkter Haftung erzeugt; er haftet nach Rechtsscheingrundsätzen in vollem Umfang persönlich.[92] Zur Rechtsscheinhaftung des ausgeschiedenen Gesellschafters unten § 12 Rn. 7, zur Schein-KG unten § 13 Rn. 30 ff.

2. Zeitpunkt

47 Die **Gesellschaft bürgerlichen Rechts** entsteht mit **Vertragsabschluss** bzw. zu dem Zeitpunkt, den der Vertrag bestimmt. Insofern enthalten die §§ 705 ff. BGB keine Besonderheiten. Für das Wirksamwerden der **OHG** ist nach dem **Innen- und Außenverhältnis** zu unterscheiden:

a) Innenverhältnis

48 Ist der Betrieb der OHG auf ein **Handelsgewerbe** i. S. d. § 1 I HGB (zum Begriff oben § 2 Rn. 32 ff.) gerichtet, wird die OHG im Innenverhältnis grundsätzlich mit **Abschluss des Gesellschaftsvertrags** oder zu dem Zeitpunkt, den dieser bestimmt, wirksam (§ 105 I HGB). Streitig ist nur, ob dieser Zeitpunkt auch dann ausschlaggebend ist, wenn das Unternehmen nach Art oder Umfang *keinen* in kaufmännischer Weise eingerichteten Gewerbebetrieb erfordert oder nur eigenes Vermögen verwaltet (§ 105 II HGB).[93] Denn die Eintragung in das Handelsregister ist in diesen Fällen konstitutiv (rechtsbegründend) für die Entstehung als *Handels*gesellschaft, §§ 2, 3, 105 II HGB. Eine Ansicht geht davon aus, dass die OHG auch im Innenverhältnis erst mit Registereintragung wirksam wird und zuvor lediglich eine GbR besteht.[94] Der (vorzugswürdigen) Gegenmeinung zufolge entsteht die OHG schon mit Abschluss des Gesellschaftsvertrags, wenn eine nachfolgende Handelsregistereintragung von den Gesellschaftern gewollt ist.[95] Da die Gesellschafter eine OHG gründen wollen, entspricht es ihrem Willen, im Innenverhältnis die handelsrechtlichen Vorschriften von Anfang an anzuwenden. Auf den Willen der Gesellschafter abzustellen ist sachgerecht, da außenstehende Dritte vom Innenverhältnis nicht betroffen sind.

b) Außenverhältnis

49 Für das Außenverhältnis bestimmt § 123 I HGB im Grundsatz, dass die OHG im Verhältnis zu Dritten spätestens zu dem Zeitpunkt wirksam wird, zu dem sie in das *Handelsregister eingetragen* wird.[96] Bis zu diesem Zeitpunkt richten sich

---

[92] BGHZ 71, 354, 356 f. = NJW 1978, 2030; *BGH* NJW 1972, 1418, 1419; WM 1977, 1405, 1406 f.; vgl. vertiefend zu Scheingesellschaft und Scheingesellschafter Staub/*Schäfer,* § 105 Rn. 367 ff.; *Kraft/Kreutz,* D V 4; *Canaris,* § 6 Rn. 27 ff.

[93] Zu der Streitfrage, ob die Vermögensverwaltung der – nahezu – ausschließliche Gesellschaftszweck sein muss s. Koller/*Roth*/Morck, § 105 HGB Rn. 10 a. E. sowie *K. Schmidt,* JZ 2003, 585, 591 f.

[94] Staub/*Schäfer,* § 105 Rn. 50.

[95] *Eisenhardt,* Rn. 219 mit Nachw.

[96] Vgl. § 106 HGB: Die Gesellschaft ist zur Eintragung in das Handelsregister anzumelden.

Fragen des Außenverhältnisses nach den Vorschriften über die GbR. Werden einzelne Gesellschafter einer OHG vor der Eintragung rechtsgeschäftlich tätig, wird die Gesellschaft schon zu diesem Zeitpunkt nach außen wirksam, § 123 II HGB. Hierfür genügen schon bloße Vorbereitungshandlungen mit Blick auf den Gesellschaftszweck wie z. B. die Eröffnung eines Bankkontos, Verhandlungen über den Kauf eines Betriebsgrundstücks oder die Vorbereitung des notariellen Abschlusses des Grundstückskaufvertrages.[97] Die Vorverlagerung auf den Zeitpunkt des tatsächlichen *Geschäftsbeginns* gebietet der Verkehrsschutz. Maßgeblich ist der jeweils frühere Zeitpunkt, also **Handelsregistereintragung oder Geschäftsbeginn.**

Übungsfall: Altmann, Brunner und Cremer gründen in München eine Großschneiderei unter der Firma ABC Textilmode OHG. A ist zur Zeit noch bei einem anderen Unternehmen beschäftigt. Deshalb soll die Aufnahme der Geschäftstätigkeit erst mit Eintragung ins Handelsregister in drei Monaten erfolgen. Ohne Zustimmung des A kaufen B und C noch vor Eintragung ins Handelsregister im Namen der OHG zwanzig Nähmaschinen bei Volz. Gegen wen kann V seine Kaufpreiszahlungsansprüche (§ 433 II BGB) geltend machen? Zur Lösung sogleich Rn. 51 ff.

Der tatsächliche Geschäftsbeginn ist jedoch nur von Bedeutung, soweit sich nicht aus § 2 oder § 105 II HGB etwas anderes ergibt. § 123 II HGB ist demnach **nicht anwendbar auf kleingewerbliche Betriebe** i. S. des § 1 II HGB, ferner auf Gesellschaften, die sich ausnahmslos mit der **Verwaltung eigenen Vermögens** befassen. Denn bei diesen führt erst die Registereintragung als konstitutives Merkmal zum Rechtsformwechsel von der GbR in die OHG oder KG (oben Rn. 48, zu Kleingewerbe und Vermögensverwaltung oben § 2 Rn. 42 ff., 73 ff.).[98] 50

Lösung: Im Übungsfall zu Rn. 49 wollen die Gesellschafter A, B und C eine Großschneiderei betreiben, so dass die Ausnahmen der §§ 2, 3, 105 II HGB nicht eingreifen. Der Geschäftsbeginn setzt das Handeln eines Gesellschafters im Namen der Gesellschaft voraus. B und C haben den Kaufvertrag mit V im Namen der OHG abgeschlossen. Der h. M. zufolge ist weiterhin erforderlich, dass das rechtsgeschäftliche Tätigwerden des Gesellschafters mit Zustimmung der übrigen Mitgesellschafter erfolgt.[99] Daran fehlt es hier aufgrund der fehlenden Zustimmung des A. Deswegen ist die OHG nach außen nicht wirksam geworden. Ein Anspruch des V gegen die *OHG* aus § 433 II BGB i. V. m. § 124 I HGB scheidet mithin aus. 51

Nach der herrschenden Gruppenlehre (unten Rn. 59 ff.) kommt allerdings eine Haftung der im Zeitpunkt des Vertragsschlusses bereits existierenden *GbR* mit ihrem Gesellschaftsvermögen in Betracht. Dann müssten B und C die Gesellschaft wirksam vertreten haben. B und C sind gegenüber V zwar im Namen der OHG und nicht der GbR aufgetreten. Beide Rechtsformen gehen im Grundsatz aber von der Personenidentität ihrer Gesellschafter aus, so dass B und C auch im Namen der GbR tätig wurden. B und C müssen ferner im Rahmen ihrer Vertretungsmacht gehandelt haben. Gem. §§ 714, 709 BGB sind die Gesellschafter einer GbR gemeinschaftlich zur Vertretung befugt, wenn der Gesellschaftsvertrag nichts anderes bestimmt. A, B und C haben einen Gesellschaftsvertrag über die Gründung einer OHG geschlossen, bei der grundsätzlich jeder Gesellschafter allein vertretungsberechtigt ist, § 125 I HGB, und darin liegt zugleich eine anderweitige Bestimmung i. S. der §§ 714, 709 BGB. Somit han- 52

---

[97] *BGH* JuS 2004, 727 m. Anm. *K. Schmidt* = NZG 2004, 663; vgl. auch oben § 2 Rn. 49.

[98] Obwohl § 3 HGB in diesem Zusammenhang nicht benannt wird, ist diese Vorschrift dennoch in § 123 II HGB als Ausnahme neben §§ 2, 105 II HGB hineinzulesen. Denn das Fehlen des § 3 HGB beruht lediglich auf einem Redaktionsversehen des Gesetzgebers. Vgl. dazu *Kraft/Kreutz*, D I 2 a.

[99] Koller/*Roth*/Morck, § 123 Rn. 4; *A. Hueck*, OHG, § 5 II 2; a. A. MünchKomm-HGB/*K. Schmidt*, § 123 Rn. 10.

delten B und C auch im Rahmen ihrer Vertretungsmacht. Sie haben die GbR wirksam vertreten. V hat gegen die GbR nach allem einen Zahlungsanspruch aus § 433 II BGB.

53 Für diesen Anspruch haften A, B und C als GbR-Gesellschafter analog §§ 128 ff. HGB (unten Rn. 111 ff.), da B und C die GbR wirksam vertreten haben (oben Rn. 52). Daneben ist OHG-Recht zu prüfen: Mangels Außenwirksamkeit der OHG besteht keine Gesellschaftsverbindlichkeit aus § 124 I HGB und daher auch kein Anspruch des V gegen die Gesellschafter persönlich aus § 128 S. 1 HGB. Gleichwohl müssen sich diejenigen, die im Handelsverkehr als Gesellschafter einer OHG aufgetreten sind, nach Rechtsscheingrundsätzen in analoger Anwendung des § 128 HGB als solche behandeln lassen (oben Rn. 43 ff.).[100] Dies setzt voraus, dass die handelnden Gesellschafter den zurechenbaren Rechtsschein einer OHG gesetzt haben und der Dritte in schutzwürdiger Weise darauf vertraut hat. B und C sind gegenüber V als Gesellschafter der OHG aufgetreten und haben somit zurechenbar einen Rechtsschein für ihre Vertretungsmacht gesetzt. V hatte weder Kenntnis noch grob fahrlässig Unkenntnis von der fehlenden Registereintragung. Da er den Kaufvertrag im Vertrauen auf das Bestehen der ABC Textilmode OHG abgeschlossen hat, ist er schutzwürdig. Somit hat V gegen B und C einen Anspruch auf Kaufpreiszahlung aus § 433 II BGB i. V. m. 128 S. 1 HGB analog.

3. Rechtsfähigkeit

a) OHG

54 Nach **§ 124 I HGB** können die Personenhandelsgesellschaften unter ihrer Firma Rechte erwerben und Verbindlichkeiten eingehen, Eigentum und andere dingliche Rechte an Grundstücken erwerben. Dies bewirkt, dass sie – durch ihre Organe vertreten – selbst am Rechtsverkehr teilnehmen. Die Gesellschaft ist Gläubigerin vertraglicher oder gesetzlicher Ansprüche und Schuldnerin vertraglicher oder gesetzlicher Verpflichtungen. Darüber hinaus können die Personenhandelsgesellschaften vor Gericht klagen und verklagt werden. Als aktiv- und passivlegitimierte Rechtssubjekte sind sie parteifähig nach § 50 ZPO, nicht jedoch prozessfähig gem. § 52 ZPO, da sie nur durch ihre gesetzlichen Vertreter handeln.

55 Nach verbreiteter Auffassung ist die OHG eine **teilrechtsfähige Wirkungseinheit ihrer Gesellschafter**. Darin kommt zum Ausdruck, dass sie sich weder auf ein Vertragsverhältnis mit einer besonderen Vermögensordnung reduzieren noch als juristische Person begreifen lässt.[101] Vor allem zwei Gesichtspunkte stehen einer gänzlichen Gleichstellung mit juristischen Personen entgegen. Zum einen weist die Gesamthandsgesellschaft im Gegensatz zur juristischen Person eine andere mitgliedschaftliche Struktur auf: Das Personengesellschaftsrecht basiert auf dem Grundsatz der *Selbstorganschaft*; die Geschäftsführung liegt grundsätzlich bei den Gesellschaftern selbst (§ 709 BGB; § 114 HGB, auch i. V. m. § 161 II HGB). Im Recht der AG bzw. GmbH besteht die Möglichkeit der Fremdorganschaft. Die mit der Geschäftsführung betrauten Organpersonen müssen nicht zwingend aus dem Kreis der Aktionäre bzw. Gesellschafter stammen. Zum anderen entspricht es dem Charakter einer juristischen Person, dass diese ausschließlich haftet. Eine

---

[100] Vgl. nochmals BGHZ 61, 59, 64 f. = NJW 1973, 1691; *A. Hueck*, OHG, § 5 III (S. 46 ff.); Baumbach/*Hopt*, § 128 Rn. 5; *Kraft/Kreutz*, V 4.

[101] *Hüffer/Koch*, GesR, § 15 Rn. 2; Staub/*Habersack*, § 124 Rn. 3; vgl. auch BGHZ 34, 293, 296 = NJW 1961, 1022: Personenhandelsgesellschaften als Übergangsform zur juristischen Person.

Mithaftung der Mitglieder (Gesellschafter, Aktionäre) ist grundsätzlich ausgeschlossen (unten § 14 Rn. 66 ff. zur GmbH). Demgegenüber ist den Personengesellschaften die persönliche Haftung ihrer Gesellschafter wesensimmanent.

b) GbR

Umstritten war seit In-Kraft-Treten des BGB, ob die GbR (1) als Trägerin von Rechten und Pflichten *neben* die Gesellschafter tritt oder ob sie (2) bloß ein Rechtsverhältnis *zwischen* den Gesellschaftern ist.[102] 56

Beispiel:[103] Die bauwirtschaftliche Arbeitsgemeinschaft „Weißes Ross" hat durch ihren Geschäftsführer mit V einen Kaufvertrag über die Lieferung von Baustoffen abgeschlossen. Als V die Arbeitsgemeinschaft auf Kaufpreiszahlung verklagt, wendet diese ein, die Klage sei unzulässig. Denn bei der Arbeitsgemeinschaft handele es sich um eine nicht rechtsfähige und damit (§ 50 I ZPO) nicht parteifähige GbR.[104]

Der BGH hat sich im Jahre 2001 der unter (1) genannten Auffassung angeschlossen, und zwar mit weitgehender Zustimmung der Lehre (oben Rn. 2). Folgt man dem, so ist die Klage im Beispielsfall zulässig. 56a

(1) Herleitung. Die Begründung für die Rechtsfähigkeit der GbR fällt freilich alles andere als leicht. Eine dem § 124 I HGB (oben Rn. 54 f.) entsprechende Norm enthalten die §§ 705 ff. BGB nicht. Im Gegenteil: Der Wortlaut der Vorschriften zur GbR betreffend die Vertretung und die Vermögensordnung deutet eher auf eine rechtliche Unselbständigkeit der GbR hin, vgl. die oben Rn. 56 unter (2) angeführte Auffassung. So besteht die Vertretungsbefugnis der geschäftsführenden Gesellschafter nach § 714 BGB darin, *die anderen Gesellschafter* – nicht: die Gesellschaft – Dritten gegenüber zu vertreten (ebenso § 715 BGB). Daher müsste ein rechtsgeschäftlicher Erwerb ebenso wie die Begründung von Verpflichtungen in der Person der Gesellschafter erfolgen, nicht für die Gesellschaft selbst. Folgerichtig handelt § 718 I BGB vom gemeinschaftlichen Vermögen *der Gesellschafter* – nicht: der Gesellschaft. Allerdings bezeichnet dieselbe Vorschrift[105] dieses Vermögen als „Gesellschaftsvermögen", was auf eine Rechtsträgerschaft der Gesellschaft selbst hindeutet. Dass dies offenbar nicht gemeint ist, zeigt indessen § 736 ZPO. Danach bedarf es für die Zwangsvollstreckung in eben jenes Gesellschaftsvermögen eines *gegen alle Gesellschafter* ergangenen Urteils (anders wiederum § 124 II HGB für die OHG: Dort genügt ein gegen die Gesellschaft ergangenes Urteil). Vollends verwirrend wird das Bild, wenn man neuere Bestimmungen in den Blick nimmt, die die GbR auf bestimmten Gebieten rechtlich verselbständigen, was wieder für die oben Rn. 56 unter (1) genannte Auffassung spricht: §§ 191 II Nr. 1, 202 I Nr. 1 UmwG; § 11 II Nr. 1 InsO (Insolvenzfähigkeit der GbR); § 7 Nr. 3 MarkenG; § 47 II GBO mit § 899a BGB; § 162 I 2 HGB. 57

---

[102] Dazu grundlegend *K. Schmidt*, FS Beuthien, 2009, S. 211 ff.

[103] Nach BGHZ 146, 341 = NJW 2001, 1056 – Weißes Ross.

[104] Zur Parteifähigkeit als Prozessvoraussetzung s. *Musielak*, Grundkurs ZPO, 10. Aufl. 2010, Rn. 109.

[105] Wie auch §§ 718 II, 719 f., 728, 730, 733, 735, 739 BGB.

58 Nach der **früher h. M.** – oben Rn. 56 unter (2) – waren ausschließlich die Gesellschafter selbst als Zuordnungssubjekte der die Gesellschaft betreffenden Rechte und Pflichten anzusehen. Man kann diesen Standpunkt als **individualistische Theorie** bezeichnen.[106] Hinsichtlich der Aktiva des Gesellschaftsvermögens war jeder Gesellschafter Eigentümer der ganzen Sache bzw. Inhaber des ganzen Rechts, nicht bloß Bruchteilsberechtigter i. S. d. §§ 741 ff., 1008 ff. BGB. Zur Vermeidung widersprüchlicher Verfügungen dient das in § 719 I BGB normierte Gesamthandsprinzip: Wirksame Verfügungen können die Teilhaber nur gemeinsam treffen.

59 Mit der individualistischen Theorie hat der **BGH** im Urteil **„Weißes Ross"**[107] endgültig – und zu Recht – gebrochen. Die Rspr. folgt seither der auf *Otto v. Gierke* zurückgehenden **Gruppenlehre.**[108] Danach sind bei der Außengesellschaft nicht die Gesellschafter, sondern ist – analog § 124 I HGB (oben Rn. 54 f.) – die von ihnen errichtete Gesellschaft als „Gruppe" Trägerin der gesellschaftsbezogenen Rechte und Pflichten, oben Rn. 56 zu (1). Die Gruppe ist eine gegenüber Dritten selbständige Wirkungseinheit, und zwar als rechtsfähige Personengesellschaft, nicht als juristische Person (vgl. § 14 BGB).[109]

60 Für die Gruppenlehre spricht zunächst, dass sie logische Brüche vermeidet, die mit der Zuordnung des Gesellschaftsvermögens zu den Gesellschaftern zwangsläufig verbunden sind. Nicht zu erklären vermag die individualistische Theorie nämlich, dass der einzelne Gesellschafter zwar Rechtsträger sein, entgegen § 903 BGB aber keine Verfügungsbefugnis haben soll.[110] Liegt die Verfügungsbefugnis bei der Gruppe (vgl. § 719 I BGB), so ist es nur folgerichtig, der Gruppe auch die Rechtsinhaberschaft zuzuweisen.[111] Stimmig ist dies auch im Hinblick auf die Gesellschaftsverbindlichkeiten: Betrachtet man diese – individualistisch – als gemeinschaftliche Verbindlichkeiten der Gesellschafter i. S. des § 427 BGB, so widerspricht dies dem Gesamthandsprinzip.[112] Denn der einzelne Gesellschafter kann, wenn sich der geschuldete Gegenstand im Gesellschaftsvermögen befindet, die geschuldete Leistung wegen § 719 I BGB gar nicht als Gesamtschuldner allein erbringen.

61 Der rechtskonstruktive Vorzug der Gesamthand als teilrechtsfähige Wirkungseinheit liegt vor allem darin, dass ein Wechsel im Mitgliederbestand keinen Einfluss auf die mit der Gesellschaft bestehenden Rechtsverhältnisse hat. Die rechtliche Behandlung von Dauerschuldverhältnissen wird damit wesentlich erleichtert; eine Neubegründung oder Bestätigung des Schuldverhältnisses ist in diesen Fällen

---

106 Nachweise in BGHZ 146, 341, 344 f. = NJW 2001, 1056.

107 BGHZ 146, 341 = NJW 2001, 1056.

108 In die neuere Diskussion eingeführt von *Flume*, ZHR 136 (1972), 177 ff.; *ders.*, FS Raiser, 1974, S. 27 ff.; siehe ferner z. B. *Habersack*, JuS 1990, 179, 180 ff.; *ders.*, JuS 1993, 1 ff.; *Ulmer*, AcP 198 (1998), 113 ff.; *Hüffer/Koch*, GesR § 8 Rn. 4 ff.; alle m. w. Nachw.; grundsätzlich kritisch *Beuthien*, WM 2012, 1 ff.; *ders.*, NZG 2011, 481, 485 ff.

109 BGHZ 146, 341, 343 = NJW 2001, 1056; *Ulmer*, AcP 198 (1998), 113, 119 ff.; *Hüffer/Koch*, GesR § 8 Rn. 6; weitergehend *Beuthien*, NZG 2011, 161 ff.: Vermögensfähigkeit auch der Innen-GbR.

110 Rechtfertigungsversuch bei *Zöllner*, FS Gernhuber, 1993, S. 563, 576 f.

111 *Hüffer/Koch*, GesR, § 8 Rn. 6; MünchKomm-BGB/*Ulmer*, § 705 Rn. 129.

112 BGHZ 146, 341, 344 f. = NJW 2001, 1056.

nicht erforderlich.[113] Hinzu kommen: die Übereinstimmung mit der Rechtswirklichkeit und mit den unter Rn. 57 a. E. aufgeführten Sonderregelungen, ferner die bruchlose Herleitung der Rechtsnachfolge von der Vorgesellschaft zur juristischen Person (vgl. unten § 14 Rn. 66).

Die Gruppenlehre wird durch die **Rechtsvergleichung** bestätigt: Rechtsfähig ist die GbR in wichtigen europäischen Rechtsordnungen, wie z. B. im französischen[114] und im italienischen[115] Recht. 62

Trotz der Regelung in §§ 714, 718, 719 BGB (oben Rn. 57) handelt es sich bei der Gruppenlehre nicht um eine unzulässige Rechtsfortbildung contra legem. Denn der historische Gesetzgeber ist nicht bei dem schuldrechtlichen, gemeinrechtlich geprägten Verständnis der Gesellschaft (oben Rn. 4) stehen geblieben, sondern hat diesem Modell ein selbständiges Gesellschaftsvermögen als Gesamthandsvermögen hinzugefügt.[116] Der Wechsel von der individualistischen Theorie zur Gruppenlehre lässt sich daher als konsequente Fortentwicklung vom bloßen Sondervermögen zu einer der Vermögenssonderung entsprechenden Rechtssubjektivität begreifen.[117] 63

(2) Inhalt. Die Analogie zu § 124 I HGB geht nicht so weit, dass die Rechtsfähigkeit zweifelsfrei im Hinblick auf jede denkbare Rechtsposition gegeben wäre. Der BGH bejaht die Rechtsfähigkeit nur grundsätzlich, d. h. „soweit nicht spezielle Gesichtspunkte entgegenstehen".[118] Gesichert sind die Fähigkeit zur Inhaberschaft schuldrechtlicher sowie dinglicher Rechte und Pflichten, die Parteifähigkeit, die Wechsel- und Scheckfähigkeit und die Mitgliedsfähigkeit,[119] ferner die Markenfähigkeit[120] und die Erbfähigkeit.[121] Eine Generalvollmacht hat die GbR 64

---

[113] BGHZ 146, 341, 345 = NJW 2001, 1056; Beispiel: Gesellschafterwechsel während der Laufzeit eines von der GbR abgeschlossenen Mietvertrages (BGHZ 138, 82 = NJW 1998, 1220).

[114] *Sonnenberger/Dammann*, Frz. Handels- und Wirtschaftsrecht, 3. Aufl., 2008, III 47. zur „société civile".

[115] *Kindler*, Italienisches Handels- und Wirtschaftsrecht, 2002, § 4 Rn. 21 ff. zur „società semplice".

[116] In den Worten von *Flume* (o. Fn. 41), S. 3 f., wurde dem Gesellschaftsverhältnis in unvollständiger Weise das Gesamthandsvermögen „darüber gestülpt"; vgl. BGHZ 146, 341, 343 = NJW 2001, 1056.

[117] MünchKomm-BGB/*Ulmer*, § 705 Rn. 129; *Hüffer/Koch*, GesR § 8 Rn. 6 bei Fn. 18. Vertiefend zur Rechts- und Parteifähigkeit der GbR *M. Wolf*, FS Canaris, 2007, Bd. I, S. 1313 ff.; *Leipold*, a. a. O., Bd. II, S. 221 ff.

[118] BGHZ 146, 341, 343 = NJW 2001, 1056.

[119] BGHZ 146, 341 = NJW 2001, 1056 Ls. 1 sowie 347 ff. (Parteifähigkeit), 358 (Wechselfähigkeit); BGHZ 136, 254, 257 f. = NJW 1997, 2754 (Scheckfähigkeit); BVerfG NJW 2002, 3533 (Grundrechtsfähigkeit); BGHZ 148, 291 = NJW 2001, 3121 und § 162 HGB (Kommanditfähigkeit); *OLG Celle* NZG 2012, 667 (GbR als OHG-Gesellschafterin und als Komplementärin in der KG analog § 162 I 2 HGB); BGHZ 78, 311 = NJW 1981, 682 (GbR als GmbH-Gesellschafterin); BGHZ 118, 83 = NJW 1992, 2222 (GbR als Aktionärin); *BGH* NJW 1998, 376 (GbR als Gesellschafterin einer anderen GbR); *BGH* NJW 2006, 3716 = NZG 2006, 939 = EWiR 2007, 279 mit Kurzkomm. *Häublein*; *BGH* NJW 2008, 1378 = JuS 2008, 753 m. Anm *K. Schmidt* (beide zur GbR als Grundstückseigentümerin).

[120] *Fezer*, FS Ulmer, 2003, S. 119, 124 f. sowie *Ulmer*, ZIP 2001, 585, 588, beide gegen *BGH* NJW-RR 2001, 114 – Ballermann; wie im Text *LG Berlin* NZG 2009, 142, 143.

[121] Zur Erbfähigkeit z. B. *Ulmer*, ZIP 2001, 585, 596.

zu erteilen, nicht ihre Gesellschafter (KG NZG 2010, 1423 = EWiR 2011, 77 mit Kurzkomm. *Reymann*). Zur rechtlichen Verselbständigung der GbR gehört auch, dass die Gesellschaft – entgegen der früher h. M. –[122] besitzfähig ist. Sie ist **Besitzerin** i. S. d. §§ 854 ff. BGB, wenn die tatsächliche Sachherrschaft von ihren Geschäftsführern (§§ 709 ff. BGB) oder von ihren Angestellten als Besitzdienern (§ 855 BGB) ausgeübt wird.[123]

65 Die **Grundbuchfähigkeit der GbR** ergibt sich aus der im Jahr 2009 neu gefassten Vorschrift des § 47 GBO.[124] Nach § 47 I GBO soll bei Eintragung eines Rechts für mehrere gemeinschaftlich die Eintragung in der Weise erfolgen, dass entweder die Anteile der Berechtigten in Bruchteilen angegeben werden oder das für die Gemeinschaft maßgebende Rechtsverhältnis bezeichnet wird. Dabei leitet der BGH aus der allgemeinen Rechtsfähigkeit der GbR her, dass eine solche Gesellschaft unter der Bezeichnung in das Grundbuch eingetragen werden kann, die ihre Gesellschafter im Gesellschaftsvertrag für sie vorgesehen haben; sieht der Gesellschaftsvertrag keine Bezeichnung der GbR vor, wird die GbR als „Gesellschaft bürgerlichen Rechts bestehend aus ...“ und den Namen ihrer Gesellschafter eingetragen. [125] § 47 II 1 GBO ordnet für den Fall der Eintragung des Rechts für eine **GbR** an, dass **auch deren Gesellschafter im Grundbuch einzutragen** sind; dabei gelten die für den Berechtigten geltenden Vorschriften entsprechend auch für die Gesellschafter (§ 47 II 2 GBO). Die Verwendung des Wortes „auch“ in § 47 II 1 GBO zeigt, dass der Gesetzgeber die Eintragung der GbR selbst und mithin auch deren materielle Rechtsfähigkeit voraussetzt. Darin liegt eine weitere Bestätigung der BGH-Rspr. zur Rechtsfähigkeit der GbR.

66 Nach § 47 II 1 GBO ist die Eintragung der Gesellschafter Inhalt des Grundbuches. Es kommt demnach zur **Doppeleintragung** der GbR selbst und ihrer Gesellschafter. So ist es möglich, an die Eintragung eine materiell-rechtliche Vermutung bezogen auf die Gesellschafterstellung und die entsprechende Anwendbarkeit der §§ 892 ff. BGB zu knüpfen. Dabei gewährleistet § 47 II 1 GBO, dass das Grundbuch die materielle Vermögenszuordnung bei der GbR zutreffend verlautbart, wie sie sich auf der Grundlage der BGH-Rechtsprechung seit dem Urteil „Weisses Ross“ darstellt. Als Berechtigter ist mithin allein die GbR einzutragen. Die daneben angeordnete Eintragung der Gesellschafter gewährleistet nicht nur die Identifizierung der berechtigten GbR, sondern auch einen Redlichkeitsschutz nach §§ 892, 893 BGB für Erwerber, die ihren Vertrag mit den im Grundbuch als Gesellschafter eingetragenen Personen schließen, selbst wenn diese in Wahrheit nicht Gesellschafter der GbR sind (§ 899a BGB).

Beispiel: Im Grundbuch ist die ABC-GbR als Eigentümerin eines Grundstücks eingetragen, zudem als ihre Gesellschafter nach § 47 II GBO die Herren A, B und C. Nun tritt C seinen Anteil an der Gesellschaft an den D ab, im Grundbuch bleibt aber weiterhin der C als Gesell-

[122] BGHZ 86, 300, 307 = NJW 1983, 1114; BGHZ 86, 341, 344 = NJW 1983, 1123: Mitbesitz (§ 866 BGB) der Gesellschafter.

[123] *Hüffer/Koch*, GesR, § 8 Rn. 13; MünchKomm-BGB/*Ulmer*, § 718 Rn. 35 ff.

[124] In der Fassung des Gesetzes zur Einführung des elektronischen Rechtsverkehrs und der elektronischen Akte im Grundbuchverfahren vom 11.8.2009, BGBl. I S. 2713; näher Beschlussempfehlung und Bericht des Rechtsausschusses vom 17.6.2009, BT-Drs. 16/13437, S. 27 ff.; *Steffek*, ZIP 2009, 1445 ff.; *Krüger*, NZG 2010, 801 ff.; Wilhelm, NZG 2011, 801 ff.

[125] BGHZ 179, 102 = NJW 2009, 594 = JuS 2009, 278 mit Anm. *K. Schmidt*.

schafter eingetragen. Ein Erwerber des Grundstücks kann sich wegen der zugleich erfolgten Eintragung von A, B und C auf den Grundbuchinhalt verlassen. Schließt er einen Vertrag mit den im Grundbuch genannten Personen, so erwirbt er – im Falle der Gutgläubigkeit – das Eigentum an dem Grundstück nach §§ 892, 893 BGB i.V.m. § 899a BGB.

Die Vorschrift des § 47 II 2 GBO bestimmt, dass im **Eintragungsverfahren** diejenigen Vorschriften, die sich auf die Eintragung des Berechtigten beziehen, entsprechend für die Eintragung als Gesellschafter gelten. Daher kann die GbR im Grundbuchverfahren weiterhin so behandelt werden wie vor Anerkennung ihrer Rechtsfähigkeit durch die Rechtsprechung. Zugleich ist dadurch die grundbuchverfahrensrechtliche Behandlung von Änderungen im Gesellschafterbestand gewährleistet: Ist eine GbR als Berechtigte im Grundbuch eingetragen und tritt ein eingetragener Gesellschafter seinen Gesellschaftsanteil an einen Dritten ab (§§ 398 ff., 413 BGB), so kann die Eintragung des Zessionars als Neugesellschafter eingetragen werden. Die Eintragung erfolgt in diesen Fällen aufgrund einer Berichtigungsbewilligung des Zedenten sowie Zustimmungserklärungen des Zessionars und aller übrigen eingetragenen Gesellschafter (jeweils in der Form des § 29 GBO). 67

Nach **§ 20 GBO** darf die Eintragung im Fall der Auflassung eines Grundstücks nur erfolgen, wenn die erforderliche Einigung des Berechtigten und des anderen Teils erklärt ist (Ausnahme vom formellen Konsensprinzip des § 19 GBO). Die Einigung ist in der **Form des § 29 I 1 GBO** nachzuweisen. Dazu zählte nach herrschender OLG-Rspr. bei einem Erwerb durch eine GbR auch der Nachweis von der Existenz, Identität und der Vertretungsverhältnisse der GbR im Zeitpunkt der Abgabe der Grundbucherklärung.[126] Dem trat der V. Zivilsenat des BGH in einem **Grundsatzurteil vom 28.4.2011** entgegen:[127] Danach reicht es beim Grundstückserwerb durch eine GbR für die Eintragung des Eigentumswechsels im Grundbuch (§ 873 BGB) aus, wenn die GbR und ihre Gesellschafter in der notariellen Auflassungsurkunde (§ 925 BGB) benannt sind und die für die GbR Handelnden erklären, dass sie deren alleinige Gesellschafter sind. Nicht erforderlich ist, dass die Gesellschaft in der Erwerbsurkunde selbst gegründet wurde. Denn § 47 II GBO betreffe nur den Inhalt der Grundbucheintragung, nicht deren Voraussetzungen. Zuverlässig nachgewiesen werden können Existenz und Vertretungsberechtigung einer GbR allerdings nur anhand eines – rechtspolitisch wünschenwerten – Registers für GbR. 68

III. Vertretung

Die Vertretungsmacht der Gesellschafter ist für die GbR und die Personenhandelsgesellschaften nicht einheitlich geregelt. So geht § 714 BGB für die *GbR* in der Regel für alle Gesellschafter von einer *Gesamtvertretungsmacht* aus. Im Gegen- 69

---

[126] Nachweise in BGHZ 189, 274 = NZG 2011, 698 Tz. 17; dazu *Heckschen*, EWiR 2011, 347 f.; *Ulmer*, ZIP 2011, 1689 ff.; der BGH folgt insoweit *Reymann*, ZNotP 2011, 83, 101 ff.; kritisch *Bestelmeyer*, ZIP 2011, 1389 ff.

[127] *BGH* aaO (wie vorige Fn.).

satz dazu sieht § 125 I HGB im Grundsatz für jeden Gesellschafter einer *OHG* vor, dass er die Gesellschaft *einzeln vertreten* kann. Sowohl § 714 BGB als auch § 125 HGB sind allerdings dispositiv, so dass sich aus dem Gesellschaftsvertrag etwas anderes ergeben kann.

1. OHG

a) Grundsatz der Einzelvertretungsmacht; Umfang

70 Bei der OHG als Personen*handels*gesellschaft ist im Interesse des Verkehrsschutzes (vgl. oben § 1 Rn. 14 f.) grundsätzlich **jeder persönlich haftende Gesellschafter allein** zur Vertretung der Gesellschaft befugt, § 125 I HGB. Der Vertreter handelt im Namen der Gesellschaft. Dies folgt schon aus § 124 I HGB, wonach die *Gesellschaft* Verbindlichkeiten eingehen und Forderungen erwerben kann. Nach § 126 I HGB erstreckt sich die Vertretungsmacht auf **alle** gerichtlichen und außergerichtlichen **Geschäfte und Rechtshandlungen**. Der Zusatz, dass auch die Veräußerung und Belastung eines Grundstücks sowie die Erteilung und der Widerruf einer Prokura von der Vertretungsmacht gedeckt sind, hat lediglich klarstellende Bedeutung, da diese Befugnisse in den „gerichtlichen und außergerichtlichen Geschäften und Rechtshandlungen" bereits enthalten sind. Außerhalb der Vertretungsmacht liegen sog. **Grundlagengeschäfte**, wie z.B. die Änderung des Gesellschaftsvertrages, die Erhöhung der Beiträge oder die Aufnahme neuer Gesellschafter.[128] Auch bei **missbräuchlicher Ausübung der Vertretungsbefugnis** handelt der Gesellschafter ohne Vertretungsmacht. Außer bei kollusivem Zusammenwirken mit dem Dritten liegt Missbrauch schon bei evident pflichtwidrigem Vertreterhandeln vor.[129] Eine **gesellschaftsvertragliche Beschränkung der Vertretungsmacht** ist Dritten gegenüber allerdings **unwirksam**, § 126 II HGB. Auch eine Beschränkung der Geschäftsführungsbefugnis wirkt sich nur auf das Innenverhältnis aus und hat keine Beschränkung der Vertretungsmacht zur Folge. Denn anders als bei der GbR fehlt im Recht der OHG eine Bestimmung, wonach sich die Vertretungsmacht mangels vertraglicher Bestimmung nach der Geschäftsführungsbefugnis richtet (vgl. §§ 714, 709 BGB). Zur Geschäftsführungsbefugnis als Frage des Innenverhältnisses s. unten § 11 Rn. 63 ff.

71 Für die **OHG** gilt das Prinzip der **Selbstorganschaft.**[130] Nur Gesellschafter können organschaftliche Vertreter i.S. der §§ 125 ff. HGB sein. Diese Einschränkung ist wegen der persönlichen Haftung der Gesellschafter (§§ 128 ff. HGB; unten Rn. 90 ff.) berechtigt; sie bedingt ein besonderes Vertrauensverhältnis zu den organschaftlichen Vertretern der OHG, wie es nach der Vorstellung des Gesetzgebers nur zu den – gleichfalls haftenden – Mitgesellschaftern bestehen kann. Die organschaftliche Vertretungsmacht als solche ist höchstpersönlich und auch durch Gesellschaftsvertrag nicht auf Dritte übertragbar. Jedoch können Nicht-Gesell-

---

128 Staub/*Habersack,* § 126 Rn. 4, 12 ff.

129 Näher Staub/*Habersack,* § 126 Rn. 23 ff., 26 mit Verweis auf BGHZ 127, 239, 241 = NJW 1995, 250.

130 BGHZ 33, 105, 108 = NJW 1960, 1997; BGHZ 41, 367, 369 = NJW 1964, 1624; BGHZ 51, 189, 199 f. = NJW 1969, 504; Baumbach/*Hopt,* § 125 Rn. 5.

schafter – ebenso wie bei der GbR – die Gesellschaft rechtsgeschäftlich (§§ 164 ff. BGB) vertreten. Vollmachten an Nicht-Gesellschafter können auch in Form der Prokura (§§ 48 ff. HGB) oder der Handlungsvollmacht (§§ 54 f. HGB) erteilt werden. Dabei muss aber mindestens ein persönlich und unbeschränkt haftender Gesellschafter stets befugt sein, die Gesellschaft nach außen hin allein zu vertreten.[131] Zu den handelsrechtlich Bevollmächtigten s. ausführlich oben § 6.

Abweichend vom gesetzlichen Regelfall des § 125 I HGB kann der Gesell- 72 schaftsvertrag für alle oder mehrere Gesellschafter bestimmen, dass diese die Gesellschaft nur gemeinsam vertreten dürfen, § 125 II S. 1 HGB (**Gesamtvertretung**). Darüber hinaus kann der Gesellschaftsvertrag anordnen, dass ein oder mehrere Gesellschafter – wenn nicht mehrere von ihnen zusammen handeln – in Verbindung mit einem angestellten Prokuristen vertretungsberechtigt sind, § 125 III S. 1 HGB (**unechte Gesamtvertretung oder gemischte Gesamtprokura**); oben § 6 Rn. 13 ff.

Ist der Gesellschaft gegenüber eine Erklärung abzugeben, so kann diese sowohl 73 gegenüber einem Einzel- als auch einem Gesamtvertreter vorgenommen werden, § 125 II S. 3, III S. 2 HGB. Insofern spricht man von *passiver Einzelvertretung*, die jedoch nicht die stillschweigende Zustimmung zu einer zugegangenen Erklärung beinhaltet.[132]

b) Entziehung

Nach § 127 HGB kann einem Gesellschafter die Vertretungsmacht entzogen 74 werden. Ebenso wie die Parallelvorschrift des § 715 BGB für die GbR setzt § 127 HGB einen **wichtigen Grund** voraus.

Beispiele: Hartnäckige Nichtbeachtung der Mitwirkungsrechte anderer Gesellschafter (vgl. § 116 II HGB); Unfähigkeit, z. B. aufgrund dauernder Krankheit; Zerwürfnis der Gesellschafter.

Lediglich **das Verfahren ist abweichend:** Während die GbR-Gesellschafter die 74a Entziehung beschließen, bedarf es nach § 127 HGB eines gerichtlichen Antrags der OHG-Gesellschafter. Die Entscheidung über das Vorliegen des wichtigen Grunds trifft das Gericht. Die Vertretungsmacht wird sodann durch rechtskräftiges Gestaltungsurteil entzogen.

Umstritten ist, ob auch dem einzigen vertretungsberechtigten Gesellschafter die 75 Vertretungsmacht entzogen werden kann. Die h. M. betrachtet dies als zulässig, wenn die Gesellschafter zugleich bestimmen, dass sämtliche persönlich haftenden Gesellschafter gesamtvertretungsberechtigt sind.[133] Denn nach dem Grundsatz der Selbstorganschaft muss die Vertretung der OHG nach außen hin stets durch mindestens einen Gesellschafter gewährleistet sein.

---

[131] *BGH* NJW 1982, 817; *BGH* NJW-RR 1994, 98.

[132] *RG* JW 1927, 1676; Baumbach/*Hopt*, § 125 Rn. 18; zum kaufmännischen Bestätigungsschreiben oben § 7 Rn. 16 ff.

[133] BGHZ 33, 107, 108 = NJW 1960, 1997; BGHZ 51, 198 = NJW 1969, 507; Koller/*Roth*/Morck, § 127 Rn. 1; für den Fall der Entziehung der Vertretungsmacht des einzigen vertretungsberechtigten persönlich haftenden Gesellschafters einer KG s. *BGH* NJW 1998, 1226.

2. GbR

a) Vertretene Person

76 Nach § 714 BGB vertreten die geschäftsführungsbefugten Gesellschafter[134] Dritten gegenüber „die anderen Gesellschafter".[135] Nach der seit 2001 auch in der Rspr. anerkannten **Gruppenlehre** (oben Rn. 59 ff.) besitzt die Gesellschaft indessen eine **eigene Rechtsfähigkeit**, soweit sie als selbständige Einheit nach außen auftritt. Daraus folgt, dass sie selbst durch Vertreter rechtsgeschäftlich handeln können muss.[136] Die geschäftsführungsbefugten **Gesellschafter vertreten** daher **die Gesellschaft**, nicht die anderen Gesellschafter. Die ihnen durch § 714 BGB eingeräumte Vertretungsmacht ist organschaftlicher Natur, wie namentlich § 715 BGB[137] zeigt.[138]

77 Entgegen der **früher herrschenden Doppelverpflichtungslehre**[139] vertreten die geschäftsführenden Gesellschafter neben der Gesellschaft nicht auch noch ihre Mitgesellschafter persönlich. Die Doppelverpflichtungslehre war der Versuch, einen *eigenständigen Verpflichtungstatbestand* für die einzelnen Gesellschafter zu begründen, da das Gesetz – anders als für die OHG-Gesellschafter, §§ 128 ff. HGB – in der GbR *keine akzessorische Gesellschafterhaftung* anordnet. Mit dem Übergang zur akzessorischen Gesellschafterhaftung analog §§ 128 ff. HGB durch BGHZ 146, 341, 358 („Weißes Ross") – Rn. 2, 56, 113 – hat sich die Doppelverpflichtungslehre erledigt.

b) Grundsatz der Gesamtvertretungsmacht

78 Die Vertretungsmacht steht nach § 714 BGB allen Gesellschaftern zu (**Selbstorganschaft**; wie oben Rn. 71). Soweit der Gesellschaftsvertrag über den Umfang der Vertretungsmacht keine Regelungen trifft, richtet sich dieser nach § 714 BGB „im Zweifel" nach dem Umfang der Geschäftsführungsbefugnis (§ 709 BGB). Auch für diese ist in erster Linie eine gesellschaftsvertragliche Regelung ausschlaggebend. Denn nach § 710 BGB kann die Geschäftsführung einem oder mehreren Gesellschaftern übertragen werden mit der Folge, dass die übrigen Gesellschafter von der Geschäftsführung ausgeschlossen sind. Sofern der Gesellschaftsvertrag hierzu nichts regelt, führen die Gesellschafter die Geschäfte der Gesellschaft *gemeinschaftlich*, § 709 BGB. In Übereinstimmung damit steht nach § 714 BGB den Gesellschaftern auch die *Vertretung* der Gesellschaft grundsätzlich *gemeinschaftlich* zu. Vertretungsmacht und Geschäftsführungsbefugnis sind also stets deckungsgleich, soweit im Gesellschaftsvertrag keine abweichenden Regelungen

---

[134] Zur Geschäftsführung s. §§ 709 bis 713 BGB und § 11 Rn. 63 ff.

[135] Anders § 125 I HGB, wonach jeder Gesellschafter zur „Vertretung der Gesellschaft" ermächtigt ist, oben Rn. 70.

[136] *Hüffer/Koch*, GesR § 10 Rn. 2; *Grunewald*, 1.A.55.

[137] Zu dieser Bestimmung unten § 11 Rn. 80.

[138] MünchKomm-BGB/*Ulmer*, § 714 Rn. 16 f.

[139] Zuletzt etwa *BGH* NJW 1998, 2904, 2905; zusammenfassend MünchKomm-BGB/*Ulmer*, § 714 Rn. 3.

enthalten sind. Aus dem Gesagten folgt ferner, dass die Gesellschafter aus zwei Gründen ausnahmsweise mit Einzelvertretungsmacht ausgestattet sein können: weil der Gesellschaftsvertrag dies ausdrücklich vorsieht oder kraft der Geschäftsführungsbefugnis (§§ 714, 710 BGB). Unabhängig davon kann ein Gesellschafter rechtsgeschäftlich (§§ 167 ff. BGB) mit der alleinigen Vertretung der Gesellschaft betraut werden.[140]

Jeder Mitgesellschafter kann der Maßnahme eines einzelnen Gesellschafters im 79
Rahmen der *Geschäftsführung* nach § 711 BGB widersprechen. Dagegen bewirkt im Falle des rechtsgeschäftlichen Handelns eines Gesellschafters mit Einzelvertretungsmacht ein Widerspruch gegen die Geschäftsführungsbefugnis nicht, dass auch die Vertretungsbefugnis entfällt.[141] Denn anders als bei bloßen Auswirkungen auf das Innenverhältnis ist der Rechtsverkehr in besonderem Maße schutzbedürftig. Es ist dem Geschäftspartner nicht zuzumuten, sich vor Geschäftsabschluss zu erkundigen, ob einer Maßnahme der Geschäftsführung wirksam widersprochen wurde. Die Schutzwürdigkeit des Dritten kann ausnahmsweise dann entfallen, wenn ihm der Widerspruch im Zeitpunkt des Vertragsschlusses bekannt war.

Übungsfall: Althaus und Beller betreiben ein Tierfachgeschäft unter dem Namen Zoomühle 79a
GbR. Nach dem Gesellschaftsvertrag sind beide Gesellschafter allein geschäftsführungsbefugt. B ist der Ansicht, dass die GbR unbedingt 100 neue Kanarienvögel beim Großhändler Viemann für die Ausstellung erwerben muss, da die vorhandenen aufgrund ihres hohen Alters kaum mehr fliegen können. A widerspricht der beabsichtigten Geschäftsführungsmaßnahme. Darüber setzt sich B hinweg und schließt mit dem gutgläubigen V einen entsprechenden Vertrag. Ist die GbR wirksam vertreten worden?

Lösung: Da nach dem Gesellschaftsvertrag A und B allein geschäftsführungsbefugt sind, sind sie ebenfalls allein vertretungsberechtigt, § 714 BGB. Aufgrund der Alleingeschäftsführungsbefugnis kann A der Vornahme des Geschäfts durch B jedoch widersprechen, § 711 S. 1 BGB. Dies hat zur Folge, dass das Geschäft unterbleiben muss, § 711 S. 2 BGB. Der Widerspruch des A wirkt sich gleichwohl nur auf die Geschäftsführungsbefugnis und somit auf das Innenverhältnis aus. Die für das Außenverhältnis zu V maßgebliche alleinige Vertretungsberechtigung des B bleibt davon unberührt. Da der Widerruf des A dem V nicht bekannt war, ist dieser auch schutzwürdig. B hat somit die GbR wirksam vertreten.

Nach dem Prinzip der **Selbstorganschaft** (oben Rn. 71, 78) ist eine **Übertragung** 80
der höchstpersönlichen **organschaftlichen Vertretungsmacht unzulässig.** Möglich ist zwar, dass neben den persönlich haftenden Gesellschaftern noch andere Personen bevollmächtigt sind, die Gesellschaft aufgrund allgemeiner Vorschriften nach außen hin wirksam zu vertreten, §§ 164 ff. BGB. Die Bevollmächtigung von Nicht-Gesellschaftern darf jedoch nicht dazu führen, dass alle Gesellschafter von der Vertretung ausgeschlossen werden. Denn die Selbstorganschaft setzt voraus, dass zumindest stets ein Gesellschafter die Gesellschaft rechtsgeschäftlich vertreten kann.[142]

[140] Sehr großzügig bei der Annahme einer – konkludent erteilten – Vollmacht: *BGH* NZG 2005, 345.

[141] BGHZ 16, 394, 398 f. = NJW 1955, 825; *BGH* NZG 2008, 588 Tz. 45 ff. und Ls. 2 = EWiR 2009, 297 m. Kurzkomm. *Schodder*; MünchKomm-BGB/*Ulmer*, § 711 Rn. 14 f.

[142] MünchKomm-BGB/*Ulmer*, § 709 Rn. 5; dazu auch oben § 6 Rn. 3 ff.

c) Umfang der Vertretungsmacht

81 Wegen ihrer Herleitung aus der Geschäftsführungsbefugnis erstreckt sich die Vertretungsmacht **nicht** auf **Grundlagengeschäfte**, wie z. B. die Änderung des Gesellschaftsvertrages, die Erhöhung der Beiträge oder die Aufnahme neuer Gesellschafter; auch Geschäfte außerhalb des Gesellschaftszwecks sind nicht mehr von der Vertretungsmacht gedeckt.[143] Das Recht der GbR enthält darüber hinaus aber **kein** dem § 126 II HGB (oben Rn. 70) entsprechendes **Verbot von Beschränkungen** der Vertretungsmacht.[144] Der Verkehrsschutz hat hier nach der Vorstellung des Gesetzgebers nicht dieselbe Bedeutung wie für das Recht der Handelsgesellschaften und die kaufmännische Stellvertretung. Beschränkungen der Vertretungsmacht sind daher grundsätzlich zulässig.[145] Dies gilt aber nicht für Beschränkungen der Vertretungsmacht, die darauf abzielen, den Grundsatz der unbeschränkten Gesellschafterhaftung entsprechend §§ 128 ff. HGB zu unterlaufen.

Beispiel:[146] B und S gründen 2002 die „B & S Automatenaufstellgesellschaft bürgerlichen Rechts". Nach dem Gesellschaftsvertrag haften die Gesellschafter im Innen- und Außenverhältnis lediglich mit dem Gesellschaftsvermögen. Die GbR pachtete mit schriftlichem Pachtvertrag am 30.8./21.9.2005 von V das Gastronomieobjekt „Café K". Als S von V auf Pachtzinszahlung in Anspruch genommen wird, verweist er darauf, dass die Haftungsbeschränkungsvereinbarung bei Abschluss des Pachtvertrages mit V erörtert worden sei.

81a Derartige Gestaltungen kämen einer **Personengesellschaft ohne persönliche Haftung** gleich, d. h. der Schaffung einer neuen Gesellschaftsform (zum numerus clausus der Gesellschaftsformen oben § 9 Rn. 19 ff.). Wie der BGH in seiner grundlegenden „GbRmbH"-Entscheidung festgehalten hat, ist der Ausschluss der persönlichen Haftung aber nach deutschem Recht nur um den Preis der Erbringung und Erhaltung eines Mindestkapitals und der Registerpublizität zu haben (vgl. unten § 13 Rn. 3, 17 ff. zur KG und § 14 Rn. 18 ff. zur GmbH).[147] Zulässig sind allein – wie im obigen Beispielsfall – Haftungsbeschränkungen in einer mit dem Vertragspartner getroffenen individualvertraglichen Abrede.[148]

d) Entziehung

82 Die Vertretungsmacht kann einem einzelnen Gesellschafter entzogen werden, § 715 BGB. Sofern der Gesellschafter nach dem *Gesellschaftsvertrag* zur mitglied-

---

143 MünchKomm-BGB/*Ulmer,* § 714 Rn. 25.

144 Vgl. BGHZ 38, 26, 34 = NJW 1962, 2344; zu § 50 HGB s. oben § 6 Rn. 30 ff.; zu § 37 II GmbH s. unten § 16 Rn. 34.

145 *BGH* NJW-RR 2004, 1265 = EWiR 2004, 1013 m. Anm. *Naraschewski; BGH* NZG 2005, 209, 210 (keine Haftungsbeschränkung durch Namenszusatz – „GbRmbH" – oder einseitigen Hinweis auf beschränkten Verpflichtungswillen); allg. MünchKomm-BGB/*Ulmer,* § 714 Rn. 24, 68 f.; *Specks,* NZG 2009, 293 ff.

146 Nach *BGH* NJW-RR 2003, 1308; vgl. für eine Haftungsbeschränkung auf das Gesellschaftsvermögen schon die lesenswerte Glosse von *K. Schmidt,* JZ 1989, 790 („Krambamboli").

147 BGHZ 142, 315, 318 ff., 322 f. = NJW 1999, 3483 – GbRmbH; nachfolgend BGHZ 150, 1, 3 = NJW 2002, 1642; *BGH* NJW-RR 2003, 1308, 1309; *Hüffer/Koch,* GesR § 13 Rn. 8 nach Fn. 28; kritisch *Beuthien,* NZG 2011, 481, 487 f.; ferner *Kreft,* FS Goette, 2011, S. 263, 264 f.

148 *BGH* NZG 2005, 209, 210; zu Ausnahmen bei geschlossenen Immobilienfonds in der Form der GbR s. BGHZ 150, 1 Ls. 2 = NJW 2002, 1642 und dazu *Ulmer,* ZIP 2003, 1113, 1117 ff., 1122 unter 4.

schaftlichen Vertretung befugt ist, kann die Entziehung nur unter Beachtung des § 712 I BGB (oben Rn. 74) erfolgen, § 715 Fall 1 BGB. Ergibt sich die Vertretungsmacht mangels gesellschaftsvertraglicher Vereinbarung hingegen aus der *Geschäftsführungsbefugnis* (§§ 714, 710 BGB), so kann sie nur gemeinsam mit der Geschäftsführungsbefugnis entzogen werden, § 715 Fall 2 BGB. Auch dabei sind die Voraussetzungen des § 712 I BGB zu beachten.

IV. Schuld und Haftung

1. OHG

Für die Haftung der Personenhandelsgesellschaften enthalten die §§ 124 ff. HGB Sondervorschriften. Während § 124 HGB die Haftung *der Gesellschaft* mit dem Gesellschaftsvermögen zum Inhalt hat, bestimmen die §§ 128 ff. HGB, inwieweit *die Gesellschafter* mit ihrem Privatvermögen für Gesellschaftsschulden haften. 83

a) Haftung der Gesellschaft

Dass die Gesellschaft selbst für ihre rechtsgeschäftlich und gesetzlich begründeten Verbindlichkeiten mit ihrem Vermögen haftet, **ergibt sich aus § 124 I HGB.** Fraglich ist dabei immer nur, ob tatsächlich eine Verbindlichkeit *der Gesellschaft* vorliegt. Für den Bereich des rechtsgeschäftlichen Handelns ist dies anhand der Regeln über die Vertretung der Gesellschaft (oben Rn. 69, 70 ff.) zu beurteilen. 84

Beispiel: Gesellschafter Alf schließt namens der A & B Backwaren OHG mit „Karls Backstube“ einen Kaufvertrag über die Lieferung von Brot. Die Wirkungen des Rechtsgeschäfts treffen nach §§ 125 I, 126 I HGB i. V. m. § 164 I 1 BGB die Gesellschaft. Sie ist nach § 433 I BGB zur Übergabe und Übereignung der Ware an den Inhaber[149] von „Karls Backstube“ verpflichtet.

Anders im Hinblick auf vertragliche oder gesetzliche Schadensersatzpflichten: Hier geht es nicht um Vertretung beim Rechtsgeschäft, sondern um die *Zurechnung* tatsächlichen, schuldhaften Verhaltens.[150] 85

Beispiele: (1) Im Beispiel oben zu Rn. 84 ist Gesellschafter A dafür verantwortlich, dass das an „K's Backstube“ gelieferte Brot versalzen war. (2) Gesellschafter Cremer der Günz-OHG zieht von der Duhme-Bank eine Bürgschaftssumme ein, obwohl – wie dem C bekannt – der OHG keine durch die Bürgschaft gesicherten Ansprüche zustehen.[151]

Für derartige Fälle ist heute allgemein anerkannt,[152] dass das Fehlverhalten des Gesellschafters der OHG **analog § 31 BGB** zugerechnet wird. Grund hierfür ist der Charakter der OHG als teilrechtsfähige Wirkungseinheit ihrer Gesellschafter 85a

---

[149] Vgl. zu § 17 I HGB oben § 4 Rn. 6.
[150] Staub/*Habersack*, § 124 Rn. 11.
[151] Beispiel vereinfacht nach BGHZ 154, 88 = NJW 2003, 1445 = JuS 2003, 708 m. Anm. *K. Schmidt* (dort zur GbR entschieden).
[152] So wörtlich *BGH* NJW 2003, 1445, 1446 (m. Nachw.); BGHZ 45, 311, 312 = NJW 1966, 1807.

(oben Rn. 55), der sie einer juristischen Person sehr ähnlich macht. Die Gesellschafter handeln als organschaftliche Vertreter ähnlich dem Vorstand eines Vereins. Eine Zurechnung von schuldhaftem Verhalten nach § 278 BGB kommt nur für Erfüllungsgehilfen in Betracht, nicht auch – in analoger Anwendung – für organschaftliche Vertreter.[153] Daraus folgt namentlich, dass für letztere ein Haftungsausschluss bei Vorsatz (vgl. § 278 S. 2 BGB) nicht zulässig ist.

86 In der **Fallbearbeitung** erscheint § 31 BGB nicht als Anspruchsgrundlage, sondern als **Zurechnungsnorm.**[154] Gegenstand der Zurechnung ist – anders als bei § 278 BGB – nicht das Verschulden der Organperson, sondern ihre Handlung. Dies ergibt sich aus dem Wortlaut des § 31 BGB. Die Vorschrift findet daher nicht nur in den Fällen der verschuldensabhängigen Schadensersatzhaftung (z. B. nach §§ 280, 311a II, 823 ff. BGB) Anwendung, sondern auch bei schuldlosem (z. B. § 231 BGB) und sogar bei rechtmäßigem (§ 904 BGB) Handeln.[155]

87 Tatbestandlich setzt § 31 BGB zweierlei voraus. Zunächst muss ein **„verfassungsmäßig berufener Vertreter“** gehandelt haben. Die h. M. versteht bei der OHG hierunter die geschäftsführenden Gesellschafter,[156] ferner die sonstigen „Repräsentanten“ der OHG.[157] Vertretungsmacht ist nicht erforderlich.[158] Dies entspricht der weiten Auslegung des persönlichen Anwendungsbereichs des § 31 BGB, die darauf abzielt, § 831 BGB zurückzudrängen.[159]

Beispiel:[160] Der mit der Werbung betraute Gesellschafter verstößt gegen § 1 UWG. Diese Handlung muss sich die OHG analog § 31 BGB zurechnen lassen.

88 Dagegen genügt Vertretungsmacht ohne Geschäftsführungsbefugnis nicht.[161] Denn nach § 31 BGB müssen dem Vertreter wenigstens abstrakt bestimmte Verrichtungen „zustehen“. Der Fall wird praktisch nicht vorkommen, da im Ausschluss von der Geschäftsführung regelmäßig auch ein Ausschluss von der Vertretung liegt.[162]

89 Zweitens erfordert der Tatbestand des § 31 BGB, dass der Vertreter **in Ausführung der ihm zustehenden Verrichtungen gehandelt** hat. Dafür genügt es, wenn zwischen seinem Aufgabenkreis und der schädigenden Handlung ein sachlicher Zusammenhang besteht.[163] Bei einem rechtsgeschäftlichen Verhalten ist nicht erforderlich, dass dieses noch von der Vertretungsmacht gedeckt ist; § 31 BGB erfasst gerade auch Fälle, in denen das Organ seine Vertretungsmacht überschreitet.

---

[153] So eine früher verbreitete Meinung; vgl. *K. Schmidt*, GesR, § 10 IV 3.
[154] BGHZ 99, 298, 302 = NJW 1987, 1193; *BGH* NJW 2003, 1445, 1446 unter II.2.b.
[155] Jauernig/*Jauernig*, § 31 Rn. 1.
[156] *Hüffer/Koch*, GesR § 18 Rn. 5; *BGH* NJW 2003, 1445 Ls. 1 (GbR).
[157] Zu Letzteren Baumbach/*Hopt*, § 124 Rn. 27.
[158] Geschäftsführungsbefugnis (§§ 114 ff. HGB) und Vertretungsmacht (§§ 125 ff. HGB) fallen nicht immer zusammen, vgl. § 125 I Hs. 2 HGB.
[159] Vgl. Palandt/*Heinrichs*, § 31 Rn. 6.
[160] Nach Baumbach/*Hopt*, § 124 Rn. 26.
[161] So aber *Grunewald*, 1.B.36.
[162] Staub/*Habersack*, § 125 Rn. 33.
[163] BGHZ 49, 19 = NJW 1968, 300; 98, 148 = NJW 1986, 2941.; zur Abgrenzung s. *BGH* ZIP 2012, 1431 Tz. 9.

b) Haftung der Gesellschafter

(1) Grundsatz der akzessorischen Gesellschafterhaftung. § 128 S. 1 HGB ordnet an, dass für die Verbindlichkeiten der Gesellschaft außer ihr selbst (§ 124 I HGB) auch die Gesellschafter als Gesamtschuldner persönlich haften. Dabei handelt es sich – wie bei der Bürgschaft –[164] um eine akzessorische Haftung; Bestand und Umfang der Gesellschafterschuld hängen von der Gesellschafts-(Gesamthands-)schuld ab. Die Gesellschafterhaftung hängt vom Entstehen und Erlöschen, von Umfang, Zuordnung und Durchsetzbarkeit der Gesellschaftsverbindlichkeit ab (*KG* ZIP 2011, 227). Deutlich wird der **akzessorische Charakter** der Gesellschafterhaftung aus § 129 I HGB: Danach können die Gesellschafter alle Einwendungen und Einreden geltend machen, die von der Gesellschaft gegen den Anspruch erhoben werden können.[165] 90

Darüber hinaus **haften die Gesellschafter** gem. § 128 S. 1 HGB für die Gesellschaftsschulden **unmittelbar**. Gläubiger können die Gesellschafter also ohne die Gesellschaft in Anspruch nehmen. Insofern handelt es sich nicht um eine bloße Nachschusspflicht der Gesellschafter gegenüber ihrer Gesellschaft.[166] 91

Die **Gesellschafter haften erstrangig.** Wie bei einer selbstschuldnerischen Bürgschaft (§ 773 I Nr. 1 BGB) können die Gesellschafter sofort ohne Umwege über das Gesamthandsvermögen in Anspruch genommen werden. 92

Die **Haftung** der Gesellschafter ist **unbeschränkt und unbeschränkbar.** Die Gesellschafter stehen demnach – im Unterschied zum Kommanditisten (§ 171 I HGB; unten § 13 Rn. 3, 17 ff.) – mit ihrem **gesamten Privatvermögen** für Gesellschaftsschulden ein. Eine Haftungsbeschränkung ist Dritten gegenüber unwirksam, § 128 S. 2 HGB (unten Rn. 102). 93

Die Gesellschafter stehen zueinander in einem **Gesamtschuldverhältnis,** §§ 421 ff. BGB. Daher haftet jeder von ihnen dem Gläubiger in voller Höhe und nicht nur in Höhe seiner Beteiligungsquote.[167] Der Gläubiger kann allerdings mit der Gesellschaft eine bloß teilschuldnerische Haftung der Gesellschafter vereinbaren (unten Rn. 102). Im **Innenverhältnis** kann ein von einem Gesellschaftsgläubiger in Anspruch genommener OHG-Gesellschafter **Ausgleichsansprüche** auf dreifacher Grundlage geltend machen:[168] **(1)** Die Erfüllung der Forderung eines Gesellschaftsgläubigers ist für den Gesellschafter eine Aufwendung i. S. des § 110 HGB, so dass er insoweit *von der Gesellschaft* Ersatz verlangen kann. Ein freiwilliges Vermögensopfer i. S. des Aufwendungsbegriffs liegt deshalb vor, weil der Gesellschafter im Verhältnis der Gesellschafter untereinander nicht zur Zahlung verpflichtet ist (näher unten § 11 Rn. 32 ff.). **(2)** Wegen des Gesamtschuldcharakters der Haftung schulden *auch die Mitgesellschafter* dem in Anspruch genommenen Gesellschafter Ausgleich, allerdings nur anteilig. Dies folgt aus § 426 I BGB i. V. m. der Verlustverteilungsregelung nach § 121 III HGB. Die Haftung der Mitgesellschafter steht zudem unter dem Vorbehalt, dass die Gesellschaft zum Aus- 94

---

164 *Musielak*, Grundkurs BGB (11. Aufl. 2009) Rn. 937 ff.
165 Näher unten Rn. 103 ff.
166 Baumbach/*Hopt*, § 128 Rn. 1.
167 Baumbach/*Hopt*, § 128 Rn. 21.
168 Zum folgenden s. *Kraft/Kreutz*, D II 2 b, S. 188 f.; Koller/*Roth*/Morck, § 128 HGB Rn. 8.

gleich nicht bereit oder in der Lage ist.[169] (3) Eine zusätzliche Anspruchsgrundlage ergibt sich aus § 426 II BGB. Denn mit der Befriedigung des Gesellschaftsgläubigers ist dessen Forderung kraft Gesetzes insoweit auf den leistenden Gesellschafter übergegangen, als dieser gegenüber seinen Mitgesellschaftern nach § 426 I BGB – soeben unter (2) – ausgleichsberechtigt ist. Zu § 160 HGB unten § 12 Rn. 9, zu § 130 HGB unten § 12 Rn. 32.

(2) Inhalt der Haftung

95 *(a) Erfüllungstheorie.* Nach der herrschenden **„Erfüllungstheorie"** entspricht der Inhalt der Gesellschafterschuld jedenfalls im Grundsatz demjenigen der Gesellschaftsschuld.[170] Diese **„Inhaltsakzessorietät"**[171] folgt aus dem Normzweck des § 128 HGB, die Kreditwürdigkeit der OHG zu stärken. Dieses Ziel wird nur durch einen umfassenden Gläubigerschutz erreicht, und dazu gehört, den Gesellschaftsgläubiger im Verhältnis zum Gesellschafter möglichst so zu stellen wie im Verhältnis zur Gesellschaft selbst. Dagegen verfehlt die vor allem früher vertretene „Haftungstheorie" den Normzweck des § 128 HGB. Ihr zufolge ist die Gesellschafterschuld stets bloß auf Geld und damit bei anderen als Geldschulden der Gesellschaft – z. B. bei einer Pflicht zur Übergabe und Übereignung einer mangelfreien Kaufsache nach § 433 I BGB – auf Schadensersatz wegen Pflichtverletzung (§§ 280 ff., 311 a II BGB) gerichtet.[172]

96 Nur ausnahmsweise haftet der Gesellschafter nicht auf Erfüllung, nämlich dann nicht, wenn die **Gesellschaftsschuld höchstpersönlichen Charakter** hat und die Erfüllung den Gesellschafter in seiner gesellschaftsfreien Privatsphäre wesentlich mehr als eine Geldleistung beeinträchtigt.[173] Der Gesellschafter haftet dann lediglich auf Schadensersatz. Dies gilt z. B., wenn die Gesellschaftsschuld die **Abgabe einer Willenserklärung** zum Gegenstand hat. Dass die Gesellschafter. gemeinsam zur Vertretung der Gesellschaft berechtigt (§ 714 BGB) und damit zu der von der Gesellschaft geschuldeten Leistung in der Lage sind, führt nicht dazu, dass eine durch die Rechtskraft eines Urteils fingierte Erklärung der Gesellschafter (§ 894 ZPO) namens der Gesellschaft abgegeben wäre und damit gegen diese wirkt. Hierzu bedarf es vielmehr einer Verurteilung der Gesellschaft.[174] Daran ist richtig, dass der Gläubiger nur die Abgabe der Willenserklärung *der Gesellschaft* beanspruchen kann – z. B. die Bestellung einer Dienstbarkeit – und die Gesellschafter diese nur in Vertretung der Gesellschaft herbeiführen könnten, nicht aber durch eigene persönliche Erklärung.

---

[169] *BGH* NZG 2002, 232 = JuS 2002, 712 m. Anm. *K. Schmidt*; dazu auch *ders.*, JuS 2003, 228 ff.

[170] BGHZ 23, 302 = NJW 1957, 871; BGHZ 73, 217, 221 f. = NJW 1979, 421 mit Anm. *K. Schmidt*, JuS 1979, 819; *BGH* NJW 1987, 2367, 2369; BGHZ 104, 76, 78 = NJW 1988, 1976; Baumbach/*Hopt*, § 128 Rn. 8; Staub/*Habersack*, § 128 Rn. 28 f.

[171] Vgl. *Hüffer/Koch*, GesR, § 19 Rn. 3.

[172] Nachweise zur Haftungstheorie in Staub/*Habersack*, § 128 Rn. 27 Fn. 98.

[173] BGHZ 73, 217, 221 = NJW 1979, 421; *BGH* NJW 1987, 2367, 2369; Baumbach/*Hopt*, § 128 Rn. 9.

[174] *BGH* NJW 2008, 1378 = JuS 2008, 753 m. Anm. *K. Schmidt*; dazu auch *K. Schmidt*, NJW 2008, 1841 ff.; *Gündel*, BB 2008, 804 ff.

(b) Einzelfälle.[175] Deckungsgleich sind Gesellschafter- und Gesellschaftsschuld zunächst immer dann, wenn letztere auf die **Zahlung von Geld** gerichtet ist, z.B. aus §§ 433 II, 488 I 2 oder auch §§ 280 ff. BGB. Geldleistungspflichten haben nie höchstpersönlichen Charakter. 97

Geht es um die Haftung für die Erfüllung einer **Stückschuld der Gesellschaft**, so kommt es darauf an, in wessen Eigentum der geschuldete Gegenstand steht. Ist die Gesellschaft Eigentümerin, so scheidet ein höchstpersönlicher Charakter der Schuld wiederum aus. Die Gesellschafter können stets auf Erfüllung in Anspruch genommen werden.[176] Kann sich der – z.B. aus § 433 I BGB i. V. mit § 128 HGB – in Anspruch genommene Gesellschafter den Gegenstand nicht beschaffen, so ist ihm die Erfüllung subjektiv unmöglich. Seine Leistungspflicht ist nach § 275 I BGB ausgeschlossen, und er schuldet unter den Voraussetzungen des § 311 a II BGB Schadensersatz.[177] 98

Ist der **Gesellschafter Eigentümer der Sache**, so soll nach der **Rspr.** eine **Abwägung** des Sicherungsinteresses des Gläubigers mit dem Interesse des Gesellschafters auf Freihaltung seiner Privatsphäre über den Inhalt der Gesellschafterschuld entscheiden. 99

Beispiel („Villengrundstücksfall"):[178] Glitzi und Plitzi sind alleinvertretungsberechtigte Gesellschafter der G & P Preziosenhandels-OHG. G verkauft das Villengrundstück des P, wo dieser mit seiner Familie lebt, im Namen der OHG an den Krach. K verlangt von P Auflassung (§ 433 I BGB i. V. mit § 128 S. 1 HGB).

Für eine derartige Abwägung finden sich indessen in § 128 HGB keinerlei Anhaltspunkte, und sie ist bei zutreffender zivilrechtlicher Beurteilung auch entbehrlich.[179] War im Beispiel zu Rn. 99 der P zur Übereignung seines Villengrundstücks *an die OHG* weder bereit noch verpflichtet, so war bereits die OHG zur Erfüllung dieser Schuld gegenüber dem K von vorneherein nicht in der Lage. Zivilrechtlich ist daher eine Übereignungsverpflichtung aus dem Kaufvertrag mit K ausgeschlossen, § 275 I BGB. Folglich ist auch P nicht zur Übereignung an den K verpflichtet. Denn es besteht keine entsprechende Verbindlichkeit der Gesellschaft i.S. des § 128 S. 1 HGB. Eines Rückgriffs auf § 129 HGB bedarf es daher nicht.[180] Die Gesellschaft selbst haftet dem K nur auf Schadensersatz statt der Leistung, §§ 275 IV, 311a II BGB. Allein dafür hat P nach § 128 S. 1 HGB einzustehen. 100

Für **Gattungsschulden der Gesellschaft** können die Gesellschafter stets und ohne Rücksicht auf etwaige Leistungserschwerungen auf Erfüllung in Anspruch genommen werden. Denn der Gesellschafter ist in diesen Fällen nicht zur Erfüllung mit einem Gegenstand aus seinem Pri- 101

---

175 Hierzu Staub/*Habersack*, § 128 Rn. 30 ff.

176 A.A. wohl nur *Lindacher*, JuS 1982, 349, 352.

177 *Hüffer/Koch*, GesR, § 19 Rn. 5.

178 Lehrbuchfall; hierzu z.B. *Kraft/Kreutz*, D III 1 c; *Eisenhardt*, Rn. 286; *Wiedemann/Frey*, PdW Gesellschaftsrecht, Fall 170.

179 Vgl. zum Folgenden nur *Hüffer/Koch*, GesR, § 19 Rn. 5 a.E.

180 Zur Bedeutungslosigkeit des § 129 HGB bei rechtshindernden und rechtsvernichtenden Einwendungen s. Staub/*Habersack*, § 129 Rn. 4.

vatvermögen gezwungen; er kann sich erfüllungstaugliche Stücke aus der Gattung (§§ 243 I BGB, 360 HGB) von Dritten beschaffen.[181]

102 *(3) Zwingender Charakter der Haftung.* Gem. § 128 S. 2 HGB sind Regelungen im Gesellschaftsvertrag, die die Haftung auf das Gesellschaftsvermögen zugunsten des Privatvermögens eines oder sämtlicher Gesellschafter beschränken, Dritten gegenüber unwirksam. Freilich besteht die Möglichkeit, Haftungsbeschränkungen einzelvertraglich mit dem Gläubiger zu vereinbaren (§ 311 I BGB – Vertragsfreiheit). Auch sind abweichende Vereinbarungen zwischen dem Gläubiger und der Gesellschaft zulässig, z.B. die Umwandlung in eine teilschuldnerische Haftung. So kannn die Haftung der Gesellschafter einer GbR für eine vertragliche Verbindlichkeit der Gesellschaft in dem Vertrag zwischen der Gesellschaft und ihrem Vertragspartner auf den ihrer Beteiligungsquote entsprechenden Anteil der Gesellschaftsschuld beschränkt worden („quotale Haftung"). Geschieht dies, so ist durch Auslegung der die Gesellschaftsschuld begründenden Vereinbarung zu ermitteln, in welchem Umfang Tilgungen aus dem Gesellschaftsvermögen oder Erlöse aus dessen Verwertung nicht nur die Schuld der Gesellschaft, sondern anteilig den Haftungsbetrag jedes einzelnen Gesellschafters mindern; der BGH vertritt dazu – im Hinblick auf den rechtsformprägenden Charakter des § 128 HGB – eine restriktive, gläubigerfreundliche Linie.[182] Eine gesellschaftsvertragliche Haftungsbeschränkung wirkt sich lediglich auf das Innenverhältnis der Gesellschafter aus. Der freigestellte Gesellschafter kann gegenüber seinen Mitgesellschaftern einen Anspruch auf Ausgleich bzw. Befreiung von einer Verbindlichkeit haben. Näher § 11 Rn. 32 ff.

103 *(4) Einwendungen des Gesellschafters.* Nach allgemeinen Vorschriften kann jeder Gesellschafter als Schuldner einer Verbindlichkeit den Forderungen des Gläubigers eigene persönliche Einwendungen und Einreden entgegenhalten. Dazu gehört auch die sog. Erschöpfungseinrede des volljährig gewordenen Gesellschafters (§ 1629a I 1 BGB).[183] Nach § 129 I HGB besteht darüber hinaus die Möglichkeit, gegenüber Gläubigern Einwendungen geltend zu machen, die der Gesamthand zustehen. Der Begriff „Einwendungen" wird hier überwiegend im weiten Sinn verstanden und soll nicht nur die rechtsvernichtenden und rechtshindernden Einwendungen[184] im engeren Sinn umfassen, sondern auch alle rechtshemmenden Einreden.[185] Genau genommen hat § 129 I HGB allerdings im Hinblick auf Einwen-

---

[181] Weitere Einzelfälle (Herausgabe einer Sache, Vornahme einer vertretbaren/unvertretbaren Handlung, Abgabe einer Willenserklärung, Unterlassungs- und Duldungspflichten) bei Staub/*Habersack*, § 128 Rn. 34 ff.

[182] BGHZ 188, 233 = NZG 2011, 583 = EWiR 2011, 423 m. Kurzkomm. *Bendermacher* = BB 2011, 1295 m. Anm. *Voigt* = JuS 2011, 932 m. Anm. *K. Schmidt* (sehr instruktiv!); umfassend *K. Schmidt*, NJW 2011, 2001 ff.

[183] Näher *Rust*, DStR 2005, 1992, 1995.

[184] Z.B. Erfüllung (§ 362 I BGB), Erlass (§ 397 BGB), Anfechtung (§ 142 BGB), Unmöglichkeit (§ 275 BGB), Rücktritt (§ 346 BGB).

[185] Z.B. Einrede des nichterfüllten Vertrages (§ 320 BGB), Zurückbehaltungsrecht (§ 273 BGB), Stundung (§ 311 I BGB), Verjährung (§ 214 I BGB; dazu *BGH* NZG 2010, 264 = GWR 2010, 83).

dungen im engeren Sinne bloß deklaratorische Bedeutung, denn in diesen Fällen besteht schon gar keine „Verbindlichkeit der Gesellschaft" i.S.d. § 128 HGB.[186] Ist ein rechtskräftiges Urteil gegen die Gesellschaft ergangen, wirkt dies auch gegen die Gesellschafter: Die Einwendungen, die der Gesellschaft dort abgesprochen wurden, stehen auch den Gesellschaftern nicht mehr zu.[187]

Beispiel:[188] Gläubiger Gutmensch erlässt der Reich & Schön Hundepension OHG ihre Schulden. Der Erlassvertrag zwischen G und dem alleinvertretungsberechtigten Gesellschafter R bestimmt des Weiteren, dass die Haftung der Gesellschafter gleichwohl aufrechterhalten bleibt. Kann G gegen die Gesellschafter R und S vorgehen?

Aufgrund des Erlasses ist das Schuldverhältnis zwischen G und der OHG erloschen, § 397 I BGB. Die OHG kann dies dem G als rechtsvernichtende Einwendung entgegenhalten. Diese Einwendung kann S – wenn er persönlich in Anspruch genommen wird – dem G gegenüber geltend machen. Dies folgt aber nicht aus § 129 I HGB, sondern schon aus der Verneinung der Tatbestandsvoraussetzungen des § 128 S. 1 HGB: Wegen des Erlasses besteht nämlich gar keine „Verbindlichkeit der Gesellschaft" mehr. Etwas anderes gilt im Verhältnis des G zu R: Dadurch, dass R am Abschluss des Erlassvertrages beteiligt war, hat er der Regelung zugestimmt und ist somit nicht schutzwürdig. Deswegen bleibt die Haftung des R mit seinem Privatvermögen bestehen.[189]

Entgegen der z.T. missverständlichen Rechtsprechung unterliegt die Gesell- 104
schafterhaftung **keiner eigenständigen Verjährung.**[190] Denn nach § 194 I BGB unterliegen nur Ansprüche der Verjährung. § 128 HGB schafft aber keinen eigenständigen Anspruch gegen den Gesellschafter, sondern erweitert nur den Kreis der Haftenden. § 129 I HGB stellt sicher, dass der Gesellschafter sich nach § 129 I HGB auf eine bereits eingetretene Verjährung des gegen die Gesellschaft gerichteten Anspruch berufen und das der Gesellschaft nach § 214 I BGB zustehende Leistungsverweigerungsrecht geltend machen darf. Das ist schlicht ein Gebot der Akzessorietät.

Bei **Gestaltungsrechten** kommt es darauf an, ob die Gesellschaft diese bereits 105
ausgeübt hat oder nicht. Steht der Gesellschaft ein **Anfechtungsgrund** nach den §§ 119ff. BGB zu, so kann der in Anspruch genommene Gesellschafter die Leistung im Sinne einer aufschiebenden Einrede verweigern. Dies gilt jedoch nur innerhalb der Anfechtungsfrist der Gesellschaft, § 129 II HGB.[191] Hat die Gesellschaft die Anfechtung wirksam erklärt, kann der Gesellschafter über § 129 I HGB die Rechte geltend machen, die auch der Gesellschaft zustehen. Ebenso kann der Gesellschafter nach § 129 III HGB die Leistung an den Gläubiger verweigern, wenn die Gesellschaft mit einer eigenen Forderung **aufrechnen** kann. Stehen sich zwei gleichartige Forderungen gegenüber, können in der Regel sowohl die Gesellschaft als auch der Gläubiger aufrechnen. Für die aufschiebende Einrede des Gesellschaf-

---

186 S. nochmals Staub/*Habersack*, § 129 Rn. 4.
187 *BGH* NZG 2006, 459, 460 Tz. 15; NZG 2012, 149 Tz. 12.
188 Nach BGHZ 47, 376 = NJW 1967, 2155.
189 So zutreffend BGHZ 47, 376 = NJW 1967, 2155; *Reinicke*, FS Westermann, 1974, S. 487.
190 Missverständlich *BGH* NZG 2010, 264 Tz. 27ff. und Leitsatz: „Die für die Gesellschaftsschuld maßgebliche Verjährung gilt grundsätzlich auch für die akzessorische Haftung des Gesellschafters aus § 128 HGB". (XI. Zivilsenat).
191 Vgl. die Parallelvorschrift des § 770 BGB für den Bürgen.

ters nach § 129 III HGB reicht es gleichwohl aus, dass nur die Gesellschaft, nicht aber der Gläubiger aufrechnen kann (vgl. §§ 393, 394 BGB).[192]

106 Anders ist der Fall zu beurteilen, in dem die Aufrechnung einseitig dem Gläubiger möglich ist, jedoch nicht der Gesellschaft. Der Anwendungsbereich des § 129 III HGB ist dann dahingehend einzuschränken, dass dem Gesellschafter das Leistungsverweigerungsrecht nicht zusteht. Denn der Gesellschafter soll sich nicht auf ein Recht berufen können, das schon die Gesellschaft dem Gläubiger nicht entgegenhalten kann.[193] Der missverständliche Wortlaut kann insofern leicht in die Irre führen: Nicht dem Gesellschaftsgläubiger, sondern der Gesellschaft als Gesamthand muss die Aufrechnungsmöglichkeit zustehen.[194]

107 Hat die Gesellschaft bereits die Aufrechnung gegenüber dem Gläubiger erklärt, greift für die Gesellschafter wiederum § 129 I HGB ein, da die gegenseitigen Forderungen der Gesellschaft und des Gläubigers gem. § 389 BGB bereits erloschen sind.

108 Sowohl bei der Anfechtung als auch Aufrechnung handelt es sich um Gestaltungsrechte, die eine Erklärung des Berechtigten voraussetzen. Die **übrigen Gestaltungsrechte** wie z. B. den Rücktritt (§§ 346 ff. BGB) hat der Gesetzgeber in § 129 HGB nicht berücksichtigt. Wegen ihrer strukturellen Vergleichbarkeit mit der Anfechtung und Aufrechnung spricht hier alles für eine **planwidrige Regelungslücke.** Stehen der Gesellschaft demnach andere als die ausdrücklich genannten Gestaltungsrechte zu, können die Gesellschafter die Leistung analog § 129 II, III HGB verweigern.[195] Diese Analogie ist auch im Rahmen der Parallelvorschrift des § 770 BGB für den Bürgen allgemein anerkannt.[196]

2. GbR

a) Haftung der Gesellschaft

109 Nach der seit 2001 auch in der Rspr. anerkannten **Gruppenlehre** (oben Rn. 59 ff.) besitzt die **GbR eigene Rechtsfähigkeit,** soweit sie als selbstständige Einheit nach außen auftritt. Ihre geschäftsführungsbefugten Gesellschafter können daher eigene rechtsgeschäftliche Verbindlichkeiten der GbR begründen (§ 714 BGB; oben Rn. 76 f.). Im Hinblick auf vertragliche und gesetzliche Schadensersatzpflichten ist – wie in der OHG (oben Rn. 85 ff.) – § 31 BGB analog anzuwenden.[197] Denn für eine solche Analogie ist jedenfalls die (Außen-) GbR hinreichend organisiert, so dass man die für sie handelnden Gesellschafter als ihre Organe i. S. d. § 31 BGB ansehen kann.[198] Für die Haftung der Gesellschaft ist der Ausgang eines Vorprozesses gegen die Gesellschafter grds. unerheblich. Denn nimmt ein Dritter in einem Rechtsstreit die Gesellschafter einer GbR aus ihrer persönlichen Haftung

---

[192] Baumbach/*Hopt,* § 128 Rn. 12.
[193] *Hüffer/Koch*, GesR, § 19 Rn. 13.
[194] BGHZ 42, 397 = NJW 1965, 627.
[195] Baumbach/*Hopt,* § 129 Rn. 10.
[196] Statt aller: MünchKomm-BGB/*Habersack,* § 770 Rn. 6.
[197] BGHZ 154, 88 = NJW 2003, 1445 = JuS 2003, 708 m. Anm. *K. Schmidt*; BGHZ 155, 205 = NJW 2003, 2984 = JuS 2004, 158 m. Anm. *K. Schmidt.*
[198] Zu dieser Herleitung nur *Ulmer*, ZIP 2003, 1113, 1114 f.

für eine Gesellschaftsschuld in Anspruch (§§ 128 ff. HGB analog; dazu sogleich Rn. 111 ff.), so entfaltet die Rechtskraft eines in diesem Prozess ergangenen Urteils keine Wirkung in einem weiteren Prozess, in dem er nunmehr den Anspruch gegen die Gesellschaft verfolgt (§ 325 ZPO).[199]

Da die Innen-GbR – per definitionem – nicht am Rechtsverkehr teilnimmt, können bei ihr weder rechtsgeschäftliche noch gesetzliche Verbindlichkeiten entstehen.[200] 110

b) Haftung der Gesellschafter

Zur Haftung der Gesellschafter enthält das BGB keine den §§ 128 ff. HGB entsprechenden Vorschriften. Denn ursprünglich war man davon ausgegangen, dass Gesellschaftsverbindlichkeiten überhaupt nicht entstehen, sondern nur gemeinschaftliche Verbindlichkeiten *der Gesellschafter*. Die Gesellschaft war nach diesem Verständnis bloß eine Vermögensmasse (§§ 718 f. BGB) und ein Schuldverhältnis zwischen den Gesellschaftern. Deutlich wird dies noch heute etwa aus dem Wortlaut des § 714 BGB zur Vertretungsmacht geschäftsführender Gesellschafter („[...] *die anderen Gesellschafter* Dritten gegenüber zu vertreten.") und auch aus §§ 733 bis 735 BGB („[...] *gemeinschaftliche* Schulden [...]").[201] 111

In der Folgezeit setzte sich dann aber die Überzeugung durch, die Gesamthandsgesellschaft sei selbst verpflichtungsfähig, und damit war die **Doppelverpflichtungslehre** geboren (oben Rn. 77):[202] Sie nahm für rechtsgeschäftliche Verbindlichkeiten an, dass die Geschäftsführer (§ 714 BGB) diese durch gleichzeitiges Handeln als Vertreter sowohl für die GbR wie auch die Mitgesellschafter als Verpflichtete begründeten. Eine persönliche Haftung der Gesellschafter auch für gesetzliche Verbindlichkeiten war so aber kaum überzeugend herzuleiten. 112

Diese Schwierigkeit bestand für die Anhänger der **Akzessorietätslehre** nicht. Danach gibt es eine grundsätzlich uneingeschränkte akzessorische **Mithaftung der Gesellschafter für die Gesellschaftsverbindlichkeiten analog §§ 128 ff. HGB**, und zwar unabhängig von deren rechtsgeschäftlicher oder vertraglicher Grundlage. Dieser Betrachtungsweise folgt seit 2001 auch der BGH,[203] unter ausdrücklicher Einbeziehung der Gesellschafterhaftung für Gesellschaftsverbindlichkeiten aus § 31 BGB[204] und der Haftung neu eintretender Gesellschafter für Altverbindlichkei- 113

---

[199] BGH NJW 2011, 2048 = NZG 2011, 662; dazu M. Weller, ZZP 124 (2011), 491 ff.

[200] MünchKomm-BGB/*Ulmer*, § 714 Rn. 8; a. A. *Beuthien*, NZG 2011, 161 ff.: Vermögensfähigkeit der Innen-GbR.

[201] Exemplarisch hierfür etwa *Buchner*, AcP 169 (1969), 483, 489 f., 498; *Huber*, Vermögensanteil, Kapitalanteil und Gesellschaftsanteil von Personengesellschaften des Handelsrechts, 1970, S. 88; *Hueck*, FS Zöllner, 1998, S. 275, 286 ff.; zusammenfassend *Peifer*, NZG 2001, 193, 194 f.

[202] Knappe Darstellung der Entwicklung in MünchKomm-BGB/*Ulmer*, § 714 Rn. 3 bis 5; *K. Schmidt*, JZ 2003, 585, 590 f.

[203] BGHZ 146, 341, 343 ff., 358 = NJW 2001, 1056 („Weißes Ross"); nachfolgend z. B. *BGH* NJW-RR 2005, 400, 401; *BGH* NZG 2010, 264 Tz. 17 = JuS 2010, 356 m. Anm. *K. Schmidt*; zur Absage an die Doppelverpflichtungslehre – aber noch ohne Festlegung auf die Akzessorietätslehre – s. BGHZ 142, 315, 320 ff. = NJW 1999, 3483 (GbRmbH).

[204] BGHZ 154, 88 = NJW 2003, 1445; zustimmend *K. Schmidt*, NJW 2003, 1897, 1900; *Ulmer*, ZIP 2003, 1113, 1114; kritisch *Klerx*, NJW 2004, 1907 ff.

ten analog § 130 HGB.[205] Tragendes Argument ist dabei der – allerdings nicht unumstrittene – Grundsatz des bürgerlichen Rechts und des Handelsrechts, dass derjenige, der in Gemeinschaft mit Anderen Geschäfte betreibt, für die daraus entstehenden Verpflichtungen mit seinem ganzen Vermögen haftet.[206] Wer nicht haften will – und auch das Mindestkapital für eine GmbH nicht aufbringen will –[207], dem steht der Weg in die KG (§§ 105 I, II, 161 II HGB) oder die Partnerschaftsgesellschaft offen.[208] Auch aus diesem Grund erscheint der Vorwurf der Verfassungswidrigkeit an die neuere Judikatur nicht gerechtfertigt.[209] Die Ausführungen oben Rn. 90 bis 108 zur Gesellschafterhaftung in der OHG gelten daher für die GbR analog.[210] Zur Haftung des ausgeschiedenen GbR-Gesellschafters unten § 12 Rn. 6.

114 Diese **Haftung des Gesellschafters kann nicht durch einen Namenszusatz der Gesellschaft („GbRmbH") eingeschränkt werden**, sondern nur durch eine individualvertragliche Vereinbarung mit dem Gesellschaftsgläubiger. Für die Annahme einer solchen Vereinbarung ist erforderlich, dass die Haftungsbeschränkung durch eine individuelle Absprache der Parteien in den jeweils einschlägigen Vertrag einbezogen wird.[211] Wie in der OHG (oben Rn. 102) kannn die Haftung der GbR-Gesellschafter für eine vertragliche Verbindlichkeit der Gesellschaft in dem Vertrag zwischen der Gesellschaft und ihrem Vertragspartner auf den ihrer Beteiligungsquote entsprechenden Anteil der Gesellschaftsschuld beschränkt werden (quotale Haftung).

c) Haftung der „Treugeber-Gesellschafter"

115 Nach der Rechtsprechung[212] **haftet** ein **Treugeber**, der nicht selbst GbR-Gesellschafter wird, sondern für den ein Gesellschafter den Gesellschaftsanteil treuhänderisch hält, für Gesellschaftsschulden **nicht** persönlich analog §§ 128 ff. HGB. Das soll selbst dann gelten, wenn die Treugeber-Gesellschafter im Innenverhältnis – z.B. durch Einräumung des Stimmrechts – als Gesellschafter behandelt werden. Der Treugeber sei hier nur „Quasi-Gesellschafter".[213]

116 Diese Rspr. ist abzulehnen. Ob der „Treugeber" in Wirklichkeit Gesellschafter – und nicht bloß „Quasi-Gesellschafter" – ist, hängt von der Auslegung des

[205] BGHZ 154, 370 = NJW 2003, 1803 = LMK 2003, 168 m. Anm. *Eberl-Borges* = JuS 2003, 815 m. Anm. *K. Schmidt*; *BGH* NZG 2006, 106 = DB 2006, 151 m. Anm. *Hoger; BGH* NZG 2012, 65 Tz. 23 = JuS 2012, 357 m. Anm. *K. Schmidt; BGH* NZG 2012, 701 Tz. 20.

[206] So schon BGHZ 142, 315, 319 = NJW 1999, 3483 – GbRmbH; kritisch *Ulmer*, ZIP 1999, 554, 556; *Canaris*, ZGR 2004, 69, 91 ff.; beachtliche Grundsatzkritik an der akzessorischen Gesellschafterhaftung in der GbR auch bei *Beuthien*, NZG 2011, 481, 487 f.

[207] Zur Errichtung der GmbH unten § 14.

[208] *Grunewald*, 1.A.108.

[209] Zutreffend i. Erg. *Altmeppen*, NJW 2004, 1563 gegen *Canaris*, ZGR 2004, 69 ff.

[210] Zur Vertiefung: *Ulmer*, ZIP 2003, 1113 ff.

[211] So BGHZ 142, 315 = NJW 1999, 3483 – GbRmbH; nachfolgend *BGH* NZG 2005, 209, 210, vgl. oben Rn. 81.

[212] BGHZ 189, 45 = NJW 2011, 2351 = NZG 2011, 588 Tz. 10; BGHZ 178, 271 = NZG 2009, 57 = JuS 2009, 276 (m. Anm. *K. Schmidt*) = ZIP 2008, 2354 mit Aufs. *Kindler*, ZIP 2009, 1146 ff.; ferner *BGH* WM 2009, 1225; zustimmend z. B. Staub/*Schäfer*, § 105 Rn. 103.

[213] *BGH* NZG 2011, 1432 Tz. 17 ff. = EWiR 2012, 79 m. Kurzkomm. *Wertenbruch*.

Gesellschaftsvertrages ab.[214] Insbesondere die Einräumung des Stimmrechts für den Treugeber zeigt hier, dass in Wirklichkeit (§§ 133, 157 BGB) seine **Beteiligung *als Gesellschafter* gewollt** ist. Denn in der Personengesellschaft gibt es keine eigenständigen Entscheidungsbefugnisse ohne das Korrektiv der gesellschaftsrechtlichen Bindung gegenüber den Mitgesellschaftern und der – nur in der KG unter bestimmten Voraussetzungen beschränkbaren – Haftung gegenüber den Gläubigern. Wer mit Zustimmung aller Gesellschafter eigenständige Entscheidungsbefugnisse in der Gesellschaft ausübt, beteiligt sich an der gemeinsamen Verfolgung des Gesellschaftszwecks (§ 705 BGB) *und wird damit zum Gesellschafter.*[215] Der Erwerb der Gesellschafterstellung ist also die selbstverständliche Rechtsfolge der Einräumung originärer Stimmrechte.

Auch ist eine Verneinung der Gesellschafterstellung des Treugebers bei Einräumung wesentlicher Gesellschafterrechte im Innenverhältnis mit den neueren Grundsatzurteilen zum **Typenzwang im Gesellschaftsrecht** kaum vereinbar: Wegweisend ist hier das „GbRmbH"-Urteil (oben Rn. 81, 114). Im dort zugrundeliegenden Fall wurde der Gesellschafter einer GbR persönlich auf Zahlung von Mietzins für die Überlassung einer technischen Anlage an die Gesellschaft in Anspruch genommen. Er verteidigte sich u. a. mit dem Hinweis darauf, dass die Gesellschaft stets unter dem Namen „D-Gesellschaft bürgerlichen Rechts mit beschränkter Haftung" aufgetreten sei. Der BGH verwarf diesen Einwand. Dabei bezog er sich auf den allgemeinen Grundsatz des bürgerlichen Rechts und des Handelsrechts, dass derjenige, der als Einzelperson oder in der Gemeinschaft mit anderen Geschäfte betreibt, für die daraus entstehenden Verpflichtungen mit seinem gesamten Vermögen haftet, solange sich aus dem Gesetz nichts anderes ergibt oder mit dem Vertragspartner keine Haftungsbeschränkung vereinbart wird.[216] Als gesetzlichen Hauptfall des Ausschlusses einer persönlichen Gesellschafterhaftung betrachtet der BGH die GmbH (§ 13 II GmbHG), wobei hier aber der „Preis" in Form der Aufbringung und Erhaltung eines Mindestkapitals und der Registerpublizität zu zahlen sei; Gleiches gilt im Hinblick auf die KG.[217] Wer durch anderweitige Gestaltungen – z. B. durch Auftreten als „GbRmbH" – die persönliche Gesellschafterhaftung ausschließen wolle, verstoße daher gegen den gesellschaftsrechtlichen Typenzwang: Es würde nämlich entgegen dem System des geltenden Rechts eine neue Gesellschaftsform geschaffen, bei der den Gläubigern nur das ungesicherte Gesellschaftsvermögen haftet.[218] Dieses Urteil hat der BGH nachfolgend mehrfach bestätigt.[219] 117

Der Typenzwang ist nun freilich auch bei einer gesellschaftsvertraglichen Gestaltung berührt, wonach jemand – wie hier – im Innenverhältnis mit weitreichenden Stimmrechten in den Gesellschafterverband aufgenommen wird, folglich mit den übrigen Gesellschaftern gemeinschaftlich i. S. der „GbRmbH"-Entscheidung[220] 118

[214] Im Ansatz zutreffend daher *BGH* NZG 2011, 1023 Tz. 35 ff. = EWiR 2011, 749 m. Kurzkomm. *Wertenbruch*.
[215] Näher *Kindler*, ZIP 2009, 1146 ff.; a. A. *Armbrüster*, ZIP 2009, 1885 ff.
[216] So unter B.I.1a der Entscheidungsgründe, BGHZ 142, 315, 319.
[217] So unter B.I.4 der Entscheidungsgründe, BGHZ 142, 315, 322.
[218] BGHZ 142, 315, 322.
[219] BGHZ 150, 1, 3; *BGH* NZG 2005, 209.
[220] BGHZ 142, 315, 319.

„Geschäfte betreibt“, dabei aber weder persönlich für die Gesellschaftsverbindlichkeiten haften will (GbR/OHG), noch zur Erhaltung des Mindestkapitals und zur Registerpflicht (GmbH) verpflichtet sein will, noch eine Kommanditistenhaftung übernehmen will (KG). Genau diesen Status nimmt der Treugeber hier für sich in Anspruch, wenn er sich damit verteidigt, in Wirklichkeit kein GbR-Gesellschafter zu sein. Strukturell betrachtet liefe dies nämlich auf eine *GbR mit zwei Gruppen von Gesellschaftern* hinaus: Neben die gesetzlich vorgesehene Gruppe der persönlich haftenden Gesellschafter (§§ 128 ff. HGB analog) träte als zweite Gruppe die der haftungsbefreiten „Innen-Gesellschafter“. Den Regeln des Außenverhältnisses (§§ 128 ff. HGB) würden sie nicht unterliegen, sondern die Gläubiger insoweit auf die „echten Gesellschafter“ verweisen dürfen.[221] Ein solches Konstrukt verstieße gegen den im „GbRmbH“-Urteil[222] festgehaltenen Grundsatz der persönlichen Haftung – wahlweise: Kapitalaufbringung und -erhaltung – beim Betreiben von Geschäften in Gemeinschaft mit anderen. Die Rechtsprechung zum Treugeber-Gesellschafter, der nach Art eines *Rosinenpickens* nur *bestimmte Rechtsfolgen im Innenverhältnis* der Gesellschafter für sich in Anspruch nimmt, ist daher abzulehnen.

Fragen:

1. Was versteht man unter dem Begriff der Gesellschaft? (Rn. 1)
2. Unter welchen Voraussetzungen kann ein Gesellschaftsvertrag formbedürftig sein? (Rn. 8)
3. Welche Anforderungen werden an den gemeinsamen Zweck i.S. des § 705 BGB gestellt? (Rn. 13)
4. Kann zwischen Eheleuten ein Gesellschaftsverhältnis bestehen? (Rn. 18)
5. Wer kann Gesellschafter einer GbR sein? (Rn. 22, 25)
6. Erläutern Sie die Lehre von der fehlerhaften Gesellschaft! (Rn. 30)
7. Zu welchem Zeitpunkt liegt eine Invollzugsetzung des Gesellschaftsvertrages einer GbR vor? (Rn. 34)
8. Legen Sie die Rechtsfolgen der fehlerhaften Gesellschaft dar! (Rn. 40)
9. Zu welchem Zeitpunkt entsteht die GbR? (Rn. 47)
10. Zu welchem Zeitpunkt wird die OHG/KG gegenüber Dritten wirksam? (Rn. 49)
11. Ist die GbR rechtfähig? (Rn. 57)
12. Welche Vertretungsmöglickeiten gibt es bei der OHG? (Rn. 70, 72, 74)
13. Was versteht man unter dem Prinzip der Selbstorganschaft? (Rn. 71)
14. Nach welchen Zurechnungsnormen kann tatsächliches, schuldhaftes Verhalten der OHG zugerechnet werden? (Rn. 85)
15. Stellen Sie die Haftung des Gesellschafters einer OHG dar! (Rn. 90, 92, 93, 94)
16. Welchen Inhalt hat die Gesellschaftsschuld eines OHG-Gesellschafters? (Rn. 95)

---

[221] Schon deshalb kann bei der Treugeberhaftung von einem Zufallsgeschenk an die Gläubiger keine Rede sein; so aber tendenziell *BGH JuS* 2009, 276 = NZG 2009, 57 Tz. 22.

[222] BGHZ 142, 315.

17. Hindert § 128 S. 2 HGB haftungsbeschränkende Vereinbarungen zwischen der Gesellschaft und dem Dritten? (Rn. 102)
18. Welche Gründe rechtfertigen für die Haftungsverfassung der GbR eine Analogie zu §§ 128 ff. HGB? (Rn. 113)
19. Haftet der Treugeber eines GbR-Gesellschafters, der im Innenverhältnis als Gesellschafter behandelt wird, gegenüber den Gesellschaftsgläubigern für die Gesellschaftsverbindlichkeiten? (Rn. 115 ff.)

§ 11. GbR und OHG – Innenverhältnis

I. Abgrenzung zum Außenverhältnis; gesetzliche Regelung

1 Die Beantwortung sämtlicher gesellschaftsrechtlicher Fragen hängt maßgeblich davon ab, ob ein Problem des Innen- oder des Außenverhältnisses vorliegt. Die beiden Rechtskreise sind exakt voneinander abzugrenzen.

2 Das **Außenverhältnis** meint die Rechtsbeziehungen der Gesellschaft und ihrer Gesellschafter **zu Dritten**, die mit der Gesellschaft in Berührung kommen. Das **Innenverhältnis** umfasst dagegen Rechte und Pflichten der **Gesellschafter zueinander und zur Gesamthand.**

3 Allgemeine **gesetzliche Regelungen** für das Innenverhältnis aller Personengesellschaften finden sich in den §§ 705 ff. BGB.[1] Besondere Vorschriften für die Personen*handels*gesellschaften beinhalten die §§ 109 bis 122 HGB (OHG) und die §§ 163 bis 169 HGB (KG). Die **meisten Vorschriften** des gesellschaftsrechtlichen Innenverhältnisses sind **nachgiebig;** für die Personenhandelsgesellschaften zeigt dies schon der Wortlaut der §§ 109, 163 HGB.[2] Die Gesellschafter haben mithin weitgehend die Möglichkeit, gesetzliche Regelungen abzuändern oder ganz auszuschließen.

II. Rechte und Pflichten der Gesellschafter

1. Beitragspflicht

4 Die §§ 705 bis 707 BGB regeln die Beitragsleistung der Gesellschafter, und zwar nach §§ 105 III, 161 II HGB auch für die OHG und KG. Die Gesellschafter sind der Gesellschaft gegenüber verpflichtet, die gemeinsame Zweckerreichung zu fördern. Dies geschieht insbesondere durch Leistung der vereinbarten Beiträge, § 705 BGB. Eine allgemeine Schranke der Beitragspflicht ergibt sich beim volljährig gewordenen Gesellschafter aus der sog. Erschöpfungseinrede nach § 1629a I 1 BGB.

a) Arten der Beitragsleistung

5 Jeder Gesellschafter ist zur Beitragsleistung in gleicher Höhe verpflichtet, soweit der Gesellschaftsvertrag nicht etwas anderes bestimmt, § 706 I BGB. Die Art der Beiträge ist nicht näher festgelegt. Es muss sich lediglich um **geldwerte Leis-**

---

[1] Beachte die Verweisungsnormen in §§ 105 III, 161 II HGB, § 1 IV PartGG, § 1 EWIV-Ausführungsgesetz i.V.m. § 105 III HGB.

[2] Zwingenden Charakter haben nur die §§ 716 II, 723 IV, 724 S. 1, 725 I, 738 I 1 BGB, mit Einschränkungen auch die §§ 712 II, 719 I, 728 BGB, vgl. die Aufstellung bei Palandt/*Sprau*, § 705 Rn. 2, ferner §§ 118 I, II, 166 III, 233 III HGB, vgl. Baumbach/*Hopt*, § 109 Rn. 2 a.E.

tungen handeln, die dem Gesellschaftsvermögen zugute kommen. In Betracht kommen dafür rein finanzielle Leistungen[3] wie auch die Erbringung von Diensten (so ausdrücklich § 706 III BGB). Für die Einbringung von Sachwerten enthält § 706 II BGB die Auslegungsregel, dass vertretbare und verbrauchbare Sachen[4] im Zweifel gemeinschaftliches Eigentum der Gesellschafter werden. Die Einbringung einer Sache dem Werte nach (quoad sortem) begründet nur die schuldrechtliche Verpflichtung des Gesellschafters, die Sache der Gesellschaft so zur Verfügung zu stellen, als ob sie Gesellschaftsvermögen wäre. Sie lässt jedoch die dingliche Rechtsstellung des Gesellschafters und seine Verfügungsbefugnis im Außenverhältnis unberührt.[5]

b) Keine Anwendbarkeit des § 320 BGB

Der Gesellschaftsvertrag ist **Organisationsvetrag und Schuldvertrag** zugleich 6
(oben § 10 Rn. 4 f.). Daher finden die Vorschriften des BGB über Schuldverhältnisse aus Verträgen (§§ 311 bis 359 BGB) grundsätzlich Anwendung. Problematisch ist dies allerdings im Hinblick auf die Vorschriften über den *gegenseitigen Vertrag* (§§ 320 bis 326 BGB), insbesondere die Einrede des nichterfüllten Vertrages nach § 320 BGB. Denn der Gesellschaftsvertrag ist **kein klassischer Austauschvertrag**, sondern als Leistungsvereinigungsvertrag auf die Verfolgung eines gemeinsamen Zwecks gerichtet. Zur Verdeutlichung das folgende

Beispiel: Altmann, Brunner und Cremer betreiben die Auto-Verwertung ABC GbR. Im Gesellschaftsvertrag vereinbaren die Gesellschafter einen Beitrag in Höhe von 50.000 EUR je Gesellschafter. A, der seinen Beitrag als einziger bereits geleistet hat, nimmt den B auf Zahlung an die Gesellschaft in Anspruch. B wendet ein, dass er erst zahlen werde, wenn auch C die 50.000 EUR erbracht habe. Ist der Einwand des B berechtigt?

B macht hier die Einrede des nichterfüllten Vertrags geltend, § 320 BGB. Fraglich ist dabei, ob diese Norm auf Gesellschaftsverträge überhaupt anwendbar ist. Denn § 320 BGB ist auf synallagmatische Austauschverträge zugeschnitten, bei denen der eine Vertragsteil seine Leistung nur erbringt, *weil* der Vertragspartner dafür eine Gegenleistung erbringt („do ut des").[6] Die Vertragspartner einer Gesellschaft tauschen die Leistungen jedoch nicht aus, sondern erbringen sie zur Förderung eines gemeinsamen Zwecks. Allerdings verpflichten sich auch im Gesellschaftsverhältnis zwei oder mehrere Personen zu einer Leistung, weil und damit auch der jeweils andere seine Leistung erbringt. Deshalb könnten Gesellschaftsverträge als gegenseitige Verträge im weiteren Sinn aufgefasst werden.[7]

Die Frage, ob der **Gesellschaftsvertrag als gegenseitiger Vertrag** im engeren 7
Sinne anzusehen ist,[8] ist bis heute umstritten.[9] Die herrschende Meinung **verneint**

---

[3] Z. B. Geldzahlungen, Übertragung und Gebrauchsüberlassung von beweglichen und unbeweglichen Sachwerten, Übertragung von Forderungen.

[4] Vgl. hierzu §§ 91, 92 BGB.

[5] *BGH* NZG 2009, 1107.

[6] Typische Beispiele sind der Kauf-, Miet-, Dienst- oder Werkvertrag.

[7] So etwa *Windbichler,* § 6 Rn. 3.

[8] So einhellig die frühere Rspr. (RGZ 76, 276, 279; 147, 340, 342; 163, 385, 388; *BGH* NJW 1951, 308) und wohl auch der historische Gesetzgeber; grundlegend *Hüttemann*, Leistungsstörungen bei Personengesellschaften, 1998, S. 37 ff., 48 ff.

[9] Eingehende Darstellung von Entwicklung und Meinungsstand in MünchKomm-BGB/*Ulmer,* § 705 Rn. 161 ff.; ferner bei *Wertenbruch*, NZG 2001, 306 ff.

dies mit Recht, da es mit dem Gedanken der Leistungsvereinigung nicht zu vereinbaren ist, könnte ein Gesellschafter seine Beitragsleistung von der Erbringung der anderen Beiträge abhängig machen (§§ 320 bis 322 BGB); auch die §§ 323 bis 326 BGB sind wegen der **fehlenden synallagmatischen Verknüpfung der einzelnen Beitragspflichten nicht anwendbar**, zumal eine Rückabwicklung der Gesellschaft mit ex-tunc-Wirkung – ebenso wenig wie im Falle der fehlerhaften Gesellschaft (oben § 10 Rn. 27 ff.) – interessengerecht wäre.[10] Notfalls ist mit dem Arglisteinwand zu helfen.[11]

8 Gegen die Anwendbarkeit des § 320 BGB im Besonderen spricht ferner, dass die Vorschrift den nichtleistenden Gesellschafter aus dem Erfüllungszwang entlassen würde; er könnte sich stets auf die Nichtleistung (irgend) eines anderen Gesellschafters berufen und so die Gesellschaft insgesamt durch Einrede außer Vollzug setzen.[12] § 320 BGB verfehlt hier zudem im Regelfall seinen Normzweck als Druckmittel, den klagenden Gläubiger nun ebenfalls zur Erbringung der von ihm geschuldeten Gegenleistung anzuhalten. Denn meist ist gar nicht der klagende Gesellschafter, sondern ein dritter, nicht am Prozess beteiligter Gesellschafter mit seiner Leistung säumig. Die Sanktion der Zug-um-Zug-Verurteilung (§ 322 I BGB) ginge deshalb ins Leere.[13]

Im Fallbeispiel zu Rn. 6 steht dem B gegenüber dem Begehren des A die Einrede des nichterfüllten Vertrags daher nicht zu.

9 Gerechtfertigt ist allein – dies ist unstreitig – die Anwendung des § 320 BGB auf **Zweipersonengesellschaften**, da hier die Interessenlage mit der bei synallagmatischen Austauschverträgen vergleichbar ist. Denn ein Gesellschafter, der seine versprochene Leistung nicht erbringt, kann einen anderen nicht zur Vorleistung zwingen.[14]

c) Keine Nachschusspflicht der Gesellschafter

10 Nach § 707 BGB besteht grundsätzlich keine Nachschusspflicht der Gesellschafter. Dazu das folgende

Beispiel: Im Gesellschaftsvertrag der Auto-Verwertung ABC GbR (oben Rn. 6) ist weiterhin bestimmt, dass Mehrheitsentscheidungen generell zulässig sind. A und B wollen einen neuen Abschleppwagen kaufen und beschließen deshalb eine Erhöhung der Beiträge um 30.000 EUR für jeden Gesellschafter. C ist damit nicht einverstanden. Muss C zahlen?

11 Nach dem Gesetz sind die Gesellschafter nicht verpflichtet, den vereinbarten Beitrag nachträglich zu erhöhen oder eine durch Verlust geminderte Einlage zu ergänzen, § 707 BGB. Von der Nachschusspflicht freigestellt sind die Gesellschafter jedoch nur dann, wenn die Höhe der Beiträge vertraglich festgelegt ist („vereinbarter Beitrag"). § 707 BGB ist dementsprechend unanwendbar, soweit die

---

[10] MünchKomm-BGB/*Ulmer*, § 705 Rn. 163; Ebenroth/Boujong/Jost/Strohn/*Boujong*, § 105 Rn. 78; Baumbach/*Hopt*, § 105 HGB Rn. 48; MünchKomm-HGB/*K. Schmidt*, § 105 Rn. 185 f.; *OLG München* NZG 2000, 1124, 1125 = ZIP 2000, 2255.

[11] *Hüffer/Koch*, GesR, § 9 Rn. 7.

[12] Treffend MünchKomm-HGB/*K. Schmidt*, § 105 Rn. 186.

[13] *Hüffer/Koch*, GesR, § 9 Rn. 7.

[14] MünchKomm-BGB/*Ulmer*, § 705 Rn. 169 m. w. N.

Gesellschafter ausdrücklich oder stillschweigend vereinbart haben, entsprechend ihrer Beteiligung das zur Zweckerreichung Erforderliche beizutragen. Ebenso ist § 707 BGB dann nicht berührt, wenn sich die Gesellschafter zum einen eine betragsmäßig festgelegte Einlage, zum anderen laufende Beiträge versprochen haben („gespaltene Beitragspflicht"); in einem solchen Fall bedürfen die Festlegung der Höhe und die Einforderung der Beträge keines Gesellschafterbeschlusses, sondern sind Sache der Geschäftsführer.[15]

Ist § 707 BGB hingegen anwendbar, so können die **Beiträge** nachträglich nur **durch einstimmigen Änderungsvertrag** zum Gesellschaftsvertrag **erhöht** werden.[16] Der Gesellschaftsvertrag kann auch vorsehen, dass derartige Beitragserhöhungen durch Mehrheitsentscheidung beschlossen werden können. Aus Sinn und Zweck des § 707 BGB – jeder Gesellschafter soll bei Gründung der Gesellschaft die auf ihn zukommenden Lasten planen und überschauen können – folgt allerdings, dass die vertraglich vereinbarte Möglichkeit, Beiträge durch Mehrheitsentscheidungen zu erhöhen, stets eine Begrenzung des Umfangs der Beitragserhöhung enthalten muss.[17] – Da A, B und C im Fallbeispiel zu Rn. 10 gesellschaftsvertraglich nicht festgelegt haben, in welchem Rahmen die Beitragsleistungen durch Mehrheitsbeschluss erhöht werden dürfen, ist der Beschluss von A und B unwirksam. C trifft keine Pflicht zur Zahlung der 30.000 EUR. 12

2. Treuepflicht

Für Gesellschafter einer Personengesellschaft ist allgemein anerkannt, dass ihnen gegenüber der Gesellschaft und ihren Mitgesellschaftern eine allgemeine Treuepflicht obliegt. Ob diese ihren Geltungsgrund im gemeinschaftlichen Charakter des Gesellschaftsvertrags oder im allgemeinen Prinzip von Treu und Glauben (§ 242 BGB) hat, kann im Ergebnis offen bleiben.[18] In beiden Fällen muss sich das **Verhalten** des Gesellschafters **entsprechend dem gemeinsamen Zweck** an den Belangen der Gesellschaft und seiner Mitgesellschafter ausrichten.[19] Die **Treuepflicht wirkt doppelt:** Sie begründet Handlungs- und Unterlassungspflichten, und sie beinhaltet Rechtsausübungsschranken. 13

Merkformel:[20] Die Gesellschafter sind verpflichtet, in Ausübung ihrer im Gesellschaftsinteresse begründeten mitgliedschaftlichen Befugnisse diejenigen Handlungen vorzunehmen, die der Förderung des Gesellschaftszwecks dienen, und zuwiderlaufende Maßnahmen zu unterlassen. Bei der Ausübung eigennütziger Mitgliedsrechte sind die Schranken einzuhalten, die sich aus dem Verbot einer willkürlichen oder unverhältnismäßigen Rechtsausübung ergeben. Auf die mitgliedschaftlichen Interessen anderer Gesellschafter ist angemessen Rücksicht zu nehmen.

---

[15] *BGH* NZG 2008, 65 Tz. 17, st. Rspr.; *BGH* NZG 2009, 501 eingehend zur Nachschusspflicht *Armbrüster*, ZGR 2009, 1 ff.; *C. Schäfer*, VGR 2007, 2008, S. 137 ff.; *Strohn*, DB 2010, 37 f.

[16] *BGH* NJW-RR 2005, 1357 = NZG 2005, 753; MünchKomm-BGB/*Ulmer*, § 707 Rn. 1.

[17] *BGH* NZG 2007, 259, NZG 2007, 620 Tz. 15; *BGH* (vorige Fn.); ZIP 2009, 864 Tz. 14; MünchKomm-BGB/*Ulmer*, § 707 Rn. 6.

[18] Für vertragliche Herleitung: *BGH* NZG 2011, 510 Tz. 21 sowie MünchKomm-BGB/*Ulmer*, § 705 Rn. 221 ff.; *OLG München* NZG 2012, 663, 665 f.; für gesetzliche Begründung: *Kraft/Kreutz*, C II 2 b (S. 98); *Hennrichs*, AcP 195 (1995), 221, 228 ff.

[19] *Kraft/Kreutz*, C II 2 b (S. 98); *K. Schmidt*, GesR, § 59 III 1 b (S. 1746).

[20] Nach *Hüffer*, FS Steindorff, 1990, S. 59, 69.

a) Handlungs- und Unterlassungspflichten

14 Aus der Treuepflicht können sowohl Handlungs- als auch Unterlassungspflichten erwachsen. Hier steht den Gesellschaftern oder der Gesellschaft ein **Erfüllungsanspruch** zu, der im Wege der Leistungsklage gegen den illoyalen Gesellschafter durchzusetzen ist. Schuldhafte Treuepflichtverstöße begründen ferner nach § 280 I BGB eine Schadensersatzhaftung des Gesellschafters. Bei fortgesetzten oder besonders schwerwiegenden Verstößen kann ein wichtiger Grund zur Entziehung von Geschäftsführungs- und Vertretungsbefugnis oder zum Ausschluss aus der Gesellschaft gegeben sein.[21] Die Rechtsprechung hat die Treuepflicht in der Personengesellschaft immer weiter ausgebaut. Vorläufiger Schlusspunkt der Entwicklung ist eine – vor dem Hintergrund des § 707 BGB fragwürdige – Pflicht zur Teilnahme an (notwendigen und nicht von vorneherein sinnlosen) Sanierungsmaßnahmen (*BGH* NZG 2009, 1347 – Sanieren oder Ausscheiden).

15 **Beispiel für eine Handlungspflicht (Vertragsänderung):** Die „ABC Computer GbR" stellt maßgeschneiderte Computersoftware für große Unternehmen her. Um ihre Stammkunden zu halten und weiterhin konkurrenzfähig zu bleiben, wollen A und B den hochqualifizierten Internet-Experten Hack in die Gesellschaft aufnehmen. C ist strikt dagegen, da er den H noch aus alten Schulzeiten kennt und ihn noch nie besonders sympathisch fand. Gleichwohl beschließen A und B gegen die Stimme des C, dass H in die Gesellschaft aufgenommen wird. Zu den für Vertragsänderungen erforderlichen Mehrheiten enthält der Gesellschaftsvertrag keine Bestimmungen. Wirksamkeit des Gesellschafterbeschlusses?

Der Beschluss könnte unwirksam sein, da er nicht einstimmig zustande gekommen ist (vgl. § 709 I BGB) und nach dem Gesellschaftsvertrag keine Mehrheitsentscheidungen vorgesehen sind. Denn grundsätzlich ist kein Gesellschafter zur Zustimmung zu einer Vertragsänderung verpflichtet. Etwas anderes ist aufgrund der Treuepflicht der Gesellschafter ausnahmsweise anzunehmen, wenn eine Anpassung an veränderte Verhältnisse zur Erreichung des Gesellschaftszwecks dringend geboten ist und die Vertragsänderung dem Gesellschafter zumutbar ist.[22] Die Computer GbR muss den H, um weiterhin konkurrenzfähig zu sein und die Erreichung des Gesellschaftszwecks nicht zu gefährden, unbedingt in die Gesellschaft aufnehmen. Daraus resultiert ein Anspruch der Mitgesellschafter A und B gegen C auf Erteilung seiner Zustimmung, Dieser Anspruch ist im Wege der Leistungsklage durchzusetzen, wobei die Zustimmungserklärung des C mit Rechtskraft des Urteils als abgegeben gilt, § 894 I ZPO.

16 Als weitere Ausprägung der Treuepflicht gelten für die Gesellschafter der GbR bestimmte **Unterlassungspflichten**. Kein Gesellschafter darf demzufolge nach außen hin rufschädigende Äußerungen vornehmen oder Betriebsgeheimnisse preisgeben.[23] Geschäftschancen der Gesellschaft darf der geschäftsführende Gesellschafter nicht für sich selbst oder ihm nahe stehende Personen[24] wahrnehmen.[25]

---

[21] Eingehend zu den Rechtsfolgen von Treuepflichtverstößen MünchKomm-BGB/*Ulmer,* § 705 Rn. 239 ff.

[22] *BGH* JuS 2005, 271 (m. Anm. *K. Schmidt*) = NZG 2005, 129; *BGH* JuS 1987, 409 (m. Anm. *K. Schmidt*) = NJW 1987, 952; grundlegend BGHZ 44, 40, 41 = NJW 1965, 1960; BGHZ 64, 253, 257 = NJW 1975, 1410; näher MünchKomm-BGB/*Ulmer,* § 705 Rn. 231 ff.

[23] *BGH* NJW 1989, 2687 (Grundstückserwerb für eigene Zwecke); *Windbichler,* § 7 Rn. 3.

[24] Vgl. § 138 InsO.

[25] *BGH* NJW 1989, 2687 (Grundstückserwerb für eigene Zwecke); *OLG München* NZG 2012, 663, 665 f.

b) Wettbewerbsverbot

Ein Wettbewerbsverbot ergibt sich aus der Treuepflicht des **GbR-Gesellschafters** grundsätzlich nur im Rahmen der Unterlassungspflicht bezüglich der Wahrnehmung von Geschäftschancen (soeben Rn. 16).[26] Anders beim **OHG-Gesellschafter:** Ihm sind grundsätzlich Wettbewerbshandlungen untersagt, wodurch er wirtschaftliche Möglichkeiten zu seinem eigenen Vorteil ausnutzt und dadurch der Gesellschaft Konkurrenz macht.[27] Dies folgt aus den §§ 112, 113 HGB, die die allgemeine Treuepflicht konkretisieren.[28] Ob aber auch von der Geschäftsführung ausgeschlossene OHG-Gesellschafter (§ 114 HGB i.V.m. § 109 HGB) das Wettbewerbsverbot beachten müssen, wird unterschiedlich beurteilt, vgl. dazu den nachfolgenden 17

Übungsfall: Altmann, Brunner und Cremer betreiben in München die ABC Krankentransport OHG, die es sich zur Aufgabe gemacht hat, ältere und gebrechliche Menschen zu Arztbesuchen oder Freizeitveranstaltungen zu bringen. C ist von der Geschäftsführung und Vertretung ausgeschlossen, hat aber ansonsten die gleichen Rechte und Pflichten wie die Gesellschafter A und B. Da die Geschäfte sehr gut laufen, gründet C nach einiger Zeit im gleichen Einzugsbereich ein eigenes Unternehmen, das die gleichen Dienstleistungen anbietet. Dabei wird C als Geschäftsführer tätig. Können A und B von C Unterlassung verlangen?

Lösung: Das von C geleitete Unternehmen steht im Wettbewerb zur ABC Krankentransport OHG. Über den Wortlaut des § 113 I HGB hinaus, wonach Verstöße gegen das Wettbewerbsverbot nur **Schadensersatzansprüche** und ein **Eintrittsrecht** der Gesellschaft auslösen, können die übrigen Gesellschafter den anderen auch auf **Unterlassung** der Wettbewerbshandlung in Anspruch nehmen.[29] Umstritten ist aber, ob das Wettbewerbsverbot nur geschäftsführende Gesellschafter erfasst. 18

Ein Teil der Lehre stellt die nichtgeschäftsführenden den geschäftsführenden Gesellschaftern grundsätzlich gleich. Beide Gesellschaftergruppen seien nach §§ 705, 706 BGB i. V. mit § 105 III HGB gleichermaßen zur Förderung des Gesellschaftszwecks verpflichtet und müssten daher alles unterlassen, was den Gesellschaftsinteressen zuwiderläuft.[30] 19

A. A. zufolge seien nichtgeschäftsführende Gesellschafter vom Wettbewerbsverbot zumindest dann ausgenommen, wenn ihre Mitwirkungs- und Überwachungsrechte im Sinne von § 716 II BGB bzw. § 118 HGB auf das zulässige Mindestmaß begrenzt seien. Denn in diesem Fall hätten die Gesellschafter in der Regel überhaupt keine Möglichkeit, ihre Kenntnisse über die Geschäftstätigkeit der Gesellschaft zum Nachteil der Gesellschaft zu benutzen.[31] 20

C betreibt im Beispielsfall ein Konkurrenzunternehmen, so dass eine Wettbewerbshandlung vorliegt. Die Mitwirkungs- und Überwachungsrechte des C sind im Verhältnis zu seinen Mitgesellschaftern auch nicht eingeschränkt, so dass C nach beiden Meinungen das Wettbewerbsverbot aus § 112 HGB zu beachten hat. Der Unterlassungsanspruch ist begründet. – 21

---

[26] MünchKomm-BGB/*Ulmer,* § 705 Rn. 235 f.

[27] Der Gesellschafter verletzt das Wettbewerbsverbot auch dadurch, dass er sich an einer gleichartigen Handelsgesellschaft als persönlich haftender Gesellschafter beteiligt; grdl. BGHZ 38, 306 = NJW 1963, 646 – „Bonbonniere".

[28] Nach § 161 II HGB gilt dies auch für den persönlich haftenden Gesellschafter einer KG, nicht jedoch für den Kommanditisten, § 165 HGB; unten § 13 Rn. 54.

[29] BGHZ 89, 162, 170 = NJW 1984, 1351.

[30] So *Roth*, Handels- und Gesellschaftsrecht § 10 Nr. 6 d (S. 152); Baumbach/*Hopt,* § 112 Rn. 2.

[31] MünchKomm-BGB/*Ulmer,* § 705 Rn. 195; *Erman/Westermann,* § 705 Rn. 48; *Schlegelberger/Martens,* § 112 HGB Rn. 33 f.; *Löffler,* NJW 1986, 223, 227; *Beuthien,* ZHR 142 (1978), 259.

22 Das gesetzliche **Wettbewerbsverbot** für die Personenhandelsgesellschaften (§§ 112, 113 HGB) ist **abdingbar,** § 109 HGB. Statt einer „Alles-oder-Nichts"-Lösung kann der Gesellschaftsvertrag auch eine Konkurrenztätigkeit in bestimmtem Umfang gestatten. Der Gesellschaftsvertrag kann umgekehrt aber auch bestimmen, dass alle oder einzelne Gesellschafter das Wettbewerbsverbot verschärft zu beachten haben. Derartige Abreden sind freilich nur in den Grenzen von § 138 BGB und § 1 GWB wirksam.

23 Möglich ist danach grundsätzlich eine Vereinbarung, die den Gesellschaftern verbietet, nach ihrem Ausscheiden aus der Gesellschaft zu dieser in Konkurrenz zu treten. Ein derartiges **nachvertragliches Wettbewerbsverbot** ist vor dem Hintergrund der erwähnten Vorschriften aber nur unbedenklich, wenn und soweit es notwendig ist, die in der Gesellschaft verbleibenden Gesellschafter vor einer illoyalen Verwertung der Erfolge der gemeinsamen Arbeit oder vor einem Missbrauch der Ausübung der Berufsfreiheit zu schützen. Auch darf es in räumlicher, gegenständlicher und zeitlicher Hinsicht das notwendige Maß nicht überschreiten.[32]

24 Ein Verstoß gegen § 112 HGB begründet nach § 113 I 1. Hs. HGB einen **Schadensersatzanspruch** der Gesellschaft gegen den Gesellschafter. Wegen der Schwierigkeiten des Schadensnachweises gewährt das Gesetz der Gesellschaft wahlweise daneben ein **Eintrittsrecht,** § 113 I 2. Hs. HGB. Wenn die Gesellschaft davon Gebrauch macht, hat der Gesellschafter ein für „eigene Rechnung" vorgenommenes Geschäft als für die Rechnung der Gesellschaft gelten zu lassen. Liegt ein Handeln des Gesellschafters für „fremde Rechnung" vor, muss er der Gesellschaft die erhaltene Vergütung herausgeben oder den Vergütungsanspruch abtreten. Daneben kommen vor allem Ansprüche auf Unterlassung und Schadensersatz (§ 280 BGB) in Betracht.[33] Diese Grundsätze gelten in der GbR entsprechend.

c) Treuepflicht als Rechtsausübungsschranke

25 Bei der Schrankenfunktion der Treuepflicht[34] ist zwischen **uneigennützigen und eigennützigen Mitgliedschaftsrechten** zu unterscheiden.[35] Zu ersteren gehören das Geschäftsführungsrecht (§ 709 BGB; § 114 HGB), das Zustimmungs- und Widerspruchsrecht in Geschäftsführungsangelegenheiten (§§ 709, 711 BGB; §§ 114 bis 116 HGB) und das Recht zur Entziehung der Geschäftsführungs- und Vertretungsbefugnis (§§ 712, 715 BGB; 117, 127 HGB). Zu letzteren zählen in erster Linie die Vermögensrechte (Gewinnrecht, §§ 721, 722 BGB und §§ 120 bis 122 HGB; Recht auf Aufwendungsersatz, § 670 BGB und § 110 HGB; Recht auf das Auseinandersetzungsguthaben, § 734 BGB und § 155 HGB), ferner das Stimmrecht (§ 709 BGB; § 119 HGB), das Recht auf Information und Einsicht in die Geschäftsunterlagen (§ 716 BGB; § 118 HGB), das Recht auf Rechnungslegung

---

[32] *BGH* NJW 2005, 3061, 3062 m. w. N.; näher *Wertenbruch*, NZG 2006, 408, 411 f.

[33] Gesamtüberblick zu den Folgen von Verstößen gegen das Wettbewerbsverbot bei Koller/*Roth*/Morck, §§ 112, 113 HGB Rn. 4.

[34] Satz 2 der oben Rn. 13 wiedergegebenen Merkformel.

[35] Näher zur Treuepflicht als Rechtsausübungsschranke MünchKomm-HGB/*K. Schmidt*, § 105 Rn. 191; MünchKomm-BGB/*Ulmer*, § 705 Rn. 226 ff.; zur im Text erwähnten Unterscheidung s. z. B. *BGH* NZG 2006, 194 unter Tz. 17.

(§ 721 BGB), das Kündigungsrecht (§ 723 BGB; § 132 HGB) sowie alle vertraglich eingeräumten Sonderrechte.

Uneigennützige Mitgliedsrechte sind dem Gesellschafter allein im Interesse der Gesellschaft verliehen. Für die Verfolgung eigener Interessen durch Ausübung derartiger Rechte ist aber Raum, soweit dadurch die Belange der Gesellschaft nicht berührt werden. Das Gesellschaftsinteresse geht in jedem Fall vor. 26

Beispiel:[36] Gesellschafter Gilb der GZSZ-Jugendbildungs-GbR widerspricht nach § 711 BGB den von den übrigen Gesellschaftern geplanten Gehaltserhöhungen für Mitarbeiter der Gesellschaft. Damit verfolgt er auch sein Interesse an einem höheren Gesellschaftsgewinn. Weil dieser aber zugleich im Interesse der Gesellschaft liegt, fehlt es an einem Treuepflichtverstoß.

Kein Vorrang des Gesellschaftsinteresses besteht bei der Ausübung eigennütziger Mitgliedschaftsrechte. Allerdings darf der Gesellschafter diese Rechte, soweit sie Nachteile für die Gesellschaft haben können, nicht willkürlich und nur unter Einsatz des aus Sicht der Gesellschaft schonendsten Mittels ausüben. 27

Beispiel:[37] Der Gesellschafter G der GZSZ-Jugendbildungs-GbR kündigt die Gesellschaft mit dem Ziel, das von dieser geführte Unternehmen aus der Liquidationsmasse zu erwerben und künftig alleine weiterzuführen. Die Kündigung ist angesichts ihrer Begleitumstände treuwidrig.[38]

Die Nichtbeachtung der Treuepflicht führt zur **Unbeachtlichkeit der Rechtsausübung**. Daher sind z. B. ein treuwidriger Widerspruch gegen eine Geschäftsführungsmaßnahme oder eine treuwidrig erklärte Kündigung (Beispiele zu Rn. 26, 27) unwirksam. Auch kann ein Gesellschafterbeschluss wegen Verstoßes gegen die Treuepflicht unwirksam sein, etwa wenn sich die Mehrheit über beachtenswerte Belange der Minderheit hinwegsetzt.[39] 28

3. Sorgfaltsmaßstab bei der Erfüllung von Pflichten

Jeder Gesellschafter hat gegenüber seinen Mitgesellschaftern nach § 708 BGB bei der Erfüllung seiner Pflichten nur für diejenige Sorgfalt einzustehen, die er in eigenen Angelegenheiten anzuwenden pflegt („**diligentia quam in suis**").[40] Dies gilt gleichermaßen für geschäftsführende wie nicht geschäftsführende Gesellschafter. Grundgedanke der Haftungsmilderung ist der vermutliche Parteiwille, die Gesellschafter wollten sich gegenseitig so nehmen, wie sie nun einmal sind.[41] Parallelvorschriften finden sich in §§ 1359, 1664 I BGB. 29

§ 708 BGB schließt nicht die Haftung für grobe Fahrlässigkeit aus, § 277 BGB. 30
Dass die Gesellschafter nur für die Sorgfalt in eigenen Angelegenheit einzustehen

---

[36] Nach *BGH* NJW 1986, 844.

[37] Nach *BGH* NJW 1980, 1278 (GmbH).

[38] Tendenziell wohl gegen einen Treupflichtverstoß bei einem derartigen Vorgehen eines OHG-Gesellschafters Staub/*Schäfer*, § 132 Rn. 22, 23.

[39] *BGH* NJW 2209, 669 Tz. 25 = JuS 2009, 474 m. Anm. *K. Schmidt* – Schutzrechtsgemeinschaft II; zuvor schon BGHZ 170, 283, 287 f.= NJW 2007, 1685 Tz. 10 – OTTO.

[40] Parallelvorschriften: §§ 690, 1359, 1664, 2131 BGB.

[41] Protokolle bei Mugdan II S. 985; MünchKomm-BGB/*Ulmer*, § 708 Rn. 1; *Müller-Graff*, AcP 191 (1991), 475, 482 f.

haben, stellt für sie dennoch eine spürbare Haftungsmilderung dar. Denn anders als bei der einfachen Fahrlässigkeit, die eine objektive Sorgfaltspflichtverletzung erfordert (§ 276 BGB), ist für die Bestimmung der Sorgfalt in eigenen Angelegenheiten ein subjektiver Verschuldensmaßstab anzulegen.[42] Dieser gilt aber nur zur Entlastung des Schädigers, nicht zur Verschärfung des in § 276 BGB normierten Sorgfaltsmaßstabs.[43]

31 **Übungsfall:** Die S. Kracht OHG betreibt einen Handel mit Klavieren und Konzertflügeln. Eines Tages liefert Hersteller Rössle neue Ware an. Gesellschafter Kracht trägt mit zwei weiteren Angestellten einen 70.000 EUR teuren Konzertflügel in den Ausstellungsraum. Dabei entgleitet das Instrument aus seinen Händen und wird beschädigt. Dieser Unfall ist darauf zurückzuführen, dass Kracht keinen Transportgurt benutzte. Mitgesellschafter Ganzgenau fordert Kracht zum Schadensersatz an die Gesellschaft auf. Dieser rechtfertigt sich damit, dass er noch nie Tragegurte benutzt und es gleichwohl bei vergangenen Transporten nie Probleme gegeben habe. Haftet Kracht?

Lösung: Als Anspruchsgrundlage kommt § 280 I BGB in Betracht. Problematisch ist allein, ob Kracht die von ihm begangene Pflichtverletzung zu vertreten hat.[44] Bei Beachtung der im Verkehr erforderlichen Sorgfalt (§ 276 BGB) hätte Kracht erkennen müssen, dass der Transport eines derart schweren Instruments ohne Hilfsmittel mit hohen Risiken behaftet ist. Kracht hat den Flügel jedoch so transportiert, wie er es immer getan hat. Mit seiner Arbeitsweise war er bei früheren Gelegenheiten stets erfolgreich gewesen. Demnach hat er sich innerhalb seines subjektiven Sorgfaltsmaßstabs gehalten. Nach § 708 BGB hat Kracht den Schadenseintritt deswegen nicht zu vertreten. Er haftet daher der Gesellschaft nicht auf Schadensersatz.

4. Ersatzansprüche

a) Ansprüche gegen die Gesellschaft

32 Vgl. zunächst o. § 10 Rn. 94. Die geschäftsführenden Gesellschafter einer Personenhandelsgesellschaft können von der Gesellschaft Ersatz für ihre erbrachten **Aufwendungen** verlangen, die sie den Umständen nach für erforderlich halten dürfen, § 110 I Fall 1 HGB.[45]

Merke: Aufwendungen sind alle **freiwilligen Vermögensopfer**, die der Gesellschafter zur Erreichung des Gesellschaftszwecks erbringt.[46]

32a Aufwendungen sind danach vor allem Auslagen, ferner die Übernahme von Verbindlichkeiten sowie die **Tilgung von Gesellschaftsschulden.**[47] Neben § 110 HGB findet Auftragsrecht Anwendung (§ 105 II HGB i.V.m. §§ 713, 662 ff. BGB).

---

[42] Palandt/*Heinrichs*, § 277 Rn. 5.
[43] MünchKomm-BGB/*Ulmer*, § 708 Rn. 14.
[44] Allgemein zur Haftung geschäftsführender Gesellschafter MünchKomm-HGB/*K. Schmidt*, § 114 Rn. 56 ff.
[45] Zur Vorschusspflicht der Gesellschaft s. § 669 BGB i.V.m. § 713 BGB (letzterer auch i.V.m. § 105 III HGB).
[46] *BGH* NJW 1960, 1568, 1569; ähnlich Baumbach/*Hopt*, § 110 Rn. 7.
[47] Ebenroth/Boujong/Joost/Strohn/*Goette*, § 110 Rn. 9; *Koller*, FS Georgiades, 2005, S. 671 ff.

Vom Aufwendungsersatzanspruch ist der Vergütungsanspruch für Geschäftsführungstätigkeiten zu unterscheiden, der sich – sofern vereinbart – aus dem Gesellschaftsvertrag ergibt.[48] 33

Beispiel: Gesellschafter Lohmann unternimmt eine geschäftlich veranlasste Reise für die Lohmann & Co. Staubsaugerverkaufsagentur OHG. Sein Geschäftswagen befindet sich gerade in Reparatur, so dass er sich einen Mietwagen nehmen muss. Die Rechnung bezahlt L mit seiner privaten Kreditkarte. Hat L einen Ersatzanspruch gegen die OHG?
Hier hat L die Dienstreise im Interesse der Gesellschaft vorgenommen. Dazu war es erforderlich, dass L sich ein Fahrzeug beschafft. Die Kosten für das Mietfahrzeug hat L sodann freiwillig beglichen, d.h. ohne dazu nach dem Gesellschaftsvertrag verpflichtet zu sein. Daher steht ihm ein Ersatzanspruch gegen die OHG aus § 110 I Fall 1 HGB zu.

Die Gesellschaft ist dem Gesellschafter gegenüber verpflichtet, ihm seine **Verluste** zu ersetzen, die er unmittelbar durch die Geschäftsführung oder aus Gefahren, die mit ihr untrennbar verbunden sind, erlitten hat, § 110 I Fall 2 HGB. 34

Merke: Verluste sind alle unfreiwilligen Vermögensopfer.

Darunter fallen sämtliche materiellen Schäden, wie Personen-, Sach- oder Vermögensschäden. Ein Anspruch auf Schmerzensgeld (§ 253 BGB) scheidet aufgrund seines immateriellen Charakters mithin aus. 34a

Eine deutliche Begrenzung des Anspruchs auf Verlustersatz ergibt sich aus dem gesetzlich normierten Unmittelbarkeitserfordernis. Danach muss sich der Verlust gerade aufgrund der typischen Gefahrenlage der Geschäftsführung realisiert haben. Schäden, die dem allgemeinen Lebensrisiko entspringen, sind folglich ausgenommen.[49] 35

Beispiel: Putz und Teufel betreiben eine Gebäudereinigung in Form einer OHG. Beim Fensterputzen fällt P von der Leiter und bricht sich ein Bein. Mindestens möchte P die ihm entstandenen Heilbehandlungskosten von der Gesellschaft ersetzt bekommen. Steht ihm darüber hinaus auch ein Schmerzensgeldanspruch zu?
Hier hat P nur einen Ersatzanspruch gegen die Gesamthand auf Ersatz der Heilbehandlungs- 35a
kosten aus § 110 I Fall 2 HGB. Denn diese sind ein unfreiwilliges Vermögensopfer, das unmittelbar aus einer mit der Tätigkeit für die Gesellschaft verbundenen Gefahr hervorging. Anders liegt es beim Schmerzensgeld. Da es einen Nichtvermögensschaden ausgleichen soll, fällt es nicht unter den Verlustbegriff des § 110 I Fall 2 HGB.

Hat ein Gesellschafter den Verlust aufgrund des schädigenden Verhaltens eines Dritten erlitten, muss er nicht zunächst gegen den Dritten vorgehen. Der Gesellschaft steht gegen den Anspruch aus § 110 HGB nicht die Einrede der Vorausklage zu.[50] Auch aus der allgemeinen Treuepflicht (oben Rn. 12 ff.) ergibt sich **keine Subsidiarität** der Haftung nach § 110 HGB. Der Gesellschafter ist bei unmittelbarer Inanspruchnahme der Gesamthand allerdings verpflichtet, dieser seine gegen den Dritten bestehenden Ansprüche abzutreten. Dies folgt aus dem schadensrechtlichen Bereicherungsverbot (§ 255 BGB). 36

---

[48] BGHZ 17, 299, 301 = NJW 1955, 1227; Baumbach/*Hopt*, § 110 Rn. 19; für die GbR: *OLG Koblenz* WM 1986, 589, 590.
[49] MünchKomm-HGB/*K. Schmidt*, § 110 Rn. 18.
[50] Vgl. zu diesem Rechtsinstitut allgemein oben § 7 Rn. 70 f.

37 Ist der Gesellschafter im Rahmen seiner Geschäftsführungstätigkeit eine eigene Verbindlichkeit eingegangen, hat er – neben den Ersatzansprüchen gegenüber der Gesellschaft – auch einen **Freistellungsanspruch** nach § 257 BGB.

38 Für die **GbR** gelten die vorgenannten Grundsätze gleichermaßen. Mangels Sondervorschrift ist hierbei allerdings auf § 713 i.V.m. § 670 BGB zurückzugreifen. Die h.M. dehnt den Aufwendungsbegriff des § 670 BGB in Übereinstimmung zu § 110 HGB ebenfalls auf sonstige erlittene Vermögensnachteile aus, die sich notwendigerweise aus der Geschäftsführung ergeben und unmittelbar mit ihr zusammenhängen.[51]

39 Sowohl für die GbR als auch für die Personenhandelsgesellschaften ist die Geschäftsführung nicht im Sinne der organschaftlichen Geschäftsführungsbefugnis (§§ 709 BGB, 114 HGB) zu verstehen. Gemeint sind **alle Arten von Geschäftsbesorgung** im Sinne des § 675 BGB. Damit gelten die Ersatzansprüche für geschäftsführungsbefugte wie nicht-geschäftsführungsbefugte Gesellschafter gleichermaßen.[52]

b) Ansprüche gegen die Mitgesellschafter

40 Gegenüber den Mitgesellschaftern einer **OHG** besteht der Ersatzanspruch aus § 110 HGB nicht, da § 128 HGB im Verhältnis der Gesellschafter untereinander nicht anwendbar ist. Dies gilt nach h.M. selbst dann, wenn sich der Gesellschafter aus dem Gesellschaftsvermögen nicht befriedigen kann.[53] Ansonsten würde eine Nachschusspflicht der Gesellschafter begründet, die nach § 105 III HGB i.V.m. § 707 BGB gerade ausgeschlossen ist (oben Rn. 10ff.). Unberührt bleibt die Vorschrift des – zur Haftung der Gesellschaft selbst subsidiären – § 426 I BGB, doch ist der hierauf gestützte Anspruch um den eigenen Verlustanteil zu kürzen. Dabei entsteht jedoch der selbständige Ausgleichsanspruch nach § 426 I 1 BGB nicht erst mit der Befriedigung des Gläubigers, sondern schon mit der Entstehung des Gesamtschuldverhältnisses. Ist die Schuld fällig, kann der mithaftende Gesamtschuldner schon vor Erbringung seiner eigenen Leistung von seinen Mitschuldnern verlangen, ihren Anteilen entsprechend an der Befriedigung des Gläubigers mitzuwirken und ihn von einer Inanspruchnahme durch den Gläubiger freizustellen.[54]

41 Auch der Ersatzanspruch eines **GbR**-Gesellschafters besteht in der Regel nur gegenüber der Gesamthand.[55] Aufgrund der gesamtschuldnerischen Haftung der Gesellschafter einer GbR kann der Gesellschafter Ausgleichsansprüche gegen die übrigen Gesellschafter nur im Verhältnis der Gesellschaftsbeteiligung geltend machen, § 426 I BGB. Die Mitgesellschafter haften nur nachrangig mit ihrem Privat-

---

[51] MünchKomm-BGB/*Ulmer,* § 713 Rn. 16f.; Beispiel: *BGH* NZG 2011, 502.

[52] Baumbach/*Hopt,* § 110 Rn. 8, 12.

[53] BGHZ 37, 299, 301= NJW 1962, 1863; *BGH* NJW 1980, 339; Baumbach/*Hopt,* § 110 Rn. 5.

[54] *BGH* NZG 2002, 232, 233; dazu *K. Schmidt*, JuS 2003, 228ff.; *BGH* DStR 2007, 2268 = ZIP 2007, 2313 Tz. 14.

[55] BGHZ 37, 299 = NJW 1962, 1863; *OLG Saarbrücken* NJW-RR 1998, 550, 551; *Hadding/Häuser*, WM 1988, 1585, 1588.

vermögen und auch nur dann, wenn eine Befriedigung aus dem Gesamthandsvermögen nicht möglich ist.[56]

5. Gewinn- und Verlustbeteiligung

a) GbR

Die Beteiligung am Gewinn und Verlust der Gesellschaft richtet sich in erster 42
Linie nach dem Gesellschaftsvertrag. Subsidiär gelten die §§ 721 f. BGB. Der **Zeitpunkt der Verteilung** bestimmt sich dabei nach § 721 BGB. Danach *können* die Gesellschafter den Rechnungsabschluss und die Gewinn- und Verlustverteilung erst nach Auflösung der Gesellschaft verlangen, § 721 I BGB. Ist die Gesellschaft auf längere Dauer angelegt, *muss* der Rechnungsabschluss und die Gewinnverteilung zum Ende eines Geschäftsjahres erfolgen, § 721 II BGB. Der Gewinn oder Verlust berechnet sich aus der **Differenz des Vermögens** auf der einen Seite **und der Verbindlichkeiten und Einlagen** auf der anderen Seite. Unter Gewinn ist demnach der Überschuss des gemeinsamen Vermögens über die Gesellschaftsschulden und Einlagen zu verstehen. Der Verlust entspricht gleichsam dem Betrag, um den das Gesamthandsvermögen im Verhältnis zu den Verbindlichkeiten und Einlagen geringer ausfällt.[57] Ein Verlustausgleich findet erst bei Auseinandersetzung der Gesellschafter statt, da eine vorherige Nachschusspflicht für die Gesellschafter nicht besteht, vgl. §§ 707, 735 BGB (oben Rn. 9 ff.).

Der **Umfang des Gewinn- und Verlustanteils** wird meist vertraglich nach der 43
Höhe der jeweiligen Einlage vereinbart.[58] Nach der gesetzlichen Regelung sind die Gesellschafter zu gleichen Anteilen beteiligt, § 722 I BGB (**„Gewinn- und Verlustbeteiligung nach Köpfen“**).

b) OHG

Für die Gewinn- und Verlustbeteiligung in den Personenhandelsgesellschaften 44
gelten mangels anderweitiger Vertragsabsprachen die §§ 120 bis 122 HGB. Nach § 120 I HGB wird nach jedem Geschäftsjahr der Gewinn und Verlust aufgrund der **Bilanz** (§§ 238 ff. HGB) bestimmt. Bezogen auf den einzelnen Gesellschafter werden Gewinn bzw. Verlust bei dessen „Kapitalanteil“ vermerkt. Dabei handelt es sich lediglich um eine Rechnungsziffer, die den Maßstab für die Berechnung der Ansprüche aus §§ 121 f., 155 HGB liefert. Ausgedrückt wird der Kapitalanteil nicht in einer Verhältniszahl („10 von 100“), sondern mit einem bestimmten Geldbetrag, der den Anteil des Gesellschafters am Eigenkapital der OHG (§ 247 HGB) ausmacht. Dabei werden in der Buchführung der OHG die Kapitalanteile der Gesellschafter sowie die Forderungen und Verbindlichkeiten zwischen Gesellschaft und Gesellschafter auf Konten festgehalten. Üblich sind Vertragsklauseln über feste Kapitalanteile (**Kapitalkonto I**) und die vorerwähnte

---

[56] *BGH* NJW 1988, 1375, 1376; NZG 2011, 502.

[57] Palandt/*Sprau*, § 721 Rn. 1; *Hüffer/Koch*, § 11 Rn. 20.

[58] Dies entspricht der gesetzlichen Regel in den Kapitalgesellschaften; §§ 29 III GmbHG, 60 I AktG.

Verbuchung von Gewinnen, Verlusten und Entnahmen auf gesonderten, variablen Konten für jeden Gesellschafter (**Kapitalkonto II**; auch Privat-, Sonder- oder Darlehenskonto).[59]

45 Ein etwaiger **Gewinn** wird den Gesellschaftern **entsprechend ihrem Kapitalanteil** zugeschrieben, § 120 II 1 HGB. Ist ein Verlust entstanden, wird dieser vom Kapitalanteil des Gesellschafters abgeschrieben. Das gleiche gilt für den Fall, dass der Gesellschafter im Laufe des Jahres aus dem Gesellschaftsvermögen bereits etwas entnommen hat, § 120 II 2 HGB. Daher kann sich der Kapitalanteil durch die Erbringung weiterer Einlagen oder gutgeschriebene Gewinne erhöhen bzw. durch Verlust oder Entnahmen verringern.

46 Der Gewinnanteil beläuft sich in Ermangelung abweichender vertraglicher Regelungen (§ 109 HGB; oben Rn. 3) auf 4 v. H. des Kapitalanteils; bei unzureichendem Jahresüberschuss ist ein entsprechend niedriger Wert anzusetzen, § 121 I HGB. Übertrifft der Jahresgewinn die Summe der Gewinnanteile, wird der Rest nach Köpfen der Gesellschafter verteilt. Gleiches gilt bei Erwirtschaftung eines Verlusts, § 121 III HGB.

Beispiel: Die Putz und Teufel Gebäudereinigung OHG hat im zurückliegenden Geschäftsjahr einen Gewinn von 50.000 EUR erzielt. P ist an der Gesellschaft mit einem Kapitalanteil von 10.000 EUR, T mit einem Anteil von 20.000 EUR beteiligt. Wie berechnen sich die Gewinnquoten für P und T, wenn der Gesellschaftsvertrag dazu nichts bestimmt?

Hier erhalten P und T zunächst jeweils 4 v.H. ihres Anteils, also 400 EUR bzw. 800 EUR. Dieser Betrag ist sodann von den 50.000 EUR Gewinn abzuziehen, so dass ein Überschuss von 48.800 EUR verbleibt, der nach Köpfen verteilt wird (§ 121 III HGB). Somit erhält P insgesamt 24.800 EUR, T erhält 25.200 EUR.

47 Innerhalb eines Geschäftsjahres kann jeder Gesellschafter vorweg der Gesellschaftskasse 4 v. H. seines Kapitalanteils, der für das letzte Geschäftsjahr festgestellt wurde, entnehmen, § 122 I 1. Hs. HGB. Darüber hinaus kann er auch seinen übersteigenden Anteil am letzten Jahresgewinn verlangen, soweit er damit der Gesellschaft keinen offensichtlichen Schaden zufügt, § 122 I 2. Hs. HGB. Eine Minderung des Kapitalanteils ist nur mit (vorheriger) Einwilligung der Mitgesellschafter möglich, § 122 II HGB.

6. Übertragbarkeit von Gesellschafterrechten

48 Die im Gesellschaftsverhältnis begründeten Ansprüche der Gesellschafter sind auf Dritte **nicht übertragbar**, § 717 S. 1 BGB. Der Grund für dieses sog. „Abspaltungsverbot" liegt im **Überfremdungsschutz**: Ohne Einverständnis der Mitgesellschafter soll kein Dritter in das Gesellschaftsverhältnis eintreten können.[60] Von § 717 S. 1 BGB sind **alle mitgliedschaftlichen Rechte** umfasst. Dazu zählen nicht nur die Ansprüche der Gesellschafter gegen die Gesamthand,[61] sondern auch die

---

[59] Grundlegend zu den Gesellschafterkonten in der Personengesellschaft *Huber*, ZGR 1988, 1 ff.

[60] Anschaulich *Windbichler*, § 7 Rn. 9: kein „Eindringen" in die Gesellschaft.

[61] Sozialverbindlichkeiten, unten Rn. 52.

übrigen Verwaltungsrechte wie etwa die Mitwirkung an der Geschäftsführung und den Gesellschafterbeschlüssen, die Unterrichtungs- und Überwachungsrechte sowie die Vertretung der Gesellschaft nach außen.[62] § 717 S. 1 BGB ist zwingender Natur und kann deshalb durch Vertrag nicht abgeändert werden.[63]

Übertragbar bleiben die in § 717 S. 2 BGB genannten **Vermögensrechte**. Dazu 49
gehören der Anspruch auf Aufwendungsersatz für die Geschäftsführung (§§ 713, 670 BGB), der Gewinnanteil (§§ 721 f. BGB) und die Auszahlung des Guthabens bei Auseinandersetzung (§§ 733 f. BGB). § 717 S. 2 BGB ist im Gegensatz zu § 717 S. 1 BGB dispositiv. Der Gesellschaftsvertrag kann daher den von § 717 S. 1 BGB intendierten Überfremdungsschutz dahin erweitern, dass auch einzelne Vermögensrechte nicht übertragbar sind (§ 399 BGB). Übertragbar ist auch die **Mitgliedschaft als Ganzes.**[64]

Auch für die Personenhandelsgesellschaften findet § 717 BGB Anwendung 50
(§§ 105 III, 161 II HGB).

7. Individual- und Sozialbeziehungen

Der Gesellschaftsvertrag begründet für jeden Gesellschafter Rechte und Pflich- 51
ten (1) gegenüber der Gesellschaft als Gesamthand und (2) gegenüber den Mitgesellschaftern. Aus dem Blickwinkel der Gesamthand ist zwischen Sozialverbindlichkeiten (Verbindlichkeiten der „societas“) und Sozialansprüchen (Ansprüchen der „societas“) zu unterscheiden.

a) Sozialverbindlichkeiten

Sozialverbindlichkeiten sind **Verbindlichkeiten der Gesellschaft** und damit **An-** 52
sprüche der einzelnen Gesellschafter **gegen die Gesamthand.**[65] So ist die Gesamthand z. B. verpflichtet, den entsprechenden Gewinnanteil auszuzahlen, die Geschäftsführungstätigkeit zu vergüten oder Aufwendungen zu erstatten (§§ 713 i. V. m. 669, 670; 721 f. BGB, 110, 120 ff. HGB). Macht ein Gesellschafter Schadensersatzansprüche gegen die Gesellschaft geltend, die sich auf gesellschaftsvertragliche Pflichtverletzungen eines anderen Gesellschafters stützen, entsteht eine Sozialverbindlichkeit der Gesellschaft nur, soweit sie sich das Verhalten des einzelnen nach § 278 BGB zurechnen lassen muss. Davon ist ohne weiteres auszugehen, wenn die Pflichtverletzung im Rahmen einer Geschäftsführungshandlung begangen wird. Die übrigen Gesellschafter sind von der Haftung für Sozialverbindlichkeiten der Gesamthand in der Regel ausgenommen, da sie über die vereinbarten Beiträge hinaus nichts weiter zu erbringen haben, § 707 BGB. Steht aber ein pflichtwidriges Handeln auf Gesellschafterebene – wie etwa eine treuwidrige

---

[62] Allg. M.: vgl. Palandt/*Sprau*, § 717 Rn. 4; für eine engere Auslegung *Huber*, Vermögensanteil, S. 352.

[63] BGHZ 3, 354, 357 = NJW 1952, 178; BGHZ 20, 363, 365 = NJW 1956, 1198; Staub/*Schäfer*, § 109 Rn. 26.

[64] Näher § 12 Rn. 15 ff.

[65] Siehe nur *Hüffer/Koch*, GesR, § 11 Rn. 33.

Beschlussfassung – in Rede, so richtet sich der Anspruch gegen den handelnden Mitgesellschafter.[66]

Beispiel: Der geschäftsführende Gesellschafter Emsig verlangt die vertraglich vereinbarte Vergütung für seine Geschäftsführungstätigkeit. Er kann nur gegen die Gesamthand vorgehen, nicht auch gegen seinen faulen Mitgesellschafter Oblomow.

b) Sozialansprüche

53 Spiegelbildlich dazu betrachtet sind Sozialansprüche die **Ansprüche der Gesellschaft gegen die Gesellschafter.** Diese umfassen im Wesentlichen die Pflicht der Gesellschafter zur Beitragsleistung (§§ 705–707 BGB), die Pflicht zur Geschäftsführung und die Beachtung der Treuepflicht (§§ 242 BGB, 112 f. HGB). Darüber hinaus können zu den Sozialansprüchen auch Schadensersatzpflichten eines Gesellschafters gegenüber der Gesellschaft gehören, wenn diese im Außenverhältnis für Vertragsverletzungen des betroffenen Gesellschafters haftet (hierzu oben § 10 Rn. 84 ff., 109 f.).[67]

54 Die **Geltendmachung** der Sozialansprüche stellt eine **Geschäftsführungsmaßnahme** dar. Sie ist daher grundsätzlich den im Namen der Gesellschaft handelnden geschäftsführungsbefugten Gesellschaftern vorbehalten (§§ 709, 714 BGB).

55 Es kommt allerdings vor, dass die geschäftsführenden Gesellschafter trotz Aufforderung nicht tätig werden oder eine Aufforderung erfolglos wäre, da diese selbst die Anspruchsverpflichteten sind.[68] Dann sind auch die nicht zur Geschäftsführung berechtigten Gesellschafter ausnahmsweise befugt, den Anspruch klageweise geltend zu machen. Dies geschieht im Rahmen der sog. **„actio pro socio"**. Zu den Voraussetzungen dieses Rechtsinstituts bestehen in Rechtsprechung und Literatur unterschiedliche Auffassungen:

56 Die wohl h. M. geht davon aus, dass die Sozialansprüche sowohl Ansprüche der Gesamthand als auch jedes Mitgesellschafters darstellen. Aus dem Gesellschaftsvertrag ergebe sich, dass sich die Gesellschafter wechselseitig die Erfüllung der Ansprüche und damit die Förderung des Gesellschaftszwecks zusagen. Deswegen habe nicht nur die Gesellschaft einen Anspruch auf Leistungserbringung, sondern auch jeder einzelne Gesellschafter. Demnach sei jeder Gesellschafter neben der Gesamthand Anspruchsinhaber und verfolge zumindest auch eigene individuelle Rechte.[69] Diese kann er freilich nur für die Gesellschaft in ihrer gesamthänderischen Verbundenheit einfordern.

57 Eine im Vordringen befindliche Gegenmeinung ist der Ansicht, dass nur der Gesamthand der materiell-rechtliche Anspruch zusteht. Der nicht-geschäftsführende Gesellschafter mache daher ein fremdes Recht im eigenen Namen geltend.

---

[66] Vgl. MünchKomm-BGB/*Ulmer,* § 705 Rn. 198 mit dem Beispiel *OLG Düsseldorf* WM 1983, 1320, 1321 (unberechtigter Ausschließungsbeschluss).

[67] Statt aller: Staudinger/*Kessler,* § 705 Rn. 56 bis 58; Erman/*Westermann*, § 705 Rn. 51.

[68] *Hüffer/Koch*, GesR, § 11 Rn. 31; für Einzelheiten vgl. die Nachweise in MünchKomm-BGB/*Ulmer,* § 705 Rn. 210.

[69] BGHZ 25, 47, 49 = NJW 1957, 1358; *BGH* NJW 1973, 2198; *Raiser*, ZHR 153 (1989), 1, 11; *Höfler*, JuS 1992, 388, 391.

Es handele sich folglich um einen Fall der gesetzlichen Prozessstandschaft.[70] Diese sei zulässig, wenn der klagende Gesellschafter die Gründe dafür darlegt, dass seine Klageerhebung im eigenen Namen erforderlich ist.[71]

Die in Rn. 57 dargestellte Auffassung überzeugt.[72] Sie entspricht am besten dem 58
Charakter des Gesellschaftsvertrages als Interessenvereinigungsvertrag und nicht als Austauschvertrag (oben § 10 Rn. 12).[73]

c) Individualbeziehungen

Regelmäßig bestehen Ansprüche einzelner Gesellschafter aufgrund von Sozial- 59
verbindlichkeiten nur gegen die Gesellschaft, vgl. oben Rn. 52. Insoweit die **Gesellschafter untereinander** Ansprüche geltend machen, sind indessen ihre Individualbeziehungen betroffen. Ausnahmsweise können etwa Pflichtverletzungen eines Gesellschafters, die zu einem individuellen Schaden des Mitgesellschafters führen, für diesen einen eigenen Schadensersatzanspruch begründen.[74] Möglich ist auch die Durchsetzung individueller Handlungs- oder Unterlassungspflichten, die sich aus der allgemeinen Treuepflicht ergeben.[75]

8. Drittgeschäfte

Die Gesellschafter können auch als „Dritte“ mit der Gesellschaft in rechtsge- 60
schäftlichen Kontakt treten. Daraus resultierende Ansprüche sind von den zuvor dargestellten Sozialansprüchen und Sozialverbindlichkeiten abzugrenzen. Ein Drittgeschäft in diesem Sinne ist jedes **außergesellschaftliche Rechtsverhältnis.** Der Gesellschafter darf das Vertragsverhältnis mit der Gesellschaft hierbei nicht aufgrund gerade seiner Stellung als Gesellschafter eingegangen sein.[76] Die aus einem Drittgeschäft sich ergebenden Ansprüche der Gesellschaft gegen den **Gesellschafter als Schuldner** sind wie Sozialansprüche (oben Rn. 53 ff.) von den geschäftsführenden Gesellschaftern geltend zu machen. Eine Einzelklagebefugnis der nicht geschäftsführungsbefugten Gesellschafter (**„Gesamthänderklage“**) – ähnlich der im Innenverhältnis möglichen actio pro socio – gibt es hier **nur** unter den engen Voraussetzungen der Notgeschäftsführungsbefugnis **analog** § 744 II BGB, z. B. bei Handlungsunfähigkeit der Geschäftsführer oder kollusivem Zusammenwirken mit dem Schuldnergesellschafter.[77] Vgl. zum **Gesellschafter als Gläubiger** das folgende

[70] MünchKomm-BGB/*Ulmer*, § 705 Rn. 208; *Teichmann*, AcP 179 (1979), 475, 485; *Hüffer/Koch*, GesR § 11 Rn. 31; *Hadding*, JZ 1975, 16; *Hassold*, JuS 1980, 32, 34; allg. hierzu *Musielak*, Grundkurs ZPO, 10. Aufl., 2010, Rn. 112 ff.
[71] MünchKomm-BGB/*Ulmer*, § 705 Rn. 210.
[72] So wohl auch *BGH* NJW 2000, 505, 506.
[73] MünchKomm-BGB/*Ulmer*, § 705 Rn. 208.
[74] So namentlich beim Verstoß gegen das Gebot sorgfältiger Geschäftsführung, oben Rn. 53.
[75] MünchKomm-BGB/*Ulmer*, § 705 Rn. 204.
[76] MünchKomm-BGB/*Ulmer*, § 705 Rn. 202 f.
[77] Bamberger/Roth/*Timm/Schöne*, § 705 BGB Rn. 131; i. Erg. auch MünchKomm-BGB/*Ulmer*, § 705 Rn. 206.

Beispiel: Gesellschafter Wucherpfennig gewährt der Gesellschaft ein Darlehen i.H.v 10.000 EUR, ohne nach dem Gesellschaftsvertrag dazu verpflichtet gewesen zu sein. Nach einiger Zeit verlangt W Rückzahlung der Darlehenssumme.

Hätte sich W im Beispiel bereits gesellschaftsvertraglich zur Gewährung des Darlehens verpflichtet, läge nichts anderes als eine Beitragsleistung i.S. des § 706 BGB vor. Die Verpflichtung der Gesellschaft zur Rückzahlung wäre dann eine Sozialverbindlichkeit. Hier ist der Rückzahlungsanspruch des W jedoch aus § 488 I 2 BGB begründet, da der Darlehensvertrag losgelöst vom Gesellschaftsvertrag geschlossen wurde. W ist der Gesellschaft nicht als Gesellschafter, sondern als Dritter gegenübergetreten. Deswegen kann er seinen Anspruch auch schon vor der Auseinandersetzung (unten § 12 Rn. 50ff.) sowohl gegen die Gesellschaft als auch seine Mitgesellschafter geltend machen, die ihm insofern als Gesamtschuldner haften. Allerdings ist der Verlustanteil des W im Verhältnis zu den übrigen Gesellschaftern vom gesamten Zahlungsanspruch abzuziehen.[78] Denn nach dem allgemeinen Grundsatz von Treu und Glauben, § 242 BGB, darf niemand dasjenige einfordern, zu dessen Herausgabe er alsbald wieder verpflichtet ist („dolo agit"-Einwand).

61 **Übersicht 11/1:**

Gesellschafterpflichten in der Personengesellschaft

Beitragspflicht §§ 705, 706 BGB	Pflicht zur Geschäftsführung §§ 709, 710 BGB/ §§ 114, 115 HGB	Treuepflicht
– Keine Nachschusspflicht § 707 BGB – Haftung analog Kaufrecht	– Widerspruch § 711 BGB/ § 115 HGB – Entziehung und Kündigung § 712 BGB/§ 117 HGB – Analoge Anwendung von Auftragsrecht § 713 BGB	– Absoluter Vorrang des Gesellschaftsinteresses bei uneigennützigen Befugnissen – Unterscheide: Treuepflicht als Handlungspflicht/Schrankenfunktion der Treuepflicht – Unterlassung von Wettbewerb (§§ 112, 113 HGB)

[78] *BGH* NJW 1983, 749; MünchKomm-BGB/*Ulmer*, § 705 Rn. 203.

III. Verwaltungsrechte

1. Überblick, Begriffsbestimmung, Gegenüberstellung zu Vermögensrechten

Die Rechtsstellung des einzelnen Gesellschafters zur Gesellschaft und den Mitgesellschaftern beruht auf seinem Gesellschaftsanteil. Insofern spricht man zur Vermeidung von Missverständnissen besser von der **Mitgliedschaft** des Gesellschafters.[79] Denn der Gesellschaftsanteil ist hier nicht bloß als Anteil am Gesellschaftsvermögen zu verstehen (vgl. § 719 I BGB), sondern als Inbegriff aller Rechte und Pflichten, die sich aus der Eigenschaft als Gesellschafter ergeben. Dabei ist zwischen Vermögensrechten und Verwaltungsrechten (auch: Teilhaberechten) zu unterscheiden. Die vermögensbezogenen Rechte und Pflichten der Gesellschafter (z. B. der Gewinn- und Verlustanteil und die Sozialansprüche und Sozialverbindlichkeiten) wurden bereits dargestellt. Zu den Verwaltungsrechten gehören die nachfolgend beschriebenen Rechte auf Mitwirkung an der Geschäftsführung und Beschlussfassung, sowie die Unterrichtungs- und Überwachungsrechte. 62

2. Geschäftsführung

Die Gesellschaft selbst ist handlungsunfähig. Deshalb bedient sie sich ihrer Gesellschafter, die im Rechtsverkehr als **Organe** für sie tätig werden. Das Verhältnis der Gesellschafter zueinander bzw. zur Gesellschaft bezeichnet man dabei als Innenverhältnis, das Verhältnis der Gesellschaft zu Dritten als Außenverhältnis. 63

Die Geschäftsführung umfasst alle rechtsgeschäftlichen oder tatsächlichen Maßnahmen, die der Förderung des Gesellschaftszwecks zu dienen bestimmt sind. Dabei kann es sich um Angelegenheiten sowohl des Innen- wie auch des Außenverhältnisses handeln.[80] Gibt ein Gesellschafter z. B. Dritten gegenüber Erklärungen im Namen der Gesellschaft ab oder nimmt er solche entgegen, richtet sich die Frage, ob die Gesellschaft im **Außenverhältnis** wirksam vertreten wurde, nach dem Umfang seiner **Vertretungsmacht**, § 714 BGB. Ob der Gesellschafter im **Innenverhältnis** zu seinen Mitgesellschaftern die Erklärung als Geschäftsführungsmaßnahme vornehmen durfte, ist dagegen eine Frage der **Geschäftsführungsbefugnis**, § 709 BGB. 64

Die Geschäftsführung bezieht sich **nicht** auf die sog. **Grundlagengeschäfte**. Zu den Grundlagengeschäften gehören alle Maßnahmen, die die Zusammensetzung und Organisation der Gesellschaft und somit die Ausgestaltung des Gesellschaftsvertrags betreffen.[81] Diese sind allen Gesellschaftern nur gemeinsam vorbehalten. 65

---

[79] *Hüffer/Koch*, GesR, § 11 Rn. 1; MünchKomm BGB/*Ulmer*, § 705 Rn. 179.

[80] MünchKomm-BGB/*Ulmer*, § 709 Rn. 7.

[81] Beispiele für Grundlagengeschäfte: Bestimmungen über Art und Umfang der Geschäftsführungsbefugnis, Änderungen des Gesellschaftszwecks und der Mitgliedschaft, Beitragserhöhungen, Aufnahme/Ausschluss eines Gesellschafters oder Auflösung der Gesellschaft.

a) GbR

66 Die **Geschäftsführung** der Gesellschaft steht den Gesellschaftern im Grundsatz **gemeinschaftlich** zu, § 709 I BGB. Für jedes Geschäft ist die Zustimmung aller Gesellschafter erforderlich; fehlt es hieran, so hat die Maßnahme zu unterbleiben. Dies ist im alltäglichen Geschäftsverkehr meist wenig praktikabel und behindert eine schnelle Entscheidungsfindung der Gesellschaft. Zur Stärkung der Handlungsfähigkeit der Gesellschaft kommen vor allem folgende **vertragliche Regelungen** in Betracht:

1. Einem oder mehreren Gesellschaftern wird die Geschäftsführung übertragen, die übrigen werden von der Geschäftsführung ausgeschlossen, § 710 BGB.
2. Mehrere oder alle Geschäftsführer sind alleinvertretungsberechtigt, § 711 BGB.
3. Anstatt des Erfordernisses der Einstimmigkeit (§ 709 I BGB) werden Mehrheitsentscheidungen nach Köpfen oder Kapitalanteilen ermöglicht.
4. Die Geschäftsführungsbefugnis der Gesellschafter wird auf die Wahrnehmung einzelner Aufgabenbereiche beschränkt („Ressortprinzip").
5. Für einige Aufgabenbereiche sind die Gesellschafter allein, für andere nur gemeinsam geschäftsführungsbefugt.

67 *(1) Keine Zustimmungspflicht.* Ist eine Geschäftsführungsmaßnahme von der Zustimmung eines Gesellschafters abhängig, so ist fraglich, ob und unter welchen Voraussetzungen eine Pflicht zur Zustimmungserteilung besteht.

Beispiel: A, B und C betreiben ein kleingewerbliches Transportunternehmen in Form einer GbR. Die LKW waren in der Vergangenheit des öfteren fahruntauglich, so dass angenommene Aufträge nicht durchgeführt werden konnten. Um weiterhin konkurrenz- und leistungsfähig zu sein, wollen A und B den völlig veralteten Fuhrpark nach und nach ersetzen. Daher beschließen sie den Kauf eines neuen LKW. C ist dagegen, weil ihm die alten „Schätzchen" persönlich viel bedeuten. Ist der Beschluss von A und B auch ohne Zustimmung des C wirksam?

68 In der Regel kann kein Gesellschafter zur Erteilung seiner Zustimmung zu einer Maßnahme der Geschäftsführung gezwungen werden. **Ausnahmsweise** kann aber die **Verweigerung der Zustimmung** einen **Pflichtverstoß** darstellen mit der Folge, dass die fehlende Zustimmung für die Geschäftsführungsmaßnahme unbeachtlich ist. Dies ist anzunehmen, wenn der Gesellschafter ohne vernünftige Begründung aus sachfremden – d.h. gesellschaftszweckfremden – Erwägungen die Zustimmung ablehnt[82] oder die Maßnahme zur Erhaltung des Gesellschaftsvermögens bzw. zur Abwendung einer akuten Gefahr notwendig ist. Hier gilt § 744 II BGB analog, wonach eine **Berechtigung zur Notgeschäftsführung** besteht.[83] Über den Wortlaut der Vorschrift hinaus erstreckt sich diese nicht nur auf Maßnahmen zur Erhaltung eines bestimmten Gegenstandes des Gesellschaftsvermögens; erfasst sind alle dringend gebotenen Maßnahmen zur Abwendung einer akuten Gefahr für die Gesellschaft.[84]

---

[82] RGZ 97, 329, 331; 162, 78, 83; *BGH* NJW 1972, 862.
[83] So die h. M.: BGHZ 17, 181, 183 = NJW 1955, 1027; MünchKomm-BGB/*K. Schmidt*, §§ 744, 745 Rn. 50.
[84] MünchKomm-BGB/*Ulmer*, § 709 Rn. 21.

Der Kauf eines neuen LKW ist im Beispielsfall zu Rn. 67 für die Gesellschaft unbedingt erforderlich, damit die Geschäftstätigkeit nicht noch weiter eingeschränkt wird und es nicht zu einer Gefährdung des Gesellschaftszwecks kommt. Demgegenüber wurzelt die Begründung des C für die Verweigerung seiner Zustimmung in persönlichen Affektionsinteressen und beruht deshalb einzig auf – aus dem Blickwinkel des Gesellschaftszwecks – sachfremden Erwägungen. Die fehlende Zustimmung des C ist für die Wirksamkeit des Beschlusses somit unbeachtlich. 69

(2) Widerspruch gegen Geschäftsführungsmaßnahmen. Sofern keine anderweitige Vereinbarung vorliegt, kann der Geschäftsführungsmaßnahme eines allein vertretungsberechtigten Gesellschafters jeder Mitgesellschafter **widersprechen,** § 711 S. 1 BGB. Dies hat zur Folge, dass das **Geschäft zu unterbleiben hat,** § 711 S. 2 BGB. Im Außenverhältnis gegenüber Dritten hat der Widerspruch nach h. M. keine Wirkung, weil die Vertretungsmacht weiter besteht.[85] Die Grundsätze über den Missbrauch der Vertretungsmacht bleiben davon unberührt. 70

(3) Entziehung der Geschäftsführungsbefugnis. Die Entziehung der Geschäftsführungsbefugnis erfolgt durch einstimmigen Beschluss der übrigen Gesellschafter, § 712 I BGB. Dieser hat zwei **Voraussetzungen:** (1) Die Mitgesellschafter müssen die Entziehung einstimmig oder – sofern der Gesellschaftsvertrag dies vorsieht – mehrheitlich **beschließen.** (2) Darüber hinaus muss ein **wichtiger Grund** vorliegen. § 712 I a. E. BGB benennt dafür beispielhaft eine grobe Pflichtverletzung oder die Unfähigkeit zur ordnungsgemäßen Vertretung der Gesellschaft. Der Grund muss jedenfalls so bedeutsam sein, dass die weitere Vertretung durch den betroffenen Gesellschafter den Mitgesellschaftern nicht zuzumuten ist. Für die Beurteilung der Zumutbarkeit kann als Kriterium u. a. der Umfang der Vertretungsmacht herangezogen werden.[86] Je größer dieser ist, desto eher ist Unzumutbarkeit gegeben – schon wegen der persönlichen Haftung der Mitgesellschafter für die durch das Handeln des unfähigen oder illoyalen Gesellschafters begründeten Gesellschaftsverbindlichkeiten (zur Haftungsverfassung der GbR oben § 10 Rn. 109 ff.). 71

Beispiel:[87] Der geschäftsführende Gesellschafter Gierhuber der Treu GbR veruntreut als Geschäftsführer einer anderen GbR Geldbeträge aus deren Vermögen. Hier ist es den Gesellschaftern der Treu GbR nicht zumutbar, dass Gierhuber weiterhin auf die alle Gesellschafter der Treu GbR betreffenden Geschäfte Einfluss nehmen kann. Ein wichtiger Grund i. S. v. § 712 I BGB liegt vor.

b) OHG

Im Gegensatz zur Rechtslage in der GbR sind die OHG-Gesellschafter **zur Geschäftsführung grundsätzlich allein berechtigt** (§ 115 I HGB). Auch hier sind der vertraglichen Gestaltungsfreiheit der Gesellschafter keine Grenzen gesetzt, so dass 72

---

85 BGHZ 16, 394 = NJW 1955, 825; MünchKomm-BGB/*Ulmer,* § 711 Rn. 14 ff. (auch zur Gegenauffassung).

86 Palandt/*Sprau,* § 712 Rn. 2, § 723 Rn. 4.

87 Nach *BGH* NZG 2008, 298.

die Geschäftsführungsbefugnisse umfassend modifiziert werden können, § 109 HGB.[88] Die §§ 114 II, 115 HGB sind die Parallelnormen zu den §§ 710, 711 BGB.[89]

73 *(1) Umfang der Geschäftsführungsbefugnis.* Beim Umfang der Geschäftsführungsbefugnis ist gem. § 116 HGB danach zu unterscheiden, ob **gewöhnliche oder außergewöhnliche Geschäftstätigkeiten** verfolgt werden: Nach § 116 I HGB erstreckt sich die Befugnis zur Alleingeschäftsführung auf alle Handlungen, die der gewöhnliche Betrieb des Handelsgewerbes der Gesellschaft mit sich bringt. Außergewöhnliche Geschäfte bedürfen des Beschlusses sämtlicher Gesellschafter, § 116 II HGB. Dazu gehören solche, denen nach Art und Inhalt, Zweck oder Risiko besonderer Ausnahmecharakter zukommt.[90] Das Beschlusserfordernis kann vertraglich nicht eingeschränkt, sondern lediglich auf die gewöhnlichen Geschäfte ausgeweitet werden.[91]

74 Der **Entziehung** der Geschäftsführungsbefugnis erfolgt durch gerichtliche Entscheidung, wenn ein wichtiger Grund vorliegt, § 117 HGB. Dazu oben Rn. 71.

75 Die **Vertretungsmacht** der OHG-Gesellschafter ist **von der Geschäftsführungsbefugnis** grundsätzlich **unabhängig** (anders bei der GbR, vgl. §§ 714, 709 BGB) und Dritten gegenüber unbeschränkbar, § 126 II HGB. Gleichwohl besteht die Möglichkeit, dass die Geschäftsführungsbefugnis eingeschränkt ist, wie z. B. bei außergewöhnlichen Geschäften (§ 116 I HGB) oder kraft einer vertraglichen Beschränkung. Näher zu § 126 HGB oben § 10 Rn. 70 ff.

76 *(2) Überschreitung der Geschäftsführungsbefugnis.* Es kommt vor, dass die Maßnahme eines Gesellschafters sich zwar im Rahmen des rechtlichen „Könnens“ im Außenverhältnis bewegt (§ 126 I HGB), aber das rechtliche „Dürfen“ im Innenverhältnis überschreitet. Häufig geht es um Fälle der Nichteinholung eines Gesellschafterbeschlusses oder die Nichtbeachtung von Zustimmungsvorbehalten (*BGH* NZG 2008, 622 Tz. 7 ff.).

76a **Übungsfall:** Alf und Brummer sind Gesellschafter der „Fahrdurchsland“-OHG, die sich mit dem An- und Verkauf von gebrauchten Wohnmobilen befasst. Nach dem Gesellschaftsvertrag ist A nur für den Einkauf, B lediglich für den Verkauf geschäftsführungsbefugt. Gleichwohl kauft B eines Tages von der Pokus Carparts GmbH ein gebrauchtes Wohnmobil. Aufgrund des wenig ansprechenden Zustands weigert sich A, den seiner Meinung nach überhöhten Kaufpreis zu zahlen. Welchen Ansprüchen sind die OHG, A und B ausgesetzt?

Lösung: Aufgrund der im Außenverhältnis unbeschränkten Vertretungsmacht, § 126 II HGB, hat B die „Fahrdurchsland“-OHG gegenüber der Pokus Carparts GmbH wirksam vertreten (§ 164 I 1 BGB). Damit besteht ein Zahlungsanspruch der Verkäuferin gegen die OHG aus §§ 433 II BGB, 124 I HGB. Für die Erfüllung dieser Gesellschaftsverbindlichkeit haften A und B nach § 128 HGB.

Darüber hinaus könnte die „Fahrdurchsland“-OHG einen **Schadensersatzanspruch** gegen B aus Geschäftsführung ohne Auftrag haben, §§ 677, 678 BGB. B hat im Namen der OHG

---

[88] Vgl. Rn. 66.
[89] Vgl. Rn. 66, 70.
[90] RGZ 158, 308; BGHZ 76, 162 = NJW 1980, 1463; Baumbach/*Hopt,* § 116 Rn. 2.
[91] Baumbach/*Hopt,* § 116 Rn. 11.

gehandelt und somit ein Geschäft für die OHG vornehmen wollen. Der Fremdgeschäftsführungswille liegt mithin vor. B müsste weiterhin ohne Auftrag der OHG tätig geworden sein. B wird für die OHG zwar geschäftsführend tätig, jedoch nicht im Einkauf. Insofern hat er seine Geschäftsführungsbefugnis überschritten. Fraglich ist, ob die schuldhafte Überschreitung der Geschäftsführungsbefugnis bewirkt, dass B ohne Auftrag der OHG gehandelt hat.

Die Rechtsprechung des Reichsgerichts ist in diesen Fällen stets von einer **Geschäftsführung ohne Auftrag** ausgegangen und legte zur Beurteilung des Verschuldens des Gesellschafters deren strenge Haftungsmaßstäbe an.[92] Die wohl h. L. geht ebenfalls von der Anwendbarkeit der GoA-Vorschriften aus, wobei sich die Schuldhaftigkeit der Überschreitung der Geschäftsführungsbefugnis nach § 708 BGB bemessen soll.[93] 77

Teile der Lehre sowie die heutige Rechtsprechung wenden sich hingegen mit Recht grundsätzlich gegen eine Anwendung der GoA-Regeln.[94] Denn die §§ 677 ff. BGB setzen voraus, dass überhaupt keine Vertragsbindung besteht. Hier ist jedoch eine Rechtsbeziehung zwischen Geschäftsführer und Geschäftsherrn aufgrund des Gesellschaftsvertrags vorhanden. Die Überschreitung der Geschäftsführungsbefugnis beurteilt sich demzufolge allein nach dem Gesellschaftsvertrag und dem Haftungsmaßstab des § 708 BGB. Als Anspruchsgrundlage kommt somit eine **Pflichtverletzung** des Gesellschaftsvertrags (§ 280 I BGB) in Betracht. 78

Im Übungsfall zur Rn. 76a war der Ankauf des Wohnmobils durch B von seiner Geschäftsführungsbefugnis nicht umfasst, so dass eine Pflichtverletzung des Gesellschaftsvertrags gegeben ist. Dass er zum Ankauf nicht berechtigt war, hätte B auch bei Beachtung der Sorgfalt, die er üblicherweise anzuwenden pflegt, erkennen können; gegenteilige Anhaltspunkte sind dem Sachverhalt nicht zu entnehmen. Somit hat B seine Befugnis auch schuldhaft überschritten. Nach der zutreffenden Rechtsprechung des BGH hat die OHG demnach einen Schadensersatzanspruch gegen B aus § 280 I BGB i. V. m. dem Gesellschaftsvertrag. 79

3. Mitwirkung an der Beschlussfassung

a) Stimmrecht; Mehrheitsklauseln

Die **interne Willensbildung** der Gesellschaft erfolgt durch **Beschlussfassung** der Gesellschafter. Das Gesetz sieht für die **GbR** vor, dass Maßnahmen gemeinschaftlicher Geschäftsführung (§ 709 BGB), die Entziehung der Geschäftsführungsbefugnis (§ 712 I BGB) und der Vertretungsmacht (§ 715 i. V. m. § 712 BGB) eines Beschlusses der Gesellschafter bedürfen. Obwohl nicht ausdrücklich erwähnt, erfolgen auch die Änderung des Gesellschaftsvertrags[95] und die Regelung sonstiger 80

---

[92] RGZ 158, 302, 312.

[93] Nachweise bei MünchKomm-BGB/*Ulmer*, § 708 Rn. 8, 10; *Müller-Graff*, AcP 191 (1991), 475, 487 f.

[94] *BGH* WM 1988, 968, 970; *BGH* NJW 1997, 314; NZG 2008, 622; Staub/*Schäfer*, § 114 Rn. 58, 59.

[95] Soweit Gesellschaftsgrundlagen betroffen sind, s. die Beispiele o. Rn. 65.

Gesellschaftsangelegenheiten[96] durch Beschluss. Die Gesellschafter einer Personenhandelsgesellschaft haben zudem über Maßnahmen außergewöhnlicher Geschäftsführung (§ 116 II HGB) und die Geltendmachung des sog. Eintrittsrechts (§ 113 II HGB)[97] zu beschließen. Auch hier gilt, dass Grundlagengeschäfte nur aufgrund eines Beschlusses erfolgen dürfen. Für die Auflösung der Gesellschaft bzw. das Ausscheiden eines Gesellschafters ist dies in § 131 I Nr. 2, III Nr. 6 HGB ausdrücklich vorgesehen.[98]

81 Außerdem kann eine entsprechende gesellschaftsvertragliche Regelung bestimmen, dass grundsätzlich jedes Handeln für die Gesellschaft vom Vorliegen eines Gesellschafterbeschlusses abhängt. Dies folgt aus dem Grundsatz der Vertragsfreiheit (für die Personenhandelsgesellschaft ausdrücklich normiert in § 109 HGB; oben Rn. 3).

82 Die Auslegung von Gesellschafterbeschlüssen muss berücksichtigen, dass sie auch die Rechtsgrundlage für die künftigen Rechtsbeziehungen der – derzeit vorhandenen und später ggf. beitretenden – Gesellschafter sind. Daraus folgt das Gebot der normativen Auslegung. Die Regelungen über die Nichtigkeit von Rechtsgeschäften und deren Folgen gelten nur eingeschränkt. Dasselbe gilt für die Auswirkungen von Mängeln der Stimmabgabe auf Beschlüsse etwa im Gefolge einer Anfechtung wegen Willensmängeln.[99]

83 Beschlüsse sind in der Personengesellschaft nach §§ 161 II, 119 I HGB und § 709 I BGB **einstimmig** zu fassen. Den Gesellschaftern bleibt es gleichwohl unbenommen, im Gesellschaftsvertrag abweichend dazu **Mehrheitsbeschlüsse** vorzusehen. Das Stimmverhältnis richtet sich dann im Zweifel nach der Anzahl der Gesellschafter, § 709 II BGB, § 119 II HGB. Auch anstelle dieses sog. **Kopfprinzips** ist aber eine Stimmzählung anhand der jeweiligen **Kapitalanteile** der Gesellschafter (oben Rn. 44 ff., 66) möglich, wenn der Vertrag dies so bestimmt. **Grenzen für Mehrheitsklauseln** bestehen in zweifacher Hinsicht: (1) Nach der sog. **Kernbereichslehre** ist ein Eingriff in den Kernbereich der Gesellschafterposition nur mit Zustimmung der betroffenen Gesellschafter zulässig. Dies gilt für struktur- und zweckändernde Beschlüsse, ferner Beschlüsse über eine Neuregelung mitgliedschaftlicher Grundrechte und -pflichten (Stimmrecht, Gewinnbeteiligung, Recht auf Abfindung/Liquidationsquote, Nachschusspflicht, Sonderrechte, Unterrichtungsrechte, Beschlusskontrollrechte und die actio pro socio).[100] (2) Der **Bestimmtheitsgrundsatz** erfordert, dass die der Mehrheitsklausel unterliegenden Beschlussgegenstände unzweideutig im Gesellschaftsvertrag festgelegt werden; andernfalls verbleibt es beim gesetzlich normierten Einstimmigkeitsprinzip.[101] Daher deckt

[96] Darunter sind Handlungen zu verstehen, die die Organisation der Gesellschaft betreffen und die Rechtsverhältnisse der Gesellschafter zueinander und zur Gesamthand regeln. Dazu zählen im Einzelnen die Bilanzfeststellung, Gewinnverwendung, sowie außergewöhnliche, nicht von der Geschäftsführungsbefugnis umfasste Geschäfte.

[97] Oben Rn. 24.

[98] Darüber hinaus besteht eine Pflicht zur Beschlussfassung in den Fällen der §§ 139 II, 144 I, 146 I HGB.

[99] Näher MünchKommHGB/*Enzinger*, § 119 Rn. 11 sowie *Busche*, FS Säcker, 2011, S. 29 ff.

[100] *BayObLG* NZG 2005, 173, 174.

[101] BGHZ 132, 263, 268 = NJW 1996, 1678; *BGH* NZG 2005, 753, 754 = JuS 2005, 1040; näher *Weitemeyer*, FS Kreutz, 2010, S. 905 ff.

z. B. eine allgemeine Mehrheitsklausel nicht die Änderung des Gesellschaftsvertrages, durch die eine Nachschusspflicht eingeführt werden soll.[102] – In jedem Fall ist zu beachten, dass auch bei einer abstrakt zulässigen Mehrheitsklausel der Mehrheitsbeschluss seine Rechtfertigung nicht in sich trägt („Mehrheit ist Mehrheit"), sondern seinerseits anhand der Treuepflicht inhaltlich überprüfbar bleibt.[103]

Das Stimmrecht des Gesellschafters folgt aus seiner Mitgliedschaft, so dass im 84
Grundsatz jeder Gesellschafter stimmberechtigt ist. Da es sich insoweit um ein höchstpersönliches Recht handelt, sind die Übertragung und Überlassung der dauernden Ausübung auf einen Dritten ausgeschlossen, vgl. § 717 S. 1 BGB, § 105 III HGB. Die Rspr. zum Quasi-Gesellschafter (oben § 10 Rn. 115 ff.) ist damit nicht zu vereinbaren.

b) Stimmrechtsausschluss durch vertragliche Vereinbarung

Durch vertragliche Vereinbarung der Gesellschafter kann das Stimmrecht eines 85
Mitgesellschafters ausnahmsweise ausgeschlossen sein. Der Stimmrechtsausschluss hat dabei den sog. Bestimmtheitsgrundsatz zu beachten und darf den Kernbereich der Gesellschafterrechte nicht beeinträchtigen.[104] Nach dem **Bestimmtheitsgrundsatz** muss im Zeitpunkt der Beschlussfassung aufgrund des Gesellschaftsvertrags mit hinreichender Eindeutigkeit festgestellt werden können, ob über den Gegenstand des Beschlusses mit einer Mehrheitsentscheidung abgestimmt werden darf.[105] Die mehrheitsfähigen Beschlussgegenstände können entweder im Gesellschaftsvertrag einzeln aufgelistet werden oder durch eine subsumtionsfähige abstrakte Klausel bestimmt werden.

Auch wenn der Bestimmtheitsgrundsatz gewahrt bleibt, sind die Grundsätze der 86
sog. **Kernbereichslehre** zu beachten. Danach sind Mehrheitsentscheidungen, die zwar dem Bestimmtheitsgrundsatz genügen, gleichwohl aber in den Kernbereich der Rechtsstellung des vom Stimmrecht ausgeschlossenen Gesellschafters eingreifen, nicht unbegrenzt zulässig. Der Kernbereich umfasst die dem Gesellschafter nach Gesetz oder Gesellschaftsvertrag zustehenden wesentlichen Rechte und Vermögenspositionen, die seine Stellung in der Gesellschaft maßgeblich prägen.[106]

Beispiele: Eingriffe in das Geschäftsführungsrecht, die Unterrichtungs- und Überwachungsrechte, Änderungen der Gewinn- und Verlustbeteiligung, Änderungen des Gesellschaftszwecks oder Entscheidungen über die Auflösung der Gesellschaft. Mehrheitsentscheidungen über derartige Eingriffe oder Änderungen sind nur mit Zustimmung des vom Stimmrecht ausgeschlossenen Gesellschafters wirksam.

c) Sonstige Stimmrechtsausschlüsse

Das **Gesetz** sieht lediglich in den §§ 712, 715, 737 S. 2 BGB – vgl. für die Perso- 87
nenhandelsgesellschaften die §§ 117, 127, 140 I HGB – einen Stimmrechtsaus-

---

[102] *BGH* NZG 2007, 620 Tz. 15; zur Nachschusspflicht oben Rn. 10 ff.

[103] *BGH* NJW 2009, 669 Tz. 16 – Schutzrechtsgemeinschaft II.

[104] BGHZ 20, 363 = NJW 1956, 1198; BGHZ 132, 263 = NJW 1996, 1678; *BGH* NJW 1985, 974; 1995, 194, 195.

[105] RGZ 91, 166, 168; *K. Schmidt*, JZ 1995, 313, 314; *Hüffer/Koch*, GesR, § 17 Rn. 7.

[106] *BGH* NJW 1995, 194, 195; *BayObLG* NZG 2005, 173, 174.

schluss des betroffenen Gesellschafters vor. Danach haben die „übrigen Gesellschafter“ über die Entziehung der Geschäftsführungsbefugnis und der Vertretungsmacht sowie die Entscheidung über das Ausschlussverfahren eines Mitgesellschafters zu beschließen. Des Weiteren entscheiden die „übrigen Gesellschafter“ einer OHG über die Geltendmachung des Eintrittsrechts, § 113 II HGB (oben Rn. 24). Allgemein anerkannt ist ebenfalls, dass der **betroffene Gesellschafter** von der Abstimmung über seine eigene Entlastung, seine Befreiung von einer Verbindlichkeit oder der Einleitung eines Rechtsstreits gegen ihn ausgeschlossen ist.[107] Dies folgt aus einer Gesamtanalogie zu den §§ 34 BGB, 47 IV GmbHG, 136 I AktG, 43 VI GenG.

87a Unterschiedliche Ansichten zum Stimmrechtsausschluss eines einzelnen Gesellschafters bestehen hinsichtlich solcher Beschlüsse, die sich auf den **Abschluss eines Rechtsgeschäfts** zwischen ihm und der Gesellschaft beziehen. Einer im älteren Schrifttum vertretenen Ansicht nach ist der betroffene Gesellschafter nicht nur weiterhin berechtigt, sondern auch verpflichtet, an der Abstimmung teilzunehmen. Denn hier seien Maßnahmen der Geschäftsführung betroffen, bei deren Abstimmung jeder Gesellschafter das Gesellschaftsinteresse mit der Sorgfalt zu wahren habe, die er in eigenen Angelegenheiten anzuwenden pflegt (vgl. § 708 BGB).[108] Hingegen wendet die überwiegende Meinung auch hier § 34 BGB, § 47 IV GmbHG analog an. Danach ist der Gesellschafter, der das Rechtsgeschäft mit der Gesellschaft abschließen will, von der Abstimmung hierüber ausgeschlossen.[109] Dem ist zu folgen, da nur so Interessenkollisionen zu vermeiden sind und diese Sichtweise auch im Einklang mit der Wertung des § 181 BGB steht, der ein grundsätzliches Verbot des Selbstkontrahierens eines Gesellschafters bestimmt.[110]

88 **Übungsfall zur Beschlussfassung („Sanieren oder Ausscheiden“):**[111] Die Mau-OHG nimmt zwei ihrer Gesellschafter auf Zahlung eines negativen Auseinandersetzungsguthabens in Anspruch, nachdem diese die aufgrund eines vorherigen Sanierungsbeschlusses auf sie entfallenden Nachschüsse nicht geleistet haben. Zu dem Beschluss kam es, nachdem die Gesellschaft in eine finanzielle Schieflage geraten war. Die Gläubigerbanken hatten sich bereit erklärt, Verbindlichkeiten von 2,1 Mio. EUR zu erlassen, sofern die Gesellschafter weiteres Kapital von 4,6 Mio. EUR aufbringen würden. Gesellschafter A hat dem Sanierungsbeschluss zugestimmt, Gesellschafter B nicht. Der Beschluss sieht vor, dass ein Gesellschafter dann, wenn er den auf ihn entfallenden Sanierungsbeitrag bis zum 31.12. nicht leistet, aus der Gesellschaft ausscheidet. Im Gesellschaftsvertrag war bereits vor diesem Beschluss eine Klausel enthalten, wonach einem ausscheidenden Gesellschafter das aufgrund einer Auseinandersetzungsbilanz errechnete Guthaben zusteht. Ist der von der Mau-OHG erhobene Anspruch begründet?

Lösung: Die Ansprüche auf Erstattung des Auseinandersetzungsfehlbetrag könnten sich aus § 739 BGB i.V.m. § 105 III HGB ergeben. Weder A noch B hat die Einlageleistung bis zum 31.12. erbracht. Voraussetzung für § 739 BGB ist allerdings, dass A und B aus der OHG ausgeschieden waren. Von der Gesellschafterversammlung war beschlossen worden, jeder sei aus der Gesellschaft ausgeschlossen, der nicht bis zum 31.12. eine Einlage auf das erhöhte Kapital gezeichnet hatte. Dies war eine Änderung des Gesellschaftsvertrags. Durch den Gesellschafterbeschluss war also ein neuer **gesellschaftsvertraglicher Ausscheidensgrund** (§ 131 III

---

[107] *BGH* NZG 2012, 625 Tz. 16; WM 1974, 834, 835; *A. Hueck*, OHG § 11 III 2 (S. 171 ff.); MünchKomm-BGB/*Ulmer*, § 709 Rn. 65.

[108] *A. Hueck*, OHG § 11 III 2 (S. 171); Staub/*Fischer*, 3. Aufl., § 119 Rn. 22.

[109] RGZ 136, 236, 245.

[110] MünchKomm-BGB/*Ulmer*, § 709 Rn. 68 f.; zu § 47 IV GmbHG unten § 16 Rn. 16.

[111] Nach BGHZ 183, 1 = NJW 2010, 65 = BB 2010, 10 m. Anm. *Wahl/Schubert* = JuS 2010, 162 (*K. Schmidt*) = EWiR 2009, 739 m. Kurzkomm. *Armbrüster*.

Nr. 5 HGB) eingeführt worden. Wenn diese Vertragsänderung wirksam war, dann waren A und B aus der Gesellschaft ausgeschieden. Was den A angeht, der dem Sanierungsbeschluss zugestimmt hatte, nunmehr jedoch die Nachschusszahlung verweigert, ist der Beschluss wirksam. Denn die zustimmenden Gesellschafter haben die Wirksamkeit ihrer Zustimmung nicht davon abhängig gemacht, dass Einstimmigkeit erzielt wird. A ist daher aus der Gesellschaft ausgeschieden und haftet nach § 739 BGB i. V. m § 105 III HGB. Aber auch gegenüber dem B ist der Sanierungsbeschluss bindend. Zwar ist ein Gesellschafter „im Allgemeinen" nicht verpflichtet, einer seine Gesellschafterstellung aufhebenden Vertragsänderung zuzustimmen. Hier ist jedoch ein besonders gelagerter Ausnahmefall gegeben, da die Zustimmung dringend erforderlich und dem Gesellschafter zumutbar war. Die Sanierung hat von der Annahme des Sanierungskonzepts abgehangen, den übrigen Gesellschaftern war die alleinige Finanzierung zu Gunsten der zahlungsunwilligen Gesellschafter nicht zumutbar und Letztere müssten infolge ihres Ausscheidens geringere Beträge als im Fall einer sofortigen Zerschlagung aufbringen. In dieser Situation gebietet es die Treuepflicht, durch eine Zustimmung die Zerschlagung zu verhindern. Auch B war daher ausgeschieden und haftet auf Ersatz des negativen Auseinandersetzungsguthabens.

d) Beschlussmängel

Wirksam ist ein Gesellschafterbeschluss nur dann, wenn er mit der erforderlichen Stimmenzahl gefasst wurde (oben Rn. 83) und weder nach der Art seines Zustandekommens noch nach seinem Inhalt mit Wirksamkeitsmängeln behaftet ist. Alle Verstöße gegen Gesetz oder Gesellschaftsvertrag (einschließlich von dessen Verfahrensregeln) führen zur Nichtigkeit des Beschlusses. Sie kann von jedermann, der ein rechtliches Interesse hieran hat, durch Feststellungsklage gegen die sich auf die Wirksamkeit des Beschlusses berufenden Gesellschafter geltend gemacht werden (§ 256 ZPO; *BGH* NZG 2012, 625 Tz. 24). Der Gellschaftsvertrag kann bestimmen, dass der Streit mit der Gesellschaft auszutragen ist.[112] Dies kann wegen der damit möglichen Rechtskraftwirkung für und gegen alle Gesellschafter analog § 248 AktG sinnvoll sein. Sonderregeln gelten für sog. Strukturentscheidungen sowie Beschlüsse in der Publikumsgesellschaft.[113] 89

4. Unterrichtungs- und Überwachungsrechte

Ein nichtgeschäftsführender Gesellschafter nimmt naturgemäß am alltäglichen Geschäftsbetrieb der Gesellschaft nicht teil. Damit er dennoch Informationen über den Geschäftsbetrieb „seiner" Gesellschaft erhält, eröffnet ihm § 716 I BGB ein höchstpersönliches Unterrichtungs- und Überwachungsrecht. Danach kann er sich über die Angelegenheiten der Gesellschaft unterrichten, indem er die Bücher und Papiere der Gesellschaft einsehen und sich daraus eine Übersicht über die tatsächliche Vermögenslage verschaffen kann. Dies setzt allerdings eine entsprechende Buchführung voraus, zu der die Geschäftsführer nach §§ 713, 666 BGB grundsätzlich verpflichtet sind. Sofern Unterlagen fehlen oder vorhandene Unterlagen nicht genügend aussagekräftig sind, hat der nicht-geschäftsführende Gesellschafter ausnahmsweise neben dem Einsichtsrecht auch noch einen **Auskunftsanspruch**. Dieser folgt über den Wortlaut der Vorschrift hinaus unmittelbar aus 90

---

[112] BGH JuS 2011, 557 m. Anm. K. Schmidt = NJW 2011, 2578 = NZG 2011, 544 Tz. 18 ff.
[113] Näher Staub/*Schäfer*, § 119 Rn. 75 ff.

§ 716 I BGB, da die Rechte aus den §§ 713, 666 BGB als Sozialansprüche (oben Rn. 53 ff.) nur von der Gesamthand gegen den Geschäftsführer geltend gemacht werden können.[114] Aus § 716 I BGB folgt z. B. das Recht der Gesellschafter, Auskunft über die Namen und Anschriften der Mitgesellschafter zu verlangen.[115]

91 Die **Überwachungsrechte** aus § 716 I BGB sind **dispositiv** und können demnach durch den Gesellschaftsvertrag erweitert, aber auch beschränkt oder ausgeschlossen werden. Sind die Überwachungsrechte des nichtgeschäftsführenden Gesellschafters beschränkt oder ausgeschlossen, kann dieser nach § 716 II BGB seine Rechte gleichwohl geltend machen, wenn ein Grund zur Annahme unredlicher Geschäftsführung besteht.[116]

92 Für die Personenhandelsgesellschaften gelten die obigen Ausführungen entsprechend; insofern trifft § 118 HGB eine nahezu identische Regelung.

92a **Übersicht 11/2:**

Gesellschafterrechte in der Personengesellschaft

Verwaltungsrechte	Vermögensrechte
– Geschäftsführung und Vertretung (§§ 709, 714 BGB; §§ 114, 125 HGB) – actio pro socio – Widerspruch gegen Geschäftsführungsmaßnahmen (§ 711 BGB; § 115 HGB) – Entziehung von Geschäftsführung und Vertretung (§§ 712, 715 BGB; §§ 117, 127 HGB) – Stimmrecht (§ 709 BGB; § 119 HGB) – Unterrichtung und Kontrolle (§ 716 BGB; § 118 HGB) – Rechnungslegung (§ 721 BGB) – Kündigung (§ 723 BGB; § 132 HGB) – Ausschließung von Gesellschaftern (§ 737 BGB; § 140 HGB) – Mitwirkung bei der Liquidation (§ 730 BGB; § 146 HGB)	– Gewinnanspruch (§§ 721, 722 BGB; § 121 HGB) – Auseinandersetzungsguthaben (§§ 733, 734 BGB; § 155 HGB) – Aufwendungsersatz (§§ 713, 670 BGB; 110 HGB)

[114] BGHZ 14, 53, 59 = NJW 1954, 1564; *BGH* BB 1984, 1271; MünchKomm-BGB/*Ulmer*, § 716 Rn. 12; *Goerdeler*, FS Stimpel, 1985, S. 125, 132 ff.
[115] *BGH* NZG 2011, 276.
[116] Näher *BGH* WM 1984, 807, 808; MünchKomm-BGB/*Ulmer*, § 716 Rn. 19.

IV. Gesellschaftsvermögen

1. Rechtsinhaberschaft

93 Das Gesellschaftsvermögen ist nach dem Wortlaut des § 718 I BGB „gemeinschaftliches Vermögen der Gesellschafter“. Diese Normaussage ist heute – vor dem Hintergrund der **Gruppenlehre** (oben § 10 Rn. 59 ff.) – überholt. Denn danach ist die gesellschaftsrechtliche **Gesamthand selbst Rechtsträgerin ihres Vermögens** und es gibt keine dingliche Berechtigung des Gesellschafters an den einzelnen Gegenständen, aus denen dieses Vermögen besteht.[117] Korrekturbedürftig ist daher auch § 719 I Hs. 1 Fall 2 BGB, wo eine dingliche Berechtigung des einzelnen Gesellschafters an den *Gegenständen des Gesellschaftsvermögens* vorausgesetzt wird.[118] Bedeutsam ist dies für die Frage nach der Eigentümerposition eingebrachter Sachen bzw. der Inhaberschaft von Forderungen der Gesellschaft gegen Dritte.

94 Überholt ist auch die weitere Normaussage des § 719 I BGB, dem Gesellschafter stehe ein Anteil an dem *Gesellschaftsvermögen insgesamt* zu. Ausgehend von der h. M., die die GbR als teilrechtsfähige Wirkungseinheit anerkennt (oben § 10 Rn. 59 ff.), ist nämlich allein die Gesellschaft selbst Trägerin des Gesamthandsvermögens.[119]

95 Nach der – für die Innen-GbR nach wie vor maßgeblichen (vgl. § 10 Rn. 59, 110) – **individualistischen Theorie** sind die Gesellschafter selbst Träger von Rechten und Pflichten und somit auch des Gesellschaftsvermögens. Im Gegensatz zur Bruchteilsgemeinschaft ist jeder Gesellschafter Eigentümer der ganzen Sache und Inhaber der gesamten Forderung. Das Gesellschaftsvermögen ist rechtlich selbständig und losgelöst vom Privatvermögen der Gesellschafter. Da aber alle Gesellschafter gleichberechtigte Träger des Gesellschaftsvermögens sind, steht dieses ihnen zur Vermeidung von Interessenkollisionen mit den jeweiligen Mitgesellschaftern zur gesamten Hand zu.

96 **Lernhinweis:** Die Rechtsfigur der Gesamthand begegnet auch bei der ehelichen Gütergemeinschaft (§ 1419 BGB), bei der Erbengemeinschaft (§ 2033 II BGB)[120] und bei der Urhebergemeinschaft (§ 8 II 1 UrhG). Lerntaktisch ist es deshalb sinnvoll, die Gesamthand in vergleichender Gegenüberstellung der Regelungen aus den genannten Gebieten zu studieren.

2. Umfang des Gesellschaftsvermögens

97 In das Gesellschaftsvermögen einfließen können zunächst die **Beiträge** der Gesellschafter, § 718 I Fall 1 BGB. Dies geschieht durch einen Übertragungsakt, der

---

[117] *Hüffer/Koch*, GesR, § 12 Rn. 2 ff.

[118] Denn sonst wäre es sinnlos, dem Gesellschafter die Verfügungsbefugnis (§ 903 BGB) an den Gegenständen des Gesellschaftsvermögens zu nehmen.

[119] *Hüffer/Koch*, GesR, § 12 Rn. 2; MünchKomm-BGB/*Ulmer*, § 705 Rn. 160.

[120] Die Erbengemeinschaft zählt nach den meisten Justizausbildungsgesetzen zum Pflichtfachwissen für die Erste Prüfung.

sich nach den §§ 929 ff. BGB (bewegliche Sachen), §§ 873 ff. BGB (Grundstücke) bzw. den §§ 398 ff. BGB (Forderungen) richtet.[121]

98 Darüber hinaus gehören die Gegenstände, die **durch die Geschäftsführung erworben** sind, zum Gesellschaftsvermögen, § 718 I Fall 2 BGB. Darunter fallen Sachen, Wertpapiere, Forderungen, immaterielle Rechte und sonstige Vermögensgegenstände.[122] Der rechtsgeschäftliche Erwerb setzt voraus, dass für den Vertragspartner im Namen der Gesellschaft gehandelt wurde.[123] Auch hier gilt grundsätzlich das Offenkundigkeitsprinzip des § 164 II BGB. Somit wird in Fällen, in denen ein Gesellschafter nicht erkennbar nach außen hin für die Gesellschaft auftritt oder gar im eigenen Namen handelt, nur der handelnde Gesellschafter berechtigt und verpflichtet. Allerdings hat die Gesellschaft dann einen Anspruch gegen den Gesellschafter auf Herausgabe des aus der Geschäftsführung erlangten, § 713 i.V.m. § 667 BGB.

99 § 718 II BGB regelt zwei Formen des Erwerbs kraft **dinglicher Surrogation:** Das Gesellschaftsvermögen umfasst danach auch dasjenige, was aufgrund eines zum Gesellschaftsvermögen gehörenden Rechts oder als Ersatz für die Zerstörung, Beschädigung oder Entziehung eines zu dem Gesellschaftsvermögen gehörenden Gegenstands erworben wird.

100 Hinzu treten sonstige Erwerbstatbestände des allgemeinen Rechts wie nach §§ 946–948, 1922 I BGB.

Übersicht 11/3:

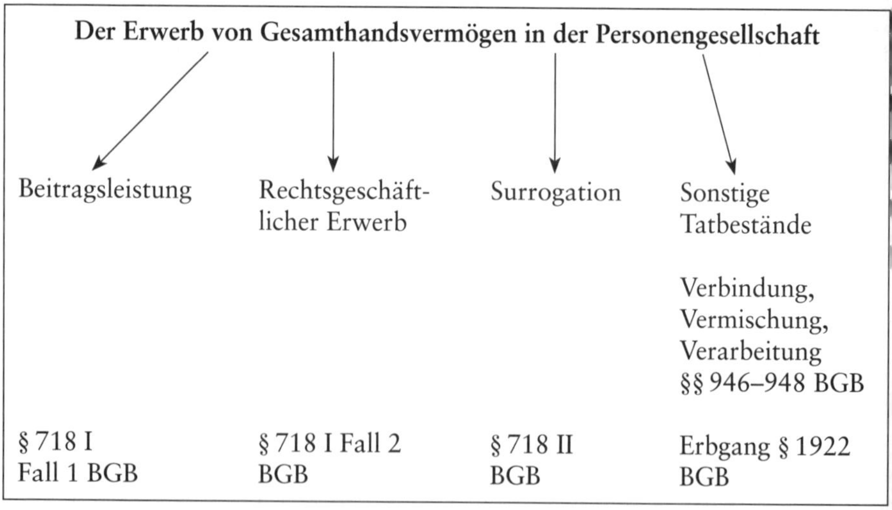

[121] *BGH NZG 2012, 65 Tz. 18 = JuS 2012, 357 m. Anm. K. Schmidt.*
[122] MünchKomm-BGB/*Ulmer,* § 718 Rn. 19.
[123] RGZ 54, 103, 106; *Habersack,* Jus 1990, 179, 184.

3. Verfügungen eines Gesellschafters

Aufgrund der gesamthänderischen Gebundenheit des Gesellschaftsvermögens ist die Verfügungsbefugnis der Gesellschafter nach § 719 I BGB beschränkt. Der einzelne Gesellschafter kann nach § 719 I Hs. 1 BGB weder über seinen Anteil am Gesellschaftsvermögen noch über seinen Anteil an einzelnen Vermögensgegenständen verfügen. 101

Der **Anteil am Gesellschaftsvermögen** steht deshalb nicht zur Disposition des Gesellschafters, weil darunter nach zutreffender Ansicht nicht der Vermögensanteil, sondern das Mitgliedschaftsrecht des Gesellschafters zu verstehen ist.[124] Da das Mitgliedschaftsrecht aber von der Höhe des Vermögensanteils unabhängig ist, kann eine Rechtsänderung nur im Rahmen eines Gesellschafterwechsels durch Übertragung des gesamten Gesellschaftsanteils erfolgen. 102

Für den **Anteil an einzelnen Vermögensgegenständen** besteht nach h. M. aufgrund der gesamthänderischen Bindung des Gesellschaftsvermögens überhaupt keine Einzelberechtigung,[125] so dass eine solche Verfügung ebenfalls unzulässig ist. 103

Nach § 719 I Hs. 2 BGB ist der Gesellschafter **nicht** berechtigt, **Teilung** des Gesamthandsvermögens zu **verlangen.** Die Teilung kommt nur nach Auflösung der Gesellschaft in betracht. Der teilungswillige Gesellschafter muss also zuvor die Gesellschaft kündigen, § 723 I BGB, und sich sodann mit seinen Mitgesellschaftern auseinandersetzen. 104

4. Aufrechnung bei Gesellschaftsforderungen und -verbindlichkeiten

Gegen eine **Forderung, die der Gesellschaft zusteht,** kann der Schuldner nicht mit einer Forderung, die ihm gegen einen Gesellschafter zusteht, aufrechnen. § 719 II BGB hat lediglich klarstellende Funktion, da es aufgrund der strikten Trennung zwischen Gesellschafts- und Privatvermögen schon an der erforderlichen Gegenseitigkeit der gegenüberstehenden Forderungen fehlt, vgl. § 387 BGB. 105

Gleichwohl bleibt es der **Gesellschaft als Schuldnerin einer Forderung** unbenommen, mit einer Gegenforderung gegen den Gläubiger aufzurechnen. Besteht diese Gegenforderung in einer Privatforderung eines Gesellschafters, ist die Aufrechnung damit nur zulässig, wenn der Gesellschafter dem Gläubiger nicht als Gesamtschuldner haftet, § 422 II BGB. 106

---

[124] MünchKomm-BGB/*Ulmer,* § 719 Rn. 4; *Hüffer/Koch*, GesR, § 12 Rn. 4, der von einem „korrekturbedürftigen Wortlaut" des § 719 I BGB ausgeht.

[125] MünchKomm BGB/*Ulmer,* § 719 Rn. 8.

106a **Übersicht 11/4:**

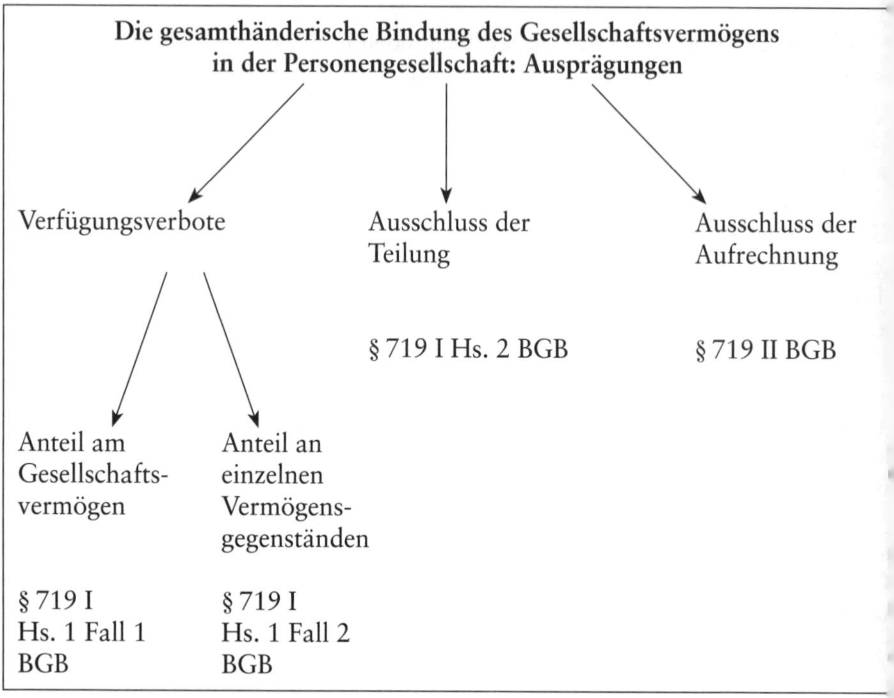

Fragen:

1. Erläutern Sie die Abgrenzung zischen Innen- und Außenverhältnis im Gesellschaftsrecht! (Rn. 1 f.)
2. Welche Arten der Beitragsleistung des Personengesellschafters kennen Sie? (Rn. 5)
3. Ist § 320 BGB für die im Innenverhältnis bestehenden Ansprüche anwendbar? (Rn. 6 ff.)
4. Begründet die Treuepflicht des Gesellschafters Handlungs- und Unterlassungspflichten oder wirkt sie als Rechtsausübungsschranke? (Rn. 13)
5. Welche Rechtsfolgen ergeben sich aus einem Verstoß gegen das Wettbewerbsverbot des Gesellschafters in der OHG? (Rn. 24)
6. Welche Ersatz- und Ausgleichsansprüche stehen einem Gesellschafter zu, der eine Gesellschaftsschuld getilgt hat? (Rn. 32, 38, 40)
7. Was ist der Unterschied zwischen einer Sozialverbindlichkeit und einem Sozialanspruch? (Rn. 51)
8. Was sind Grundlagengeschäfte und wie sind sie hinsichtlich der Geschäftsführungsbefugnis und der Vertretungsmacht für die Gesellschaft zu behandeln? (Rn. 65, 81)
9. Erläutern Sie den Begriff der Notgeschäftsführungsbefugnis! (Rn. 68)
10. Wie ist die Geschäftsführungsbefugnis bei der OHG nach der gesetzlichen Regelung ausgestaltet? (Rn. 72 ff.)

11. Welche Vermögensrechte und welche Mitverwaltungsrechte stehen dem Gesellschafter in der Personengesellschaft zu? (Rn. 92)
12. Welche Vermögenswerte gelangen in das Gesellschaftsvermögen und wie vollzieht sich der Erwerb in dinglicher Hinsicht? (Rn. 100)

§ 12. GbR und OHG – Änderungen im Gesellschafterbestand und Beendigung der Gesellschaft

I. Ausscheiden eines Gesellschafters

1. Ausscheiden aus einer GbR

a) Tatbestände und wesentliche Rechtsfolgen

1 Ein Gesellschafter scheidet aus einer GbR durch Kündigung, Tod oder durch die Eröffnung des Insolvenzverfahrens über sein Vermögen aus. Diese in **§ 736 I BGB** aufgeführten Tatbestände sind **nicht abschließend**, vielmehr können die Gesellschafter vertraglich weitere Ausscheidensgründe festlegen, z. B. das Erreichen einer bestimmten Altersgrenze oder die Ausübung eines gesellschaftsvertraglich festgelegten Austrittsrechtes.[1] Die **Gesellschaft** selbst wird bei Eintritt eines der in § 736 I BGB genannten Tatbestände **aufgelöst** (sogleich Rn. 2). Für den **Gesellschafter** ergeben sich diese **Rechtsfolgen:** Verlust der Mitgliedschaftsrechte einschließlich der gesamthänderischen Beteiligung am Vermögen, die den übrigen Gesellschaftern zufällt (§ 738 I 1 BGB – „Anwachsung“);[2] schuldrechtliche Ansprüche auf Rückgabe von Gegenständen, Schuldbefreiung und Abfindung (§ 738 I 2, 3 BGB);[3] Haftung für einen etwaigen Fehlbetrag (§ 739 BGB);[4] Beteiligung an schwebenden Geschäften (§ 740 BGB); Beginn der Nachhaftungszeit (§ 736 II BGB i.V.m. § 160 HGB).[5]

b) Fortsetzungsklausel

2 Zwar haben die in § 736 I BGB aufgeführten Tatbestände nach den §§ 723, 724, 727, 728 BGB – wegen des höchstpersönlichen Charakters des Zusammenschlusses der Gesellschafter[6] – die **Auflösung der GbR** zur Folge, doch handelt es sich bei diesen Vorschriften um dispositives Recht.[7] Die Gesellschafter können nach § 736 I BGB den Eintritt der gesetzlich festgelegten Rechtsfolge – Auflösung der GbR – **vermeiden**, indem sie im Gesellschaftsvertrag eine sog. **Fortsetzungsklausel** vereinbaren. So wird erreicht, dass die GbR trotz Vorliegen eines gesetzlichen Auflösungsgrundes ohne den ausscheidenden Gesellschafter fortbesteht.

---

[1] Vgl. MünchKomm-BGB/*Ulmer*, § 736 Rn. 15; § 723 Rn. 70.

[2] Im Falle des Ausscheidens des vorletzten Gesellschafters Anfall bei dem Übernehmenden, *BGH* NJW 2000, 1119 unter II.1.b.

[3] Zur Abfindung sogleich Rn. 3 ff.

[4] Instruktiver Beispielsfall: *BGH* NZG 2011, 828.

[5] Zur Nachhaftung sogleich Rn. 6 f.

[6] Vgl. MünchKomm-BGB/*Ulmer*, § 736 Rn. 1.

[7] Vgl. *Hüffer/Koch*, GesR, § 14 Rn. 10.

c) Abfindungsanspruch

Da bei Personengesellschaften die Mitberechtigung am gesamthänderischen Vermögen an die Mitgliedschaft gebunden ist, führt das Ausscheiden zugleich zum Verlust der gesamthänderischen Berechtigung am Gesellschaftsvermögen.[8] Nach § 738 I 1 BGB wächst der Anteil des ausscheidenden Gesellschafters ohne rechtsgeschäftlichen Übertragungsakt den übrigen Gesellschaftern zu. An seine Stelle tritt nach § 738 I 2 BGB ein **Abfindungsanspruch** gegen die Gesellschaft. Danach ist dem ausscheidenden Gesellschafter dasjenige auszuzahlen, was er erhalten würde, wenn die Gesellschaft zum Zeitpunkt seines Ausscheidens aufgelöst worden wäre, d. h. ein **fiktives Auseinandersetzungsguthaben.** Ein Abfindungsanspruch kommt jedoch nur dann in Betracht, wenn der Gesellschafter ersatzlos aus der GbR ausgeschieden ist.[9] Denn wenn sein Gesellschaftsanteil durch Rechtsgeschäft (§§ 398 ff., 413 BGB) oder von Todes wegen (§ 727 BGB) auf einen Nachfolger übertragen wird, kann mangels Anwachsung auch kein Abfindungsanspruch entstehen. 3

Der **Betrag des Abfindungsanspruchs** ist grundsätzlich nach dem **wahren Anteilswert** zu ermitteln, der dann in einem zweiten Schritt nach dem Gewinnverteilungsschlüssel (§ 722 BGB)[10] auf den ausgeschiedenen Gesellschafter umgelegt wird. Dieser wahre Anteilswert umfasst die wirklichen Werte des lebenden Unternehmens einschließlich des sog. inneren Geschäftswertes (stille Reserven, good will).[11] 4

Da eine derartige Berechnung des Abfindungsanspruchs erhebliche Schwierigkeiten bereitet und oft zu unerwünscht hohen Beträgen führt, enthalten Gesellschaftsverträge regelmäßig eine sog. **Abfindungsklausel**, oft in Form einer **Buchwertklausel.** Dabei wird vereinbart, dass der Abfindungsanspruch nicht nach dem tatsächlichen Unternehmenswert, sondern nach dem **Bilanzwert** – d. h. ohne den inneren Geschäftswert – berechnet werden soll.[12] Häufig sehen Abfindungsklauseln auch vor, dass der Abfindungsanspruch nicht mit Ausscheiden des Gesellschafters sofort in voller Höhe fällig wird (§ 271 I BGB), sondern erst nach einer bestimmten Zeit und/oder in Raten.[13] Solche Klauseln dürfen allerdings nicht gegen § 138 I BGB verstoßen oder einer unzulässigen Kündigungsbeschränkung nach § 723 III BGB bzw. § 133 III HGB gleichkommen.[14] Bei der Beurteilung der Wirksamkeit einer Abfindungsklausel ist auf den Zeitpunkt der Vereinbarung abzustellen.[15] Führt die Klausel nachträglich zu Beeinträchtigungen, so ist sie durch ergänzende Vertragsauslegung den veränderten Verhältnissen anzupassen.[16] 5

---

[8] MünchKomm-BGB/*Ulmer*, § 718 Rn. 7.
[9] MünchKomm-BGB/*Ulmer*, § 738 Rn. 14.
[10] Dazu § 11 Rn. 42 ff.
[11] Näher *BGH* NJW 2002, 2787, 2790 f.
[12] Vgl. MünchKomm-BGB/*Ulmer*, § 738 Rn. 46, 63.
[13] *Lange*, NZG 2001, 635, 636.
[14] *BGH* NZG 2006, 425; näher *Heß*, NZG 2001, 648 ff.; *Lange*, NZG 2001, 635 ff.; *Kamanabrou*, FS Buchner, 2009, S. 401 ff.
[15] BGHZ 126, 226, 233 = NJW 1994, 2536.
[16] BGHZ 126, 226, 233 = NJW 1994, 2536; BGHZ 135, 387 = NJW 1997, 2592.

d) Haftung des ausgeschiedenen Gesellschafters

6 Das Ausscheiden des Gesellschafters aus einer GbR führt nicht dazu, dass er dadurch sofort von seiner persönlichen Haftung für Gesellschaftsschulden befreit wird, vielmehr besteht eine sog. **Nachhaftung** des ausscheidenden Gesellschafters.[17] Die Nachhaftung des Gesellschafters umfasst jedoch lediglich die bestehenden **Altschulden** der GbR, also solche Schulden, die vor seinem Ausscheiden seitens der Gesellschaft begründet wurden. Für Neuschulden haftet er hingegen nicht.[18] Der Gesellschafter, der aus einer bestehenden Gesellschaft ausgeschieden ist, aber weiterhin als Gesellschafter nach außen auftritt, kann als Scheingesellschafter für Verbindlichkeiten der Gesellschaft haften, wenn er gegen den gesetzten Rechtsschein nicht pflichtgemäß vorgegangen ist und sich ein Dritter bei seinem geschäftlichen Verhalten auf den Rechtsschein verlassen hat.[19]

7 Die Nachhaftung des ausgeschiedenen GbR-Gesellschafters für Altschulden ist auf **fünf Jahre** begrenzt, § 736 II BGB i.V.m. § 160 HGB. Sie erfasst nur solche Ansprüche, die vor Ablauf von fünf Jahren fällig werden und gegen den ausscheidenden Gesellschafter gerichtlich geltend gemacht werden. Als Verbindlichkeiten i.S. von § 160 I HGB sind auch solche aus Dauerschuldverhältnissen anzusehen.[20] Die von der Rspr. früher[21] – zur Vermeidung einer Endloshaftung ausgeschiedener Gesellschafter – vertretene Kündigungstheorie, wonach die Nachhaftung bei kündbaren Dauerschuldverhältnissen bis zum nächst möglichen Kündigungstermin begrenzt war, wurde aufgegeben.[22] Der in § 160 I 2 HGB genannte **Fristbeginn** fällt bei einem ausgeschiedenen GbR-Gesellschafter – da die GbR nicht im HReg. eingetragen ist – auf den Zeitpunkt der **Kenntnis des Gläubigers** von dem Ausscheiden.[23]

7a Eine entsprechende Anwendung der §§ 159, 160 HGB auf die Innenhaftung nach § 739 BGB kommt nicht in Betracht.[24] Denn ein zeitlicher Gleichlauf von Innen- und Außenhaftung ist gesetzlich nicht vorgesehen und wegen der Unterschiedlichkeit ihrer Zusammensetzung und Herleitung auch nicht geboten. Die Innenhaftung aus § 739 BGB beruht nicht zwingend auf einer Unterdeckung wegen bestehender Gesellschaftsschulden, für die der Ausgeschiedene gegenüber den Gesellschaftsgläubigern persönlich nach § 128 HGB haftet. Sie besteht z.B. ebenso im Falle einer schuldenfreien Gesellschaft, wenn der ausgeschiedene Gesellschafter Überentnahmen getätigt hat, die er nach § 739 BGB erstatten muss.

---

[17] Vgl. MünchKomm-BGB/*Ulmer*, § 714 Rn. 70.

[18] Vgl. *BGH* NJW 1991, 1225.

[19] Vgl. *BGH* NZG 2011, 221 Tz. 17ff., 20 und Ls. 2.

[20] BT-Drs. 12/1868, 8; BGHZ 142, 324 = NJW 2000, 208, 209; BGHZ 150, 373 = NJW 2002, 2170; BAG NJW 2004, 3287 = JuS 2004, 1116 (m. Anm. *K. Schmidt*) = EWiR 2004, 1091 m. Kurzkomm. *Klepsch* (Arbeitsentgelt).

[21] Vgl. BGHZ 142, 324, 331 = NJW 2000, 208.

[22] Vgl. auch *K. Schmidt*, GesR, § 51 I 3 b.

[23] Vgl. BGHZ 117, 168, 178f. = NJW 1992, 1615; *BGH* NJW 1992, 1615, 1617; *Altmeppen*, NJW 2000, 2529; *Reichhold*, NJW 1994, 1617, 1621; *Seibert*, DB 1994, 461, 464.

[24] Vgl. *BGH* NZG 2011, 828 Tz. 17.

2. Ausscheiden aus einer OHG

8 Soweit der Gesellschaftsvertrag nicht etwas anderes bestimmt, führen die in § 131 III HGB aufgezählten Gründe (lesen!) bloß zum Ausscheiden eines OHG-Gesellschafters, nicht aber zur Auflösung der Gesellschaft selbst. Dies gilt insbesondere für die Kündigung der Gesellschaft durch einen Gesellschafter nach § 132 HGB oder durch Privatgläubiger eines Gesellschafters nach § 135 HGB. Der 1998 mit dem HRefG neu gefasste § 131 HGB bezweckt eine Sicherung der **Unternehmenskontinuität.**[25] Daher ist für das Fortbestehen der OHG – anders als bei der GbR – nach dem Ausscheiden eines Gesellschafters **keine Fortsetzungsklausel** (oben Rn. 2) erforderlich. Ein gesetzliches Austrittsrecht des Gesellschafters auch ohne wichtigen grund lehnt die hM mit Verweis auf § 133 HGB ab.[26] Dies erscheint in Fällen als zu rigide, in denen der wichtige Grund in der Person eines gesellschafters wurzelt und daher die von § 133 HGB vorgesehene Auflösung der Gesellschaft ein übermäßiges Klageziel wäre.[27]

9 Bei den **Folgen des Ausscheidens** für den Gesellschafter selbst gilt grundsätzlich das zur GbR Gesagte entsprechend (§ 738 BGB i. V. mit § 105 III HGB; oben Rn. 1 ff.). Daneben ist hinsichtlich der **Registerpublizität** § 143 II HGB (auch i.V.m. § 15 I HGB) zu beachten, vgl. die Beispielsfälle oben § 3 Rn. 20, 27, 30. In zeitlicher Hinsicht **haftet** der ausgeschiedene Gesellschafter nach § 160 HGB für **Altverbindlichkeiten**, wenn sie vor dem Ablauf von fünf Jahren nach seinem Ausscheiden fällig und gerichtlich gegen ihn geltend gemacht worden sind (oben Rn. 7). Die Frist beginnt nach § 160 I 2 HGB erst, wenn das Ausscheiden des Gesellschafters in das Handelsregister eingetragen worden ist oder – entsprechend zur Rechtslage in der GbR (oben Rn. 7) – mit der positiven Kenntnis des Gesellschaftsgläubigers vom Ausscheiden des Gesellschafters.[28] Inwieweit die fünfjährige Ausschlussfrist des § 160 HGB seit dem **SMG** noch von praktischer Bedeutung ist, erscheint fraglich. Denn nach § 195 BGB i.d. seit 2002 geltenden Fassung verjähren die meisten Ansprüche schon nach *drei* Jahren, worauf sich auch der ausgeschiedene Gesellschafter nach § 129 HGB berufen kann.[29]

II. Ausschluss eines Gesellschafters

1. Ausschluss aus einer GbR

10 Der zwangsweise Ausschluss eines GbR-Gesellschafters mit der Folge, dass die GbR weiterhin fortbesteht, ist unter den in § 737 BGB aufgeführten drei Voraus-

[25] *K. Schmidt*, JZ 2003, 585, 593; Staub/*Schäfer*, § 131 Rn. 2.
[26] *Staub/Schäfer*, § 133 HGB Rn. 1, 3.
[27] *Mit guten Gründen für ein gesetzliches Austrittsrecht daher Ulmer, FS Goette, 2011, S. 545 ff.*
[28] *BGH* JuS 2008, 184 = NJW 2007, 3784 = NZG 2007, 941; dazu *Steinicke*, EWiR 2008, 179; *Wertenbruch*, NZG 2008, 216 ff.
[29] Vgl. *Hofmeister*, NZG 2002, 851, 853; einen Bedeutungsverlust des § 160 HGB verneinend demgegenüber MünchKomm-BGB/*Ulmer*, § 736 Rn. 22.

setzungen möglich (Fortsetzungsklausel, wichtiger Grund, Gesellschafterbeschluss). Hauptstreitpunkt ist dabei das Merkmal des **wichtigen Grundes.** Hier verweist § 737 BGB auf § 723 I 2 BGB. Erforderlich ist danach, dass von dem auszuschließenden Gesellschafter solche Störungen ausgehen, dass eine **Fortsetzung der Gesellschaft** mit diesem für die übrigen Gesellschafter **unzumutbar** ist.[30]

11 Zwar handelt es sich bei § 737 S. 1, 2 BGB um **nachgiebiges Recht.** Doch deckt die Vertragsfreiheit der Gesellschafter **keine Klausel**, wonach der Ausschluss eines Mitgesellschafters auch ohne wichtigen Grund erfolgen kann. Der BGH lehnt ein voraussetzungsloses **„Hinauskündigungsrecht"** in st. Rspr. ab.[31] Soweit der Gesellschaftsvertrag ein Ausschlussrecht ohne eine solche Einschränkung vorsieht, ist die Ausschlussklausel nach § 138 BGB nichtig.[32] Diese Rspr. überzeugt, da ein Hinauskündigungsrecht die betroffenen Gesellschafter weitgehend rechtlos stellt und sie vom Wohlwollen der übrigen Gesellschafter abhängig macht. Nur ausnahmsweise ist eine freie Hinauskündigungsklausel wegen besonderer Umstände sachlich gerechtfertigt. Dies hat die Rspr. etwa angenommen, wenn das Ausschließungsrecht bei Aufnahme eines neuen Gesellschafters in eine Freiberuflerpraxis dazu dient, den Altgesellschaftern binnen angemessener Frist die Prüfung zu ermöglichen, ob zu dem neuen Gesellschafter das notwendige Vertrauen aufgebaut werden kann. Als sachlich gerechtfertigt hat der BGH ferner eine Klausel erachtet, derzufolge nach Beendigung eines zwischen der Gesellschaft und dem Gesellschafter bestehenden Kooperationsvertrags auch die Gesellschafterstellung gekündigt werden darf; Entsprechendes gilt für Regelungen, welche die Kündigung eines Gesellschafters für den Fall der Beendigung seines Amtes als Geschäftsführer („Managermodell") oder für den Fall seines Ausscheidens als Angestellter („Mitarbeitermodell") gestatten, sowie Kündigungsklauseln, die auf testamentarischer Anordnung beruhen.[33]

2. Ausschluss aus einer OHG

12 Nach § 140 HGB kann ein Gesellschafter aus einer OHG ausgeschlossen werden, sofern in seiner Person ein **wichtiger Grund i. S.** von § 133 I HGB vorliegt. Beispiele hierfür sind etwa Verstöße gegen das Wettbewerbsverbot, die unberechtigte Einziehung von Gesellschaftsforderungen oder die Rufschädigung der Gesellschaft gegenüber der Hausbank.[34] Auch in der OHG gibt es kein Hinauskündigungsrecht. Anders als bei der GbR muss der Ausschluss grundsätzlich durch ein **Gestaltungsurteil**

---

30 Vgl. MünchKomm-BGB/*Ulmer*, § 737 Rn. 8 und im Allgemeinen Schuldrecht die Vorschrift des § 314 BGB.

31 BGHZ 68, 212, 215 = NJW 1977, 1292; *BGH* NJW 1985, 2421 („Schwiegersohn"-Fall); 1989, 2681; NJW 2004, 2013 = JuS 2004, 631 m. Anm. *K. Schmidt*; s. ferner BGHZ 164, 98, 101 = NJW 2005, 3641 (Manager-Modell); BGHZ 164, 107, 110 f. = NJW 2005, 3644 (Mitarbeiter-Modell) (beide auch zur ausnahmsweisen Zulässigkeit eines Hinauskündigungsrechts).

32 Vgl. *BGH* NJW 1985, 2421, 2422.

33 *BGH* NZG 2007, 422 = NJW-RR 2007, 913 Tz. 9 mit Nachw.; dazu *Budzikiewcz*, AcP 209 (2009), 354 ff.; *BGH* NZG 2007, 583; MünchKomm-BGB/*Ulmer*, § 737 Rn. 18 f., auch mit Nachw. zur Gegenauffassung. Anschaulich BGHZ 164, 98 = NJW 2005, 3641, 3642; BGHZ 164, 107 = NJW 2005, 3644, 3645 (Vergleich des Hinauskündigungsrechts mit einem „Damoklesschwert").

34 So im Fall *BGH* NJW-RR 1997, 925 und DStR 2001, 495 (2. Revisionsrechtszug); weitere Beispiele aus der umfangreichen Rspr. bei Staub/*Schäfer*, § 140 Rn. 17.

erfolgen.[35] Aus § 109 HGB (Gestaltungsfreiheit im Innenverhältnis) folgt die Möglichkeit abweichender Vereinbarungen. Im Gesellschaftsvertrag kann bestimmt werden, dass ein Gesellschafter ausscheidet, wenn die übrigen Gesellschafter – aus wichtigem Grund – sein Ausscheiden durch Erklärung ihm gegenüber verlangen. Eine derartige Klausel bedeutet regelmäßig, dass die Gesellschafter über die Ausschließung eines Mitgesellschafters einen Beschluss zu fassen und darauf gegründet eine Ausschließungserklärung ihm gegenüber abzugeben haben.[36]

III. Eintritt in eine bestehende Gesellschaft, Gesellschafterwechsel

1. Aufnahmevertrag

Das Hinzutreten eines neuen Gesellschafters in eine GbR oder OHG erfolgt grundsätzlich durch einen sog. **Aufnahmevertrag.** Parteien dieses Vertrages sind der neu eintretende Gesellschafter und sämtliche Gesellschafter der bestehenden Gesellschaft.[37] Die Mitwirkung sämtlicher Gesellschafter ist erforderlich, da es sich bei dem Aufnahmevertrag um einen Gesellschaftsvertrag mit dem neuen Gesellschafter und eine Änderung des bisher bestehenden Gesellschaftsvertrags handelt. Die bisherigen Gesellschafter können sich bei Abschluss dieses Vertrages eines Vertreters bedienen, was vor allem bei Publikumspersonengesellschaften zweckmäßig ist.[38] Da der Aufnahmevertrag ein **Grundlagengeschäft** darstellt,[39] folgt die Vertretungsmacht nicht schon aus § 714 BGB; vielmehr muss für dieses Geschäft eine Vollmacht nach § 167 BGB erteilt werden.[40] 13

Durch den Abschluss des Aufnahmevertrages tritt der neue Gesellschafter mit allen Rechten und Pflichten in die bestehende Gesellschaft ein. Ohne dass es eines rechtsgeschäftlichen Übertragungsaktes bedarf, wächst ihm ein Anteil an dem Gesellschaftsvermögen an, was gleichzeitig zur Abwachsung bei den übrigen Gesellschaftern führt.[41] Die bei den Personenhandelsgesellschaften zu bewirkende Handelsregisteranmeldung des Eintritts neuer Gesellschafter (§ 107 HGB) hat bloß verlautbarende Bedeutung. Für den Erwerb der Gesellschafterstellung ist sie nicht konstitutiv. Ihr Fehlen schließt daher z. B. eine Haftung des neuen Gesellschafters nach § 128 HGB nicht aus. 14

---

[35] Vertiefend zum Ausschluss aus der Zweipersonengesellschaft (§ 140 I 2 HGB) *K. Schmidt*, JZ 2003, 585, 595 f.

[36] *BGH* NJW 2011, 2648 = NZG 2011, 901 = JuS 2012, 256 m. Anm. *K. Schmidt* = EWiR 2011, 813 m. Kurzkomm. *Gehling*.

[37] BGHZ 26, 330, 333 = NJW 1958, 668; BGHZ 76, 160, 164 = NJW 1980, 1463; *BGH* NJW 1998, 1225, 1226; *BGH* NZG 2011, 551 Tz. 9; *OLG München* NZG 2008, 780, 781 f.; zur Beteiligung Minderjähriger s. *Rust*, DStR 2005, 1942, 1945 ff.

[38] *BGH* WM 1987, 1336; NZG 2011, 551 Tz. 9; zur Prospekthaftung der Gründungsgesellschafter in diesem Fall *BGH* NZG 2012, 74 Tz. 10; zur Erfüllungsgehilfeneigenschaft (§ 278 BGB) des Verhandlungsgehilfen *BGH* ZIP 2012, 1289; die Prospekthaftung bei Anteilen, die im Inland öffentlich angeboten werden, regelt das seit 1.6.2012 anwendbare Vermögensanlagengesetz vom 6.12.2011 (BGB I S. 2481), vgl. dort §§ 1 I, II Nr. 1, 20 ff.

[39] Oben § 10 Rn. 70, 82.

[40] *Windbichler,* § 10 Rn. 1.

[41] *Grunewald,* 1. A. 128.

2. Anteilsübertragung

a) GbR

15 Wie gezeigt, kann der Gesellschafterwechsel durch Ausscheiden eines Gesellschafters (oben Rn. 1–12) und Neueintritt einer anderen Person als Gesellschafter (oben Rn. 13 f.) erfolgen. Anstelle eines solchen zweiaktigen Vorgangs kann der Gesellschafterwechsel auch durch Anteilsübertragung erfolgen. Diese erfordert ein **Verfügungsgeschäft zwischen dem ausscheidenden und dem neuen Gesellschafter** (§§ 398 ff., 413 BGB). Der Anteil als solcher bleibt hierbei unverändert; auch kommt es nicht zur An- und Abwachsung der gesamthänderischen Beteiligung am Gesellschaftsvermögen.[42] § 311b I BGB greift selbst dann nicht ein, wenn das Gesellschaftsvermögen im Wesentlichen aus Grundbesitz besteht. Denn der Verlust bzw. Erwerb der gesamthänderischen Mitberechtigung ist nur die Folge der Anteilsübertragung, nicht aber Gegenstand des Geschäfts.[43]

16 Da durch die Anteilsübertragung die Beziehungen der bisherigen Gesellschafter tangiert werden, ist für ihre Wirksamkeit die **Zustimmung aller bisherigen Gesellschafter** notwendig.[44] Erfolgt die Übertragung ohne die Zustimmung, so kann das zunächst schwebend unwirksame Rechtsgeschäft durch nachträgliche Genehmigung der Gesellschafter geheilt werden.[45] Ausreichend ist auch eine vorweggenommene Zustimmung, die im Gesellschaftsvertrag enthalten ist.

17 Der **neu eintretende Gesellschafter** erhält durch die Übertragung des Gesellschaftsanteils dieselbe Rechtsposition wie der ausscheidende Gesellschafter. Dies gilt für alle mit dem übertragenen Anteil verbundenen Verwaltungs- und Vermögensrechte.

18 Da der **ausscheidende Gesellschafter** seinen Anteil nicht an die Gesellschaft verliert, sondern an einen Dritten, steht ihm gegen die Gesellschaft auch kein Abfindungsanspruch nach § 738 I 2 BGB zu. Ist schuldrechtliche Grundlage der Anteilsübertragung freilich ein Kaufvertrag mit dem Dritten (§§ 433 ff., 453 BGB), so steht dem ausscheidenden Gesellschafter hieraus ein Kaufpreisanspruch gegen den Dritten zu (§ 433 II BGB).

b) OHG

19 Auch im Rahmen einer OHG erfolgt die Übertragung einer Gesellschafterstellung durch einen rechtsgeschäftlichen Übertragungsakt (§§ 398 ff., 413 BGB). Die Übertragung muss lediglich noch in das Handelsregister eingetragen werden, §§ 107, 143 II HGB. Vgl. zur Anwendung des § 15 I HGB bei Nichteintragung des Ausscheidens eines Gesellschafters die Beispielsfälle oben § 3 Rn. 20, 27, 30.

---

[42] Oben Rn. 3; MünchKomm-BGB/*Ulmer,* § 719 Rn. 25; zur Veräußerung von Gesellschaftsbeteiligungen durch Minderjährige s. *Rust*, DStR 2005, 1992 f.

[43] *OLG Düsseldorf* NZG 2007, 510 = NJW-Spezial 2007, 320 (lesenswert).

[44] MünchKomm-BGB/*Ulmer,* § 719 Rn. 27 ff.; BGHZ 81, 82 = NJW 1981, 2747; *OLG München* NZG 2008, 780, 782.

[45] BGHZ 13, 179 = NJW 1954, 1155.

3. Erbfall[46]

a) Grundsatz

20 Soweit der Gesellschaftsvertrag nicht etwas anderes bestimmt, führt der **Tod eines GbR-Gesellschafters** grundsätzlich zur **Auflösung** der Gesellschaft, § 727 BGB. Anders ist es hingegen bei einer **Personenhandelsgesellschaft,** wo § 131 III 1 Nr. 1 HGB im Interesse der **Unternehmenskontinuität** bestimmt, dass der Tod nicht die Auflösung der Gesellschaft bewirkt, sondern zum Ausscheiden des verstorbenen Gesellschafters führt (oben Rn. 8). Seine Mitgliedschaft erlischt, und der in seiner Person mit dem Tod entstehende Abfindungsanspruch (§ 738 I 2 BGB i. V. m. § 105 III HGB) geht nach § 1922 I BGB auf den oder die Erben über. Die Personenhandelsgesellschaft selbst wird mit den bisherigen Gesellschaftern fortgesetzt; einer Fortsetzungsklausel bedarf es hierzu – anders als in der GbR (oben Rn. 2) – nicht.[47] Der Abfindungsanspruch kann auch im Gesellschaftsvertrag abbedungen werden, was dazu führt, dass sich der Anteil der verbleibenden Gesellschafter erhöht. Das mag erbrechtliche Folgeprobleme auslösen, ist gesellschaftsrechtlich aber unbedenklich.[48]

b) Fortsetzungsklausel

21 Die Auflösung der **GbR** durch den Tod eines Gesellschafters entspricht in den meisten Fällen nicht dem Willen der Gesellschafter. Daher wird man häufig in den Gesellschaftsverträgen eine sog. Fortsetzungsklausel mit dem Inhalt vorfinden, dass die GbR auch nach dem Tod eines Gesellschafters fortgeführt werden soll, vgl. § 736 BGB. Wie auch bei der Personenhandelsgesellschaft erhalten die Erben grundsätzlich einen Abfindungsanspruch (§§ 1922, 2032, 738 I 2 BGB). Vgl. bereits oben Rn. 3, 9, 20.

c) Eintrittsklausel

22 Der Gesellschaftsvertrag einer GbR oder Personenhandelsgesellschaft kann vorsehen, dass die Gesellschaft nach dem Tod des Gesellschafters mit einem Nachfolger fortgesetzt werden soll. Hierfür kommen **zwei Gestaltungen** in Betracht: Durch eine **Nachfolgeklausel** wird der Gesellschaftsanteil vererblich gestellt (näher sogleich Rn. 24 ff.). Dagegen kommt es bei einer **Eintrittsklausel** nicht zum Anteilsübergang nach § 1922 I BGB, sondern zunächst bloß zur Fortsetzung der Gesellschaft unter den übrigen Gesellschaftern. Die in der Klausel bezeichneten Personen haben jedoch ein Recht zum Eintritt in die Gesellschaft.

---

[46] Dazu eingehend *Kindler/Gubitz*, Erbrecht und Unternehmensnachfolge, in: Hausmann/Hohloch (Hrsg.), Handbuch des Erbrechts, 2. Aufl., 2010, Kap. 22; lehrreiches Fallbeispiel: DNotI-Gutachten in DNotI-Report 2004, 141; zur Vorsorgevollmacht im Personengesellschaftsrecht s. *C. Schäfer*, ZHR 175 (2011), 557 ff.

[47] Berechtigte rechtspolitische Kritik hieran bei *K. Schmidt*, JZ 2003, 585, 594 nach Fn. 134.

[48] Vgl. *K. Schmidt*, GesR, 45 V 2 b; in der Rspr. *BGH* WM 1971, 1338; BGHZ 98, 48, 56 = NJW 1986, 2431.

23 Eine **Eintrittsklausel** ist mithin dadurch gekennzeichnet, dass nach dem Tod eines Gesellschafters eine bestimmte Person – sei es ein Erbe des Gesellschafters oder eine andere Person – berechtigt sein soll, in die Gesellschaft einzutreten.[49] Dabei handelt es sich um ein **Rechtsgeschäft unter Lebenden.** Die verbleibenden Gesellschafter werden dazu verpflichtet, mit der berechtigten Person einen Aufnahmevertrag zu schließen. Die Klausel begründet einen Vertrag zugunsten Dritter i.S.v. §§ 328 I, 331 I BGB.[50] Allein der Abfindungsanspruch des Verstorbenen geht hier auf die Erben über, soweit der Gesellschaftsvertrag nichts anderes bestimmt.[51]

d) Nachfolgeklausel

24 Die Nachfolgeklausel ist eine Vereinbarung zwischen den Gesellschaftern, wonach die Erben als Rechtsnachfolger des verstorbenen Gesellschafters in die Gesellschaft eintreten sollen. Im Gegensatz zur Eintrittsklausel erhält der Nachfolger durch die Nachfolgeklausel nicht bloß einen Anspruch auf Eintritt, vielmehr fällt ihm der Gesellschaftsanteil von selbst zu.[52] Kontrovers diskutiert wird die dogmatische Einordnung des Anteilsübergangs. Vertreten werden eine erbrechtliche wie auch eine gesellschaftsrechtliche Lösung. Zu differenzieren ist des Weiteren zwischen der einfachen und der qualifizierten Nachfolgeklausel.

25 *(1) Einfache Nachfolgeklausel.* Bei der einfachen Nachfolgeklausel wird die Gesellschaft mit sämtlichen Erben des verstorbenen Gesellschafters fortgeführt.

Beispiel: In dem Gesellschaftsvertrag einer GbR wird bestimmt, dass die Gesellschaft beim Tod eines Gesellschafters mit „den Erben" des verstorbenen Gesellschafters fortgesetzt werden soll.

25a Nach der sog. **gesellschaftsrechtlichen Lösung** handelt sich bei der Nachfolgeklausel um einen Vertrag zugunsten Dritter auf den Todesfall (§§ 328, 331 BGB).[53] Danach können nicht nur Erben, sondern auch Dritte beim Tod des Gesellschafters unmittelbar Gesellschafter werden.[54] Nach der **überwiegend vertretenen erbrechtlichen Lösung**[55] vollzieht sich die Rechtsnachfolge in den Gesellschaftsanteil hingegen durch Universalsukzession nach § 1922 I BGB. Der Gesellschaftsanteil wird durch die Klausel lediglich vererblich gemacht.[56]

26 Der Standpunkt der h. M. überzeugt. Gegen die gesellschaftsrechtliche Lösung spricht nämlich schon, dass die Nachfolgeklausel aufgrund der Tatsache, dass der

---

49 MünchKomm-BGB/*Ulmer,* § 727 Rn. 53; eingehend Staub/*Schäfer,* § 139 Rn. 142ff.

50 MünchKomm-BGB/*Ulmer,* § 727 Rn. 57.

51 Zu den hier zweckmäßigen Gestaltungen MünchKomm-BGB/*Ulmer,* § 727 Rn. 58f.

52 Vgl. *Ebenroth*, Erbrecht, 1992, Rn. 864; *Kraft/Kreutz*, GesR, S. 226.

53 Vgl. *Brox/Walker*, Erbrecht, 22. Aufl., 2007, Rn. 787; *Lange/Kuchinke*, Lehrbuch des Erbrechts, 5. Aufl., 2002, § 5 VI A 4.

54 Vgl. *Ebenroth*, Erbrecht, 1992, Rn. 865.

55 BGHZ 68, 225 = NJW 1977, 1339; BGHZ 108, 187 = NJW 1989, 3152; BGHZ 119, 346 = NJW 1993, 1265; MünchKomm-BGB/*Ulmer,* § 727 Rn. 31; Staub/*Schäfer,* § 139 Rn. 8; *H. P. Westermann*, JuS 1979, 761, 764f.

56 Vgl. *Hüffer/Koch*, GesR, § 22 Rn. 6f.; *K. Schmidt*, GesR, § 45 V 3 b.

Bedachte unmittelbar in die Gesellschafterstellung einrückt, als ein Verfügungsvertrag zugunsten Dritter zu qualifizieren wäre.[57] Einen Verfügungsvertrag zugunsten Dritter sehen die §§ 328 ff. BGB jedoch nicht ausdrücklich vor. Auch wenn man von einer Analogie zu den §§ 328 ff. BGB ausgehen wollte, ist der gesellschaftsrechtlichen Lösung entgegenzuhalten, dass der Begünstigte nicht nur in die Rechte des verstorbenen Gesellschafters einrückt, sondern ihm auch die Pflichten auferlegt werden. Dann aber wäre nicht mehr ein Vertrag zugunsten, sondern ein unzulässiger Vertrag zu Lasten Dritter gegeben.[58]

Erbrechtliche und gesellschaftsrechtliche Grundsätze geraten in **Konflikt** zueinander, wenn der verstorbene Gesellschafter **mehrere Erben** hinterlässt. Nach erbrechtlichen Grundsätzen, wonach den Miterben der Nachlass zur gesamten Hand zusteht (§§ 2032, 2033 BGB), würde die Erbengemeinschaft als solche in die Gesellschafterstellung des Verstorbenen einrücken. Gegen den Eintritt der Erbengemeinschaft als solche in die Gesellschaft bestehen aber Bedenken, da die Mitglieder der Erbengemeinschaft vor der Auseinandersetzung nach § 2059 BGB nur beschränkt haften. Dies ist mit dem gesellschaftsrechtlichen Grundsatz der unbeschränkten Haftung in der Personengesellschaft (§ 128 HGB)[59] unvereinbar. Zudem führen auch das in § 2038 I BGB normierte Einstimmigkeitsprinzip, die Befugnis zur Veräußerung des Erbanteils (§ 2033 I BGB) und das Recht auf Auseinandersetzung (§ 2042 BGB) zu Widersprüchen zwischen Erbrecht und Gesellschaftsrecht. Daher wird die Erbengemeinschaft als solche nicht Gesellschafterin einer Personengesellschaft.[60] Vielmehr geht der Gesellschaftsanteil des Erblassers im Wege der **Sondererbfolge** auf die einzelnen Miterben über. Der einzelne Miterbe wird entsprechend seinem Erbanteil unmittelbar Gesellschafter. 27

Beispiel: Reich, Schön und Wichtig haben eine GbR gegründet, an der sie jeweils zu 1/3 beteiligt sind. Der Gesellschaftsvertrag enthält eine einfache Nachfolgeklausel. Reich stirbt. Er wird von seiner Frau Frieda, seiner Tochter Theresa und seinem Sohn Siegfried zu gleichen Teilen beerbt. Die drei Erben werden auf Grund der oben erläuterten Sonderrechtsnachfolge Gesellschafter der GbR, und zwar zu einem Anteil von je 1/9.[61]

(2) Qualifizierte Nachfolgeklausel. Eine Klausel im Gesellschaftsvertrag, der zufolge **nur ein Erbe oder einzelne Erben in die Gesellschafterstellung einrücken** sollen, bezeichnet man als **qualifizierte Nachfolgeklausel.** Sie vermeidet, dass durch die Aufteilung der Gesellschafterstellung des verstorbenen Gesellschafters – wie im Beispiel soeben Rn. 27 – die Zahl der Gesellschafter bei mehreren Erben immer größer wird, ferner, dass als ungeeignet angesehene potentielle Erben[62] Gesellschafter werden. Kuriose Querverbindungen zu hochschulrechtlichen Entwicklungen („Bologna-Prozess“) ergeben sich bei gesellschaftsvertraglichen 28

57 Vgl. *Hüffer/Koch*, GesR, § 22 Rn. 6

58 Vgl. *Ebenroth*, Erbrecht, 1992, Rn. 865; *Hüffer/Koch*, GesR, § 22 Rn. 6.

59 Oben § 10 Rn. 83 ff.

60 BGHZ 22, 186, 192 = NJW 1957, 180; BGHZ 68, 225, 237 = NJW 1977, 1339; Staub/*Schäfer*, § 139 Rn. 43; MünchKomm-BGB/*Ulmer*, § 727 Rn. 33.

61 Vgl. zur Vertiefung *Ivo*, ZEV 2004, 499 ff.

62 Eindrucksvolles Beispiel einer gescheiterten Unternehmensnachfolge bei *Thomas Mann*, Buddenbrooks. Verfall einer Familie, 1904.

Nachfolgeklauseln, die einen akademischen Abschluss des Neugesellschafters verlangen.[63] Problematisch sind Fälle, in denen der verstorbene Gesellschafter keine der qualifizierten Nachfolgeklausel entsprechende letztwillige Verfügung (§ 1937 BGB) hinterlassen hat.

Beispiel: Ralf, Rudi und Richard sind Gesellschafter der „Gebrüder Rosstäuscher Gebrauchtwagenhandel-OHG". Der Gesellschaftsvertrag sieht vor, dass beim Tod eines Gesellschafters die Gesellschaft mit dem jüngsten Kind des verstorbenen Gesellschafters fortgeführt werden soll. Ralf verstirbt und hinterlässt seine Frau und zwei Kinder. Eine letztwillige Verfügung gibt es nicht. –
Nach Erbrecht würden mangels entsprechender letztwilliger Verfügung die Frau und die beiden Kinder des M in die Gesellschaft als Nachfolger einrücken (§§ 1922, 2032 BGB). Fraglich ist, wie man der im Gesellschaftsvertrag bestimmten Klausel dennoch Geltung verschaffen kann.

29 Kraft Sondererbfolge wird nach h. M. nur der in der Nachfolgeklausel bezeichnete Erbe Gesellschafter,[64] im Beispiel zu Rn. 28 mithin nur das jüngere der beiden Kinder des Ralf Rosstäuscher. Dabei ist der Gesellschaftsanteil nicht durch die Erbquote zu begrenzen.[65] Um jedoch zu vermeiden, dass dem in der Nachfolgeklausel begünstigten Erben mehr zukommt, als ihm erbrechtlich zusteht, haben die übrigen Erben einen Ausgleichanspruch gegen den Begünstigten. Dieser umfasst den Unterschiedsbetrag zwischen dem Anteilswert und dem Wert der Erbquote.[66]

e) Wechsel des Erben in die Kommanditistenstellung

30 Nach allgemeinen Regeln müsste der Gesellschafter-Erbe in der **OHG,** um seine unbeschränkte persönliche Haftung nach § 128 HGB zu vermeiden, die Erbschaft ausschlagen (§§ 1942 ff. BGB). Das Gesetz will den Gesellschafter-Erben vor dieser harten Konsequenz zu schützen, und räumt ihm durch § 139 HGB das unentziehbare Recht ein, sein Verbleiben in der Gesellschaft von der Einräumung der Kommanditistenstellung abhängig zu machen. Stimmen die Mitgesellschafter dem nicht zu, so kann der Gesellschafter-Erbe – gegen Abfindung – fristlos aus der Gesellschaft ausscheiden.[67] Der Gesellschafter-Erbe in der **GbR** kann seine Gesellschafterstellung ebenfalls **analog § 139 HGB** in eine Kommanditistenstellung umwandeln. Dies erfordert – neben der Zustimmung der Mitgesellschafter – die Handelsregistereintragung der Gesellschaft und einen Gesellschaftszweck i. S. von § 105 I oder II HGB.[68]

---

[63] *Purnhagen*, EuZW 2008, 175 ff.
[64] MünchKomm-BGB/*Ulmer,* § 727 Rn. 44.
[65] Vgl. BGHZ 68, 225 = NJW 1977, 1339; *Wiedemann*, JZ 1977, 689.
[66] BGHZ 22, 186, 196 f. = NJW 1957, 180; offengelassen in BGHZ 68, 225, 238 = NJW 1977, 1339; MünchKomm-BGB/*Ulmer,* § 727 Rn. 45.
[67] Näher Staub/*Schäfer,* § 139 Rn. 67 ff.; Beispiel: *BayObLG* NZG 2003, 476.
[68] *Mock*, NZG 2004, 118 ff.; *Schäfer*, NJW 2005, 3665 ff.; MünchKomm-BGB/*Ulmer,* § 727 Rn. 46 ff.

4. Haftung des neuen Gesellschafters

a) Haftung bei Eintritt in eine OHG

Bei der Haftung des neu eintretenden Gesellschafters ist streng zwischen **Neuverbindlichkeiten und Altverbindlichkeiten** zu **unterscheiden.** Der in eine OHG eintretende Gesellschafter haftet für Gesellschaftsschulden, die *nach* seinem Eintritt in die Gesellschaft entstanden sind (Neuverbindlichkeiten), nach den allgemeinen Regeln (§§ 128, 129 HGB).[69] Für Verbindlichkeiten der Gesellschaft, die bereits *vor* dem Eintritt entstanden sind (Altverbindlichkeiten), ergibt sich – auch bei Änderung der Gesellschaftsfirma – eine persönliche Haftung des neuen Gesellschafters aus § 130 I HGB.[70] Der **Normzweck** der Vorschrift besteht in der **Sicherung der Gesellschaftsgläubiger.** Diesen ist es oft weder möglich noch zumutbar, den im Zeitpunkt der Begründung ihrer Forderungen gegebenen Gesellschafterbestand zu ermitteln.[71] Ein Ausschluss der Haftung für Altverbindlichkeiten setzt eine entsprechende Vereinbarung mit dem Gesellschaftsgläubiger voraus (vgl. § 130 II HGB).[72] 31

b) Haftung bei Eintritt in eine GbR

Die persönliche Haftung des neu eingetretenen GbR-Gesellschafters besteht für Verbindlichkeiten, die nach seinem Eintritt begründet worden sind (**Neuverbindlichkeiten**), nach der herrschenden Akzessorietätstheorie analog §§ 128 f. HGB kraft Gesetzes.[73] Rspr. und h. L. lassen den eintretenden GbR-Gesellschafter darüber hinaus analog § 130 HGB aber auch für **Altverbindlichkeiten** der Gesellschaft haften.[74] 32

Beispiel:[75] Mandant Mutig hatte einer Rechtsanwalts-GbR rechtsgrundlos einen Honorarvorschuss von 85.000 EUR zukommen lassen. Er fordert nun diesen Vorschuss von den Anwälten aus § 812 BGB zurück, darunter auch Junganwalt Just, der der GbR erst nach dem Zeitpunkt der Vorschusszahlung beigetreten war. Haftet J?

Zwar regelt § 130 HGB seinem Wortlaut nach nur den Eintritt in eine OHG. Der Normzweck der Vorschrift – Gläubigersicherung, oben Rn. 31 – erfordert aber ihre analoge Anwendung auf alle Personengesellschaften, bei denen die Gesellschafter akzessorisch für die Gesellschaftsverbindlichkeiten haften. Daher haftet J im obigen Beispielsfall für die von M geltend gemachte Gesellschaftsverbindlichkeit. 32a

---

69 Näher oben § 10 Rn. 90 ff.

70 Vgl. zur Parallelnorm des § 28 HGB (Eintritt in das Geschäft eines Einzelkaufmanns) oben § 5 Rn. 44 ff.

71 Ebenroth/Boujong/Joost/Strohn/*Hillmann,* § 130 Rn. 1; ähnlich Staub/*Habersack,* § 130 Rn. 2.

72 Vgl. Baumbach/*Hopt,* § 130 Rn. 9.

73 Näher oben § 10 Rn. 111 ff.

74 BGHZ 154, 370 = NJW 2003, 1803 – JuS 2003, 815 m. Anm. *K. Schmidt.*; *BGH* NZG 2006, 106 = DB 2006, 151 m. Anm. *Hoger*; *OLG Dresden* NZG 2005, 549 m. Bespr. *Gutmann* 544; MünchKomm-BGB/*Ulmer,* § 714 Rn. 72 ff.; Fundamentalkritik bei *Canaris*, ZGR 2004, 69 ff.

75 Nach BGHZ 154, 370 = NJW 2003, 1803 (vorige Fn.).

IV. Beendigung der Gesellschaft

33 Die Beendigung von Personengesellschaften vollzieht sich in drei Schritten: (1) Auflösung, (2) Auseinandersetzung, (3) Vollbeendigung der Gesellschaft.

1. Die Auflösung der Gesellschaft

34 Die Beendigung einer Personengesellschaft beginnt mit der Auflösung der Gesellschaft. Die Auflösung der GbR bzw. OHG tritt ein, wenn einer der in den §§ 723 bis 728 BGB, §§ 131 I, 133 HGB aufgezählten Auflösungsgründe vorliegt. Die **Auflösung der Gesellschaft führt nicht sofort zu deren Erlöschen** und auch nicht dazu, dass die ursprünglich bestehende Gesellschaft ihre Rechtspersönlichkeit ändert. Die bisherige GbR bleibt als GbR und die OHG als OHG bestehen. Lediglich der **Gesellschaftszweck** wird mit dem Eintritt eines Auflösungsgrundes **geändert.**[76] An die Stelle des bisher bestehenden Gesellschaftszwecks[77] tritt nunmehr der Zweck, die Gesellschaft abzuwickeln.[78]

Merke: Mit Eintritt eines Auflösungstatbestandes wird die **werbende Gesellschaft** zur **Abwicklungsgesellschaft.**

a) Auflösungsgründe bei der GbR

35 Die in den §§ 723 bis 728 BGB normierten Auflösungsgründe sind nicht als eine abschließende Auflistung zu verstehen. Zu beachten sind auch allgemeine Rechtsgrundsätze und vertraglich vereinbarte Auflösungsgründe.[79]

- **Auflösung durch Zeitablauf**

36 Sofern im Gesellschaftsvertrag vereinbart wurde, dass die GbR nur bis zu einem festen Endtermin bestehen soll, so findet die Auflösung der GbR, ohne dass es eines Gesellschafterbeschlusses bedarf, bei Eintritt des Endtermins von selbst statt.[80] Dieser Auflösungsgrund ist zwar nicht ausdrücklich in den genannten Vorschriften normiert, er wird jedoch in den §§ 723 I, 724 S. 2 BGB vorausgesetzt und ist in § 131 I Nr. 1 HGB für die OHG gesetzlich anerkannt.

- **Zweckerreichung oder Unmöglichwerden des Gesellschaftszwecks**

37 Als weiteren Auflösungsgrund sieht § 726 BGB die Erreichung des Gesellschaftszwecks oder aber das Unmöglichwerden des Zwecks vor. Zu beachten ist dabei, dass die Unmöglichkeit und auch die Zweckerreichung nicht nur vorübergehend, sondern offenbar und dauernd sein muss.[81]

---

[76] *OLG München* NZG 2011, 1183 = ZIP 2011, 2059 (Zweckänderung der OHG kein Erlöschensgrund für Prokura; oben § 6 Rn. 39 ff.); *BGH* ZIP 1991, 96.
[77] Zum Gesellschaftszweck oben § 10 Rn. 12 ff.
[78] *BGH* NZG 2009, 1106 Tz. 5; ferner *Hüffer/Koch*, GesR, § 14 Rn. 2, § 20 Rn. 7; MünchKomm-BGB/*Ulmer*, Vor § 723 Rn. 6.
[79] *Windbichler*, § 11 Rn. 2; MünchKomm-BGB/*Ulmer*, Vor § 723 Rn. 13 ff.
[80] MünchKomm-BGB/*Ulmer*, Vor § 723 Rn. 14 ff.
[81] Vgl. RGZ 164, 142; BGHZ 24, 293 = NJW 1957, 1279.

Beispiele: Abschluss des von der GbR durchzuführenden Bauvorhabens,[82] Beendigung der als GbR organisierten Vorgründungsgesellschaft mit Feststellung des notariellen GmbH-Vertrages.[83]

- **Tod eines Gesellschafters**
Wie schon erwähnt (oben Rn. 20), führt der Tod eines Gesellschafters, soweit der Gesellschaftsvertrag keine Fortsetzungsklausel enthält, zur Auflösung der GbR (§ 727 I BGB). 38
- **Auflösungsbeschluss der Gesellschafter**
Die Auflösung der Gesellschaft kann auch durch die Gesellschafter beschlossen werden. Dies folgt aus der Vertragsfreiheit der Gesellschafter und ist in § 131 I Nr. 2 HGB für die OHG gesetzlich anerkannt. Da der Auflösungsbeschluss eine Änderung des Gesellschaftsvertrages darstellt, ist für ihn grundsätzlich **Einstimmigkeit** erforderlich.[84] Ein Mehrheitsbeschluss ist nur dann zulässig, wenn der Gesellschaftsvertrag dies unter Wahrung des Bestimmtheitsgrundsatzes ausdrücklich vorsieht. 39
- **Insolvenz**
Einen Auflösungsgrund bilden sowohl die Gesellschafts- wie die Gesellschafterinsolvenz. Die **Gesellschaftsinsolvenz** (vgl. § 11 II Nr. 1 InsO) führt mit der Verfahrenseröffnung zur Auflösung der Gesellschaft (§ 728 I BGB) und Abwicklung nach den Vorschriften der InsO (bei Verdrängung der §§ 730 ff. BGB). Die Eröffnung des Insolvenzverfahrens über das Vermögen eines **Gesellschafters** bewirkt nach § 728 II 1 BGB die Auflösung der GbR mit Abwicklung nach §§ 730 ff. BGB. Dadurch soll dem Gläubiger eines Gesellschafters die Möglichkeit eröffnet werden, auf das gesamte Vermögen des Gesellschafters – also auch auf dessen Mitgliedschaft in der GbR – zuzugreifen.[85] Die Auflösung der GbR kann natürlich auch für diesen Fall durch eine Fortsetzungsklausel nach § 736 I BGB im Gesellschaftsvertrag verhindert werden; dies hat zur Folge, dass nicht die Mitgliedschaft des Insolvenzschuldners in die Masse (§ 35 InsO) fällt, sondern bloß der nach § 738 I 2 BGB entstehende Abfindungsanspruch. 40
- **Wegfall des vorletzten Gesellschafters**
Vereinigen sich alle Anteile der GbR in einer Hand, so führt auch dieses Ereignis zur Auflösung der Gesellschaft. Stützen lässt sich die Notwendigkeit von mindestens zwei Gesellschaftern auf § 705 BGB („die Gesellschafter"), wonach Grundlage der Gesellschaft ein Vertrag mit *mehreren* Beteiligten ist.[86] 41

Beispiele:[87] Beerbung eines Gesellschafters durch den alleinigen Mitgesellschafter, Ausscheiden des vorletzten Gesellschafters auf Grund einer Fortsetzungsklausel, Ausübung eines vertraglichen oder gesetzlichen Übernahmerechts, rechtsgeschäftliche Übertragung aller Anteile

---

[82] *BGH* NJW 1981, 749.
[83] Unten § 14 Rn. 3.
[84] MünchKomm-BGB/*Ulmer*, Vor § 723 Rn. 18.
[85] Vgl. MünchKomm-BGB/*Ulmer*, § 728 Rn. 33; Beispielsfall: *BAG* NZA 1988, 32, 34 = ZIP 1987, 1588.
[86] Oben § 10 Rn. 26; ferner *Hüffer/Koch*, GesR, § 14 Rn. 5; MünchKomm-BGB/*Ulmer*, Vor § 723 Rn. 17.
[87] MünchKomm-BGB/*Ulmer*, Vor § 723 Rn. 9; vgl. auch den Fall *OLG Karlsruhe* NZG 2007, 265 (rkr.); BGHZ 113, 132, 133 = NJW 1991, 844; *BGH* NZG 2010, 875 Tz. 7; *OLG München* NZG 2008, 780, 782; NZG 2010, 1305.

auf einen Gesellschafter. In all diesen Fällen kommt es zur sofortigen Vollbeendigung ohne Abwicklung, da das Schuldverhältnis als Grundlage der Gesellschaft[88] durch Konfusion erlischt und das Gesamthandseigentum sich in Alleineigentum des letztverbliebenen Gesellschafters umwandelt. Die Gesamtrechtsnachfolge des letztverbliebenen Gesellschafters lässt sich auf eine Analogie zu § 738 I 1 BGB stützen.

– **Kündigung durch einen Gesellschafter**

42 Nach § 723 I BGB führt auch die Kündigung eines Gesellschafters zur Auflösung der GbR. Zu differenzieren ist zwischen der ordentlichen und der außerordentlichen Kündigung. (**1**) Die Vorschrift des § 723 I 1 BGB bestimmt, dass die **ordentliche Kündigung** durch einen Gesellschafter immer dann zulässig ist, wenn die GbR nicht für eine bestimmte Zeit eingegangen worden ist. Im Rahmen des Gesellschaftsvertrages kann das grundsätzlich unbeschränkte Kündigungsrecht aber auch durch Festlegung von Kündigungsfristen oder Terminen beschränkt werden, um Nachteile für die verbleibenden Gesellschafter zu vermeiden, insbesondere wegen der dem Ausscheidenden zustehenden Ansprüche (oben Rn. 1 a. E.). Die Beschränkungsklauseln müssen den Vorgaben aus § 723 III BGB standhalten. Wegen Art. 12 GG sind übermäßige Einschränkungen der persönlichen und wirtschaftlichen Betätigungsfreiheit unzulässig. Die Ausübung der Kündigung darf daher nicht an derart schwerwiegende Nachteile geknüpft werden, dass ein Gesellschafter vernünftigerweise von dem ihm zustehenden Kündigungsrecht keinen Gebrauch machen wird.[89] (**2**) Sofern es sich um eine GbR handelt, die auf bestimmte Zeit eingegangen wurde, ist eine Kündigung vor Fristablauf – also eine **außerordentliche Kündigung** – nur möglich, wenn ein wichtiger Grund vorliegt (§ 723 I 2 BGB). § 723 I 3 BGB nennt Beispiele für das Vorliegen eines wichtigen Grundes. Auf eine allgemeine Formel gebracht, liegt ein wichtiger Grund immer dann vor, wenn es dem Gesellschafter nach Treu und Glauben nicht zugemutet werden kann, bis zum vereinbarten Endtermin das Verhältnis zur GbR aufrecht zu erhalten.[90]

– **Kündigung durch den Privatgläubiger eines Gesellschafter**

43 Nach § 725 BGB bewirkt die Kündigung eines Privatgläubigers eines Gesellschafters die Auflösung der Gesellschaft.[91] Die Kündigungsberechtigung setzt voraus, dass der Privatgläubiger die Pfändung des Anteils des Gesellschafters an dem Gesellschaftsvermögen erwirkt hat und es sich bei dem Titel nicht nur um einen vorläufig vollstreckbaren handelt. Die Pfändung des Gesellschaftsanteils ist dann nach den §§ 859, 857 ZPO zu beurteilen.[92]

---

[88] Oben § 10 Rn. 4.

[89] *BGH* NZG 2006, 425 (Abfindungsvereinbarung als unzulässige Kündigungsbeschränkung); *BGH* NJW 2007, 295 Tz. 10, 16 (unzulässige Kündigungsbeschränkung bei 30-jähriger Bindung eines Rechtsanwalts an die Sozietät).

[90] *BGH* NJW 2006, 844 = NZG 2006, 135.

[91] MünchKomm-BGB/*Ulmer*, § 725 Rn. 19 f.

[92] Vgl. dazu BGHZ 116, 222, 230 = NJW 1992, 832 (zum Anspruch des Gläubigers auf Durchführung der Auseinandersetzung). Näher *Musielak*, Grundkurs ZPO, 10. Aufl., 2010, Rn. 650.

b) Auflösungsgründe bei der OHG

Die Auflösungsgründe für eine OHG sind in § 131 I HGB normiert. Entgegen einer – auch in der Rspr. – häufig anzutreffenden Meinung[93] ist die **Aufzählung in § 131 I HGB nicht abschließend.**[94] Hinzukommen u. a. vertraglich vereinbarte Auflösungsgründe[95] sowie der Wegfall des vorletzten Gesellschafters (oben Rn. 41).[96] Die Kündigung durch einen Gesellschafter (§ 132 HGB) führt – anders als bei der GbR (oben Rn. 42) – im Interesse der Unternehmenskontinuität (oben Rn. 7) nicht zur Auflösung der Gesellschaft, § 131 III 1 Nr. 3 HGB. Nach § 143 I HGB ist die Auflösung der OHG deklaratorisch in das Handelsregister einzutragen; unterbleibt dies, so kommt eine Forthaftung der Eingetragenen nach Maßgabe von § 15 I HGB in Betracht.[97] 44

- **Zeitablauf**
  Nach § 131 I Nr. 1 HGB führt der Ablauf der Zeit, für die die OHG eingegangen wurden ist, zur Auflösung. Die praktische Bedeutung dieser Regelung ist begrenzt. 45
- **Auflösungsbeschluss der Gesellschafter**
  Wie bei der GbR kann auch die OHG durch Beschluss der Gesellschafter aufgelöst werden (§ 131 I Nr. 2 HGB). Erforderlich ist dafür nach § 119 I HGB grundsätzlich **Einstimmigkeit.** 46
- **Insolvenz über das Vermögen der OHG**
  Nach § 131 I Nr. 3 HGB führt die Eröffnung des Insolvenzverfahrens über das Vermögen der OHG[98] zur Auflösung. Die Abwicklung der Gesellschaft erfolgt nach den Bestimmungen der InsO, nicht nach §§ 145 ff. HGB. Anders als bei der GbR bewirkt die Gesellschafterinsolvenz im Interesse der Unternehmenskontinuität (oben Rn. 7) nicht die Auflösung der Gesellschaft, sondern bloß das Ausscheiden des betroffenen Gesellschafters (vgl. einerseits § 728 II BGB, andererseits § 131 III Nr. 2 HGB).[99] 47
- **Auflösung durch gerichtliche Entscheidung**
  Die Auflösung der OHG kann auch auf Antrag eines Gesellschafters durch eine gerichtliche Entscheidung herbeigeführt werden (§§ 131 I Nr. 4, 133 HGB). Voraussetzung dafür ist nach § 133 I HGB das Vorliegen eines **wichtigen Grundes.** Ein solcher besteht, wenn ein Sachverhalt, der die Erreichung des Gesellschaftszwecks beeinträchtigt, eingetreten ist und dadurch dem Gesellschafter die weitere Zusammenarbeit bis zum nächstmöglichen Kündigungstermin unzumutbar ist,[100] z. B. wenn die Erreichung des Gesellschaftszwecks unmöglich ge- 48

---

[93] Z. B. *Windbichler,* § 17 Rn. 2; in der Rspr. BGHZ 75, 178, 179 = NJW 1980, 233 (zu § 26 InsO/§ 107 KO); BGHZ 82, 323, 326 = NJW 1982, 875 (zur Vermögenslosigkeit); *BGH* WM 1973, 863, 864 (zum Liquidationsvergleich).

[94] Staub/*Schäfer,* § 131 Rn. 41 f. (auch zum Folgenden).

[95] BegrRegE HRefG, BT-Drs. 13/8444, S. 65 f.: „selbstverständlich“.

[96] *BGH* NZG 2004, 611 (zur Insolvenzeröffnung über das Vermögen der Komplementär-GmbH bei einer GmbH & Co. KG, vgl. zu dieser Unternehmensform unten § 13 Rn. 7); dazu Staub/*Schäfer,* § 131 Rn. 109a sowie *Seibt,* FS Röhricht, 2005, S. 603 ff.

[97] Zu § 15 I HGB oben § 3 Rn. 17 ff.

[98] Die Insolvenzfähigkeit der OHG ergibt sich aus § 11 II Nr. 1 InsO.

[99] *BGH* NZG 2004, 611.

[100] *RG* LZ 16, 40; BGHZ 69, 169 = NJW 1977, 2160; Baumbach/*Hopt,* § 133 Rn. 5.

worden ist[101] oder ein Gründungsfehler[102] vorliegt. Dies ist zwingendes Recht (§ 131 III HGB). Eine Vereinbarung im Gesellschaftsvertrag, die an Stelle einer Auflösungsklage eine Kündigung aus wichtigem Grund mit Ausscheiden des Gesellschafters vorsieht, ist durch § 133 III HGB nicht verboten. Denn hier bleibt weiterhin gewährleistet, dass der Gesellschafter sich von der OHG lösen kann.[103]

c) Fortsetzung der Gesellschaft trotz Vorliegen eines Auflösungsgrundes

49 Der Eintritt eines Auflösungsgrundes bedeutet für die Gesellschafter nicht, dass die Gesellschaft nun zwingend abgewickelt werden muss. Vielmehr können die Gesellschafter die aufgelöste Gesellschaft wieder in eine werbende zurückverwandeln, soweit der Auflösungsgrund behoben wurde und ein einstimmiger Gesellschafterbeschluss vorliegt.[104]

2. Die Auseinandersetzung/Liquidation der Gesellschaft

a) Grundlagen

50 Die **Auflösung** der GbR oder OHG allein führt im Regelfall noch **nicht** zu deren **Vollbeendigung.** Vielmehr bewirkt der Eintritt des Auflösungsgrundes lediglich eine Zweckänderung: Die werbende Gesellschaft wird zur Abwicklungsgesellschaft (Liquidationsgesellschaft), oben Rn. 34.

51 Da bei der GbR und der OHG die Gesellschafter den Gesellschaftsgläubigern gegenüber persönlich haften, zielt die Auseinandersetzung bzw. Abwicklung nicht auf einen besonderen Gläubigerschutz ab. Vorrangig ist hier das **Innenverhältnis** zwischen den Gesellschaftern betroffen. Die Gesellschafter sollen die ihnen zustehenden **Liquidationserlöse** zu erhalten.[105] Deshalb herrscht hier **Vertragsfreiheit:** Die Gesellschafter können durch eine entsprechende Vereinbarung untereinander festlegen, wie die Auseinandersetzung im Einzelnen erfolgen soll (vgl. § 731 S. 1 BGB, § 145 I, II HGB). So können etwa die Liquidation ausgeschlossen und das Gesellschaftsvermögen als Ganzes auf einen Gesellschafter oder Dritten übertragen werden.[106] Soweit entsprechende Vereinbarungen nicht vorliegen, bestimmt sich das Auseinandersetzungsverfahren für die GbR nach den §§ 730 bis 735 BGB und für die OHG nach den § 145 bis 158 HGB.

b) Geschäftsführungsbefugnis und Liquidatoren

52 Soweit einem **GbR-Gesellschafter** nach dem Gesellschaftsvertrag die Befugnis zur Geschäftsführung zustand, erlischt diese (§ 730 II 2 BGB). Die Geschäftsfüh-

---

[101] Vgl. dazu BGHZ 69, 162 = NJW 1977, 2160.

[102] BGHZ 3, 290 = NJW 1952, 97 ; Baumbach/*Hopt,* § 105 Rn. 88; oben § 10 Rn. 27ff.

[103] *Windbichler,* § 17 Rn. 5.

[104] *BGH* NJW 1995, 2843; NZG 2004, 227; MünchKomm-BGB/*Ulmer,* Vor § 723 Rn. 11; *Windbichler,* § 17 Rn. 7.

[105] *Hüffer/Koch,* GesR, § 14 Rn. 6, § 20 Rn. 8.

[106] Vgl. *Grunewald,* 1.A.184.

rungsbefugnis steht vom Beginn der Auflösung an den Gesellschaftern gemeinschaftlich zu.

Bei der **OHG** steht die Geschäftsführungsbefugnis und die Vertretungsmacht nun den Abwicklern (= Liquidatoren) zu, bei mehreren Abwicklern diesen gemeinschaftlich (§ 150 I HGB). Die Liquidatoren werden durch den Gesellschaftsvertrag oder einen einstimmigen Beschluss der Gesellschafter bestellt.[107] Bei diesen handelt es sich grundsätzlich um die Gesellschafter selbst; diese sind **„geborene Liquidatoren"** (§ 146 I HGB). Es können aber auch Dritte als Liquidatoren bestellt werden (§ 146 II HGB, sog. **„gekorene Liquidatoren"**). Die Aufgaben, die die Liquidatoren zu erfüllen haben, ergeben sich aus § 149 HGB. Die bestellten Liquidatoren sind nach § 148 I HGB in das Handelsregister einzutragen. 53

c) Tilgung gemeinschaftlicher Schulden

Während der Liquidation sind zunächst die Gläubiger der Gesellschaft zu befriedigen (vgl. § 733 I BGB, § 149 S. 1 HGB). 54

d) Ansprüche der Gesellschafter

Die Gesellschafter haben nach § 733 II BGB einen Anspruch auf Rückerstattung ihrer Einlagen. Soweit das Gesellschaftsvermögen in Geld nicht dafür ausreicht, ist das übrige Gesellschaftsvermögen nach § 733 III BGB in Geld umzusetzen. Wenn nach Tilgung der Gesellschaftsschulden noch ein **Überschuss** vom Gesellschaftsvermögen verbleiben sollte, so ist dieser unter die Gesellschafter nach ihren Anteilen zu **verteilen** (vgl. § 734 BGB; § 155 HGB). Zur Durchsetzungssperre vgl. *BGH* NZG 2006, 459 Tz. 17. 55

e) Nachschusspflicht

Anders als in der werbenden Gesellschaft (oben § 11 Rn. 10 ff.) besteht in der Liquidationsgesellschaft – im Falle einer GbR – eine Nachschusspflicht der Gesellschafter: Falls das Gesellschaftsvermögen zur Tilgung der genannten Verbindlichkeiten nicht ausreichen sollte, so haben im Rahmen einer GbR die Gesellschafter für den Fehlbetrag aufzukommen (vgl. § 735 BGB). Bei einer OHG dagegen können die Liquidatoren von den Gesellschaftern keinen Nachschuss verlangen. Vielmehr müssen sie die Eröffnung des Insolvenzverfahrens über das Vermögen der OHG beantragen.[108] 56

f) Nachhaftung

Ausgeschiedene Gesellschafter haften grundsätzlich weiter für die Gesellschaftsverbindlichkeiten, und dies gilt auch für ehemalige Gesellschafter nach Auflösung der Gesellschaft (§§ 128 Satz 1, 130, 171, 172, 176 HGB). Nach § 159 I HGB unterliegt diese Nachhaftung allerdings einer Sonderverjahrung von fünf Jahren 57

---

[107] *Koller*/Roth/Morck, § 146 Rn. 2.
[108] Baumbach/*Hopt*, § 149 Rn. 5.

ab Eintragung der Auflösung der Gesellschaft in das Handelsregister. In Abs. 2–4 regelt § 159 HGB deren Beginn, Neubeginn und Hemmung. Auf die GbR ist § 159 HGB entsprechend anzuwenden, wobei die Verjährungsfrist mit dem Auflösungszeitpunkt zu laufen beginnt.[109] Sollte der Anspruch gegen die Gesellschaft bereits vor Ablauf der Nachhaftungsverjährung verjährt sein – was wegen § 195 BGB häufig der Fall sein wird –, so kann der Gesellschafter dies nach § 129 HGB einwenden.

3. Vollbeendigung

58 Erst mit dem **Abschluss der Liquidation** tritt die Vollbeendigung der Gesellschaft ein. Alle gesellschaftsvertraglichen Bindungen und die Gesellschaft als Rechtsgebilde erlöschen (vgl. zur Doppelnatur des Gesellschaftsvertrages als Schuld- und Organisationsvertrag oben § 10 Rn. 4). Nur ausnahmsweise führt der Eintritt eines Auflösungsgrundes sofort – d. h. ohne den Zwischenschritt der Liquidation – zur Vollbeendigung, so z. B. beim Wegfall des vorletzten Gesellschafters (oben Rn. 41, 44).

Fragen:

1. Welche Folge haben die in § 736 I BGB aufgeführten Tatbestände für die GbR? (Rn. 2)
2. Was ist eine Fortsetzungsklausel und weshalb bedarf es dieser in der OHG nicht? (Rn. 2, 8)
3. Erläutern Sie den Abfindungsanspruch i. S. von § 738 I BGB. (Rn. 3 f.)
4. Was ist bei einer sog. Abfindungsklausel zu berücksichtigen? (Rn. 4)
5. Wie haftet der ausscheidende Gesellschafter? (Rn. 6 f.)
6. Wie wird die Nachhaftung begrenzt? (Rn. 6 f.)
7. Nennen Sie die Ausscheidensgründe für einen OHG-Gesellschafter. (Rn. 8)
8. Wann kann ein Gesellschafter aus einer GbR bzw. OHG ausgeschlossen werden? Welcher Unterschied besteht zwischen beiden Gesellschaften? (Rn. 10 f., 12)
9. Wie ist das Hinzutreten neuer Gesellschafter in eine Personengesellschaft möglich? (Rn. 13, 15)
10. Erläutern Sie die wesentlichen Unterschiede zwischen Aufnahmevertrag und Anteilsübertragung. (Rn. 13 ff.)
11. Was geschieht beim Tod eines Gesellschafters mit der Mitgliedschaft des Erblassers? (Rn. 20)
12. Was versteht man unter einer sog. Eintrittsklausel? (Rn. 22 f.)
13. Welche zwei Arten von Nachfolgeklauseln kennen Sie? Erläutern Sie diese! (Rn. 24 ff.)
14. Warum sollte eine Erbengemeinschaft nicht als solche in die Gesellschaft eintreten können? (Rn. 27)

---

[109] MünchKomm-HGB/*K. Schmidt*, § 159 Rn. 15.

15. Welche Schwierigkeiten können bei einer qualifizierten Nachfolgeklausel auftreten? Wie sind diese zu lösen? (Rn. 28 f.)
16. Haftet der eintretende GbR-Gesellschafter auch für Verbindlichkeiten, die bereits vor seinem Eintritt entstanden sind? (Rn. 27)
17. Welche Auflösungsgründe gibt es bei der GbR bzw. OHG? (Rn. 34 ff.)
18. Wann tritt die Vollbeendigung einer Gesellschaft ein? (Rn. 50)
19. Beschreiben Sie die einzelnen Schritte der Liquidation! (Rn. 54 f.)

§ 13. Kommanditgesellschaft

I. Einführung

1. Wesensmerkmale und anwendbare Rechtsvorschriften

1 Als **Sonderform der OHG** regeln die §§ 161–177a HGB die **Kommanditgesellschaft (KG)**.[1] Die einzige Abweichung zur OHG besteht darin, dass es bei der KG **zwei Gruppen von Gesellschaftern** gibt: die unbeschränkt haftenden **Komplementäre** und – als Namensgeber dieser Gesellschaftsform – die nur mit ihrer Einlage haftenden **Kommanditisten.** Die gesetzliche Regelung beschäftigt sich nur mit der Rechtsstellung des Kommanditisten in dieser seiner Eigenschaft. Für den Komplementär (auch „persönlich haftender Gesellschafter"/„phG") und die Gesellschafterstellung des Kommanditisten im Übrigen findet das Recht der OHG Anwendung (§ 161 II HGB). Dazu gehört – lückenfüllend – auch das Recht der GbR (§ 105 III HGB).[2]

Merke: Für die KG sind drei Gruppen gesellschaftsrechtlicher Normen einschlägig: (1) §§ 161 ff. HGB, (2) §§ 105 ff. HGB, (3) §§ 705 ff. BGB.

2 Soweit in diesem § nicht anders vermerkt, gelten mithin für die KG die Ausführungen zu GbR und OHG (oben §§ 10–12) entsprechend. Dies bedeutet im Einzelnen: Ebenso wie bei der OHG kann der **Zweck einer KG** auf den Betrieb eines **Handelsgewerbes** unter gemeinschaftlicher Firma gerichtet sein, § 161 I 1. Hs. 1 HGB. Aus der Verweisung auf das Recht der OHG folgt überdies, dass auch der Betrieb eines **Kleingewerbes** oder die **Verwaltung eigenen Vermögens** zu den zulässigen Gesellschaftszwecken zählt (§ 105 II HGB i.V.m. § 161 II HGB).[3]

Beispiel:[4] Weil eine Rechtsanwaltsgesellschaft unter keinen dieser drei KG-Zwecke fällt, kannn sie keine KG sein.

2a Wie bei der OHG ist das im Gesetz genannte Merkmal der **„gemeinschaftlichen Firma" keine Voraussetzung,** sondern bloß notwendige Folge des gemeinschaftlichen Betriebs eines Handelsgewerbes.[5] Nach § 6 I HGB ist die KG **Kaufmann,** ebenso ihre persönlich haftenden Gesellschafter.[6] Die §§ 161 ff. HGB regeln pri-

---

[1] *Hüffer/Koch*, GesR, § 24 Rn. 2.

[2] Vgl. zur Systematik des Personengesellschaftsrechts schon oben § 10 Rn. 1.

[3] Letzteres spielt in der Immobilienwirtschaft eine große Rolle (sog. „Objektgesellschaften", deren wesentliches Vermögen in Grundstücken besteht); zur freiberuflichen GmbH & Co. KG als Systemwidrigkeit oder verfassungsrechtliche Notwendigkeit *Henssler*, FS Kreutz, 2010, S. 635 ff.

[4] *BGH* NJW 2011, 3036 = NZG 2011, 1063, bestätigt durch *BVerfG* NJW 2012, 993 = NZG 2012, 343 = GmbHR 2012, 341 m. Anm. *Römermann.*

[5] MünchKomm-HGB/*Grunewald,* § 161 Rn. 8; zur OHG schon oben § 10 Rn. 1. Zu den Anforderungen an die Firma der KG s. §§ 18, 19 I Nr. 3, II HGB.

[6] Oben § 2 Rn. 69, 113 ff.

mär die rechtliche Stellung der Kommanditisten im Innen- und Außenverhältnis der KG. Im Hinblick auf die **Gesamthandsgemeinschaft** und die **Komplementäre** enthalten die §§ 161 ff. HGB **keine Sondervorschriften**, da insoweit keine rechtlichen Unterschiede zur OHG bestehen. Nach § 161 II HGB sind diesbezüglich die Bestimmungen für die OHG (§§ 105 ff. HGB) bzw. der GbR (§ 105 III HGB i. V. m. §§ 705 ff. BGB) entsprechend anwendbar.

2. Die Haftungsbeschränkung des Kommanditisten als Hauptmerkmal der KG

Die Haftung des Kommanditisten ist auf den Betrag einer bestimmten **Vermö- 3**
genseinlage beschränkt, § 161 I HGB. Der Begriff „Vermögenseinlage" ist **nicht** mit der **Einlage** zu verwechseln, die der Kommanditist im Innenverhältnis als Beitragsleistung nach §§ 705 f. BGB i. V. m. §§ 105 III, 161 II HGB erbringt. Unter Vermögenseinlage ist vielmehr der Geldbetrag zu verstehen, der die Haftung des Kommanditisten gegenüber den Gesellschaftsgläubigern im Außenverhältnis begrenzt (**„Haftsumme"**).[7] Die Haftsumme bestimmt sich nach dem in der Handelsregistereintragung angegebenen Betrag, § 172 I HGB.

Beispiel: Reich, Schön und Kabernossi sind Gesellschafter der Reich & Schön Hundepension KG. R und S sind Komplementäre, K ist Kommanditist. Im Gesellschaftsvertrag hat sich K verpflichtet, ein Grundstück im Wert von 250.000 EUR in die Gesellschaft einzubringen. Dennoch möchte sich K mit einer Haftungsbegrenzung i. H. v. 50.000 EUR in das Handelsregister eingetragen lassen. Hier ist das Grundstück die Beitragsleistung des K und der Betrag von 50.000 EUR bezeichnet die Obergrenze seiner Außenhaftung gegenüber den Gesellschaftsgläubigern.

Merke: Die Einlage betrifft das Innenverhältnis, die Haftsumme das Außenverhältnis.

Übersicht 13/1: 3a

Die Haftung des Kommanditisten

gegenüber der Gesellschaft (Innenhaftung)	gegenüber den Gläubigern (Außenhaftung)
Einlageleistung, § 705 BGB	Haftsumme, §§ 161 I, 172 I HGB

[7] *BGH* NJW 1995, 197; MünchKomm-HGB/*K. Schmidt*, §§ 171, 172 Rn. 5 ff.

4 **Haftsumme und Einlage müssen** im Hinblick auf Art und Höhe **nicht übereinstimmen,** vgl. § 172 III HGB. Die Kommanditisten können ihre Beitragsleistung auf unterschiedliche Art erbringen. In Betracht kommen nicht nur Geldleistungen im weitesten Sinn,[8] sondern auch Sach- oder Dienstleistungen.[9] Diese müssen ihrem objektiven Wert nach mindestens die Höhe der Haftsumme erreichen.[10] Den Gesellschaftern bleibt es gleichwohl unbenommen, die Sach- oder Dienstleistung im Innenverhältnis durch Gesellschaftsvertrag abweichend zu bewerten. Haben die Gesellschafter den objektiven Wert der Beitragsleistung höher bewertet, so ist davon auszugehen, dass der Kommanditist entsprechend dem vereinbarten Geldwert mit einer höheren Summe haften soll.[11] Wird die Sach- oder Dienstleistung hingegen niedriger veranschlagt, kann sich dies aus Gründen des Gläubigerschutzes auf den Umfang der Haftung im Außenverhältnis nicht auswirken.[12]

5 Im **Beispiel** zu Rn. 3 ist vor Übereignung des Grundstücks die Haftung des K auf Gesellschaftsverbindlichkeiten i. H.v. 50.000 EUR beschränkt. Hat K das Grundstück an die Gesellschaft bereits übereignet, kann sich der Gesellschaftsgläubiger im Wege der Zwangsvollstreckung gegen die R&S-KG aus dem gesamten Grundstückswert (250.000 EUR) befriedigen. K hat gegen die Gesellschaft keinen Anspruch auf den Differenzbetrag zwischen Haftsumme und Grundstückswert, da er das Grundstück als Einlage dem vollen Wert nach in das Gesellschaftsvermögen eingebracht hat.

II. Entstehung der KG

1. Innenverhältnis

6 Die KG wird im Innenverhältnis mit **Abschluss des Gesellschaftsvertrags** oder mit dem Zeitpunkt, den dieser bestimmt, wirksam. Im Hinblick auf die Rechtsbeziehungen im Innenverhältnis, das Zustandekommen des Gesellschaftsvertrags und die Grundsätze der fehlerhaften Gesellschaft bestehen keine Besonderheiten zu den Vorschriften, die auch für die OHG gelten (oben §§ 10, 11). Lediglich ergänzend setzt der Gesellschaftsvertrag einer KG die Bestimmung voraus, dass die Haftung mindestens eines Gesellschafters auf einen festgesetzten Betrag be-

---

8 Z. B. die Zahlung eines bestimmten Geldbetrags, das Stehenlassen von Gewinnen (§ 167 II HGB), die Befriedigung von Gesellschaftsgläubigern aus eigenen Mitteln und auf eigene Rechnung (BGHZ 42, 192 = NJW 1964, 2407) oder die Aufrechnung nach §§ 387 ff. BGB mit einer gegen die KG gerichteten Forderung (BGHZ 51, 391 = NJW 1969, 1210; *BGH* NJW 1985, 2947); zum Ganzen *Kraft/Kreutz,* E III 3 b bb.

9 Z. B. in Form der Gebrauchsüberlassung oder Übereignung eines Kraftfahrzeugs oder eines Grundstücks bzw. der Übernahme von Geschäftsführungstätigkeiten.

10 Vgl. BGHZ 95, 188, 195 = NJW 1985, 2947; Baumbach/*Hopt,* § 171 Rn. 6; Ebenroth/Boujong/Joost/*Strohn,* § 171 Rn. 8.

11 Ebenroth/Boujong/Joost/*Strohn,* § 171 Rn. 8; a. A. *Müller/Graff,* JuS 1979, 24, 27.

12 Vgl. *BGH* WM 1974, 1151; *Kraft/Kreutz,* E III 3 b bb.

chränkt ist.[13] Die Vorschrift des § 162 I 2 HGB zeigt, dass auch eine GbR Kommanditistin sein kann.[14]

Große praktische Bedeutung hat für die KG, dass sich auch **juristische Personen** an Personengesellschaften **beteiligen können** (oben § 10 Rn. 25). Dies ermöglicht – abweichend von der „gesetzestypischen KG" – insbesondere die beliebte Unternehmensform der **GmbH & Co. KG.** Dabei ist der einzige persönlich haftende Gesellschafter der KG eine GmbH. Diese Gestaltung verbindet die Vorteile beider Gesellschaftstypen:[15] die dispositiven und formfreien Vorschriften des Personengesellschaftsrechts über Gründung, Auflösung und Entnahmen; das GmbH-Recht mit der GmbH als „unsterblichem" Geschäftsführer der KG, der Drittorganschaft und der Haftungsbeschränkung aller als Gesellschafter beteiligten natürlichen Personen. Gesetzlich vertreten wird die KG durch die GmbH als persönlich haftende Gesellschafterin (§§ 125 ff., 161 II HGB), diese durch ihre Geschäftsführer (§ 35 GmbHG). Sondervorschriften zum **Verkehrs- und Gläubigerschutz** für Gesellschaften, bei denen keine natürliche Person persönlich haftet, finden sich in §§ 19 II, 125a, 130a (i. V. m. § 161 II), 177a, 264a HGB; § 15a I 2 InsO.[16] 7

Beispiel: Die ABC-GmbH ist eine Rechtsanwalts-Gesellschaft (§§ 1, 2 BRAO) und Komplementärin der ABC-GmbH & Co. KG, welche ihre Zulassung zur Rechtsanwaltschaft beantragt. Nach *BGH* NJW 2011, 3036 = NZG 2011, 1063 (= EWiR 2011, 705 m. Kurzkomm. *Keller*; krit. *K. Schmidt*, DB 2011, 2477 ff.) wurde die KG nicht wirksam gegründet, weil ihr Zweck entgegen § 161 I HGB nicht auf den Betrieb eines Handelsgewerbes gerichtet ist, sondern auf die Besorgung fremder Rechtsangelegenheiten. Das *BVerfG* (NZG 2012, 343) hat diese restriktive Rspr. bestätigt. Näher *Römermann*, GmbHR 2012, 341 ff.

2. Außenverhältnis

Für die Entstehung im Außenverhältnis kommt es auf den **Gesellschaftszweck** (oben Rn. 2) an. Die **handelsgewerbliche KG** entsteht – bei Zustimmung aller Gesellschafter – mit **Geschäftsbeginn oder** spätestens mit **Handelsregistereintragung,** §§ 161 II, 123 I 2 HGB. Insoweit gilt das zur OHG Gesagte (oben § 10 Rn. 49 ff.). Die Eintragung in das Handelsregister erfordert über § 106 II HGB hinaus, dass die Kommanditisten in der Anmeldung bezeichnet sind und der Betrag ihrer je- 8

[13] Vgl. den Wortlaut des § 161 I HGB: „Beschränkung auf den Betrag einer bestimmten Vermögenseinlage".

[14] Näher *Grunewald*, ZGR 2003, 541 ff.; oben § 10 Rn. 64; zur Komplementärstellung einer GbR s. *OLG Celle* NZG 2012, 667; zur ehel. Gütergemeinschaft als Kommanditistin *BayObLG* NZG 2003, 431 (ablehnend).

[15] Staub/*Schilling*, § 161 Rn. 29; zur GmbH & Co. KG s. *Hüffer/Koch*, GesR, § 34; vertiefend *Binz/Sorg*, GmbHR 2011, 281 ff. (speziell zu Familienunternehmen); *K. Schmidt*, FS Westermann, 2008, S. 1425 ff.; Beispielsfälle: *OLG Frankfurt* NZG 2007, 625 = ZIP 2007, 1809 (beschränkte Kommanditistenhaftung in der GmbH & Co. KG schon vor der Eintragung); *BGH* NZG 2007, 751 = EWiR 2007, 689 mit Kurzkomm. *Kort*.

[16] Vgl. zur GmbH & Co. KG Ebenroth/Boujong/Joost/Strohn/*Henze*, § 177a HGB Anh. A.; MünchKomm-HGB/*Grunewald*, § 161 Rn. 45 ff.; *BGH* NZG 2004, 611, und dazu Staub/*Schäfer*, § 131 Rn. 109a sowie *Seibt*, FS Röhricht, 2005, S. 603 ff.

weiligen Einlage angegeben ist, § 162 I HGB. Unter „Einlage“ ist hier ebenfalls die Haftsumme zu verstehen. Alle in das Handelsregister einzutragenden Tatsachen sind grundsätzlich öffentlich bekannt zu machen, § 10 I 1 HGB. Als Ausnahme dazu werden jedoch der Name, das Geburtsdatum, der Wohnort sowie die Haftsumme des einzelnen Kommanditisten nicht bekanntgemacht, § 162 II HGB. Diese Angaben können Interessenten über die Handelsregistereinsicht in Erfahrung bringen.[17]

9 Für die **kleingewerbliche** und die **vermögensverwaltende KG** kommt eine Entstehung außerhalb des Handelsregisters – allein durch Geschäftsbeginn – nicht in Betracht (§ 123 II a.E. HGB i.V.m. § 161 II HGB; oben § 10 Rn. 50). Auch bei Firmierung als KG liegt hier in Wirklichkeit eine GbR vor.[18]

3. Entstehung durch Umwandlung

10 Eine KG kann auch dadurch entstehen, dass sich eine bestehende OHG, GbR oder ein einzelkaufmännisches Unternehmen durch Eintritt eines Kommanditisten oder durch Änderung der Rechtsstellung eines Gesellschafters in eine KG umwandelt.[19] Eine solche Umwandlung wird aufgrund der Haftungsbeschränkung des Kommanditisten erst mit Eintragung in das Handelsregister gegenüber Dritten wirksam.[20]

Beispiel 1: A, B und C sind Gesellschafter der ABC-Buchstabensuppen-OHG. C will in Zukunft für Gesellschaftsverbindlichkeiten nicht mehr unbeschränkt haften. Deswegen wird im Gesellschaftsvertrag seine Haftung auf die Haftsumme von 50.000 EUR beschränkt; A und B haften als Komplementäre weiterhin unbeschränkt. Mit Eintragung des C als Kommanditist in das Handelsregister wird die OHG im Außenverhältnis wirksam zur KG.

Beispiel 2: Reich und Schön betreiben die Reich & Schön Hundepension OHG. R verstirbt. Sein Erbe Eitel tritt sodann als Kommanditist in die Gesellschaft ein (vgl. § 139 HGB).[21] Damit wandelt sich die OHG in eine KG um. Mit Eintragung des E in das Handelsregister wird die KG auch im Außenverhältnis wirksam, § 162 III HGB.

11 Umgekehrt kann sich eine bestehende KG dadurch in eine OHG, GbR oder ein einzelkaufmännisches Unternehmen umwandeln, dass der einzige Kommanditist eine unbeschränkte Haftung übernimmt oder aus der Gesellschaft ausscheidet.

Beispiel 3: Ralf, Rudi und Richard Rosstäuscher sind Gesellschafter der Gebrüder Rosstäuscher Gebrauchtwagenhandel KG, wobei die Haftung des Rudi beschränkt ist. Mit Übernahme der persönlichen unbeschränkten Haftung erlischt Rudis Kommanditistenstellung. Die KG wird zur OHG.

Beispiel 4: Karl und Ludwig sind Gesellschafter der K & L Scherzartikel KG, wobei die Haftung des K beschränkt ist. K scheidet aus der KG aus. Die KG erlischt liquidationslos[22] und L kann das Handelsgeschäft als Einzelkaufmann fortsetzen.

---

17 Zur Öffentlichkeit des HReg. oben § 3 Rn. 2ff.
18 BGHZ 69, 95, 97f. = NJW 1977, 1683; *Hüffer/Koch*, GesR § 24 Rn. 6.
19 Außer Betracht bleibt hier der Formwechsel nach §§ 190ff. UmwG.
20 Vgl. §§ 162 III, 15 I HGB; *Hüffer/Koch*, GesR, § 24 Rn. 7; *BayObLG* JR 1968, 264.
21 Dazu oben § 12 Rn. 30.
22 Oben § 12 Rn. 41, 44.

12 Abgesehen von dem Eintritt oder Ausscheiden eines Gesellschafters (Beispielsfälle 2 und 4), bewirken derartige **Beteiligungsumwandlungen** keinen Gesellschafterwechsel; die Mitgliedschaft dauert fort.[23] In sämtlichen Fällen der Umwandlung behält die Gesellschaft ihre rechtliche Identität bei, so dass es weder einer Neugründung noch einer Übertragung der Vermögensgegenstände auf die „neue" Gesellschaft bedarf.[24] Anzupassen ist aber der Rechtsformzusatz in der Firma (§ 19 HGB).

III. Der Kommanditist im Außenverhältnis

13 Die Rechtsstellung des Kommanditisten zu Dritten ist in den **§§ 170 ff. HGB** geregelt. Diese Vorschriften sind **grundsätzlich zwingend** (arg. § 163 HGB, wo nur für das Innenverhältnis die Vertragsfreiheit normiert wird). Nach der Rspr. gelten sie nur für Personen mit „formeller Kommanditisteneigenschaft", nicht für den über einen Treuhandkommanditisten mittelbar an einer KG beteiligten „Quasi-Gesellschafter".[25]

1. Vertretung

14 Wie in der OHG gilt der Grundsatz der **Selbstorganschaft.** Kommanditisten sind zur Vertretung der Gesellschaft allerdings nicht ermächtigt, § 170 HGB. Grund ist, dass bei Kommanditisten die persönliche Haftung als Instrument der unternehmerischen Verhaltenskontrolle gerade ausscheidet.[26] Die Vertretung der KG obliegt nach §§ 161 II, 125–127 HGB deshalb allein den persönlich haftenden Gesellschaftern.[27]

15 Die Vorschrift des § 170 HGB ist zwar zwingend (Rn. 13), bezieht sich aber nur auf die **organschaftliche Vertretung** der Gesellschaft.[28] Daher kann einem Kommanditisten **rechtsgeschäftliche Vertretungsmacht** in Form der Prokura oder Handlungsvollmacht erteilt werden. In Betracht kommen sowohl gesellschaftsvertragliche Regelungen als auch Bevollmächtigungen durch einen persönlich haftenden Gesellschafter, der organschaftlich vertretungsbefugt ist.[29] Die dem Kommanditisten erteilte Prokura ist nach § 52 I HGB im Außenverhältnis jederzeit widerruflich (für die Vollmacht gilt § 168 S. 2 BGB); im Innenverhältnis bedarf es

---

23 *BayObLG* NJW 1970, 1796; Baumbach/*Hopt,* § 161 Rn. 6; Ebenroth/Boujong/Joost/Strohn/*Weipert,* § 161 Rn. 20.

24 *Hüffer/Koch*, GesR, § 24 Rn. 8.

25 BGHZ 189, 45 = NJW 2011, 2351 = NZG 2011, 588; oben § 10 Rn. 115 ff.

26 Grundlegend *Wiedemann*, JZ 1969, 471; dazu *K. Schmidt,* GesR, § 14 II 2 e.

27 Zu diesen Vorschriften oben § 10 Rn. 70 ff.

28 BGHZ 51, 198, 200 = NJW 1969, 507; *OLG Frankfurt* NZG 2006, 262 = ZIP 2006, 904 mit Aufs. *Bergmann*, 2064 ff.; Baumbach/*Hopt,* § 170 Rn. 1.

29 BGHZ 17, 392, 394 = NJW 1955, 1394; Baumbach/*Hopt,* § 170 Rn. 3. Eine Eintragung als organschaftliche Vertretungsmacht (§ 106 II Nr. 4 HGB i.V.m. § 161 II HGB) scheidet aus, *OLG Frankfurt* NZG 2006, 262.

hingegen in entsprechender Anwendung der §§ 117, 127 HGB mit Rücksicht au die Gesellschafterstellung des Prokuristen eines wichtigen Grundes.[30]

Beispiel: Die Komplementäre Altmann und Brunner sowie der Kommanditist Cremer sin Gesellschafter der A&B Ab in den Süden Fernreisen KG. A und B sind nur in Gemeinschaf zur Vertretung der Gesellschaft ermächtigt (Gesamtvertretung, § 125 II HGB). Weiterhin bestimmt der Gesellschaftsvertrag, dass jeder der beiden Komplementäre einzeln mit C als Prokurist die Gesellschaft vertreten kann (unechte Gesamtvertretung, § 125 III HGB).[31]

16 Im Beispielsfall sind A und B – sofern sie nicht gemeinschaftlich handeln – an die Mitwirkung des C gebunden. Dies gilt jedoch nur, wenn mehrere persönlich haftende Gesellschafter gesamtvertretungsberechtigt sind. Sofern aber in der KG nur ein Komplementär vorhanden ist, verstößt die Vereinbarung einer unechten Gesamtvertretung gegen den – auch für die KG geltenden – Grundsatz der Selbstorganschaft (oben Rn. 14). Denn in diesem Fall wäre eine Vertretung allein durch die persönlich haftenden Gesellschafter nicht mehr gewährleistet.[32] Scheidet A im Beispielsfall aus der Gesellschaft aus, so führt dies zur Alleinvertretungsbefugnis des B.[33]

2. Haftung

a) Grundlagen

17 Für die Haftung des Kommanditisten gegenüber den Gesellschaftsgläubigern sind **zwei Zeiträume** zu unterscheiden: **(1)** Bis zur Eintragung der Kommanditbeteiligung in das Handelsregister haftet der Kommanditist den Gesellschaftsgläubigern unbeschränkt „gleich einem persönlich haftenden Gesellschafter", § 176 HGB. Die Vorschrift soll das Vertrauen des Rechtsverkehrs in die hinter einer Handelsgesellschaft stehenden Gesellschafter schützen.[34] **(2)** Nach der Eintragung wird für den Kommanditisten die Haftungsbeschränkung „bis zur Höhe seiner Einlage" Dritten gegenüber wirksam, §§ 172 I, 171 I 1. Hs. HGB. Auch die Herabsetzung oder Erhöhung der Haftsumme wirkt im Außenverhältnis grundsätzlich erst mit ihrer Eintragung in das Handelsregister, §§ 174, 172 II HGB.

18 Dieses strenge, stark formalisierte Haftungsregime soll dem Rechtsverkehr **abstrakten Vertrauensschutz** gewähren. Die Haftungsbeschränkung einzelner Gesellschafter soll nur bei entsprechender **Handelsregisterpublizität** dem Gläubiger gegenüber wirken.[35] Der Kommanditist sollte deshalb seinen Gesellschaftsbeitritt unter die aufschiebende Bedingung der Handelsregistereintragung stellen.[36] Umgekehrt kommt diese Formenstrenge dem Kommanditisten aber auch zugute: Wie

---

[30] BGHZ 17, 392, 396 = NJW 1955, 1394; Ebenroth/Boujong/Joost/Strohn/*Weber,* § 52 HGB Rn. 4.

[31] Zur unechten Gesamtvertretung oben § 6 Rn. 13 ff., § 10 Rn. 72.

[32] BGHZ 26, 330, 332 f. = NJW 1958, 668; Ebenroth/Boujong/Joost/Strohn/*Weipert,* § 170 Rn. 13; *Kraft/Kreutz,* E III 3 a.

[33] BGHZ 41, 367 = NJW 1964, 1624; Baumbach/*Hopt,* 170 Rn. 1.

[34] BGHZ 82, 209, 215 = NJW 1982, 883; näher *Meyer*, BB 2008, 628 ff.

[35] Nach dem Wortlaut des § 176 I HGB ist nur die Eintragung, nicht aber die Bekanntmachung entscheidend, § 15 I HGB ist deswegen nicht anwendbar; BGHZ 82, 209, 213 ff. = NJW 1982, 883; *K. Schmidt,* GesR, § 55 I b; Ebenroth/Boujong/Joost/*Strohn,* § 176 Rn. 1

[36] Vgl. den Fall BGHZ 82, 209, 212 = NJW 1982, 883; Baumbach/*Hopt,* § 176 Rn. 1.

der BGH im „Rektor"-Fall entschieden hat, greift außerhalb der §§ 171 ff. HGB – und evidenter Rechtsmissbrauchsgestaltungen – eine Haftung des Kommanditisten analog § 128 HGB nicht schon deshalb, weil der Kommanditist das alleinige Weisungs- oder Geschäftsführungsrecht besitzt; dies folgt aus dem gesellschaftsrechtlichen numerus clausus.[37]

b) Haftung vor Eintragung

Für die Haftung des Kommanditisten vor Eintragung ist danach zu unterschei- 19
den, ob die KG neu gegründet wurde (§ 176 I HGB) oder der Kommanditist in eine bestehende KG eingetreten ist (§ 176 II HGB).

(1) Neugründung der KG. Nach § 176 I 1 HGB haftet der Kommanditist unbe- 20
schränkt für die bis zur Eintragung begründeten Verbindlichkeiten, wenn er dem **Geschäftsbeginn zugestimmt** hat. Die Vorschrift ist nicht anwendbar auf Kleingewerbetreibende, Gesellschaften bürgerlichen Rechts und Vermögensverwaltungsgesellschaften, § 176 I 2 HGB. Denn in diesen Fällen kann eine KG nicht schon mit Geschäftsbeginn entstehen (oben Rn. 9). Die Haftung entfällt nur dann, wenn die Beteiligung des Gesellschafters als Kommanditist dem Gläubiger bekannt war („es sei denn […]").

Beispiel: Bölk und Stoff gründen mit dem Kübelhalm als Kommanditisten die B&S-KG. Die Haftsumme des K soll 10.000 EUR betragen. Noch vor Eintragung in das Handelsregister kauft B mit Einverständnis der übrigen Gesellschafter bei Vendor einen neuen Firmen-PKW für 30.000 EUR. V wusste zwar, dass er den PKW an eine KG veräußerte. Er erfuhr jedoch erst später, dass K als Kommanditist an der KG beteiligt ist. Gleichwohl verlangt V von K Zahlung des vollen Kaufpreises. Zu Recht?

Die in § 176 I 1 a. E. HGB bestimmte Ausnahme von der grundsätzlich unbe- 21
schränkten Haftung des Kommanditisten vor Eintragung (oben Rn. 17) stellt eine **Beweislastumkehr** zu Gunsten des Gläubigers dar: Der Kommanditist hat die positive Kenntnis des Gläubigers von seiner Stellung als Kommanditist zu beweisen. –[38] Im Beispielsfall scheint der Ausnahmetatbestand zuzutreffen, da V nicht einmal wusste, dass K überhaupt an der KG beteiligt ist. Dennoch haftet K hier. Denn die Unkenntnis des Gläubigers von der Gesellschafterstellung schützt auch die Komplementäre nicht vor der Haftung nach §§ 128, 161 II HGB, und einem Komplementär ist der Kommanditist vor der Handelsregistereintragung gerade gleichgestellt (oben Rn. 17).[39] Nach allg. Auffassung muss der Kommanditist selbst dann für Gesellschaftsverbindlichkeiten einstehen, wenn dem Gläubiger nicht einmal bekannt war, dass er überhaupt mit einer KG in rechtsgeschäftlichen

---

[37] BGHZ 45, 204 = NJW 1966, 1309 („Rektor"-Fall); zum numerus clausus der Gesellschaftsformen oben § 9 Rn. 19.

[38] BGHZ 82, 209, 211 = NJW 1982, 883.

[39] So i. Erg. die h. M.: *BGH* (vorige Fn.); *BGH* NJW-RR 1987, 416; MünchKomm-HGB/*K. Schmidt,* § 176 Rn. 13.

Kontakt getreten ist.[40] Andererseits ist aber grundsätzlich eine **Firmierung al GmbH & Co. KG** (oben Rn. 7) ausreichend, um die **Haftung** des Kommanditiste nach § 176 I 1 HGB **auszuschließen**. Denn seit der gesetzlichen Neuregelung de Firmenrechts der Handelsgesellschaften ohne persönlich haftende natürliche Per sonen (§ 19 II HGB; oben § 4 Rn. 52 f.) muss der Rechtsverkehr damit rechnen dass ein nicht eingetragener Gesellschafter einer solchermaßen firmierenden Ge sellschaft Kommanditist ist.[41]

22 Die Frage, welche Art von Verbindlichkeiten der Haftung aus § 176 HGB unter liegen, ist nach dem Normzweck der Vorschrift zu beantworten.[42] Dieser besteh im Vertrauensschutz für den Rechtsverkehr (oben Rn. 17). Unproblematisch is § 176 I 1 HGB daher auf **rechtsgeschäftliche Verbindlichkeiten** und **vertragsähn liche Forderungen** (culpa in contrahendo, Geschäftsführung ohne Auftrag) an wendbar, die vor Eintragung in das Handelsregister begründet werden. Dageger erfasst der Schutzzweck des § 176 HGB nach h. M. **keine gesetzlichen Schuldver hältnisse** und insbesondere keine Ansprüche aus unerlaubter Handlung. Denn de Gedanke des Vertrauensschutzes hat hier keine Bedeutung.[43]

Beispiel: Im Beispiel zu Rn. 20 unternimmt S noch vor Eintragung eine Geschäftsfahrt mit dem neuen PKW. Er ist dabei so sehr von der CD-Audio-Anlage fasziniert, dass er zu spät das Stauende auf der Autobahn erkennt. S fährt auf den am Stauende stehenden Wagen des Glaub auf. Dieser erleidet aufgrund des Aufpralls ein so genanntes HWS-Syndrom und muss ambulant behandelt werden. Hier hat G einen Anspruch gegen die KG auf Ersatz der Heilungskosten (§§ 823 I, 31 analog BGB; §§ 124 I, 161 II HGB), nicht aber gegen K aus § 176 HGB.

23 *(2) Beitritt eines Kommanditisten.* Sofern ein Gesellschafter als Kommanditist **einer bestehenden Handelsgesellschaft (OHG, KG) beitritt**, richtet sich seine Haftung nach § 176 II HGB. Danach haftet der Kommanditist für die Zeit zwischen seinem Eintritt (Abschluss des Gesellschaftsvertrags) und dessen Eintragung in das Handelsregister für Gesellschaftsverbindlichkeiten unbeschränkt, es sei denn, dass die Beteiligung als Kommanditist dem Gläubiger bekannt war, §§ 176 II, 176 I 1 a. E. HGB. Für die Kenntnis des Gläubigers gelten die obigen Ausführungen entsprechend (oben Rn. 21). Auf eine Zustimmung des Kommanditisten hinsichtlich der Fortsetzung der Geschäftstätigkeiten kommt es hierbei – trotz der Verweisung auf § 176 I HGB – nicht an. Denn durch den Beitritt selbst hat der Kommanditist die Haftungsverschärfung veranlasst.[44]

---

[40] Vgl. *BGH* WM 1986, 1280; Ebenroth/Boujong/Joost/*Strohn*, § 176 Rn. 11; Baumbach/*Hopt*, § 176 Rn. 4.

[41] *OLG Frankfurt* NZG 2007, 625 = ZIP 2007, 1809.

[42] Staub/*Schilling*, § 176 Rn. 7.

[43] BGHZ 82, 209, 215 = NJW 1982, 883 unter II. 2; Ebenroth/Boujong/Joost/*Strohn*, § 176 Rn. 14; a. A. *Knobbe-Keuk*, FS Stimpel, 1985, S. 187, 200 ff.; *Flume*, Die Personengesellschaft, § 16 III 6.

[44] BGHZ 82, 209, 211 = NJW 1982, 883, 884; Ebenroth/Boujong/Joost/*Strohn*, § 176 Rn. 31.

c) Haftung nach Eintragung

Die Haftung des Kommanditisten nach Eintragung der KG in das Handelsregister richtet sich bei der Neugründung[45] danach, ob (1) die Einlage bereits in das Gesellschaftsvermögen eingebracht wurde und dort weiterhin vorhanden ist oder (2) nicht. Leitlinie der gesetzlichen Regelung ist der **Ausschluss einer Doppelhaftung.** Der Kommanditist haftet nur einmal, entweder unmittelbar gegenüber den Gläubigern mit der Haftsumme (Außenhaftung) oder mittelbar durch Leistung in das Gesellschaftsvermögen (Innenhaftung). Zur Außenhaftung kommt es nur im obigen Fall (2), wobei das Gesetz zwischen Nichterbringung und Rückgewähr einer bereits erbrachten Einlage unterscheidet: 24

(1) Einlage im Gesellschaftsvermögen vorhanden. Vor Erbringung seiner Beitragsleistung haftet der Kommanditist den Gesellschaftsgläubigern bis zur Höhe seiner Einlage unmittelbar, § 171 I 1. Hs. HGB (Außenhaftung). Unter „Einlage" ist hier die Haftsumme zu verstehen, die die persönliche Haftung des Kommanditisten im Verhältnis zu Dritten ziffernmäßig beschränkt; Haftsumme und Beitragspflicht können ihrer Art und Höhe nach verschieden sein (oben Rn. 3). Sobald der Kommanditist seine Einlage vollständig[46] erbracht hat („Beitragsleistung"), wird er von der persönlichen Haftung gegenüber Dritten frei, § 171 I 2. Hs. HGB. 25

(2) Einlagerückgewähr und Gewinnentnahme. Soweit die Einlage eines Kommanditisten zurückbezahlt wird, gilt sie den Gläubigern gegenüber als nicht geleistet, § 172 IV 1 HGB. Das Gleiche gilt bei Gewinnentnahmen zu einem Zeitpunkt, in dem der Kapitalanteil durch Verlust unter den Betrag der geleisteten Einlage herabgemindert ist oder dieser Zustand durch die Entnahme herbeigeführt wird, § 172 IV 2 HGB. Denn in diesen Fällen ist das Gesellschaftsvermögen in gleicher Weise um die Einlage des Kommanditisten gemindert wie vor Erbringung der Beitragsleistung. Ein begrenzter Redlichkeitsschutz für den Kommandisten ergibt sich dabei aus § 172 V HGB.[47] 26

Der Wortlaut des § 172 IV 1 HGB ist in zweifacher Hinsicht zu eng, um den Normzweck der Vorschrift – Sicherung der Kommanditistenhaftung – vollständig zu verwirklichen. Zum einen ist nicht die Art der zurückgewährten Einlage entscheidend, sondern vielmehr der **objektive Wert** der Rückgewährung. Ebenfalls weit auszulegen ist der Begriff „Rückzahlung". Darunter fällt **jede Zuwendung an den Kommanditisten, die dem Gesellschaftsvermögen einen bestimmten Geldwert ohne entsprechende Gegenleistung entzieht.**[48] In all diesen Fällen lebt die Außen- 27

[45] Für den Beitritt eines Kommanditisten in eine bestehende KG ist dessen Eintragung erforderlich, § 162 III HGB.
[46] BGHZ 95, 188, 197f. = NJW 1985, 2947; nach dem Kapitalaufbringungsprinzip ist dafür der Beitrag in voller Höhe seines Wertes zu erbringen.
[47] Instruktiver Beispielsfall (für Fortgeschrittene): *BGH* NJW 2009, 2126 = NZG 2009, 746, bes. Tz. 10ff.; Entscheidungsanalyse bei *K. Schmidt*, JuS 2009, 869f.
[48] BGHZ 47, 149, 155f. = NJW 1967, 1321; Staub/*Schilling*, § 172 Rn. 9.

haftung nach § 171 I 1. Hs. HGB in Höhe des objektiven Werts der Rückgewährung wieder auf.[49]

28 Freilich erhöht sich die Haftungsgrenze des Kommanditisten durch Zahlungen der Gesellschaft, die über die Haftsumme hinausgehen, nicht (vgl. den Wortlaut des § 172 IV 1 HGB: „*Soweit* die Einlage [...] zurückbezahlt wird, [...]").[50]

Beispiel: Kommanditist Kabernossi hat in das Gesellschaftsvermögen der Reich & Schön Hundepension KG Hundefutter im Wert von 20.000 EUR eingebracht. Im Handelsregister ist er mit einer Haftsumme i.H. v. 10.000 EUR eingetragen. Einige Zeit später erstattet die KG dem K 10.000 EUR zurück. Wie haftet K im Außenverhältnis?

28a Im Beispielsfall geht die Rückgewährung von 10.000 EUR zwar nicht über die Haftsumme hinaus. Hier besteht allerdings die Besonderheit, dass die Einlage des K um 10.000 EUR höher liegt als seine Haftsumme. Dieser Differenzbetrag kann dem K zurückgewährt werden, ohne dass seine persönliche Haftung nach § 172 IV 1 HGB wieder auflebt,[51] da seine Einlage immer noch der Haftsumme entspricht. Demnach haftet K trotz Auszahlung des Geldbetrags nicht persönlich für die Verbindlichkeiten der Gesellschaft.

29 *(3) Haftung im Insolvenzverfahren.* Nach Eröffnung des Insolvenzverfahrens über das Vermögen der KG können Gesellschaftsgläubiger die Kommanditisten für Gesellschaftsschulden nicht mehr persönlich in Anspruch nehmen, § 171 II HGB. Von dieser Vorschrift betroffen ist nur die Haftung des Kommanditisten im Außenverhältnis.[52] An die Stelle der Gläubiger tritt nach § 93 InsO der Insolvenzverwalter.[53]

d) Haftung in der „Schein-KG"

30 Vgl. zunächst zur Schein-OHG oben § 10 Rn. 43 ff. Schwerwiegende **Haftungsrisiken** für den Kommanditisten ergeben sich, wenn die noch nicht eingetragene Gesellschaft auf den Betrieb eines **Kleingewerbes**, einen land- oder forstwirtschaftlichen Betrieb oder auf die **Verwaltung eigenen Vermögens** gerichtet ist. Denn in diesen Fällen wird die KG zwingend erst mit Eintragung in das Handelsregister wirksam (§§ 2, 3, 105 II HGB i.V.m. § 161 II HGB). Die Handelsregistereintragung hat dabei rechtsbegründende Wirkung. Für die Wirksamkeit im Außenverhältnis kann somit nicht auf den (früheren) Zeitpunkt des tatsächlichen Geschäftsbeginns abzustellen sein, vgl. § 123 II HGB. Dazu schon oben Rn. 9.

---

[49] Baumbach/*Hopt*, § 172 Rn. 4; Ebenroth/Boujong/Joost/*Strohn*, § 172 Rn. 21; Beispielsfälle: *BGH* NZG 2007, 822; ZIP 2009, 1222.

[50] BGHZ 60, 324, 327 = NJW 1973, 1036, 1037; Ebenroth/Boujong/Joost/*Strohn*, § 172 Rn. 22.

[51] BGHZ 84, 383, 387 = NJW 1982, 2500; *Huber*, ZGR 1988, 1, 13; Staub/*Schilling*, § 172 Rn. 10.

[52] *K. Schmidt*, GesR, § 54 V 1 b (S. 1591).

[53] Näher Ebenroth/Boujong/Joost/*Strohn*, § 171 Rn. 91 ff.; MünchKomm-HGB/*K. Schmidt*, §§ 171, 172 Rn. 96 ff.

Beispiel: Blei und Stift wollen zusammen mit Klein als Kommanditisten einen Schreibwarenhandel betreiben, der einen in kaufmännischer Weise eingerichteten Gewerbebetrieb nicht erfordert. Nach dem Gesellschaftsvertrag sollen alle Gesellschafter zur Geschäftsführung berechtigt sein; die Haftsumme des K soll 10.000 EUR betragen. Bereits vor Eintragung kauft K mit Zustimmung von B und S bei V einen Lieferwagen für 25.000 EUR. Dabei handelt K im Namen der KG und gibt sich als deren Kommanditist aus. Kann V Zahlung des vollen Kaufpreises von K verlangen, wenn dieser seine Pflichteinlage schon erbracht hat?

Hier hat V keinen Anspruch aus § 433 II BGB i.V.m. § 171 I HGB, weil K seine Pflichteinlage schon erbracht hat. Die Haftungsnorm des § 176 HGB ist auf Kleingewerbebetriebe nicht anwendbar, § 176 I 2 HGB (oben Rn. 20). 30a

Vor Eintragung besteht allerdings eine **GbR** (oben Rn. 9), so dass sich die Haftung der Gesellschaft und ihrer Gesellschafter grundsätzlich nach den §§ 705 ff. BGB beurteilt. Die Haftung der Gesellschafter richtet sich demzufolge nach den §§ 128 ff. HGB, die für die GbR-Gesellschafter sinngemäß gelten (oben § 10 Rn. 111 ff.).[54] 31

Hier ist die nicht eingetragene Gesellschaft Dritten gegenüber jedoch **als KG in Erscheinung** getreten. Deshalb kommt nach allgemeinen Rechtsscheinsgrundsätzen auch eine unbeschränkte Haftung der Kommanditisten in Betracht.[55] Die Haftung könnte sich – bei Zustimmung der übrigen Gesellschafter zum Auftreten der Gesellschaft als KG im Rechtsverkehr – aus einer **analogen Anwendung des** § 176 I 1 HGB ergeben. Eine Anknüpfung des Rechtsscheins an den Geschäftsbeginn widerspricht jedoch dem von § 176 I 2 HGB bezweckten Schutz der Kleingewerbetreibenden vor der strengen Kommanditistenhaftung. Gegen eine analoge Anwendung des § 176 I 1 HGB spricht auch, dass der Gläubiger dann sogar besser stehen würde als bei einer wirksam entstandenen KG. Denn dann käme nur eine auf die Haftsumme beschränkte Kommanditistenhaftung in Betracht (§§ 171, 172 HGB). Eine Haftung nach Rechtsscheingrundsätzen darf jedoch grundsätzlich nicht über den Haftungsumfang hinausgehen, der bei tatsächlichem Vorliegen der Voraussetzungen gegeben wäre.[56] 32

Folgerichtig nimmt die st. Rspr. an, dass die Kommanditisten vor Eintragung im gleichen Umfang haften, wie sie nach der Eintragung haften würden.[57] Ausschlaggebend ist dementsprechend stets der **konkrete Rechtsscheintatbestand:**[58] Ist der Gesellschafter (der sich als Kommanditist in das Handelsregister eintragen lassen will) im Rechtsverkehr als persönlich haftender Gesellschafter aufgetreten, haftet er unbeschränkt nach §§ 161 II, 128 HGB. Ist dieser Gesellschafter Dritten als Kommanditist gegenübergetreten, haftet er nur unter den Voraussetzungen des § 171 HGB, in der Regel mithin beschränkt.– Im Beispielsfall zu Rn. 30 würde K grundsätzlich beschränkt i.H. v. 10.000 EUR haften. Da er seine Einlage allerdings schon erbracht hat, besteht auch dieser Anspruch nicht (vgl. § 171 I HGB). 33

---

54 Ebenroth/Boujong/Jost/Strohn/*Weipert*, § 105 Rn. 210; *Hüffer/Koch*, GesR, § 22 Rn. 48.

55 So ein Teil der Lehre: *Flume*, Die Personengesellschaft, § 16 III 5; *K. Schmidt*, GesR, § 55 II 1 a (S. 1608); *Koller*/Roth/Morck, § 176 Rn. 7.

56 *Hüffer/Koch*, GesR, § 26 Rn. 29.

57 BGHZ 61, 59, 66 = NJW 1973, 1691; BGHZ 69, 95, 98 = NJW 1977, 1683; Staub/*Schilling*, § 176 Rn. 14.

58 *Kraft/Kreutz*, E III 3 b aa.

e) Haftung bei Gesellschafterwechsel

34 *(1) Eintritt.* Der in eine bestehende Gesellschaft eintretende Kommanditist haftet für Gesellschaftsverbindlichkeiten, die zwischen seinem Eintritt und seiner Handelsregistereintragung begründet wurden (Neuverbindlichkeiten), nach § 176 II HGB grundsätzlich unbeschränkt (vgl. oben Rn. 23). Für Gesellschaftsschulden, die vor seinem Eintritt begründet wurden (Altverbindlichkeiten), richtet sich die Haftung des Kommanditisten nach § 173 HGB: Die Haftung ist beschränkt bis zur Höhe der Haftsumme, sofern die Einlage in das Gesellschaftsvermögen eingebracht ist, §§ 171, 172 HGB.

35 Der **Zeitpunkt** des Eintritts bestimmt sich danach, wann der Kommanditist im Innenverhältnis seine **Gesellschafterstellung erworben** hat.[59] Regelmäßig ist dies der Zeitpunkt des Abschlusses des Gesellschaftsvertrags. In Betracht kommen aber auch ein abgeleiteter Erwerb nach §§ 398 ff., 413 BGB[60] oder § 1922 I BGB, ferner die Umwandlung einer Komplementärbeteiligung in einen Kommanditanteil (z. B. nach § 139 HGB; oben Rn. 10 Beispiel 2). Forderungen, die vor dem Eintrittszeitpunkt begründet wurden, können gegen den Kommanditisten erst geltend gemacht werden, wenn er in das Handelsregister eingetragen ist oder die KG ihre Geschäfte mit seiner Zustimmung fortgeführt hat.[61]

36 *(2) Austritt.* Naturgemäß haftet der **ausgeschiedene Kommanditist** für zuvor begründete Gesellschaftsverbindlichkeiten nur insofern, als er die Pflichteinlage noch nicht geleistet oder durch Zahlung einer Abfindung zurückerhalten hat, §§ 171 I, 172 IV 1 HGB. Dabei ist seine **Nachhaftung** ebenso wie die des persönlich haftenden OHG-Gesellschafters nach § 160 I 2 (i. V. m. § 161 II) HGB **zeitlich begrenzt** (oben § 12 Rn. 9). Das **Ausscheiden des letzten Komplementärs** führt bei einer KG mit einem einzigen Kommanditisten zur liquidationslosen Vollbeendigung der KG unter Gesamtrechtsnachfolge des Kommanditisten. Der (frühere) **Kommanditist haftet** in diesem Fall nur mit dem **übergegangenen Vermögen.**[62]

37 *(3) Übertragung des Kommanditanteils.* Das Ausscheiden eines Kommanditisten bei gleichzeitigem Eintritt eines neuen Kommanditisten kann auch durch rechtsgeschäftliche Übertragung des Kommanditanteils nach §§ 398 ff., 413 BGB herbeigeführt werden.

Beispiel: Reich und Schön betreiben zusammen mit dem Kommanditisten Kabernossi die Reich und Schön Hundepension KG, wobei Kabernossi seine Einlage bereits in das Gesellschaftsvermögen geleistet hat. K ist mit einer Haftsumme von 10.000 EUR in das Handelsregister eingetragen. Im Dezember erwirbt R im Namen der KG von Glaub eine neue Büroeinrichtung zu einem Preis von 20.000 EUR. Das Verhältnis zwischen K und den beiden Komplementären ist schon erheblich angespannt, so dass K im darauffolgenden Januar dem Eisele seinen Gesellschaftsanteil überträgt. Die Beteiligten versäumen jedoch, den Komman-

---

[59] *Koller*/Roth/Morck, § 173 Rn. 1.
[60] Dazu oben § 12 Rn. 15, 19.
[61] In analoger Anwendung des § 123 HGB; vgl. Baumbach/*Hopt*, § 173 Rn. 6.
[62] *BGH* NZG 2004, 611; kritisch dazu Staub/*Schäfer*, § 131 Rn. 109a; ferner *Seibt*, FS Röhricht, 2005, S. 603 ff.

ditistenwechsel in das Handelsregister eintragen zu lassen. Nachdem sowohl die KG als auch Reich und Schön in Vermögensverfall geraten sind, fragt G im Februar um Rat, ob er K oder E auf Zahlung des Kaufpreises in Anspruch nehmen kann.

Die Übertragung des Kommanditanteils ist nach h. M. als Übertragung der Mitgliedschaft durch Verfügungsgeschäft zu verstehen, §§ 413, 398 BGB (vgl. oben Rn. 35). Dadurch tritt der Erwerber unmittelbar in die Rechtsstellung des Veräußerers ein. Dies hat zur Folge, dass für beide die **Haftung ausgeschlossen** ist, wenn die Einlage (Haftsumme) vollständig erbracht ist und dem Gesellschaftsvermögen weiterhin zur Verfügung steht, vgl. §§ 171 I 2. Hs., 172 IV HGB. Dabei ist es unerheblich, ob der Veräußerer oder der Erwerber die Einlage geleistet hat: Die Leistung des Veräußerers oder des Erwerbers wirkt für den jeweils anderen.[63] Sofern die Einlage von keiner Seite erbracht oder an eine der beiden Personen zurückgezahlt ist, besteht für Altschulden eine **gesamtschuldnerische beschränkte Haftung**, § 171 I 1. Hs. HGB. Für den Veräußerer gilt dabei die zeitliche Begrenzung der Nachhaftung, §§ 161 II, 160 I, 2 HGB (oben § 12 Rn. 9). 38

Der Haftungsausschluss setzt allerdings voraus, dass der Übertragungstatbestand in das Handelsregister eingetragen ist. Ein solcher – gewohnheitsrechtlich anerkannter – **Sonderrechtsnachfolgevermerk** ist erforderlich, um den Rechtsverkehr vor dem Anschein einer weiteren Kommanditbeteiligung zu bewahren.[64] Ohne Vermerk haftet der Veräußerer nach §§ 171, 172 IV HGB analog, 15 I HGB. Denn seine geleistete Einlage wirkt aufgrund der Anteilsübertragung nunmehr für den Erwerber, der sich insofern auf die Haftungsbefreiung des § 171 I 2. Hs. HGB berufen kann.[65] Nach der Neufassung des § 162 HGB im Jahre 2001 ist die Bekanntmachung der Eintragung der Übertragung eines Kommanditanteils zwar nicht mehr erforderlich. Damit kommt bei einer dennoch erfolgten Bekanntmachung § 15 HGB nicht zur Anwendung, wie in § 162 II 2 HGB klargestellt ist. Ob im Übrigen – also in Bezug auf die Eintragung – **§ 15 HGB noch anwendbar** ist oder ob der Kommanditist ggf. nur nach allgemeinen Rechtsscheingrundsätzen haftet, ist umstritten.[66] Die besseren Gründe sprechen für die Anwendbarkeit des § 15 HGB. Die Neufassung des § 162 HGB geht zurück auf BGHZ 148, 291 (NJW 2001, 3121) zur Kommanditistenfähigkeit der GbR. Der BGH hat in Bezug auf die Eintragung der GbR-Gesellschafter ausgeführt, die Anwendung des § 15 HGB sei insoweit geboten, nicht dagegen genüge die an engere Voraussetzungen gebundene allgemeine Rechtsscheinhaftung. Dass der Gesetzgeber des NaStraG davon abweichen wollte, ist der Gesetzesbegründung nicht zu entnehmen. Dafür besteht auch kein Bedürfnis. Angesichts der mittlerweile eröffneten Möglichkeit des elektronischen Registerabrufs (§ 9 HGB) hat die Bekanntmachung ohnehin an 39

---

[63] Baumbach/*Hopt*, § 173 Rn. 11; *BayObLG* BB 1983, 334.

[64] BGHZ 81, 82, 85 ff. = NJW 1981, 2747; *BGH* NZG 2006, 15 = EWiR 2006, 77 m. Anm. *Wachter*; *OLG München* NZG 2010, 1305; bemerkenswert *OLG Köln* NZG 2004, 416, 417 f., wonach der Umstand, dass das EDV-Programm der Justiz einen solchen Vermerk nicht vorsieht, dem nicht entgegensteht; ferner *Windbichler*, § 18 Rn. 23; *Friedl*, DStR 2008, 510 ff.

[65] BGHZ 81, 82, 85 ff. = NJW 1981, 2747; *Adel*, DStR 1994, 1580, 1584.

[66] Vgl. zum Folgenden Ebenroth/Boujong/Jost/*Strohn*, § 173 Rn. 18; grdl. *K. Schmidt*, ZIP 2002, 413 ff.

Bedeutung verloren.[67] Im Beispielsfall zu Rn. 37 kann G daher nur den K in Höhe der Haftsumme von 10.000 EUR in Anspruch nehmen.

40 *(4) Vertragliche Umwandlung der Gesellschafterstellung.* Vom Gesellschafterwechsel durch Übertragung des Kommanditanteils auf eine andere Person ist die vertragliche Umwandlung der Gesellschafterstellung zu unterscheiden. Eine solche **gesellschaftsrechtliche Umstrukturierung** wird dadurch herbeigeführt, dass ein Komplementär die Rechtsposition eines Kommanditisten einnimmt oder umgekehrt. Hier ändern sich nur die Haftung sowie die Mitgliedschaftsrechte des Gesellschafters, ohne Ein- bzw. Austritt.[68]

41 Die Haftung des betroffenen Gesellschafters richtet sich danach, (1) ob sich seine Rechtsstellung in die eines Kommanditisten oder Komplementärs umgewandelt hat *und* (2) ob er für eine Alt- oder Neuverbindlichkeit der Gesellschaft in Anspruch genommen wird. Die Unterscheidung zwischen Alt- und Neuverbindlichkeiten erfolgt nach dem **Zeitpunkt der Änderung der Gesellschafterstellung.** Alle Gesellschaftsschulden, die danach begründet[69] wurden, sind als **Neuverbindlichkeiten** zu verstehen. Dafür haftet der Neu-Komplementär nach §§ 161 II, 128 S. 1 HGB persönlich und unbegrenzt. § 160 III 3 HGB stellt klar, dass der Neu-Kommanditist nach den allgemeinen Vorschriften für Kommanditisten haftet (§§ 171, 172 HGB; nicht: § 176 II HGB, da kein Eintritt vorliegt).

Beispiel 1: K ist an der R&S KG als Kommanditist beteiligt. K möchte sich in Zukunft über seine Kapitaleinlage hinaus stärker an der Gesellschaft beteiligen. Zu diesem Zweck beschließen er und die Komplementäre R und S eine Änderung des Gesellschaftsvertrags, wonach K alle Rechte und Pflichten eines persönlich haftenden Gesellschafters eingeräumt werden. Wie beurteilt sich die Haftung des K für Altverbindlichkeiten?

42 Im Beispielsfall sind keine Kommanditisten mehr an der Gesellschaft beteiligt. Dadurch wandelt sich die KG mit Änderung des Gesellschaftsvertrags in eine OHG um, bestehend aus den persönlich haftenden Gesellschaftern R, S und K. Die **unbeschränkte Haftung des Neu-Komplementärs** K auch **für Altverbindlichkeiten** ergibt sich hier aus § 130 I HGB analog.[70] Diese Vorschrift ist zwar nicht unmittelbar anwendbar, da niemand in die Gesellschaft neu eingetreten ist. Eine Analogie ist aber aus Gründen des Gläubigerschutzes geboten.[71]

43 Gläubigerschutzfragen stellen sich auch in der umgekehrten Konstellation.

Beispiel 2: Gesellschafterbestand wie soeben im Beispiel zu Rn. 41. Der Anteil des S wird gesellschaftsvertraglich in eine Kommanditistenbeteiligung umgewandelt. Wie haftet S für Altverbindlichkeiten, wenn er weiterhin geschäftsführend tätig wird?

---

[67] Für Unanwendbarkeit des § 15 HGB noch *Kindler*, NJW 2001, 1678, 1691.
[68] *Kraft/Kreutz,* E III 3 e cc.
[69] Davon zu unterscheiden ist der Zeitpunkt der Fälligkeit einer Forderung.
[70] *Kraft/Kreutz,* E 3 c cc; vgl. Baumbach/*Hopt,* § 130 Rn. 2; MünchKomm-HGB/*K. Schmidt,* § 130 Rn. 3.
[71] Zum Normzweck des § 130 HGB oben § 12 Rn. 31.

43a Der **Neu-Kommanditist** S haftet lediglich für solche Altverbindlichkeiten, die innerhalb von fünf Jahren nach der Umwandlung fällig werden. § 160 III 1 HGB verweist insofern auf § 160 I HGB. An der **Nachhaftungsbegrenzung** würde auch eine eventuell vereinbarte Geschäftsführungstätigkeit des S nichts ändern, § 160 III 2 HGB.[72]

43b **Übersicht 13/2:**

Umfang der Außenhaftung des Kommanditisten

Keine Haftung	**Haftung in Höhe der Haftsumme**	**Unbeschränkte Haftung**
Einlage erbracht	Einlage nicht oder nicht vollständig erbracht oder zurückgewährt	Keine Eintragung der Haftungsbeschränkung im Handelsregister
§ 171 I Hs. 2 HGB	§§ 171 I Hs. 1, 172 HGB	§ 176 I 1, II HGB

Literaturhinweis: *Gehling*, BB 2011, 73, 78 ff. (zur Außenhaftung des Kommanditisten).

IV. Der Kommanditist im Innenverhältnis

44 Im Innenverhältnis beurteilt sich die Rechtsstellung des Kommanditisten zur Gesellschaft und den übrigen Gesellschaftern – Komplementare *und* Kommanditisten – **vorrangig** nach den Bestimmungen des **Gesellschaftsvertrags,** § 163 HGB.[73] Nur soweit der Vertrag keine Regelungen enthält, sind **subsidiär** die §§ 164–169 HGB anwendbar. Diese Sondervorschriften sind in erster Linie auf die lediglich kapitalmäßige Beteiligung und das geringere Haftungsrisiko der Kommanditisten zugeschnitten.[74] Darüber hinaus sind nachrangig die Vorschriften über die OHG (§§ 161 II, 110–122 HGB) und die GbR (§ 105 III HGB, §§ 705 ff. BGB) entsprechend anwendbar.[75]

[72] Zum – ausnahmsweise – geschäftsführenden Kommanditisten s. unten Rn. 53.
[73] Vgl. § 109 HGB für die OHG.
[74] Vgl. *Kraft/Kreutz*, E II 2 a, b.
[75] Zur Normhierarchie schon oben Rn. 1.

1. Aufwendungsersatz

45 Auch der Kommanditist hat unter den Voraussetzungen des § 110 HGB Anspruch auf Ersatz der für die Gesellschaft getätigten Aufwendungen.[76] Dies folgt aus § 161 II HGB. Dabei kommt es nicht darauf an, ob der Kommanditist geschäftsführungsbefugt ist oder nicht.[77]

Beispiel:[78] Die Reich und Schön Hundepension KG wird von ihren Gläubigern bedrängt. Die Stadtsparkasse hat gegen die Gesellschaft sogar schon einen Vollstreckungstitel erwirkt. Zur Abwendung der Zwangsvollstreckung gegen die Gesellschaft zahlt Kommanditist Kabernossi 100.000 EUR an das Kreditinstitut. Diesen Betrag kann er von der KG aus §§ 110, 161 II HGB und – gemindert um seinen eigenen Verlustanteil – von den Komplementären aus § 426 BGB analog zurückverlangen.[79]

2. Gewinn- und Verlustbeteiligung

46 Die Beitragsleistung des Kommanditisten fließt in seinen **Kapitalanteil** an der Gesellschaft, der – bei entsprechender vertraglicher Gestaltung – für das Stimmverhältnis innerhalb der Gesellschafter entscheidend ist (oben § 11 Rn. 83). Der Kapitalanteil bemisst sich nicht nach der Höhe des Beitrags, zu dessen Erbringung der Kommanditist gesellschaftsvertraglich verpflichtet ist (Pflichteinlage), sondern nach der tatsächlich erbrachten Beitragsleistung. Demgemäß besteht der Kapitalanteil nicht notwendig in einer festen Größe und kann durch nachfolgende Gewinnausschüttungen oder Verlustbeteiligungen variieren.[80] Die Haftsumme (oben Rn. 3 ff., 8) bleibt davon grundsätzlich unberührt, sofern sie nur niedriger als der jeweilige Kapitalanteil ist.

Beispiel: Die Pflichteinlage des Kommanditisten K beträgt 100.000 EUR, wovon K erst 80.000 EUR in das Gesellschaftsvermögen eingezahlt hat. K ist mit der Haftsumme von 50.000 EUR in das Handelsregister eingetragen. Der Kapitalanteil beläuft sich hier auf 80.000 EUR. Nach dem ersten Jahresabschluss verbleibt ein Verlustanteil i. H. v. 10.000 EUR. Damit verringert sich das Kapitalkonto auf 70.000 EUR. Der zweite Jahresabschluss beschert dem K einen Gewinnanteil von 30.000 EUR. Da K den Betrag auf sein Kapitalkonto gutschreiben lässt, beläuft sich sein Kapitalanteil nunmehr auf 100.000 EUR.

47 Für die **Berechnung** von Gewinn und Verlust verweist § 167 I HGB auf § 120 HGB. Insoweit ergeben sich keine Besonderheiten zur OHG (oben § 11 Rn. 44 ff.). Im Hinblick auf die **Verteilung** des **Gewinn- oder Verlustbetrags** stellt § 168 HGB für den Kommanditisten allerdings besondere Voraussetzungen auf. Danach kommt sowohl den Komplementären als auch den Kommanditisten jedenfalls ein Gewinnanteil von 4 v. H. des jeweiligen Kapitalanteils zu, § 168 I HGB. So-

---

[76] Eingehend zum Aufwendungsersatz in der Personengesellschaft oben § 11 Rn. 32 ff.

[77] *BGH* NJW-RR 2002, 455 = JuS 2003, 228 m. Anm. *K. Schmidt*; *BGH* NZG 2005, 807.

[78] Nach *BGH* NJW-RR 2002, 455 (vorige Fn.).

[79] Unmittelbar findet § 426 BGB keine Anwendung, da der Kommanditist im Außenverhältnis gerade nicht als Gesamtschuldner gegenüber den Gesellschaftsgläubigern haftet, vgl. *BGH* NJW-RR 2002, 455, 456. Kritisch im Hinblick auf die Analogie zu § 426 BGB – und stattdessen einen Anspruch aus § 670 BGB befürwortend – *K. Schmidt*, JuS 2003, 230 f.

[80] Zu den Kapitalkonten oben § 11 Rn. 44 ff.

weit der Gewinn der KG über diesen Betrag hinausgeht oder – umgekehrt – ein Verlust ausgeschrieben ist, bestimmt sich der Anteil daran nach einem angemessenen Verhältnis der Kapitalanteile, § 168 II HGB. Eine frühere zulässige Gewinnauszahlung bleibt von späteren Verlusten unberührt, § 169 II HGB. Folglich besteht dann kein Anspruch der KG gegen den Kommanditisten auf Rückzahlung des Gewinns.

Ein etwaiger **Gewinn kann dem Kapitalanteil** des Kommanditisten nur insoweit 48
zugeschrieben werden, als die Höhe der Pflichteinlage noch nicht erreicht ist, § 167 II HGB.[81] Soweit die Pflichteinlage überschritten ist, kann sich der Kommanditist den Geldbetrag nur auszahlen oder auf einem Sonderkonto als Darlehen für die KG verbuchen lassen, vgl. § 169 II HGB. Damit kann der Kommanditist seinen Kapitalanteil über die Pflichteinlage hinaus im Verhältnis zu den Komplementären nicht erhöhen. Diese Möglichkeit besteht nur für die Komplementäre, die dadurch die Stimmverhältnisse innerhalb der KG auf Dauer zu ihren Gunsten beeinflussen können. Daher ist in Gesellschaftsverträgen in aller Regel neben einem festen Kapitalkonto ein Sonderkonto vorgesehen, auf dem die Gewinne der Gesellschafter zu verbuchen sind.[82]

Beispiel: Kommanditist K hat seine Pflichteinlage von 100.000 EUR vollständig eingebracht. Nach einem Jahr entfällt auf ihn ein Gewinnanteil i.H. v. 20.000 EUR. K kann sich diesen Betrag entweder auszahlen lassen oder auf einem Sonderkonto als Darlehen für die Gesellschaft verbuchen lassen.

Hinsichtlich der **Auszahlung von Gewinnanteilen** erklärt § 169 I 1 HGB die 49
Vorschrift des § 122 HGB für nicht anwendbar. Daher ist der Kommanditist im laufenden Geschäftsjahr **nicht zur Entnahme** von Geldbeträgen aus der Gesellschaftskasse **berechtigt.** Er hat lediglich nach Abschluss eines Geschäftsjahres einen Anspruch auf Auszahlung des ihm zustehenden Gewinns, § 169 I 2 1. Hs. HGB. Ein Gewinnanspruch besteht aber solange nicht, wie das Kapitalkonto[83] hinter der geleisteten Einlage (nicht der Pflichteinlage) infolge früherer Verluste zurückbleibt oder durch die Gewinnauszahlung zurückbliebe. Die geleisteten Beiträge sollen im Gesellschaftsvermögen verbleiben, da nur sie die Haftungsbefreiung des Kommanditisten rechtfertigen.[84]

Beispiel: Kommanditist K hat von seiner Pflichteinlage i. H.v. 100.000 EUR bereits 80.000 EUR eingezahlt. Im ersten Jahr ihres Bestehens schreibt die KG Verluste, von denen K 30.000 EUR zu tragen hat. Sein Kapitalkonto verringert sich dementsprechend auf 50.000 EUR. Nach dem zweiten Jahresabschluss beläuft sich der Gewinnanteil des K auf 20.000 EUR, den er sich auszahlen lassen will. Da hier noch 10.000 EUR fehlen, damit das variable Kapitalkonto mit der geleisteten Einlage übereinstimmt, hat K keinen Anspruch auf die Auszahlung seines Gewinnanteils; dieser ist zwingend dem Kapitalkonto zuzuführen. In der GmbH & Co. KG (Rn. 7) kann sich außerdem eine Rückerstattungspflicht für Kommanditisten analog §§ 30, 31 GmbHG ergeben.[85]

---

[81] Anders hingegen für die OHG-Gesellschafter bzw. die Komplementäre nach § 120 II HGB (i.V.m. § 161 II HGB).
[82] Oben § 11 Rn. 44.
[83] Gemeint ist hier das variable Kapitalkonto II, vgl. dazu erneut oben § 11 Rn. 44.
[84] *Kraft/Kreutz,* E II 2 d.
[85] Näher *Gehling,* BB 2011, 73, 76 f.; zu §§ 30, 31 GmbHG unten § 15 Rn. 30 ff.

3. Kompetenzverteilung

50 Die Komplementäre führen die Geschäfte der KG. Die **Kommanditisten** sind **von der Geschäftsführung ausgeschlossen** und können Geschäftsführungsmaßnahmen der Komplementäre im Grundsatz nicht widersprechen, § 164 S. 1 HGB.[86] Denn nur wer haftet, soll auch herrschen. Zugleich mahnt die persönliche Haftung von Unternehmensleitern diese zur Vorsicht bei allen unternehmerischen Entscheidungen, insbesondere bei der Eingehung von Gesellschaftsverbindlichkeiten.[87] Dieser Verhaltensanreiz besteht für den Kommanditisten wegen der mit seiner Stellung verbundenen Haftungsbeschränkung (§ 171 HGB) nicht.

51 Die Grundregel des § 164 S. 1 HGB erfährt freilich eine Reihe von **Einschränkungen.** So bleibt dem Kommanditisten die Mitwirkung an den sog. **Grundlagengeschäften** möglich.[88] Unberührt bleibt auch das Recht der Kommanditisten, im Wege der Prozessstandschaft für die Gesellschaft gegen pflichtwidrige Geschäftsführungsmaßnahmen zu klagen. Denn das Recht zur **„actio pro socio"** entsteht unmittelbar aus der Mitgliedschaft und dient dem Minderheitenschutz.[89] Ausnahmsweise können die Kommanditisten **ungewöhnlichen Geschäftsführungsmaßnahmen** der Komplementäre **widersprechen** (§ 164 S. 1 a. E. HGB: „es sei denn, […]"). Die ganz h. M. dehnt dieses Widerspruchsrecht im Einklang mit § 116 II HGB auf ein alle Gesellschafter einschließendes **Zustimmungserfordernis** aus, da anderenfalls eine wirksame Ausübung des Widerspruchsrechts nicht möglich wäre.[90]

52 Die wichtigsten Abweichungen von der in § 164 HGB normierten Regel folgen aus der **Vertragsfreiheit** (§ 163 HGB; oben Rn. 44), und zwar sowohl im Sinne einer Begrenzung wie auch einer Stärkung der gesetzlichen Kommanditistenrechte. So kann selbst das Zustimmungsrecht der Kommanditisten für außergewöhnliche Geschäftsführungsmaßnahmen (oben Rn. 51) vollständig ausgeschlossen sein.[91] Unzulässig ist die Einschränkung nur, soweit ein Eingriff in den Kernbereich der Kommanditistenrechte vorliegt. Des Weiteren sind auch die Mitentscheidung bei Grundlagengeschäften sowie das Recht zur actio pro socio im Hinblick auf pflichtwidrig unterlassene Maßnahmen der Geschäftsführung unentziehbar.[92]

53 Eine vertragliche Stärkung der Kommanditistenrechte kann so weit gehen, dass dem Kommanditisten die Befugnis zur Geschäftsführung eingeräumt wird. Für

---

[86] Vgl. § 711 BGB (§ 115 I 2. Hs. HGB) für die Gesellschafter einer GbR (OHG).

[87] Vgl. schon Rn. 14.

[88] Zum Begriff der Grundlagengeschäfte oben § 11 Rn. 65; BGHZ 76, 160, 164 = NJW 1980, 1463; Ebenroth/Boujong/Joost/Strohn/*Weipert,* § 164 Rn. 10 f.; *Koller*/Roth/Morck, § 164 Rn. 4; nach BGHZ 132, 263, 266 = NJW 1996, 1678 sind für die Aufstellung des Jahresabschluss allein die geschäftsführenden Gesellschafter zuständig, während Entscheidungen über die Ergebnisverwendung und die Feststellung des Jahresabschlusses Grundlagengeschäfte darstellen, die mithin alle Gesellschafter betreffen.

[89] Baumbach/*Hopt,* § 164 Rn. 1, § 109 Rn. 32. Zur actio pro socio oben § 11 Rn. 55 ff.

[90] RGZ 158, 302, 305 f.; Baumbach/*Hopt,* § 164 Rn. 2; Staub/*Schilling,* § 164 Rn. 5; *Hüffer/Koch,* GesR § 25 Rn. 7; *Kraft/Kreutz,* E II 2 a.

[91] BGHZ 20, 363, 368 = NJW 1956, 1198; BGHZ 119, 346, 357 = NJW 1993, 1265; Baumbach/*Hopt,* § 164 Rn. 6.

[92] Ebenroth/Boujong/Joost/Strohn/*Weipert,* § 164 Rn. 16.

den **geschäftsführenden Kommanditisten** gelten insoweit die 110 ff. HGB.[93] Darin liegt kein Verstoß gegen den Grundsatz der Selbstorganschaft (oben Rn. 14 ff.), weil die Erteilung der Geschäftsführungsbefugnis auf die Rechtsstellung des Kommanditisten als Gesellschafter zurückgeht; die Ausübung der Geschäftsführung ist dementsprechend als Teil seines Gesellschafterbeitrags zu verstehen.[94] Eine Entziehung ist nur durch Änderung des Gesellschaftsvertrags oder nach § 117 HGB durch gerichtliche Entscheidung möglich.[95] Von einer unzulässigen Drittorganschaft ist selbst dann nicht auszugehen, wenn nach dem Gesellschaftsvertrag der oder die Kommanditisten allein zur Geschäftsführung berechtigt und die Komplementäre davon ausgeschlossen sind.[96] Zur Haftung des geschäftsführenden Kommanditisten („Rektor"-Fall) s. oben Rn. 18.

4. Treuepflicht

54 Das **Wettbewerbsverbot** mit dessen Rechtsfolgen (§§ 112, 113 HGB) ist auf die Kommanditisten **nicht anwendbar,** § 165 HGB. Sie unterliegen lediglich der **allgemeinen gesellschaftsrechtlichen Treuepflicht** (oben § 11 Rn. 13 ff.). Sofern ein Kommanditist mit der Geschäftsführung betraut ist oder in sonstiger Weise maßgeblich auf diese Einfluss nehmen kann (z. B. durch besondere Weisungs- oder Überwachungsrechte), besteht für ihn wegen der damit strukturell vorhandenen Interessenkollision gleichwohl ein Wettbewerbsverbot aus dem Rechtsgedanken des § 112 HGB.[97] Abweichende Vereinbarungen sind auch hier – in beide Richtungen – möglich, § 163 HGB.

5. Unterrichtungs- und Überwachungsrechte

55 Die Vorschrift des § 166 HGB regelt die Unterrichtungs- und Überwachungsrechte der Kommanditisten gegenüber der Gesellschaft. Nach § 166 II HGB stehen die den persönlich haftenden Gesellschaftern in § 118 HGB eingeräumten Überwachungsrechte den Kommanditisten nicht zu.[98] Dies erscheint auf den ersten Blick nur schwer verständlich, da § 118 HGB auch auf die nicht geschäftsführenden OHG-Gesellschafter anwendbar ist. Wegen des Fehlens der Geschäftsführungsbefugnis ist dieser Personenkreis mit den Kommanditisten durchaus vergleichbar (oben Rn. 50). Die Rechtsposition der beiden Gesellschaftergruppen unterscheidet sich wesentlich jedoch insoweit, als die Kommanditisten nur be-

---

[93] Lediglich § 114 II HGB – wonach die übrigen Gesellschafter von der Geschäftsführung grundsätzlich ausgeschlossen sind – ist nicht anwendbar, da kein Fall des § 114 I HGB vorliegt: In der KG sind gerade nicht alle Gesellschafter zur Geschäftsführung berechtigt und verpflichtet.

[94] BGHZ 17, 394 = NJW 1955, 1394; Baumbach/*Hopt,* § 164 Rn. 7.

[95] *BGH* NZG 2005, 33; Baumbach/*Hopt,* § 164 Rn. 7.

[96] Die Komplementäre bleiben dagegen weiterhin zwingend im Außenverhältnis vertretungsberechtigt, vgl. § 170 HGB; BGHZ 51, 198, 201 = NJW 1969, 507; Ebenroth/Boujong/Joost/Strohn/*Weipert,* § 164 Rn. 4, 19. Vgl. aber oben Rn. 14 ff. zur rechtsgeschäftlich begründbaren Vertretungsmacht des Kommanditisten.

[97] BGHZ 89, 162, 166 = NJW 1986; *BGH* NJW 2002, 1046, 1047; *Löffler*, NJW 1986, 223 ff.; *Müller*, NJW 2007, 1724 ff.; Baumbach/*Hopt,* § 165 Rn. 3.

[98] Z. B. das allgemeine Büchereinsichtsrecht; näher § 11 Rn. 90 ff.

schränkt persönlich haften und lediglich ein vermögensbezogenes Interesse an den laufenden Geschäften der Gesellschaft haben.[99] Umfassender Unterrichtungs- und Überwachungsrechte bedürfen sie daher grundsätzlich nicht.

56 Das **ordentliche Unterrichtungs- und Überwachungsrecht** des Kommanditisten nach § 166 I HGB beschränkt sich auf eine abschriftliche **Mitteilung des Jahresabschlusses** und die Gelegenheit zur Prüfung von dessen Richtigkeit unter Einsicht der Bücher und Papiere. Daneben haben die Kommanditisten bei Vorliegen wichtiger Gründe ein **außerordentliches Unterrichtungsrecht**, das gerichtlich geltend zu machen ist und über die Prüfung des Jahresabschlusses hinausgeht, § 166 III HGB.[100] Die h. L. erkennt ferner **bei wichtigen Abstimmungen** ein **allgemeines Unterrichtungsrecht** des Kommanditisten an.[101] Denn § 166 HGB schränke das Unterrichtungsrecht in diesen Fällen übermäßig ein und trage dem Informationsinteresse des Kommanditisten nur unzureichend Rechnung.[102]

57 Neben den individuellen Unterrichtungsrechten des Kommanditisten besteht ein **kollektives Unterrichtungsrecht** aus §§ 161 II, 105 III HGB, 713, 666 BGB. Dieses kann der Kommanditist im Wege der **actio pro socio** für die Gesellschaft gegenüber dem geschäftsführenden Gesellschafter geltend machen.[103]

58 Die Unterrichtungsrechte des Kommanditisten sind grundsätzlich abdingbar, § 163 HGB. Eine Erweiterung durch Gesellschaftsvertrag ist bedenkenlos zulässig. Eine **Einschränkung des ordentlichen Unterrichtungsrechts** (§ 166 I HGB) ist nur insoweit möglich, als dessen **Kernbereich** nicht beeinträchtigt ist. Denn hierbei handelt es sich um ein wesentliches Instrument des Minderheitenschutzes.[104] Eine vollständige Entziehung kommt ohne Zustimmung des Kommanditisten nur aus wichtigem Grund oder unter Beachtung des Verhältnismäßigkeitsgrundsatzes in Betracht.[105] Das **außerordentliche Unterrichtungsrecht** ist hingegen **unbeschränkbar.** Es besteht auch dann in vollem Umfang weiter, wenn das ordentliche Unterrichtungsrecht aus § 166 I HGB eingeschränkt ist.[106]

---

[99] Ebenroth/Boujong/Joost/Strohn/*Weipert,* § 166 Rn. 2, 3.

[100] Ein wichtiger Grund ist namentlich bei Verdacht einer unredlichen oder klar unzweckmäßigen Geschäftsführung gegeben, näher MünchKomm-HGB/*Grunewald,* § 166 Rn. 30; Beispielsfälle: *BayObLG* NZG 2003, 25; *OLG Hamm* DB 2005, 2683 (Gefährdung der Gesellschafterrechte als wichtiger Grund).

[101] Wie z. B. bei Änderungen des Gesellschaftsvertrags, Grundlagengeschäften oder Abstimmungen über außergewöhnliche Geschäfte i. S. des § 164 S. 1 HGB.

[102] *K. Schmidt,* GesR, § 53 III 3 b; *Goerdeler,* FS Kellermann, 1991, S. 77 ff.; Baumbach/*Hopt,* § 166 Rn. 11; a. A. *Schlegelberger/Martens* § 166 Rn. 23; offengelassen in *BGH* NJW 1992, 1890, 1891.

[103] *K. Schmidt,* GesR, § 53 III 3 a; Baumbach/*Hopt,* § 166 Rn. 12; offengelassen in *BGH* NJW 1992, 1890, 1891.

[104] Vgl. *BGH* NJW 1989, 225 = JuS 1989, 328 m. Anm. *K. Schmidt*; *Koller*/Roth/Morck, § 166 Rn. 7; Baumbach/*Hopt,* § 166 Rn. 18.

[105] Unzulässig ist der vollständige Entzug des Unterrichtungsrechts wegen erlaubter Tätigkeit für ein Konkurrenzunternehmen, da hier kein wichtiger Grund vorliegt, vgl. *BGH* NJW 1995, 194 = JuS 1995, 267 m. Anm. *K. Schmidt.*

[106] *K. Schmidt,* GesR § 53 III 3 d; *Koller*/Roth/Morck, § 166 Rn. 5, 7; *OLG Hamm* BB 1970, 509.

V. Treuhänderisch gehaltene Kommanditbeteiligungen

Wird der Kommanditanteil treuhänderisch begründet oder an einen Treuhänder abgetreten, so wird allein der Treuhänder mit allen Rechten und Pflichten Gesellschafter. Der **Treugeber** ist **nur wirtschaftlich an der Gesellschaft beteiligt,** da der Treuhänder im eigenen Namen – wenn auch für Rechnung des jeweiligen Kapitalanlegers – handelt. Anders liegt es bei der Einräumung echter Gesellschafterrechte im Innenverhältnis. Entgegen der Rechtsprechung des BGH[107] ist der Treugeber hier echter Gesellschafter und damit der Kommanditistenhaftung unterworfen, z. B. bei Einlagenrückgewähr in den Fällen des § 172 IV HGB.[108] Dazu auch oben Rn. 13 und § 10 Rn. 115 ff. 59

VI. Änderungen im Gesellschafterbestand und Beendigung der Gesellschaft

Beim Gesellschafterwechsel wie auch hinsichtlich der Auflösung und Beendigung der KG findet im Prinzip OHG-Recht Anwendung (§161 II HGB).[109] Allerdings sind beim Gesellschafterwechsel einige Besonderheiten des KG-Rechts zu beachten. Dies gilt für vier Fallgestaltungen (Beitritt, Ausscheiden, Übertragung der Mitgliedschaft, Erbfall).[110] 60

1. Beitritt

Der Beitritt eines neuen Gesellschafters erfolgt – wie bei GbR und OHG – als Vertragsänderung. Allerdings muss ein neuer Kommanditist deklaratorisch nach § 162 III HGB in das Handelsregister eingetragen werden. Die Haftung des Beitretenden als Kommanditist richtet sich nach §§ 173, 176 II HGB (oben Rn. 23, 43). 61

Beispielsfall: Annahme der Beitrittserklärung durch den persönlich haftenden Gesellschafter als Bevollmächtigtem der übrigen Gesellschafter (*BGH* NZG 2011, 551).

2. Ausscheiden

Das Ausscheiden von Gesellschaftern unterliegt wiederum OHG-Recht (oben Rn. 36). Zu beachten ist § 172 IV HGB: Erhält ein ausscheidender Kommanditist eine **Abfindung von der Gesellschaft,** so ist dies im Sinne der genannten Vorschrift als **Einlagenrückgewähr** zu werten. Das hat zur Folge, dass die Außenhaftung der Kommanditisten gegenüber den Gläubigern der KG wieder aufhebt. § 172 IV 62

---

107 Zuletzt BGHZ 178, 271 = NZG 2009, 57; *BGH* WM 2009, 1225.
108 *Kindler*, FS K. Schmidt, 2009, S. 871 ff.; *ders.*, ZIP 2009, 1146 ff. (str.).
109 Dazu ausführlich oben § 12.
110 Näher *Grunewald*, 1C 54 ff.

HGB schützt allerdings nur solche Gläubiger, die vor der Eintragung des Ausscheidens der Kommanditisten (§ 162 III HGB) Gläubiger der KG geworden sind.

3. Übertragung der Kommanditbeteiligung

63 Die Übertragung der Kommanditbeteiligung unterliegt grds. OHG-Recht (§ 161 II HGB; dazu oben § 12 Rn. 19). Verkauft der Kommanditist, seinen Anteil an einen Dritten, so erhält er dafür eine Gegenleistung (§ 433II BGB). Darin liegt keine Einlagenrückgewähr i. S. des § 172 IV HGB. Denn der Kaufpreis erhält der Kommanditist nicht aus dem Vermögen der KG, sondern von dem Dritten. Der Schutz der KG-Gläubiger ist hier nicht berührt.

4. Erbfall

64 Beim Tod eines Gesellschafters kommt es auf die Natur seiner Beteiligung an. War der Gesellschafter Komplementär, so gilt insoweit OHG-Recht (oben § 12 Rn. 20 ff.). Beim **Tod eines Kommanditisten** greift **§ 177 HGB** ein. Danach wird die KG, falls nichts anderes vereinbart ist, mit den Erben fortgesetzt. Diese Vorschrift führt zu demselben Ergebnis wie eine Nachfolgeklausel in der OHG oder GbR (dazu oben § 12 Rn. 24 ff.). Praktisch bedeutsam sind Fälle, in denen der Kommanditist in seinem Testament eine sog. **Dauertestamentsvollstreckung** angeordnet hat (§§ 2197 ff., 2209 BGB). Die damit verbundene fürsorgliche Bevormundung seines/seiner Erben wird der Kommanditist meist aus Misstrauen im Hinblick auf dessen/deren unternehmerische Befähigung angeordnet haben. Aus **Gläubigersicht** ist hier von Bedeutung, dass der der Testamentsvollstreckung unterliegende Kommanditanteil während der Dauer der Testamentsvollstreckung nur den Nachlassgläubigern, nicht auch den Eigengläubigern der Gesellschafter-Erben als Haftungsmasse dient (§ 2214 BGB). Auch der **Rechtsverkehr** ist durch die Testamentsvollstreckung berührt, weil der Testamentsvollstrecker nicht berechtigt ist, die Haftsumme der Kommanditisten-Erben zu erhöhen; damit würde er seine Vertretungsbefugnis überschreiten. Die beiden genannten Gesichtspunkte (Gläubigerschutz, Verkehrschutz) rechtfertigen es, auf Antrag des Testamentsvollstreckers einen **Testamentsvollstreckervermerk** in das Handelsregister einzutragen.[111] Der Testamentsvollstreckervermerk ist mithin eine praeter legem eintragungsfähige Tatsache (näher § 3 Rn. 7).

Fragen:

1. Welchen gesetzlichen Vorschriften unterliegt die KG? (Rn. 1)
2. Wer besitzt die Kaufmannseigenschaft: die KG, die persönlich haftenden Gesellschafter, die Kommanditisten? (Rn. 1)
3. Was sind aus der Sicht der Gesellschafter die Vorzüge einer „GmbH & Co. KG"? (Rn. 7)

---

[111] *BGH* ZIP 2012, 623 Tz. 15–21 = DStR 2012, 866.

4. Weshalb schließt das Gesetz die Kommanditisten von Geschäftsführung und Vertretung der KG aus? (Rn. 14, 50)
5. Besteht trotz § 170 HGB die Möglichkeit, einem Kommanditisten Vertretungsmacht für die Gesellschaft einzuräumen? (Rn. 15)
6. Weshalb gibt es bei der kleingewerblichen und der vermögensverwaltenden KG keine Kommanditistenhaftung vor der Handelsregistereintragung (vgl. § 176 I HGB)? (Rn. 20)
7. Für welche Gesellschaftsverbindlichkeiten haftet der eintretende Kommanditist? (Rn. 34)
8. Wie erfährt das Publikum von der Übertragung des Kommanditanteils durch Abtretung (§§ 398 ff., 413 BGB)? (Rn. 37 ff.)
9. Das Stimmrecht des Kommanditisten bemisst sich nach dem Kapitalanteil, das der persönlich haftenden Gesellschafter nach Köpfen. Richtig oder falsch? (Rn. 46)
10. Schildern Sie Inhalt und Durchbrechungen des in § 164 S. 1 HGB enthaltenen Grundsatzes! (Rn. 50 ff.)
11. Warum liegt beim Verkauf einer Kommanditbeteiligung keine Einlagenrückgewähr vor? (Rn. 63)

2. Teil. Gesellschaft mit beschränkter Haftung

§ 14. Errichtung und Rechtsfähigkeit

I. Grundlagen

1. Tatsächliche Verbreitung und Ansehen der GmbH

1 Vgl. zur geschichtlichen Entwicklung zunächst oben § 9 Rn. 31–33. Die **GmbH** ist – was ihre tatsächliche Verbreitung anbetrifft – eine äußerst **erfolgreiche Rechtsform.** In Deutschland gibt es derzeit (1.1.2012) 1.071.908 Gesellschaften mbH.[1] Die Beliebtheit der GmbH ergibt sich aus einer Reihe von Vorzügen, die – aus der Sicht der Gründer – für diese Unternehmensform sprechen. So ermöglicht die GmbH im Vergleich zu den Personenhandelsgesellschaften und zum Einzelkaufmann die Fremdorganschaft (§ 6 III 1 GmbHG) und die Haftungsbeschränkung (§ 13 II GmbHG).[2] Durch die Haftungsbeschränkung wird es den Gesellschaftern ermöglicht, unternehmerische Risiken einem von ihnen geschaffenen Rechtssubjekt zuzuordnen und – jedenfalls grundsätzlich –[3] auf die Gläubiger abzuwälzen. Im Vergleich zur Aktiengesellschaft liegt der Vorteil aus Sicht der Gründer darin, dass die Gesellschafterversammlung eine ungleich stärkere Stellung besitzt als die Hauptversammlung in der AG. In der GmbH kann die Gesellschafterversammlung den Geschäftsführer bestellen und abberufen (§ 46 Nr. 5 GmbHG) und ihm Weisungen erteilen (§ 37 I GmbHG). Zudem hat der einzelne Gesellschafter weitreichende und zwingende Auskunfts- bzw. Einsichtsrechte (§ 51a GmbHG). Die GmbH ist im Vergleich zur AG auch kostengünstiger, da das Mindestkapital nur 25.000 EUR und nicht 50.000 EUR beträgt, und zudem ein Aufsichtsrat als drittes Gesellschaftsorgan nicht verpflichtend ist (soweit dies nicht durch die Mitbestimmungsgesetze anderweitig festgelegt ist). Da es in der GmbH keinen Grundsatz der „Satzungsstrenge" (vgl. § 23 V AktG) gibt, besteht größere Gestaltungsfreiheit für die Berücksichtigung der Bedürfnisse und Pläne der Gesellschafter bei der Abfassung der Satzung (§ 45 II GmbHG). Und schließlich ermöglicht es die im Vergleich zur AG geringere Vermögensbindung, die Rücklagen der GmbH jederzeit aufzulösen und auszuschütten (vgl. § 30 GmbHG und § 57 AktG).

---

[1] Zahlen bei *Kornblum*, GmbHR 2012, 728, 729; weitere Angaben zu sonstigen Rechtsformen oben § 9 Rn. 2; zur aktuellen Rechtsprechung *Veil/Wildhirth*, BB 2012, 1871 ff.

[2] Weil die GmbH mit *ihrem* Vermögen unbeschränkt haftet (§ 13 I, II GmbHG), ist die Bezeichnung „Gesellschaft mit beschränkter Haftung" streng genommen irreführend. Nicht die Gesellschaft, sondern ihre Gesellschafter haften beschränkt, und zwar auf Erfüllung ihrer Einlagen- und Nebenverpflichtungen.

[3] Zur Gesellschafterhaftung in der GmbH unten Rn. 53 ff., 84 ff.

2 Leider werden die geschilderten Gestaltungsvorteile häufig zum **Nachteil der Gläubiger** der GmbH wahrgenommen. Dies hat der GmbH eine gewisse Geringschätzung im Volksmund eingebracht, wie die geläufigen Übersetzungen des Kürzels „GmbH" belegen: Gesellschaft mit beschränkter Hochachtung, mit besonderen Hintergedanken, mit bedenklichem Hintergrund, oder auch „Gehste mit, biste hin". Dem entspricht die Bankenpraxis. Bei der Gewährung von Gesellschaftskrediten werden in aller Regel Bürgschaften der Gesellschafter verlangt, und die Rspr. hat dafür jedes Verständnis: Die Grundsätze zur Beurteilung der Sittenwidrigkeit von Bürgschaften anhand des Missverhältnisses zwischen dem Verpflichtungsumfang und der finanziellen Leistungsfähigkeit des Bürgen gelten nicht für Bürgschaftserklärungen von GmbH-Gesellschaftern für Verbindlichkeiten der GmbH.[4] Zur Bekämpfung des Missbrauchs der GmbH – zugleich aber zur Steigerung von deren Attraktivität im Vergleich zu EU-ausländischen Gesellschaftsformen (vgl. oben § 9 Rn. 27) – wurde am 23.10.2008 das **Gesetz zur Modernisierung des GmbH-Rechts und zur Bekämpfung von Missbräuchen** („**MoMiG**") verabschiedet.[5]

2a Die **Eckpunkte des MoMiG** sind u. a.: die Erleichterung der Einmann-Gründung, die Zulassung einer Verlegung des Verwaltungssitzes in das Ausland, der gutgläubige Erwerb von Geschäftsanteilen, die Zulassung verdeckter Sacheinlagen, die Lockerung der Kapitalbindung, die Regelung der Gesellschafterdarlehen im Insolvenzrecht, die Angabe einer zustellungsfähigen inländischen Geschäftsanschrift, eine Verschärfung der persönlichen Voraussetzungen für die Bestellung zum Geschäftsführer und der Masseschmälerungstatbestände sowie der Insolvenzantragspflicht. Auf diese Einzelaspekte wird nachfolgend im Sachzusammenhang eingegangen.

---

[4] *BGH* NJW 2003, 967, 968; s. a. BGHZ 165, 12 = NJW 2006, 996 Tz. 24 und oben § 7 Rn. 78.

[5] Gesetz v. 23.10.2008, BGBl. I S. 2026; RegE mit Begr. in BT-Drs. 16/6140; zum MoMiG statt aller *Kindler*, NJW 2008, 3249 ff.; *ders.*, FS Buchner, 2009, S. 426 ff.; zu examensrelevanten Problemen des MoMiG *ders.*, ZJS 2008, 578 ff. (unter www.zjs-online.com); zu internationalen Aspekten *ders.*, IPRax 2009, 189 ff. ; umfassend Goette/Habersack (Hrsg.), Das MoMiG in Wissenschaft und Praxis, 2009; Römermann/Wachter (Hrsg.), GmbH-Beratung nach dem MoMiG, GmbHR-Sonderheft Oktober 2008; Materialien in Seibert (Hrsg.), Gesetz zur Modernisierung des GmbH-Rechts und zur Bekämpfung von Missbräuchen, RWS-Dokumentation 23, 2009.

2b

Übersicht 14/1: Regelungsziele und Regelungsinhalte des MoMiG auf einen Blick

Erstes Regelungsziel: Erhöhung der Attraktivität der GmbH

Erleichterung der Gründung:
- Mustersatzung (§§ 2 Ia, 7 II)
- ausl. Verwaltungssitz zulässig (§ 4a)
- 1 EUR-„Unternehmergesellschaft“ (§ 5a)
- keine SiLeistung mehr bei 1-Mann-Gründung (§ 7 II)
- ör. Genehmigung kein Eintragungserfordernis mehr (§ 8 I)
- Zivilr. Wirksamkeit verdeckter Sacheinlagen (§ 19 IV)
- Zivilr. Wirksamkeit des Hin- Herzahlens (§ 19 V)

Laufender Betrieb:
- Gesellschafterliste schafft Transparenz (§ 16 I, II)
- Gutgl. Geschäftsanteilserwerb (§ 16 III)
- Cash-Pooling o. Kapitalbindung (§ 30)
- Vereinfachungen bei Gter-Darlehen (§§ 39, 135, 143 InsO-E)

Zweites Regelungsziel: Bekämpfung von Missbräuchen

- verschärfte persönliche Anforderungen an Geschäftsführer (§ 6 II)
- Zustellungserleichterung durch „inländische Geschäftsanschrift“ (§§ 8 IV Nr. 1, 10, 35 II)
- Erstreckung des Zahlungsverbots in der Krise auf Leistungen an Gter (§ 64 S. 3)
- Insolvenzantragspflicht der Gesellschafter bei Führungslosigkeit (§ 15a III InsO)

* §§ o. Bezeichnung sind solche des GmbHG i. d. F. des MoMiG.

2. Äußerer Ablauf der Gesellschaftsgründung

3 **Ziel** des Gründungsverfahrens ist es, die Entstehung der Gesellschaft als Rechtsfolge der **Eintragung in das Handelsregister** (vgl. § 11 I GmbHG) herbeizuführen. Die Eintragung erfolgt, wenn die Gesellschaft ordnungsgemäß errichtet und angemeldet wurde (§ 9c I 1 GmbHG). Sofern keine Einmanngründung erfolgen soll, beginnt das Verfahren mit Verabredung einer sogenannten **Vorgründungsgesellschaft** durch die späteren GmbH-Gesellschafter. Dabei handelt es sich regelmäßig um eine GbR, deren Zweck allein auf die Gründung einer GmbH gerichtet ist, und die daher mit Feststellung des GmbH-Gesellschaftsvertrags infolge Zweckerreichung endet (§§ 705, 726 BGB). Mit Abschluss des notariell beurkundeten Gesellschaftsvertrags (§ 2 I GmbHG) ist die Gründung erfolgt. Damit besteht die Gesellschaft als solche freilich noch nicht (§ 11 I GmbHG), sondern lediglich als sog. **Vorgesellschaft** (auch Gründungsgesellschaft oder GmbH i.G.). Nach Bestellung der Geschäftsführer (§ 6 GmbHG) und Leistung der Einlagen (§ 7 II GmbHG) ist die Gesellschaft von den Geschäftsführern beim Handelsregister anzumelden (§§ 7 I, 8, 78 GmbHG). Dabei haben die Geschäftsführer ihre Unterschriften bei Gericht zu hinterlegen und ihre Vertretungsbefugnisse zu benennen (§ 8 IV, V GmbHG). Der Anmeldung sind die in § 8 I GmbHG aufgeführten Unterlagen beizufügen (Gesellschaftsvertrag, Bestellung der Geschäftsführer, Gesellschafterliste, bei Sacheinlagen Unterlagen hierzu sowie Nachweise zu deren Wert). Das auf die Geschäftsanteile Geleistete muss endgültig zur freien Verfügung der Geschäftsführer stehen (§ 8 II 1 GmbHG). In der Anmeldung sind nach § 8 IV GmbHG ferner eine inländische Geschäftsanschrift (§ 15a HGB) sowie Art und Umfang der Vertretungsbefugnis der Geschäftsführer (§ 35 GmbHG) anzugeben. Bei ordnungsgemäßer Errichtung und Anmeldung wird die GmbH in das **Handelsregister eingetragen** (§ 9c GmbHG). Dies setzt u. a. voraus:[6] die Wirksamkeit des Gesellschaftsvertrages (§§ 2, 3 GmbHG), die ordnungsgemäße Bestellung der Organe (§ 6 GmbHG), die ordnungsgemäße Vertretung der Gründer; eine zulässige Firma (§§ 18f. HGB), die gesetzmäßige Kapitalaufbringung (§ 7 II, III GmbHG). Die **Bekanntmachung** der Gründung erfolgt nach § 12 S. 1 GmbHG im elektronischen Bundesanzeiger.[7] Allg. zum Eintragungsverfahren beim Handelsregister oben § 3 Rn. 1 ff.

---

[6] Vgl. Staub/*Koch*, § 8 Rn. 96 ff.; instruktiv: *OLG München* ZIP 2010, 2348 (enge Auslegung der Eintragungsversagungsgründe des § 9c GmbHG).

[7] Vgl. § 8b II Nr. 5 HGB; der Bundesanzeiger erscheint seit April 2012 nur noch elektronisch. Beispielsfall: *OLG München* NZG 2006, 35.

Übersicht 14/2: 4

Ablauf des Gründungsverfahrens bei der GmbH

Vorgründungsgesellschaft (§ 705 BGB)	Errichtung der GmbH durch notariellen Vertrag (§§ 2,3 GmbHG): Entstehung der Vorgesellschaft (§ 11 GmbHG)	Bestellung der Geschäftsführer (§ 6 GmbHG)	Leistung der Einlagen (§ 7 II GmbHG)	Anmeldung beim Handelsregister (§§ 7, 8 GmbHG)	Eintragung im Handelsregister (§§ 9c, 10): Entstehung der Gesellschaft (§§ 11 I, 13 GmbHG)

Abgesehen von diesem gesetzlichen „Normalfall" der Entstehung der GmbH durch Gründung kann eine GmbH auch als Ergebnis von **Umwandlungsmaßnahmen** entstehen, z. B. beim Formwechsel von einer Personenhandelsgesellschaft zur GmbH (§ 214 UmwG) sowie bei Verschmelzung oder Spaltung auf eine neu entstehende GmbH (§§ 56 ff., 123 UmwG).[8] Keine Gründung im Rechtssinne ist die sog. Mantel- oder Vorratsgründung. Damit ist vielmehr der Erwerb von Anteilen an einer Mantel- oder Vorratsgesellschaft gemeint, die selbst kein Unternehmen betreibt (näher unten Rn. 43 f.). 5

3. Wesentlicher Inhalt der Handelsregistereintragung

Die Vorschrift des § 10 GmbHG bestimmt, mit welchen Angaben die neu gegründete GmbH durch das Registergericht in das Handelsregister eingetragen wird. Die Registereintragungen werden mit gleichlautendem Inhalt durch das Registergericht **elektronisch veröffentlicht** (§ 10 HGB). Eintragung und Bekanntmachung haben Bedeutung für die allgemeine Publizitätsfunktion des Handelsregisters nach Maßgabe des § 15 HGB (näher oben § 3). Neben der Gründung erfolgen Eintragungen in das Handelsregister u. a. bei einer Änderung des Gesellschaftsvertrages (§ 54 GmbHG) und bei Änderungen in der Geschäftsführung bzw. Vertretungsbefugnis (§ 39 GmbHG). Die **Gegenstände der Handelsregistereintragung** bei der GmbH-Gründung sind in **§ 10 GmbHG** im Wesentlichen abschließend geregelt. Einzutragen sind demnach Firma und Sitz der GmbH (§ 3 Abs. 1 Nr. 1 GmbHG), seit dem MoMiG auch die inländische Geschäftsanschrift (§§ 8 IV Nr. 1 GmbHG; 15a HGB), der Gegenstand des Unternehmens (§ 3 Abs. 1 Nr. 2 GmbHG) und die Höhe des Stammkapitals (§ 3 Abs. 1 Nr. 3 GmbHG). In 5a

[8] Näher *K. Schmidt*, GesR § 34 I 1.

die Eintragung aufzunehmen sind ferner die Personen der Geschäftsführer unter Angabe von Vornamen, Familiennamen, Geburtsdatum und Wohnort (§ 43 Nr. 4 HRV), auch die Stellvertreter (§ 44 GmbHG). Die Vertretungsbefugnis der Geschäftsführer ist nach § 10 I 2 GmbHG einzutragen, und zwar zum einen in genereller Form gemäß Gesetz oder Satzung (§ 35 GmbHG), zum anderen ist die Vertretungsbefugnis jedes Geschäftsführers bei dessen Eintragung ausdrücklich zu vermerken, wenn sie von der allgemeinen Regelung abweicht (vgl. § 8 IV Nr. 2 GmbHG). Einzutragen ist auch eine Befreiung vom Selbstkontrahierungsverbot des § 181 BGB.[9] Denn die Befreiung führt zu einer Erweiterung der grundsätzlich durch § 181 BGB beschränkten Vertretungsbefugnis. Nach § 10 II GmbHG erstreckt sich die Eintragung ferner im Fall der Anmeldung einer „empfangsberechtigten Person“ i.S.v. § 10 II 2 GmbHG auf deren Namen und inländische Anschrift (§ 43 Nr. 2 b HRV). Die Eintragung der GmbH erfolgt in der Abteilung B des Handelsregisters (§ 43 HRV).

II. Gesellschaftsvertrag

1. Aufbau, Form und Mindestinhalt

6 Der Gesellschaftsvertrag der GmbH besteht aus **zwei Teilen:** der Einigung der Gründer über die **Errichtung** der GmbH (bzw. bei der Einpersonengründung dem Errichtungsakt als einseitiger, nicht empfangsbedürftiger Willenserklärung) **und** der **Satzung** der GmbH, die die Organisation und mitgliedschaftlichen Rechte und Pflichten der Gesellschafter zur GmbH und untereinander regelt.

7 Der **notwendige Inhalt des – notariellen (§ 2 GmbHG) – Gesellschaftsvertrags** ergibt sich aus § 3 GmbHG. Nach § 3 I Nr. 1 GmbHG müssen im Gesellschaftsvertrag die Firma (§ 4 GmbHG) und der Sitz der Gesellschaft (§ 4a GmbHG) aufgeführt werden, sowie der Gegenstand des Unternehmens (§ 3 I Nr. 2 GmbHG).[10] Der Sitz der Gesellschaft ist seit dem MoMiG im Inland frei wählbar.[11] Mit der Angabe des Gegenstands des Unternehmens soll die Öffentlichkeit über dessen Geschäftstätigkeit unterrichtet werden, und zum Schutz der Gesellschafter soll hierdurch der zulässige Handlungsbereich der Geschäftsführer im Sinne der „Angelegenheiten der Gesellschaft“ (§ 43 I GmbHG) begrenzt werden. Daher sind pauschale Formulierungen („Produktion und Vertrieb von Waren aller Art“; „Betreiben von Handelsgeschäften“) unzulässig.[12]

8 Ferner muss der Gesellschaftsvertrag den Betrag des **Stammkapitals** (§ 3 I Nr. 3 GmbHG) enthalten. Nach § 5 I GmbHG sind dies mindestens 25.000 EUR. Das Stammkapital ist in Geschäftsanteile zerlegt, deren Gesamtnennbetrag der Stamm-

---

[9] *OLG Stuttgart* DNotZ 2008, 303 mit Anm. *Altmeppen*.

[10] Instruktiv zum Unternehmensgegenstand *BayObLG* NZG 2003, 482 – „Handel mit Waren aller Art“. Zur fehlenden registergerichtlichen Kontrolle insoweit *Hirte*, FS Hüffer, 2010, S. 329 ff.

[11] *Kindler*, Sitzverlegung, in: Goette/Habersack (Hrsg.), Das MoMiG in Wissenschaft und Praxis, 2009, S. 233 ff.

[12] *Lutter/Hommelhoff*, § 3 Rn. 6.

kapitalziffer entspricht (§ 5 III 2 GmbHG). Zudem muss sich aus dem Gesellschaftsvertrag der Betrag ergeben, den jeder Gründer auf das Stammkapital zu leisten hat (§ 3 I Nr. 4 GmbHG). Ein Gründer kann mehrere Geschäftsanteile – und damit Stammeinlagen – übernehmen (§ 5 II 2 GmbHG); auch müssen die Nennbeträge der Geschäftsanteile nicht für alle Gründer gleich hoch sein (§ 5 III 1 GmbHG). Die Höhe der Geschäftsanteile entscheidet u. a. über die Stimmgewichtung in der Gesellschafterversammlung (§ 47 II GmbHG).[13]

Beispiel: „Das Stammkapital der Gesellschaft beträgt 90.000 EUR. Hiervon übernehmen: a) Herr A einen Geschäftsanteil von 60.000 EUR, b) Herr B einen Geschäftsanteil von 30.000 EUR."

Für die **eiligen Gründer** standen bis zum MoMiG hauptsächlich zwei Wege zur Verfügung: eine deutsche Vorrats-GmbH, an der man die Anteile erwirbt (laut Werbeanpreisung in 24 Stunden startklar; unten Rn. 43 f.) oder eine britische Limited, die mit Hilfe sogenannter Inkorporationsdienstleister ebenfalls von heute auf morgen als Haftungsschirm zur Verfügung steht (oben § 9 Rn. 25 ff.).[14] Demgegenüber dauert es oft mehrere Wochen von der GmbH-Gründung beim Notar bis zur Handelsregistereintragung der Gesellschaft, die dann erst die Haftungsbeschränkung herbeiführt (§ 11 I GmbHG). Abhilfe soll hier die „GmbH von der Stange" bringen, d. h. die **Gründung unter Verwendung notarieller Musterprotokolle**, die dem GmbHG als Anlage zu § 2 Ia GmbHG beigefügt sind.[15] Dort finden sich zwei Musterprotokolle: eines für die Gründung einer Einpersonengesellschaft, eines für die Gründung einer Mehrpersonengesellschaft mit bis zu drei Gesellschaftern. Mit diesem Verfahren sollen der Zugang zur GmbH erleichtert und der Gründungsvorgang beschleunigt werden. Weichen die Gründer von dem Musterprotokoll ab, fallen höhere Gebühren an (vgl. § 41d KostO). Nur völlig unbedeutende Abwandlungen sollen zulässig sein (zB bei Zeichensetzung, Satzstellung und Wortwahl, OLG München BeckRS 2010 23739; OLG Düsseldorf DStR 2011, 2106). Das Musterprotokoll gilt zugleich als Gesellschafterliste (§§ 16, 40 GmbHG) und unterliegt den Vorschriften des GmbHG über den Gesellschaftsvertrag (§ 2 Ia S. 4, 5 GmbHG). 8a

Was auf den ersten Blick wie eine gelungene Rezeption ausländischer Vorbilder einer „Blitz-GmbH" aussieht,[16] erweist sich bei Licht besehen kaum als Werbeschild für unsere GmbH. Jedenfalls das für die Gründung einer Mehrpersonengesellschaft vorgesehene Musterprotokoll wird der hier typischen komplexen Interessenlage in keiner Weise gerecht. Es enthält weder ein Kündigungsrecht für einzelne Gesellschafter, noch die Möglichkeit des Gesellschafterausschlusses etwa 8b

[13] Nach § 47 II GmbHG gewährt jeder Euro eines Geschäftsanteils (vgl. § 5 II 1 GmbHG) eine Stimme.

[14] www.go-limited.de.

[15] BGBl. 2008 I S. 2026, 2044 f.; Abdruck auch bei *Wicke*, GmbHG, Anh. zu § 2; näher Beschlussempfehlung und Beschluss des Rechtsausschusses vom 24.6.2008, BT-Dr 16/9737, S. 67 ff., 93; zu Vorüberlegungen („Mustergesellschaftsvertrag" ohne Notarzwang) *Bayer u. a.*, GmbHR 2007, 953 ff. *Seibert/Decker*, ZIP 2008, 1208, 1209; *Ulmer*, ZIP 2008, 45, 46 ff. Dazu auch die krit. Stellungnahme des Bundesrates vom 6.7.2007, BR-Dr 354/07, S. 1 ff. = BT-Drs. 16/6140, S. 61 f.

[16] Vgl. *Karsten*, GmbHR 2007, 958 (960 ff.) zu England, Frankreich und Spanien.

durch Einziehung des Geschäftsanteils (§ 34 GmbHG) bei Insolvenz, Pfändung oder Tod. Auch eine – heute gängige – Vinkulierungsklausel (§ 15 V GmbHG) sucht man vergebens, so dass der Geschäftsanteil an der Blitz-GmbH frei übertragbar ist. Kein vernünftiger Gesellschafter wird sich aber auf einen Vertrag ohne jeden Überfremdungsschutz einlassen.[17]

2. Fakultativer Inhalt und Nebenabreden

9 Weitere Satzungsbestimmungen sind zulässig (lies §§ 3 II, 5 IV, 6 III, IV, 15 V, 26, 45 GmbHG). Zulässig ist es auch, in die Satzungsurkunde schuldrechtliche Bestimmungen aufzunehmen, z. B. Stimmbindungsvereinbarungen, Vereinbarungen über ein Altersruhegeld für einen Gesellschafter, Vereinbarungen über Deckungsbeiträge der Gesellschafter zu den Kosten der Gesellschaft, oder sog. Grundvereinbarungen bei Gemeinschaftsunternehmen („joint ventures") in der Rechtsform der GmbH. Auch Vereinbarungen über die Höhe der Abfindung beim Ausscheiden aus der Gesellschaft sind auf schuldrechtlicher Ebene möglich und begrenzen den gesellschaftsrechtlichen Anspruch.[18] Die Unterscheidung dieser unechten Satzungsbestandteile von den echten ist in mehrfacher Hinsicht von Bedeutung: **Mitgliedschaftliche Rechte und Pflichten** können **nur im Gesellschaftsvertrag** begründet werden, unterliegen besonderen Auslegungsregeln, können nur durch förmliche Satzungsänderung (§§ 53 ff. GmbHG) umgestaltet werden und sie gehen ipso iure auf den Erwerber des Geschäftsanteils über. Auch unterliegen sie besonderen Bestimmtheitserfordernissen.[19] Bloß schuldrechtliche Rechte und Pflichten können demgegenüber formlos zwischen den Parteien begründet, geändert und aufgehoben werden; sie unterliegen nicht der objektiven Auslegung sondern der Auslegung nach dem Willen der Vertragsteile, und sie gehen nur kraft Rechtsgeschäfts auf den Erwerber über. Derartige schuldrechtliche Nebenabreden werden häufig auch außerhalb der Satzungsurkunde getroffen, schon wegen der Vermeidung von Registerpublizität (§ 9 HGB, oben § 3 Rn. 2 ff.).

10 **Übungsfall:**[20] Wahnschaffe war an der Schlund-GmbH zu 50% beteiligt. Anlässlich seiner Bestellung zum Geschäftsführer wurde in seinem Anstellungsvertrag mit der S-GmbH auf von der Gesellschafterversammlung beschlossene Vergütungsregeln Bezug genommen. Dort war bestimmt, dass der Geschäftsführer einen „Deckungsbeitrag" an die GmbH zu leisten habe, der durch Honorare, die bei der Geschäftsführung erzielt werden konnten, erwirtschaftet werden konnte. Da dies dem W nicht gelang, leistete er einen Deckungsbeitrag von 50.000 EUR. Kann W diesen Betrag zurückverlangen, weil die vereinbarte Pflicht zur Leistung eines Deckungsbeitrags eine Nebenleistungspflicht beinhaltet (vgl. § 3 II GmbHG), die als Satzungsbestandteil in die Satzungsurkunde hätte aufgenommen werden müssen?

---

[17] Krit. auch *Freitag/Riemenschneider*, ZIP 2007, 1485 (1487), noch zur ursprünglich geplanten Mustersatzung.

[18] Instruktiv: *BGH* NZG 2010, 988 = EWiR 2010, 639: Danach kann die Gesellschaft diese Abrede nach § 328 BGB einem Gesellschafter entgegenhalten, der trotz seiner schuldrechtlichen Bindung aus der von ihm mit getroffenen Nebenabrede auf die in der Satzung festgelegte höhere Abfindung klagt; dazu *Noack*, NZG 2010, 1017 ff.

[19] *BGH* NZG 2008, 148.

[20] Nach *BGH* NJW-RR 1993, 607; zu schuldrechtlichen Gesellschafterabreden auch z. B. *Ulmer*, FS Röhricht, 2005, S. 633 ff.

Lösung: Als Anspruchsgrundlage kommt § 812 I 1 Fall 1 BGB (Leistungskondiktion) in Betracht. W hat die 50.000 EUR ohne rechtlichen Grund an die S-GmbH geleistet, wenn die Abrede hierüber gemäß §§ 2 GmbHG, 125 BGB formnichtig war. Dies würde voraussetzen, dass es sich hierbei um eine Satzungsbestimmung und nicht bloß um eine schuldrechtliche Nebenabrede zwischen W und der S-GmbH handelte. Für die Beurteilung dieser Frage ist vom Grundsatz der Vertragsfreiheit der Beteiligten auszugehen (§ 311 I BGB), wonach es gleichermaßen zulässig ist, eine Nebenpflicht korporativ auszugestalten oder lediglich schuldrechtlich eine Bindung der gegenwärtigen Gesellschafter gegenüber der Gesellschaft herbeizuführen. Im hier zu beurteilenden Fall liegt schon in der Tatsache, dass die Regelung außerhalb der Satzung getroffen worden war, ein Anzeichen für eine bloß schuldrechtliche Nebenabrede. Unerheblich ist, ob es näher liegend oder natürlicher wäre, eine Nebenverpflichtung mitgliedschaftsrechtlich auszugestalten, oder ob die vereinbarten Leistungen für die Gesellschaft von besonders großer Bedeutung sind. Eine zwingende Zuordnung zum Gesellschaftsrecht ist erst dort geboten, wo das Gesetz die Eingehung bestimmter Leistung *allein* in korporativer Form zulässt. Eine solch zwingende Zuordnung wird durch § 3 II GmbHG nicht vorgegeben. Da für den Anstellungsvertrag keine Formerfordernisse bestehen, erfolgte die Zahlung der 50.000 EUR mit Rechtsgrund. Ein Rückzahlungsanspruch des W aus § 812 BGB besteht nicht. –

Satzungsergänzende **Nebenabreden** sind mithin **gegenüber der Satzung selbständig.** Sie unterliegen nicht der Formvorschrift des § 2 GmbHG, können nur mit Zustimmung *aller* Beteiligten geändert werden – nach § 53 II 1 GmbHG genügt für die Satzungsänderung eine qualifizierte Mehrheit –, sie sind anhand des subjektiven Willens der Beteiligten auszulegen (§§ 133, 157 BGB)[21] und sie unterliegen nicht der Handelsregisterpublizität (anders §§ 8 I Nr. 1, 54 I GmbHG für die Satzung). Aus der Selbständigkeit der Nebenabreden folgt ferner, dass ein Gesellschafterbeschluss nicht wegen Verstoßes gegen eine Nebenabrede angefochten werden kann. Die Rspr. rückt hiervon allerdings dann ab, wenn alle Gesellschafter aus der Nebenabrede verpflichtet sind (omnilaterale Gesellschaftervereinbarung). 11

Beispiel:[22] Die Gesellschafter einer GmbH legten außerhalb der Satzung fest, dass die Abberufung eines Gesellschafters aus seiner Stellung als Geschäftsführer nur mit seiner Zustimmung erfolgen darf. Unter Verstoß gegen diese Abrede wird auf einer Gesellschafterversammlung mit einer Mehrheit von 60:40 beschlossen, den Gesellschafter-Geschäftsführer A mit sofortiger Wirkung als Geschäftsführer abzuberufen. A erhebt gegen den Beschluss Anfechtungsklage. Nach der Rspr. ist eine derartige Anfechtungsklage begründet, weil hier die schuldrechtliche Bindung zur Einholung der Zustimmung zur Abberufung des betroffenen Gesellschafter-Geschäftsführers von sämtlichen Gesellschaftern eingegangen worden war. Eine derartige Vereinbarung sei – auch ohne Bestandteil der Satzung zu sein – zumindest solange zugleich als eine die Gesellschaft bindende Regelung zu behandeln, als dieser nur die aus der Abrede Verpflichteten angehörten. Es bestehe kein Grund, den bzw. die vertragswidrig überstimmten Gesellschafter auf den umständlichen Weg einer Klage gegen die Mitgesellschafter zu verweisen, um durch deren Verurteilung zu einer gegenteiligen Stimmabgabe den Beschluss aus der Welt zu schaffen.[23] Kritik:[24] Eine derartige Aufwertung bloß schuldrechtlicher Nebenabreden verstößt gegen den anerkannten Grundsatz der objektiven Auslegung des Gesellschaftsvertrages (unten Rn. 14) und sie unterläuft die für Satzungen zwingende Registerpublizität.[25]

---

[21] Zur objektiven Auslegung der Satzung unten Rn. 14.

[22] Nach *BGH* NJW 1987, 1890, 1892 mit abl. Anm. *Ulmer*; grundlegend *BGH* NJW 1983, 1910, 1911 – „Kerbnägel"; ferner *OLG Hamm* NZG 2000, 1036, 1037.

[23] *BGH* NJW 1983, 1910, 1911.

[24] Zusammenfassend z.B. *Priester*, in: Priester/Mayer (Hrsg.), Münchener Handbuch des Gesellschaftsrechts, Bd. 3: Gesellschaft mit beschränkter Haftung, 2. Aufl., 2003, § 21 Rn. 23.

[25] Abweichend vom Standpunkt des *BGH* auch *OLG Stuttgart* DB 2001, 859; *Habersack*, ZHR 164 (2000), 1, 10.

3. Minderjährige Gesellschafter

12 Minderjährige – oder sonst beschränkt geschäftsfähige oder geschäftsunfähige – Personen bedürfen bei der Gründung der **Mitwirkung ihrer gesetzlichen Vertreter.** Ein Minderjähriger wird nach § 1629 I BGB durch die bzw. den Inhaber der elterlichen Sorge vertreten. Inhaber der elterlichen Sorge sind in den Fällen der §§ 1626, 1626a I BGB beide Elternteile gemeinsam, in den Fällen der §§ 1626a II, 1671, 1672, 1678 I BGB ein Elternteil allein. Ist ein Elternteil selbst als Gründer an der GmbH beteiligt oder nach §§ 1629 II, 1795 BGB an der Vertretung des minderjährigen Gründungsgesellschafters gehindert, so muss für den Minderjährigen nach § 1909 I 1 BGB ein **Ergänzungspfleger** bestellt werden. Gleiches gilt nach § 1795 BGB für den Vormund. Zur Schenkung eines Geschäftsanteils s. unten § 15 Rn. 15 f.

13 Unabhängig davon, ob für den Minderjährigen die Eltern, ein Ergänzungspfleger oder ein Vormund handelt, ist für den Gründungsakt eine **gerichtliche Genehmigung** erforderlich (§§ 1643, 1915, 1822 BGB). Nach § 1822 Nr. 3 BGB bedarf der Gesellschaftsvertrag einer gerichtlichen Genehmigung jedenfalls dann, wenn er zum „Betrieb eines Erwerbsgeschäftes eingegangen wird". Bei einer Gründung durch mehrere Personen trifft darüber hinaus der Genehmigungstatbestand des § 1822 Nr. 10 BGB zu, da schon wegen der Ausfallhaftung nach § 24 GmbHG die „Übernahme einer fremden Verbindlichkeit" vorliegt. Geht es hingegen um die Gründung einer Einpersonen-GmbH, die kein Erwerbsgeschäft betreibt, so ist eine gerichtliche Genehmigung entbehrlich.

4. Auslegung und Inhaltskontrolle

14 Die **Auslegung der GmbH-Satzung erfolgt objektiv**, d. h. unter Berücksichtigung allein von Wortlaut, Zweck und systematischer Stellung der betreffenden Bestimmung.[26] Außerhalb des Erklärungsaktes liegende Umstände können nur herangezogen werden, soweit sich diese aus allgemein zugänglichen Unterlagen ergeben, z. B. den bei den Registerakten befindlichen Anlagen gem. § 8 I GmbHG. Eine subjektive Auslegung anhand des Willens der Beteiligten, wie sie wegen der Vertragsnatur der Satzung an sich nahe liegen würde (§§ 133, 157 BGB) scheidet aus, weil die Satzung ein auf Dauer angelegtes Regelungswerk ist. Verständlich wird dies, wenn man sich die Interessenlage eines später beitretenden Gesellschafters vergegenwärtigt: Ihm gegenüber können der Wille der Gründer und deren für Dritte nicht erkennbaren Vorstellungen nicht maßgeblich sein, und eine unterschiedliche Auslegung je nachdem, ob es um die Rechtsposition eines Gründungsgesellschafters oder die eines später hinzugekommenen Gesellschafters geht, scheidet aus Gründen der Gleichbehandlung aus. Der subjektiven Auslegung unterliegen nur unechte – d. h. bloß schuldrechtlich wirkende – Satzungsbestimmungen. Sie gelten allein zwischen den am Vertrag beteiligten Gründern und müssen von einem später hinzukommenden Gesellschafter durch Vertrag übernommen werden (§ 311 I BGB), um ihm gegenüber bindende Wirkung zu entfalten.[27]

---

[26] BGHZ 123, 347, 350 f. = NJW 1994, 51.
[27] *Raiser/Veil*, § 26 Rn. 16.

Eine **Inhaltskontrolle** von Gesellschaftsverträgen findet nur anhand der Vorschriften des zwingenden Rechts statt. Eine Inhaltskontrolle anhand der Vorschriften des nachgiebigen Rechts, wie sie §§ 307 ff. BGB für Bestimmungen in Allgemeinen Geschäftsbedingungen eröffnen, ist für das Gebiet des Gesellschaftsrechts durch § 310 IV BGB ausgeschlossen.[28] Im Grundsatz gilt für das Innenverhältnis – d. h. die Beziehungen der Gesellschafter untereinander und zur Gesellschaft selbst – „Satzungsautonomie" (§ 45 GmbHG). Fragen des **Innenverhältnisses** darf die Satzung im Prinzip **frei regeln**. Der GmbH-rechtliche Grundsatz der Satzungsautonomie steht im diametralen Gegensatz zum aktienrechtlichen Prinzip der Satzungsstrenge (§ 23 V AktG). Dem Aktienrecht geht es nicht nur um den Schutz Dritter (Gläubiger, Rechtsverkehr), sondern auch um den künftiger Aktionäre. 15

Demgegenüber besteht in Angelegenheiten, bei denen **Drittinteressen** betroffen sind – d. h. die Interessen von Gläubigern oder Vertragspartnern der Gesellschaft –, auch in der GmbH **kaum Gestaltungsspielraum**. So darf die Satzung z. B. nicht von den zwingenden Vorschriften über die Kapitalerhaltung (§§ 30 ff. GmbHG) abweichen und eine Beschränkung der Vertretungsmacht der Geschäftsführer ist Dritten gegenüber unwirksam (§ 37 II GmbHG). Im Einzelnen ergeben sich Grenzen der Gestaltungsfreiheit aus:[29] 16

- ausdrücklich als zwingend gekennzeichnetem Gesetzesrecht, z. B. §§ 37 II, 51a GmbHG,
- Vorschriften, die Ausdruck unverzichtbarer körperschaftsrechtlicher Prinzipien sind, z. B. der Ausschluss vom Stimmrecht bei Interessenkollision nach § 47 IV GmbHG,
- Vorschriften zum Schutz öffentlicher Interessen, wie z. B. § 49 III GmbHG, der bei Verlust des halben Stammkapitals die Pflicht zur Einberufung der Gesellschafterversammlung begründet,
- ungeschriebenen Grundsätzen des GmbH-Rechts, wie z. B. der Stellung der Gesellschafterversammlung als oberstes Organ der Gesellschaft (§ 46 GmbHG),
- den allgemeinen Generalklauseln des Privatrechts (§§ 134, 138 BGB), z. B. bei einer übermäßigen Einengung des Austrittsrechts des Gesellschafters durch Beschränkung seines Abfindungsanspruchs[30] oder bei sog. Hinauskündigungsklauseln.[31]

5. Fehlerhafte Gründung

Der Gesellschaftsvertrag kann aus vielerlei Gründen fehlerhaft sein, z. B. wegen eines Formmangels (§ 2 GmbHG i. V. m. § 125 BGB), wegen eines unzulässigen Gesellschaftszwecks, wegen Fehlens der gesetzlichen Vertretung bzw. gerichtlichen Genehmigung usw. In all diesen Fällen **hat das Registergericht die Eintragung nach § 9c I 1 GmbHG abzulehnen**. Sollte das Registergericht die GmbH 17

---

[28] Näher *Bieder*, ZHR 174 (2010), 705 ff.

[29] Überblick nach Baumbach/Hueck/*Zöllner*, § 45 Rn. 6.

[30] BGHZ 116, 359, 369 ff. = NJW 1992, 892.

[31] BGHZ 164, 98, 101 = NJW 2005, 3641 = JuS 2006, 178 m Anm. *K. Schmidt*; BGHZ 164, 107, 110 f. = NJW 2005, 3644 = JuS 2006, 180 m. Anm. *K. Schmidt*; s. auch oben § 9 Rn. 23 mit Fn. 28.

dennoch eingetragen haben, so genießt sie im Interesse der Gesellschafter und des Rechtsverkehrs einen starken **Bestandsschutz**. Nur noch die in § 75 I GmbHG genannten Gründe können jetzt zur Nichtigkeit der Gesellschaft führen. Die GmbH wird dann für die Zukunft aufgelöst und abgewickelt (§ 77 GmbHG) oder im Wege der Amtslöschung bzw. Auflösung beseitigt (§§ 397, 399 FamFG).

III. Kapitalaufbringung

1. Grundbegriffe

18 Zum Verständnis der **Finanzverfassung** der GmbH ist es unverzichtbar, sich zunächst über die Bedeutung einiger **Grundbegriffe** Klarheit zu verschaffen. Gegenstand der Kapitalaufbringung ist das **Stammkapital**. Der Betrag des Stammkapitals ist im Gesellschaftsvertrag festzulegen (§ 3 I Nr. 3 GmbHG). Gleichbedeutend ist der Begriff Grundkapital, der aber ausschließlich für die AG Verwendung findet (§§ 6, 7 AktG).[32] Das Stammkapital der GmbH muss im Regelfall **mindestens 25.000 EUR** betragen (§ 5 I GmbHG). Nur bei einer Gründung als **Unternehmergesellschaft** (UG) darf diese **Mindeststammkapitalziffer unterschritten** werden, § 5a I GmbHG (näher unten Rn. 104 ff.). Die Stammkapitalziffer dient dem Gläubigerschutz, allerdings nicht in dem Sinne, dass den Gläubigern jederzeit Vermögen in Höhe der Stammkapitalziffer zur Verfügung steht. Verlass ist allein darauf, dass Einlagen in Höhe der Stammkapitalziffer im Zuge der Gründung in die Gesellschaft geflossen sind. So soll eine alsbaldige **Überschuldung der GmbH vermieden** werden und zugleich eine gewisse **Seriositätsschwelle** für den Zugang zur GmbH als Rechtsform geschaffen werden.

19 Vom Stammkapital ist das **Eigenkapital** der Gesellschaft zu unterscheiden. Dabei handelt es sich um die Mittel, die der Gesellschaft tatsächlich ohne zeitliche Begrenzung zur Verfügung stehen. Das Eigenkapital ergibt sich rechnerisch, wenn man vom Vermögen (§ 266 II HGB) die Rückstellungen (§ 266 III B HGB) und die Verbindlichkeiten (§ 266 III C HGB) abzieht (vgl. § 266 III A HGB). In der Bilanz wird das Stammkapital unter dem Titel „Gezeichnetes Kapital" als Bestandteil des Eigenkapitals ausgewiesen (§ 266 III A I HGB, § 42 I GmbHG). Neben dem Stammkapital gehören zum bilanziellen Eigenkapital noch die folgenden Posten: Kapitalrücklagen, Gewinnrücklagen, Gewinnvortrag/Verlustvortrag, Jahresüberschuss/Jahresfehlbetrag (§ 266 III A HGB). Gesellschaftsrechtlich entscheidet die Eigenkapitalziffer darüber, in welchem Umfang Wertverschiebungen von der GmbH an ihre Gesellschafter zulässig sind. Nach § 30 I 1 GmbHG darf dies grundsätzlich nur geschehen, soweit das Eigenkapital das Stammkapital übersteigt.[33]

---

[32] Bei der Behandlung GmbH-rechtlicher Fragestellungen sollte er deshalb vermieden werden, schon weil bei der Bewertung von Prüfungsleistungen der richtige Gebrauch von Fachausdrücken ein Hauptkriterium darstellt.

[33] Dazu unten § 15 Rn. 30 f.; grundsätzlich zum Eigenkapital im Gesellschaftsrecht: *Baums*, ZHR 175 (2011), 160 ff.

Die **Stammeinlage** ist die von jedem Gesellschafter auf das Stammkapital zu leistende Einlage; sie ist ebenfalls im Gesellschaftsvertrag festzulegen und ergibt sich aus dem Nennbetrag des im Gesellschaftsvertrag übernommenen Geschäftsanteils (§§ 14 S. 1, 3 I Nr. 4 GmbHG). Dabei ist auf jeden Geschäftsanteil eine Stammeinlage zu leisten (§ 14 S. 1 GmbHG). Nach § 5 II 1 GmbHG muss der Nennbetrag jedes Geschäftsanteils auf volle Euro lauten. Daher beträgt die **Mindeststammeinlage einen Euro**. In der Summe ergeben die Stammeinlagen (Summe der Nennbeträge aller Geschäftsanteile) der Gesellschafter die Stammkapitalziffer, § 5 III 2 GmbHG (oben Rn. 18). Die Stammeinlage (Nennbetrag des Geschäftsanteils) muss auch dann in einem Geldbetrag beziffert werden, wenn der Beitrag des Gesellschafters als Sachleistung erbracht werden soll (§ 5 IV GmbHG). 20

Die gesellschaftsvertragliche Pflicht, eine Einlage zu leisten (§ 19 GmbHG), nennt man **Einlagepflicht**. Zu leisten ist dabei ein bestimmter Gegenstand (Geld oder ein bestimmter nichtgeldlicher Gegenstand), während das Stammkapital nur einen Wert („Betrag" i. S. des § 3 I Nr. 3 GmbHG) angibt, der durch die Einlagen mindestens gedeckt werden muss. Bei Vereinbarung eines Aufgeldes deckt der Wert der Geld- oder Sacheinlage die Summe aus dem Nennbetrag des Geschäftsanteils und dem Aufgeld.[34] 21

Beispiel: Der Gesellschaftsvertrag bestimmt: „Der von Herrn A übernommene Geschäftsanteil von 50.000 EUR ist in Geld zu erbringen. Herr A ist verpflichtet, ein Aufgeld in Höhe von 25.000 EUR zu leisten." In einem solchen Fall der „Überpariemission" beträgt der Ausgabekurs 150 %. Das Aufgeld wird bilanziell in die Kapitalrücklage eingestellt (§ 272 II Nr. 1 HGB).

Der **Geschäftsanteil** bezeichnet die **Gesamtheit der Rechte und Pflichten eines Gesellschafters aus dem Gesellschaftsverhältnis** und begründet die Mitgliedschaft. Nach dem Nennbetrag des Geschäftsanteils richtet sich die Höhe der zu leistenden Einlage (§ 14 S. 2 GmbHG), der „Stammeinlage" (soeben Rn. 20). Dieser Nennbetrag wird bei der Errichtung der Gesellschaft im Gesellschaftsvertrag festgesetzt (§ 14 S. 2 GmbHG) oder später im Zuge einer Kapitalerhöhung in der Übernahmeerklärung (§ 14 S. 3 GmbHG i. V. m. §§ 53 ff., 55 GmbHG). Jeder Gesellschafter kann bei Errichtung der Gesellschaft auch mehrere Geschäftsanteile übernehmen (§ 5 II 2 GmbHG). Der Geschäftsanteil ist Gegenstand des Rechtsverkehrs (§ 15 GmbHG; unten § 15 Rn. 12 ff.). Vom Nennbetrag des Geschäftsanteils hängt insbesondere die **Stimmgewichtung** in der Gesellschafterversammlung ab (§ 47 II GmbHG), ferner der **Anteil am Bilanzgewinn** (§ 29 III GmbHG) und am Liquidationserlös (§ 72 GmbHG). 22

2. Bargründung

Gesetzlicher Regelfall ist die Bargründung. Dabei wird das Stammkapital von den Gründern aufgebracht, in dem sie (1) sämtliche **Geschäftsanteile „übernehmen"**, d. h. die Leistung von deren Nennbetrag als Stammeinlage versprechen (§§ 3 I Nr. 4, 14 GmbHG) und (2) an die Gesellschaft **Geldzahlungen** erbringen, die mindestens dem Betrag ihrer jeweiligen Stammeinlage entsprechen. Allerdings 23

[34] Zum Aufgeld *BGH* NZG 2008, 73.

muss der Gesamtbetrag der Stammeinlagen nicht schon im Zeitpunkt der Anmeldung der Gesellschaft zum Handelsregister erreicht sein. Nach § 7 II 1 GmbHG kann die Anmeldung schon dann erfolgen, wenn auf jeden Geschäftsanteil, soweit nicht Sacheinlagen vereinbart sind, ein Viertel des Nennbetrags eingezahlt ist und insgesamt die Hälfte des gesetzlichen Mindeststammkapitals erreicht ist (§ 7 II 2 i.V.m. § 5 I GmbHG). Dies sind 12.500 EUR.

Beispiel: Gesellschafter A hat einen Geschäftsanteil von 10.000 EUR übernommen, Gesellschafter B einen Geschäftsanteil von 15.000 EUR. Vereinbart sind ausschließlich Geldeinlagen, keine Sacheinlagen. A zahlt 2.500 EUR ein, B 10.000 EUR. Damit darf die Anmeldung zum Handelsregister erfolgen; die Voraussetzungen nach § 7 II 1, 2 GmbHG liegen vor.

24 Hinsichtlich der Restforderung ergäbe sich aus der durch das SMG eingeführten dreijährigen Regelverjährung (§§ 195, 199 BGB) allerdings eine grobe Gefährdung der Kapitalaufbringung und damit der Gläubigerinteressen.

Beispiel: Sachverhalt wie soeben Rn. 23. A und B haben ihre Gesellschaft am 1.1.2007 gegründet. Die hiermit sofort fällige (§ 271 BGB) Einlageforderung wäre nach §§ 195, 199 I BGB bereits mit dem Schluss des Jahres 2010 verjährt, wenn man annimmt, dass die GmbH als Gläubigerin schon mit der Gesellschaftsgründung von den den Anspruch begründenden Umständen und der Person des Schuldners Kenntnis erlangt hat.

25 Da die **Regelverjährung** hier allgemein als **zu kurz** empfunden wurde,[35] hat der Gesetzgeber nachgebessert und mit dem Verjährungsanpassungsgesetz 2004[36] eine einheitliche **Zehn-Jahres-Frist** normiert. Sie gilt – abweichend von der Regelverjährung nach dem BGB – für die Verjährung der Ansprüche gegen die Gesellschafter auf Kapitalaufbringung und Kapitalerhaltung (im GmbHG §§ 19 VI, 31 V).[37]

26 Bei der vereinfachten Gründung unter Verwendung eines notariellen **Musterprotokolls** (oben Rn. 8) sind **nur Bareinlagen** zulässig, die entweder voll oder zur Hälfte eingezahlt werden müssen. Dies bestimmt Ziff. 3 der Musterprotokolle. Bei der **„Unternehmergesellschaft"** ist nach § 5a II GmbHG die **Volleinzahlung** des satzungsmäßigen Stammkapitals erforderlich und auch in diesem Fall sind Sacheinlagen ausgeschlossen (unten Rn. 103 ff.).

27 Auch wenn § 7 II GmbHG dies nicht ausdrücklich anordnet, müssen die **Bareinlagen** ebenso wie **Sacheinlagen** (§ 7 III GmbHG) entsprechend zur Gesetzeslage im Aktienrecht (§ 36 II 1 AktG) **endgültig zur freien Verfügung der Geschäftsführer** stehen. § 8 II 1 GmbHG setzt dies voraus. Erforderlich ist, dass der Einlagebetrag dem Geschäftsführer als Bar- oder Buchgeld in inländischer gesetzlicher Währung tatsächlich zugeflossen ist. Gleichgestellt ist – in Analogie zu § 54 III AktG – die Gutschrift auf dem im Inland befindlichen Konto der Vor-GmbH; die Vor-GmbH ist hierfür bereits kontofähig.[38] Bei Zahlungen durch Scheck, Wechsel, Devisen, Zession usw. ist ein endgültiger Zufluss erst mit vorbehaltloser Euro-Gutschrift auf dem Konto des Geschäftsführers bzw. der Vor-GmbH eingetreten.

---

35 Für eine Verjährung innerhalb der Zehn-Jahres-Frist des § 199 IV BGB daher etwa *Altmeppen*, DB 2002, 514, 515; *Schockenhoff/Fiege*, ZIP 2002, 917, 919 f.

36 G. v. 9.12.2004, BGBl. I 3214.

37 Zusammenfassend *Mansel/Budzikiewciz*, NJW 2005, 321, 327 f. (auch zum Übergangsrecht); näher *Thiessen*, ZHR 168 (2004), 503 ff.

38 BGHZ 45, 347 = NJW 1966, 1311; *BGH* NZG 2005, 556, 557.

Eine Durchsicht der **Rspr.** zum **Erfordernis der freien Verfügbarkeit** der Einlageleistung ergibt ein eindrucksvolles Bild vom Erfindungsreichtum der Kautelarpraxis bei der Umgehung gesellschaftsrechtlicher Mindestanforderungen. So kommt es vor, dass der Gesellschafter einer Vor-GmbH eine Bareinlage auf sein *eigenes* Konto leistet, das zugleich als Geschäftskonto der Gesellschaft genutzt wird. Dies führt nach der Rspr. nur dann zur Tilgung der Einlageschuld, wenn und soweit das Guthaben tatsächlich zur Begleichung von Gesellschaftsverbindlichkeiten eingesetzt wird.[39] Teilweise erfolgen Zahlungen ohne Tilgungsbestimmung; sie führen nur dann zur Tilgung der Einlageverbindlichkeit, wenn sie sich aufgrund der Höhe des Betrages eindeutig der Einlageverbindlichkeit zuordnen lassen.[40] Keine Leistung zu freier Verfügung der Geschäftsführung liegt vor, wenn der eingezahlte Geldbetrag absprachegemäß umgehend als Darlehen an den Einleger zurückfließt; denn hier wird die Einlage im wirtschaftlichen Endergebnis nicht vom Gesellschafter in bar geleistet, sondern von der Gesellschaft – verdeckt – finanziert.[41] 28

Übungsfall:[42] Gesellschafter G zahlt den auf seinen Geschäftsanteil entfallenden Betrag von 87.000 EUR auf das von der Vor-GmbH bei der V-Bank unterhaltene Konto. Die Zahlung erfolgte am 31.3. Das Konto wies zum 31.12. des Vorjahres einen Debet-Saldo von 320.000 EUR auf, per 31.12. des Jahres der Gesellschaftsgründung von 450.000 EUR und per 31.12. des darauf folgenden Jahres von 600.000 EUR. K, Verwalterin in dem Insolvenzverfahren über das Vermögen der GmbH, verlangt von G Zahlung des Betrages von 87.000 EUR aus dem Gesichtspunkt der Nichterfüllung der Einlageverpflichtung. Begründetheit dieses Anspruchs? 29

Lösung: K ist zur Geltendmachung der Einlageforderung nach § 80 I InsO aktivlegitimiert. Die Einlageforderung der GmbH gegen den G war aufgrund der Übernahme eines Geschäftsanteils in entsprechender Höhe durch G wirksam entstanden (§ 3 I Nr. 4 GmbHG, § 5 GmbHG). Fraglich ist, ob die Einlageforderung durch die Zahlung des G vom 31.3. erloschen ist. Die Voraussetzungen des § 362 I BGB liegen vor, da die geschuldete Leistung – Zahlung der 87.000 EUR – an den Gläubiger – die GmbH – bewirkt wurde. Für Einlageleistungen besteht allerdings die zusätzliche Voraussetzung, dass ein Erlöschen nur bei Leistung zur freien Verfügung der Geschäftsführung i. S. des § 8 II 1 GmbHG eintritt.[43] Dies ist hier zu bejahen, da die V-Bank der Gesellschaft nach Verrechnung des Zahlungseingangs mit den Schulden eine neue Verfügung in Höhe des Einlagebetrags gestattet hat, wie der ständig anwachsende Debet-Saldo zeigt.[44] Der Gesellschaft steht weiterhin Liquidität in Höhe des gezahlten Einlagebetrags zur Verfügung. Die Einlageforderung ist daher erloschen; der Anspruch ist unbegründet. –

Zur **Absicherung der realen Kapitalaufbringung** kann das Registergericht bei erheblichen Zweifeln an der Richtigkeit der Anmeldeversicherung Nachweise wie z. B. Einzahlungsbelege verlangen (§ 8 II 2 GmbHG). Ferner untersagt das Gesetz, dass den Gesellschaftern die Stammeinlageschuld erlassen oder gestundet wird 30

---

[39] *BGH* NJW 2001, 1647.

[40] *BGH* NJW 2001, 3781.

[41] BGHZ 153, 107 = NJW 2003, 825; *BGH* ZIP 2005, 2203, 2204 = NZG 2006, 24; dazu *Tillmann*, EWiR 2006, 33; *BGH* ZIP 2006, 1633 = NZG 2006, 716.

[42] Nach BGHZ 150, 197 = NJW 2002, 1716; gleichgelagerte Sachverhalte in *BGH* NZG 2002, 524 = DStR 2002, 1538 und *BGH* NZG 2002, 636; *BGH* NZG 2005, 180.

[43] *Roth*/Altmeppen, § 7 Rn. 25.

[44] Abzulehnen daher der Rechtsprechungswandel durch BGHZ 158, 283, 285 f. = NJW 2004, 2592 = JZ 2004, 684 m. krit. Anm. *Ulmer*. Der *BGH* (NZG 2005, 180) will diese Entscheidung als nur auf die Kapitalerhöhung bezogen wissen.

(§ 19 II 1 GmbHG). Auch ist die **Aufrechnung** durch den Gesellschafter gegen die Einlageforderung grundsätzlich **ausgeschlossen** (§ 19 II 2 GmbHG). Dieser einseitige Aufrechnungsausschluss soll der Gefahr begegnen, dass der wirtschaftliche Wert der zur Aufrechnung gestellten Forderung gegen die Gesellschaft unter ihrem Nennwert liegt, z. B. wegen der zweifelhaften Zahlungsfähigkeit der Gesellschaft. Zulässig ist die Aufrechnung nur dann, wenn die Forderung des Gesellschafters gegen die Gesellschaft als Sacheinlage eingebracht werden darf und dies nach § 5 IV 1 GmbHG vereinbart worden war. Die Rspr. erstreckt den in § 19 II 2 GmbHG enthaltenen Aufrechnungsausschluss zu Lasten des Gesellschafters auf eine einseitige oder im Einvernehmen mit dem Gesellschafter durchgeführte Aufrechnung der *Gesellschaft* mit einem Bareinlageanspruch gegen eine Forderung des Gesellschafters (z. B. auf Darlehensrückzahlung, § 488 I 2 BGB). Zulässig ist eine derartige Aufrechnung nur dann, wenn die Forderung gegen die Gesellschaft unzweifelhaft fällig, unbestritten („liquide") und vollwertig ist, d. h. wenn die Gesellschaft nicht überschuldet ist.[45] Die gleichen Grundsätze gelten im Falle einer Umgehung des Aufrechnungsverbots durch **Hin- und Herzahlung.** Ist vor der Einlage eine Leistung an den Gesellschafter vereinbart worden, die wirtschaftlich einer Rückzahlung der Einlage entspricht, so befreit dies den Gesellschafter nach § 19 V 1 GmbHG von seiner Einlageverpflichtung nur dann, wenn die Leistung durch einen **vollwertigen Rückgewähranspruch** gedeckt ist, der jederzeit fällig ist oder durch fristlose Kündigung durch die Gesellschaft fällig werden kann; auch darf es sich nicht um eine verdeckte Sacheinlage (unten Rn. 40 ff.) handeln. Typisch sind Fälle, in denen die Gesellschaft dem Gesellschafter die Geldeinlage im Wege eines Neudarlehens sofort wieder ausbezahlt, z. B. weil dieser Gesellschafter den konzernweiten Cash-Pool verwaltet.[46] Damit das Registergericht prüfen kann, ob die Voraussetzungen einer Erfüllungswirkung des Hin- und Herzahlens ausnahmsweise gegeben sind (vgl. nochmals § 8 II 2 GmbHG), ist der Vorgang in der Anmeldung der Gründung **offenzulegen** (§ 19 V 2 GmbHG).[47] Dabei hängt der Eintritt der **Erfüllungswirkung** (§ 19 V 1 GmbHG) auch von der **Offenlegung** ab, die – neben der Vollwertigkeit und Fälligkeit – als dritte Voraussetzung für die Erfüllung der Einlageschuld zu prüfen ist.[48]

31 Nach § 21 GmbHG kann der Gesellschafter seines Geschäftsanteils zugunsten der GmbH für verlustig erklärt werden, wenn er die geschuldete Einlage trotz Aufforderung nicht erbringt („Kaduzierung"). Auch nach dem Ausschluss aus der Gesellschaft haftet er weiterhin für die noch offene Einlageschuld (§ 21 III GmbHG). Gelingt es nicht, die Stammeinlage des säumigen Gesellschafters durch Verkauf des Geschäftsanteils zu decken, so haben die übrigen Gesellschafter den

---

[45] BGHZ 152, 37, 42 = NJW 2002, 3774; *Wicke*, GmbHG, § 19 Rn. 14.

[46] Näher *Kindler*, NJW 2008, 3249, 3250 f.; *Schall*, ZGR 2009, 126, 135 ff.; *Wicke*, GmbHG, § 19 Rn. 31 ff.; aus der früheren Rspr. *BGH* NZG 2004, 618; *BGH* NZG 2006, 24; NJW 2006, 906 = NZG 2006, 227; BGHZ 166, 8 = NJW 2006, 1736 (zum Cash Pool); *OLG Braunschweig* NZG 1999, 308; *OLG Köln* NJW-RR 1994, 1192, 1193 unter Berufung auf BGHZ 28, 314 = NJW 1959, 383, wo das Bild eines geworfenen Balles verwendet wird, der an einem Gummiband wieder zurückschnellt.

[47] Näher *Wicke*, GmbHG, § 19 Rn. 35; *Herrler*, DStR 2011, 2255 ff.

[48] BGHZ 182, 103 = NJW 2009, 3091 m. Bespr. *Merkner/Schmidt-Bendun*, S. 3072 ff.; kritisch dazu *G. H. Roth*, NJW 2009, 3397 ff.

Fehlbetrag nach dem Verhältnis ihrer Geschäftsanteile (§ 14 GmbHG) aufzubringen (§ 24 S. 1 GmbHG – Ausfallhaftung).[49]

3. Sachgründung

a) Schutzbedürftigkeit der Gläubiger und der Mitgesellschafter

Oftmals fehlt es den Gründern an der für die Aufbringung des Mindeststammkapitals notwendigen Liquidität; auch kommt es vor, dass ein ganz bestimmter nichtgeldlicher Gegenstand in die Gesellschaft eingebracht werden soll, weil er für die Geschäftstätigkeit der Gesellschaft von Nutzen ist. 32

Beispiele: Typische Sacheinlagen sind etwa Forderungen, Kraftfahrzeuge, Grundstücke, Immaterialgüterrechte wie Marken, Patente, Geschmacks- und Gebrauchsmuster, aber auch ein Unternehmen als Ganzes (vgl. § 5 IV 2 GmbHG).

Die **Haltung des Gesetzes gegenüber dem Sacheinleger** ist von **Misstrauen** geprägt: Im Interesse der Gläubiger muss sichergestellt sein, dass das Stammkapital (oben Rn. 18) durch zumindest gleichwertige Aktiva gedeckt ist. Zudem muss eine Übervorteilung derjenigen Gesellschafter, die Bareinlagen übernommen haben, vermieden werden. Denn da sich der Geschäftsanteil nach der Höhe der übernommenen Einlage bemisst (oben Rn. 22), hat eine Überbewertung der Sacheinlage eine „Quersubventionierung" des Sacheinlegers durch die anderen Gesellschafter zur Folge, die eine Bareinlage erbringen. 33

Beispiel: Das Stammkapital der A & B-GmbH beträgt 25.000 EUR. Die Gesellschafter A und B haben Geschäftsanteile von je 12.500 EUR übernommen. A hat sich zu einer Bareinlage verpflichtet, B zur Einlage eines Kraftfahrzeugs. Ist das Fahrzeug weniger als 12.500 EUR wert, so wäre es gegenüber A nicht gerecht, dass B dennoch einen Geschäftsanteil über diesen Betrag erwirbt (mit den entsprechenden Rechten aus §§ 29 III 1, 47 II, 72 S. 1 GmbHG; vgl. oben Rn. 22). Zudem wären die Gläubiger in ihrem Vertrauen darauf enttäuscht, dass der Gesellschaft zumindest bei der Gründung Vermögenswerte in Höhe von 25.000 EUR zugeführt wurden, so wie sich dies aus dem Handelsregister ergibt.

b) Einlagefähigkeit des Gegenstandes

Sacheinlagen sind zwar grundsätzlich zulässig (§§ 5 IV, 7 III, 56 GmbHG), doch ist **nicht jeder Gegenstand sacheinlagefähig.** *Materiell* ist hierfür vielmehr erforderlich, (1) dass der Gegenstand einen fassbaren Vermögenswert besitzt, (2) dass er zur freien Verfügung der Gesellschaft gelangen kann und (3) dass er der Gesellschaft – wenn es sich um eine Forderung gegen einen Gesellschafter handelt – mehr verschafft als die bloß schuldrechtliche Berechtigung.[50] Ohne weiteres einlagefähig sind deshalb bewegliche wie unbewegliche Sachen, an denen die Gesellschaft das Eigentum erwerben soll; beschränkt dingliche Rechte an Sachen 34

---

[49] Hat der ausgeschlossene Gesellschafter seinen Geschäftsanteil nicht originär bei der Gründung, sondern derivativ von einem früheren Gesellschafter erworben (§ 15 GmbHG), so haftet auch dieser Rechtsvorgänger gegenüber der GmbH (§§ 22, 23 GmbHG).

[50] *Ulmer*/Habersack/Winter, § 5 GmbHG Rn. 39 ff.

(Dienstbarkeiten, Nießbrauch); Forderungen gegen Dritte, die an die Gesellschaft abgetreten werden sollen; sonstige Rechte wie Gesellschaftsanteile oder Immaterialgüterrechte; Sach- und Rechtsgesamtheiten wie Unternehmen einschließlich des darin verkörperten Geschäftswerts, des Kundenstamms und betriebszugehöriger Kennzeichenrechte wie die Firma oder ein Markenrecht. Auch Forderungen des Gesellschafters gegen die GmbH selbst sind einlagefähig, wobei sich allerdings deren Bewertung (unten Rn. 37) – je nach Einschätzung der Zahlungsfähigkeit der Gesellschaft als Schuldnerin – nicht mit dem Nominalbetrag der Forderung decken muss.[51] Im Grundsatz anerkannt ist ferner die Einlagefähigkeit obligatorischer Nutzungsrechte analog § 27 II AktG, wenn die Nutzungsdauer in Form einer festen Laufzeit oder als konkret bestimmte Mindestdauer feststeht, so dass deren wirtschaftlicher Wert feststellbar ist.[52]

35 Nicht einlagefähig sind Ansprüche auf **Dienstleistungen** gegenüber Gesellschaftern. Dies folgt aus § 7 III GmbHG. Danach sind Sacheinlagen vor der Handelsregisteranmeldung so an die Gesellschaft zu bewirken, dass sie endgültig zur freien Verfügung der Geschäftsführer stehen. Das Gleiche gilt analog § 27 II AktG für Ansprüche auf Dienstleistungen gegen Dritte. Dienstleistungen sind vor allem deshalb als Sacheinlage ungeeignet, weil ihre Durchsetzung auf Schwierigkeiten stößt (§§ 887, 888 III ZPO).[53]

c) Offenlegung und Wertprüfung

36 Der betreffende Gegenstand muss nicht nur materiell überhaupt sacheinlagefähig sein, sondern darüber hinaus unter Beachtung bestimmter **Förmlichkeiten** in das Vermögen der Gesellschaft überführt werden. Dazu gehört zunächst, dass **im Gesellschaftsvertrag** der Gegenstand der Einlage, die Person des Leistenden und der Nennbetrag des Geschäftsanteils, auf den sich die Sacheinlage bezieht, **festgesetzt** werden muss (§ 5 IV 1 GmbHG). Diese Festsetzung sowie die zugrundeliegenden Verträge und der Sachgründungsbericht nach § 5 IV 2 GmbHG sind der Anmeldung zum Handelsregister beizufügen (§ 8 I Nr. 1, 4, 5 GmbHG). Sie unterliegen der Einsichtnahme nach § 9 HGB. Fehlen die in § 5 IV 1 GmbHG genannten Angaben oder sind sie unvollständig, so darf die GmbH im Handelsregister nicht eingetragen werden (§ 9c I 1, II Nr. 1 GmbHG). Geschieht das dennoch, so ist der Gesellschafter zur Bareinlage verpflichtet. Denn eine Nichtigkeit der Beitrittserklärung oder nach § 139 BGB gar des ganzen Gesellschaftsvertrages würde den durch § 5 IV GmbHG bezweckten Gläubigerschutz verfehlen.[54] Eine dennoch erbrachte Sacheinlage kann der Gesellschafter nach §§ 812 ff. BGB kondizieren.

---

[51] Gegen eine Forderungsbewertung beim Tausch von Forderungen gegen die Gesellschaft in Beteiligungskapital (Debt Equity Swap) mit beachtlichen Gründen *Cahn/Simon/Theiselmann*, CORPORATE FINANCE law 4/2010, 238 ff.

[52] Zum zuletzt genannten Fall BGHZ 144, 290 = NZG 2000, 836; ferner *BGH* NZG 2004, 910; Einzelheiten bei *Hüffer*, § 27 AktG Rn. 20 ff. (zur Parallelvorschrift des Aktienrechts).

[53] BGHZ 180, 38 Rn. 9 = NJW 2009, 2375 = BB 2009, 973 m. Anm. *Trendelenburg* („Qivive"); näher *Giedinghagen/Lakenberg*, NZG 2009, 201 ff.; nachfolgend BGHZ 184, 158 = NJW 2010, 1747 – Eurobike; zur Einlagefähigkeit von Dienstleistungen im Personengesellschaftsrecht s. demgegenüber § 11 Rn. 5.

[54] BGHZ 28, 314, 316 = NJW 1959, 383.

Eine weitere Förmlichkeit besteht darin, dass die Gesellschafter in einem **Sachgründungsbericht** die für die Bewertung der Sacheinlagen wesentlichen Umstände darzulegen haben (§ 5 IV 2 GmbHG), z. B. Markt- oder Börsenpreise, bei Grundstücken die Unterlagen des gemeindlichen Gutachterausschusses, bei Kraftfahrzeugen die von Sachverständigen erstellten Listen, nachweisbare Herstellungskosten des Gegenstands, Schätzungen von Sachverständigen usw. Ist ein Unternehmen Gegenstand der Sacheinlage, so müssen außerdem die Jahresergebnisse der letzten beiden Jahre angegeben werden (§ 5 IV 2 a. E. GmbHG). Ein unrichtiger Sachgründungsbericht führt zur Haftung nach § 9a GmbHG und zur Ablehnung der Eintragung der Gesellschaft in das Handelsregister nach § 9c I 2 GmbHG, seit dem MoMiG allerdings nur noch bei „nicht unwesentlicher Überbewertung" von Sacheinlagen. Diese hohe Schwelle für eine registergerichtliche Versagung der Eintragung soll unnötige Kosten und Zeitverzögerungen bei Sachgründungen vermeiden helfen.[55] Falsche Angaben im Sachgründungsbericht sind zudem nach § 82 I Nr. 2 GmbHG strafbar. 37

d) Leistung der Sacheinlage

Die Sacheinlage muss vor Anmeldung der Gesellschaft vollständig und zur freien Verfügung der Gesellschafter geleistet werden; anders als bei der Bareinlage genügt eine bloß teilweise Überführung des Leistungsgegenstands in das Vermögen der Gesellschaft nicht (§ 7 III GmbHG). Dabei erfolgt die Übereignung bzw. Übertragung an die Gesellschaft nach den **allgemeinen zivilrechtlichen Regeln** (§§ 398 ff., 413 BGB für Rechte; §§ 929 ff., 873 ff., 925 BGB für Sachen).[56] Mit der Anmeldung zum Handelsregister sind die Unterlagen über die Bewertung der Sacheinlagen einzureichen (§ 8 I Nr. 4, 5 GmbHG), verbunden mit der Versicherung, dass die Gegenstände nach § 7 III GmbHG auf die Geschäftsanteile bewirkt worden sind und sich endgültig in der freien Verfügung der Geschäftsführer befinden. 38

Zur weiteren Absicherung der Kapitalaufbringung normiert das Gesetz eine **Bardeckungspflicht** des Sacheinlegers: Erreicht der Wert einer Sacheinlage im Zeitpunkt der Handelsregisteranmeldung nicht den Nennbetrag des dafür übernommenen Geschäftsanteils, so hat der Gesellschafter in Höhe des Fehlbetrags eine Geldeinlage zu leisten (§ 9 I GmbHG, sog. **Differenzhaftung**). Die Vorschrift ist zwingend. Für ihre Anwendung sind der Nennbetrag des Geschäftsanteils und der Wert des hierauf nach § 14 S. 1 GmbHG erbrachten Gegenstandes zu vergleichen; ein etwa geschuldetes **Aufgeld** (oben Rn. 21) ist dabei nicht zu berücksichtigen; es nimmt also am Gesellschafter- und Gläubigerschutz nach § 9 GmbHG nicht teil. Sachgerecht ist dies deshalb, weil die Gläubiger nur auf die Aufbringung des Stammkapitals vertrauen dürfen und das Aufgeld für die Bemessung des Geschäftsanteils (§ 14 GmbHG) außer Betracht bleibt.[57] 39

---

55 BT-Drs. 16/6140, S. 36; vgl. § 38 II 2 AktG.

56 Daher kommt auch ein gutgläubiger Erwerb der Gesellschaft vom Einleger in Betracht, vgl. *BGH* NZG 2003, 85, 86 = NJW 2003, 170.

57 Zum Aufgeld ferner *BGH* NZG 2008, 73.

e) Umgehungsschutz; verdeckte Sacheinlage

40 Die strengen Kriterien für die Einlagefähigkeit nichtgeldlicher Gegenstände und das umständliche Verfahren zur Erbringung von Sacheinlagen fordern Umgehungsgeschäfte durch die Gründer geradezu heraus. Man spricht dann von einer **verdeckten Sacheinlage.** Dabei wird in der Satzung zwar eine Bareinlage vereinbart, doch ist diese – so die **Legaldefinition in § 19 IV 1 GmbHG** – bei wirtschaftlicher Betrachtung und aufgrund einer im Zusammenhang mit der Übernahme der Bareinlage getroffenen Abrede als Sacheinlage zu bewerten. Gegenstand einer verdeckten Sacheinlage kann dabei nur eine sacheinlagefähige Leistung sein, also z. B. nicht eine Dienstleistung (oben Rn. 34 f.) Ein Umgehungsgeschäft befreit den Gesellschafter nicht von seiner Bareinlageverpflichtung, sofern nicht die für Sacheinlagen getroffenen Bestimmungen eingehalten werden (§ 19 IV 1 GmbHG).[58] Dies gilt **unabhängig vom Vorliegen einer Umgehungsabsicht.** Vielmehr genügt eine – wenn auch unwirksame – Abrede zwischen den Gesellschaftern oder zwischen Gesellschafter und Gesellschaft, die den wirtschaftlichen Erfolg einer Sacheinlage umfasst.[59] Mit einer **ex nunc wirkenden Satzungsänderung** kann die Bareinlage in eine Sacheinlage abgeändert werden und so der **Fehler bei der Kapitalaufbringung geheilt** werden; allerdings müssen bei dieser **Heilung** dann die üblichen Regeln für Sacheinlagen eingehalten werden.[60] Auf die Mitwirkung der anderen Gesellschafter an einer heilenden Änderung der Einlagendeckung von der Bar- zur Sacheinlage hat der Inferent – aus dem Gesichtspunkt der gesellschafterlichen Treuepflicht – einen Rechtsanspruch.[61]

Beispiel: Unmittelbar nach Zahlung seiner Bareinlage verkauft der GmbH-Gesellschafter Schlau seinen PKW an die GmbH. Der von Schlau eingelegte Geldbetrag fließt alsbald wieder als Kaufpreis für den PKW an den Schlau zurück.

41 In Fällen dieser Art erhält die GmbH im wirtschaftlichen Ergebnis nicht die versprochenen Geldmittel (§§ 3 I Nr. 4, 14 S. 1 GmbHG), sondern – verdeckt – nur einen Sachgegenstand. Nach der **Neuregelung durch das MoMiG** wird der Gesellschafter hierdurch zwar nicht von seiner Bareinlagepflicht befreit, doch sind die Verträge über die Sacheinlage und die zu deren Ausführung vorgenommenen Rechtshandlungen auch nicht unwirksam (§ 19 IV 1, 2 GmbHG).[62] Da der Wert des Vermögensgegenstandes auf die fortbestehende Bareinlagepflicht angerechnet wird (§ 19 IV 3 GmbHG), beschränkt sich die **Haftung des Gesellschafters auf den**

---

[58] Vgl. dazu und zum Folgenden *Kindler*, NJW 2008, 3249, 3250; *Ulmer*, ZIP 2009, 293 ff. (speziell zur Anrechnungslösung des § 19 IV 3 GmbHG); *Schall*, ZGR 2009, 126, 135 ff.; in der Rspr. BGHZ 180, 38 Rn. 8 = NJW 2009, 2375 – Qivive. Grundlegend über Kapitalaufbringung und Gesetzesumgehung: *Benecke*, ZIP 2010, 105 ff.; ferner *G. H. Roth*, FS Hüffer, 2010, S. 853 ff.

[59] BGHZ 132, 133, 139 = NJW 1996, 1286; eingehend *Ulmer*/Habersack/Winter, § 5 GmbHG Rn. 164 ff., § 19 GmbHG Rn. 85 ff.; *Wicke*, GmbHG, § 19 Rn. 20.

[60] BGHZ 132, 141, 150 ff. = NJW 1996, 1473 (zur Kapitalerhöhung).

[61] BGHZ 155, 329 = NJW 2003, 3127 = JZ 2004, 199 m. Anm. *Witt*. Näher *Wicke*, GmbHG, § 19 Rn. 29.

[62] Anders die Rspr. bis zum MoMiG, die als Rechtsfolge der verdeckten Sacheinlage analog § 27 III AktG sowohl die Unwirksamkeit des schuldrechtlichen Verpflichtungsgeschäfts zur Einbringung des Sachgegenstands als auch des dinglichen Erfüllungsgeschäfts zu dessen Übertragung angenommen hatte, vgl. *BGH* NJW 2006, 1738 Tz. 20.

Differenzbetrag, um welchen der Wert des eingebrachten Vermögensgegenstandes den Nennbetrag des übernommenen Geschäftsanteils unterschreitet. Betrug also im **Beispiel** zu Rn. 40 der Nennbetrag des von Schlau übernommenen Geschäftsanteils 20.000 EUR, der Wert des eingebrachten PKW dagegen nur 15.000 EUR, so schuldet Schlau der Gesellschaft noch weitere 5.000 EUR. Der Kaufvertrag über den PKW und die Übereignung des Fahrzeugs an die Gesellschaft bleiben aber zivilrechtlich wirksam.

Die Neuregelung durch das MoMiG trägt der Kritik an den früher geltenden drastischen Rechtsfolgen verdeckter Sacheinlagen Rechnung.[63] Tatsächlich sind die Fallkonstellationen, in denen eine verdeckte Sacheinlage vorliegen kann, oft nicht eindeutig. Zudem sind auch an den gesellschaftsrechtlichen Kenntnisstand der Beteiligten keine überzogenen Erwartungen zu stellen. Die Betroffenen wurden daher sehr häufig von der Aufdeckung unerkannter verdeckter Sacheinlagen überrascht und von ihren Folgen – erneute Bareinlagepflicht analog § 27 III 3 AktG – hart getroffen. Jetzt ist sichergestellt, dass der Gesellschafter die Einlage **wertmäßig nur einmal leisten muss.** Gläubigerschutzlücken entstehen dadurch nicht. Ist die verdeckte Sacheinlage vollwertig, so ist es nicht gerechtfertigt, als „Strafe" für die reine Nichteinhaltung der formalen Anforderungen an eine Sachgründung die Einlage nochmals vollständig zu verlangen. Fehlt es hingegen an der Vollwertigkeit, so ergibt der Wert des Vermögensgegenstandes zusammen mit der Differenzleistung des Gesellschafters den Betrag der übernommenen Einlageverpflichtung. Die Tatsache, dass das Sachgründungsverfahren nicht eingehalten worden ist, bleibt dabei nicht völlig unberücksichtigt: So trägt nach § 19 IV 3 GmbHG im Fall der verdeckten Sacheinlage der **Einleger die Beweislast für die Vollwertigkeit** seiner Leistung, da mangels ordnungsgemäßer Offenlegung der Sacheinlage Unklarheiten über die Werthaltigkeit zu seinen Lasten gehen müssen. Sofern ihm dieser Nachweis nicht oder nicht in voller Höhe gelingt, trifft ihn die Haftung auf die Differenz. Der Gesellschafter hat dadurch selbst ein Interesse an der ordnungsgemäßen Einbringung einer vollwertigen Sacheinlage, um nicht Jahre später in Beweisnöte für die Werthaltigkeit der Einlage zu geraten. 42

Übungsfall zum Thema „Verdeckte Sacheinlage und Hin- und Herzahlen":[64] Drei Gesellschafter gründen eine GmbH und schließen zugleich einen Cash-Management-Vertrag[65] ab. Danach führt ein Gesellschafter ein Cash-Pool-Konto für die Gesellschaft. Der gesamte Zahlungsverkehr der Gesellschaft sollte über dieses Konto abgewickelt werden. Der Saldo-Ausgleich sollte taggenau erfolgen („Zero-Balancing"). Die Gründungsgesellschafter zahlten die vereinbarten Einlagebeträge in Teilbeträgen auf das in den Cash-Pool einbezogene Konto der Gesellschaft ein, das einen negativen Saldo aufwies. Eine Anmeldung dieser Zahlungen zum Handelsregister (vgl. § 19 V 2 GmbHG) erfolgte nicht. Der Insolvenzverwalter über das Vermögen der Gesellschaft verlangt von den Gesellschaftern die nochmalige Einzahlung der Einlage. Zu Recht? **Abwandlung:** Rechtslage bei positivem Saldo oder Ausgeglichenheit des Zentralkontos? 42a

Lösung: Als Grundlage des Einlageanspruchs kommen §§ 5, 19 GmbHG in Betracht, i.V.m. § 80 I InsO. Fraglich ist, ob der Einlageanspruch bereits durch Erfüllung erloschen ist (§ 362

---

[63] Zur gesetzgeberischen Intention s. BT-Drs. 16/6140, S. 40.

[64] Vereinfacht nach BGHZ 182, 103 = NJW 2009, 3091 – („CashPool II"); zum Hin- Herzahlen auch *Herrler*, DStR 2011, 2255 ff.

[65] Allg. zum Cash-Pool unten § 15 Rn. 31.

BGB). Das wäre zu verneinen, wenn hier eine verdeckte Sacheinlage oder ein verbotenes Hin- und Herzahlen vorliegt. Abzugrenzen ist dabei die **verdeckte Sacheinlage** (§ 19 IV GmbHG) vom Hin- und Herzahlen (§ 19 V GmbHG). Soweit im Zeitpunkt der Weiterleitung des Einlagebetrags der Saldo auf dem Zentralkonto zu Lasten der Gesellschaft negativ war, liegt eine verdeckte Sacheinlage vor. Denn der Gesellschaft fließt dann im wirtschaftlichen Ergebnis infolge der Weiterleitung der Bareinlage auf das Zentralkonto nicht der vereinbarte Barbetrag, sondern die Befreiung von ihrer Verbindlichkeit aus der Cash-Pool-Verbindung (§ 488 I 2 BGB), mithin ein Sachwert, zu. Der Einlageanspruch ist begründet.

Abwandlung: Soweit die Einlage dagegen auf ein Zentralkonto des Einlegers weitergeleitet wird, dessen Saldo ausgeglichen oder zugunsten der Gesellschaft positiv ist, liegt ein reines *Hin- und Herzahlen* vor. Mit der Weiterleitung auf das Zentralkonto gewährt die Gesellschaft dem Einleger ein Darlehen (§ 488 BGB). Der Einleger wird hier grundsätzlich ebenfalls nicht von seiner Einlageverpflichtung frei, es sei denn, die besonderen Voraussetzungen des § 19 V GmbHG wären erfüllt, d.h. eine die Einlagepflicht ersetzende Vereinbarung wäre getroffen worden, die auf ihrer Grundlage erbrachte Leistung wäre durch einen vollwertigen, jederzeit fälligen oder durch fristlose Kündigung fällig werdenden Rückzahlungsanspruch gegen den Einleger gedeckt und der Geschäftsführer hätte diese Umstände bei der Anmeldung nach § 8 GmbHG angegeben. Ein derartig privilegiertes Hin- und Herzahlen liegt hier nicht vor. Denn der Geschäftsführer hatte die Leistung an den Gesellschafter nicht in der Anmeldung angegeben, wie es § 19 V 2 GmbHG vorschreibt. Auch in der Abwandlung ist der Anspruch daher begründet.

f) Sonderfall verdeckte gemischte Sacheinlage

42b Bei der verdeckten gemischten Sacheinlage erbringt die Gesellschaft für den Erwerb eines nichtgeldlichen Gegenstandes eine **Vergütung**, die sich **aus zwei Bestandteilen** zusammensetzt: Zu einem Teil werden **Anteilsrechte** als Gegenleistung erbracht. Ein darüberhinausgehender Wert des Gegenstandes wird in anderer Weise – meist in **Geld** – vergütet. Diese Aufspaltung der Vergütung ist erforderlich, weil der der Gesellschaft überlassene Gegenstand wertmäßig den Wert der übernommenen Einlage übersteigt und der Einleger deshalb eine zusätzliche Vergütung verlangt. Die Anrechnung des Wertes der verdeckt eingelegten Sache auf die fortbestehende Bareinlageverpflichtung (§ 19 IV 3 GmbHG) darf hier nicht zulasten des übrigen Gesellschaftsvermögens gehen. Daher ist vor einer Anrechnung von dem tatsächlichen Wert der eingelegten Sache der Betrag abzuziehen, der von der Gesellschaft aus dem Gesellschaftsvermögen über den Nominalbetrag der Bareinlage hinaus als Gegenleistung aufgewendet worden ist.[66]

4. Verwendung von Vorrats- oder Mantelgesellschaften

43 Zur Vermeidung der Vorschriften über die Kapitalaufbringung, aber auch zur Vermeidung der Handelndenhaftung nach § 11 II GmbHG (unten Rn. 63ff.) sowie der Unterbilanzhaftung (unten Rn. 58f.) geht die Praxis häufig nicht den Weg einer förmlichen Neugründung, sondern des Erwerbs von Anteilen an einer **GmbH**, die derzeit **ohne Geschäftsbetrieb** ist. Dabei kann es sich um eine auf Vorrat gegründete Gesellschaft handeln („Vorratsgesellschaft"), oder man bedient

[66] BGHZ 185, 44 („ADCOCOM") = NJW 2010, 1948 = NZG 2010, 702; dazu *Koch*, ZHR 175 (2011), 55ff.; *Kleindiek*, ZGR 2011, 334ff.

sich einer Gesellschaft, die zwar früher ein Unternehmen geführt hat, derzeit aber keine Geschäftstätigkeit entfaltet (Verwendung eines „gebrauchten GmbH-Mantels"). Unmittelbar im Anschluss an den Anteilserwerb durch den (Haupt-) Gesellschafter wird sodann eine Gesellschafterversammlung abgehalten, die eine umfassende Neuordnung der Gesellschaft beschließt, meist in Gestalt einer Änderung des Unternehmensgegenstandes, einer Neufassung der Firma, einer Verlegung des Gesellschaftssitzes und/oder einer Neubestimmung der Organmitglieder. Diese Beschlüsse erfolgen – bis auf die Neubestimmung der Organmitglieder – im Wege der Satzungsänderung und sind deshalb zur Eintragung in das Handelsregister anzumelden (§§ 53, 54 GmbHG).

Bei Verwendung einer bisher noch nicht wirtschaftlich tätigen **Vorratsgesellschaft** besteht die Gefahr, dass die gesetzliche und gesellschaftsvertragliche Kapi- 44
talausstattung bei Aufnahme der wirtschaftlichen Tätigkeit nicht mehr vorhanden ist. Der Erwerb eines Geschäftsanteils an einer Vorratsgesellschaft mit nachfolgender Satzungsänderung unterliegt deshalb als **wirtschaftliche Neugründung** den Gründungsvorschriften der §§ 2–12 GmbHG.[67] Insbesondere haben die Geschäftsführer daher die Versicherung zur Kapitalaufbringung nach § 8 II GmbHG abzugeben. Damit wird das Registergericht in die Lage versetzt, analog § 9c GmbHG die ordnungsgemäße Kapitalaufbringung zu prüfen. Fehlt es an der Offenlegung der wirtschaftlichen Neugründung nebst Anmeldeversicherung, so haften die Gesellschafter nach neuerer BGH-Rspr. allerdings nur noch für die im Zeitpunkt der wirtschaftlichen Neugründung bestehende Deckungslücke zwischen dem Vermögen der Gesellschaft und der Stammkapitalziffer.[68] Damit entfällt der Anreiz für die „Neugründer", die neue wirtschaftliche Tätigkeit offenzulegen. Denn auch bei fehlender Offenlegung sind sie nicht schlechter gestellt als die rechtmäßig Handelnden.[69] Eine Handelndenhaftung analog § 11 II GmbHG besteht nur dann, wenn die Geschäfte vor Offenlegung der wirtschaftlichen Neugründung aufgenommen worden sind und dem nicht alle Gesellschafter zugestimmt haben. Denn wenn das Stammkapital bei der Offenlegung der wirtschaftlichen Neugründung ganz oder teilweise aufgebraucht ist, greift die – vorrangige – Unterbilanzhaftung der Gesellschafter ein.[70] Eine Behandlung als wirtschaftliche Neugründung ist bei Verwendung gebrauchter **GmbH-Mantelgesellschaften** erst recht geboten, da derartige Gesellschaften im Regelfall ihr Stammkapital bei ihrer früheren Geschäftstätigkeit ganz oder teilweise verbraucht haben.[71] Zum Firmenrecht oben § 4 Rn. 63.

---

[67] Mit beachtlichen Gründen gegen eine Haftung nach § 11 II GmbHG aber *Herresthal/Servatius*, ZIP 2012, 197, 203 f.; zum Begriff der wirtschaftlichen Neugründung zuletzt *BGH* NZG 2012, 539 Tz. 9, 11.

[68] *BGH* NZG 2012, 539.

[69] Krit. daher *Bayer*, EWiR 2012, 347 f.; zustimmend hingegen *Zöllter-Petzold*, NJW-Spezial 2012, 335 f.

[70] *BGH* NZG 2011, 1066 Tz. 13 m. Aufsatz *Hüffer*, S. 1257 ff. = GmbHR 2011, 1032 m. Anm. *Bayer* = BB 2011, 2443 m. Anm. *Wachter* = EWiR 2011, 639 m. Kurzkomm. *Nolting*.

[71] BGHZ 155, 318 = NJW 2003, 3198 – „Z-Metallbau GmbH"; *v. Bredow/Schuhmacher*, DStR 2003, 1032, 1035; für folgerichtig hält dies auch *Schaub* (NJW 2003, 2125, 2127 f.), der allerdings schon die Verwendung von Vorratsgesellschaften entgegen dem *BGH* nicht als wirtschaftliche Neugründung ansehen will.

Zur Vertiefung: *BGH* NZG 2012, 539 = EWiR 2012, 347 f. mit Kurzkomm. *Bayer*; *BGH* JuS 2010, 545 m. Anm. *K. Schmidt* = NJW 2010, 1459; *BGH* NZG 2011, 1066 m. Aufsatz *Hüffer*, S. 1257 ff.; *Herresthal/Servatius*, ZIP 2012, 197 ff.; *Bayer*, FS Goette, 2011, S. 15 ff.; *Ulmer*, ZIP 2012, 1265 ff.; *Horn*, DB 2012, 1255 ff.

IV. Rechtssubjektivität und Haftung im Zeitraum bis zur Handelsregistereintragung

1. Vorgründungsgesellschaft

45 Aus § 11 I GmbHG wird deutlich, dass die GmbH als juristische Person erst durch Eintragung im Handelsregister entsteht. Auf dem Weg dorthin (vgl. den Überblick zu den Entwicklungsstufen bei der GmbH-Gründung oben Rn. 4) gibt es bereits Absprachen zwischen den späteren GmbH-Gesellschaftern. Dabei lassen sich im Vorfeld der Handelsregistereintragung zwei Phasen unterscheiden. Zunächst kommt eine Vorgründungsgesellschaft mindestens als reine Innengesellschaft zustande. Der gemeinsame **Zweck**, den die Gesellschafter hierbei verfolgen (§ 705 BGB) besteht darin, **die Gründung der GmbH vorzubereiten.** Die Vorgründungsgesellschaft endet mit der Errichtung der GmbH durch notariellen Vertrag oder Musterprotokoll (§ 2 GmbHG), weil hierdurch ihr Zweck erreicht ist (§ 726 BGB). Häufig ist die Vorgründungsgesellschaft auch schon nach außen tätig; sie ist dann (Außen-) GbR oder – bei Betrieb eines Handelsgewerbes – OHG (§§ 105 I, 123 II HGB).

46 Verpflichten sich die Gesellschafter nicht bloß zu Vorbereitungshandlungen, sondern zur notariellen Gründung einer GmbH, so ist bereits der Vertrag über die Eingehung der Vorgründungsgesellschaft beurkundungsbedürftig. Dies folgt aus der Warnfunktion des § 2 GmbHG, die zwar für den historischen Gesetzgeber noch nicht bestand, heute aber im Hinblick auf das Haftungsrisiko des GmbH-Gesellschafters weithin angenommen wird.[72]

Beispiel:[73] Die Eheleute G und der B hatten die Gründung einer GmbH verabredet. Die Gesellschaft sollte bei B ein Möbelhaus anpachten und dieses Unternehmen fortan betreiben. Später verweigerte B die vereinbarten Vertragsschlüsse. Eine Haftung auf Schadensersatz statt der Leistung (§ 280 I BGB) scheidet aus, weil es bereits an einem Schuldverhältnis fehlt, dem eine Pflicht zum Abschluss des GmbH-Vertrages hätte entspringen können. Der zwischen den Parteien abgeschlossene GmbH-Vorvertrag ist nach §§ 125 S. 1 BGB, 2 GmbHG nichtig. In Betracht kommt nur ein Anspruch auf Schadensersatz wegen Verschuldens bei Vertragsverhandlungen nach §§ 241 II, 311 II Nr. 1 BGB i. V. m. § 280 I BGB. Dieser erstreckt sich hier auf das Erfüllungsinteresse.[74]

47 Nach Auflösung der Vorgründungsgesellschaft wegen Zweckerreichung (oben Rn. 45) erfolgt ihre Abwicklung. Dabei wird das Gesellschaftsvermögen durch Rechtsgeschäft auf die im Zeitpunkt der notariellen Beurkundung des GmbH-Vertrags entstandene Vor-GmbH übertragen. Denn die Vorgründungsgesellschaft

---

[72] *Grunewald*, 2.F.26.
[73] Nach *BGH* NJW-RR 1988, 288.
[74] Vgl. *Musielak*, Grundkurs BGB, 12. Aufl., 2011, Rn. 505.

ist mit der Vorgesellschaft und deswegen auch mit der aus dieser hervorgehenden GmbH nicht identisch.[75]

2. Vorgesellschaft

a) Entstehung und rechtliche Einordnung

Mit dem Abschluss des Gesellschaftsvertrags der GmbH endet – wie dargestellt – die Vorgründungsgesellschaft durch Zweckerreichung (oben Rn. 45), und es entsteht die **Vorgesellschaft.** Man bezeichnet sie auch als Vor-GmbH, Gründungsgesellschaft, Gründervereinigung oder GmbH i. G./i. Gr; sie ist **Vorstufe und notwendiges Durchgangsstadium zur GmbH.** 48

Eine umfassende gesetzliche Regelung dieser **zweiten Phase** der Entstehung der GmbH fehlt. Immerhin lässt sich § 11 I GmbHG entnehmen, dass die **Vorgesellschaft noch nicht juristische Person** ist, da es an der hierfür konstitutiven Handelsregistereintragung fehlt. Nach der herrschenden Sonderrechtstheorie ist die Vorgesellschaft weder GbR noch Verein, sondern eine vom Recht der GmbH vorgeprägte, allerdings gesamthänderisch strukturierte Gesellschaftsform sui generis.[76] Auch diese „werdende GmbH" unterliegt – dem Willen der Gesellschafter entsprechend – weitgehend dem Recht der rechtsfähigen GmbH, soweit dieses nicht die Eintragung gerade voraussetzt.[77] 49

b) Rechtsstellung

Da die GmbH mangels Eintragung noch nicht als Rechtssubjekt zur Verfügung steht (vgl. §§ 11 I, 13 I GmbHG), ist die **Gesamthand** (§§ 718, 719 BGB), zu der sich die Gründer zusammengeschlossen haben, **Trägerin der vor der Eintragung begründeten Rechte und Verbindlichkeiten,** so wie dies seit dem Urteil „Weißes Ross" (BGHZ 146, 341; dazu oben § 10 Rn. 56 ff.) auch für die GbR als Gesamthandsgesellschaft anerkannt ist.[78] Die Vor-GmbH ist daher **weitgehend rechtlich verselbständigt:** Sie ist grundbuchfähig,[79] wechsel- und scheckfähig,[80] parteifähig,[81] und sie hat bereits eine Firma (§ 17 HGB) bzw., wenn sie kein kaufmännisches Unternehmen i. S. der §§ 1 ff. HGB betreibt, einen Namen.[82] Allerdings ist die Vor-GmbH nicht schon nach § 13 III GmbHG Handelsgesellschaft – diese Vorschrift setzt nämlich die Eintragung im Handelsregister voraus! – und Formkaufmann nach § 6 HGB. In Betracht kommt nur eine Kaufmannseigenschaft – und damit 50

---

[75] BGHZ 91, 148, 151 = NJW 1984, 2164 ; *BGH* NJW-RR 2001, 1042, 1043.

[76] *Hüffer/Koch,* GesR § 35 Rn. 4; BGHZ 169, 270 Tz. 7 = NJW 2007, 589 = EWiR 2007, 289 mit Kurzkomm. *Krolop.*

[77] BGHZ 21, 242, 246 = NJW 1956, 1435; BGHZ 80, 129 = NJW 1981, 1373; BGHZ 91, 148, 150 f. = NJW 1984, 2164; 117, 323, 326 f. = NJW 1992, 1824; BGHZ 169, 270 Tz. 10 = NJW 2007, 589.

[78] *Hüffer/Koch,* GesR, § 35 Rn. 6; *BGH* NZG 2007, 20 Tz. 7.

[79] BGHZ 45, 338, 348 = NJW 1966, 1311.

[80] BGHZ 117, 323, 326 = NJW 1992, 1824 ; *BGH* NJW 1998, 1079, 1080.

[81] *BGH* NJW 1998, 1079; NJW 2008, 2441.

[82] BGHZ 120, 103, 106 = NJW 1993, 459.

Firmenfähigkeit – kraft des materiellen Kaufmannsbegriffs nach §§ 1–3 HGB. Auch bestehen noch keine Geschäftsanteile an der Vorgesellschaft.[83]

51 Insbesondere ist die **Vor-GmbH kontofähig,**[84] weshalb das Bankkonto der Vor-GmbH im Rechtssinne ein eigenes Konto der Gesellschaft – und nicht der Gesellschafter – ist.[85] Auf dieses Konto können die **Bareinlagen** der Gründungsgesellschafter nach §§ 7 II, 8 II GmbHG **einbezahlt** werden (oben Rn. 23 ff.).

52 Die Vor-GmbH wird **durch** die im Gesellschaftsvertrag oder durch nachfolgenden Beschluss bestellten **Geschäftsführer** (§ 6 GmbHG) **vertreten.** Insoweit besteht Einigkeit, dass § 35 GmbHG auch für die Vorgesellschaft gilt. Nach h. M. findet allerdings für den **Umfang der Vertretungsmacht** der Geschäftsführer der in § 37 II GmbHG niedergelegte Grundsatz der unbeschränkten und unbeschränkbaren Vertretungsmacht **keine uneingeschränkte Anwendung.** Denn die Vertretungsmacht der Geschäftsführer ist durch den Zweck der Vorgesellschaft begrenzt, notwendige Vorstufe zur juristischen Person zu sein, deren Entstehung zu fördern und bis dahin das schon eingebrachte Vermögen zu verwalten und zu erhalten.[86] Daraus folgt, dass sich die Vertretungsmacht nur bei Fortführung eines als *Sacheinlage* eingebrachten Handelsgeschäfts mit dem in § 37 II GmbHG festgelegten Umfang deckt. Dafür spricht schon die Parallelwertung zu § 126 II HGB. Demgegenüber beschränkt sich die Vertretungsmacht bei *Bargründungen* im Allgemeinen auf solche Rechtshandlungen, die zur Herbeiführung der Eintragung notwendig sind. Selbstverständlich sind die Gesellschafter frei darin, auch bei der Bargründung den Geschäftsführer zu sofortiger Geschäftsaufnahme zu ermächtigen; dieser besitzt dann umfassende, § 37 II GmbHG entsprechende Vertretungsmacht.

c) Haftung der Gründer

53 Für die in ihrem Namen oder im Namen der künftigen GmbH begründeten Verbindlichkeiten haftet die Vor-GmbH mit ihrem Vermögen. Dass daneben auch die Gründer der Gesellschaft haften, ist im Prinzip anerkannt. Auf das Haftungsprivileg des § 13 II GmbHG können sie sich (noch) nicht berufen, da diese Vorschrift auf die eingetragene GmbH zugeschnitten ist, was eine ordnungsgemäße Kapitalaufbringung voraussetzt (oben Rn. 3).[87] Bei der Ausgestaltung dieser Gründerhaftung im Einzelnen ist zu unterscheiden:

54 *(1) Innenhaftung.* Im **Grundsatz** besteht lediglich eine **Innenhaftung** der Gründer gegenüber der Vor-GmbH und später gegenüber der eingetragenen GmbH. Die Innenhaftung ist allerdings jeweils von besonderen Voraussetzungen abhängig.

---

[83] *BGH* NZG 2005, 263.

[84] BGHZ 45, 338, 347 = NJW 1966, 1311 ; *BGH* NZG 2005, 556, 557.

[85] Scholz/*K. Schmidt,* § 11 Rn. 31.

[86] BGHZ 80, 129, 139 = NJW 1981, 1373; vgl. aus früherer Zeit schon BGHZ 17, 385, 390 = NJW 1955, 1229 ; näher Baumbach/Hueck/*Hueck/Fastrich,* § 11 Rn. 18 ff.

[87] BGHZ 134, 333, 336 f. = NJW 1997, 1507; dazu *Beuthien*, FS Hadding, 2004, S. 309 ff.; *Kellermann*, FS Röhricht, 2005, S. 291 ff.; s. auch die Übungsfälle zu Vorgesellschaft und Gründerhaftung bei *Langenbucher*, JuS 2004, 387 ff.

Zunächst trifft jeden Gründer *im Verhältnis zur Vor-GmbH* eine Pflicht zur Deckung sämtlicher Verluste, die bis zur Eintragung entstanden sind (**„Verlustdeckungshaftung"**).[88] Die Rspr. geht dabei von dem Grundsatz aus, dass derjenige, der als Einzelperson oder in Gemeinschaft mit anderen Geschäfte betreibt, für die daraus entstehenden Verpflichtungen haftet. Dieser Grundsatz wird in der Vor-GmbH nicht durch § 13 II GmbHG durchbrochen, da diese Vorschrift auf die eingetragene GmbH zugeschnitten ist. § 13 II GmbHG setzt insbesondere eine positiv abgeschlossene Gründungsprüfung durch das Gericht voraus (§ 9c GmbHG), die u.a. die reale Kapitalaufbringung (oben Rn. 18 ff.) sicherstellen soll. Für eine Verlustdeckungshaftung spricht, dass die Gründer *nach* der Eintragung ganz unstreitig ebenfalls für evtl. Verluste aufzukommen haben, die bis zur Eintragung entstanden sind (Unterbilanzhaftung, dazu sogleich Rn. 58 ff.). Es wäre daher wertungswidersprüchlich, die Haftung der Gründer bis zur Eintragung zu verneinen oder auf die bedungenen Einlagen zu begrenzen, zumal hierdurch ein Anreiz entstünde, die Eintragung nicht weiter zu betreiben und die Gesellschaft zu liquidieren. Zusammen mit der Unterbilanzhaftung bildet die Verlustdeckungshaftung deshalb ein einheitliches System der Gründerhaftung in der GmbH mit im Wesentlichen gleichen, der jeweiligen Gründungsphase angepassten Anspruchsvoraussetzungen. 55

Die Verlustdeckungshaftung besteht als **Innenhaftung gegenüber der Vor-GmbH,** nicht als Außenhaftung gegenüber deren Gläubigern. Denn da die Pflichten aus den von der Vor-GmbH getätigten Geschäften auf die eingetragene GmbH übergehen (Kontinuitätslehre)[89], ist ein besonderer Schutz der Gläubiger durch eine Außenhaftung der Gründungsgesellschafter nicht geboten. Den Gläubigern entstehen durch die Innenhaftung keine unzumutbaren Nachteile, weil sie im Wege der Pfändung den Verlustdeckungsanspruch der Vorgesellschaft gegen die Gründer verwerten können (§§ 828, 829, 835 ZPO).[90] Zudem wird durch die Innenhaftung in der Insolvenz der Vor-GmbH eine gleichmäßige Befriedigung aller Gläubiger durch den Insolvenzverwalter sichergestellt (§§ 1 S. 1, 187 ff. InsO), wohingegen bei einer Außenhaftung unter den Gläubigern ein Wettlauf um den ersten Zugriff auf das Gründervermögen einsetzen würde. 56

Der **Verlustdeckungsanspruch entsteht** erst **mit dem Scheitern der Eintragung** der Gesellschaft.[91] Fällig wird der Verlustdeckungsanspruch mit der Eröffnung des Insolvenzverfahrens bzw. mit dem Beginn der Liquidation der Vor-GmbH.[92] 57

Kommt es hingegen zur **Eintragung der GmbH** in das Handelsregister, so wandelt sich die Verlustdeckungshaftung in eine **Unterbilanzhaftung** der Gesellschafter **gegenüber der** nunmehr als juristische Person existierenden **Gesellschaft.** 58

[88] Grundlegend BGHZ 134, 333 = NJW 1997, 1507; bestätigt durch BGHZ 152, 290 = NJW 2003, 429 = JZ 2003, 626 m. Anm. *Langenbucher*.

[89] BGHZ 80, 129, 137 ff. = NJW 1981, 1373; näher unten Rn. 66.

[90] Zu dieser Vorgehensweise *Musielak*, Grundkurs ZPO, 10. Aufl., 2010, Rn. 622 ff.

[91] Missverständlich BGHZ 134, 333, 341 = NJW 1997, 1507 („[…] Verlustdeckungsanspruch *gegen* die Vor-GmbH […]"); Hachenburg/*Ulmer*, (8. Aufl.) § 11 Rn. 95; *Hüffer/Koch*, GesR, § 35 Rn. 13; vgl. auch BGHZ 152, 290 = NJW 2003, 429 l. Sp., wo die Verlustdeckungshaftung auf den Fall der Aufgabe der Eintragungsabsicht beschränkt wird.

[92] BGHZ 134, 333, 341 = NJW 1997, 1507.

Dogmatische Grundlage der Unterbilanzhaftung ist der Grundsatz der realen Kapitalaufbringung: Liegt das Gesellschaftsvermögen in dem Zeitpunkt, in dem die GmbH durch Eintragung entsteht (arg. § 11 I GmbHG), seinem Wert nach unter dem Betrag der Stammkapitalziffer (oben Rn. 18), so sind die Gründer analog § 9 GmbHG verpflichtet, die Differenz zwischen dem Sollvermögen und dem tatsächlich vorhandenen Vermögen durch Geldleistung auszugleichen. Diese Differenz bezeichnet man als Unterbilanz.[93] Die Haftung umfasst bei überschuldeten Gesellschaften auch den entsprechenden Fehlbetrag, geht mithin über den Betrag der Stammkapitalziffer hinaus.

Beispiele: (1) Bei einer Stammkapitalziffer von 25.000 EUR beläuft sich das Vermögen im Zeitpunkt der Handelsregistereintragung aufgrund umfangreicher Einkäufe seitens der Vor-GmbH nur noch auf 10.000 EUR. Es besteht eine Unterbilanzhaftung in Höhe von 15.000 EUR. (2) Stammkapitalziffer wie soeben, die Gesellschaft hat im Zeitpunkt der Handelsregistereintragung aber bereits Bankschulden in Höhe von 10.000 EUR. Hier beläuft sich die Unterbilanzhaftung auf 35.000 EUR.

59 Die **Darlegungs- und Beweislast** für das Bestehen von Unterbilanzhaftungsansprüchen trifft grundsätzlich die **Gesellschaft.** Ist freilich eine Vorbelastungsbilanz auf den Eintragungsstichtag nicht erstellt worden oder sind nicht einmal geordnete Geschäftsaufzeichnungen vorhanden, auf deren Grundlage die Gesellschaft ihrer Darlegungspflicht nachkommen kann, ergeben sich aber hinreichende Anhaltspunkte dafür, dass das Stammkapital der Gesellschaft schon im Gründungsstadium angegriffen oder verbraucht worden ist – oder dass sogar darüber hinausgehende Verluste entstanden sind –, so ist es Sache der Gesellschafter darzulegen, dass eine Unterbilanz nicht bestanden hat.[94]

60 *(2) Außenhaftung.* Ausnahmsweise besteht die Verlustdeckungshaftung der Gründer (oben Rn. 55–57) unmittelbar gegenüber den Gläubigern der Vor-GmbH.[95] Dies gilt zunächst bei der sog. **unechten Vorgesellschaft.** Von einer solchen spricht man, (1) wenn die handelnden Personen von Anbeginn nicht die Absicht hatten, die GmbH eintragen zu lassen,[96] ferner (2) wenn die Gesellschafter nach Aufgabe der – ursprünglich bestehenden – Eintragungsabsicht den Geschäftsbetrieb fortführen.[97] Die Personenvereinigung ist hier **keine Vorstufe zur GmbH** mehr. Die unechte Vor-GmbH ist in Wirklichkeit eine **Personengesellschaft**, und zwar – da eine Eintragung als KG nicht vorliegt – entweder GbR oder

[93] *Hüffer/Koch,* GesR, § 35 Rn. 10; Leitentscheidung: BGHZ 80, 129 = NJW 1981, 1373; zum Charakter der Unterbilanzhaftung als reine Innenhaftung (auch bei Vermögenslosigkeit oder nur einem Gesellschafter) s. *BGH* NZG 2006, 64; BGHZ 165, 391 = NJW 2006, 1594.

[94] BGHZ 165, 391 = NJW 2006, 1594 = NZG 2006, 390 Tz. 19; *BGH* NZG 2003, 393; NJW 1998, 233. Vgl. zum früher – d. h. vor BGHZ 80, 129 = NJW 1981, 1373 – bestehenden „Vorbelastungsverbot" *Hüffer/Koch,* GesR, § 35 Rn. 8 ff.; *Ulmer*, in: Müller-Graff/H. Roth (Hrsg.), Recht und Rechtswissenschaft, 2001, S. 393, 398 f.

[95] Näher Roth/Altmeppen, § 11 GmbHG Rn. 53 ff.

[96] BGHZ 22, 240 = NJW 1957, 218 – „Rohfa"; oben § 9 Rn. 22.

[97] So im Fall BGHZ 152, 290 = NJW 2003, 429 = JZ 2003, 626 m. Anm. *Langenbucher*; dazu auch schon BGHZ 134, 333 = NJW 1997, 1507 unter III.3.

OHG.[98] Als GbR-Gesellschafter haften die Gründer nach BGHZ 146, 341, 358 „Weißes Ross" (oben § 10 Rn. 111 ff.) akzessorisch für die Verbindlichkeiten der Gesellschaft; in der OHG ist diese Haftung ausdrücklich durch §§ 128, 129 HGB angeordnet. Wollte man den Gesellschaftern einer unechten Vor-GmbH eine derartige Außenhaftung ersparen und sie lediglich der Innenhaftung nach den oben Rn. 54 ff. dargestellten Grundsätzen unterstellen, so würde dies im Ergebnis zu einem neuen Gesellschaftstypus führen. Schon im Hinblick auf den numerus clausus an Gesellschaftsformen (oben § 9 Rn. 19) wäre eine solche Konzeption deshalb nicht zu rechtfertigen.[99]

Abgesehen von diesen Fällen der unechten Vorgesellschaft ist eine Außenhaftung aus dem Gesichtspunkt des Gläubigerschutzes ferner bei **Vermögenslosigkeit** der Vor-GmbH angebracht, da hier ein geordnetes Insolvenzverfahren ohnehin nicht stattfindet (vgl. auch § 26 InsO). Das Gleiche gilt, wenn weitere Gläubiger nicht vorhanden sind, so dass eine Innenhaftung im Interesse der Gläubigergleichbehandlung (vgl. § 1 InsO) nicht geboten ist.[100] Die Außenhaftung ist ferner dann das richtige Instrument, wenn es sich um eine Einmann-Vor-GmbH handelt.[101] In der zuletzt genannten Konstellation stellen sich keine Probleme des Innenausgleichs zwischen mehreren Gründern. Dagegen ist die *nach* Eintragung der Gesellschaft in das HReg. eingreifende Unterbilanzhaftung (oben Rn. 58 f.) stets als reine Innenhaftung ausgestaltet, da mit der Eintragung die GmbH als solche und damit ein von seinem Gesellschafter zu trennender Vermögensträger entstanden ist.[102] 61

[98] *BGH* JuS 2004, 727 m. Anm. *K. Schmidt* = NZG 2004, 663; *BGH* NJW 2008, 2441 Rn. 6; *BFH* NZG 2010, 743; zuvor schon BGHZ 22, 240; 51, 30, 32 = NJW 1957, 218; undeutlich BGHZ 152, 290, 294 = NJW 2003, 429, wonach die Gründer „sich so behandeln lassen müssen, als *wären* sie in einer Personengesellschaft miteinander verbunden" (Hervorh. durch den Verf.); eindeutig für Einordnung als Personengesellschaft auch *Lutter/Hommelhoff*, § 11 Rn. 11; Baumbach/Hueck/*Hueck/Fastrich*, § 11 Rn. 32.

[99] *BGH* a. a. O.

[100] Vgl. BGHZ 173, 246 = NJW 2007, 2689 Tz. 27 und *Roth*/Altmeppen, § 11 GmbHG Rn. 53; Baumbach/Hueck/*Hueck/Fastrich*, § 11 GmbHG Rn. 27.

[101] BGHZ 134, 333, 341 = NJW 1997, 1507; *BGH* NJW 2001, 2092 (zur Einmann-Gründung); implizit auch *BGH* NZG 2006, 64 = BB 2005, 2773 m. Anm. *Gehrlein* = EWiR 2006, 143 m. Anm. *Wilhelm*; *BAG* NZG 2006, 507 = ZIP 2006, 1044 (vermögenslose Vor-GmbH).

[102] *BGH* NZG 2006, 64 = NJW-RR 2006, 254.

62 **Übersicht 14/3:**

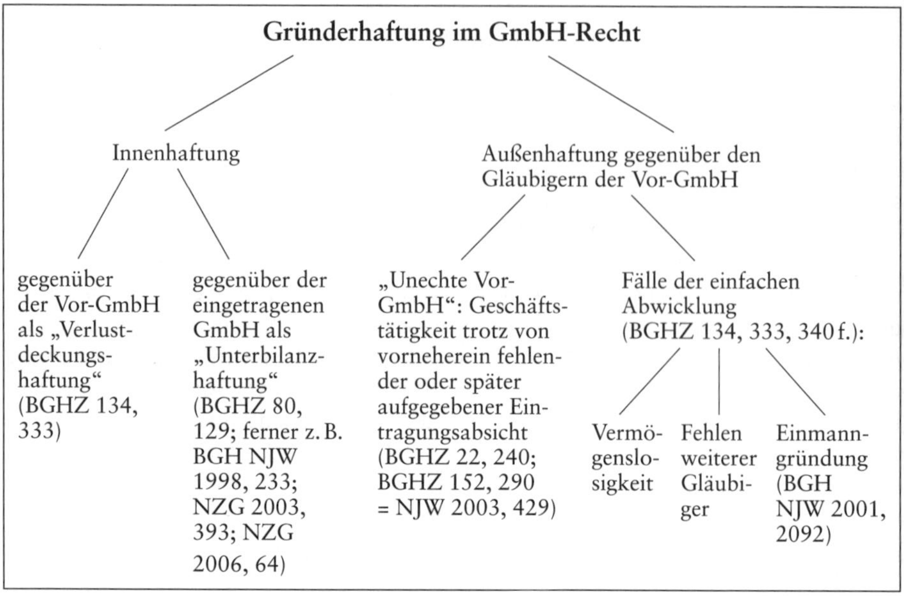

3. Handelndenhaftung

63 Ist vor der Eintragung im Namen der Gesellschaft gehandelt worden, so haften die Handelnden persönlich und gesamtschuldnerisch (§ 11 II GmbHG). Dieser Grundsatz hat seit Bestehen des GmbHG einen starken Bedeutungsverlust und – damit einhergehend – eine einschneidende Beschränkung seines tatbestandlichen Anwendungsbereichs erfahren. War die Handelndenhaftung ursprünglich als strafähnliche Sanktion für grundsätzlich missbilligtes Handeln im Namen der künftigen GmbH gedacht, so stand bald der Gedanke einer **Sicherung für die Gläubiger**, die sich noch nicht an eine juristische Person halten können, ganz im Vordergrund.[103] Diese Gläubigersicherungsfunktion wird inzwischen freilich weitgehend durch die Haftung der Vorgesellschaft selbst und ihrer Gesellschafter (oben Rn. 53 ff.) übernommen. Ein Bedürfnis für die Haftung nach § 11 II GmbHG besteht deshalb nur noch, wenn die Eintragung der GmbH unterbleibt oder der Geschäftsführer eigenmächtig gehandelt und deshalb schon die Vorgesellschaft nicht wirksam verpflichtet hat. Den **Normzweck des § 11 II GmbHG** sieht man daher heute im **Ausgleich von Gläubigerschutzdefiziten**, die dadurch entstehen, dass die Kapitalgrundlage der Vorgesellschaft nicht gerichtlich kontrolliert, bekannt gemacht und durch zwingende Schutzvorschriften abgesichert ist; daher erlischt die Haftung mit der Entstehung der GmbH durch Handelsregistereintragung.[104] Ferner kann die Handelndenhaftung Bedeutung erlangen, wenn andere Personen ohne Vertretungsmacht wie Geschäftsführer handeln.

---

103 Baumbach/Hueck/*Hueck/Fastrich,* § 11 Rn. 45.
104 BGHZ 80, 182, 183 f. = NJW 1981, 1452.

Handelnder war nach früherer Auffassung jeder, der ganz allgemein sein Einverständnis mit der Geschäftseröffnung zum Ausdruck gebracht hatte.[105] Nach dem **heute herrschenden engen Handelndenbegriff** haftet nur, wer selbst Geschäftsführer ist oder als solcher auftritt, nicht aber z. B. ein Prokurist.[106] In zeitlicher Hinsicht ist auch diese Haftung eng begrenzt, sie beginnt mit der Feststellung der Satzung (§ 2 I GmbHG) und endet mit der Eintragung der GmbH.[107] Zur Handelndenhaftung bei der wirtschaftlichen Neugründung oben Rn. 44. 64

Im **historischen Rückblick**[108] erscheint der fortschreitende Bedeutungsverlust des § 11 II GmbHG fast als zwangsläufige Entwicklung: Das GmbHG von 1892 beruht in diesem Punkt auf dem Vorbild des Aktienrechts. Die dort normierte Handelndenhaftung sollte ursprünglich aus rechtspolizeilichen Gründen eine Geschäftstätigkeit vor Eintragung verhindern. Dies war vor dem Hintergrund des 1861 eingeführten Konzessionssystems (Art. 211 II ADHGB 1861) folgerichtig, da die Rechtsfähigkeit der Gesellschaft erst kraft staatlicher Verleihung eintrat. 1892 hatte man freilich das Konzessionssystem bereits durch das Registrierungssystem – auch: System der Normativbestimmungen – abgelöst. Seither hängt die Rechtsfähigkeit von einem Registereintrag ab, dessen Voraussetzung lediglich die Einhaltung bestimmter gesetzlicher Vorschriften im Interesse der Mitglieder und im Interesse des Gläubigerschutzes ist (§ 9 c GmbHG; oben Rn. 3). Eine staatliche Verleihung der Rechtsfähigkeit gibt es nur noch für den wirtschaftlichen Verein (§ 22 BGB). § 11 II GmbHG war so gesehen bereits bei seiner Entstehung 1892 ein Anachronismus. Die dieser Vorschrift ursprünglich beigemessene Straffunktion[109] wird heute zu Recht nicht mehr anerkannt.[110] Zur Handelndenhaftung bei der Mantel- oder Vorratsgründung oben Rn. 44. 65

V. Die GmbH als eigenständiges Rechts- und Haftungssubjekt

1. Gesamtrechtsnachfolge zur Vorgesellschaft

Mit der **Eintragung** in das Handelsregister **entsteht** die **GmbH** als juristische Person (vgl. § 11 I GmbHG). Gleichzeitig endet die Vorgesellschaft als Vorstufe und notwendiges Durchgangsstadium zur GmbH. Zu der Frage, wie die juristische Person die bis dahin ihrer Vorform zustehenden Rechte erwirbt, schweigt das Gesetz. Eine Vorschrift über die Gesamtrechtsnachfolge der GmbH zur Vorgesellschaft[111] fehlt. Nach der früher herrschenden Identitätslehre handelte es sich bei 66

[105] RGZ 55, 302, 303; 70, 301.
[106] BGHZ 47, 25 = NJW 1967, 828; BGHZ 65, 378 = NJW 1976, 517; BGHZ 66, 359 = NJW 1976, 1685; BGHZ 72, 45, 46 = NJW 1978, 1978.
[107] BGHZ 69, 95, 102 f. = NJW 1977, 1683 ; BGHZ 70, 132, 139 ff. = NJW 1978, 636; BGHZ 80, 129, 145 = NJW 1981, 1373; BGHZ 80, 182; 91, 148 = NJW 1981, 1452; *BAG* NJW 2006, 3230 = ZIP 2006, 1672 (zur Haftung des Handelnden nach § 179 I BGB aus Geschäften in der Zeit vor Feststellung der Satzung).
[108] Oben § 9 Rn. 32 f.
[109] RGZ 55, 302, 304.
[110] Vgl. Baumbach/Hueck/*Hueck/Fastrich*, § 11 Rn. 45.
[111] Vgl. für andere Fälle der Gesamtrechtsnachfolge §§ 1922 I BGB, 20 I Nr. 1 UmwG.

der Vorgesellschaft und der eingetragenen GmbH um dasselbe Rechtssubjekt.[112] Deshalb sollte die Vorgesellschaft mit ihrer Eintragung in das Handelsregister die Rechtsfähigkeit als weitere Eigenschaft erwerben; wegen der – behaupteten – Identität von Vorgesellschaft und juristischer Person fand ein Übergang des Vermögens nicht statt. Nach der heute herrschenden **Kontinuitätslehre** geht indessen die Vorgesellschaft mit der Eintragung der GmbH in dieser auf und fällt damit als Vermögensträger weg.[113] Eine rechtsgeschäftliche Einzelübertragung des Vermögens der Vor-GmbH auf die eingetragene GmbH ist weder erforderlich noch möglich. Für die Richtigkeit der h. M. spricht vor allem die konstitutive Wirkung der Registereintragung (§ 11 I GmbHG), welche die Existenz eines mit der GmbH identischen Rechtssubjekts im Zeitraum davor logisch ausschließt.

2. Rechtssubjektivität

67 Nach § 13 I GmbHG hat die Gesellschaft als solche selbständige Rechte und Pflichten. Das Gesetz erläutert dies noch dahingehend, dass die Gesellschaft Eigentum und andere dingliche Rechte an Grundstücken erwerben kann, ferner vor Gericht klagen und verklagt werden kann. Aus § 13 I GmbHG ergibt sich daher die **volle Rechtsfähigkeit** der Gesellschaft. Sie beginnt mit der Eintragung nach § 11 I GmbHG und endet mit dem Abschluss des Abwicklungsverfahrens und der Löschung im Handelsregister (§ 74 I 2 GmbHG).

68 Dem Umfang nach ist die Rechtsfähigkeit grundsätzlich unbeschränkt; gewisse Unterschiede ergeben sich allerdings im Vergleich zu natürlichen Personen, z. B. beim allgemeinen Persönlichkeitsrecht.[114] Grundrechtsfähig ist die GmbH nach Maßgabe von Art. 19 III GG. Die rechtliche Verselbständigung der GmbH zeigt sich ferner in ihrer Erbfähigkeit (vgl. § 1923 I BGB), Insolvenzfähigkeit (§ 11 I 1 InsO) und der Fähigkeit, sich an anderen Gesellschaften beliebiger Art zu beteiligen.[115]

69 Die GmbH selbst ist **nicht deliktsfähig**; sie haftet aber nach § 31 BGB für den Schaden, den der Geschäftsführer oder ein anderer verfassungsmäßig berufener Vertreter durch eine in Ausführung der ihm zustehenden Verrichtungen begangene, zum Schadensersatz verpflichtende Handlung während seiner Tätigkeit als Organ einem Dritten zufügt („Repräsentantenhaftung").[116]

70 Die GmbH ist **Besitzerin** der in ihrer tatsächlichen Gewalt befindlichen Sachen (§ 854 I BGB), wobei allerdings die Ausübung des Besitzes durch ihre Organe erfolgt (§ 35 GmbHG), die nicht Besitzdiener (§ 855 BGB) oder Besitzmittler (§ 868 BGB) sind.[117] Anders liegt es nur dann, wenn das Organ die tatsächliche Sachherrschaft dauerhaft außerhalb der Herrschaftssphäre der juristischen Person ausübt;

---

112 *Dilcher*, JuS 1966, 89 ff.

113 BGHZ 80, 129, 138 = NJW 1981, 1373 im Anschluss an *Hachenburg/Ulmer*, § 11 Rn. 91 (7. Aufl.); 80, 182, 183; *BGH* NJW 1982, 932; *Grunewald*, 2.F.41; *Hüffer/Koch*, GesR, § 35 Rn. 7; gegen die Annahme einer Gesamtrechtsnachfolge aber Scholz/*K. Schmidt*, § 11 Rn. 133.

114 Näher MünchKomm-BGB/*Reuter*, vor § 21 Rn. 11 ff.

115 Vertiefend Scholz/*Emmerich*, § 13 Rn. 11 ff.

116 Zu § 31 BGB oben § 10 Rn. 85 ff.

117 BGHZ 56, 73, 77 = NJW 1971, 1358.

in diesen Fällen besteht ein Besitzmittlungsverhältnis, in dessen Rahmen der Organwalter als Besitzmittler der juristischen Person auftritt.

Im **Zivilprozess** ist die GmbH parteifähig (§ 50 ZPO) und prozessfähig (§§ 51 f. 71
ZPO), da sie durch ihre Organe vertreten wird. Daraus folgt z.B., dass der Geschäftsführer im Prozess der GmbH nicht als Zeuge, sondern als Partei zu vernehmen ist (§§ 445 ff. ZPO); eine Zeugenvernehmung kommt nur im Hinblick auf Gesellschafter in Betracht.

Aus der Verweisung des § 13 III GmbHG auf § 6 HGB folgt, dass die GmbH als 72
Formkaufmann kraft ihrer Rechtsform kein Gewerbe zu betreiben braucht. Sie unterliegt in jedem Fall den handelsrechtlichen Vorschriften für Kaufleute (oben § 2 Rn. 112, 116 ff.). Da die GmbH keine private Rechtssphäre hat, handelt sie zudem immer auch als **Unternehmer** i. S. des § 14 BGB (wichtig z. B. im Hinblick auf §§ 241a I, 310, 312 I, 312b I, 474 I, 661a BGB). Vgl. auch noch oben § 2 Rn. 68, § 7 Rn. 78 zur Kaufmannseigenschaft von GmbH-Gesellschaftern und Geschäftsführern.

3. Trennungsprinzip

Aus der rechtlichen Verselbständigung der GmbH durch § 13 I GmbHG folgt 73
im Grundsatz die rechtliche **Trennung zwischen der Gesellschaft und ihren Mitgliedern.** Dies gilt hinsichtlich des Erwerbs dinglicher Rechte wie auch in Bezug auf Ansprüche und Verbindlichkeiten.

Beispiele:[118] (1) Erwirbt die GmbH ein Grundstück, so wird sie nach §§ 873, 925 BGB Eigentümer und nach § 854 BGB Besitzer. Die Gesellschafter sind weder als Miteigentümer noch als Gesamthandsberechtigte (so §§ 718, 719 BGB für die Personengesellschaften) noch als Inhaber der tatsächlichen Gewalt an diesem Erwerb beteiligt. Der Anspruch auf Übergabe und Übereignung des Grundstücks (§ 433 I BGB) steht allein der GmbH zu und nicht den Gesellschaftern. Nur die GmbH und nicht die Gesellschafter schulden den Kaufpreis für das Grundstück (§ 433 II BGB). (2) Auch eine Einmann-GmbH kann sich gegenüber Pfändungen, die bei ihrem Alleingesellschafter erfolgen, auf ein die Veräußerung hinderndes Recht i. S. des § 771 ZPO berufen, wenn der gepfändete Gegenstand in ihrem Eigentum steht.[119] (3) Dagegen verfügt der Alleingesellschafter nicht als „Nichtberechtigter" i. S. des § 816 I 1 BGB über einen im Eigentum der Gesellschaft stehenden Gegenstand; wegen der Willensidentität zwischen Gesellschaft und Alleingesellschafter ist das Trennungsprinzip hier aufgehoben.[120]

Soweit es um Verbindlichkeiten der GmbH geht, steht für die Gesellschafter das 74
Haftungsprivileg des § 13 II GmbHG im Vordergrund des Interesses. Danach haftet den Gläubigern unmittelbar nur die GmbH, und zwar unbeschränkt, d. h. mit ihrem gesamten Vermögen. Dieses Vermögen haben die Gesellschafter in Gestalt ihrer Beitragsleistungen aufzubringen, allerdings nur bis zur Höhe der Stammkapitalziffer (oben Rn. 18). Eine unmittelbare Haftung gegenüber den Gläubigern der Gesellschaft besteht – anders als im Personengesellschaftsrecht – nicht. Aus

---

118 Vgl. *Hüffer/Koch*, GesR, § 35 Rn. 25 ff.

119 BGHZ 156, 310, 314 f. = NJW 2004, 217 – Porsche; ebenso schon *KG* NZG 2003, 333.

120 *BGH* NJW 2004, 365 = JuS 2004, 347 m. Anm. *K. Schmidt*; mit dem Gedanken der Willlensidentität arbeitet der BGH auch im Innenverhältnis, vgl. *BGH* NZG 2009, 185: kein Weisungsverstoß denkbar.

dem Gesagten wird deutlich, dass es sich hier um ein Haftungsprivileg *der Gesellschafter* und nicht der Gesellschaft handelt.[121]

75 Daneben ist es selbstverständlich denkbar, dass ein **GmbH-Gesellschafter** den Gläubigern der Gesellschaft **in Folge eines besonderen Rechtsgrundes haftet,** z. B. aus einer Bürgschaft (oben Rn. 2) oder einer Patronatserklärung.[122] In Einzelfällen kommt auch eine Gesellschafterhaftung aus dem Gesichtspunkt des vorvertraglichen Verschuldens (§ 311 II BGB) oder aufgrund des Rechtsscheins, dass eine natürliche Person persönlich hafte, in Betracht.[123]

4. „Durchgriff" auf die Gesellschafter

a) Fallgruppen und dogmatische Rechtfertigung

76 Die Selbständigkeit der GmbH als juristische Person schließt nicht aus, dass das Trennungsprinzip (soeben Rn. 73 ff.) unter besonderen Voraussetzungen aufgehoben wird. Man spricht in diesen Fällen vom „Durchgriff" auf die Gesellschafter bzw. vom „umgekehrten Durchgriff" auf die Gesellschaft.[124] Da es hier jeweils um unterschiedliche Wertungsgesichtspunkte geht, hat sich die Unterteilung in **zwei große Fallgruppen** durchgesetzt:

- **Zurechnungsdurchgriff:** Hier ist fraglich, ob bzw. unter welchen Voraussetzungen bestimmte Eigenschaften, Kenntnisse, Erklärungen oder Verhaltensweisen des Gesellschafters der Gesellschaft zugerechnet werden und umgekehrt;
- **Haftungsdurchgriff:** Hier geht es um die Aufhebung des in § 13 II GmbHG normierten Haftungsprivilegs.[125]

77 In der Rspr. findet sich freilich kein übergreifendes, alle Durchgriffsfälle rechtfertigendes dogmatisches Konzept. Formelhaft heißt es, die juristische Person und ihre Gesellschafter müssten „dann als eine Einheit behandelt werden, wenn die Wirklichkeiten des Lebens, die wirtschaftlichen Bedürfnisse und die Macht der Tatsachen es dem Richter gebieten, die personen- und vermögensrechtliche Selbständigkeit der GmbH und ihres alleinigen Gesellschafters hintanzusetzen".[126] An anderer Stelle ist zu lesen, die Rechtsfigur der juristischen Person dürfe „in dem Umfang keine Beachtung finden, in dem ihre Verwendung dem Zweck der Rechts-

---

[121] *Kindler*, NJW 2003, 1073, 1078; unrichtig *Leible/Hoffmann*, ZIP 2003, 925, 927 f.

[122] Vgl. BGHZ 117, 127 = NJW 1992, 2093; *BGH* NZG 2006, 543 – Boris Becker (beide Urteile zur Patronatserklärung); *J. Koch*, Die Patronatserklärung, 2005; BGHZ 165, 12 = NJW 2006, 996 (Garantieübernahme des Gesellschafters für Verbindlichkeit der GmbH); zur Kündigung einer Patronatserklärung *BGH* NZG 2010, 1267 – STAR 21.

[123] Näher Roth/*Altmeppen*, § 13 Rn. 17 ff.

[124] Vgl. zum Folgenden vor allem *Raiser/Veil,* § 29; ferner *Raiser*, in: Ulmer/Habersack/Winter, (Hrsg.), GmbHG, 2005, § 13 Rn. 51 ff.; *Hüffer/Koch,* GesR, § 33 3. Gleich doppelt falsch daher *BGH* NJW 2004, 3039, 3041 (III. Zivilsenat): Haftung eines GmbH-Geschäftsführers aus § 661a BGB als Fall der Durchgriffshaftung geprüft. Erstens gibt es keinen Durchgriff auf Organpersonen, weil diesen das Haftungsprivileg des § 13 II GmbHG nicht zusteht; und zweitens ging es hier überhaupt nicht um das Einstehen für eine Gesellschaftsverbindlichkeit, sondern um eine – im Ergebnis abgelehnte – Eigenhaftung der Organperson.

[125] Zum (umgekehrten) „prozessualen" Durchgriff *BGH* NZG 2012, 149 Tz. 11 f.

[126] RGZ 99, 232, 234; in neuerer Zeit ähnlich BGHZ 54, 222, 224 = NJW 1970, 2015.

ordnung widerspricht".[127] Dies wird häufig mit der Einschränkung verbunden, über „die Rechtsfigur der juristischen Person dürfe nicht leichtfertig und schrankenlos hinweggegangen werden."[128] Zur Begründung eines Durchgriffs wird in neuerer Zeit auf den **Missbrauch der Rechtsform** der GmbH abgestellt,[129] teilweise wird die Berufung auf die Personenverschiedenheit von Gesellschafter und Gesellschaft auch als Verstoß gegen **Treu und Glauben** aufgefasst.[130]

Im **Schrifttum** werden i.W. drei Ansätze vertreten:[131] Die *Missbrauchstheorie* 78
sieht im Durchgriff einen seltenen Ausnahmefall, der nur dann gegeben sei, wenn die Figur der juristischen Person *absichtlich* zu anderen als den von der Rechtsordnung vorgesehenen Zwecken missbraucht wurde.[132] Zu einer wesentlich großzügigeren Handhabung des Durchgriffs gelangt demgegenüber die *Normanwendungstheorie*. Ihr zufolge ist die juristische Person eine Schöpfung der Rechtsordnung, die von vornherein nur soweit beachtet zu werden braucht, als das geltende Recht ihre Anwendung rechtfertigt. Der Hauptunterschied zur Missbrauchstheorie liegt im Verzicht auf einen subjektiven Missbrauchsvorwurf, so wie dies teilweise auch die Rspr. praktiziert.[133] Schließlich will die *Trennungstheorie* zurück zu einem ausnahmslos verstandenen Trennungsprinzip (oben Rn. 73 ff.), allerdings verbunden mit einer Gesellschafterhaftung für Sorgfaltsverstöße entsprechend § 43 GmbHG.[134]

b) Zurechnungsdurchgriff

Gegenstand des Zurechnungsdurchgriffs sind Eigenschaften, Kenntnis, Erklä- 79
rungen oder Verhaltensweisen des Gesellschafters, die der Gesellschaft zugerechnet werden oder umgekehrt. Dies betrifft jeweils Fallgestaltungen, in denen **Gesellschafter und Gesellschaft** bei realer Betrachtungsweise eine **wirtschaftliche Einheit** bilden und daher aus ihrer juristischen Personenverschiedenheit keine Vorteile ziehen dürfen. Die Zurechnung erfolgt hier unabhängig von einem subjektiv vorwerfbaren Missbrauch der juristischen Person als Rechtsfigur, mithin allein anhand des Umstands, dass die Gesellschaft kein einer natürlichen Person entsprechendes selbständiges Wesen ist, sondern von ihren Gesellschaftern für deren Zwecke eingesetzt werden kann; hinzu kommt eine normzweckbezogene Auslegung der im Außenverhältnis anzuwendenden Gesetzesvorschriften.[135] Aus

---

127 BGHZ 20, 4, 14 = NJW 1956, 785; BGHZ 22, 226, 231 = NJW 1957, 181; BGHZ 68, 312, 315 = NJW 1977, 1449.

128 BGHZ 20, 4, 11 = NJW 1956, 785 ; BGHZ 26, 31, 37 = NJW 1958, 98; BGHZ 54, 222, 224 = NJW 1970, 2015; BGHZ 78, 318, 333 = NJW 1981, 522.

129 BGHZ 68, 312, 315 = NJW 1977, 1449; BGHZ 122, 123 = NJW 1993, 1200; BGHZ 151, 181 = NJW 2002, 3024.

130 BGHZ 54, 222, 224 = NJW 1970, 2015; BGHZ 102, 95, 103 = NJW 1988, 255.

131 Einzelnachw. bei *Raiser/Veil*, § 29 Rn. 3.

132 Die Rspr. begnügt sich demgegenüber teilweise mit einem *objektiven* Missbrauch der Rechtsform und verlangt keinen Nachweis einer Missbrauchsabsicht: BGHZ 68, 312, 315; 122, 123, 136 = NJW 1977, 1449.

133 Vgl. vorige Fn.

134 Die Trennungstheorie beruht auf einer Wertungsparallele zu §§ 117, 311, 317 AktG.

135 *Raiser/Veil*, § 29 Rn. 20.

der Fülle der Sachverhalte, die für einen Zurechnungsdurchgriff in Betracht kommen,[136] seien hier nur drei herausgegriffen:

80 (1) Ein Zurechnungsdurchgriff kommt zunächst bei der **Anfechtung von Verträgen** durch den Vertragspartner der GmbH in Betracht. Anerkannt ist hier zum einen die Anfechtbarkeit wegen Irrtums über eine wesentliche Eigenschaft der Person (§ 119 II BGB), wenn der die Geschicke der GmbH bestimmende Hauptgesellschafter persönlich unzuverlässig ist.[137] Ferner entfällt die in § 123 II BGB enthaltene Begrenzung der Anfechtbarkeit wegen Täuschung oder Drohung, wenn die Täuschung bzw. Drohung durch den Alleingesellschafter der vertragsschließenden GmbH verübt wurde. Hier sind die Beziehungen des täuschenden Gesellschafters zur Gesellschaft so eng, dass diese als Erklärungsempfänger die Täuschung wie eine eigene zu vertreten hat.[138]

81 (2) Ein **Makler** verdient sich seine Provision dadurch, dass er einen Vertrag zwischen dritten Personen vermittelt (§ 652 BGB); kein Provisionsanspruch entsteht, wenn der Makler den Vertrag selbst abschließt. Die Rspr. hat daraus gefolgert, dass der Makler den Provisionsanspruch auch dann nicht verdient hat, wenn er einen Vertragsabschluss mit einer von ihm völlig abhängigen GmbH vermittelt. Denn wirtschaftlich gesehen handelt es sich hier um einen Abschluss mit dem Makler selbst und nicht mit einem unabhängigen Dritten. Der Makler steht hier nicht „in der Mitte“ zwischen den beiden Parteien des Hauptvertrages; die *rechtliche* Selbständigkeit der von dem Makler beherrschten GmbH (§ 13 I GmbHG) ist für den Provisionstatbestand nicht entscheidend.[139]

82 (3) Die Bestimmungen über den Schutz des **gutgläubigen Erwerbs** vom Nichtberechtigten[140] sind nur auf **„Verkehrsgeschäfte“** anwendbar, bei denen nicht bloß rechtlich, sondern auch bei wirtschaftlicher Betrachtungsweise ein Erwerb vorliegt, weil an dem Vertrag auf beiden Seiten unterschiedliche Personen beteiligt sind. Daran fehlt es bei Geschäften zwischen einer GmbH und ihrem Alleingesellschafter.[141]

83 **Übungsfall:**[142] Auf dem Grundstück des Sauber lastete eine Hypothek der Bolle-Bank; sie ist zu Unrecht gelöscht worden. Sauber hielt die Löschung für richtig. Danach lässt er das Grundstück an die Sauber-GmbH auf, deren Anteile ausschließlich ihm selbst gehören. Dabei wurde die Sauber-GmbH von ihrem ahnungslosen Geschäftsführer Hase vertreten. Nach Eintragung der Sauber-GmbH im Grundbuch verlangt die Bolle-Bank von dieser Einwilligung in die Berichtigung des Grundbuchs. Die Sauber-GmbH beruft sich demgegenüber auf gutgläubigen lastenfreien Erwerb, da ihr Geschäftsführer Hase von der Unrichtigkeit des Grundbuchs keine Kenntnis hatte. Erfolgsaussichten des Grundbuchberichtigungsbegehrens?

Lösung: Das auf § 894 BGB gestützte Grundbuchberichtigungsbegehren ist begründet, wenn das Grundbuch unrichtig ist. Dies würde voraussetzen, dass die Hypothek nicht durch gut-

[136] Überblick bei *Raiser/Veil*, § 29 Rn. 5 ff.; ferner etwa *BGH* NZG 2005, 274, 275 f. (Wettbewerbsverbot gegenüber der GmbH bindet auch den Alleingesellschafter und Geschäftsführer.)
[137] RGZ 143, 429, 431 f.
[138] *BGH* NJW 1990, 1915.
[139] *BGH* NJW 2009, 1809 = JuS 2009, 1054 m. Anm. *K. Schmidt*; NJW 1985, 2473; näher *Fischer*, DB 2009, 887 ff.
[140] Z.B. §§ 892, 932 BGB, § 366 HGB; zur zuletzt zitierten Vorschrift oben § 7 Rn. 52 ff.
[141] BGHZ 78, 318, 325 = NJW 1981, 522; *BayObLG* NJW-RR 1989, 907, 909.
[142] Nach RGZ 117, 257, 265.

gläubigen lastenfreien Grundstückserwerb seitens der Sauber-GmbH untergegangen ist. Ob ein derartiger Erwerb stattgefunden hat, beurteilt sich nach § 892 BGB. Diese Vorschrift verlangt, dass der Grundstückserwerb „durch Rechtsgeschäft“ erfolgt ist. Gemeint sind damit nur echte Verkehrsgeschäfte; schon nach der Rspr. des Reichsgerichts[143] greift der Schutz des § 892 BGB nämlich nicht bei einer formellen, bloß rechtstechnischen Vermögensübertragung, wie sie bei einer rechtlich getrennten Betrachtung des Sauber und der Sauber-GmbH (§ 13 I GmbHG) vorliegt. Verkehrsschutz verdient vielmehr nur eine materielle Vermögensübertragung, d.h. ein echter wirtschaftlicher Güterumsatz. Hieran fehlt es, wenn sich auf der Veräußerer- und Erwerberseite dieselben Personen gegenüberstehen. Dies ist hier der Fall, da der Veräußerer den Erwerber gesellschaftsrechtlich beherrscht. Dass dem Geschäftsführer Hase die Unrichtigkeit des Grundbuchs nicht bekannt war (§ 166 I BGB), nützt der Sauber-GmbH nichts. Ein gutgläubiger lastenfreier Erwerb durch die Sauber-GmbH ist nach allem nicht erfolgt. Das Grundbuchberichtigungsbegehren ist begründet.

c) Haftungsdurchgriff

Nach Eintragung der GmbH haften die Gesellschafter grundsätzlich allenfalls noch gegenüber der GmbH für eine Unterbilanz (oben Rn. 58 f.). Während diese Haftung an das – mindestens teilweise – Ausbleiben der Kapitalaufbringung anknüpft, beruhen die **beiden wichtigsten Fallgruppen** der Durchgriffshaftung[144] nach Eintragung auf Ereignissen, die sich in der bereits wirksam entstandenen GmbH abspielen. Den tragenden Grund für eine Durchgriffshaftung der Gesellschafter gegenüber den Gläubigern der GmbH sieht die Rspr. hier jeweils im **Verbot des Rechtsmissbrauchs.**[145] 84

(1) Unterkapitalisierung. Diskutiert werden hier zunächst die Fälle der Unterkapitalisierung der Gesellschaft. Nach § 5 I GmbHG muss das Stammkapital der GmbH mindestens 25.000 EUR betragen, in der Variante der UG (haftungsbeschränkt) kann dieser Betrag auch unterschritten werden (§ 5a GmbHG; dazu unten Rn. 104 ff.). Das Gesetz bestimmt aber keine ausdrückliche Verpflichtung der Gesellschafter zur Ausstattung ihrer Gesellschaft mit einem *angemessenen Eigenkapital.* Derartige Regelungen gibt es nur im Aufsichtsrecht für Banken und Versicherungen.[146] Dennoch besteht im Grundsatz Einigkeit darin, dass die Berufung eines GmbH-Gesellschafters auf § 13 II GmbHG (oben Rn. 74) rechtsmiss- 85

---

143 RGZ 119, 126, 130 f.

144 Gesamtüberblick bei Ulmer/Habersack/Winter/*Raiser*, GmbHG, Bd. 1, 2005, § 13 Rn. 121 ff.

145 BGHZ 54, 222, 224 = NJW 1970, 2015: „[…] Wenn die Ausnutzung der rechtlichen Verschiedenheit zwischen der juristischen Person und den hinter ihr stehenden natürlichen Personen einen Rechtsmissbrauch bedeutet.“ (zur Unterkapitalisierung), auch mit Hinweis auf Treu und Glauben; BGHZ 78, 318 = NJW 1981, 522; BGHZ 95, 330, 333 f. = NJW 1986, 188: „[…] Ansprüche wegen Missbrauchs der Selbständigkeit der Rechtsform der GmbH [ ]“ (zur Vermögensvermischung), Bezug nehmend hierauf auch BGHZ 125, 366, 368 = NJW 1994, 1801; BGHZ 151, 181= NJW 2002, 3024 Ls. 1: „[…] Zugriffe der Gesellschafter auf das Gesellschaftsvermögen […] stellen deshalb einen Missbrauch der Rechtsform der GmbH dar, […]“ (zur Vermögensaushöhlung), ebenso zu dieser Fallgruppe beiläufig schon BGHZ 122, 123, 136 = NJW 1993, 1200: „[…] Wenn eine abhängige Gesellschaft […] rechtsmissbräuchlich dem gesamtunternehmerischen Interesse des beherrschenden Gesellschafters dienstbar gemacht wird.“; zum Verein BGHZ 175, 12 = NZG 2008, 670 Ls. 2 – Kolpingwerk.

146 § 10 KWG, § 115 VAG, § 2 KAGG.

bräuchlich ist, wenn eine Gesellschaft ohne angemessenen Kapitaleinsatz betrieben wird. Man spricht dann von qualifizierter – weil offensichtlicher – materieller Unterkapitalisierung.

Formel:[147] Mit einer qualifizierten materiellen Unterkapitalisierung ist eine eindeutig und für Insider klar erkennbar unzureichende Eigenkapitalausstattung der Gesellschaft gemeint, die einen Misserfolg zu Lasten der Gläubiger bei normalem Geschäftsverlauf mit hoher, das gewöhnliche Geschäftsrisiko deutlich übersteigender Wahrscheinlichkeit erwarten lässt.

86 Rechtfertigen lässt sich eine unmittelbare Inanspruchnahme der Gesellschafter in derartigen Fällen damit, dass das **Haftungsprivileg** des § 13 II GmbHG **durch** einen angemessenen **Kapitaleinsatz erkauft** werden muss.[148] Denn grundsätzlich gilt, dass derjenige, der – als Einzelperson oder in Gemeinschaft mit anderen – Geschäfte betreibt, für die daraus entstehenden Verpflichtungen mit seinem gesamten Vermögen haftet.[149] Ausnahmen zu diesem Grundsatz bedürfen daher einer Rechtfertigung. Im Falle einer qualifizierten materiellen Unterkapitalisierung i. S. der Rn. 85 liegt eine derartige Rechtfertigung nach einer starken Literaturmeinung nicht schon in dem Verweis auf die Aufbringung eines Mindest-Eigenkapitals zur Deckung einer Stammkapitalziffer i. S. des § 5 I GmbHG, verbunden mit dem Hinweis auf § 13 II GmbHG. Vielmehr muss das Haftungsprivileg durch einen *angemessenen* Kapitaleinsatz erkauft werden.[150] Dies gelte schon deshalb, weil nur so ein Wertungswiderspruch zum Recht der Gesellschafterdarlehen (unten § 15 Rn. 39 f.) vermieden werden könne. Indem man Gesellschafterdarlehen wie haftendes Stammkapital behandelt, begegnet man der „nominellen Unterkapitalisierung", d. h. Fällen, in denen die Gesellschafter das erforderliche Kapital der Gesellschaft nicht, wie eigentlich geboten, in der Form von Eigenkapital, sondern als Darlehen zur Verfügung stellen. Wenn die Gesellschafter nicht einmal dies getan haben – wie bei der qualifizierten materiellen Unterkapitalisierung –, dann sei eine Gesellschafterhaftung nur folgerichtig.[151]

87 Die Rspr. des BGH hat bisher eine Unterkapitalisierungshaftung erst in einem Fall anerkannt. Dort ging es um einen Verein, der als Pächter von an die Mitglieder als Kleingärten weiter vergebenen Grundstücken auftrat, von den Mitgliedern aber nicht mit dem Kapital ausgestattet wurde, das zur Zahlung der Pachtzinsen gebraucht wurde; dieser Verband war also von vorneherein schon nach seiner „Geschäftsidee" auf eine Schädigung der Gläubiger angelegt.[152] In der Folgezeit – die berichtete Entscheidung datiert vom 8.7.1970 – hat der BGH indessen eine verschuldensunabhängige Gesellschafterhaftung aus dem Gesichtspunkt der materiellen Unterkapitalisierung stets abgelehnt. Das Hauptargument hierfür sieht das Gericht in § 5 I GmbHG, der sich nun einmal mit einem bestimmten Mindest-

147 Hachenburg/*Ulmer*, 8. Aufl., § 30 Rn. 23, 55; *ders.*, ZIP 2001, 2021, 2026; Ulmer/Habersack/Winter/*Raiser*, GmbHG, Bd. 1, 2005, § 13 Rn. 160; *Raiser/Veil*, § 29 Rn. 39; *Lutter/Hommelhoff*, § 13 GmbHG Rn. 7; *Eckhold*, Materielle Unterkapitalisierung, 2002; s. a. *OLG Köln* NZG 2004, 1009, 1011.

148 *Raiser/Veil*, § 29 Rn. 44; *Raiser*, FS Lutter, 2000, S. 637, 647.

149 Vgl. BGHZ 142, 315, 319 = NJW 1999, 3483; oben Rn. 55.

150 *Raiser/Veil*, § 29 Rn. 44.

151 *Raiser/Veil*, § 29 Rn. 46.

152 BGHZ 54, 222 = NJW 1970, 2015 – „Siedlungsverein".

kapital begnüge.[153] Zudem[154] sieht die Rspr. seit der erheblichen Verschärfung der Insolvenzverschleppungshaftung nach §§ 823 II BGB, 15a InsO durch BGHZ 126, 181 keinen Bedarf mehr für einen eigenständigen Haftungstatbestand der qualifizierten materiellen Unterkapitalisierung. § 15 a InsO erscheint somit als abschließende gesetzliche Regelung für derartige Sachverhalte. Hinzu kommt, dass die Grundsätze der Vermögensvermischung (sogleich Rn. 88 ff.) schon dann eingreifen, wenn eine unzureichende Buchführung („Waschkorblage") oder anderweitige Verschleierungstaktik ein Urteil darüber unmöglich macht, ob die Kapitalerhaltungsgrundsätze beachtet wurden.[155] Zu einer Unterkapitalisierungshaftung gelangt die Rspr. daher nur unter den zusätzlichen Voraussetzungen des **§ 826 BGB,** d. h. nicht schon bei objektiven Missbrauch der Rechtsform der GmbH, sondern unter dem Aspekt der vorsätzlichen sittenwidrigen Gläubigerschäden.[156] Diese Grundsätze hat der BGH mit seinem **„GAMMA"-Urteil vom 28.4.2008** erneut bestätigt, und dabei betont, dass nach der gesetzlichen Ausgestaltung der GmbH eine über die Aufbringung des gesetzlich vorgeschriebenen Mindeststammkapitals (§§ 5, 5a GmbHG) und die anschließende Gewährleistung seiner Erhaltung (§§ 30, 31 GmbHG) hinausgehende **„Finanzausstattungspflicht"** des Gesellschafters **systemwidrig** wäre; das GmbH-Gesetz wolle nicht die Lebensfähigkeit einer jeden GmbH sicherstellen, sondern nur einen generellen Mindestschutz der Gläubiger gewähren.[157] Dennoch hat der BGH auch in diesem Urteil ausdrücklich offengelassen, ob innerhalb des Tatbestandes des § 826 BGB Anlass und Raum für eine besondere Fallgruppe der Haftung wegen materieller Unterkapitalisierung besteht.[158] Die restriktive Haltung des BGH teilt auch das BAG, das – über § 5 I GmbHG hinaus – noch besonders auf die tatbestandliche Unschärfe des Begriffs der materiellen Unterkapitalisierung hinweist.[159] Insgesamt ist der Rspr. vor allen Dingen unter dem Gesichtspunkt der Gesetzestreue (§ 5 I GmbHG) zu folgen.

(2) Vermögensvermischung. Im Unterschied zur verschuldensunabhängigen – 88
Unterkapitalisierungshaftung hat die Haftung unter dem Gesichtspunkt der Vermögensvermischung in der Rspr. Anerkennung erfahren. Wie der BGH im KBV-Urteil vom 24.6.2002 ausführt, ist das **Haftungsprivileg** des § 13 II GmbHG nur im Hinblick auf Gesellschafter zu rechtfertigen, die sich an **zwei Regeln** halten:
- das Gebot der Vermögenstrennung,
- das Gebot der Vermögensbindung.[160]

---

153 BGHZ 68, 312, 318 f. = NJW 1977, 1449 .

154 Vgl. zum Folgenden *BGH* NJW 1994, 2349, 2354.

155 Vgl. BGHZ 125, 366 = NJW 1994, 1801; zu der im Text zitierten Entscheidung BGHZ 126, 181 = NJW 1994, 2220 s. unten § 16 Rn. 82 ff.

156 Vgl. *BGH* NJW-RR 1988, 1181; 1992, 1061.

157 BGHZ 176, 207 = JuS 2008, 939 m. Anm. *K. Schmidt* = NJW 2008, 2437 Tz. 23 – GAMMA; dazu *Veil*, NJW 2008, 3264, 3265 f.; *Altmeppen*, ZIP 2008, 1201, 1205 f.

158 BGHZ 176, 207 (vorige Fn.) Tz. 25 – GAMMA.

159 BAG NJW 1999, 2299; vgl. die Begriffsbestimmung oben Rn. 85, und ferner noch *BSG* NJW 1984, 2117, 2119; NJW-RR 1997, 94 (wo die Gesellschafterhaftung letztlich aber nicht auf die Unterkapitalisierung, sondern eine Verletzung der Pflicht zur Offenbarung des unmittelbar bevorstehenden Zusammenbruchs der Gesellschaft gestützt wurde).

160 BGHZ 151, 181, 186 f. = NJW 2002, 3024.

89 Ein Verstoß gegen das Gebot der Vermögens*bindung* führt nach der Rspr. im Falle von existenzvernichtenden Eingriffen in das GmbH-Vermögen zur Innenhaftung gegenüber der Gesellschaft (näher sogleich Rn. 90ff.). Eine Außenhaftung tritt ein – soweit keine spezialgesetzlichen Rechtsfolgen eingreifen (dazu vgl. Rn. 93, 94) – bei Verstößen gegen das **Gebot der Vermögenstrennung**. Diese, als **„Vermögensvermischung"** bezeichnete Fallgruppe ist dadurch gekennzeichnet, dass die Gesellschafter ihr GmbH-Unternehmen nicht getrennt von ihrem sonstigen Vermögen führen. Nach der hier einschlägigen Leitentscheidung des BGH vom 12.11.1984 geht es dabei nicht um eine Vermischung im zivilrechtlichen Sinne, die zu einer Mitberechtigung der Gesellschaft und der Gesellschafter an den einzelnen Vermögensgegenständen führen würde (vgl. §§ 947, 948 BGB), sondern um ein Beweisproblem: Vermögensvermischung liegt vor, *wenn sich nicht ermitteln lässt*, welcher Vermögensgegenstand zum Gesellschafts- und welcher zum Privatvermögen gehört.[161] Das ist der Fall, wenn das Gesellschaftsvermögen in den Büchern der Gesellschaft unzureichend ausgewiesen, die Buchführung aus anderen Gründen undurchsichtig oder die Vermögensabgrenzung zwischen Gesellschaft und Gesellschaftern sonst verschleiert worden ist. Dogmatische Grundlage dieses Haftungstatbestands sind die Kapitalerhaltungsvorschriften, die darauf beruhen, dass ein selbständiges Gesellschaftsvermögen gebildet und abgegrenzt feststellbar bleibt; wo dies nicht der Fall ist, **haften** die hierfür verantwortlichen **Gesellschafter entsprechend § 128 HGB.**[162] Entscheidend ist dabei allerdings, dass es nicht bloß um unzulässige Einzelentnahmen der Gesellschafter geht, sondern die Vermögenssituation der Gesellschaft insgesamt undurchsichtig ist. Einzelne Geschäfte zwischen der Gesellschaft und ihren Gesellschaftern werden häufig schon nach §§ 129ff. InsO, 3f. AnfG anfechtbar sein oder – bei einer gleichzeitigen Geschäftsführerstellung des Gesellschafters – als Insichgeschäft nach § 181 BGB i.V.m. § 35 IV GmbHG unwirksam sein. Die Haftung aus dem Gesichtspunkt der Vermögensvermischung ist eine **Verhaltenshaftung** wegen Rechtsformmissbrauchs. Sie trifft nur diejenigen Gesellschafter, die hierfür verantwortlich sind, nicht hingegen diejenigen, die keinen Einfluss hierauf haben: es haftet also in erster Linie der beherrschende Gesellschafter, der Minderheitsgesellschafter dagegen nur, wenn er aufgrund besonderer Umstände die Geschicke der Gesellschaft bestimmen konnte.[163]

5. Deliktische Innenhaftung der Gesellschafter bei schädigender Einflussnahme

90 Eine dritte Fallgruppe der Gesellschafterhaftung knüpft an das Gebot der Vermögensbindung (oben Rn. 88) an, d.h. an die **Zweckbindung des Gesellschaftsvermögens** zur vorrangigen Befriedigung der Gesellschaftsgläubiger. Die bis etwa

---

[161] *BGH* NJW 1985, 740.

[162] *BGH* a.a.O.; nachfolgend BGHZ 95, 330, 333f. = NJW 1986, 188; 125, 366, 368ff. = NJW 1994, 1801; NJW 1994, 2349, 2354; BGHZ 165, 85, 91 = NJW 2006, 1344; BGHZ 173, 246 = NJW 2007, 2689 Tz. 27 – TRIHOTEL (dazu sogleich Rn. 94); NZG 2008, 187 Tz. 16.

[163] BGHZ 125, 366, 368f. = NJW 1994, 1801; BGHZ 165, 85, 93f. = NJW 2006, 1344.

2001 h. M. in Rspr. und Lit. war davon ausgegangen, dass bei einer beständigen Aushöhlung des Gesellschaftsvermögens der GmbH die Regeln des aktienrechtlichen Vertragskonzerns – insbesondere die Verlustausgleichspflicht nach § 302 AktG – entsprechend anzuwenden seien, wenn der Gesellschafter als „herrschendes Unternehmen“ seine Konzernleitungsmacht tatsächlich ausübt und dabei unter Missbrauch seiner Leitungsmacht die Interessen der beherrschten Gesellschaft beeinträchtigt.[164] Vor allem das **„Video“-Urteil** von 1991 hatte wegen seiner weitreichenden Konsequenzen – es bedeutete im Ergebnis eine Strukturhaftung des beherrschenden und zugleich anderweitig unternehmerisch tätigen Gesellschafters allein aufgrund des Innehabens von Leitungsmacht – ein überaus kritisches Echo ausgelöst.[165] Deshalb hatte sich der BGH schon wenig später im Urteil **„TBB“** von 1993 zu deutlichen Korrekturen veranlasst gesehen.[166] Seither praktizierte die Rspr. eine durch Elemente der Strukturhaftung modifizierte Verhaltenshaftung, die freilich im Ergebnis selten bejaht wurde.[167] Man sprach in Fällen, in denen sich die Einflussnahme des beherrschenden Gesellschafters nicht in isolierbaren und damit ausgleichsfähigen Einzelmaßnahmen erschöpft, von einem qualifiziert faktischen Konzern. Die Analogie zum Vertragskonzern sollte einen Wertungswiderspruch vermeiden: In der Tat ist es ungereimt, wollte man zugunsten des herrschenden Unternehmens den Verlustausgleich nach § 302 AktG nur deshalb nicht eingreifen lassen, weil die Abhängigkeit bloß faktisch, d. h. ohne einen Unternehmensvertrag analog §§ 291 ff. AktG zustande gekommen ist.[168]

Im viel beachteten Urteil **„Bremer Vulkan“** vom 17.9.2001 hat der BGH dieses komplizierte Haftungssystem aufgegeben, und an dessen Stelle eine **Ausfallhaftung wegen existenzvernichtender Eingriffe in das Gesellschaftsvermögen** etabliert, ergänzt um eine Haftung aus Treuepflichtverletzung gegenüber den Mitgesellschaftern.[169] Die dogmatische Konzeption hierzu hat das Gericht im „KBV“-Urteil vom 24.6.2002 nachgeliefert.[170] Danach war die Respektierung der Zweckbindung des Gesellschaftsvermögens zur vorrangigen Befriedigung der Gesellschaftsgläubiger während der Lebensdauer der GmbH (oben Rn. 88) die unabdingbare Voraussetzung für die Inanspruchnahme des Haftungsprivilegs des § 13 II GmbHG. Wer als Gesellschafter diese Zweckbindung missachtet, indem er der Gesellschaft – durch offene oder verdeckte Entnahmen – Vermögenswerte entzieht, missbrauchte die Rechtsform der GmbH. Dies hatte zur Folge, dass er das Haftungsprivileg verliert. Wenn auf diese Weise die Fähigkeit der Gesellschaft, ihre Gläubiger zu befriedigen, in einem ins Gewicht fallenden Ausmaß beeinträchtigt würde, so konnten die Gläubiger ihre Forderungen un- 91

---

164 BGHZ 95, 330 = NJW 1986, 188 – „Autokran“; BGHZ 107, 7 = NJW 1989, 1800 – „Tiefbau“; BGHZ 115, 187 = NJW 1991, 3142 – „Video“; vgl. zu diesem Konzernhaftungsmodell statt aller *Kindler*, JuS 1992, 636 ff.

165 Vgl. nochmals BGHZ 115, 187 = NJW 1991, 3142 und dazu *Kindler* a. a. O.

166 BGHZ 122, 123 = NJW 1993, 1200 .

167 Scholz/*Emmerich*, Anh. § 44 (GmbH-Konzernrecht) Rn. 95.

168 *Hüffer/Koch*, GesR § 47 Rn. 44.

169 BGHZ 149, 10, 16 = NJW 2001, 3622 – „Bremer Vulkan“; klarstellend hierzu BGHZ 150, 61, 68 = NJW 2002, 1803.

170 BGHZ 151, 181 = NJW 2002, 3024.

mittelbar gegenüber den Gesellschaftern geltend machen.[171] Nach diesen Grundsätzen kam es für die Haftung – anders als früher im Modell des „qualifiziert faktischen Konzerns" – nicht mehr auf eine tatsächlich ausgeübte Konzernleitungsmacht an. Entscheidend war allein, ob der Gesellschafter das Vermögen und die Geschäftschancen der Gesellschaft beeinträchtigt, ohne dabei Rücksicht auf ihren Existenzerhalt – d. h. auf ihre Fähigkeit zur Erfüllung ihrer Verbindlichkeiten – zu nehmen.[172]

92 Mit Recht wurde im Schrifttum allerdings weiterhin verlangt, dass derartige Eingriffe der Gesellschafter in das Gesellschaftsvermögen einem Einzelausgleich – z. B. nach §§ 30 ff. GmbHG; 826 BGB – nicht zugänglich sein dürfen.[173] Ein Einzelausgleich versagt nicht nur dann, wenn sich die einzelnen schädigenden Maßnahmen nicht mehr isolieren lassen, sondern auch dann, wenn der Gesellschafter das Eigeninteresse der Gesellschaft so nachhaltig verletzt hat, dass ein etwaiger Regressanspruch keinen werthaltigen Ersatz bieten würde, insbesondere wenn durch Eintritt der Zahlungsunfähigkeit ein weit über die einzelne Regressforderung hinausgehender wirtschaftlicher Schaden entstanden ist. Die Ausfallhaftung traf nicht nur den beherrschenden Gesellschafter, sondern alle Mitgesellschafter, die durch ihr Einverständnis mit dem Vermögensabzug an der Existenzvernichtung der GmbH mitgewirkt haben.[174]

Beispiele: Um einen existenzvernichtenden Eingriff i. S. des Haftungskonzepts des BGH handelt es sich (1) wenn die Finanzmittel der GmbH in einen „Liquiditätsverbund" des Konzerns eingebracht werden,[175] (2) wenn die GmbH Verbindlichkeiten eines Gesellschafters tilgt,[176] (3) wenn die Gesellschaft den Gesellschaftern alle ihr zustehenden Forderungen und ihren gesamten Warenbestand überträgt,[177] oder (4) ein Gesellschafter Gesellschaftsforderungen einzieht.[178] Auch die Veräußerung von Gesellschaftsvermögen an Gesellschafter unter Wert gehört hierher (*BGH* NZG 2012, 667 Ls. 1).

93 Neben einer spezifisch gesellschaftsrechtlichen Durchgriffshaftung kamen in Fällen der soeben geschilderten Art regelmäßig auch **deliktsrechtliche Anspruchsgrundlagen** in Betracht, insbesondere § 826 BGB unter dem Gesichtspunkt der vorsätzlichen sittenwidrigen Gläubigerschädigung,[179] § 823 II BGB i. V. m. den strafrechtlichen Tatbeständen des Betrugs (§ 263 StGB) und der Untreue (§ 266

---

[171] BGHZ 151, 181, 186 ff. = NJW 2002, 3024 im Anschluss an *Röhricht*, FS 50 Jahre BGH, 2000, S. 83, 89 f., 97 ff., der sich auf Vorarbeiten von *Priester*, ZGR 1993, 512, 521 ff.; *Ulmer*, ZHR 148 (1984), 391, 416 ff.; *M. Winter*, Mitgliedschaftliche Treuebindungen im GmbH-Recht, 1988, S. 202 ff.; *ders.*, ZGR 1994, 570, 585 ff. stützen konnte. Nachfolgend *BGH* NZG 2005, 177 = ZIP 2005, 117 m. Anm. *Altmeppen*; *BGH* NZG 2005, 214; vertiefend *Weller*, DStR 2007, 116 ff.

[172] Vgl. *Ulmer*, JZ 2002, 1049, 1050 f.

[173] *Ulmer*, JZ 2002, 1049, 1051 und ihm folgend *Hüffer/Koch*, GesR § 37 Rn. 46. Zur Anwendung von § 826 BGB in einem Existenzvernichtungssachverhalt s. *BGH* NJW 2005, 145 = JuS 2005, 180 m. Anm. *Emmerich*; dazu auch *Kindler*, BB-Special 6/2004, 1.

[174] BGHZ 150, 61 = NJW 2002, 1803.

[175] BGHZ 149, 10 = NJW 2001, 3622.

[176] BGHZ 150, 61 = NJW 2002, 1803.

[177] BGHZ 151, 181 = NJW 2002, 3024.

[178] *BGH* NZG 2008, 187.

[179] BGHZ 151, 181, 183 ff. = NJW 2002, 3024

StGB).[180] Die Außenhaftung der Gesellschafter gegenüber den Gesellschaftsgläubigern entfiel, sobald über das Vermögen der Gesellschaft ein Insolvenzverfahren eröffnet wurde; die alleinige Aktivlegitimation für die Geltendmachung der Existenzvernichtungshaftung lag dann nach dem Rechtsgedanken des § 93 InsO beim Insolvenzverwalter.[181]

Der letzte Stand der Entwicklung der Rechtsprechung ergibt sich aus dem **Urteil „TRIHOTEL" vom 16.7.2007.**[182] Dort hat der II. Zivilsenat des BGH die Gesellschafterhaftung für Eingriffe in das Gesellschaftervermögen erneut auf eine andere Grundlage gestellt und eine **Durchgriffshaftung grundsätzlich abgelehnt.** Missbräuchliche, zur Insolvenz der GmbH führende oder diese vertiefende kompensationslose Eingriffe in das Gesellschaftsvermögen stellen danach eine **vorsätzliche sittenwidrige Schädigung** dar und führen zur deliktischen Innenhaftung nach § 826 BGB. In dem entschiedenen Sachverhalt übertrug eine Hotel-Gesellschaft (A-GmbH) das gesamte in ihrem Eigentum stehende Hotelinventar an eine andere Gesellschaft (J-GmbH). Dabei wurde die A-GmbH von ihrem alleinigen Geschäftsführer vertreten, der zugleich ihr faktischer Alleingesellschafter[183] und Alleingesellschafter der J-GmbH war. Derartige Vermögensverschiebungen unterstellt der II. Senat im Urteil „TRIHOTEL" einem eigenständigen deliktsrechtlichen Haftungstatbestand, unter ausdrücklicher Aufgabe der bisher angenommenen Durchgriffshaftung nach Gesellschaftsrecht.[184] Dabei geht es darum, das Vermögen der Gesellschaft auch oberhalb der Stammkapitalziffer (§§ 30, 31 GmbHG), soweit es zur Gläubigerbefriedigung benötigt wird, vor Eingriffen zu schützen.[185] Bemerkenswert ist, dass der Senat ausdrücklich die tatsächliche Einflussmöglichkeit – und nicht die formale Gesellschafterstellung – als kennzeichnendes Merkmal des Haftungsadressaten hervorhebt.[186] Gerade die Abkoppelung der Haftung von einer Gesellschafterstellung des „Plünderers" unterstreicht den nicht-gesellschaftsrechtlichen Charakter dieser neuen Fallgruppe des § 826 BGB. 94

Das **deliktische Unrecht** besteht darin, dass der Gesellschafter – oder wie hier ein einem Gesellschafter gleichstehender Dritter – **gegen die Zweckbindung des Gesellschaftsvermögens** zur vorrangigen Befriedigung der Gesellschaftsgläubiger **verstößt.** Eine „Selbstbedienung" der Gesellschafter aus dem Gesellschaftsvermö- 94a

---

[180] BGHZ 149, 10 = NJW 2001, 3622; für das Verhältnis zum Deliktsrecht näher *Wilhelmi*, DZWiR 2003, 45, 50, 55 f.; zur Untreue s. *BGH* NZG 2009, 1152 = EWiR 2009, 789 m. Kurzkomm. *Römermann*.

[181] *BAG* NZG 2005, 628, 630.

[182] BGHZ 173, 246 = NJW 2007, 2689 m. Aufs. *Altmeppen*, S. 2657 ff. = ZIP 2007, 1552 m. Anm. *Weller*, S. 1681 ff. = NZG 2007, 667 m. Aufs. *Schanze*, 681 ff. = RIW 2007, 781 m. Anm. *Sester* = EWiR 2007, 557 m. Kurzkomm. *Wilhelm* = DStR 2007, 1586 m. Anm. *Goette* = BB 2007, 1970 m. Anm. *Vetter*, 1965 ff., zu diesem Urteil auch *Dauner-Lieb*, ZGR 2008, 34 ff.; *Osterloh-Konrad*, ZHR 172 (2008), 274 ff.; *Habersack*, ZGR 2008, 533 ff.; nachfolgend *BGH* NJW-RR 2008, 918 = ZIP 2008, 455; NZG 2008, 187; BGHZ 176, 204 = NJW 2008, 2437 Tz. 10, 13 – GAMMA; BGHZ 179, 344 = NJW 2009, 2127 Tz. 15 ff. – Sanitary; *BGH* NZG 2012, 667 = BB 2012, 1628 mit Anm. *Kleindiek*.

[183] Tz. 45 der Entscheidungsgrunde.

[184] Zur gesellschaftsrechtlichen Existenzvernichtungshaftung s. soeben Rn. 90 ff.

[185] Tz. 25 der Entscheidungsgründe unter Berufung auf *Röhricht*, ZIP 2005, 505, 514.

[186] Tz. 44 der Entscheidungsgründe.

gen ist daher sittenwidrig (*BGH* NZG 2012, 667 Tz. 18) Die Zweckbindung des Gesellschaftsvermögens ist die Kehrseite der Verwendung der GmbH als Instrument der Haftungsbegrenzung (§ 13 II GmbHG)[187]. Deliktisches **Schutzgut ist das Gesellschaftsvermögen**, nicht der Anspruch des einzelnen Gesellschaftsgläubigers, dessen Durchsetzung durch die Ausplünderung der Gesellschaft vereitelt wird.[188] Dieser Ansatz führt den Senat zur Annahme einer allein deliktischen **Innenhaftung** gegenüber der Gesellschaft, was auch der gleichmäßigen Befriedigung aller Insolvenzgläubiger dient.[189] Dabei sind die Schadensersatzansprüche aus § 826 BGB gegenüber Erstattungsansprüchen aus dem Gesichtspunkt der Verletzung von Ausschüttungsverboten (§§ 30, 31 GmbHG) nicht nachrangig; vielmehr besteht zwischen diesen Ansprüchen – soweit sie sich überschneiden – Anspruchsgrundlagenkonkurrenz. Eine Außenhaftung hält der Senat entgegen dem Urteil „KBV" (oben Rn. 91) grundsätzlich für überzogen, weil dies der Gesellschaftsform der GmbH den Boden entziehen würde; in Fällen der Vermögensvermischung sei die Außenhaftung freilich weiter geboten.[190] Insoweit ist das Urteil abzulehnen: Denn die Außenhaftung wird im Insolvenzverfahren wegen § 93 InsO ohnehin zu einer Art Innenhaftung, und außerhalb des Insolvenzverfahrens – insbesondere also bei Abweisung von Insolvenzanträgen mangels Masse (§ 26 InsO) – ist es nicht gerechtfertigt, die Gläubiger auf den umständlichen Weg der Pfändung und Überweisung zur Einziehung (§§ 828 ff. ZPO, 280 BGB) der Ansprüche der GmbH aus § 826 BGB zu verweisen.[191] Für die insoweit vergleichbare Situation der wieder aufgelebten Kommanditistenhaftung bei Einlagenrückgewähr (§§ 172 IV HGB; oben § 13 Rn. 26) hat das Gesetz ein solches Gläubigerinteresse an einer unmittelbaren Inanspruchnahme der Gesellschafter anerkannt.[192] Ein echter Durchgriff im Wege der Außenhaftung wie nach bisheriger Rspr. (oben Rn. 91) ist auch deshalb überzeugender, weil sich der Schädigungsvorsatz des Gesellschafters gegen die *Gläubiger* der Gesellschaft richtet, nicht gegen die Gesellschaft selbst.[193]

Zur Vertiefung: *Kurzwelly*, FS Goette, 2011, S. 276 ff.

---

187 Tz. 25 der Entscheidungsgründe unter Berufung auf *Zöllner*.

188 Tz. 26 der Entscheidungsgründe.

189 Tz. 27 der Entscheidungsgründe, zur allein deliktischen Grundlage der Haftung s. auch Tz. 31 der Entscheidungsgründe.

190 Tz. 27 der Entscheidungsgründe mit Verweis auf BGHZ 165, 85 = NJW 2006, 1344; ferner Tz. 33 der Entscheidungsgründe mit der Andeutung, dass auch bei Verlagerung des Restvermögens der Gesellschaft zum Zweck der Schädigung eines einzigen verbliebenen Gesellschafters eine Außenhaftung in Betracht kommen könne.

191 So aber unter Tz. 36 f. der Entscheidungsgründe.

192 In die gleiche Richtung geht die Rspr. zur unmittelbaren Haftung des Hintermannes eines GmbH-Gesellschafters bei verbotenen Auszahlungen: BGHZ 75, 334, 335 = NJW 1980, 592; BGHZ 95, 188, 193 = NJW 1985, 2947; BGHZ 107, 7, 11 f. = NJW 1989, 1800; *BGH* NJW 1991, 1057, 1058; BGHZ 118, 107, 110 = NJW 1992, 2023; näher Baumbach/*Hueck*/*Fastrich*, § 31 Rn. 12.

193 Zutreffend *M. Schwab*, ZIP 2008, 341, 347 mit weiteren Argumenten für eine Außenhaftung; ebenso *K. Schmidt*, GmbHR 2008, 449, 456; für eine Außenhaftung bei Vermögenslosigkeit der Gesellschaft auch *Habersack*, ZGR 2008, 533, 547 f.

Übersicht 14/4: 94b

„Durchgriff" auf GmbH-Gesellschafter

- Zurechnungsdurchgriff: Zurechnung von Eigenschaften, Kenntnis, Erklärungen oder Verhaltensweisen des Gesellschafters bei der Gesellschaft und umgekehrt (z. B. beim gutgläubigen Erwerb wegen Fehlens eines „Verkehrsgeschäfts", BGHZ 78, 318, 325)
- Haftungsdurchgriff wegen Missbrauch
  - Unterkapitalisierung (BGHZ 54, 222 – „Siedlungsverein")
  - Vermögensvermischung (BGHZ 95, 330, 333 f.; 125, 366; 165, 85)
  - Vermögensaushöhlung (a. A. BGH NJW 2007, 2689 – „TRIHOTEL": Innenhaftung)

VI. Besonderheiten der Einmann-Gründung

1. Gestaltungsvorteile

Das geltende Recht kennt kein Einzelunternehmen mit beschränkter Haftung,[194] 95
und es gibt keine Einmann-Personengesellschaft.[195] Wer ein Unternehmen als wirtschaftlicher Alleininhaber leiten will, hat daher nur die Wahl zwischen einem einzelkaufmännischen Unternehmen (oben § 2 Rn. 32 ff.) und einer Kapitalgesellschaft (GmbH oder AG). Gegenüber dem **einzelkaufmännischen Unternehmen** bietet die Kapitalgesellschaft den **Vorteil der beschränkten Haftung** (§§ 13 II GmbHG, 1 I 2 AktG). Entgegen früheren Bedenken – u. a. aus der Vorstellung, dass eine Gesellschaft schon begrifflich der Zusammenschluss mehrerer Personen sei – wurde die Einmann-GmbH bzw. -AG zunächst gewohnheitsrechtlich anerkannt[196] und inzwischen auch gesetzlich bestätigt, insbesondere durch die Einführung der Einmann-Gründung (§§ 1 GmbHG, 2 AktG). Im Vergleich zum einzelkaufmännischen Unternehmen bietet die Einmann-Kapitalgesellschaft – über den

[194] Anders z. B. das portugiesische Recht, vgl. *Eckert*, EuZW 1990, 54, 56 sowie *Habersack/Verse*, Europäisches Gesellschaftsrecht, 4. Aufl. 2011, § 9 Rn. 10; zu Frankreich *Kupferberg/Göcke*, RIW 2011, 337, 349 f.; zum Einzelunternehmen mbH vgl. aus deutscher Sicht auch *Schilling*, JZ 1953, 161; *K. Schmidt*, DB 2006, 1096 ff.

[195] Unrichtig BGHZ 98, 48, 57 (Erbrechtssenat) = NJW 1986, 2431, hierzu mit Recht krit. *Ulmer*, JuS 1986, 856; befürwortend z. B. *Baumann*, BB 1998, 225 ff.; dazu auch schon oben § 10 Rn. 26; § 12 Rn. 41, 44, 50.

[196] BGHZ 21, 378, 384 = NJW 1957, 19; dazu *Ulmer*, in: Müller-Graff/H. Roth (Hrsg.), Recht und Rechtswissenschaft, 2001, S. 393, 397 f.

Ausschluss der persönlichen Haftung hinaus – eine Reihe von Vorteilen: die Möglichkeit der **Fremdorganschaft** (§§ 6 III 1 GmbHG, 76 III 1 AktG), eine **erleichterte Erbauseinandersetzung** nach dem Tod des Unternehmers und die Möglichkeit zur **rechtlichen Verselbständigung von Betriebseinheiten.**[197] Wenn nicht ein Zugang zum Kapitalmarkt angestrebt wird (vgl. § 3 II AktG), so wird für den Einmann-Unternehmer im Regelfall auch eher eine GmbH-Gründung als die **Errichtung einer AG** in Betracht kommen. Zwar kann er in beiden Gesellschaftsformen – vorbehaltlich § 33 MitbestG – als alleiniger Geschäftsführer (§ 6 GmbHG) bzw. Vorstand (§ 76 AktG) tätig sein. Allerdings kann nur in der GmbH ein Fremdeinfluss auf die Geschäftsführung ausgeschlossen werden, denn in der AG ist der Vorstand von der Wiederbestellung durch den Aufsichtsrat abhängig (§ 84 I AktG) und niemand kann zugleich Vorstand und Aufsichtsrat sein (§ 105 I AktG). Zudem besteht der Aufsichtsrat aus mindestens drei Mitgliedern (§ 95 S. 1 AktG). Zwar bildet der AG-Alleingesellschafter die Hauptversammlung und entscheidet deshalb über die Zusammensetzung des Aufsichtsrats (§§ 101 I, 119 I Nr. 1 AktG), doch ist naturgemäß nicht auszuschließen, dass der einmal bestellte Aufsichtsrat eine Wiederbestellung des Vorstands verweigert oder – wenn er der Auffassung ist, dass es hierfür einen wichtigen Grund gibt – gar die Bestellung des Alleinaktionärs zum alleinigen Vorstand widerruft (§ 84 I, III AktG). Im Vergleich zur mehrgliedrigen GmbH ist das Risiko einer **Geschäftsführerhaftung** aus § 43 GmbHG begrenzt, weil der alleinige Gesellschafter-Geschäftsführer stets mit Zustimmung der Gesellschafterversammlung handelt.[198]

2. Gläubigerschutz

96 Aus mindestens drei Gründen besteht in den Fällen der Einmann-Gründung eine gesteigerte **Gefahr**, dass das Stammkapital zum **Nachteil der Gläubiger** nicht wirklich aufgebracht wird: es findet keine gegenseitige Überwachung statt, die bei zwei oder mehreren Gesellschaftern aus dem jeweiligen Eigeninteresse heraus regelmäßig gegeben sein wird; der unredliche Gesellschafter hat eher die Gelegenheit zur Vermögensvermischung (da er im Regelfall auch Alleingeschäftsführer sein wird); es gibt keine Ausfallhaftung nach § 24 GmbHG, wenn der Alleingesellschafter das Stammkapital nicht einzahlt. Deshalb unterliegt auch der Alleingesellschafter Beschränkungen bei In-sich-Geschäften (§ 35 III 1 GmbHG)[199] und einer besonderen Protokollpflicht bei Gesellschafterbeschlüssen (§ 48 III GmbHG)[200]. Mit dem MoMiG (oben Rn. 2) sind weitere Gläubigerschutzvorschriften entfallen, um die Einmann-Gründung zu erleichtern (§§ 7 II 3, 19 IV GmbHG in der bis 31.10.2008 geltenden Fassung).

---

[197] *Hüffer/Koch*, GesR, § 35 Rn. 15.

[198] *BGH* NJW 2010, 64 = NZG 2009, 1385 Tz. 11 = EWiR 2010, 151 m. Kurzkomm. *Schodder*.

[199] Dazu unten § 16 Rn. 41.

[200] Dazu unten § 16 Rn. 15.

3. Umwandlungsgründung

Eine zweite Variante der Einmann-Gründung stellen §§ 152 ff. UmwG zur Verfügung: Die **Ausgliederung des Unternehmens eines Einzelkaufmanns** oder von Teilen desselben in eine GmbH. Grundlage ist ein Ausgliederungsplan (§ 136 UmwG), in dem – zur Sicherung der Kapitalaufbringung – die Gegenstände des Aktiv- und Passivvermögens, die auf die zu gründende GmbH übergehen sollen, genau zu bezeichnen sind (§§ 136, 126 UmwG). Der Ausgliederungsplan hat außerdem die Satzung (§ 3 GmbHG) der zu errichtenden GmbH zu enthalten (§§ 125, 37 UmwG).[201] 97

4. Nachträgliche Vereinigung aller Geschäftsanteile in einer Hand

Anstelle der Einmann-Gründung durch einseitiges Gründungsgeschäft[202] ist die **Strohmanngründung** weiterhin zulässig, so wie sie vor der gesetzlichen Anerkennung der Einmann-Gründung durch die GmbH-Novelle von 1980 praktiziert wurde. Dabei übernimmt ein weiterer Gründer einen Geschäftsanteil und überträgt diesen an den späteren Alleingesellschafter; die Übertragung des Geschäftsanteils kann schon vor der Eintragung der GmbH in das Handelsregister erklärt werden, allerdings aufschiebend bedingt durch die Entstehung der Gesellschaft mit Eintragung (§ 11 I GmbHG). 98

5. Europarechtlicher Hintergrund

Vgl. zunächst oben § 9 Rn. 24, 28. Nach Art. 2 der **Zwölften Gesellschaftsrechtlichen Richtlinie** der EU[203] muss nach dem Recht der EU-Mitgliedstaaten die Einpersonen-Gründung von Gesellschaften mbH zulässig sein; zugleich ist für den Fall, dass sich nach der Gründung alle Geschäftsanteile in der Hand eines Gesellschafters vereinigen, der Bestand der Gesellschaft zu sichern. Die Richtlinie soll Einzelunternehmern eine geeignete Rechtsform für die wirtschaftliche Betätigung im Binnenmarkt zur Verfügung stellen.[204] Den typischen Gläubigerrisiken der Einmann-Gesellschaft – bedingt durch den Ausfall verbandsinterner Kontrollmechanismen – begegnet die Richtlinie mit einer Reihe von Schutzbestimmungen (Art. 3–5 der Richtlinie), die ein Mindestmaß an Transparenz und Publizität gewährleisten sollen. Die Richtlinie gilt grundsätzlich für die GmbH und die ihr entsprechenden Rechtsformen der übrigen Mitgliedstaaten (Art. 1), ferner für die Einpersonen-AG, sofern sie ein Mitgliedstaat in seinem nationalen Recht zulässt. Alternativ zur Einpersonen-GmbH besteht ein Mitgliedstaatenwahlrecht für die Einrichtung eines Einpersonen-Unternehmens mit beschränkter Haftung (Art. 7), vgl. oben Rn. 95. 99

---

201 Näher *K. Schmidt*, GesR, § 40 II 3.

202 Auch das einseitige Gründungsgeschäft ist ein Gesellschaftsvertrag i. S. des § 2 GmbHG.

203 Richtlinie 89/667/EWG, ABl.EG L 395/40 = EuZW 1990, 57; Textabdruck auch bei *Habersack*, Europäisches Gesellschaftsrecht, 3. Aufl., 2006, § 9 Rn. 22.

204 Erwägungsgrund Nr. 5.

100 Der deutsche Gesetzgeber hat die Richtlinie mit dem Durchführungsgesetz vom 18.12.1991 umgesetzt.[205] Da bereits 1980 die Gründung einer Einpersonen-GmbH zugelassen worden war, ergaben sich in dieser Hinsicht aufgrund des Durchführungsgesetzes keine Neuerungen für das deutsche Recht, wohl aber hinsichtlich der Offenlegung des Gesellschafterbestands (§ 40 GmbHG) sowie der Dokumentation von Beschlüssen (§ 48 III GmbHG) und In-sich-Geschäften (§ 35 III 2 GmbHG). Von der Möglichkeit, die Gründung einer Ein-Personen-AG zuzulassen, hat der deutsche Gesetzgeber 1994 Gebrauch gemacht.[206]

101 Problematisch ist, inwieweit die Mitgliedstaaten bei tendenziell besonders Gläubiger gefährdenden Einmann-Gesellschaften die unbeschränkte Haftung des Gesellschafters für die Gesellschaftsschulden anordnen können. Nach Art. 2 II haben sie „bis zur Koordinierung der einzelstaatlichen Vorschriften für das Konzernrecht“[207] die Möglichkeit, „besondere Bestimmungen oder Sanktionen“ vorzusehen, sofern (a) eine natürliche Person einziger Gesellschafter von *mehreren* Gesellschaften oder (b) eine Einpersonen-Gesellschaft oder eine andere juristische Person einziger Gesellschafter einer Gesellschaft ist. Diese Regelung ist abschließend, was die in ihr geschilderte Gesellschaftsstruktur anbetrifft. Eine allein an die Gesellschaftsstruktur anknüpfende Durchgriffshaftung ist daher nur in folgenden Konstellationen zulässig:

- eine natürliche Person ist mehrfacher Alleingesellschafter;[208]
- eine juristische Person ist Alleingesellschafter.[209]

102 Außerhalb dieser Fallgestaltungen darf eine Durchgriffshaftung nicht ausschließlich Struktur bezogen sein, so wie dies nach dem „Video“-Urteil des BGH (oben Rn. 90) für natürliche Personen der Fall war, die Alleingesellschafter einer GmbH waren und sich anderweitig in einer mehrgliedrigen Gesellschaft oder einzelkaufmännisch betätigten.[210] Zulässig ist in derartigen Konstellationen nur eine Durchgriffshaftung, die an weitere Voraussetzungen anknüpft,[211] wie dies der BGH zunächst im „TBB-Urteil“[212] und sodann in der nachfolgend etablierten Haftung wegen existenzvernichtender Eingriffe (oben Rn. 91) ausgesprochen hat.[213]

6. Abgrenzung zur Keinmann-GmbH

103 Zu einer so genannten Keinmann-GmbH würde der Erwerb sämtlicher Geschäftsanteile *durch die Gesellschaft selbst* führen. Der Fall ist wohl eher theo-

---

[205] BGBl. I 2206.
[206] Vgl. § 2 AktG i. d. F. des Gesetzes vom 2.8.1994, BGBl. I S. 1961; hierzu *Kindler*, NJW 1994, 3041, 3042 f.
[207] Eine solche steht derzeit noch aus.
[208] So in BGHZ 95, 330 – „Autokran“ = NJW 1986, 188.
[209] So in BGHZ 107, 7 – „Tiefbau“ = NJW 1989, 1800.
[210] *Kindler*, ZHR 157 (1993), 1 ff., 20.
[211] *Kindler*, a. a. O., S. 12 vor a).
[212] BGHZ 122, 123 = NJW 1993, 1200.
[213] A. A. *Habersack/Verse*, Europäisches Gesellschaftsrecht, 4. Aufl., 2011, § 9 Rn. 14, wonach auch die Strukturhaftung außerhalb der Tatbestände des Art. 2 II der Richtlinie EG-konform sein soll (dort auch mit umfassenden Nachweisen zum Streitstand).

retisch als praktisch relevant; Rechtsprechung dazu ist nicht ersichtlich. Als Dauerzustand ist die Keinmann-GmbH schon deshalb undenkbar, weil – mangels Gesellschafterversammlung (§§ 46 ff. GmbHG) – kein funktionsfähiges Willensbildungsorgan vorhanden ist. Denn für eigene Geschäftsanteile besteht kein Stimmrecht (vgl. § 71b AktG). Umstritten ist nur, ob die Gesellschaft für einen kurzen Übergangszeitraum als Keinmann-GmbH bestehen kann. Nach h. M. ist eine vorübergehende, auf Gesetz beruhende Vereinigung aller Anteile bei der GmbH nicht a-limine ausgeschlossen; sie führt nicht zum Erlöschen der Gesellschaft, aber zur Auflösung (§§ 60 ff. GmbHG).[214]

VII. Besonderheiten der „Unternehmergesellschaft (haftungsbeschränkt)"

1. Mindestkapital und Bezeichnung

Die noch im RegE zum MoMiG vorgesehene generelle Absenkung des GmbH- 104
Mindeststammkapitals von 25.000 auf 10.000 EUR[215] hat der Gesetzgeber auf Empfehlung des Rechtsausschusses[216] zur Wahrung des Ansehens der GmbH als Rechtsform nicht übernommen. Stattdessen beschränkt sich der 2008 eingeführte § 5a GmbHG speziell für kapitalschwache Existenzgründer auf eine **Einstiegsvariante zur GmbH**, die ohne ein bestimmtes Mindeststammkapital errichtet werden kann.[217] Aus § 5 II 1 GmbHG folgt freilich, dass diese Gesellschaft als Einmann-GmbH ein **Stammkapital von mindestens einem Euro** haben muss, denn der Nennbetrag eines jeden Geschäftsanteils hat auf volle Euro zu lauten und die Summe der Nennbeträge aller Geschäftsanteile muss mit dem Stammkapital übereinstimmen (§ 5 III 2 GmbHG). Diese „Mini-GmbH" darf – abweichend von § 4 GmbHG – in ihrer Firma nicht den Rechtsformzusatz „GmbH" führen, sondern muss nach § 5a I GmbHG als „Unternehmergesellschaft" oder „UG" bezeichnet werden, jeweils mit dem Zusatz „(haftungsbeschränkt)".[218] Dennoch handelt es sich dabei **nicht um eine neue Rechtsform**; auch die UG ist eine GmbH, die allerdings besonderen Gläubigerschutzvorschriften unterworfen ist.

---

[214] Näher Baumbach/Hueck/*Hueck/Fastrich*, § 33 Rn. 19.

[215] Vgl. § 5 I GmbHG-E i. d. F. des RegE, BT-Drs. 16/6140, S. 5, 29 ff.

[216] Beschlussempfehlung und Bericht des Rechtsausschusses vom 24.6.2008, BT-Drs. 16/9737, S. 94 f.

[217] Dazu BegrRegE, BT-Drs. 16/6140, S. 31 f.; zur „haftungsbeschränkten Unternehmergesellschaft" näher *Weber*, BB 2009, 842 ff.; *Miras*, Die neue Unternehmergesellschaft, 2008; *Veil*, ZGR 2009, 623 ff.; erschöpfende Darstellung bei *Paura*, in: Ulmer/Habersack/Winter (Hrsg.), GmbHG, Ergänzungsband 2010, Erl. zu § 5a GmbHG.

[218] Dieser Rechtsformzusatz ist wenig aussagekräftig. Leider hat der Gesetzgeber den Vorschlag des DAV (NZG 2007, 737 Rn. 20) nicht aufgegriffen: „Gründer-GmbH". Beispielsfall zu § 5a I GmbHG: oben § 4 Rn. 52.

2. Aufbringung und Erhalt des Kapitals

105 Neben der schon erwähnten Bezeichnung verpflichtet das Gesetz die UG zur vollständigen Kapitalaufbringung noch vor der Anmeldung zum Handelsregister (§ 5a II GmbHG in Abweichung von § 7 II GmbHG), was mit Blick auf die nach §§ 5 II, 5a I GmbHG zulässige **Ein-Euro-GmbH** freilich eher symbolische Bedeutung hat.

106 Um wenigstens ein Mindestmaß an Gläubigerschutz zu erreichen, muss in der Bilanz eines jeden Jahresabschlusses aber eine **gesetzliche Rücklage** gebildet werden, jeweils in Höhe eines Viertels des Jahresüberschusses (§ 5a III 1 GmbHG). Diese Rücklage darf außer für eine nominelle Kapitalerhöhung (§ 57c GmbHG) auch zum Ausgleich eines Jahresfehlbetrages oder Verlustvortrages verwendet werden (§ 5a III 2 GmbHG). Führt die UG eine Kapitalerhöhung durch – gleichgültig, ob effektiv nach §§ 55 ff. GmbHG oder nominell unter Verwendung der angesparten Rücklagen nach §§ 57cff. GmbHG oder kombiniert –, so entfällt nach § 5a V GmbHG die **Ansparpflicht**, wenn hierdurch das gesetzliche Mindeststammkapital nach § 5 I GmbHG erreicht wird;[219] auch darf dann statt UG die Bezeichnung GmbH geführt werden. Flankierend greift für die Geschäftsführer eine gegenüber § 49 III GmbHG verschärfte Pflicht zur Einberufung einer Gesellschafterversammlung schon bei drohender Zahlungsunfähigkeit ein (§ 5a IV GmbHG).[220]

3. Gläubigerschutzdefizite

107 Bei einer Einzelanalyse der UG zeigen sich eine Reihe innerer Widersprüche und Schutzlücken. Man fragt sich schon, wie der Gesetzgeber – bei Gründung im Wege des Musterprotokolls nach § 2 Ia GmbHG – von einem **Mindest-Gründungsaufwand von 300 EUR** ausgehen kann,[221] sich aber gleichzeitig mit einem Mindestkapital von 1 (in Worten: einem) Euro zufrieden gibt. Hier besteht von Anfang an eine Unterbilanz[222] und somit ein Insolvenzgrund, auf den sofort durch „Sanierungsmaßnahmen" oder innerhalb von drei Wochen durch Stellung eines Insolvenzantrages reagiert werden muss (§ 15a InsO). Außerdem kann eine vermögenslose GmbH nach § 394 FamFG von Amts wegen gelöscht werden, was im klaren Widerspruch zu der Möglichkeit einer Gründung vermögensloser Gesellschaften m.b.H. steht. Vermeiden lassen sich die angesprochenen Probleme nur, wenn die Gesellschafter in einem Gründungsprotokoll persönlich den gesamten Gründungsaufwand auf sich nehmen. Um dies für den Regelfall zu vermeiden, hätte der Gesetzgeber gleich ein einheitliches Mindestkapital für die Unternehmergesellschaft vorschreiben müssen, das wenigsten über dem Gründungsaufwand liegt.

---

[219] Näher *Schärtl*, GmbHR 2008, R 81 f.; Beispiel: *OLG München* NZG 2010, 1303.

[220] Vgl. auch § 18 InsO.

[221] Vgl. die Musterprotokolle (oben Rn. 8), jeweils Ziff. 5; dazu auch die Stellungnahme des Präsidenten der Bundesnotarkammer vom 17.1.2008 zum MoMiG, S. 5.

[222] § 269 HGB scheint allerdings das Gegenteil zu besagen.

Schutzlücken zeigen sich vor allem im Hinblick auf die **Rücklagenverpflichtung** 108
nach § 5a III GmbHG.[223] Wie etwa soll ein durch unzulässige Gewinnverwendung geschädigter Gläubiger die Einhaltung der Rücklagenverpflichtung überprüfen, wenn die Handelsregisterpublizität der GmbH nicht die Gewinn- und Verlustrechnung umfasst, wie das bei sog. kleinen Gesellschaften i. S. des Bilanzrechts der Fall ist?[224]

Gerade weil es sich hier aber durchweg um Mängel handelt, die nur den *Gläubigerschutz verkürzen*, hat die UG für finanzschwache Limited-Interessenten eine beträchtliche Anziehungskraft entfaltet. Zum 1.1.2012 waren 64.371 UG im Handeslregister eingetragen (Quelle: *Kornblum*, GmbHR 2012, 728, 729; ferner http://www.rewi.uni-jena.de/Forschungsprojekt+Unternehmergesellschaft). Abschreckend wirkt offenbar nicht einmal der sperrige und nichtssagende Rechtsformzusatz „Unternehmergesellschaft (haftungsbeschränkt)", und auch die Abkürzung UG ist nicht besser. Sie lässt keineswegs sofort an eine dynamische Existenzgründerfirma denken, sondern eher an „Untergeschoss" – in gewissem Sinn, wenn auch unbeabsichtigt, ist dies ja auch zutreffend, wenn man die mittellosen Gründer im „Untergeschoss" des Kapitalgesellschaftsrechts verortet. 109

4. Einzelfragen

a) Verhältnis zur Regel-GmbH

Die UG (haftungsbeschränkt) ist keine eigenständige Rechtsform, sondern bloß 110
eine Rechtsformvariante der GmbH, die in Ermangelung abweichender Sonderregelungen sämtlichen für die GmbH geltenden Rechtsvorschriften unterliegt. Alle die GmbH betreffenden Gesetzesbestimmungen gelten ohne Weiteres auch für die UG mit der (einzigen) Ausnahme der ausdrücklichen Sonderregelungen des § 5a GmbHG.[225] Als Übergangsrechtsform auf dem Weg in die GmbH ist die UG eine „Einbahnstraße"zur GmbH (vgl. § 5a V GmbHG). Daher kannn die UG nur im Rahmen einer Erstgründung errichtet werden. Eine Zurückstufung der GmbH in eine UG scheidet aus. Wie jede GmbH kannn die UG auch unter Verwendung des Musterprotokolls nach § 2 Abs. 1a GmbHG (oben Rn. 8a) gegründet werden.

b) Stammkapital der UG

Wie soeben gesehen, finden die allgemeinen Vorschriften des GmbHG grds. 111
Anwendung. Der Nennbetrag eines Geschäftsanteils hat gemäß § 5 II 1 GmbHG mindestens 1 EUR zu betragen und er muss auf volle Euro lauten. Ab einem Stammkapital von 25.000 EUR liegt nach § 5a V GmbHG eine Regel-GmbH. Als Stammkapital der UG kann daher jeder volle Eurobetrag zwischen 1 EUR und 24.999 EUR bestimmt werden.

---

223 *Freitag/Riemenschneider*, ZIP 2007, 1485, 1488 f.; *H.-F. Müller*, ZGR 2011, 81 ff.
224 Vgl. §§ 267, 326 HGB.
225 RegE MoMiG S. 71; näher *Wicke*, § 3 GmbHG Rn. 3 ff.

c) Firma

112 Vgl. zum Firmenrecht zunächst oben § 4 (speziell zum Rechtsformzusatz dort Rn. 52 f.). Nach § 5a I GmbHG muss die Firma der Gesellschaft zwingend den Rechtsformzusatz „Unternehmergesellschaft (haftungsbeschränkt)" oder „UG (haftungsbeschränkt)" führen. Dieser Zusatz (anstelle der Bezeichnung „Gesellschaft mit beschränkter Haftung" oder „GmbH" gemäß § 4) darf auch dann beibehalten werden, wenn das Stammkapital der Gesellschaft den Betrag von 25.000 EUR erreicht oder übersteigt und damit das Sonderrecht der UG (haftungsbeschränkt) im Übrigen keine Anwendung mehr findet. Verwendet die Gesellschaft nicht einen dieser Rechtsformzusätze, so kann es zu einer unbeschränkten persönlichen Haftung der Gesellschafter nach Rechtsscheingrundsätzen kommen (wie im „Großtischlerei Heinrich F."-Fall, unten § 16 Rn. 76).[226]

d) Kapitalaufbringung

113 Im Interesse des Gläubigerschutzes darf die Anmeldung der UG erst erfolgen, wenn das Stammkapital in voller Höhe eingezahlt ist. Sacheinlagen sind ausgeschlossen (§ 5a II GmbHG). Hinter dieser Beschränkung der Gründer steht der Normzweck, dass eine Halbeinzahlung und auch der Einsatz von Sacheinlagen nicht erforderlich sind, da das Stammkapital von den Gründern frei gewählt werden kann.[227]

Beispiel: Bei einem Stammkapital von 24.500 EUR muss dieser Betrag sofort vollständig eingezahlt werden, wohingegen bei der Gründung einer GmbH mit 25.000 EUR Stammkapital gemäß § 7 II 2 GmbHG zunächst nur 12.500 EUR aufgebracht werden müssten. Daher wird in der Praxis bei der Planung eines an 12.500 EUR heran reichenden oder darüber hinausgehenden Stammkapitals die Gründung einer regulären GmbH regelmäßig vorgezogen.

114 Das Volleinzahlungsgebot ist auch bei einer Kapitalerhöhung der UG zu beachten. Etwas anderes gilt im Hinblick auf § 5a V GmbHG, wenn als Folge der Kapitalerhöhung das Mindeststammkapital des § 5 I GmbHG erreicht oder überschritten wird. Die Sonderregel der Unternehmergesellschaft (haftungsbeschränkt) gem. § 5a II 1 GmbHG erstreckt sich nicht auf diejenige Kapitalerhöhung, mit der das Mindeststammkapital der GmbH entsprechend § 7 III GmbHG erst erreicht wird; der Wegfall der Beschränkungen des § 5a I bis IV GmbHG ist nicht von einer Volleinzahlung des Stammkapitals abhängig.[228]

e) Ansparpflicht

115 Zur Stärkung der Eigenkapitalausstattung der UG ist nach § 5a III GmbHG eine gesetzliche Rücklage zu bilden, und zwar jährlich in Höhe von 25% des um einen Verlustvortrag aus dem Vorjahr geminderten Jahresüberschusses. Diese Rücklage darf nur zur Kapitalerhöhung aus Gesellschaftsmitteln gemäß § 57c GmbHG so-

---

226 *Näher Wicke,* § 5a GmbHG Rn. 6.
227 *Näher Wicke,* § 5a GmbHG Rn. 7; RegE MoMiG S. 71.
228 *OLG München* NZG 2012, 104.

wie zum Ausgleich eines Jahresfehlbetrags oder Verlustvortrags verwendet werden. Die Pflicht zur Rücklagenbildung entfällt erst mit der „Umwandlung" der UG in eine Regel-GmbH durch Erhöhung des Stammkapitals auf mindestens 25.000 EUR nach § 5a V GmbHG. Die gesetzliche Regelung ist ein Anreiz für die Gesellschafter, die UG in eine GmbH zu überführen.[229]

f) „Aufstieg" zur Regel-GmbH[230]

Nach § 5a V GmbHG entfällt das Sonderrecht für die UG, sobald das Stamm- **116**
kapital den Betrag des Mindeststammkapitals von 25.000 EUR i. S. des § 5 I GmbHG erreicht oder übersteigt. Eine Pflicht zu einer entsprechenden Kapitalerhöhung besteht nicht. Auch im Fall des Erreichens des Stammkapitals darf der Rechtsformzusatz „UG (haftungsbeschränkt)" oder „Unternehmergesellschaft (haftungsbeschränkt)" (oben Rn. 112) beibehalten werden. Die Erhöhung des Stammkapitals kann im Wege einer Kapitalerhöhung aus Gesellschaftsmitteln, durch normale Barkapitalerhöhung, ggf. in Form des genehmigten Kapitals, und (zur Erreichung oder Überschreitung des Mindeststammkapitals) auch durch Sachkapitalerhöhung erfolgen. Da auch die UG (haftungsbeschränkt) iS des § 5a GmbHG eine GmbH ist (oben Rn. 110), handelt es sich bei der Heraufstufung iS des § 5a V GmbHG rechtlich nicht um einen Formwechsel oder um eine Umwandlung, da sich die Rechtsform der Gesellschaft nicht ändert, sondern nur die Anwendung von Sondervorschriften beendigt wird.

Beispiel (nach BGHZ 189, 254 = NJW 2011, 1881 = NZG 2011, 664): Eine GmbH ist als „UG (haftungsbeschränkt)" mit einem Stammkapital von 500 EUR im HReg. eingetragen. Die Gesellschafter beschließen die Erhöhung des Stammkapitals um 24.500 auf 25.000 EUR. Das erhöhte Kapital soll durch Leistung einer Sacheinlage in Form der Beteiligung eines Gesellschafters an einer anderen Gesellschaft erbracht werden. Gilt das Sacheinlagenverbot des § 5a II 2 GmbHG (oben Rn. 113) für diese Kapitalerhöhung, mit der das Mindestkapital von 25.000 EUR erst erreicht wird? Dann wären die Gesellschafter gezwungen, das Mindestkapital im Wege der Barkapitalerhöhung aufzubringen und könnten sich erst danach auf den Wegfall des Sacheinlagenverbots nach § 5a V GmbHG berufen. Nach BGHZ 189, 254 ist das nicht der Fall: Dafür sprechen vor allem der Wortlaut des § 5a V GmbHG sowie die Überlegung, dass die im Beispielsfall gewählte Vorgehensweise nicht gegenüber der Neugründung einer Regel-GmbH im Wege der Sachgründung (§ 5 IV GmbHG) benachteiligt werden darf. Zur Vertiefung s. Berninger, EWiR 2011, 349 f.

Zur Vertiefung: *OLG München* NZG 2012, 104 ff. (Kapitalerhöhung in der UG)

Fragen:

1. Stellen Sie den Ablauf des Gründungsverfahrens bei der GmbH dar! (Rn. 4)
2. Mindestinhalt des Gesellschaftsvertrages? (Rn. 7 f.)
3. Worin unterscheiden sich satzungsergänzende Nebenabreden von echten Satzungsbestimmungen? (Rn. 9, 11)
4. In AGB enthaltene GmbH-Satzungen unterliegen der Inhaltskontrolle nach §§ 307 ff. BGB. Richtig oder falsch? (Rn. 15)

---

[229] *Joost*, ZIP 2007, 2245.
[230] Dazu *Berninger*, GmbHR 2011, 953 ff.; *Lieder/Hoffmann*, GmbHR 2011, 561 ff.

5. Erklären Sie die Begriffe Stammkapital, Eigenkapital, Stammeinlage, Einlagepflicht und Geschäftsanteil! (Rn. 18 ff.)
6. Eine Sachgründung kann nur durch Einlage körperlicher Gegenstände i. S. d. § 90 BGB erfolgen. Richtig oder falsch? (Rn. 32)
7. Welche Gefahren verbinden sich für Gläubiger und Mitgesellschafter mit einer Sachgründung? (Rn. 33)
8. Was versteht man unter einer verdeckten Sacheinlage? (Rn. 41 f.)
9. Rechtsnatur
   a) der Vorgründungsgesellschaft? (Rn. 45)
   b) der Vorgesellschaft? (Rn. 49)
10. Was ist eine „unechte Vorgesellschaft"? (Rn. 60)
11. Welche Haftungsrisiken bestehen für GmbH-Gründer? (Rn. 62)
12. Die GmbH ist Gesamtrechtsnachfolgerin der Vor-GmbH. Richtig oder falsch? (Rn. 66)
13. Wem nützt § 13 II GmbHG, der Gesellschaft oder den Gesellschaftern? (Rn. 74)
14. Welche zwei großen Fallgruppen des „Durchgriffs" auf GmbH-Gesellschafter gibt es? (Rn. 76)
15. Erklären Sie Tatbestand und Rechtsfolgen einer „Vermögensvermischung"! (Rn. 88 f.)
16. Welche besonderen Gläubigerrisiken bestehen in der Einmann-GmbH und wie begegnet ihnen das Gesetz? (Rn. 96)
17. Welches Mindeststammkapital muss eine „Unternehmergesellschaft (haftungsbeschränkt)" besitzen? (Rn. 104)
18. Erläutern sie die „Ansparpflicht" in der „Unternehmergesellschaft (haftungsbeschränkt)"! (Rn. 106)

§ 15. Rechtsverhältnisse der Gesellschaft und der Gesellschafter

I. Stoffbegrenzung

Einige Bundesländer rechnen zum Pflichtstoff im Gesellschaftsrecht auch den Zweiten Abschnitt des GmbHG (§§ 13-34) mit der wenig aussagekräftigen Überschrift „Rechtsverhältnisse der Gesellschaft und der Gesellschafter".[1] Relevant sind die folgenden Ausführungen aber auch für Prüfungskandidaten in Bundesländern, die das gesellschaftsrechtliche Pflichtfachwissen nur allgemein umreißen. Behandelt werden die Mitgliedschaft in der GmbH, die Kapitalerhaltung und der Eigenkapitalersatz. Zur Kapitalaufbringung vgl. bereits § 14 Rn. 18 ff. 1

II. Mitgliedschaft

1. Inhalt

a) Grundlagen

Die **Summe der Rechte und Pflichten des einzelnen Gesellschafters** in der GmbH bezeichnet das Gesetz als **„Geschäftsanteil"**, z.B. in §§ 3 I Nr. 4, 5 II und III, 8 II, 14 ff. GmbHG (oben § 14 Rn. 22). Gesellschafter und daher Mitglied der GmbH ist, wer einen oder mehrere Geschäftsanteile hält. Der Erwerb von Geschäftsanteilen erfolgt: 2

- durch Übernahme eines oder mehrerer Geschäftsanteile bei Gründung (§§ 3 I Nr. 4, 5 II 2 GmbHG);[2]
- durch Übernahme eines oder mehrerer Geschäftsanteile bei Kapitalerhöhung (§ 55 GmbHG);
- durch Erwerb von einem Gesellschafter als Rechtsvorgänger (§ 15 GmbHG);
- durch Umwandlung (§§ 20 I Nr. 3, 131 I Nr. 3, 202 I Nr. 2 UmwG).

Die **Mitgliedschaft erlischt** mit dem Erlöschen der Gesellschaft (§ 74 GmbHG), durch Einziehung des Geschäftsanteils (§ 34 GmbHG), durch gezielte Kapitalherabsetzung (vgl. § 58 II 2 GmbHG), ferner bei Ausschließung (vgl. § 21 GmbHG) oder Austritt eines Gesellschafters. 3

Der **Nennwert** (Nennbetrag) des von dem Gesellschafter – bei Gründung oder Kapitalerhöhung – übernommenen Geschäftsanteils **entspricht** der **Stammeinlageverpflichtung** (§ 14 S. 1 GmbHG). Nach dem Nennwert bemessen sich die **Ausfallhaftung** (§§ 24, 31 III GmbHG), die **Gewinnverteilung** (§ 29 III GmbH) und das **Stimmrecht** des Gesellschafters (§ 47 II GmbHG), ferner der Anteil am Liqui- 4

[1] So § 11 II Nr. 4 b JAG NRW 2003.

[2] In diesem Fall entstehen die Geschäftsanteile erst mit der Eintragung der Gesellschaft in das HReg., nicht schon in der Vorgesellschaft: *BGH* NZG 2005, 263.

dationserlös (§ 72 S. 1 GmbHG). Nicht zu verwechseln ist der Nennwert mit dem Buchwert, mit dem der Anteil in der Handelsbilanz oder Steuerbilanz aufgeführt ist. Aufgrund von Gewinn- oder Verlustvorträgen kann der Buchwert vom wahren Wert einer Beteiligung erheblich abweichen; er besitzt deshalb keine Aussagekraft für die gesellschaftsrechtliche Bewertung des Geschäftsanteils.

5 **Registerpublizität** erfährt die Mitgliedschaft nicht durch Eintragung im Handelsregister (vgl. zum Inhalt der Eintragung § 10 GmbHG), sondern durch die nach §§ 8 I Nr. 3, 40 GmbHG bei Gründung und Gesellschafterwechsel zum Handelsregister einzureichende **Gesellschafterliste**. Diese Liste ist Teil des nach § 9 I HGB (oben § 3 Rn. 2 ff.) einsehbaren Registerinhalts.

b) Pflichten des Gesellschafters

6 Nach §§ 7 II, 19 ff. GmbHG hat der Gesellschafter die Pflicht zur Einzahlung des bzw. – im Falle der Sacheinlage – zur Leistung auf den **Nennbetrag der Geschäftsanteile** (dazu bereits § 14 Rn. 23 ff., 32). Nebenleistungspflichten können nach § 3 II GmbHG unbegrenzt übernommen werden,[3] wobei derartige Pflichten – wenn sie nicht bloß schuldrechtlicher Natur sein sollen – im Gesellschaftsvertrag niedergelegt sein müssen. In Betracht kommen hier vor allem[4] Zahlungspflichten (Zuschüsse, Beiträge, Umlagen, Verlustausgleich, Hingabe von Darlehen), Übernahme von Geschäftsanteilen nach Kapitalerhöhung, Sachleistungspflichten (z. B. Überlassung von Grundstücken oder gewerblichen Schutzrechten), Einräumung eines Alleinvertriebsrechts, Übernahme der Geschäftsführung, Bestellung von Sicherheiten, Unterlassungspflichten (insbesondere Wettbewerbsverbote), Einräumung von Vorkaufsrechten oder sonstigen Erwerbsrechten der Gesellschaft an bestimmten Geschäftsanteilen. Wie in der Personengesellschaft (oben § 11 Rn. 4) ist § 1629a I 1 BGB zu beachten.

7 Eine **Nachschusspflicht** kann nach §§ 26–28 GmbHG vereinbart werden. Nachschüsse sind Einlagen auf das haftende Kapital, die über die Nennbeträge der Geschäftsanteile (§§ 5, 55 GmbHG) hinausgehen und nicht auf das Stammkapital (§§ 3 I Nr. 3, 30 GmbHG) geleistet werden. Nachschusspflichten können nicht gegen den Willen der Leistungspflichtigen beschlossen werden, auch nicht im Wege der Satzungsänderung (§ 53 III GmbHG).[5]

8 Ungeschriebene Nebenpflicht des Gesellschafters ist die **Treuepflicht**. Als mitgliedschaftliche Pflicht wirkt sie sowohl gegenüber der Gesellschaft als auch gegenüber den Mitgesellschaftern. Aus der Treuepflicht ergibt sich u. a.:[6]

- ein Schädigungsverbot zum Schutz der Gesellschaft und der Mitgesellschafter,
- eine Begrenzung der Mehrheitsherrschaft,
- eine Verpflichtung zur Anpassung des Gesellschaftsvertrags an veränderte Umstände.

---

[3] Vgl. demgegenüber die Schranken in § 55 AktG.

[4] Überblick bei *Lutter/Hommelhoff*, § 3 GmbHG Rn. 18 ff.

[5] Vgl. zur Nachschusspflicht in der Personengesellschaft oben § 11 Rn. 10 ff.

[6] *K. Schmidt*, GesR, § 35 I 2 d; für einen Unterlassungsanspruch aus dem Gesichtspunkt der Treuepflicht vgl. *BGH* NZG 2004, 516; für eine Informationspflicht aus dem Gesichtspunkt der Treuepflicht *BGH* NJW 2007, 917 Tz. 9.

Beispiel:[7] Eine Konzerngesellschaft erwirbt über 50 % der Geschäftsanteile an einer Familien-GmbH. Als Mehrheitsgesellschafterin veranlasst sie den Geschäftsführer, mit der Konzern-Obergesellschaft einen Beratungsvertrag abzuschließen. Danach hat die GmbH ohne Gegenleistung 1 % ihres Umsatzes als „Konzernumlage“ an die Konzern-Obergesellschaft abzuführen. Eine derartige Verschaffung von Sondervorteilen durch den Mehrheitsgesellschafter ist treuwidrig.[8]

Anders als im Recht der OHG (§ 112 HGB; dazu oben § 11 Rn. 17 ff.) gibt es im GmbH-Recht **kein allgemeines Wettbewerbsverbot** für Gesellschafter. Eine Verpflichtung zur Unterlassung von Wettbewerb kann sich jedoch aus der Treuepflicht ergeben, die ein Schädigungsverbot umfasst (soeben Rn. 8). In der Rspr. ist anerkannt, dass der GmbH-Gesellschafter analog § 112 HGB einem **Wettbewerbsverbot** auf Grund der Treuepflicht unterliegt, **wenn** er einen **bestimmenden Einfluss** auf die Gesellschaft ausübt. Dies gilt insbesondere für den die Gesellschaft beherrschenden **Mehrheitsgesellschafter.** Wird dieser außerhalb der Gesellschaft unternehmerisch tätig, entsteht hieraus für die Gesellschaft eine besondere Gefährdungslage, z. B. durch Ausnutzung von Geschäftschancen der beherrschten Gesellschaft.[9] Dem Wettbewerbsverbot unterliegen auch Mehrheitsgesellschafter, die zugleich Geschäftsführer sind oder durch vertragliche Sonderrechte maßgeblichen Einfluss auf die Geschäftsführung ausüben können (z. B. Recht zur Bestellung und Abberufung von Geschäftsführern). Auch gesellschaftsvertragliche Wettbewerbsverbote sind zulässig (vorbehaltlich § 1 GWB), vgl. das Beispiel oben § 9 Rn. 23. 9

c) Rechte des Gesellschafters

Zu unterscheiden sind Vermögensrechte und Verwaltungsrechte. Zu den **Vermögensrechten** gehören namentlich der Anspruch auf Reingewinn (§§ 29, 5a III GmbHG)[10] und der Anspruch auf den Anteil am Liquidationserlös (§ 72 GmbHG), ferner ein Bezugsrecht zur Wahrung der mitgliedschaftlichen Stellung bei der Kapitalerhöhung.[11] 10

Verwaltungsrechte (Teilhaberechte) sind das Stimmrecht (§ 47 GmbHG),[12] das Auskunfts- und Einsichtsrecht (§ 51a GmbHG), das Recht zur Anfechtung von Gesellschafterbeschlüssen,[13] das Recht zur Klageerhebung für die Gesellschaft (actio pro socio),[14] das Recht zur Kündigung aus wichtigem Grund (vgl. § 723 BGB)[15]. 11

---

[7] Nach BGHZ 65, 15 = NJW 1976, 191 – „ITT“.

[8] Näher *Ulmer*, NJW 1976, 192.

[9] BGHZ 89, 162, 166 = NJW 1984, 1351; näher – auch zum Folgenden – *Wilde*, NZG 2010, 252, 253; zu einem gesellschaftsvertraglich vereinbarten Wettbewerbsverbot vgl. BGHZ 104, 246 = NJW 1988, 2737 (Unanwendbarkeit des Kartellverbots).

[10] Instruktiv hierzu *BGH* NZG 2004, 912.

[11] *Lutter/Hommelhoff*, § 55 Rn. 20 ff.

[12] Dazu unten § 16 Rn. 16 f.

[13] Dazu unten § 16 Rn. 21.

[14] Die Grundsätze des Personengesellschaftsrechts gelten hier entsprechend; Roth/*Altmeppen*, § 13 GmbHG Rn. 48.

[15] Unten Rn. 25 ff.

2. Verfügungen über den Geschäftsanteil

12 Nach § 15 I GmbHG sind Geschäftsanteile veräußerlich. Als schuldrechtliches Verpflichtungsgeschäft, aus dem sich der Rechtsgrund für die Anteilsübertragung ergibt, kommt z. B. ein Rechtskauf (§§ 433, 453 BGB) in Betracht.[16] Verpflichtungs- wie Verfügungsgeschäft bedürfen gleichermaßen der notariellen Beurkundung (§ 15 III, IV GmbHG). Dieses **doppelte Beurkundungserfordernis** soll nicht nur den Nachweis über den Gesellschafterwechsel erleichtern, sondern vor allem den **spekulativen Handel** mit GmbH-Geschäftsanteilen an der Börse oder im grauen Markt **verhindern.**[17] Wie im Grundstücksrecht[18] wird bei einem formgerechten Vollzug der Verfügung der Formmangel des Verpflichtungsgeschäfts geheilt (§ 15 IV 2 GmbHG); damit ist eine Rückforderung des Geschäftsanteils nach § 812 BGB ausgeschlossen.

13 Beurkundungen nach § 15 III, IV GmbHG lösen **Notargebühren** aus (§§ 32, 36 II KostO). Es kommt deshalb vor, dass Parteien den **Verkauf und/oder** die **Abtretung** des Geschäftsanteils **im Ausland** vornehmen, und zwar entweder völlig formfrei (Italien[19]) oder vor einem dort amtierenden Notar, für dessen Tätigkeit geringere Gebühren anfallen. Eine Auslands*beurkundung* erfüllt die Voraussetzung des § 15 III, IV GmbHG, sofern Gleichwertigkeit vorliegt, z. B. bei Tätigkeit niederländischer, österreichischer Notare oder von Notaren des lateinischen Notariats (Italien, Frankreich, Spanien, Südamerika). Dagegen kommt es bei bloß mündlichen, privatschriftlichen oder lediglich notariell beglaubigten Vereinbarungen darauf an, ob die Erfordernisse des § 15 III, IV GmbHG auch durch geringere Formanforderungen nach der „Ortsform" i. S. des Art. 11 I Fall 2 EGBGB oder Art. 11 I Rom I–VO ersetzt werden können.[20] Dies ist bei zutreffender Qualifikation des Beurkundungserfordernisses in § 15 III, IV GmbHG abzulehnen. Internationalprivatrechtlich gesehen handelt es sich bei dieser Vorschrift nicht (nur) um ein Formerfordernis, sondern wegen des in Rn. 12 dargestellten Normzwecks um eine gesellschaftsrechtliche, möglicherweise auch schuldrechtliche oder kapitalmarktrechtliche Vorschrift, für die zwingend das Gesellschafts-, Schuldvertrags- oder Kapitalmarktstatut gilt, und insoweit gibt es keine kollisionsrechtlichen Formerleichterungen wie nach Art. 11 I Fall 2 EGBGB oder Art. 11 I Rom I–VO.[21]

---

[16] Nur ausnahmsweise ist ein derartiger Anteilskauf als Unternehmenskauf zu behandeln, vgl. oben § 5 Rn. 22.

[17] *BGH* NZG 2006, 590 Tz. 3; *Wicke*, GmbHG, § 15 Rn. 12; näher *Walz/Fernbacher*, NZG 2003, 1134 ff.

[18] Vgl. zu § 311 b I 2 BGB *Musielak*, Grundkurs BGB (11. Aufl. 2009) Rn. 47 ff.

[19] *Kindler*, Italienisches Handels- und Wirtschaftsrecht, 2002, § 4 Rn. 234; Cian/Trabucchi/*Menti*, Commentario breve al codice civile, 10. Aufl. 2011, Art. 2470 Anm. 1 („forma libera"); unrichtig *Barth*, MittBayNot 2006, 1, 6 f.

[20] Umfassend *Kindler*, Geschäftsanteilabtretungen im Ausland, 2010; *ders.*, BB 2010, 77 ff.; vgl. zum schweizerischen Recht *Engel*, DStR 2008, 1593 ff.; *Weller*, Der Konzern 2008, 253 ff.; *Abrell*, NZG 2007, 60 ff.; *Ammann*, RIW 2007, 735 ff.; zur Rom I–VO s. *Kindler*, Einführung in das neue IPR des Wirtschaftsverkehrs, 2009, S. 9 ff.

[21] MünchKomm-BGB/*Kindler*, 5. Aufl. 2010, IntGesR, Rn. 558 ff. m. Nachw.; Beispiel (Notar im schweizer Kanton Basel-Stadt): *OLG Frankfurt* GmbHRdsch. 2005, 764 = EWiR 2005, 727 m. Anm. *Klein/Theusinger*; zum Ganzen auch *Mankowski*, NZG 2010, 201 ff.

Der durch das MoMiG 2008 neu gefasste **§ 16 GmbHG** regelt den **Wechsel der Gesellschafter und den Anteilserwerb vom Nichtberechtigten.**[22] Die Vorschrift bestimmt für den Fall einer Veränderung in den Personen der Gesellschafter oder des Umfangs ihrer Beteiligung die **Eintragung in die Gesellschafterliste** (§ 40 GmbHG) zur **Voraussetzung für die Entstehung von Rechtsbeziehungen zwischen GmbH und Gesellschafter.**[23] Zum Schutz der GmbH muss der Erwerber regelmäßig nach Maßgabe von § 16 I, II GmbHG in der zum Handelsregister eingereichten Gesellschafterliste eingetragen sein, wenn Rechte und Pflichten aus dem Gesellschaftsverhältnis geltend gemacht werden sollen; im Gegensatz zum früheren Recht genügt eine bloße Mitteilung an die Gesellschaft über den erfolgten Rechtsübergang durch den Veräußerer oder Erwerber nicht mehr, um den Gesellschafter gegenüber der GmbH zu legitimieren. Die **rechtliche Veränderung der Anteilsverhältnisse als solche,** wie insbesondere die Abtretung eines Geschäftsanteils (§ 15 GmbHG), vollzieht sich hingegen **außerhalb der Gesellschafterliste,** sofern nach der Satzung nicht die Wirksamkeit des Rechtsübergangs von einer Eintragung in der Gesellschafterliste abhängig gemacht wird (§ 15 V GmbHG). Im Verhältnis zu Dritten hat die Gesellschafterliste als Rechtsscheinträger Bedeutung, auf dessen Grundlage ein **gutgläubiger Erwerb von Geschäftsanteilen** möglich ist (§ 16 III GmbHG).[24] **§ 16 GmbHG** ist **zwingend.** 14

Beispiel (nach *BGH* NZG 2011, 1268 – „Zwei-Listen-Modell"): Nach dem „Zwei-Listen-Modell" wird bei einer aufschiebend bedingten Abtretung eines GmbH-Geschäftsanteils nach der Abtretung (§ 15 III GmbHG) zunächst eine neue Gesellschafterliste zum HReg. eingereicht, die der bisherigen Liste entspricht, aber zusätzlich einen Hinweis auf die bedingte Anteilsabtretung enthält. Nach Bedingungseintritt wird eine weitere Liste eingereicht, aus der die neue Zusammensetzung des Gesellschafterkreises ersichtlich ist. Nach BGH aaO gilt Folgendes: (1) Das RegG darf die erste Liste zurückweisen, weil sie gesetzlich nicht vorgesehene Bestandteile enthält. (2) Ein aufschiebend bedingt abgetretener Geschäftsanteil kann nicht vor Bedingungseintritt von einem Zweiterwerber gutgläubig erworben werden. Weil die Gesellschaftliste keinen Rechtsschein dafür setzen kannn, dass der in der Liste eingetragene Inhaber des Geschäftsanteils über diesen nicht bereits aufschiebend bedingt verfügt hat, kann sich der Zweiterwerber nicht auf § 161 III BGB berufen. Näher *Stamer*, EWiR 2011, 811 f.; *Bayer*, GmbHR 2011, 1254 ff.

Ist der **Anteilserwerber minderjährig,** so kann eine familiengerichtliche Genehmigung nach §§ 1643 I, 1822 Nr. 3 BGB erforderlich sein, vgl. hierzu den nachfolgenden 15

Übungsfall (Schenkung eines GmbH-Geschäftsanteils):[25] Herr Alt hatte zusammen mit seiner Frau die D-GmbH gegründet. Dabei wurde das Stammkapital der Gesellschaft vollständig 16

---

[22] Dazu näher *Kindler*, NJW 2008, 3249, 3252; umfassend *Preuß*, ZGR 2008, 676 ff.; *dies.*, FS Spiegelberger, 2009, S. 876 ff.; *Reymann*, BB 2009, 506 ff.; *Reichert/Weller*, in: Goette/Habersack (Hrsg.), Das MoMiG in Wissenschaft und Praxis, 2009, S. 79 ff.; *Noack*, FS Hüffer, 2010, S. 723 ff.; aus notarieller Sicht *Hasselmann*, NZG 2009, 486 ff.; ferner *Löbbe*, GmbHR 2012, 7 ff. (speziell zur Zuständigkeit von Geschäftsführer und Notar für Inhalt und Einreichung der Gesellschafterliste).

[23] Zur Gesellschafterliste *BGH* NZG 2011, 516 mit Aufsatz *Herrler*, S. 536 ff. = EWiR 2011, 811.

[24] Zum gutgläubigen Erwerb insbes. *Lieder*, AcP 210 (2010), 857, 898 ff.; *ders.*, JURA 2010, 801, 804 ff. (instruktiv).

[25] Nach BGHZ 107, 23 mit Anm. *Winkler*, ZGR 1990, 131 ff.

aufgebracht. Alt sieht nunmehr die Zeit gekommen, seine Nachfolge zu regeln. Er tritt deshalb in einer notariellen Urkunde seinen Geschäftsanteil schenkweise an seinen minderjährigen Sohn ab. Dabei wurde der Sohn von einem Pfleger vertreten; eine Genehmigung des Familiengerichts wurde hierfür nicht eingeholt. Alt jun. kommt bei einem Motorradunfall ums Leben. Seine Erben verklagen Alt sen. auf Feststellung, dass der Geschäftsanteil, der Gegenstand des Schenkungs- und Abtretungsvertrages war, Bestandteil des Nachlasses ist. Begründetheit der Klage?

Lösung: Nach § 1922 I BGB geht mit dem Tod einer Person deren Vermögen auf den oder die Erben über. Fraglich ist, ob der Geschäftsanteil zum Vermögen des A jun. gehörte. Ursprünglich war A sen. Inhaber des Geschäftsanteils gewesen. Zu prüfen ist, ob er seinen Geschäftsanteil wirksam an A jun. übertragen hat.
Ein entsprechender Vertrag (§ 15 III GmbHG) zwischen den Beteiligten liegt vor. Dabei wurde A jun. wirksam durch einen Pfleger vertreten (§§ 1629 II, 1795 II BGB). Auch die Form des §§ 15 III GmbHG ist gewahrt. Einer Genehmigung des Familiengerichts bedurfte der Vertrag nach §§ 1643 I, 1822 Nr. 3 Fall 1 BGB nur, wenn er auf den entgeltlichen Erwerb eines Erwerbsgeschäfts gerichtet gewesen wäre. Wegen der schenkweisen Übertragung liegen die Voraussetzungen dieses Genehmigungsvorbehalts nicht vor. Ferner ist nach §§ 1643 I, 1822 Nr. 3 Fall 2 BGB ein Gesellschaftsvertrag genehmigungsbedürftig, der zum Betrieb eines Erwerbsgeschäfts angegangen wird. Auch dieser Genehmigungsvorbehalt ist hier nicht einschlägig, weil A jun. eine bereits bestehende Beteiligung erworben hat. Schließlich ist noch zu prüfen, ob die Geschäftsanteilsübertragung nach §§ 1643 I, 1822 Nr. 10 BGB (Übernahme einer fremden Verbindlichkeit) der Genehmigung des Familiengerichts bedurft hätte. Dies ist der Fall, wenn der Minderjährige nach außen eine Schuld übernimmt, im Innenverhältnis aber ein anderer haftet und ersatzpflichtig bleibt. Bei Geschäftanteilsübertragungen greift § 1822 Nr. 10 BGB ein, wenn der Erwerber nach § 16 II GmbHG neben dem Veräußerer noch für rückständige Leistungen haftet, z. B. aufgrund der Differenzhaftung (§ 14 Rn. 39, 58) oder aus § 31 III GmbHG (unten Rn. 34). Auch hiervon kann im vorliegenden Fall nicht die Rede sein, da das Stammkapital vollständig aufgebracht worden war.
Insgesamt ergibt sich damit, dass A sen. seinen Geschäftsanteil wirksam auf A jun. übertragen hat; insbesondere war eine familiengerichtliche Genehmigung hierfür nicht erforderlich. Der Geschäftsanteil fällt deshalb in den Nachlass. Die Klage ist begründet. – Weiterer Hinweis zur Vertiefung: *LG München I* BB 2009, 1774 m. Anm. *Wachter*.

17 Die Gesellschafter einer GmbH haben im Regelfall ein Interesse daran, dass ihnen **nicht** gegen ihren Willen ein **Fremder als Mitgesellschafter aufgezwungen** wird. Das Bedürfnis nach einem gewissen **Überfremdungsschutz** besteht in der GmbH genauso wie in der Personengesellschaft (vgl. § 717 S. 1 BGB). § 15 V GmbHG eröffnet deshalb die Möglichkeit, dass durch gesellschaftsvertragliche Vereinbarung die Abtretung des Geschäftsanteils an weitere Voraussetzungen geknüpft wird, insbesondere an die Zustimmung der Gesellschaft oder der Gesellschafterversammlung oder auch einzelner bzw. aller Gesellschafter. Derartige **Vinkulierungsklauseln** sind vor allem in Familiengesellschaften weit verbreitet. Wird im Gesellschaftsvertrag festgelegt, unter welchen Voraussetzungen der Übertragung zugestimmt wird, so hat der Gesellschafter einen Anspruch gegen die Gesellschaft bzw. gegen seine Mitgesellschafter auf Erteilung der Zustimmung. Wird die Zustimmung zunächst rechtswidrig verweigert, später aber dann doch noch erteilt, so wird die Geschäftsanteilsabtretung wirksam.[26] Dies gilt auch in den Fällen des § 894 ZPO.

18 Neben der Übertragung des Geschäftsanteils kommen noch weitere Verfügungen in Betracht. Praktisch verbreitet sind vor allem der Nießbrauch am Geschäfts-

[26] Vgl. BGHZ 108, 380 = NJW 1990, 508; näher *Loritz*, NZG 2007, 361 ff.

anteil (§§ 1068 ff. BGB) sowie die Verpfändung des Geschäftsanteils (§§ 1273 ff. BGB). Der Geschäftsanteil kann auch nach § 857 ZPO gepfändet werden. Zwar kann die Satzung die Pfändung als solche nicht verbieten[27], doch können die Gesellschafter für den Pfändungsfall eine Einziehung des Geschäftsanteils gegen Entgelt (§ 34 GmbHG; unten Rn. 22) bestimmen.

3. Vererbung[28]

Beim Tod eines Gesellschafters fällt der **Geschäftsanteil** in den **Nachlass** (§ 15 I GmbHG; § 1922 I BGB). Bei mehreren Miterben gibt es – anders als im Personengesellschaftsrecht[29] – keine Sondererbfolge jedes einzelnen Erben. Stattdessen fällt der Geschäftsanteil nach § 2032 I BGB den **Miterben zu gesamter Hand** an. Die Miterben verwalten deshalb den Anteil gemeinschaftlich, allerdings mit der Möglichkeit eines Individualklagerechts bei notwendigen Erhaltungsmaßregeln (§ 2038 I BGB).[30] Die **Rechte** aus dem gemeinschaftlich gehaltenen Geschäftsanteil können die Miterben nach § 18 I GmbHG nur **einheitlich ausüben**. In der Praxis bestellen Mitberechtigte meist einen gemeinsamen Vertreter; die Satzung kann dies vorschreiben. Im Zuge der Auseinandersetzung (§§ 2042 ff. BGB) entscheidet die Erbengemeinschaft, ob der Anteil an einen der Miterben oder an die einzelnen Miterben veräußert wird. 19

Mitunter entsprechen die Erben hinsichtlich ihrer unternehmerischen Qualifikation oder charakterlicher Eigenschaften nicht den Vorstellungen aller Mitgesellschafter des Erblassers.[31] Das Gesetz bietet deshalb für die Gesellschafter verschiedene Möglichkeiten zu **verhindern**, dass **durch Erbfolge neue Gesellschafter** hinzukommen. Zwar gestattet § 15 I GmbHG nicht, den Ausschluss der Vererblichkeit des Geschäftsanteils durch den Gesellschaftsvertrag; anderenfalls würde diese Rechtsstellung subjektlos werden. Zulässig ist aber eine gesellschaftsvertraglich bestimmte Zwangseinziehung gegenüber dem Erben (§ 34 GmbHG)[32] oder eine – durch den Erbfall – aufschiebend bedingte Anteilsabtretung (§ 15 III GmbHG; § 158 I BGB). 20

Bei Anordnung einer **Testamentsvollstreckung** unterliegt der Geschäftsanteil der Verwaltungszuständigkeit des Testamentsvollstreckers (§§ 2203 ff. BGB). Das Erbrecht bestimmt über den Umfang der Testamentsvollstreckung, insbesondere, ob eine bloße Auseinandersetzungsvollstreckung oder eine verwaltende Testamentsvollstreckung vorliegt. Der Testamentsvollstrecker ist grundsätzlich berechtigt und verpflichtet, alle Rechte aus dem Geschäftsanteil wahrzunehmen. Die Satzung kann allerdings die Ausübung der Verwaltungsrechte (oben Rn. 11) durch 21

---

[27] Vgl. § 851 II ZPO und hierzu BGHZ 65, 22, 24 f. = NJW 1975, 1835.

[28] Dazu *Kindler/Gubitz*, in: Hausmann/Hohloch (Hrsg.), Handbuch des Erbrechts, 2. Aufl., 2010, Kap. 22.

[29] *BGH* NJW 1999, 571, 572; näher oben § 12 Rn. 27.

[30] BGHZ 108, 21= NJW 1989, 2694 Ls. 3: Befugnis zur Erhebung der Anfechtungsklage gegen einen Gesellschafterbeschluss.

[31] Kaufmännische Fähigkeiten sind nicht vererblich, vgl. *Thomas Mann*, Buddenbrooks. Verfall einer Familie, 1901.

[32] BGHZ 105, 213 = NJW 1989, 834.

ihn ausschließen; diese Rechte stehen dann dem/den Erben zu. Zur unentgeltlichen Verfügung ist der Testamentsvollstrecker nicht befugt (§ 2205 S. 2 BGB). Im Übrigen ist die Ausübung gesellschaftsrechtlicher Rechte durch den Testamentsvollstrecker bei Interessensverletzungen gegenüber den Erben im Außenverhältnis zur Gesellschaft wirksam. Anders ist dies nur bei Verletzung der Regeln über den Missbrauch der Vertretungsmacht, die auf den Testamentsvollstrecker sinngemäß anzuwenden sind.[33]

4. Einziehung des Geschäftsanteils

22 Die **Einziehung (Amortisation)** führt zum Verlust des Geschäftsanteils.[34] Nach § 34 I GmbHG bedarf die Einziehung einer gesellschaftsvertraglichen Grundlage. Meist wird dabei vereinbart, dass es auf die Zustimmung des von der Einziehung betroffenen Gesellschafters nicht ankommt (Zwangseinziehung). Eine Zwangseinziehung muss allerdings schon im Zeitpunkt des Anteilserwerbs durch den betroffenen Gesellschafter oder dessen Rechtsvorgänger im Gesellschaftsvertrag festgesetzt sein (§ 34 II GmbHG). Als vorausschauende Gestaltungsmaßnahme ist die Zwangseinziehung häufig an eine **Bedingung** geknüpft, z.B. dass der Geschäftsanteil eines Gesellschafters gepfändet, das Insolvenzverfahren über das Vermögen eines Gesellschafters eröffnet oder eine Person durch Erwerb von Todes wegen (§ 1922 I BGB) Gesellschafter wird, die den Mitgesellschaftern nicht genehm ist. Zulässig ist auch eine Klausel, wonach die Einziehung bei Vorliegen eines wichtigen Grundes in der Person des Gesellschafters erfolgen soll.[35] Der Vollzug der Amortisation erfordert einen **Gesellschafterbeschluss** (§ 46 Nr. 4 GmbHG), dessen Mitteilung an den betroffenen Gesellschafter die Vernichtung des Geschäftsanteils bewirkt.[36] Der Nennbetrag (oben Rn. 4) der verbleibenden Geschäftsanteile erhöht sich dann verhältnismäßig, so dass deren Summe wieder der Stammkapitalziffer (§ 3 I Nr. 3 GmbHG) entspricht. Der ausscheidende Gesellschafter hat Anspruch auf Zahlung einer **Abfindung**, wobei dies aber nicht zu einer Unterbilanz führen darf (§ 34 III i.V.m. § 30 I GmbHG).[37] Da das Gebot der Kapitalerhaltung auch gilt, wenn die Gesellschaft einen Gesellschafter ausschließen lassen will, ist ein Ausschließungsbeschluss der Gesellschafterversammlung gem. § 30 Abs. 1 GmbHG nichtig, wenn bei der Beschlussfassung feststeht, dass die Abfindung nicht aus freiem Vermögen gezahlt werden kann.[38] Die Höhe der Abfindung kann auch schuldrechtlich zwischen den Gesellschaftern festgelegt werden, die GmbH ist

[33] Vgl. BGHZ 30, 67, 71 = NJW 1959, 1429; *K. Schmidt,* GesR, § 35 II 3 c.

[34] Zu den anderen Verlustgründen oben Rn. 3; näher *Meyer*, NZG 2009, 1201 ff.

[35] Beispiele: *BGH* NZG 2003, 530 (Strafanzeige gegen andere Gesellschafter oder Organmitglieder als wichtiger Grund, i.Erg. abgelehnt); *KG* BB 2010, 1562 (Privatentnahmen aus der Gesellschaft).

[36] *BGH* NZG 2012, 259 Ls. 1 = EWiR 2012, 177 m. Kurzkomm. *Lutter*; dazu auch *Priester*, ZIP 2012, 658 ff.

[37] Vgl. BGHZ 144, 365 = NJW 2000, 2819; *BGH* NZG 2009, 221 Tz. 7; BGH ZIP 2011, 1104 Ls. 2 = NJW 2011, 2294 = NZG 2011, 783 = EWiR 2011, 537 m. Kurzkomm. Schult/Wahl; zum Begriff der Unterbilanz oben § 14 Rn. 58.

[38] *BGH* ZIP 2011, 1104 Ls. 2 (vorige Fn.).

dann aus solchen Abreden gemäß § 328 BGB berechtigt.[39] Die Satzung kann bestimmen, dass der betroffene Gesellschafter seine Gesellschafterstellung mit sofortiger Wirkung – d. h. noch vor Zahlung der Abfindung – verliert.[40]

5. Ausschließung von Gesellschaftern

Wie soeben dargestellt, bewirkt eine Einziehungsklausel, dass ein Gesellschafter, in dessen Person ein wichtiger Grund liegt, aus der Gesellschaft ausgeschlossen werden kann. Das gleiche Ergebnis kann durch eine Verpflichtung zur Geschäftsanteilsabtretung für diesen Fall erzielt werden.[41] In Ermangelung derartiger gesellschaftsvertraglicher Regelungen ist darüber hinaus ein Ausschluss möglich, wenn in der Person des Gesellschafters ein **wichtiger Grund** besteht. Die Zulässigkeit der Maßnahme gründet in der das Gesellschaftsverhältnis beherrschenden **Treuepflicht**; die Ausschließung kann dabei aber nur durch ein gestaltendes Urteil aufgrund der Erhebung einer Ausschließungsklage, nicht durch Gesellschafterbeschluss allein geschehen.[42] Das Erfordernis einer Gestaltungsklage auf der Grundlage des die Ausschließung aussprechenden Gesellschafterbeschlusses folgt aus einer **Analogie zu § 140 HGB.**[43] 23

Merkformel: Eine Ausschließung aus wichtigem Grund ist gerechtfertigt, wenn der Gesellschafter durch seine Person oder durch sein Verhalten die Erreichung des Gesellschaftszwecks unmöglich macht oder erheblich gefährdet oder sein Verhalten sein Verbleiben in der Gesellschaft untragbar erscheinen lässt.[44]

Ausschließungsgrund kann hiernach eine schwerwiegende Erschütterung des Vertrauensverhältnisses in einer personalistisch geprägten GmbH sein, wenn diese einem Gesellschafter zuzurechnen ist. Auch bei geschäftsschädigendem Verhalten oder dem Verschweigen geschäftsschädigender Eigenschaften kann eine Ausschließung gerechtfertigt sein,[45] ferner bei schweren Verfehlungen gegenüber Mitgesellschaftern.[46] Die **Abfindung** des ausgeschlossenen Gesellschafters erfolgt zum **Verkehrswert,** falls der Gesellschaftsvertrag keine Abfindungsklausel enthält.[47] 24

---

[39] *BGH* NZG 2010, 988 Ls. 2.

[40] *BGH* NZG 2009, 221.

[41] Dabei kann die Verpflichtung zur Geschäftsanteilsabtretung auch durch einen Wegfall der neben der Gesellschafterstellung bestehenden Geschäftsführerstellung (durch Abberufung und/ oder Beendigung des Anstellungsverhältnisses) aufschiebend bedingt sein: BGHZ 164, 98 = NJW 2005, 3641 = JuS 2006, 178 m. Anm. *K. Schmidt* – Managermodell. Näher *Römermann* NZG 2010, 96 ff.

[42] *BGH* NJW 1999, 3779.

[43] BGHZ 16, 317, 322 = NJW 1955, 667; BGHZ 153, 285, 287 = NJW 2003, 2314 („zweistufiges Verfahren"), auch zum Erfordernis einer qualifizierten Mehrheit analog § 60 I Nr. 2 GmbHG. Zu § 140 HGB oben § 12 Rn. 12.

[44] *K. Schmidt,* GesR, § 35 IV 2 b.

[45] Vgl. BGHZ 16, 317 = NJW 1955, 667: Gesellschafter einer Tanzbar-GmbH verschweigt Vorstrafen wegen Kuppelei.

[46] Vergleiche für weitere Einzelfälle die Kommentierungen zu § 34 GmbHG.

[47] Vgl. zur Zulässigkeit und den Wirksamkeitsgrenzen von Abfindungsklauseln BGHZ 116, 359 = NJW 1992, 892; BGHZ 144, 365 = NJW 2000, 2819; NZG 2002, 176.

6. Austritt

25 Ebenso wenig wie die Ausschließung ist der Austritt aus der GmbH gesetzlich geregelt. Die Möglichkeit, die Gesellschaft im Einvernehmen mit den Mitgesellschaftern zu verlassen, folgt deshalb aus dem Grundsatz der **Privatautonomie.** Daneben hat der Gesellschafter das Recht, bei Vorliegen eines wichtigen Grundes durch einseitige Erklärung aus der Gesellschaft auszutreten.[48]

25a Umstritten ist, ob der GmbH-Gesellschafter ein ordentliches gesetzliches Austrittsrecht hat, unabhängig vom Vorliegen eines wichtigen Grundes. Die Befürworter eines solchen Rechtes verweisen auf die Notwendigkeit, eine unbegrenzte Bindung des Gesellschafters an die Gesellschaft zu verhindern und nehmen ein Austrittsrecht jedenfalls dann an, wenn eine Anteilsveräußerung scheitert.[49] Die h. M. lehnt ein derartiges voraussetzungsloses Kündigungsrecht des GmbH-Gesellschafters indessen mit Recht ab. Das Hauptbedenken gegen ein einseitiges Austrittsrecht liegt darin, dass hierdurch Vinkulierungsklauseln (oben Rn. 17) umgangen werden könnten. Normzweck des § 15 V GmbHG ist es gerade, die Gesellschafter in den Stand zu versetzen, einander und ihre Rechtsnachfolger auf Dauer an die Gesellschaft zu binden.[50]

26 Der Austritt erfolgt durch **Austrittserklärung** gegenüber der Gesellschaft. Dabei handelt es sich freilich nicht um ein Gestaltungsrecht, dessen Ausübung von selbst die Mitgliedschaft zum Erlöschen bringen würde. Vielmehr hat der austrittswillige Gesellschafter einen Anspruch auf Zahlung einer vollwertigen Abfindung Zug um Zug gegen Abtretung des Geschäftsanteils an die Gesellschaft oder einen von dieser benannten Dritten. Denkbar ist auch eine Abfindungszahlung Zug um Zug gegen Erteilung der Zustimmungserklärung zur Einziehung des Geschäftsanteils. Bis zur Abwicklung des Austritts ruhen die Mitgliedschaftsrechte des Austrittswilligen, wenn die Satzung dies vorsieht. Der kündigende Gesellschafter missbraucht sein Stimmrecht, wenn er in diesem Schwebezeitraum ohne triftigen Grund einer von den anderen Gesellschaftern vorgeschlagene Maßnahme widerspricht, die seine Vermögensinteressen nicht beeinträchtigen kann.[51] Im Interesse der Streitvermeidung kann in der Satzung auch das sofortige Ausscheiden des Kündigenden aus der Gesellschaft vereinbart werden.[52]

7. Unterbeteiligung

27 Bei der Unterbeteiligung an einem Geschäftsanteil räumt der Gesellschafter dem Dritten eine Beteiligung an der wirtschaftlichen Nutzung des Geschäftsanteils ein, ohne dass dieser in eine Beziehung zur Gesellschaft tritt. Zwischen dem

---

[48] BGHZ 116, 359 = NJW 1992, 892.

[49] Grundlegend *Reuter*, Privatrechtliche Schranken der Perpetuierung von Unternehmen, 1973, S. 390 ff.

[50] Vgl. zur h. M. *K. Schmidt*, GesR, § 35 IV 3.

[51] BGHZ 88, 320 = NJW 1984, 489; *BGH* NZG 2003, 871.

[52] *BGH* NZG 2003, 871.

Gesellschafter und dem Dritten besteht dabei eine Innen-GbR, für die weder § 15 noch § 16 GmbHG zur Anwendung kommen, sondern §§ 230 ff. HGB analog.[53]

III. Kapitalerhaltung und Gesellschafterdarlehen

1. Grundlagen

Die Finanzverfassung der GmbH zählt nur teilweise zum gesellschaftsrechtlichen Pflichtfachstoff. Examensrelevant sind die Kapitalaufbringung (oben § 14 Rn. 18 ff.) sowie die nachfolgend behandelten Themen Kapitalerhaltung und Gesellschafterdarlehen.[54] Außerhalb des Pflichtfachbereichs liegen die Kapitalmaßnahmen (Kapitalerhöhung und Kapitalherabsetzung) sowie Rechnungslegung und Gewinnverwendung. 28

Gemeinsamer **Grundgedanke** der Regeln über Kapitalaufbringung, Kapitalerhaltung und Gesellschafterdarlehen ist es, dass die Gesellschafter sich ihr **Haftungsprivileg** (§ 13 II GmbHG; hierzu oben § 14 Rn. 73 ff.) nicht schon durch die Festlegung des Stammkapitals in der Satzung (§ 3 I Nr. 3 GmbHG) verdienen. Die Befreiung von der mitunternehmerischen Haftung ist vielmehr erst dadurch gerechtfertigt, dass sie das zur Deckung des Stammkapitals erforderliche Gesellschaftsvermögen in nachprüfbarer Weise durch **Einlagen aufbringen** und es in der Folgezeit der Gesellschaft auch **nicht wieder entziehen.**[55] 29

2. Kapitalbindung

a) Auszahlungsverbot

Nach § 30 I 1 GmbHG darf das zur Erhaltung des Stammkapitals (§§ 3 I Nr. 3, 5 GmbHG) erforderliche Vermögen der Gesellschaft an die Gesellschafter nicht ausgezahlt werden.[56] Unzulässig ist eine Auszahlung demnach dann, wenn die Aktiva nach Abzug der Verbindlichkeiten (vgl. § 266 III C HGB) den Nennbetrag des Stammkapitals nicht mehr erreichen. Nicht abzuziehen sind bei dieser Betrachtung das nach § 266 III A I HGB („Gezeichnetes Kapital") zu passivierende Stammkapital sowie Rücklagen und Gewinnvorträge. Neben § 30 GmbHG ist § 268 VIII HGB zu beachten. Ergänzt werden die **gesetzlichen Auszahlungsverbote** durch das richterrechtliche Verbot der Vermögensaushöhlung in der Krise 30

---

[53] BGH NZG 2012, 222 Tz. 19, näher *Raiser/Veil* § 30 Rn. 36.

[54] Vgl. zu Kapitalerhaltung und Eigenkapitalersatz auch die Übungsfälle bei *Langenbucher*, JuS 2004, 478 ff., 581 ff.; aktuelle Rechtsprechung bei *Strohn*, DB 2012, 1193 ff.

[55] *K. Schmidt*, GesR, § 37 I; BGHZ 142, 315, 322 = NJW 1999, 3483 („GbRmbH"); BGHZ 151, 181 = NJW 2002, 3024 („KBV").

[56] Nach BGHZ 148, 167 = NJW 2001, 3123 richtet sich das Verbot nur gegen Geschäftsführer, nicht gegen Prokuristen und sonstige Mitarbeiter (die aber u. U. aus § 280 I BGB – früher pVV – haften). Als Zahlungsempfänger kommt aus Gründen des Umgehungsschutzes auch eine von einem GmbH-Gesellschafter beherrschte andere Gesellschaft in Betracht: *OLG Hamburg* NZG 2005, 1008.

(„Existenzvernichtungshaftung"), welches auch das *nicht* zur Erhaltung des Stammkapitals erforderliche Vermögen schützt (oben § 14 Rn. 94; unten Rn. 38).[57] Darüber hinaus gibt es nach der Rechtsprechung kein allgemeines gesellschaftsrechtliches Verbot der materiellen Unterkapitalisierung (oben § 14 Rn. 85 ff.). Die Verbotsnorm des § 30 I 1 GmbHG erfasst nur Zuwendungen „causa societatis", d.h. aufgrund des Mitgliedschaftsverhältnisses, nicht z.B. aufgrund schuldrechtlicher Abreden zwischen dem Gesellschafter und der Gesellschaft, wie im Falle der Verpachtung eines Grundstücks durch den Gesellschafter an die Gesellschaft. Hiervon abzugrenzen ist die bloß steuerlich relevante verdeckte Gewinnausschüttung.

Beispiel:[58] Aufgrund eines zwischen der GmbH und einem Gesellschafter bestehenden Werkvertrags erstellt die Gesellschaft für den Gesellschafter zu einem unangemessen niedrigen Preis ein Bauwerk. Zahlungen fließen hier nicht von der GmbH an den Gesellschafter, sondern umgekehrt – als „Werklohn" ausgewiesen – vom Gesellschafter an die GmbH. Dennoch liegt hier eine Auszahlung i.S. des § 30 I 1 GmbHG vor, die durch das Verkehrsgeschäft nur verschleiert wird. Führt diese Auszahlung eine Unterbilanz herbei oder verschärft sie eine bereits bestehende Unterbilanz, so ist § 30 I 1 GmbHG anwendbar.

b) Sonderfall Cash-Pooling

31 Das MoMiG schuf 2008 eine Ausnahme zur Kapitalbindung beim sog. Cash-Pooling im Konzern.[59] Dabei wird – vereinfacht gesagt – **Liquidität** von den Tochtergesellschaften abgezogen und **bei der Muttergesellschaft zentral für alle Konzerngesellschaften verwaltet**. Zivilrechtliche Grundlage dafür ist ein **Darlehen**, das die Tochter der Mutter gewährt. Das zentrale Cash-Management durch die Mutter verringert – konzerndimensional betrachtet – die Verwaltungskosten, ermöglicht bessere Zinserträge aus konzernweiten Überschüssen und vor allem vermeidet es die externe Kreditaufnahme durch eine Konzerngesellschaft, während gleichzeitig bei einer anderen Konzerngesellschaft die entsprechende Liquidität vorhanden wäre, um nur einige der Hauptvorzüge dieses Verfahrens zu nennen.[60] Handelt es sich nun bei der Tochter um eine GmbH, so griff allerdings bislang die *BGH*-Rspr. ein, wonach Kreditgewährungen an Gesellschafter – wie beim Cash-Pooling –, wenn sie das satzungsmäßige Stammkapital angreifen, selbst dann als verbotene Auszahlungen nach § 30 I GmbHG zu bewerten sind, wenn der Rückzahlungsanspruch der GmbH gegen ihre Konzernobergesellschaft im Einzelfall vollwertig sein sollte.[61]

31a Der mit dem MoMiG eingefügte § 30 I 2 GmbHG macht damit Schluss und **hebt die Kapitalbindung auf**, soweit die Leistung an den bei der Muttergesell-

---

[57] Die Konkurrenz des § 30 GmbHG mit der Existenzvernichtungshaftung wird von den Urhebern des MoMiG gebilligt: BT-Drs. 16/6140, S. 106; dazu auch *K. Schmidt*, GmbHR 2008, 449, 457 f.

[58] Nach *BGH* NJW 1987, 1194.

[59] Dazu *Kindler*, NJW 2008, 3249, 3252 f.; ferner *Komo*, BB 2011, 2307 ff. (Rechtsprechungsbericht); *Vetter*, in: Goette/Habersack (Hrsg.), Das MoMiG in Wissenschaft und Praxis, 2009, S. 105 ff.; monographisch *Sieder*, Cash-Pooling im GmbH-Konzern, 2011.

[60] *Habersack/Schürnbrand*, NZG 2004, 689, 690.

[61] BGHZ 157, 72 = NJW 2004, 1111 („November-Urteil"); dazu *Habersack/Schürnbrand* (vorige Fn.); RegE in BT-Drs. 16/6140, S. 41.

schaft geführten Cash-Pool durch einen **vollwertigen Rückgewährungsanspruch** gegen die Muttergesellschaft gedeckt ist oder wenn ein Beherrschungs- und Gewinnabführungsvertrag (§ 291 AktG) besteht.[62] Führt die Tochter im Rahmen des Cash-Pools Liquidität an die Mutter ab, so wertet das Gesetz dies als einen bilanziell neutralen Aktiventausch und nicht mehr als eine verbotene Auszahlung von Gesellschaftsvermögen.[63] Insgesamt ist die durch § 30 I 2 GmbHG erfolgte Lockerung der Kapitalbindung aus Gesellschaftersicht zu begrüßen. Für Geschäftsführer dagegen birgt das neue Recht zusätzliche Haftungsrisiken und Interessenkonflikte: Sie müssen beurteilen, ob der Gesellschafter liquide genug ist, die empfangenen Leistungen nach Fälligkeit wieder an die Gesellschaft zurückzuzahlen. Wer dies fälschlich bejaht, unterliegt der Haftung nach §§ 43 III 1 GmbHG; umgekehrt wird kein Geschäftsführer einem Gesellschafter gerne sagen, dessen Bonität reiche für einen im Sinne der § 30 I 2 GmbHG „vollwertigen" Anspruch nicht aus. Vgl. zu Fragen der Kapitalaufbringung im Cash-Pool BGHZ 182, 103 = Übungsfall oben § 14 Rn. 42.

3. Rückgewähranspruch

Nach § 31 I GmbHG sind Zahlungen, die unter Verstoß gegenüber § 30 GmbHG geleistet worden sind, der Gesellschaft zurückzuerstatten. Dabei kann sich der Schuldner **nicht** auf den **Entreicherungseinwand** nach § 818 III BGB berufen. Denn § 31 I GmbHG ist kein Bereicherungstatbestand, sondern ein eigenständiger gesellschaftsrechtlicher Rückgewähranspruch. Dies folgt aus der Funktionsähnlichkeit mit den Kapitalaufbringungsgrundsätzen.[64] Auch eine Aufrechnung seitens des Gesellschafters ist – analog § 19 II 2 GmbHG (vgl. oben § 14 Rn. 30) – ausgeschlossen.[65] War der Empfänger gutgläubig, so ist nach § 31II GmbHG eine Erstattung nur insoweit geschuldet, als sie zur Gläubigerbefriedigung erforderlich ist. In der Mehrzahl der praktischen Fälle ist dies freilich so, da Ansprüche aus § 31 GmbHG vor allem in der Insolvenz der Gesellschaft durch den Insolvenzverwalter geltend gemacht werden. Neben den Anspruch aus § 31 I GmbHG tritt der bereicherungsrechtliche Rückgewähranspruch aus § 812 I 2 Fall 1 BGB.[66] 32

Übungsfall:[67] Der klagende Insovenzverwalter nimmt den ehemaligen GmbH-Gesellschafter Gierig aus §§ 30, 31 GmbHG auf Rückzahlung in Anspruch. G räumt ein, dass die Auszahlung an ihn ursprünglich unter Verstoß gegen § 30 GmbHG erfolgt war, er verteidigt sich aber mit dem Hinweis, dass das Stammkapital zwischenzeitlich wieder aufgefüllt sei. Begründetheit der Klage? 33

Lösung: Der Anspruch aus § 31 I GmbHG ist wirksam entstanden. Fraglich ist, ob er nachträglich aufgrund des Wegfalls der Unterbilanz wieder erloschen ist. Dafür scheint der Zweck des Erstattungsanspruchs zu sprechen, das durch die Entnahme angegriffene Gesellschafts-

---

[62] Im letztgenannten Fall ist der Gläubigerschutz durch §§ 302, 303 AktG gewährleistet.
[63] *Seibert/Decker*, ZIP 2008, 1208, 1211.
[64] BGHZ 31, 258, 265 = NJW 1960, 285 („Lufttaxi"-Fall).
[65] BGHZ 146, 105 = NJW 2001, 830.
[66] *BGH* NJW 2003, 3629, 3630.
[67] Nach BGHZ 144, 336 = NJW 2000, 2577 – „Balsam Procedo"; dazu *Kort*, ZGR 2001, 615 ff.; *Wicke*, GmbHG, 2008, § 31 Rn. 2.

kapital bis zur Höhe der Stammkapitalziffer wieder herzustellen.[68] Nach BGHZ 144, 336 soll aber § 31 GmbHG einen endgültig entstehenden gesellschaftsrechtlichen Anspruch gewähren, der ebensowenig wie der Einlagenanspruch von selbst erlöschen könne, wenn auf andere Weise eine Kapitaldeckung zustande komme; der Anspruch ist Bestandteil des Gesellschaftsvermögens. Für die Richtigkeit dieser Auffassung spricht vor allem der Gedanke der Rechtssicherheit; namentlich soll die Gesellschaft den Erstattungsanspruch veräußern können. Hierfür ist erforderlich, dass Existenz und Umfang des Erstattungsanspruchs für den Rechtsverkehr erkennbar sind; ein Dritter muss auf das Bestehen und den Fortbestand der Forderung, die er erwirbt, vertrauen dürfen.[69] Mit dem BGH ist deshalb anzunehmen, dass die zwischenzeitliche Wiederauffüllung des Gesellschaftsvermögens nicht das Erlöschen des einmal entstandenen Rückgewähranspruchs aus § 31 I GmbHG bewirkt. Die Klage ist begründet.

4. Weitere Haftungsschuldner

34 Neben den Anspruch aus § 31 I GmbHG tritt nach § 43 III GmbHG die **Geschäftsführerhaftung** gegenüber der Gesellschaft (unten § 16 Rn. 66). Ferner haften die **übrigen Gesellschafter** nach dem Verhältnis ihrer Geschäftsanteile, wenn die nach § 31 I GmbHG geschuldete Erstattung von dem Gesellschafter nicht zu erlangen ist (§ 31 III 1 GmbHG). Dabei werden Haftungsbeiträge, welche auch auf diese Weise nicht zu erlangen sind, auf die übrigen Mitgesellschafter verteilt (§ 31 III 2 GmbHG). Daraus folgt: Jeder Mitgesellschafter haftet hilfsweise für den Ausfall des Empfängers und den Ausfall der übrigen Mitgesellschafter, allerdings beschränkt auf den Betrag der Stammkapitalziffer.[70]

5. Erwerb eigener Geschäftsanteile

35 Auch der Erwerb eigener Geschäftsanteile durch die GmbH **beeinträchtigt die Kapitalerhaltung.** Denn in diesen Fällen ist der Gesellschaft der auf den Nennwert des Geschäftsanteils entfallende **Betrag** der geschuldeten Einlagen **nicht wirklich zugeflossen.** Nach § 33 I GmbHG kann die Gesellschaft deshalb eigene Geschäftsanteile, auf welche die Einlagen noch nicht vollständig geleistet sind, nicht erwerben oder als Pfand nehmen. Geschäftsanteile, auf welche die Einlagen zwar bereits vollständig erbracht sind, deren Erwerb aber nur aus dem bis zum Betrag des Stammkapitals reichenden Vermögen bestritten werden kann, unterliegen ebenfalls nach § 33 II GmbHG einem Erwerbsverbot. § 33 II 2 GmbHG erstreckt diese Regel auf die Inpfandnahme eigener Geschäftsanteile.

36 Ein Verstoß gegen § 33 I GmbHG führt zur **Nichtigkeit des Anteilserwerbs.** Demgegenüber macht ein Verstoß gegen § 33 II 1, 2 GmbHG den Erwerb oder die Inpfandnahme der Geschäftsanteile nicht unwirksam; nach § 33 II 3 GmbHG ist jedoch das schuldrechtliche Geschäft über einen verbotswidrigen Erwerb oder eine verbotswidrige Inpfandnahme nichtig. Deshalb besteht ein Bereicherungsanspruch der Gesellschaft auf Rückzahlung der aufgewendeten Gelder nach § 812 BGB. Da

---

[68] So noch *BGH* NJW 1988, 139 – „Elektroplan II".

[69] *Kort*, ZGR 2001, 615, 629.

[70] BGHZ 150, 61 = NJW 2002, 1803 mit Ls. 1; dazu auch *BGH* NJW 2003, 3629: keine Minderung der Ausfallhaftung um den Anteil des in Anspruch genommenen Gesellschafters am Stammkapital.

§ 33 II 1, 2 GmbHG jedoch bei Eintritt einer Unterbilanz eingreift, ist zugleich auch immer der Tatbestand des § 30 I GmbHG erfüllt. Die hierzu vorgesehene Rechtsfolge des § 31 GmbHG bleibt deshalb daneben voll anwendbar. Daraus ergibt sich namentlich, dass für den Rückgewährschuldner eine Berufung auf § 818 III BGB gegenüber dieser zuletzt genannten Anspruchsgrundlage ausscheidet. Zur Geschäftsführerhaftung aus § 43 III 1 Fall 2 GmbHG unten § 16 Rn. 67.

6. Kreditgewährung an Gesellschaftsvertreter

Kredite an Vertreter der Gesellschaft dürfen nach § 43a GmbHG nur aus dem nicht zur Erhaltung des Stammkapitals erforderlichen Vermögen gewährt werden. Bei Verstoß gegen diese Regelung ist der Kredit sofort zurückzuerstatten. Verboten ist die Kreditvergabe an Geschäftsführer, Abwickler, Prokuristen und Generalhandlungsbevollmächtigte. Die Vorschrift beruht auf der **Erfahrungstatsache**, dass **Kredite** an derartige Gesellschaftsvertreter häufig **nur eingeschränkt werthaltig** sind. Der Begriff der Kreditgewährung wird wie in §§ 89, 115 AktG weit gefasst. Eingeschlossen sind u. a.: Waren-, Geld- und Kontokorrentkredite, Ankauf nicht fälliger Geldforderungen durch die Gesellschaft, das Nichtgeltendmachen („Stehenlassen") fälliger und strittiger Forderungen, eine Stundung, Vorschüsse auf Bezüge und die Gestattung von Entnahmen, die über die Bezüge hinausgehen.[71] Die Aufzählung der Kreditnehmer in § 43a GmbHG ist abschließend, weshalb eine ausdehnende Anwendung auf Arthandlungsbevollmächtigte, sonstige leitende Angestellte, Aufsichtsratsmitglieder und Gesellschafter nicht in Betracht kommt.[72] 37

7. Gesellschafterhaftung bei schädigenden Eingriffen

Vgl. zunächst § 14 Rn. 90–94a. Jenseits der Fälle der §§ 30, 31 GmbHG ist in der Rspr. eine nicht summenmäßig beschränkte Schadensersatzhaftung der Gesellschafter anerkannt, wenn diese das für die Erhaltung des Stammkapitals erforderliche Vermögen rechtswidrig und schuldhaft aushöhlen. Diese Haftung ist allerdings auf existenzgefährdende Eingriffe beschränkt.[73] Grundsätzlich gilt danach, dass die Gesellschafter ohne weiteres der GmbH durch einvernehmliches Handeln Vermögen entziehen dürfen, soweit dies nicht zur Deckung des Stammkapitals benötigt wird. Ein derartiges Verhalten fällt weder unter § 30 I GmbHG noch ist hier eine Gesellschafterhaftung wegen Treuepflichtverletzung oder nach §§ 823 II BGB, 266 StGB gegeben. Über §§ 30, 31 GmbHG hinaus – d. h. in den Fällen der Wahrung der Stammkapitalziffer – beinhaltet der Schutz der GmbH gegen Eingriffe ihres Alleingesellschafters allerdings den Bestandsschutz der Gesellschaft. Der Alleingesellschafter hat bei Eingriffen in das Gesellschaftsvermögen und in die Geschäftschancen der Gesellschaft angemessene **Rücksicht auf die** 38

[71] Überblick bei *Lutter/Hommelhoff*, § 43a GmbHG Rn. 6.
[72] So die h. M.; vgl. nur Ulmer/Habersack/Winter/*Paefgen*, § 43a Rn. 6 ff.
[73] Vgl. zum Folgenden BGHZ 142, 92, 95 f. = NJW 1999, 2817; BGHZ 150, 61, 67 f. = NJW 2002, 1803; BGHZ 173, 246 = NJW 2007, 2689 – TRIHOTEL.

Belange der Gesellschaft zu nehmen. Daran fehlt es, wenn die GmbH in Folge der Eingriffe ihres Alleingesellschafters zahlungsunfähig wird und sich dieser Zustand nicht schon durch Rückführung entzogenen Stammkapitals nach § 31 GmbHG wieder herstellen lässt.[74] Diese Grundsätze gelten auch für die durch ihr Einverständnis mit dem Vermögensabzug an der Existenzvernichtung der Gesellschaft mitwirkenden Gesellschafter.[75] Die dogmatische Grundlage der Haftung sieht der BGH seit dem **„TRIHOTEL"-Urteil** nicht mehr im Missbrauch der GmbH als Rechtsform, sondern in der missbräuchlichen Schädigung des im Gläubigerinteresse zweckgebundenen Gesellschaftsvermögens; die Haftung ist daher nicht gesellschaftsrechtlicher Art, sondern eine besondere Fallgruppe der vorsätzlichen sittenwidrigen Schädigung nach § 826 BGB (oben § 14 Rn. 94).

Beispiel:[76] Alleingesellschafter Allmacht veranlasst die von ihm abhängige GmbH, ihre liquiden Mittel in einen von ihm beherrschten konzerninternen „Liquiditätsverbund" einzubringen. Mangels Zahlungsfähigkeit der den Liquidätsverbund tragenden Konzerngesellschaften konnte die GmbH die in den Liquiditätsverbund eingebrachten, später zur Erfüllung ihrer eigenen Verbindlichkeiten benötigten Mittel nicht mehr abrufen. In einer derartigen Fallgestaltung haftet A gegenüber der GmbH nach der Rspr. auf Zahlung der für die Begleichung der Gesellschaftsverbindlichkeiten erforderlichen Beträge.[77] Nach vorzugswürdiger Auffassung besteht eine echte Durchgriffshaftung gegenüber den Gläubigern der Gesellschaft (oben § 14 Rn. 94 a. E.).

8. Gesellschafterdarlehen

39 Bei der Finanzierung der Gesellschaft entscheiden sich die **Gesellschafter** häufig gegen den klassischen Weg der Erhöhung des Stammkapitals mit anschließender Übernahme der neuen Geschäftsanteile (§§ 54 ff. GmbHG). Stattdessen nehmen sie die Rolle eines **Fremdkapitalgebers** ein und gewähren der **Gesellschaft ein zivilrechtliches Darlehen** nach §§ 488 ff. BGB oder erbringen wirtschaftlich vergleichbare Leistungen an die Gesellschaft (Bürgschaft, Gebrauchsüberlassung). Neben der Erwartung, dieses Darlehen auch im Falle einer Krise der Gesellschaft noch rechtzeitig zurückgezahlt zu bekommen, steht dahinter oft auch die steuerliche Überlegung, im negativen Risikofall das verlorene Finanzierungsvolumen wenigstens einkommensmindernd geltend machen zu können. Beides scheidet bei einer Eigenkapitalfinanzierung häufig aus (vgl. zur Rückerstattung § 72 Satz 1 GmbHG bzw. § 199 Satz 2 InsO; zum Steuerrecht § 8b III KStG).

40 Mit dem **MoMiG**[78] hat sich der Gesetzgeber zu einer radikalen **Vereinfachung des Rechts der Gesellschafterdarlehen** entschlossen,[79] die auf folgenden Eckpunk-

---

[74] BGHZ 149, 10, 16 = NJW 2001, 3622.

[75] BGHZ 150, 61, 67 = NJW 2002, 1803.

[76] Nach BGHZ 149, 10 = NJW 2001, 3622 – Bremer Vulkan.

[77] Vgl. BGHZ 149, 10, 16 = NJW 2001, 3622; BGHZ 173, 246 = NJW 2007, 2689 – TRIHOTEL.

[78] Den Anstoß gaben *Habersack/Huber*, BB 2006, 1 ff.; *Habersack*, ZIP 2007, 2145 ff.

[79] BegrRegE, BT-Drs. 16/6140, S. 56 ff.; Beschlussempfehlung und Bericht des Rechtsausschusses vom 24.6.2008, BT-Drs. 16/9737, S. 106 f.; dazu *Kindler*, NJW 2008, 3249, 3253; *Habersack*, in: Goette/Habersack (Hrsg.), Das MoMiG in Wissenschaft und Praxis, 2009, S. 157 ff.; speziell zu den damit verbundenen Risiken für Geschäftsführer *K. Schmidt*, GmbHR 2008, 449, 454 f.

ten beruht: (1) Die §§ 32a, 32b GmbHG wurden aufgehoben und die entsprechenden Regelungen von den gesellschaftsrechtlichen Gesetzen in die InsO und das AnfG[80] verlagert; (2) *Alle* Darlehensrückzahlungsansprüche von Gesellschaftern einer Gesellschaft ohne eine natürliche Person als persönlich haftender Gesellschafter werden als nachrangige Insolvenzforderung eingestuft (§§ 39 I Nr. 5, 44a, 135, 143 InsO);[81] (3) Die „Rechtsprechungsregeln" zum Eigenkapitalersatz[82] wurden abgeschafft (§ 30 I 3 GmbHG). (4) Auch der Tatbestand der „kapitalersetzenden Nutzungsüberlassung"[83] – wurde gestrichen und in § 135 III InsO neu geregelt: Wurde dem Schuldner von einem Gesellschafter ein Gegenstand zum Gebrauch oder zur Ausübung überlassen, so kann der Aussonderungsanspruch des Gesellschafters (§ 47 InsO) danach während der Dauer des Insolvenzverfahrens – höchstens aber für eine Zeit von einem Jahr ab Verfahrenseröffnung – nicht geltend gemacht werden, wenn der Gegenstand für die Fortführung des Schuldner-Unternehmens von erheblicher Bedeutung ist.

Fragen:

1. Welche Rechte und Pflichten hat der GmbH-Gesellschafter? (Rn. 6 ff.)
2. Nennen Sie Beispiele für: a) Vermögensrechte, b) Verwaltungsrechte in der GmbH! (Rn. 10 f.)
3. Was versteht man unter einer Vinkulierungsklausel? (Rn. 17)
4. Trifft folgende Aussage zu: In der GmbH und in der OHG tritt bei Beerbung eines Gesellschafters durch mehrere Miterben Sondererbfolge jedes einzelnen Erben ein? (Rn. 19)
5. Gesellschaftsrechtliche Gestaltungsmöglichkeiten, mit denen unliebsamen Erben eines Gesellschafters der Erwerb der Gesellschafterstellung verwehrt werden kann? (Rn. 20 f.)
6. Trifft folgende Aussage zu: Aus § 140 HGB folgt im Gegenschluss für die GmbH, dass dort ein Gesellschafterausschluss auch dann nicht möglich ist, wenn in der Person des Gesellschafters ein wichtiger Grund gegeben ist, der eine Fortsetzung der Gesellschaft unter seiner Beteiligung als untragbar erscheinen lässt? (Rn. 23 f.)
7. Nach welcher Vorschrift und aus welcher gesetzgeberischen Überlegung heraus ist der GmbH der Erwerb eigener Geschäftsanteile untersagt, wenn hierauf die Einlagen noch nicht vollständig geleistet sind? (Rn. 35)
8. Erläutern Sie die Grundzüge des Rechts der Gesellschafterdarlehen! (Rn. 39)

---

80 §§ 6, 6a AnfG.

81 Wichtig *BGH* NZG 2012, 194 Ls. 3 = KTS 2012, 224 m. Anm. *Kindler*; danach ist der Darlehensrückzahlungsanspruch eines ausgeschiedenen Gesellschafters im Insolvenzverfahren allenfalls dann als nachrangig zu behandeln, wenn er im letzten Jahr vor dem Eröffnungsantrag oder nach diesem Antrag ausgeschieden ist.

82 Danach galt analog § 30 I GmbHG ein Rückzahlungsverbot für Gesellschafterdarlehen mit eigenkapitalersatzfunktion i. S. d. §§ 32a, 32b GmbHG a. F.; grdl. BGHZ 31, 258, 273 = NJW 1960, 285; nachfolgend etwa BGHZ 90, 370, 376 = NJW 1984, 1891; BGHZ 95, 188, 191 f. = NJW 1985, 2947; *BGH*, NJW 1985, 2719; näher *Windbichler*, GesR, 21. Aufl., 2008, § 24 Rn. 23.

83 BGHZ 127, 17 = NJW 1994, 2760; dazu *Heinze*, ZIP 2008, 110 ff.

§ 16. Vertretung und Geschäftsführung

I. Grundlagen

1. Organstruktur nach dem GmbHG

1 Das GmbHG sieht nur **zwei notwendige Organe** der Gesellschaft vor: die **Gesellschafterversammlung** als Organ der Willensbildung (§§ 45 ff. GmbHG) und die **Geschäftsführer** als Organ der Willensausführung (§§ 6, 35 ff. GmbHG). § 37 I GmbHG macht deutlich, dass die Geschäftsführer gegenüber der Gesellschafterversammlung – genauer: gegenüber der Gesamtheit der Gesellschafter – weisungsunterworfen sind.[1] Unterstrichen wird die Stellung der Gesellschafterversammlung als oberstes Gesellschaftsorgan durch ihre gesetzlich bestimmte Zuständigkeit für Bestellung und Abberufung von Geschäftsführern, Entlastung derselben, sowie zu Maßnahmen der Prüfung und Überwachung der Geschäftsführung (§ 46 Nr. 5, 6 GmbHG). In diesem hierarchischen Verhältnis zwischen Geschäftsführung und Gesellschafterversammlung liegt zugleich ein kennzeichnender Unterschied zur AG. Dort erledigt der Vorstand die Geschäftsführung selbständig (§ 76 I AktG), weisungsunterworfen ist er nur bei Abschluss eines Beherrschungsvertrages (§ 308 AktG).

2 Als **drittes – fakultatives – Organ** kann durch Gesellschaftsvertrag ein **Aufsichtsrat** bestellt werden (§ 52 GmbHG).[2] Aus der Satzungsautonomie (§ 45 GmbHG) folgt ferner, dass die Gesellschafter auch andere fakultative Organe einrichten können, wie z. B. einen Beirat, einen Gesellschafterausschuss oder einen Familienrat. Soweit es nicht um die den notwendigen Organen (soeben Rn. 1) zwingend gesetzlich zugewiesenen Aufgaben geht, kann der Aufgabenkreis der fakultativen Organe frei bestimmt werden.

2. Einfluss der Mitbestimmungsgesetze

3 Eine **Arbeitnehmermitbestimmung**, d. h. die Teilnahme der Arbeitnehmer an den unternehmerischen Entscheidungen, findet **auf zwei Ebenen** statt. Schauplatz der **betrieblichen Mitbestimmung** nach dem BetrVG 1972 ist der Betriebsrat. Aufgabe des Betriebsrates ist es in erster Linie, den Schutz der Arbeitnehmer im Unternehmen sicherzustellen, vgl. den Aufgabenkatalog in § 80 I BetrVG 1972. Die betriebliche Mitbestimmung hat auf die Organstruktur der GmbH keinen Einfluss.

---

[1] *BGH* NJW 2010, 64 = NZG 2009, 1385 = EWiR 2010, 151 m. Kurzkomm. *Schodder*.

[2] Zu dessen Vertretungsmacht in Sonderfällen nach § 112 AktG s. *BGH* NZG 2004, 327; NZG 2007, 31; *OLG München* NZG 2003, 634.

Anders ist dies im Hinblick auf die **unternehmerische Mitbestimmung** nach dem MitbestG 1976[3], dem DrittelbG[4] und dem MontanmitbestG[5]. Diese Gesetze **zwingen** bei Erreichen bestimmter Größenmerkmale **zur Bildung eines Aufsichtsrats,** in dem auch die Arbeitnehmer vertreten sind. 4

Das **MontanmitbestG** erfasst Unternehmen des Bergbaus und der Eisen und Stahl erzeugenden Industrie („Montanindustrie"), wenn sie als AG oder GmbH organisiert sind und in der Regel mehr als 1000 Arbeitnehmer beschäftigen (§ 1 II MontanmitbestG).[6] Der Aufsichtsrat wird von Arbeitnehmervertretern und Vertretern der Anteilseigner paritätisch besetzt (§ 4 MontanmitbestG). Hinzu tritt ein weiteres Aufsichtsratsmitglied, das von beiden Gruppen gemeinsam bestellt wird (§ 8 MontanmitbestG) – **„echte paritätische Mitbestimmung"**. 5

Außerhalb der Montanindustrie gilt für AGen/Gesellschaften mbH mit mehr als 2000 Arbeitnehmern das **MitbestG 1976**, bei Gesellschaften mit bis zu 2000 Arbeitnehmern das **DrittelbG**. Nach dem **MitbestG 1976** findet im Aufsichtsrat der Gesellschaft eine **„unechte paritätische Mitbestimmung"** statt: Zwar stellt jede Seite gleich viele Aufsichtsratsmitglieder, doch besteht aufgrund des Stichentscheids des Aufsichtsratsvorsitzenden (§ 29 II MitbestG) ein Übergewicht der Anteilseignerseite. Die Satzung der Gesellschaft kann – aus Gründen des Vertraulichkeitsschutzes – nicht bestimmen, dass der Aufsichtsrat neben zwanzig stimmberechtigten Aufsichtsratsmitgliedern aus weiteren Mitgliedern mit beratender Funktion besteht.[7] Wegen § 27 I 2 MitbestG 1976 wird die Person des Aufsichtsratsvorsitzenden durch die Anteilseigner bestimmt. U. a. diesem Übergewicht der Anteilseigner verdankt das MitbestG 1976 seine Verfassungskonformität im Hinblick auf Art. 14 GG.[8] Nach dem **DrittelbG** besteht der Aufsichtsrat zu einem Drittel aus Arbeitnehmervertretern (§ 4 I DrittelbG). Keine Pflicht zur Bildung eines Aufsichtsrats besteht für Gesellschaften mbH mit bis zu 500 Arbeitnehmern (vgl. § 1 I Nr. 3 DrittelbG).[9] 6

---

[3] G.v. 4.5.1976, BGBl. I S. 1153.

[4] G.v. 18.5.2004, BGBl. I S. 974; dazu *Seibt*, NZA 2004, 767 ff.

[5] G.v. 21.5.1951, BGBl. I S. 347.

[6] Das Montan-MitbestErgG von 1956 zu Montankonzernen ist seit der Mannesmann-Entscheidung des BVerfG vom 2.3.1999 (NJW 1999, 1535 = JuS 2000, 81 mit Anm. *Sachs*) gegenstandslos; *Raiser/Veil*, § 13 Rn. 21.

[7] Dazu *BGH* NZG 2012, 347 = EWiR 2012, 219 m. Kurzkomm. *E. Vetter*.

[8] BVerfGE 50, 290 = NJW 1979, 699 = JuS 1979, 897 m. Anm. *Weber*.

[9] Vertiefend zur betrieblichen und zur unternehmerischen Mitbestimmung *Junker*, Grundkurs Arbeitsrecht, 8. Aufl., 2009, Rn. 640 ff., 800 ff.

6a **Übersicht 16/1:**

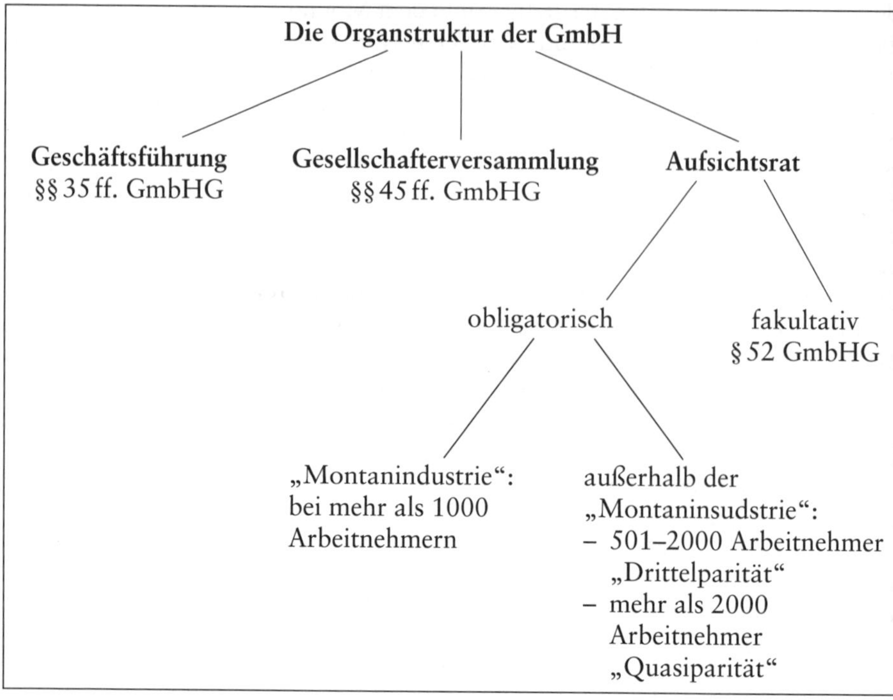

II. Gesellschafterversammlung

1. Aufgaben

7 Nach dem Prinzip der **Satzungsautonomie** (§ 45 GmbHG) entscheiden die Gesellschafter über alle Angelegenheiten, die ihnen der Gesellschaftsvertrag zuweist. Eine **zwingende Zuständigkeit** der Gesellschafterversammlung besteht für Satzungsänderungen und andere **Grundlagenentscheidungen.**[10] Im Übrigen ergibt sich der Aufgabenkreis der Gesellschafterversammlung aus § 46 GmbHG. Wichtig sind dabei zunächst die schon oben Rn. 1 erwähnten Kompetenzen gegenüber der Geschäftsführung (§ 46 Nr. 5, 6 GmbHG), sowie die Befugnis zur Entscheidung über die Geltendmachung von Ersatzansprüchen gegen die Geschäftsführer, § 46 Nr. 8 GmbHG. Aus dieser Vorschrift ergibt sich auch eine Beschlusskompetenz der Gesellschafterversammlung für die Geltendmachung von Ersatzansprüchen gegen die Gesellschafter.

8 Die Gesellschafterversammlung entscheidet ferner über Finanzfragen wie die Feststellung des Jahresabschlusses und die Verwendung des Ergebnisses (§ 46 Nr. 1 GmbHG), sowie die Einforderung von Einlagen (§ 46 Nr. 2 GmbHG) und

[10] Zu weiteren Gestaltungsgrenzen vgl. *Lutter/Hommelhoff*, § 45 Rn. 6.

die Rückzahlung von Nachschüssen (§ 46 Nr. 3 GmbHG). Die Zuständigkeit nach § 46 Nr. 4 GmbHG betrifft die mitgliedschaftliche Stellung des Gesellschafters; danach bestimmt die Gesellschafterversammlung über die Teilung sowie die Einziehung von Geschäftsanteilen. Fragen der Geschäftsführung und der Vertretung fallen nach § 46 Nr. 5–8 GmbHG weitgehend in die Zuständigkeit der Gesellschafterversammlung.

Außerhalb des Katalogs des § 46 GmbHG verdient die Zuständigkeit zur **Änderung des Gesellschaftsvertrages** – unter Einschluss von Kapitalerhöhung und -herabsetzung – Erwähnung (§§ 53 ff. GmbHG).[11] Die Gesellschafterversammlung entscheidet ferner über die Auflösung der GmbH sowie die Bestellung und Abberufung der Liquidatoren (§ 60 I Nr. 2, 66 I GmbHG). In die Zuständigkeit der Gesellschafterversammlung fallen auch satzungs*auslegende* Beschlüsse, mit denen über die fragliche Satzungskonformität bestimmter Maßnahmen – z. B. einer Geschäftsanteilsveräußerung – entschieden werden soll.[12] 9

Die Gesellschafterversammlung befindet schließlich über die **Entlastung der Geschäftsführer**. Durch die Entlastung bringen die Gesellschafter zum Ausdruck, dass die Geschäftsführung in einem bestimmten Zeitraum zu keinen Beanstandungen Anlass gab. In der Entlastung liegt zugleich ein Verzicht auf Ersatzansprüche gegen die Geschäftsführer.[13] Die Entlastung erfolgt durch Gesellschafterbeschluss, bei dem der betroffene Geschäftsführer nach § 47 IV GmbHG von der Abstimmung ausgeschlossen ist.[14] 10

2. Einberufung

Die Gesellschafterversammlung wird **von den Geschäftsführern einberufen** (§ 49 I GmbHG). In der mitbestimmten GmbH (oben Rn. 3 ff.) steht das Einberufungsrecht auch dem Aufsichtsrat zu, § 25 I Nr. 2 MitbestG 1976 i. V. m. § 111 III AktG. Ein wichtiges Instrument des Minderheitenschutzes ergibt sich aus § 50 I GmbHG: Weigern sich die Geschäftsführer, die Gesellschafterversammlung einzuberufen, so können Gesellschafter, die zusammen wenigstens zehn v. H. des Stammkapitals (oben § 14 Rn. 18) halten, die Einberufung der Gesellschafterversammlung unter Angabe des Zwecks und der Gründe von den Geschäftsführern verlangen und notfalls – § 50 III GmbHG – die Versammlung selbst einberufen. 11

Eine **Pflicht zur Einberufung** trifft die Geschäftsführer immer dann, wenn eine Entscheidung ansteht, die in die Zuständigkeit der Gesellschafterversammlung (oben Rn. 7 ff.) fällt. Dies ergibt sich aus § 49 II GmbHG.[15] Nach § 49 III GmbHG ist die Gesellschafterversammlung ferner dann einzuberufen, wenn die Hälfte des 12

[11] Vertiefte Kenntnisse hierzu sind nicht Teil des Pflichtfachwissens im GmbH-Recht.

[12] *BGH* NJW-RR 2003, 826, 828.

[13] BGHZ 94, 324, 327 = NJW 1986, 129; zur Geschäftsführerhaftung u. Rn. 52 ff.

[14] BGHZ 108, 21 = NJW 1989, 2694; vgl. aber auch BGHZ 105, 324, 333 = NJW 1989, 295; NJW 1992, 2229 (beide zum Entlastungsbeschluss in der Einmann Gesellschaft: § 47 IV GmbHG soll dort nicht anwendbar sein, da ein Interessengegensatz zwischen jedem einzelnen Gesellschafter und der Gesamtheit der Gesellschafter ausscheidet).

[15] *Raiser/Veil*, § 33 Rn. 16.

Stammkapitals verloren ist.[16] Nach der Generalklausel des § 49 II GmbHG ist die Gesellschafterversammlung einzuberufen, wenn dies im Interesse der Gesellschaft erforderlich ist, z. B. bei außergewöhnlichen Geschäftsvorfällen und Struktur ändernden Maßnahmen, ferner bei umstrittenen Geschäften, bei denen die Zustimmung der Gesellschafter zweifelhaft ist.[17]

13 Die Einberufung erfolgt nach § 51 I GmbHG – mangels abweichender Satzungsbestimmung (§ 45 II GmbHG) – durch eingeschriebenen Brief, und zwar mindestens eine Woche vor dem Versammlungstermin und an alle Gesellschafter, auch die nicht stimmberechtigten. Der Einladung ist ferner die Tagesordnung zur Gesellschafterversammlung beizufügen (vgl. § 51 IV GmbHG). Einberufungsmängel und Mängel in der Ankündigung der Tagesordnung werden geheilt, wenn sämtliche Gesellschafter anwesend bzw. wirksam vertreten sind („Vollversammlung") und alle ausdrücklich oder durch ihre Mitwirkung in der Gesellschafterversammlung einen Rügeverzicht erklären.[18]

14 Der Abhaltung einer Gesellschafterversammlung bedarf es nach § 48 II GmbHG nicht, wenn sämtliche Gesellschafter dem Beschluss in Textform (§ 126b BGB) zustimmen oder sich mit der schriftlichen Stimmabgabe einverstanden erklären. Dieses Abstimmungsverfahren vermeidet den mit einer körperlichen Gesellschafterversammlung verbundenen Aufwand an Zeit und Kosten.

15 In der **Einpersonengesellschaft** ist die Entscheidung des Alleingesellschafters bereits ein „Beschluss" i. S. des § 48 I GmbHG.[19] Aus Rechtssicherheitsgründen bestimmt § 48 III GmbHG, dass der Beschluss in eine **Niederschrift** aufzunehmen und zu unterschreiben ist. Die Protokollierung ist allerdings keine Wirksamkeitsvoraussetzung für den Beschluss;[20] der Gesellschafter soll nur nicht die Möglichkeit haben, sich einer Selbstbindung unter Berufung auf unterlassene Protokollierung nachträglich noch zu entziehen. Die Vorschrift beruht auf Art. 4 II der EU-Einpersonengesellschaftsrichtlinie (vgl. oben § 14 Rn. 99 ff.).

3. Stimmabgabe und Stimmrecht

16 Die **Abstimmung** erfolgt **nach Geschäftsanteilen** (zum Begriff oben § 14 Rn. 22); je ein Euro eines Geschäftsanteils gewährt nach § 47 II GmbHG eine Stimme. Hauptstreitpunkt im Zusammenhang mit Abstimmungen ist die Frage, ob ein Gesellschafter im Hinblick auf den konkreten Beschlussgegenstand einem **Stimmverbot** unterliegt. § 47 IV GmbHG nennt vier Fälle, in denen der Gesellschafter wegen einer Interessenkollision vom Stimmrecht ausgeschlossen ist (Entlastung, Befreiung von einer Verbindlichkeit, Vornahme eines Rechtsgeschäfts, Einleitung oder Erledigung eines Rechtsstreits).[21] Die gesetzlich geregelten Fälle der Interessenkollision beruhen auf zwei sich überschneidenden Rechtsgedanken:[22] Zum

[16] Vgl. auch die strafrechtlich sanktionierte Verlustanzeigepflicht nach § 84 I Nr. 1 GmbHG.
[17] *BGH* NJW 1984, 1461.
[18] *BGH* NJW 1998, 1317; zur fehlerhaften Ladung siehe *BGH* NZG 2006, 349.
[19] *BGH* NJW 2010, 64 = NZG 2009, 1385 = EWiR 2010, 151 m. Kurzkomm. *Schodder*.
[20] *BGH* NJW 1995, 1750, 1752; *OLG Hamm* NJW-RR 2006, 1189, 1190.
[21] Parallelregelungen in §§ 34 BGB, 136 I AktG.
[22] *Raiser/Veil*, § 33 Rn. 53.

einen geht es um Fälle, in denen der Gesellschafter von einer Maßnahme betroffen ist („niemand kann Richter in eigener Sache sein"), zum anderen um das doppelt beteiligt sein, das ja auch im allgemeinen bürgerlichen Recht (§ 181 BGB – Verbot des Insichgeschäfts) Begrenzungen der Handlungsfreiheit nach sich zieht. In der Einmann-GmbH gibt es kein Stimmverbot, weil § 47 IV GmbHG den Schutz der Gesellschaftergesamtheit vor dem nach Sondervorteilen strebenden Einzelgesellschafter bezweckt. Dieser Gedanke entfällt in der Einmann-GmbH.[23]

Beispiel: In der Gesellschafterversammlung der Rundstück-GmbH soll der Geschäftsführer angewiesen werden, von dem Gesellschafter R einen Backofen zu erwerben. Von einer Mitwirkung an diesem Beschluss ist R nach § 47 IV 2 Fall 1 GmbHG ausgeschlossen, weil der beabsichtigte Erwerb die Vornahme eines Rechtsgeschäfts zwischen R und der Gesellschaft erfordert.- Zur weiteren Vertiefung: *BGH* NZG 2009, 1307.

Nach § 47 I GmbHG werden die Beschlüsse der Gesellschafter mit der **Mehrheit der abgegebenen Stimmen** (einfache Mehrheit) gefasst. Für bestimmte – besonders einschneidende – Beschlüsse verlangt das Gesetz eine höhere Mehrheit (qualifizierte Mehrheit), z. B. bei Satzungsänderungen einschließlich der Kapitalmaßnahmen (§ 53 II GmbHG) oder beim Auflösungsbeschluss (§ 60 I Nr. 2 GmbHG). In einigen Fällen ist ferner die Zustimmung des betroffenen Gesellschafters erforderlich, so bei einer Vermehrung der den Gesellschaftern obliegenden Leistungen (§ 53 III GmbHG) oder bei Begründung eines Einziehungsrechts nach § 34 GmbHG.[24] 17

4. Fehlerhafte Gesellschafterbeschlüsse

a) Überblick

Man unterscheidet **nichtige und** bloß **anfechtbare Gesellschafterbeschlüsse.** In Ermangelung einer Regelung im GmbHG sind hier die §§ 241 ff. AktG entsprechend anzuwenden, soweit nicht die Besonderheiten der GmbH als personalistisch strukturierte Kapitalgesellschaft eine Abweichung erfordern.[25] 18

Nur bestimmte, besonders **schwerwiegende Mängel** führen zur **Nichtigkeit** des Beschlusses mit der Folge, dass diese von jedermann und in jeder Weise geltend gemacht werden kann. Die Eintragung derartiger Beschlüsse in das Handelsregister scheidet aus und ist ggf. zu löschen (§§ 395, 398 FamFG); erfolgt sie dennoch, so ist eine Heilung unter bestimmten Voraussetzungen möglich.[26] In diese Fallgruppe gehören etwa Einberufungsmängel (Verstöße gegen § 49 GmbHG; Unterlassen der Ladung eines Gesellschafters;[27] Ladung auf unrichtige Art und Weise 19

---

[23] BGHZ 105, 324, 333 = NJW 1989, 295 – „Supermarkt"-Beschluss; *Altmeppen*, NJW 2009, 3757 ff.

[24] BGHZ 9, 157, 160 = NJW 1953, 780 ; *BGH* NJW 1977, 2316; vgl. zu einem Sonderfall BGHZ 116, 359, 372 = NJW 1992, 892.

[25] St. Rspr. z. B. *BGH* NJW 1999, 2115; krit. zur Behandlung fehlerhafter GmbH-Gesellschafterbeschlüsse nach Aktienrecht teilweise das Schrifttum, vgl. nur Baumbach/ Hueck/*Zöllner*, § 47 Anh. Rn. 3 ff.

[26] Näher BGHZ 80, 212, 216 f. = NJW 1981, 2125 in Anlehnung an § 242 AktG.

[27] Extrembeispiel: *BGH* NZG 2006, 349 = NJW-RR 2006, 831 (Ladung per E-Mail in den Abendstunden des Vortags auf den frühen Vormittag des nächsten Tages als faktische Nichtladung).

oder an einen falschen Ort usw.), ferner Beurkundungsmängel sowie Verstöße gegen gläubigerschützende Vorschriften (vgl. den Katalog der Nichtigkeitsgründe in § 241 AktG).

20 In allen anderen Fällen ist der **fehlerhafte Beschluss zunächst wirksam.** Es besteht aber die Möglichkeit der Anfechtungsklage; mit Rechtskraft eines daraufhin ergehenden Gestaltungsurteils wird der Beschluss unwirksam. Bei einem Klage abweisenden Urteil bleibt der Beschluss unverändert wirksam. Zur Beschlussanfechtung bei Verstößen gegen schuldrechtliche – „omnilaterale" – Gesellschaftervereinbarungen oben § 14 Rn. 11.

b) Anfechtungsbefugnis

21 Einschränkungen erfährt die Analogie zum Aktienrecht im Hinblick auf die Anfechtungsbefugnis. Da Gesellschafterbeschlüsse in der GmbH nicht protokollierungspflichtig sind[28] und ein Widerspruch zu Protokoll, wie ihn § 245 Nr. 1 AktG verlangt, folglich nicht verlangt werden kann, ist jeder GmbH-Gesellschafter anfechtungsbefugt. Die Anfechtungsbefugnis entfällt nur dann, wenn der Gesellschafter in Kenntnis des Mangels dem Beschluss zugestimmt oder nachträglich auf die Anfechtung verzichtet hat.[29] Ferner sind GmbH-Geschäftsführer – anders als AG-Vorstände – nicht anfechtungsbefugt; es fehlt ihnen die von § 245 Nr. 4 AktG vorausgesetzte Eigenverantwortung bei der Leitung des Unternehmens (§ 76 AktG).[30] Vgl. zur Weisungsunterworfenheit des GmbH-Geschäftsführers oben Rn. 1 sowie unten Rn. 54, 63.

c) Anfechtungsfrist

22 Eine deutliche Anlehnung an das Leitbild des Aktienrechts ergibt sich hingegen wieder bei der Anfechtungsfrist. Die Monatsfrist des § 246 AktG hatte die früher h. M. als zu kurz angesehen.[31] Danach war die Anfechtungsklage innerhalb einer nach den Umständen des Einzelfalles zu bemessenden angemessenen Frist zu erheben; diese war jedenfalls nicht kürzer als ein Monat ab Beschlussfassung, aber grundsätzlich auch nicht wesentlich länger. Bei Überschreitung der Monatsfrist hatte der Anfechtende mit aller ihm zumutbaren Beschleunigung vorzugehen.[32] Im Interesse der **Rechtssicherheit** betont die neuere Rspr. demgegenüber mit Recht den **Modellcharakter von** § 246 AktG auch für das Recht der GmbH. Daher muss der GmbH-Gesellschafter die **Beschlussanfechtungsklage innerhalb der Monatsfrist** erheben; nur eng begrenzte Ausnahmen sind zulässig.[33]

---

[28] Ausnahme: § 48 III GmbH (o. Rn. 15), wo aber eine Anfechtungsklage der Sache nach ausscheidet.

[29] *Raiser/Veil,* § 33 Rn. 76.

[30] BGHZ 76, 154, 159 = NJW 1980, 1527.

[31] BGHZ 101, 113, 117 = NJW 1987, 2514; BGHZ 111, 224 = NJW 1990, 2625; *BGH* NJW 1993, 129; *Raiser/Veil,* § 33 Rn. 77.

[32] *Roth*/Altmeppen, § 47 Rn. 144.

[33] *BGH* NZG 2005, 551, 553 mit Ls. 3; NZG 2009, 1110; *KG* BB 2010, 1562 Ls. 3.

d) Beschlussfeststellungsklage

23 Hat eine förmliche Beschlussfeststellung stattgefunden,[34] so können dort enthaltene Fehler (z. B. die Nichtzählung wirksamer oder die Mitzählung unwirksamer Stimmen) mit der Anfechtungsklage geltend gemacht werden.[35] Will der Anfechtungskläger eine **Umkehrung des festgestellten Beschlussergebnisses** herbeiführen – da seiner Auffassung nach ungerechtfertigt ein den Beschlussantrag ablehnender Beschluss festgestellt wurde –, so hat er die Anfechtungsklage mit einer **positiven Beschlussfeststellungsklage** zu verbinden. Ist dagegen eine Beschlussfeststellung unterblieben und das Beschlussergebnis unter den Beteiligten streitig, so kann nach § 256 ZPO ohne Bindung an eine Anfechtungsfrist auf Feststellung geklagt werden, dass der beantragte Beschluss gefasst wurde[36] oder einredeweise geltend gemacht werden, dass er nicht rechtsgültig gefasst wurde.[37]

III. Die Geschäftsführer

1. Grundlagen

a) Aufgaben

24 Die Geschäftsführer sind das Geschäftsführungs- und Vertretungsorgan der GmbH. Zur **Geschäftsführung** sind sie allerdings nur insoweit berufen, als ihnen der Gesellschaftsvertrag und die Gesellschafterbeschlüsse die Befugnis dazu gewähren. Denn **oberstes Willensbildungsorgan** der GmbH ist die **Gesamtheit der Gesellschafter** (oben Rn. 7 ff.); gegenüber diesem Organ sind die Geschäftsführer **weisungsunterworfen**. Die Weisungsunterworfenheit folgt aus § 37 I GmbHG. Danach sind die Geschäftsführer gegenüber der Gesellschaft verpflichtet, die Beschränkungen einzuhalten, welche für den Umfang ihrer „Befugnis, die Gesellschaft zu vertreten", durch den Gesellschaftsvertrag oder die Beschlüsse der Gesellschafter festgesetzt sind. Diese Vorschrift behandelt – entgegen ihrem Wortlaut – nicht die Vertretungsbefugnis, sondern die Geschäftsführungsbefugnis.[38] Eine eigenverantwortliche Leitungsmacht steht den GmbH-Geschäftsführern – im Gegensatz zum AG-Vorstand (§ 76 AktG) – nur insoweit zu, als ihnen das Gesetz eigene Pflichten auferlegt (vgl. z. B. §§ 30 I, 33, 41, 42, 49 III, 64, 78, 84 GmbHG; § 15a InsO; § 34 AO).

25 Die **Vertretungsbefugnis** der Geschäftsführer ergibt sich aus §§ 35, 37 II GmbHG. Nur ausnahmsweise wird die Gesellschaft nicht durch die Geschäftsführer, sondern durch ein anderes Gesellschaftsorgan vertreten.

---

[34] Vgl. im Aktienrecht § 130 II AktG.
[35] BGHZ 104, 66, 71 = NJW 1988, 1844.
[36] BGHZ 76, 154, 156 = NJW 1980, 1527; *BGH* NJW 1996, 259; NZG 2009, 1307.
[37] Zum Ganzen *Roth*/Altmeppen, § 47 Rn. 131 ff.
[38] *BGH* NJW 2001, 3183, 3184; zur insoweit bestehenden Weisungsunterworfenheit der Geschäftsführer *BGH* NJW 2010, 64 = EWiR 2010, 151 m. Kurzkomm. *Schodder*.

Beispiel: Zur Bestellung der Geschäftsführer (§ 46 Nr. 5 GmbHG) und folglich auch zu ihrer Anstellung i. S. der §§ 611 ff. BGB (zur Unterscheidung unten Rn. 42, 46 ff.) sind die Gesellschafter berufen.[39] Wegen des engen Sachzusammenhangs vertreten die Gesellschafter die Gesellschaft bei Abschluss des Anstellungsvertrages mit den Geschäftsführern (Annexkompetenz).[40]

26 Anerkannt ist ferner, dass ein **Gesellschafterbeschluss**, der die Grundlage für ein Rechtsgeschäft der Gesellschaft bildet, mit seinem Zustandekommen regelmäßig zugleich **mit Außenwirkung „umgesetzt" wird**, sofern sowohl der **Geschäftsführer** der GmbH als auch der außenstehende **Dritte** als Empfänger der Erklärung oder Handlung bei der Beschlussfassung **anwesend** sind. Einer gesonderten Erklärung des Geschäftsführers im Namen der GmbH bedarf es in diesen Fällen nicht.[41]

b) Anzahl; persönliche Voraussetzungen

27 Aus § 6 I GmbHG folgt, dass die Gesellschaft mindestens einen Geschäftsführer haben muss; in der mitbestimmten GmbH (oben Rn. 3 ff.) sind mindestens zwei Geschäftsführer zu bestellen, weil die Mitbestimmungsgesetze (§ 13 MontanmitbestG, § 33 MitbestG 1976) verlangen, dass der Arbeitsdirektor ein gleichberechtigtes Mitglied des Vertretungsorgans ist.

28 Geschäftsführer kann nur eine **natürliche, unbeschränkt geschäftsfähige Person** sein (§ 6 II 1 GmbHG). Wird ein bestellter Geschäftsführer geschäftsunfähig, so endet das Amt.[42] Ausgeschlossen von der Geschäftsführung sind ferner Personen, die einer Betreuung oder einem Berufsverbot unterliegen.[43] Der erweiterte Katalog der **strafrechtlichen Ausschlussgründe** des §§ 6 II 2 GmbHG umfasst seit 2008 auch Verurteilungen wegen Insolvenzverschleppung, wegen falscher Angaben bei Gründung oder Kapitalmaßnahmen, wegen unrichtiger Darstellung in der Rechnungslegung (§ 331 HGB) sowie u. a. wegen Betruges, Kreditbetrugs, Untreue oder Vorenthalten bzw. Veruntreuen von Arbeitsentgelt.[44] GmbH-*Gesellschafter*, die einer vom Geschäftsführeramt ausgeschlossenen Person die Führung der Geschäfte überlassen, haften der GmbH nach § 6 V GmbHG für den Schaden aus den von dieser Person begangenen Pflichtverletzungen. Die Haftung tritt neben die Haftung des – auch faktischen – Geschäftsführers selbst nach § 43 II GmbHG und setzt ein Verschulden bei der Bestellung, Nicht-Abberufung oder faktischen Überlassung der Geschäftsführung voraus; für geschäftliche Fehlentscheidungen dieser Geschäftsführer haften die Gesellschafter demnach nicht.[45]

---

[39] Vgl. nur *Goette*, DStR 1998, 1137.

[40] Scholz/*U. H. Schneider*, § 35 Rn. 171.

[41] *BGH* NJW 1998, 1492; *BGH* NJW-RR 2003, 1196 (zu einem Schuldanerkenntnis der Gesellschaft, § 781 BGB); zu formalistisch *OLG Frankfurt* DB 2005, 2519, 2520 in einer verwandten Konstellation.

[42] BGHZ 115, 78 = NJW 1991, 2566.

[43] Zum Berufsverbot s. den instruktiven Fall *KG* NZG 2012, 750.

[44] Vgl. zur Verschärfung des Inhabilitätskataloges des § 6 II GmbHG noch im Rechtsausschuss des Bundestages: Beschlussempfehlung und Bericht des Rechtsausschusses vom 24.6.2008, BT-Drs. 16/9737, S. 95 f.; zur Sicherung der Einhaltung dieser Verbote s. §§ 8 III, 9a, 82 I Nr. 5 GmbHG.

[45] BegrRegE vom 23.7.2007, BT-Drs. 16/6140, S. 65, 75; Beschlussempfehlung und Bericht des Rechtsausschusses vom 24.6.2008, BT-Drs. 16/9737, S. 96.

Das Gesetz stellt keine Anforderungen an Staatsangehörigkeit, Wohnsitz oder gewöhnlichen Aufenthalt des Geschäftsführers. Allerdings muss der Geschäftsführer tatsächlich und jederzeit in der Lage sein, seine gesetzlichen Mindestpflichten nach §§ 41, 43 III, 64 GmbHG, 15a InsO zu erfüllen.[46] Für EU-Ausländer bestehen insoweit keine rechtlichen Hindernisse.[47] Personen aus anderen Staaten können an der Amtsausführung gehindert sein, wenn sie keine Aufenthaltserlaubnis besitzen.[48] 29

Anders als im Personengesellschaftsrecht (§§ 709 BGB, 114 HGB, auch i.V.m. § 161 II HGB; hierzu oben § 10 Rn. 55, 71) besteht in der GmbH **kein Zwang zur Selbstorganschaft**; nach § 6 III GmbHG können sowohl Gesellschafter wie auch Dritte zu Geschäftsführern berufen werden. Das Gesetz lässt mithin in der GmbH sowohl die Selbstorganschaft wie die Fremdorganschaft (auch Drittorganschaft) zu. Die Fremdorganschaft ermöglicht eine Verstärkung der Unternehmensleitung durch gesellschaftsfremde, aber fachlich qualifizierte Persönlichkeiten. Dies kann sich z. B. beim Übergang eines Unternehmens von einer Generation auf die nächste als zweckmäßig erweisen, vgl. auch oben § 15 Rn. 19 ff., 22. 30

c) Publizität

Nach § 8 IV Nr. 2 GmbHG ist bei der Anmeldung der Gesellschaft zum Handelsregister anzugeben, welche Vertretungsbefugnis die Geschäftsführer haben. Hieran anknüpfend bestimmt § 10 I GmbHG, dass bei der Eintragung der Gesellschaft in das Handelsregister die Personen der Geschäftsführer und deren Vertretungsbefugnis anzugeben sind. 31

Beispiele zur Eintragung der Vertretungsbefugnis:[49] (1) Die Gesellschaft wird durch ihre Geschäftsführer gemeinschaftlich vertreten. Ist nur ein Geschäftsführer bestellt, vertritt er die Gesellschaft allein. (2) Sind mehrere Geschäftsführer bestellt, so wird die Gesellschaft durch zwei Geschäftsführer gemeinschaftlich oder durch einen Geschäftsführer in Gemeinschaft mit einem Prokuristen vertreten. Hat sie nur einen Geschäftsführer, so vertritt dieser die Gesellschaft allein.

Die soeben in den Beispielen zu Rn. 31 enthaltene Angabe der Vertretungbefugnis auch in dem Fall, dass nur ein einziger vertretungsberechtigter Organwalter bestellt ist, ergibt sich aus den Anforderungen des europäischen Gesellschaftsrechts. Man möchte meinen, dass in diesen Fällen ausschließlich Einzelvertretungsbefugnis vorliegen kann und deshalb eine derartige Handelsregistereintragung überflüssig ist. Indessen versteht der EuGH die hier zugrunde liegende Vorschrift des Art. 2 I Buchst. d Satz 2 der EU-Publizitätsrichtlinie (oben § 9 Rn. 28) weit:[50] Die Vorschrift soll die Rechtssicherheit in den Beziehungen zwischen der Gesellschaft und Dritten im Hinblick auf eine Intensivierung des Ge- 32

---

46 *BGH* NJW 1981, 2126.
47 *EuGH* Slg. 1998, I-2521 = NZG 1998, 809 Rn. 26 ff.
48 *OLG Zweibrücken* NJW-RR 2001, 1689; *OLG Frankfurt* NJW-RR 2001, 1616; *OLG Celle* NJW-RR 2007, 1679; zu liberal *OLG München* NZG 2010, 157 und *OLG Düsseldorf* ZIP 2009, 1074; näher Staub/*Koch*, § 8 Rn. 115; *Ries*, NZG 2010, 298 ff.
49 Nach *Lutter/Hommelhoff*, § 10 Rn. 3.
50 *EuGH* Slg. 1974, 1201 = BB 1974, 1500 – Haaga.

schäftsverkehrs *zwischen den Mitgliedstaaten* gewährleisten. Der Verkehrsschutz erfordere es, unschwer Kenntnis von den wesentlichen Angaben über die Befugnisse der mit der Vertretung der Handelsgesellschaften betrauten Personen erlangen zu können; daher müssten alle einschlägigen Angaben *ausdrücklich* in den nationalen Handelsregistern aufgeführt werden, selbst wenn sie sich ohne weiteres aus den nationalen Rechtsvorschriften ergeben oder offenkundig erscheinen mögen.[51]

2. Vertretungsmacht

a) Geschäftsführer als organschaftliche Vertreter

33 Nach § 35 I 1 GmbHG wird die Gesellschaft durch die Geschäftsführer gerichtlich und außergerichtlich vertreten. Nach der herrschenden Organtheorie werden die **Geschäftsführer als organschaftliche Vertreter** der GmbH tätig; ihr Handeln wird der GmbH als eigenes zugerechnet. Dabei sind die Geschäftsführer nicht gesetzliche Vertreter der GmbH (so die „Vertretertheorie"), sondern haben bloß die Stellung eines solchen. **§ 26 II 1 BGB** enthält insoweit einen allgemeinen Grundsatz des Rechts der Körperschaften.[52] Die organschaftliche Vertretung ist rechtsdogmatisch als eine dritte eigenständige Art der Vertretung – neben der rechtgeschäftlichen und der gesetzlichen Vertretung – anerkannt.[53] Die Organtheorie wird nicht so verstanden, dass man die Ausführung organschaftlicher Vertretungsmacht als ein *Eigenhandeln* des Verbandes ansieht. Wäre dem so, so ließe sich auch die Anwendbarkeit der §§ 164 ff. BGB schlecht begründen; denn diese Vorschriften setzen die Personenverschiedenheit von Vertretenem und Vertreter voraus. Stattdessen ergibt sich die Anwendbarkeit der §§ 164 ff. BGB gerade aus dem Rechtsgedanken des § 26 II 1 BGB, wonach das Organ, wenngleich organschaftlich handelnd, die Stellung eines gesetzlichen Vertreters hat.[54] Zur Generalhandlungsvollmacht in der GmbH oben § 6 Rn. 8.

b) Umfang

34 Aus Gründen des Verkehrs- und Vertrauensschutzes ist die **Vertretungsmacht** der Geschäftsführer im Außenverhältnis **unbeschränkt und unbeschränkbar** (§ 37 II GmbH). Das GmbH-Recht folgt hier demselben Grundgedanken, wie er

[51] Vgl. dazu die Abschlussentscheidung BGHZ 63, 261 = NJW 1975, 213 und ferner BGHZ 87, 59, 61 f. = NJW 1983, 1676, wo der *BGH* im Anschluss an „Haaga" die Pflicht zur Eintragung einer Befreiung von § 181 BGB entwickelt; siehe auch *BGH* NJW 1998, 1071, 1072 (Eintragung des stellvertretenden Geschäftsführers einer GmbH *ohne Stellvertreterzusatz* in das Handelsregister, § 44 GmbHG).

[52] *Hüffer,* § 78 AktG Rn. 3; Roth/*Altmeppen,* § 35 Rn. 7. Im Sinne der Organtheorie etwa BGHZ 99, 298, 302 = NJW 1987, 1193, 1194: „Die juristische Person nimmt durch ihr Organ am Rechtsleben teil und wird von der Rechtsordnung als durch das Organ selbsthandelndende Person angesehen."

[53] MünchKomm-BGB/*Schramm,* Vor § 164 Rn. 7 unter Berufung auf *Pawlowski*, JZ 1996, 125, 131.

[54] *Hüffer,* § 78 AktG Rn. 9. Fundamentalkritik zur Organtheorie etwa bei *Beuthien,* NJW 1999, 1142 ff.; *ders.,* FS Canaris, 2007, Bd. II, S. 41 ff.

für die Prokura (oben § 6 Rn. 1, 23) und die Vertretungsmacht der Geschäftsführer bei den Personenhandelsgesellschaften (oben § 10 Rn. 70) gilt. Auch aus § 37 I GmbHG folgt nichts anderes. Damit sind die Geschäftsführer *der Gesellschaft gegenüber* verpflichtet, die Beschränkungen einzuhalten, welche für den Umfang ihrer Vertretungsbefugnis durch den Gesellschaftsvertrag oder durch Beschlüsse der Gesellschafter festgesetzt sind. Wie der Vergleich mit § 37 II GmbHG zeigt, geht es hier lediglich um die Beschränkung des Geschäftsführerhandelns im Innenverhältnis, mithin die Geschäftsführungsbefugnis und nicht die Vertretungsbefugnis.[55] Der Grundsatz der unbeschränkten und unbeschränkbaren Vertretungsmacht im Kapitalgesellschaftsrecht ist seit 1969 durch Art. 9 der EU-Publizitätsrichtlinie (oben § 9 Rn. 28) auch **europarechtlich zwingend.**[56]

Beispiel: Nach der Satzung der Alt-GmbH bedürfen die Geschäftsführer der Gesellschaft für bestimmte Maßnahmen der vorherigen schriftliche Zustimmung der Gesellschafterversammlung. Dazu gehören auch der Erwerb, die Veräußerung oder die Belastung von Grundstücken. Geschäftsführer Gernegroß schließt im Namen der A-GmbH mit dem Veit einen Kaufvertrag über den Erwerb eines dem V gehörigen Grundstücks. Wenn kein Missbrauch der Vertretungsmacht vorliegt (unten Rn. 35 ff.), ist dieser Kaufvertrag auch ohne Zustimmung der Gesellschafterversammlung der A-GmbH wirksam. Auf den in der Satzung enthaltenen Katalog zustimmungsbedürftiger Geschäfte kann sich die GmbH gegenüber dem V nicht berufen. Dies folgt aus § 37 II GmbHG. Konsequenzen können sich für den G nur im Innenverhältnis zur GmbH ergeben (Abberufung als Geschäftsführer nach § 38 GmbH, Kündigung des Anstellungsvertrages nach § 626 BGB, Schadensersatzhaftung nach § 43 GmbHG usw.).

c) Missbrauch der Vertretungsmacht

Bei einem Missbrauch der Vertretungsmacht kann sich der Dritte nicht auf das 35
Prinzip der unbeschränkten und unbeschränkbaren Vertretungsmacht des Geschäftsführers berufen. Ein Missbrauch der Vertretungsmacht liegt nach dem allgemeinen Zivilrecht erst dann vor, wenn der Geschäftsführer und der Dritte bewusst zum Schaden der Gesellschaft zusammengewirkt oder wenn beide bewusst zum Schaden der Gesellschaft gehandelt haben, ohne dass eine Verabredung nachweisbar wäre (Quasi-Kollusion).[57] Das **Gesellschaftsrecht** legt die **Missbrauchsschwelle** hingegen **niedriger** an. Zwar muss sich der Dritte von den Organen einer GmbH keine Nachweise über interne Beschränkungen vorlegen lassen oder sich bei den Gesellschaftern darüber erkundigen; dazu besteht schon wegen § 37 II GmbHG kein Anlass.[58]

Allerdings ist der Dritte dann nicht schutzwürdig, wenn er die objektive Über- 36
schreitung der Geschäftsführungsbefugnis positiv kannte oder es sich ihm geradezu aufdrängen musste, dass der Geschäftsführer seine Vertretungsmacht im Innenverhältnis zur Gesellschaft überschreitet (**Evidenztheorie**). Es **genügt** also auf Seiten des Geschäftsführers – unter Verzicht auf die soeben Rn. 35 beschriebenen subjektiven Voraussetzungen (Schädigungsbewusstsein) – der **objektive Tatbestand der Überschreitung der Geschäftsführungsbefugnis**. Abweichend vom all-

[55] *BGH* NJW 2001, 3183, 3184; oben Rn. 24.
[56] Vertiefend *Kindler*, FS Lutter, 2000, S. 483 ff.
[57] *Raiser/Veil*, § 32 Rn. 22.
[58] Baumbach/Hueck/*Zöllner/Noack*, § 37 Rn. 40.

gemeinen Zivilrecht setzt der Missbrauch der Vertretungsmacht auch kein Geschäftsführerhandeln zum Nachteil der Gesellschaft voraus; wohl aber wird sich gerade bei nachteiligem Geschäftsführerhandeln für den Dritten ein Missbrauch der Vertretungsmacht aufdrängen.[59] Vgl. zum Missbrauch der Prokura oben § 6 Rn. 31 ff. und zum Missbrauch der Vertretungsmacht bei den Personengesellschaften oben § 10 Rn. 70.

37 Die **Rechtsfolge** des Eingreifens der Grundsätze über den Missbrauch der Vertretungsmacht besteht darin, dass das Rechtsgeschäft so behandelt wird, als hätte der Geschäftsführer *ohne* Vertretungsmacht gehandelt. Daher hat die Gesellschaft die Wahl, ob sie sich auf die Unwirksamkeit des Vertretergeschäfts berufen oder es nach § 177 BGB genehmigen will.[60] Eine *falsus procurator*-Haftung des Geschäftsführers scheitert wegen der fehlenden Schutzwürdigkeit des anderen Teils an § 179 III 1 BGB.

d) Gesamtvertretung

38 Sind mehrere Geschäftsführer bestellt, so bestimmt § 35 II 1 GmbHG Gesamtvertretung, wenn sich aus dem Gesellschaftsvertrag nichts anderes ergibt. Die Geschäftsführer können dann die Gesellschaft **nur gemeinsam** vertreten. Im Interesse des Verkehrsschutzes besteht in diesen Fällen Einzelvertretung nur beim *Empfang* einer Willenserklärung (§ 35 II 2 GmbHG).

39 Abweichend von § 35 II 2 GmbHG kann der Gesellschaftsvertrag auch Einzelvertretung, Gesamtvertretung durch je zwei Geschäftsführer oder unechte Gesamtvertretung durch einen Geschäftsführer und einen Prokuristen (oben § 6 Rn. 17 f.) vorschreiben.[61] Gestaltungsgrenzen für die Satzungsfreiheit ergeben sich allerdings aus § 37 II GmbHG: Mit dem Grundsatz der Unbeschränkbarkeit der Vertretungsmacht ist es unvereinbar, wenn etwa ein Geschäftsführer vollständig von der Vertretungsmacht ausgeschlossen wird oder wenn sachliche Unterscheidungen nach Art oder Umfang eines Rechtsgeschäfts getroffen werden.[62]

e) Interessenkonflikte

40 Nach § 181 BGB entfällt die Vertretungsmacht des Geschäftsführers bei Selbstkontrahieren und Mehrfachvertretung.[63] § 181 BGB greift allerdings in einer Reihe von praktisch bedeutsamen Fällen nicht ein: bei Erfüllung einer Verbindlichkeit (z. B. Gehaltszahlung an den Geschäftsführer), bei lediglich vorteilhaften Geschäf-

---

[59] *BGH* NJW 2006, 2776 = NZG 2006, 626 Tz. 2 f.; *Fleischer*, NZG 2005, 529, 535; *Canaris*, § 12 Rn. 39 (mit dem zutreffenden Hinweis, dass die vertretene Gesellschaft beim Einsatz von Prokuristen weniger schutzwürdig ist, weshalb dort der Missbrauchsbegriff enger ist, d. h. ein bewusst nachteiliges Vertreterhandeln voraussetzt). A. A. *Vedder*, Missbrauch der Vertretungsmacht, 2007: Missbrauchseinwand nur bei vorsätzlich interessewidrigem Vertreterhandeln; *ders.*, GmbHR 2008, 736 ff.

[60] Roth/*Altmeppen*, § 37 Rn. 44; *OLG Stuttgart* NZG 1999, 1009.

[61] Näher zu den verschiedenen Gestaltungsmöglichkeiten Baumbach/Hueck/*Zöllner*/*Noack*, § 35 Rn. 106 ff.

[62] Scholz/*U. H. Schneider*, § 35 Rn. 69.

[63] Näher *Musielak*, Grundkurs BGB, 11. Aufl., 2009, Rn. 834 ff.

ten[64] und bei Gestattungen des Selbstkontrahierens bzw. der Mehrfachvertretung durch den Vertretenen selbst. Letzteres ist in der Kautalarpraxis an der Tagesordnung. GmbH-Satzungen enthalten regelmäßig eine **Befreiung** von § 181 BGB. Derartige Klauseln sind nach § 10 I 2 GmbHG in das Handelsregister einzutragen.[65] Auch für In-sich-Geschäfte des geschäftsführenden Alleingesellschafters in der **Einmann-GmbH** ist § 181 BGB anzuwenden. Der 1980 eingefügte § 35 III 1 GmbHG stellt dies ausdrücklich klar und verwirft damit den früheren Standpunkt der Rechtsprechung, wonach in dieser Konstellation kein materieller Interessenkonflikt bestehen soll.[66] In der Praxis läuft § 181 BGB auch und gerade in der Einmann-GmbH meist leer, da die Satzung von den Beschränkungen dieser Vorschrift Befreiung erteilt. Zwingend ist in der Einmann-GmbH nur die Protokollierungspflicht nach § 35 III 2 GmbHG, die 1991 zur Umsetzung von Art. 5 der EU-Einpersonengesellschaftsrichtlinie (zu ihr oben 14 Rn. 99 ff.) eingeführt wurde.[67]

f) Empfangsvertretung der führungslosen Gesellschaft

41 Das MoMiG (oben § 14 Rn. 2) führte 2008 zwingende **Empfangszuständigkeiten u. a. der GmbH-Gesellschafter** ein. Sie sollen die missbräuchliche Führungslosigkeit von Gesellschaften verhindern. Hat eine Gesellschaft keine Empfangsvertreter, können ihr gegenüber Willenserklärungen nicht mehr wirksam zugehen. Auch Zustellungen scheiden aus, weil § 170 I 2 ZPO bestimmt, dass eine Zustellung an die juristische Person selbst wegen ihrer Prozessunfähigkeit unwirksam ist. Ein Vertreter, an den nach § 170 I 1 oder § 171 Satz 1 ZPO wirksam zugestellt werden könnte, ist bei Führungslosigkeit aber nicht vorhanden. § 35 I 2 GmbHG bestimmt daher, dass **eine GmbH, die keinen Geschäftsführer hat (Führungslosigkeit)**, durch die Gesellschafter vertreten wird, soweit ihr gegenüber Willenserklärungen abgegeben oder Schriftstücke zugestellt werden. Die Empfangszuständigkeit für die GmbH liegt somit grundsätzlich bei den Geschäftsführern (§ 35 I 1 GmbHG), hilfsweise – im Falle der Führungslosigkeit – bei den Gesellschaftern (§ 35 I 2 GmbHG), daneben stets bei der empfangsberechtigten Person (§ 35 II 4 GmbHG), falls eine solche nach § 10 II 2 GmbHG eingetragen ist. Sachlich bezieht sich die Empfangszuständigkeit der Geschäftsführer und Gesellschafter gleichermaßen auf Willenserklärungen *und* Zustellungen, die der empfangsberechtigten Person hingegen nur auf Zustellungen. Trotz § 35 I 2 GmbHG ist die führungslose GmbH allerdings prozessunfähig (*BGH* NZG 2011, 26).

41a Dem Erklärenden wird der Zugang der *Willenserklärung* weiter dadurch erleichtert, dass nach § 35 II 2 GmbHG „die Abgabe gegenüber einem Vertreter der Gesellschaft nach Abs. 1" – also gegenüber einem Geschäftsführer und bei Füh-

64 BGHZ 59, 236, 240 f. = NJW 1972, 2262 (teleologische Reduktion der Vorschrift).

65 BGHZ 87, 59, 6 = NJW 1983, 1676 (oben Rn. 32); BGHZ 114, 167, 170 = NJW 1991, 1731; *BGH* DStR 2000, 697; ablehnend *Altmeppen,* NJW 1995, 1182, 1185 f.; *Kanzleiter,* DNotZ 1996, 819 ff.; s. a. *KG* NZG 2006, 718 = NJW-Spezial 2006, 415 (keine Befreiung von § 181 BGB durch einfachen Gesellschafterbeschluss).

66 So noch BGHZ 75, 358, 361 vor der GmbH-Novelle von 1980.

67 Zu den Rechtsfolgen bei Verstößen gegen die Dokumentationspflicht vgl. Roth/*Altmeppen,* § 35 Rn. 83 sowie *Habersack*, Europäisches Gesellschaftsrecht, 3. Auflage 2006, § 9 Rn. 21 (§ 35 III 2 GmbHG als Schutzgesetz im Sinne des § 823 II BGB).

rungslosigkeit gegenüber einem Gesellschafter – genügt. Außerdem gilt die unwiderlegliche Vermutung der Möglichkeit der Kenntnisnahme unter der eingetragenen inländischen Geschäftsanschrift (§§ 8 IV Nr. 1, 10 I 1 GmbHG; § 15a HGB) nach § 35 II 3 GmbHG auch für den Zugang an Gesellschafter. Ähnlich ist die Rechtslage bei der *Zustellung*. Hier gilt für Gesellschafter ebenfalls die unwiderlegliche Vermutung nach § 35 II 3 GmbHG, während sich die Möglichkeit der wirksamen Zustellung an nur einen Gesellschafter aus dem Zustellungsrecht selbst (§ 170 III ZPO) ergibt.

3. Bestellung und Abberufung

a) Der Geschäftsführer als Organmitglied; faktischer Geschäftsführer

42 Das Gesetz unterscheidet zwischen dem körperschaftlichen Akt der **Bestellung** einer Person zum Geschäftsführer **und** dem daneben bestehenden schuldrechtlichen **Anstellungsvertrag**. Bestellt wird eine Person zum Mitglied der Geschäftsführung als Organ der GmbH, und zwar grundsätzlich entweder im Gesellschaftsvertrag oder durch Mehrheitsbeschluss der Gesellschafter (§§ 6 III, 46 Nr. 5 GmbHG). In der mitbestimmten GmbH (oben Rn. 3 ff.) liegt die Kompetenz zur Bestellung der Geschäftsführer beim Aufsichtsrat (§ 84 AktG).

43 Auch wer nicht oder nicht wirksam als Geschäftsführer bestellt ist, kann als so genannter **faktischer Geschäftsführer** bestimmten **Haftungsrisiken** unterliegen. In der Praxis geht es hier vor allem um

- die allgemeine Geschäftsführerhaftung gegenüber der GmbH bei Pflichtverletzungen (§ 43 II GmbHG),
- die Verpflichtung des Geschäftsführers zur Buchführung (§ 41 GmbHG),
- die Insolvenzantragspflicht (§ 15a InsO) mit der Insolvenzverschleppungshaftung nach § 823 II BGB,
- die Haftung aus Masseschmälerung nach § 64 S. 1 und 2 GmbHG,
- die strafrechtliche Haftung für falsche Angaben (§ 82 I GmbHG).

44 Diesen Haftungsrisiken unterliegt, wer zwar nicht (wirksam) als Geschäftsführer bestellt ist, sich jedoch **tatsächlich wie ein Geschäftsführer verhält**. Dafür ist nach der Rechtsprechung nicht einmal erforderlich, dass der Handelnde die rechtmäßige Geschäftsführung völlig verdrängt. Ausreichend ist, dass er die Geschicke der Gesellschaft maßgeblich in die Hand genommen hat. Dies erfordert (1) eine interne Einwirkung auf die satzungsmäßigen Geschäftsführer und (2) ein eigens nach *außen* hervortretendes üblicherweise der Geschäftsführung zuzurechnendes Handeln.[68] Diese Formel hat der BGH mehrfach verwendet, und zwar bei der Geschäftsführerhaftung,[69] bei der Insolvenzantragspflicht[70] und bei der strafrechtlichen Haftung für falsche Angaben.[71]

---

[68] Roth/*Altmeppen*, § 43 Rn. 69.

[69] BGHZ 150, 61, 68 f. = NJW 2002, 1803 ; dazu *Boujong*, NZG 2003, 497, 506.

[70] BGHZ 104, 44, 46 = NJW 1988, 1789; *BGH* NZG 2005, 816.

[71] *BGH* NJW 2000, 2285, 2286; s. auch *BGH* NZG 2005, 755 zur Haftung nach § 823 II BGB i. V. m. § 266 StGB.

Beispiel:[72] Falsch (F) gründet zusammen mit Strohmeier (S) die S-GmbH. Alleiniger Geschäftsführer ist der S. F kann wegen seiner Vorstrafen nach § 6 II 2 Nr. 3 GmbHG (oben Rn. 28) nicht Geschäftsführer sein und für sich persönlich auch keine Gewerbeerlaubnis nach § 34c GewO erhalten. Tatsächlich leitet F die GmbH mit einer ihm von S erteilten Generalvollmacht. Er nimmt auf sämtliche Geschäftsvorgänge der S-GmbH bestimmenden Einfluss und trifft allein alle wesentlichen kaufmännischen und wirtschaftlichen Entscheidungen. Hier liegt in der Generalvollmacht der entscheidende Hinweis auf die Stellung des F als faktischer Geschäftsführer.

Nach § 38 I GmbHG ist der „Widerruf" – gemeint ist eine **Abberufung**, da der Widerruf nur *ex nunc* wirkt –[73] jederzeit ohne Frist und Begründung möglich. Die Gesellschaft soll einen Geschäftsführer, der nicht mehr das Vertrauen der Gesellschaftermehrheit besitzt, jederzeit aus dem Amt entfernen können. In der mitbestimmten GmbH[74] liegt die Zuständigkeit für die Abberufung des Geschäftsführers nach § 84 AktG i.V.m. §§ 31 MitbestG, 12 MontanbestG beim Aufsichtsrat. 45

b) Der Geschäftsführer als Dienstverpflichteter

Die zivilrechtliche Anstellung des Geschäftsführers erfolgt regelmäßig aufgrund eines Dienst- und Geschäftsbesorgungsvertrages (§§ 611, 675 BGB). Nach h. M. liegt **kein Arbeitsverhältnis** vor, da der Geschäftsführer selbst Arbeitgeberfunktionen wahrnimmt.[75] Auch eine AGB-Kontrolle des Dienstvertrages kommt mangels Verbrauchereigenschaft des Geschäftsführers nicht in Betracht.[76] Allerdings ist das **AGG anwendbar**, soweit es um den Zugang zur Erwerbstätigkeit (§ 6 III AGG) geht.[77] Der Anstellungsvertrag ist nachrangig zum gesellschaftsrechtlichen Organverhältnis. Er regelt diejenigen Rechtsbeziehungen zwischen dem Geschäftsführer und der Gesellschaft, welche nicht bereits durch die organschaftliche Stellung des Geschäftsführers vorgegeben sind.[78] Dienstberechtigt i.S. der §§ 611 ff. BGB ist die GmbH, die beim Abschluss des Anstellungsvertrages ausnahmsweise von den Gesellschaftern vertreten wird. Die Kompetenz der Gesellschafterversammlung folgt hier aus einer entsprechenden Anwendung von § 46 Nr. 5 GmbHG. 46

Übungsfall:[79] Götz verlangt von der Alt-GmbH die Zahlung von 45.000 EUR. Dieser Betrag steht ihm nach seiner Ansicht aus einem mit der A-GmbH abgeschlossenen Geschäftsführervertrag als Vergütung für seine Tätigkeit zu. G, der zum Geschäftsführer der GmbH bestellt worden war und als solcher im Handelsregister eingetragen war, hatte den Geschäftsführervertrag mit der damaligen Geschäftsführerin Walz abgeschlossen. Ein Beschluss der Gesellschafterversammlung ist dazu nicht gefasst worden. Begründetheit des Anspruchs? 47

---

72 Nach *BGH* NJW 2000, 2285.
73 *Raiser/Veil*, § 32 Rn. 54.
74 Oben Rn. 3 ff.
75 Grundlegend BGHZ 49, 30, 31 = NJW 1968, 396; nachfolgend u.a. *BGH* NJW 2010, 2343 = NZG 2010, 827 Tz. 7; differenzierend *Wank*, FS Wiedemann, 2002, S. 587 ff. (Fremdgeschäftsführer als Arbeitnehmer); zum „arbeitnehmerähnlichen" GmbH-Geschäftsführer im Sozialrecht s. *BSG* NZG 2006, 308 m. Anm. *Plagemann/Radtke-Schwenzer*, 281 ff.; s. auch § 6 AGG und § 5 I 3 ArbGG; s. ferner *EuGH* NJW 2011, 2343 (Danosa) = EWiR 2011, 27 m. Kurzkomm. *Wank*.
76 *Mülbert*, FS Goette, 2011, S. 333 ff. gegen *BAG* NJW 2010, 2827 Tz. 23.
77 *BGH* NZG 2012, 777; dazu *Paefgen*, ZIP 2012, 1296 ff.
78 *BGH* NJW 2010, 2343 = NZG 2010, 827 Tz. 7 = EWiR 2010, 613.
79 Nach *BGH* NJW 2000, 2983.

48 **Lösung:** Als Anspruchsgrundlage kommt § 611 I BGB in Betracht. Die Vorschrift setzt einen Dienstvertrag zwischen den Parteien voraus. Ein Dienstvertrag besteht nur, wenn beide Teile bei Vertragsschluss wirksam rechtsgeschäftlich gehandelt haben oder ordnungsgemäß vertreten waren. Problematisch ist hier die ordnungsgemäße Vertretung der A-GmbH. W konnte den Vertrag mit dem G für die A-GmbH nicht aufgrund eigener Organzuständigkeit (§ 35 I GmbHG) abschließen. Denn die Zuständigkeit für den Abschluss des Geschäftsführer-Anstellungsvertrags liegt bei der Gesellschafterversammlung, nicht bei den amtierenden Geschäftsführern (§ 46 Nr. 5 GmbHG analog). Da die Gesellschafterversammlung der A-GmbHG keinen Beschluss über den Abschluss des Anstellungsvertrages mit G gefasst hat, konnte W auch nicht unter Ausführung eines solchen Beschlusses aufgrund rechtsgeschäftlicher Bevollmächtigung durch die Gesellschafterversammlung handeln. Die A-GmbH war daher bei Vertragsschluss nicht ordnungsgemäß vertreten. Der geltend gemachte Anspruch aus § 611 I BGB besteht in Ermangelung eines Dienstvertrages zwischen G und der A-GmbH daher nicht.[80]

49 Die **Beendigung des Anstellungsvertrages** richtet sich nach §§ 620 ff. BGB. Danach endet ein befristeter Vertrag mit Ablauf der Frist (§ 620 I BGB). Die Abberufung als Geschäftsführer (soeben Rn. 45) beendet den Anstellungsvertrag als solchen nicht, ebenso wenig die Eröffnung des Insolvenzverfahrens über das Vermögen der Gesellschaft (§ 113 InsO). Die ordentliche Kündigung des Geschäftsführers beurteilt die Rechtsprechung nach § 622 I BGB, weil das Schutzbedürfnis des Geschäftsführers dem eines Angestellten entspreche. Die kürzeren Kündigungsfristen des § 621 BGB kommen nur dann zum Zuge, wenn der Geschäftsführer zugleich herrschender Gesellschafter ist und gegen seinen Willen eine Kündigung ohnehin nicht ausgesprochen werden kann.[81] Das **KSchG** findet keine Anwendung (§ 14 I Nr. 1 KSchG), doch kann dessen entsprechende Geltung **privatautonom vereinbart** werden.[82] Darin liegt keine Beeinträchtigung der Funktionsfähigkeit der Gesellschaft, da die Personalkompetenz der Gesellschafterversammlung (§ 38 GmbHG) unberührt bleibt.

50 Die **außerordentliche – fristlose – Kündigung** des Anstellungsvertrags erfordert einen **wichtigen Grund** im Sinne des § 626 I BGB. Die Vorschrift knüpft die sofortige Auflösung des Dienstvertrags an strengere Voraussetzungen als sie § 38 II GmbHG für die Abberufung des Geschäftsführers aus seiner organschaftlichen Stellung verlangt. Nicht jede Abberufung aus wichtigem Grund rechtfertigt zugleich die außerordentliche Kündigung des Anstellungsvertrages. Daher kann es sein, dass trotz des vorzeitigen Ausscheidens aus der Geschäftsführung das Gehalt bis zu Ablauf der ordentlichen Kündigungsfrist weitergezahlt werden muss (§ 615 BGB).[83] Deshalb scheidet auch ein Weiterbeschäftigungsanspruch des Geschäftsführers im Regelfall aus (*BGH* NZG 2011, 112). Näher (und instruktiv) dazu *Fest*, NZG 2011, 130 ff. Der GmbH-Geschäftsführer muss wissen, dass er Gesetz und Gesellschaftssatzung zu beachten hat. Die Kündigung des Anstellungsverhält-

---

80 Vertrauensschutz – unter sinngemäßer Heranziehung der Grundsätze zum fehlerhaften Arbeitsverhältnis – verdient G nicht, da die Voraussetzungen für den wirksamen Abschluss eines Geschäftsführervertrages bei Vertragsschluss in der Rechtsprechung bereits geklärt waren, vgl. nochmals *BGH* NJW 2000, 2983, 2984.

81 *BGH* NJW 1987, 2073.

82 *BGH* NJW 2010, 2343 = NZG 2010, 827 Tz. 8 = EWiR 2010, 613; dazu *Bauer u. a.*, ZIP 2010, 709 ff.; *Goette*, FS Uwe H. Schneider, 2011, S. 353 ff.; Diller, NZG 2011, 254 ff.; Thiessen, ZIP 2011, 1029 ff.

83 Vgl. BGHZ 15, 71, 74 = NJW 1954, 1841 ; *BGH* NJW 1978, 756.

nisses aus wichtigem Grund setzt deshalb keine Abmahnung mit einem entsprechenden Hinweis voraus.[84]

Beispiele für wichtige Kündigungsgründe: strafbare Handlungen oder der schwerwiegende Verdacht strafbarer Handlungen,[85] eigennützige Geschäfte des Geschäftsführers,[86] geschäftliches Versagen und wirtschaftlicher Niedergang der Gesellschaft,[87] üble Nachrede und Verunglimpfung eines Gesellschafters,[88] mehrfache Kompetenzüberschreitungen, die abredewidrige Übernahme des Geschäftsführeramtes in anderen Gesellschaften, Verkauf von Gegenständen des Gesellschaftsvermögens unter Wert.[89]

Die **Kündigungsberechtigung** liegt bei dem Organ, das für den Abschluss des 51
Anstellungsvertrags zuständig war (oben Rn. 25, 46). In der nicht mitbestimmten GmbH entscheidet daher die **Gesellschafterversammlung** mit einfacher Mehrheit, wobei der betroffene Gesellschafter-Geschäftsführer bei der Abstimmung zur außerordentlichen Kündigung nach § 47 IV GmbHG (oben Rn. 16) kein Stimmrecht hat.[90] Die **Beweggründe**, die die Gesellschafter zu der Kündigung veranlasst haben, sollen für die Beurteilung von deren Wirksamkeit **keine Rolle** spielen; der BGH folgert aus dem Rechtsgedanken des § 38 I GmbHG eine **schrankenlose Kündigungsfreiheit** der Gesellschafter.[91] Daher kann in der Kündigung auch keine Verletzung des Anstellungsvertrages i. S. der Schadensersatznorm des § 628 II BGB liegen.[92] Dieser Schadensersatzanspruch scheidet auch dann aus, wenn der Aufgabenbereich eines GmbH-Geschäftsführers ohne Verletzung seines Anstellungsvertrags eingeschränkt wird und er selbst daraufhin die außerordentliche Kündigung des Anstellungsvertrags erklärt.[93]

4. Haftung

a) Überblick

Der Geschäftsführer sieht sich einer ganzen Reihe potentieller Haftungsgläubi- 52
ger gegenüber: der Gesellschaft, den Gesellschaftern und privatrechtlichen Gesellschaftsgläubigern.[94] Daneben stehen – hier nicht zu behandelnde – Haftungstatbestände im Verhältnis zu Steuergläubigern, Sozialversicherungsträgern, aufgrund

---

[84] *BGH* NJW-RR 2002, 173.

[85] *BGH* WM 1956, 867; *LAG Berlin* GmbH-Rdsch. 1997, 839, 841.

[86] *BGH* NJW 1995, 1358, 1359 (missbräuchliches Ausnutzen von Erwerbschancen der GmbH durch den Geschäftsführer für sich selbst); *KG* NZG 2001, 325.

[87] *BGH* WM 1975, 761; 1976, 379.

[88] *BGH* NJW 1998, 3274.

[89] Zu den zuletzt genannten drei Fällen *BGH* NJW-RR 2002, 173. Weitere Einzelfälle bei Roth/*Altmeppen,* § 6 Rn. 93 ff.

[90] Roth/*Altmeppen,* § 6 Rn. 90, str.; Beispiel: *OLG Düsseldorf* NZG 2004, 478.

[91] Fragwürdig *BGH* NZG 2004, 90 („Klebstoff"-Fall): Entlassung des Geschäftsführers eines Klebstoffherstellers, weil dieser sich weigerte, die Belegschaft über die Verwendung silikonhaltiger Grundstoffe zu belügen; dazu *Hasselbach*, EWiR 2004, 385 f.

[92] *BGH* NJW 2003, 351.

[93] *BGH* NZG 2012, 502; dazu *Nolting,* EWiR 2012, 377.

[94] Vgl. zur Geschäftsführerhaftung nach dem MoMiG *K. Schmidt*, GmbHR 2008, 449 ff.; *Kleindiek*, FS K. Schmidt, 2009, S. 893 ff.; zu aktuellen Tendenzen in der Rspr. *Kindler*, FS Goette, 2011, S. 146 ff.; *Strohn*, DB 2012, 1193 ff.

öffentlichrechtlicher Pflichten sowie die Störerhaftung des Geschäftsführers für Wettbewerbsverstöße und Schutzrechtsverletzungen. Zum gesellschaftsrechtlichen Pflichtfachwissen zählt nur die zuvor genannte Gruppe von Haftungstatbeständen, vgl. zu deren Systematisierung die nachfolgende

53 **Übersicht 16/2:**

Geschäftsführerhaftung in der GmbH

Haftung gegenüber der GmbH aus dem Generaltatbestand des § 43 II GmbHG (Verletzung von Organpflichten, fehlerhafte Geschäftsführung)	Haftung gegenüber der GmbH aus Sondertatbeständen (§§ 9a, 43 III, 57 III, 64 GmbHG) und aus Delikt (§§ 823, 826 BGB)	Haftung gegenüber den Gesellschaftern aus § 31 VI GmbHG und (str.) aus Delikt bei Verletzung der Mitgliedschaft als sonstiges Recht i. S. d. § 823 I BGB	Haftung gegenüber privatrechtlichen Gläubigern als Handelnder i. S. d. § 11 II GmbHG, aus Rechtsschein, c. i. c. (§§ 311 II, 280 I BGB) und Delikt (§§ 823, 826 BGB, z. B. wegen Insolvenzverschleppung)

Diese Einteilung liegt der nachfolgenden Darstellung zugrunde.

b) Haftung gegenüber der GmbH aus dem Generaltatbestand des § 43 I, II GmbHG

54 *(1) Geschäftsführerpflichten.* Mit *Raiser*[95] kann man die **Pflichten** der GmbH-Geschäftsführer in **fünf Kategorien** einteilen:

(1) Zunächst haben die Geschäftsführer die ausdrücklich **im Gesetz bestimmten Gebote und Verbote** zu beachten. Hierher gehören z. B. die Pflicht, bei Gesellschaftsgründung und Kapitalerhöhung richtige Angaben zu machen (§§ 9a, 57 IV GmbHG), die Pflicht zur Kapitalerhaltung nach §§ 30 ff. GmbHG, das Verbot des Erwerbs eigener Geschäftsanteile nach § 33 GmbHG, die Befolgung von Weisungen seitens der Gesellschafter nach § 37 I GmbHG, die Verpflichtung zur Anmeldung bestimmter Tatsachen beim Handelsregister, z. B. nach §§ 7, 39, 40 GmbHG, ferner nach allgemeinem Handelsrecht, oben § 3 Rn. 8 f., die Verpflichtung zur Buchführung und Rechnungslegung nach §§ 41 ff. GmbHG, das Verbot der Kreditgewährung an Gesellschaftsvertreter nach § 43a GmbHG, die Insolvenzantragspflicht nach § 15a InsO und das Verbot der Masseschmälerung nach § 64 GmbHG.

[95] *Raiser/Veil,* § 32 Rn. 79 ff.

Nach § 43 I GmbHG hat der Geschäftsführer in den Angelegenheiten der Gesellschaft die **Sorgfalt eines ordentlichen Geschäftsmannes** anzuwenden. Wenn er die ihm obliegenden Pflichten schuldhaft verletzt, haftet er nach § 43 II GmbHG der Gesellschaft für den entstandenen Schaden. Die Haftung aus dem Generaltatbestand des § 43 I, II GmbHG dient nur mittelbar dem Gläubigerschutz und kann daher grundsätzlich durch die Satzung eingeschränkt werden, soweit es um einfache Fahrlässigkeit geht.[96] Daneben trifft den Geschäftsführer die allgemeine Pflicht, die Kompetenzabgrenzung zwischen den Organen der GmbH (Gesellschafterversammlung, Geschäftsführung, ggf. Aufsichtsrat) einzuhalten. Dazu gehört z. B., die Geschäftstätigkeit in den Grenzen des in der Satzung festgelegten Unternehmensgegenstands (§ 3 I Nr. 2 GmbHG; oben § 14 Rn. 7) zu halten. Verbindlich sind für die Geschäftsführer darüber hinaus auch die in der Satzung, in einer von den Gesellschaftern beschlossenen Geschäftsordnung oder im Anstellungsvertrag enthaltenen Kompetenzbeschränkungen, z. B. im Hinblick auf Zustimmungsvorbehalte zugunsten der Gesellschafter.[97] 55

(2) Die **Gesellschaft** selbst ist als juristische Person einer Reihe von **Pflichten aus verschiedenen Rechtsgebieten** unterworfen, z. B. der Verpflichtung zur Abführung von Steuern und Sozialversicherungsbeiträgen und zur Einhaltung straf-, arbeits-, gewerbe- und umweltschutzrechtlicher Vorschriften sowie von Vorschriften des Kartellrechts usw. Gegenüber der Gesellschaft sind die Geschäftsführer dafür verantwortlich, dass diese Pflichten erfüllt werden, und sie machen sich schadensersatzpflichtig nach § 43 I, II GmbHG, wenn die Gesellschaft infolge ihrer Nichterfüllung einen Schaden erleidet. 56

Beispiel: Geschäftsführer Cleverle trifft namens der GmbH mit einem Wettbewerber der GmbH eine nach § 14 GWB verbotene Preisabsprache. Für diesen Kartellverstoß wird der GmbH ein Bußgeld nach § 81 I GWB auferlegt. Sollte C schuldhaft gehandelt haben – und auch kein Ausschlusstatbestand (unten Rn. 63) vorliegen –, so hat er diesen Betrag an die GmbH als Schadensersatz zu leisten.

(3) Jeder Geschäftsführer hat die **Zusammenarbeit** mit den anderen Geschäftsführern und mit den anderen Gesellschaftsorganen (Gesellschafterversammlung, ggf. Aufsichtsrat) durch Berichts- und Auskunftspflichten sicher zu stellen. Wichtige Informationen dürfen daher den Gesellschaftern, aber auch den anderen Geschäftsführern nicht vorenthalten werden. 57

(4) Die Geschäftsführer haben die **Pflicht zur sorgfältigen Unternehmensleitung**. Dazu gehören nach hergebrachtem Verständnis insbesondere:[98] 58

- das rechtmäßige Verhalten der Gesellschaft im Außenverhältnis,
- die Planung der Unternehmenspolitik und die Beratung der Gesellschafter,
- die Umsetzung der Grundsätze der Unternehmenspolitik, die von den Gesellschaftern aufgestellt worden sind,
- die Umsetzung von Einzelweisungen der Gesellschafter (dazu auch schon oben Rn. 54),

---

[96] *BGH* NJW 2002, 3777 (zur Abkürzung der Verjährungsfrist des § 43 IV GmbHG). Näher Roth/*Altmeppen*, § 43 Rn. 82.

[97] Zur Unbeachtlichkeit derartiger Beschränkungen im *Außenverhältnis* oben Rn. 34.

[98] Vgl. Scholz/*U. H. Schneider*, § 43 Rn. 42.

- alle unternehmerischen Entscheidungen, soweit sie nicht durch die Gesellschafter vorbestimmt sind,
- die Ausrichtung der internen Organisation des Unternehmens nach Gesetz und Satzung.

59 Weitere Anhaltspunkte für die diesbezüglichen Pflichten der GmbH-Geschäftsführer lassen sich dem **Deutschen Corporate Governance Kodex (DCGK)** i. d. F. vom 15.5.2012 entnehmen, soweit die dort enthaltenen Regeln nicht speziell auf die Verhältnisse in der börsennotierten AG zugeschnitten sind.[99]

Beispiel:[100] Die Metz-GmbH produziert Maschinen. Ein Sinken der Auftragseingänge führt zu einer ungenügenden Auslastung der Fertigungskapazitäten. Die GmbH wirft dem Geschäftsführer Schnarch vor, hierauf pflichtwidrig nicht rechtzeitig reagiert zu haben und es insbesondere versäumt zu haben, Kurzarbeit anzumelden. Dadurch sei der Gesellschaft ein Schaden in Form unnötiger Lohnkosten entstanden.

60 (5) Aus der **Treue- oder Loyalitätspflicht** folgt das Gebot für die Geschäftsführer, Privatinteressen hinter die Interessen des Unternehmens zurückzustellen und die Organstellung nicht zum eigenen Vorteil auszunutzen. Dazu gehört auch, über vertrauliche Angaben und Geheimnisse der Gesellschaft Stillschweigen zu bewahren (vgl. auch §§ 85 GmbHG, 17 ff. UWG). Die Treuepflicht umfasst insbesondere ein **Wettbewerbsverbot**, das inhaltlich den §§ 112 HGB (oben § 11 Rn. 17 ff.), 88 AktG entspricht. Danach darf der Geschäftsführer während der Dauer seines Amtes und u. U. darüber hinaus im Geschäftszweig der Gesellschaft keine Geschäfte im eigenen oder fremden Namen tätigen.[101] Treuwidrig handelt ferner, wer als GmbH-Geschäftsführer Geschäftschancen für sich persönlich ausnützt, die der Gesellschaft zustehen (Geschäftschancenlehre).

Beispiel:[102] Ein Geschäftsführer überträgt einen Mietvertrag über Räume, die die GmbH gewinnbringend untervermieten könnte, auf eine dritte Gesellschaft, deren Prokurist er ist. Eine Gegenleistung an die GmbH wird hierbei nicht vereinbart.

61 *(2) Sorgfaltsmaßstab und Verschulden.* Für Pflichtverletzungen (oben Rn. 54 ff.) haftet der Geschäftsführer nach dem Sorgfaltsmaßstab des § 43 I GmbHG. Der dort vorausgesetzte ordentliche Geschäftsmann orientiert sich an der Stellung des Verwalters eines fremden Vermögens, d. h. einer selbständigen, treuhänderischen Wahrung fremder Vermögensinteressen in verantwortlich leitender Position.[103] Ist der Gesellschaft durch ein Verhalten des Geschäftsführers in dessen Pflichtenkreis ein Schaden erwachsen, so werden die Pflichtverletzung und das Verschulden des Geschäftsführers – widerleglich – vermutet.[104] Dem Geschäftsführer steht freilich

---

[99] Vgl. den Abdruck in Beck-Text Gesellschaftsrecht (dtv 5585) unter 2 d, ferner bei *Hüffer*, AktG, bei § 161 AktG; einführend *Kirschbaum/Wittmann*, JuS 2005, 1062 ff.; Internet: www.corporate-governance-code.de; www.ecgi.org; www.beck-online.de; s. a. die 20 goldenen Regeln der Schmalenbach-Gesellschaft in ZIP 2006, 1068.

[100] Nach BGHZ 152, 280 = NJW 2003, 358.

[101] BGHZ 49, 30, 31 = NJW 1968, 396; *BGH* NJW-RR 1989, 1255, 1256.

[102] Nach *KG* NZG 2001, 129; s. ferner *KG* GmbHR 2010, 869 = EWiR 2011, 151 m. Kurzkomm. *Schodder*.

[103] *Lutter/Hommelhoff*, § 43 Rn. 21.

[104] BGHZ 152, 280 = NJW 2003, 358 unter Hinweis auf § 93 II AktG, § 34 II GenG.

ein **unternehmerisches Ermessen** zu, weshalb nicht jede Fehlentscheidung und jeder Irrtum automatisch als Sorgfaltsverstoß zu werten sind („Business Judgment Rule"; vgl. § 93 I 2 AktG).[105] Eine Haftungsprivilegierung eines Geschäftsführers einer GmbH im Rahmen des ihm zustehenden unternehmerischen Ermessens setzt aber voraus, dass das unternehmerische Handeln auf einer sorgfältigen Ermittlung der Entscheidungsgrundlagen beruht; das erfordert, dass er in der konkreten Entscheidungssituation alle verfügbaren Informationsquellen tatsächlicher und rechtlicher Art ausschöpft und auf dieser Grundlage die Vor- und Nachteile der bestehenden Handlungsoptionen sorgfältig abschätzt und den erkennbaren Risiken Rechnung trägt.[106]

Im unternehmerischen Bereich verpflichtet mithin erst schlechthin unvertretbares Geschäftsführerhandeln zum Schadensersatz, z. B. eine unverantwortliche Risikoübernahme.

Beispiel:[107] Lieferung von Fahrzeugen ins Ausland ohne entsprechende Kaufpreissicherung. Hier haftet der Geschäftsführer gegenüber der GmbH für den Ausfall der Forderung.

(3) Gesamtverantwortung. Nach § 43 II GmbHG **haften die Geschäftsführer** „solidarisch", d. h. **gesamtschuldnerisch** im Sinne der §§ 421 ff. BGB. Dies setzt voraus, dass jeder Geschäftsführer für sich den Haftungstatbestand des § 43 II GmbHG (Stellung als Geschäftsführer, Pflichtverletzung, Sorgfaltsverstoß, Ursächlichkeit für den Schadenseintritt) erfüllt. Unproblematisch ist dies bei gemeinsamem pflichtwidrigen Handeln oder Unterlassen der Fall. Häufig findet sich in der Praxis allerdings eine **Geschäftsverteilungsregelung**, z. B. in der Satzung der GmbH oder in einer Geschäftsordnung. Sofern ein hiernach „unzuständiger" Geschäftsführer nicht selbst pflichtwidrig handelt, haftet er nur, wenn er seine Überwachungspflichten gegenüber den anderen Geschäftsführern verletzt.[108] 62

(4) Ausschlusstatbestände und Verjährung. Die Haftung entfällt, wenn der Geschäftsführer aufgrund einer bindenden **Weisung** eines anderen Gesellschaftsorgans handelt. [109] Soweit der Geschäftsführer dadurch nicht gegen gesetzliche Pflichten – etwa aus §§ 30, 64 GmbHG – verstößt, muss er die Weisung befolgen und haftet der Gesellschaft demgemäß nicht aus § 43 II GmbHG auf Ersatz des dadurch verursachten Schadens; dies gilt wegen Interessenidentität erst recht, wenn die Gesellschaft nur einen **Alleingesellschafter und -geschäftsführer** hat.[110] Auch durch einen Entlastungsbeschluss der Gesellschafter (§ 46 Nr. 5 GmbHG) wird der Geschäftsführer von allen Ansprüchen freigestellt, die für die Gesell- 63

---

[105] BGHZ 135, 244 = NJW 1997, 1926 – ARAG (zur AG); dazu *Kindler*, ZHR 162 (1998), 101 ff.

[106] *BGH* NJW 2008, 3361 Tz. 11; NZG 2009, 117; näher *Kindler*, FS Goette, 2011, S. 231 ff.; *Fleischer*, NZG 2011, 521 ff.

[107] Nach *OLG Jena* NZG 2001, 86.

[108] BGHZ 133, 370, 377 f. = NJW 1997, 130; *BGH* NJW 2001, 969, 971.

[109] BGHZ 122, 333, 336 = NJW 1993, 1922.

[110] *BGH* NJW 2010, 64 Tz. 10 f. = NZG 2009, 1385 = EWiR 2010, 151 m. Kurzkomm. *Schodder* = DStR 2010, 63 mit instruktiver Anm. *Goette*.

schafter erkennbar waren bzw. allen Gesellschaftern privat bekannt waren.[111] Die gleiche Wirkung hat eine so genannte Generalbereinigung, d.h. ein Verzicht auf oder ein Vergleich über alle erkennbaren und nicht erkennbaren Ansprüche zwischen dem Geschäftsführer und der Gesellschaft; für den Abschluss einer derartigen Vereinbarung bedarf es eines Gesellschafterbeschlusses analog § 46 Nr. 5, 8 GmbHG.[112] Nach § 43 IV GmbHG verjähren die Ansprüche auf Schadensersatz gegen den Geschäftsführer in fünf Jahren, beginnend mit dem Zeitpunkt der Anspruchsentstehung (§ 200 S. 1 BGB).[113]

64 *(5) Geltendmachung.* Nach § 46 Nr. 8 GmbHG ist zur Geltendmachung eines Schadensersatzanspruchs gegen einen Geschäftsführer ein **Gesellschafterbeschluss** erforderlich. Ohne einen solchen Beschluss ist eine durch die Gesellschaft erhobene Haftungsklage zwar zulässig, aber unbegründet.[114] Dies folgt aus dem Zweck der Beschlusskompetenz nach § 46 Nr. 8 GmbHG. Das Beschlusserfordernis soll nicht nur Gesellschafter und Organmitglieder vor ungerechtfertigter Inanspruchnahme schützen, sondern zudem auch die Gesellschaft selbst vor der Erörterung innerer Angelegenheiten in Außenverhandlungen und Rechtsstreitigkeiten.[115] Die Gesellschafter bestimmen zudem, wer die GmbH im Haftungsprozess vertritt.[116] Wird die Beschlussfassung verweigert, so muss der Gesellschafter mit einer Anfechtungsklage in Verbindung mit einer positiven Beschlussfeststellungsklage (oben Rn. 23) vorgehen.[117] Nur ganz ausnahmsweise kann ein Gesellschafter unmittelbar gegen einen Geschäftsführer klagen, und zwar wenn ein Vorgehen gegen die Gesellschaft einen unzumutbaren Umweg darstellt.[118]

65 *(6) Verhältnis zur Haftung aus dem Anstellungsverhältnis.* Die Haftung aus dem Anstellungsvertrag (oben Rn. 46 ff.) tritt nicht als weitere Haftungsgrundlage neben die gesetzliche Organhaftung aus § 43 GmbHG. Vielmehr nimmt die Organhaftung die Haftung aus dem schuldrechtlichen Vertrag mit in sich auf. Dies ergibt sich aus dem spezialgesetzlichen Charakter von § 43 GmbHG im Verhältnis zu §§ 280 I, 611 ff. BGB.[119] Einen weiteren Anwendungsbereich hat die Haftung aus § 43 GmbHG nur insoweit, als sie auch bei Fehlen eines Anstellungsvertrags eingreift. Aus der **Verdrängungswirkung des** § 43 GmbHG folgt z.B.,

---

[111] *BGH* NJW 1986, 2250; NJW-RR 2003, 895.

[112] *BGH* NJW 1998, 1315; näher zur Einschränkbarkeit der Geschäftsführerhaftung *Fleischer*, BB 2011, 2435 ff.

[113] *Schmitt-Rolfes/Bergwitz*, NZG 2006, 535 f.; a. A. *Hüffer*, § 93 AktG Rn. 37 (zur Parallelvorschrift des Aktienrechts): Jahresendverjährung nach § 199 I BGB. Diese Vorschrift bezieht sich allerdings ausdrücklich nur auf die – hier nicht anwendbare – regelmäßige Verjährungsfrist des § 195 BGB.

[114] BGHZ 28, 355, 359 = NJW 1959, 194.

[115] Baumbach/Hueck/*Zöllner/Noack*, § 46 Rn. 61.

[116] Gibt es einen Aufsichtsrat (oben Rn. 2, 3 ff.), so liegt die Prozessführungsbefugnis bei diesem. Dies folgt aus § 112 AktG i.V.m. § 52 GmbHG bzw. den Mitbestimmungsgesetzen.

[117] *Grunewald*, 2.F.56.

[118] *BGH* WM 1982, 928 = ZIP 1982, 1203.

[119] *BGH* NJW-RR 1989, 1255, 1256; Baumbach/Hueck/*Zöllner/Noack*, § 43 Rn. 4.

dass auch Ansprüche aus der Verletzung des Geschäftsführervertrages nach § 43 IV GmbHG verjähren.[120]

c) Haftung gegenüber der GmbH aus gesellschaftsrechtlichen Sondertatbeständen und aus Delikt

(1) Verstoß gegen Auszahlungsverbote. Nach **§ 43 III 1 Fall 1 GmbHG** haften die Geschäftsführer für **Zahlungen an die Gesellschafter aus dem Stammkapital**[121], die entgegen § 30 I GmbHG[122] vorgenommen worden sind. Die Geschäftsführerhaftung besteht neben der Haftung der Zahlungsempfänger aus § 31 I GmbHG. Auszahlungsverbot und Haftungsnorm zugleich ist daneben die 2008 eingefügte **Insolvenzverursachungshaftung nach § 64 S. 3 GmbHG**. Ohne eine solche Vorschrift ist bei existenzvernichtenden Eingriffen (oben § 14 Rn. 94; § 15 Rn. 38) eine Organhaftung allenfalls unter dem Gesichtspunkt der Beihilfe denkbar (§ 830 BGB). Diese Lücke soll § 64 S. 3 GmbHG schließen.[123] Danach erstreckt sich das schon bisher bestehende Verbot von – sorgfaltswidrigen – masseschmälernden Zahlungen auch auf Zahlungen an *Gesellschafter*, soweit diese zur Zahlungsunfähigkeit der Gesellschaft führen mussten, und zwar auch soweit hierdurch das zur Erhaltung des Stammkapitals erforderliche Gesellschaftsvermögen nicht angetastet wird.[124] Die Vorschrift richtet sich gegen Vermögensverschiebungen im Vorfeld der Insolvenz („Firmenbestattungen"), aber auch gegen missbräuchliches Verhalten von Investoren beim Anteilskauf, die die Gesellschaft durch Ausplünderung oder überzogene Belastung mit Lasten für die Kaufpreisaufbringung in die Insolvenz treiben (*leveraged finance*).[125] Im Verhältnis zum Gesellschafter begründet § 64 S. 3 GmbHG ein Leistungsverweigerungsrecht. 66

(2) Erwerb eigener Geschäftsanteile. Die Vorschrift des § 33 GmbHG enthält ein weitgehendes **Verbot des Erwerbs eigener Geschäftsanteile** (oben § 15 Rn. 35 f.). Verstöße hiergegen lösen die Geschäftsführerhaftung nach § 43 III 1 Fall 2 GmbHG aus. Daneben haften die Veräußerer der GmbH-Anteile aus § 812 BGB auf Rückzahlung des Kaufpreises.[126] 67

(3) Masseschmälerung. Nach § 64 S. 1 und 2 GmbHG sind die Geschäftsführer der Gesellschaft zum Ersatz von Zahlungen verpflichtet, die nach Eintritt der Zahlungsunfähigkeit der Gesellschaft oder nach Feststellung ihrer Überschuldung geleistet werden. Die Vorschrift dient der Absicherung des insolvenzrechtlichen Gebots der **Gläubigergleichbehandlung** nach § 1 Satz 1 InsO. Sie verpflichtet die 68

---

120 *BGH* NJW-RR 1989, 1255.

121 Zum Begriff oben § 14 Rn. 18.

122 Zur Kapitalbindung oben § 15 Rn. 30 f.

123 Parallelnorm in § 130a I HGB.

124 BegrRegE vom 23.7.2007, BT-Drs. 16/6140, S. 46 f.; näher *Kindler*, NJW 2008, 3249, 3255; ferner *Casper*, in: Goette/Habersack (Hrsg.), Das MoMiG in Wissenschaft und Praxis, 2009, S. 185, 208 ff.

125 *Kleindieck*, GWR 2010, 75, 76 f., auch zu den – begrenzten – Exkulpationsmöglichkeiten des Geschäftsführers.

126 Baumbach/Hueck/*Zöllner/Noack*, § 43 Rn. 50.

Geschäftsführer, das im Zeitpunkt der Insolvenzreife vorhandene Gesellschaftsvermögen zusammenzuhalten und eine ungleichmäßige Befriedigung der Gesellschaftsgläubiger zu vermeiden; erst der Insolvenzverwalter soll entscheiden, an wen welche Gelder ausgezahlt werden dürfen.[127] Die Tatbestandsmerkmale der Zahlungsunfähigkeit und der Überschuldung beurteilen sich demgemäß nach §§ 17, 19 InsO (näher *BGH* NZG 2012, 672 Tz. 10). Stets muss die Zahlung vom Geschäftsführer veranlasst worden sein, weshalb eine Haftung bei Zahlungen aufgrund von Zwangsvollstreckungsmaßnahmen eines Gesellschaftsgläubigers ausscheidet (*OLG München* ZIP 2011, 277).

69 Der **Begriff der Zahlungen** wird im Interesse des Gläubigerschutzes **äußerst weit** verstanden und erfasst zum einen Geldzahlungen, unerheblich, ob sie aus einem Barbestand oder Kontoguthaben geleistet wurden oder ob sie zur Vertiefung eines Debetsaldos führten.[128] Ebenfalls unter § 64 S. 1 und 2 GmbHG fällt die Einzahlung von Kundenschecks auf ein im Soll geführtes Geschäftskonto (hierin liegt eine Vorwegbefriedigung der Bank!),[129] ferner die Lieferung von Waren aus der Masse in Höhe ihres Verkehrswertes.[130] Sogar die Vorwegbefriedigung des Finanzamtes hinsichtlich der Steuerschulden ist Masseschmälerung, denn auch der Fiskus darf ab Insolvenzreife nicht mehr vorzugsweise befriedigt werden.[131] Dagegen berühren Zahlungen *von* einem debitorischen Konto der GmbH an einzelne Gesellschaftsgläubiger – wenn die Bank über keine diese deckenden Gesellschaftssicherheiten verfügt – weder die verteilungsfähige Vermögensmasse, noch gehen sie zum Nachteil der Gläubigergesamtheit. Es handelt sich danach vielmehr um eine Zahlung mit Kreditmitteln, welche einen bloßen, masseneutralen Gläubigertausch zur Folge hat.[132]

70 In der masselosen Insolvenz (§ 26 InsO) ist der Ersatzanspruch der GmbH gegen ihren Geschäftsführer aus § 64 S. 1 und 2 GmbHG der Pfändung durch Einzelgläubiger der Gesellschaft (§§ 828, 829 ZPO)[133] zugänglich.[134] Auch der faktische Geschäftsführer haftet aus § 64 S. 1 und 2 GmbHG.[135]

71 *(4) Falsche Angaben bei Gründung oder Kapitalerhöhung.* Werden bei der Gesellschaftsgründung falsche Angaben gemacht („Gründungsschwindel"), so haften die Geschäftsführer – neben den Gesellschaftern – der Gesellschaft u.a. für fehlende Einzahlungen und für jeden weiteren Schaden. Haftungsbegründend sind alle Falschangaben gegenüber dem Registergericht, die im Zuge des Gründungsverfahrens gemacht wurden, z.B. falsche Versicherungen nach § 8 II , III GmbHG, ferner falsche Angaben in den nach § 8 I GmbHG einzureichenden

[127] *BGH* NJW 2003, 2316 f.; *Goette*, DStR 2003, 887, 893; nachfolgend *BGH* NZG 2009, 346 Tz. 10.

[128] Baumbach/Hueck/*Schulze-Osterloh*, § 64 Rn. 79.

[129] BGHZ 143, 184, 186 f. = NJW 2000, 668; *BGH* NJW 2001, 304; NZG 2007, 462 Ls. 3; dazu krit. *K. Schmidt*, ZIP 2008, 1401 ff.

[130] GroßKommAktG/*Habersack*, § 92 Rn. 93 zur Parallelvorschrift im Aktienrecht.

[131] BGHZ 146, 264 = NJW 2001, 1280.

[132] *BGH* NZG 2010, 346; dazu *Commandeur/Frings*, NZG 2010, 613.

[133] *Musielak*, Grundkurs ZPO, 10. Aufl., 2010, Rn. 622 ff.

[134] *BGH* NJW 2001, 304.

[135] BGHZ 150, 61 = NJW 2002, 1803.

Schriftstücken, wie etwa die unrichtige Versicherung, es seien alle Geschäftsanteile übernommen worden. Zur Gesellschaftsgründung oben § 14 Rn. 3 ff.

Eine entsprechende Haftung für Falschangaben bestimmt das Gesetz im Zusammenhang mit der Kapitalerhöhung (§ 57 IV GmbHG – „Kapitalerhöhungsschwindel"). Verstärkt wird die Haftung für Falschangaben durch die Strafsanktionen nach § 82 I Nr. 1, 3, 5 GmbHG. 72

(5) Haftung gegenüber der Gesellschaft aus Delikt. Eine **deliktische Haftung** der Geschäftsführer gegenüber der GmbH (§§ 823 ff. BGB) ist durch § 43 GmbHG **nicht ausgeschlossen**. Im Vordergrund des praktischen Interesses stehen eine Ersatzpflicht **aus § 823 II BGB in Verbindung mit** einem Straftatbestand als Schutzgesetz, z. B. **Untreue** (§ 266 StGB) oder **Betrug** (§ 263 StGB).[136] Bei vorsätzlicher sittenwidriger Schädigung kommt ein Ersatzanspruch nach § 826 BGB in Betracht. Hier geht es vor allem um Fälle, in denen der Geschäftsführer seine Organstellung zur Durchsetzung eigener Interessen missbraucht und damit das notwendige Mindestmaß an Loyalität und Rücksichtnahme der Gesellschaft missachtet.[137] Die deliktische Haftung tritt hier neben die Organhaftung nach § 43 I, II GmbHG (oben Rn. 60, 61 ff.). 73

Beispiel:[138] Die Immo-GmbH befasst sich mit der Erstellung von Wohnraum. Sie hat die Aussicht, von ihr benötigte Grundstücke zu erwerben. Geschäftsführer Gier handelt sittenwidrig, wenn er die Möglichkeit des Erwerbs zu einem günstigen Preis nicht nutzt, sondern den Erwerb einem anderen Unternehmen, an dessen Gewinn er beteiligt ist, überlässt, und zwar in der Absicht, den Ankauf von diesem Unternehmen für die von ihm geführte Gesellschaft zu einem unverhältnismäßig höheren Preis vorzunehmen.

d) Haftung gegenüber den Gesellschaftern

Bei Verstößen gegen die **Kapitalbindung** (§ 30 I GmbHG) haften neben den Zahlungsempfängern und dem Geschäftsführer (oben Rn. 66) die übrigen Gesellschafter nach § 31 III GmbHG auf Rückerstattung der geleisteten Beträge an die Gesellschaft („Ausfallhaftung"). Nach § 31 VI GmbHG ist der Geschäftsführer im Innenverhältnis gegenüber diesen Gesellschaftern aber voll verantwortlich. § 31 VI GmbHG ist der einzige ausdrücklich im Gesetz bestimmte Fall der Geschäftsführerhaftung gegenüber Gesellschaftern. 74

Das **Mitgliedschaftsrecht** – d. h. die Zusammenfassung aller Rechtsverhältnisse des Gesellschafters, und zwar im Verhältnis zur Gesellschaft selbst und im Verhältnis zu den übrigen Mitgesellschaftern – ist ein absolutes „sonstiges" Recht i. S. von § 823 I BGB. Verletzt werden kann es z. B. durch strukturändernde Maßnahmen, faktische Veränderungen des Unternehmensgegenstandes, Nichtbeachtung der Gleichbehandlungspflicht gegenüber den Gesellschaftern, Übergriffe in den Zuständigkeitsbereich der Gesellschafterversammlung oder das Betreiben eines 75

[136] Vgl. BGHZ 149, 10 = NJW 2001, 3622 – Bremer Vulkan (zur Gesellschafterhaftung); *BGH* NZG 2005, 755.
[137] *BGH* NJW-RR 1989, 1255.
[138] Nach *BGH* a. a. O.

unbegründeten Ausschlussverfahrens.[139] Grundsätzlich haften Geschäftsführer nach § 823 I BGB, soweit sie durch eigenes täterschaftliches Handeln oder als Anstifter bzw. Gehilfen die Mitgliedschaft eines Verbandsmitglieds in dem deliktisch geschützten Bereich verletzen.[140] Daneben tritt die Haftung der Gesellschaft selbst analog § 31 BGB.[141]

e) Haftung gegenüber privatrechtlichen Gesellschaftsgläubigern[142]

76 *(1) Rechtsschein der persönlichen Haftung.* Der Geschäftsführer haftet Gesellschaftsgläubigern persönlich nach Rechtsscheingrundsätzen, wenn er (1) zurechenbar den Anschein des Handelns als Einzelkaufmann oder für einen solchen oder für eine Personenhandelsgesellschaft gesetzt hat und (2) dadurch Vertrauen in die Haftung mindestens einer natürlichen Person begründet worden ist.[143] Darauf, dass die GmbH als wahrer Unternehmensträger aus dem Handelsregister ersichtlich ist (§ 15 II 1 HGB), kann sich der Geschäftsführer als Rechtsscheinverursacher nicht berufen, da die Verpflichtung zur Angabe der Rechtsform im Rechtsverkehr (§§ 4, 35 a GmbHG) speziellen Vertrauensschutz bezweckt.

Beispiel:[144] G ist Geschäftsführer der „Heinrich F. Großtischlerei GmbH". Bei der Akzeptierung eines Wechsels setzt er den Stempel „Heinrich F. Tischlerei" und seine eigene Unterschrift auf das Papier, ohne einen GmbH-Zusatz hinzuzufügen. Hierdurch erweckt G den Anschein, aus dem Wechselakzept werde nicht eine GmbH, sondern eine natürliche Person verpflichtet, und zwar der Inhaber des einzelkaufmännischen Unternehmens „Heinrich F. Tischlerei". G haftet daher kraft Rechtsscheins aus Art. 28 I WG.

77 *(2) Eigenhaftung aus Verschulden bei Vertragsverhandlungen.* In den §§ 241 II, 311 II, III BGB hat das SMG die culpa in contrahendo positivrechtlich anerkannt. Diese Vorschriften enthalten freilich nicht viel mehr als eine Reihe von Generalklauseln, mit denen die zuvor entwickelten richterrechtlichen Grundsätze zur c. i. c.-Haftung wiedergeben werden. Daraus folgt vor allem, dass zu deren Auslegung auf das vorliegende Richterrecht zurückgegriffen werden kann und muss.[145] Danach trifft die Haftung aus c. i. c. grundsätzlich allein die Parteien des angebahnten Vertrages; Vertreter und Verhandlungsgehilfen können in der Regel nur aus Delikt in Anspruch genommen werden.[146] Nach den von der Rspr. entwickelten Grundsätzen ist der Vertreter aber ausnahmsweise in zwei Fällen persönlich aus c. i. c. haftbar: (1) wenn er bei Geschäftspartnern des Vertretenen persönliches

---

[139] Vgl. die Beispiele bei *Marsch-Barner/Diekmann*, in: Priester/Mayer (Hrsg.), Münchener Handbuch des Gesellschaftsrechts, Bd. 3, GmbH, 2. Aufl., 2003, § 46 Rn. 59; *Habersack*, Die Mitgliedschaft – subjektives und „sonstiges" Recht, 1996, S. 209.

[140] BGHZ 110, 323, 334 f. = NJW 1990, 2877 – Schärenkreuzer; zustimmend *Habersack*, (vorige Fn.), S. 202 ff. 209; näher zum Streitstand Baumbach/Hueck/*Zöllner/Noack*, § 43 Rn. 65.

[141] Vgl. BGHZ 99, 298 = NJW 1987, 1193; *BGH* NJW 2005, 2450, 2451 f. (Aktiengesellschaft). Zu § 31 BGB s. oben § 10 Rn. 85 ff.

[142] Im Folgenden geht es nur um Haftungstatbestände des allgemeinen Zivilrechts; zur Handelndenhaftung nach § 11 II GmbHG vgl. bereits oben § 14 Rn. 63 ff.

[143] *BGH* NJW 1996, 2645; NZG 2007, 426 = NJW 2007, 1529 mit Aufs. *Kindler*, 1785 ff.; Baumbach/Hueck/*Hueck/Fastrich*, § 4 Rn. 15; o. § 4 Rn. 52.

[144] Nach BGHZ 64, 11, 17 f. = NJW 1975, 1166; ausführlich hierzu *Canaris*, § 6 Rn. 36 ff.

[145] Vgl. nur MünchKomm- BGB/*Emmerich*, § 311 Rn. 54 mit Nachweisen.

[146] Palandt/*Heinrichs*, § 311 Rn. 52.

Vertrauen in Anspruch genommen hat, das über das normale Verhandlungsvertrauen hinausgeht oder (2) wenn er am Vertragsschluss ein unmittelbares eigenes wirtschaftliches Interesse hat.[147]

Die Dritthaftung aus c.i.c. findet in § 311 III 1 BGB ihren Niederschlag, wenn dort bestimmt wird, dass ein Schuldverhältnis mit Verhaltenspflicht nach § 241 II BGB auch zu Personen entstehen kann, die nicht selbst Vertragspartei werden sollen. Die soeben in Rn. 77 aufgeführte *erste Fallgruppe* der Dritthaftung aus c.i.c. (Inanspruchnahme besonderen persönlichen Vertrauens) wird durch § 311 III 2 BGB eigens hervorgehoben. Nach den auch schon vor dem SMG anerkannten Grundsätzen nimmt ein GmbH-Geschäftsführer **besonderes persönliches Vertrauen** in Anspruch, wenn er den Eindruck erweckt, er selbst werde die ordnungsgemäße Geschäftsabwicklung ohne Rücksicht auf die Situation der Gesellschaft sicherstellen und das Vertrauen hierauf für die Willensentschließung des anderen Teils bedeutsam ist. Die Rspr. ist mit der Annahme dieser Voraussetzungen zurückhaltend, vgl. das nachfolgende 78

Beispiel:[148] Grünlich ist Geschäftsführer und Alleingesellschafter der Schlawiner-GmbH. Im Namen der GmbH bestellte er bei Volz Waren im Gesamtwert von 50.000 EUR. V lieferte die Waren gegen Rechnung. Im nachfolgenden Insolvenzverfahren über das Vermögen der S-GmbH erlangte V nur in Höhe von 4.000 EUR Befriedigung. Wegen seiner Restforderung, mit der er im Insolvenzverfahren ausgefallen ist, nimmt er den G auf Schadensersatz in Anspruch, weil dieser bereits bei Bestellung der Waren gewusst habe, dass die S-GmbH überschuldet und zahlungsunfähig gewesen sei. Eine Eigenhaftung des G aus c.i.c. nach §§ 280 I, 241 II, 311 II, III BGB kommt hier nicht in Betracht, da der G allenfalls das „normale Verhandlungsvertrauen" in Anspruch genommen hat, für dessen Verletzung der Vertragspartner (die S-GmbH) einzustehen hat. Eine Eigenhaftung des G hätte erfordert, dass dem V erkennbar das Vertrauen in die S-GmbH gefehlt hätte und G ein von der GmbH unabhängiges persönliches Vertrauen in sich und nicht lediglich für die Gesellschaft in Anspruch nimmt (z.B. durch Versprechungen wie „Ich stehe persönlich für ihr Geld gerade"). Nach der Rspr. muss es sich dabei geradezu um „Erklärungen im Vorfeld einer Garantiezusage" handeln.[149] V könnte sich daher allenfalls mit Erfolg auf eine Insolvenzverschleppungshaftung des G aus § 823 II BGB in Verbindung mit § 15a InsO (sogleich Rn. 84f.) berufen.

Eine Haftung in der *zweiten* oben Rn. 77 angesprochenen *Fallgruppe* (Eigeninteresse des Geschäftsführers) ist durch § 311 III 2 BGB nicht ausgeschlossen; die Vorschrift enthält nur ein Regelbeispiel für die in § 311 III 1 BGB allgemein statuierte Dritthaftung. Auch mit der Annahme einer Eigenhaftung des Vertreters aufgrund **Eigeninteresses** ist man außerordentlich zurückhaltend. Im Grundsatz ist dieser Haftungstatbestand zwar anerkannt, da der Vertreter gleichsam in eigener Sache (procurator in rem suam) tätig wird,[150] z.B. wenn der Geschäftsführer schon bei Abschluss des Vertrages mit dem Dritten die Absicht hat, dessen Gegenleistung nicht ordnungsgemäß an die Gesellschaft weiterzuleiten, sondern sie zu eigennützigen Zwecken zu verwenden.[151] Im Übrigen ist ein unmittelbares eigenes wirt- 79

---

147 BGHZ 126, 181, 183 = NJW 1994, 2220; BGHZ 129, 136, 170 = NJW 1995, 1739; *BGH* NJW 2002, 208, 212.
148 Nach BGHZ 126, 181 = NJW 1994, 2220.
149 BGHZ 126, 181, 189 = NJW 1994, 2220.
150 Roth/*Altmeppen,* § 43 Rn. 36.
151 BGHZ 126, 181, 184f. = NJW 1994, 2220; nachfolgend z.B. *BGH* NJW 2002, 208, 212.

schaftliches Interesse des Geschäftsführers nicht schon daraus herzuleiten, dass er selbst an der GmbH maßgeblich beteiligt ist oder deren Alleingesellschafter ist. Die Unbeachtlichkeit dieses Umstands folgt schlicht aus dem auch einem solchen Gesellschafter-Geschäftsführer zustehenden Haftungsprivileg des § 13 II GmbHG.[152] Und auch die Eigenschaft eines Gesellschafter-Geschäftsführers als Sicherungsgeber im Hinblick auf Gesellschaftsverbindlichkeiten begründet kein haftungsrelevantes Eigeninteresse, weil der Gesellschafter-Geschäftführer unter *diesem* Aspekt nur die Sanktionen des Rechts der Gesellschafterdarehen (oben § 15 Rn. 39 ff.) gewärtigen muss.[153]

80 *(3) Verletzung von deliktsrechtlich geschützten Rechten und Rechtsgütern.* Der Geschäftsführer haftet für Schäden, die er außenstehenden Dritten durch eine eigene schuldhafte unerlaubte Handlung zugefügt hat. Wie jede andere Person auch unterliegt er dem allgemeinen Deliktsrecht. Daneben tritt die Haftung der Gesellschaft analog § 31 BGB.[154] Eine unerlaubte Handlung begeht der Geschäftsführer nach der Rspr. z. B. dann, wenn er die Veräußerung einer fremden Sache durch die Gesellschaft veranlasst oder auch nur anweist. Verliert der Eigentümer aufgrund gutgläubigen Erwerbs sein Recht an der Sache, so liegt hierin – so der BGH – eine Eigentumsverletzung im Sinne des § 823 I BGB, für die der Geschäftsführer persönlich haftet.

Beispiel:[155] Lief hatte der Zumschlinge-GmbH Baustoffe unter verlängertem Eigentumsvorbehalt geliefert.[156] Die Z-GmbH, deren Geschäftsführer Honk war, hatte die Lieferungen für ein Bauvorhaben des Reich verwendet. Dabei war mit dem R vereinbart, dass gegen ihn gerichtete Forderungen nicht abgetreten werden können (§ 399 BGB).[157] L fiel in der Insolvenz der Z-GmbH aus und verlangte Zahlung von H persönlich aus § 823 I BGB unter dem Gesichtspunkt der Eigentumsverletzung. Im objektiven Tatbestand liegt eine Eigentumsverletzung darin, dass L nach § 946 BGB sein Eigentum an den Baustoffen an den R verloren hat. Hieran hat H in vorwerfbarer Weise mitgewirkt. Denn er hat – so der BGH – seine Garantenpflicht verletzt, dafür zu sorgen, dass der verlängerte Eigentumsvorbehalt nicht durch ein Abtretungsverbot ins Leere geht. Die Garantenpflicht hat der BGH dabei dem Rechtsverhältnis des H zur Z-GmbH entnommen.[158]

81 Eine derart weitgehende deliktische Eigenhaftung des GmbH-Geschäftsführers lehnt die h. L. mit Recht ab. Denn im Ergebnis kommt es hier zu einer Verdoppelung der Sorgfaltspflichten der GmbH in der Person des Geschäftsführers. Ferner ist die deliktische Eigenhaftung des GmbH-Geschäftsführers aus § 823 I BGB in Verbindung mit Schutzpflichten, die *der Gesellschaft* obliegen, mit dem fehlenden

---

[152] *BGH* NJW 1986, 586, 587 („Wertungswiderspruch zu der in der GmbH geltenden Haftungsordnung"); 1989, 292; Roth/*Altmeppen*, § 43 Rn. 37.

[153] BGHZ 126, 181, 187 ff. = NJW 1994, 2220; kritisch Roth/*Altmeppen*, § 43 Rn. 37; eingehend zum Ganzen MünchKomm-BGB/*Emmerich*, § 311 Rn. 208 ff., 219 f.

[154] Zu § 31 BGB s. oben § 10 Rn. 85 ff.

[155] Nach BGHZ 109, 297 = NJW 1990, 976 – „Baustoff"-Fall; nachfolgend *BGH* NJW 1996, 1535, 1536 – Lamborghini; dazu aus deliktsrechtlicher Sicht MünchKomm-BGB/*Wagner*, § 823 Rn. 414 f.

[156] Vgl. zur dogmatischen Konstruktion oben § 7 Rn. 52 mit Fn. 68.

[157] Mangels Kaufmannseigenschaft des R kommt § 354 a HGB (oben § 7 Rn. 84 ff.) hier nicht in Betracht.

[158] BGHZ 109, 297, 303 f. = NJW 1990, 976.

Schutzgesetzcharakter des § 43 I GmbHG (vgl. § 823 II BGB) unvereinbar.[159] Insbesondere hat der Geschäftsführer nur in extrem gelagerten Ausnahmefällen bei einer Verletzung von Organisationspflichten eine deliktsrechtliche Garantenstellung im Verhältnis zu Dritten (*OLG Schleswig* NZG 2012, 104 = EWiR 2012, 317 m. Kurzkomm. *Schodder*).

82 *(4) Verstoß gegen Schutzgesetze; Insolvenzverschleppung.* Eine deliktische Eigenhaftung des Geschäftsführers gegenüber Dritten kann sich ferner aus § 823 II BGB in Verbindung mit einem **Schutzgesetz** ergeben. Auch hier haftet die Gesellschaft analog § 31 BGB neben der Organperson.[160] Im Vordergrund des praktischen Interesse stehen dabei die **Straftatbestände** des §§ 263, 266, 266 a, 266 c, 283 ff. StGB.

Beispiel:[161] Der Geschäftsführer täuscht einen Geschäftspartner über die wirtschaftliche Lage der Gesellschaft und nimmt dadurch dessen Schädigung (Forderungsausfall) bewusst in Kauf. Er haftet nach § 823 II BGB in Verbindung mit § 263 StGB unter dem Gesichtspunkt des Eingehungsbetrugs.

83 Weitere Schutzgesetze sind z. B. § 32 KWG, § 265b StGB (Kreditbetrug) und § 82 II Nr. 2 GmbHG (vorsätzliche unrichtige Mitteilung über die Vermögenslage der Gesellschaft). Kein Schutzgesetz im Sinne von § 823 II BGB ist der allgemeine Organhaftungstatbestand des § 43 GmbHG.[162]

84 Einen wichtigen Fall der Geschäftsführerhaftung aus Schutzgesetzverletzung bilden **Verstöße gegen die Insolvenzantragspflicht**. Nach § 15a InsO haben die Geschäftsführer innerhalb von drei Wochen nach Eintritt der Zahlungsunfähigkeit der Gesellschaft die Eröffnung des Insolvenzverfahrens zu beantragen; dies gilt sinngemäß bei einer Überschuldung der Gesellschaft. Seit 2008 sind **auch die Gesellschafter** bei Führungslosigkeit der Gesellschaft (§ 35 I 2 GmbHG; dazu oben Rn. 41) zur Stellung des Insolvenzantrags verpflichtet. Die Norm bezweckt, ein Unternehmen mit beschränkter Haftungsmasse vom Geschäftsverkehr auszuschließen und so zu verhindern, dass Dritte in ihren Vermögensinteressen gefährdet werden oder Schaden erleiden, indem sie einer insolvenzreifen GmbH noch Geld- oder Sachkredit gewähren und dadurch einen Schaden erleiden; sie ist daher Schutzgesetz i. S. von § 823 II BGB. Die gläubigerschützende Tendenz der Insolvenzantragspflicht ergibt sich daraus, dass die Gläubiger durch das Unterlassen oder Verzögern des Insolvenzantrags *regelmäßig* einen Schaden erleiden.[163] Zwei Gruppen von Gläubigern sind dabei zu unterscheiden:

---

[159] *Lutter/Hommelhoff*, § 43 Rn. 46 f.

[160] Zu § 31 BGB s. oben § 10 Rn. 85 ff.

[161] Scholz/*U. H. Schneider*, § 43 Rn. 234.

[162] H.M., vgl. nur Scholz/*U. H. Schneider*, § 43 Rn. 218 im Anschluss an RGZ 159, 211, 224; *BGH* NJW 1979, 1829 (zu § 93 AktG). Vgl. als Beispielsfälle zur Geschäftsführerhaftung aus § 823 II BGB noch *BGH* ZIP 2006, 1764 = NJW-RR 2006, 173 (§ 32 KWG) und *BGH* NZG 2010, 305 = EWiR 2010, 223 m. Kurzkomm. *Klöhn* (§ 266a StGB).

[163] Grundlegend BGHZ 29, 100, 102 f. = NJW 1959, 623, auch mit Hinweis darauf, dass dieser Schutz der Gläubiger um so mehr angebracht sei, als die Gesellschafter einer GmbH für die Verbindlichkeiten der Gesellschaft nicht persönlich haften (§ 13 II GmbHG); nachfolgend z. B. BGHZ 126, 181, 190 = NJW 1994, 2220 (Sachverhalt oben Rn. 78); *BGH* ZIP 2001, 1496, 1497 = DStR 2001, 1671; BGHZ 164, 50 = NJW 2005, 3137; *BGH* NZG 2012, 462 (erleich-

- **Altgläubigern** haftet der Geschäftsführer auf den so genannten **Quotenschaden**, d.h. auf den Betrag, um den sich die Insolvenzquote des Gläubigers durch Verzögerung der Verfahrenseröffnung gemindert hat.[164]
- **Neugläubiger** können gegenüber dem Geschäftsführer ihren **Vertrauensschaden** („Kontrahierungsschaden") ersetzt verlangen, d.h. sie werden so gestellt, als wäre der Vertrag mit der GmbH nicht geschlossen worden. Dabei kann dem Neugläubiger ein Anspruch auf Ersatz des entgangenen Gewinns zustehen, wenn ihm wegen des Vertragsschlusses mit der insolventen Gesellschaft ein Gewinn entgangen ist, den er anderweitig hätte erzielen können.[165] Neugläubiger sind – mit Blick auf den Normzweck – diejenigen, die nach dem Zeitpunkt, zu dem der Insolvenzantrag hätte gestellt werden müssen, gegenüber der Gesellschaft in Vorleistung treten; dass der Vertragsschluss schon vor Insolvenzreife erfolgt war, macht den vorleistenden Gläubiger nicht zu einem Altgläubiger.[166] Der Geschäftsführer hat gegen den geschädigten Neugläubiger einen Anspruch auf Abtretung von dessen Insolvenzforderung.[167]

85 Die Haftung aus § 823 II BGB erfordert Verschulden. Dabei genügt **Fahrlässigkeit**; der Geschäftsführer hat die Entscheidung darüber, ob er die Insolvenzeröffnung beantragen muss, mit der Sorgfalt eines ordentlichen Geschäftsleiters (vgl. § 43 I GmbHG) zu treffen.[168] Auch eine **Mithaftung von Gesellschaftern wegen Beihilfe** (§ 830 BGB) kommt in Betracht,[169] soweit diese nicht selbst als Täter nach § 15a III InsO i.V.m. § 823 II BGB haften. Der Anspruch auf Ersatz des Neugläubigerschadens gem. § 823 II BGB, § 15 a I InsO verjährt nach den für deliktische Ansprüche allgemein geltenden Vorschriften; § 43 IV GmbHG (oben Rn. 63) findet keine entsprechende Anwendung.[170]

---

terter Nachweis der Zahlungseinstellung bei Verletzung der Buchführungspflicht durch den Geschäftsführer); näher *Casper*, in: Goette/Habersack (Hrsg.), Das MoMiG in Wissenschaft und Praxis, 2009, S. 185 ff.

[164] BGHZ 126, 181, 190 = NJW 1994, 2220; *BGH* NJW 1995, 398. Seit BGHZ 138, 211 = NJW 1998, 2667 geht der *BGH* davon aus, dass die Altgläubiger ihren Quotenschaden nicht mehr individuell geltend machen können, sondern dass der Insolvenzverwalter den Quotenschaden der Altgläubiger zur Masse ziehen muss, §§ 92, 26 III InsO.

[165] *BGH* NZG 2009, 750; teilweise a. A. (und weiterführend) *Klöhn*, KTS 2012, 133 ff.

[166] *BGH* NZG 2007, 347 Tz. 13 = NJW-RR 2007, 759 = EWiR 2007, 305 mit Kurzkomm. *Haas/Reiche*, insoweit gegen BGHZ 126, 181, 190 ff. = NJW 1994, 2220 (Maßgeblichkeit des Zeitpunktes des Vertragsschlusses); *BGH* BeckRS 2012, 15163 Tz. 13–15 = WM 2012, 1393; kritisch *Ulmer*, ZIP 1993, 769, 771 f., der die Insolvenzantragspflicht als Schutzgesetz nur zugunsten der bereits vorhandenen Gesellschaftsgläubiger auffasst; im Hinblick auf die Neugläubiger gehe es nämlich um den Schutz der Allgemeinheit, nicht um Individualschutz; Fundamentalkritik zur Insolvenzverschleppungshaftung nach den Grundsätzen des *BGH* bei *Altmeppen*, ZIP 2001, 2201 ff. (lesenswert).

[167] *BGH* NZG 2007, 347 Tz. 20 = NJW-RR 2007, 759 = EWiR 2007, 305 mit Kurzkomm. *Haas/Reiche*.

[168] Näher BGHZ 126, 181, 199 f. = NJW 1994, 2220.

[169] BGHZ 164, 50 = NJW 2005, 3137; zur Vertiefung: *Bayer/Lieder*, WM 2006, 1 ff.; *Arends/Möller*, GmbHR 2008, 169 ff.

[170] *BGH* NJW 2011, 2427 = NZG 2011, 624 = EWiR 2011, 503 m. Kurzkomm. *Kort* Tz. 14–21.

(5) Vorsätzliche sittenwidrige Schädigung. Eine Haftung des Geschäftsführers aus § 826 BGB – und daneben der GmbH analog § 31 BGB –[171] besteht, wenn der Geschäftsführer **wider besseres Wissen die Leistungsfähigkeit der Gesellschaft behauptet** und Vertragspartner dadurch geschädigt werden.[172] Soweit es allerdings um den Kontrahierungsschaden von Neugläubigern bei der Insolvenzverschleppung geht (soeben Rn. 84), kommt es nach neuerer Rspr. jedoch nicht auf einen Schädigungsvorsatz an, da dieser Schaden der Neugläubiger bereits bei Fahrlässigkeit zu ersetzen ist (§ 823 II BGB i.V.m. § 15a InsO).[173] Eigenständige Bedeutung erlangt § 826 BGB, wenn der Geschäftsführer es billigend in Kauf nimmt, eine gegen umfangreiche Vorleistung des anderen Teils neu begründete Verbindlichkeit der GmbH *zu einem späteren Zeitpunkt* nicht befriedigen zu können, auch wenn gegenwärtig noch kein Anlass besteht, Insolvenzantrag zu stellen.[174] In diesen Fällen liegt regelmäßig zugleich ein Eingehungsbetrug (oben Rn. 82) vor. 86

Eine weitere praktisch bedeutsame Fallgruppe ist dadurch gekennzeichnet, dass der Geschäftsführer mit wirtschaftlich unerfahrenen Kunden **risikobehaftete Geschäfte** eingeht, ohne die Kunden entsprechend aufzuklären. 87

Beispiel:[175] Frau Zahlemann nimmt den Groß auf Schadensersatz für Verluste aus Terminoptionsgeschäften an US-amerikanischen Börsen in Anspruch. G ist Geschäftsführer einer GmbH, die gewerbsmäßig Optionsgeschäfte vermittelt. Z, eine Zahntechnikerin, schloss mit der GmbH einen Optionsvermittlungs- und Betreuungsvertrag, wobei sie nur unzureichend über die Risiken aufgeklärt wurde. Die Optionsgeschäfte endeten insgesamt verlustreich.

Hier hat der Geschäftsführer einer GmbH, die Finanzanlagen vermittelt, für die Risikoaufklärung Sorge zu tragen. Daher handelt ein GmbH-Geschäftsführer sittenwidrig, der derartige Geschäfte ohne gehörige Aufklärung der Kunden abschließt, den Abschluss veranlasst oder bewusst nicht verhindert; er missbraucht seine geschäftliche Überlegenheit.[176] 88

Fragen:

1. Welches sind die notwendigen Organe der GmbH? (Rn. 1)
2. Wie ist das Verhältnis der Geschäftsführung zu den Gesellschaftern geregelt und wo liegen hier die Unterschiede zur Aktiengesellschaft? (Rn. 1, 24)
3. Inwiefern hängt die Organstruktur der GmbH von der Zahl der Arbeitnehmer ab, die sie beschaftigt? (Rn. 1, 5 f.)
4. Welche Zuständigkeiten hat die Gesellschafterversammlung? (Rn. 7 ff.)
5. Was können die Gesellschafter unternehmen, wenn die Geschäftsführer die Einberufung der Gesellschafterversammlung verweigern? (Rn. 11)
6. Erläutern Sie die Unterschiede zwischen nichtigen und bloß anfechtbaren Gesellschafterbeschlüssen! (Rn. 18 ff.)

---

171 Zu § 31 BGB s. oben § 10 Rn. 85 ff.
172 *BGH* NJW-RR 1991, 1312, 1314 f.; 1992, 1061, 1062.
173 BGHZ 126, 181 = NJW 1994, 2220.
174 *BGH* NJW 1994, 197.
175 Nach *BGH* NJW 2002, 2777; ähnlich *BGH* NJW-RR 2005, 558.
176 *BGH* a.a.O.; ferner *BGH* ZIP 2003, 1782, 1784.

7. Was sind die hauptsächlichen Aufgaben und Pflichten des GmbH-Geschäftsführers? (Rn. 24, 54)
8. In welchen Fällen wird die GmbH nicht durch ihre Geschäftsführer vertreten? (Rn. 25 f.)
9. Was besagt die „Organtheorie"? (Rn. 33)
10. Die Vertretungsmacht des GmbH-Geschäftsführers ist unbeschränkt, aber beschränkbar. Richtig oder falsch? (Rn. 34)
11. In welchen Fällen liegt ein Missbrauch der Vertretungsmacht durch den GmbH-Geschäftsführer vor und welche Folgen hat dies? (Rn. 36, 37)
12. Unterliegt der geschäftsführende Alleingesellschafter einer GmbH den Beschränkungen des § 181 BGB? (Rn. 41)
13. Erläutern Sie Begriff und Haftungsrisiken des faktischen Geschäftsführers! (Rn. 43, 44)
14. Ist der Geschäftsführer Arbeitnehmer der GmbH? (Rn. 46)
15. Führt die Abberufung des Geschäftsführers auch zur Beendigung des Anstellungsvertrages? (Rn. 49)
16. Skizzieren Sie das Haftungssystem, dem der GmbH-Geschäftsführer unterliegt! (Rn. 53)
17. Welchem Sorgfaltsmaßstab unterliegt der Geschäftsführer? (Rn. 61)
18. Wie haften die Geschäftsführer bei einer mehrgliedrigen Geschäftsführung? (Rn. 62)
19. In welchen Fällen ist die Haftung des Geschäftsführers ausgeschlossen? (Rn. 63)
20. Welches Gesellschaftsorgan macht die Ersatzansprüche gegen die Geschäftsführer geltend? (Rn. 64)
21. Unter welchen Voraussetzungen haftet ein GmbH-Geschäftsführer einem Dritten persönlich aus c. i. c.? (Rn. 77)
22. Wen trifft die Insolvenzantragspflicht und welche Haftungsfolgen hat ein Verstoß? (Rn. 84)

Paragrafenregister

Die **fett** gesetzten Zahlen verweisen auf die Paragrafen dieses Buches, die mageren auf die Randnummern. Hauptfundstellen sind *kursiv* gesetzt.

Sachverzeichnis

Die **fetten** Zahlen verweisen auf die Paragrafen dieses Buches, die mageren auf die Randnummern. Hauptfundstellen sind *kursiv* gedruckt.